順治—嘉慶朝

清實錄經濟史資料

農業編·肆

《〈清實錄〉經濟史資料》課題組成員：

陳振漢　熊正文　蕭國亮

李　湛　殷漢章　葉明勇

武玉梅　羅熙寧

14. 安徽

（順治三、一〇、丁酉）免江南望江、宿松、太湖、懷寧四縣本年分旱災額賦。（世祖二八、一四）

（順治七、一〇、丁酉）免江南桐城、潛山、太湖、宿松、休寧、句容等縣逃丁荒地額賦。（世祖五〇、一六）

（順治八、五、丙申）免江南英山縣寇蓄五、六、七三年分未完錢糧。（世祖五七、九）

（順治一二、二、己卯）免江南滁、和二州，來安、全椒、含山等縣十一年分水旱災荒額賦。（世祖八九、一一）

（順治一二、九、癸未）免鳳陽府屬州縣本年分水災額賦有差。（世祖九三、八）

（順治一三、一、庚子）免江南廣德州十二年分旱災額賦十之一。（世祖九七、一〇）

（順治一八、一一、甲午）免江南靈璧縣本年分雹災額賦。（聖祖五、一三）

（康熙一、一一、己亥）免江南潁上等五縣本年分水災額賦有差。（聖祖七、二〇）

（康熙二、一、戊戌）免江南太和縣康熙元年分水災額賦十之三。（聖祖八、五）

（康熙二、九、丁亥）免江南滁州、全椒縣、滁州衛本年分旱災額賦十之二。（聖祖一〇、四）

（康熙二、一一、甲戌）免江南太和、來安、霍山三縣本年分旱災額賦有差。（聖祖一〇、一一）

（康熙三、二、甲午）免江南壽州等五州縣衛康熙二年分水災額賦有差。（聖祖一一、八）

（康熙三、一〇、乙亥）免江南宿州等九州縣衛本年分水災額賦有差。（聖祖一三、一〇）

（康熙三、一一、甲午）免江南泗州等十二州縣衛本年分水災額賦有差。（聖祖一三、一四）

（康熙四、九、丙申）免江南潁州、太和等六州縣衛本年分旱災額賦有差。（聖祖一六、二〇）

（康熙五、一〇、庚午）免江南泗州、虹縣、臨淮縣本年分水災額賦有

差。(聖祖二〇、八)

（康熙六、一、戊子）免江南五河等四縣衛康熙五年分蝗災額賦有差。(聖祖二一、三)

（康熙七、一〇、戊子）免江南泗州等八州縣本年分水災額賦有差。(聖祖二七、一一)

（康熙八、一二、庚辰）免江南五河縣本年分水災額賦有差。(聖祖三一、二四)

（康熙九、八、癸巳）免江南泗州、臨淮等五州縣并鳳陽等三衛本年分水災額賦有差。(聖祖三三、二六)

（康熙一〇、九、辛未）免江南定遠、臨淮二縣本年分水災額賦有差。(聖祖三六、二二)

（康熙一〇、一一、丙子）免江南鳳陽等府屬三十九州縣本年分旱災額賦有差。(聖祖三七、一一)

（康熙一〇、二二、己卯）免江南六安、合肥等九州縣，廬州等三衛本年分旱蝗額賦有差。(聖祖三七、一二)

（康熙一一、一一、丁亥）免江南亳州、懷遠等十二州縣本年分水災額賦有差。(聖祖四〇、一四)

（康熙一二、一一、己丑）免江南六安、虹縣、靈壁三州縣本年分水災額賦有差。(聖祖四四、五)

（康熙一三、一二、壬寅）免江南鳳陽府滁州所屬十五州縣本年分旱災額賦有差。(聖祖五一、一)

（康熙一四、一一、庚子）免江南泗州、盱眙等四州縣本年分水災額賦有差。(聖祖五八、九)

（康熙一七、一一、己亥）免江南宿州靈壁縣本年分水災額賦十之三(聖祖七八、二)

（康熙一七、一一、庚申）免江南霍邱縣本年分水災額賦十之一（聖祖七八、一〇)

（康熙一七、一二、庚辰）免江南潁州本年分水災額賦有差。（聖祖七八、一六)

（康熙一八、一二、辛巳）免江南壽州等八十二州縣、廬州等十三衛本年分旱災額賦有差。(聖祖八七、一七)

（康熙二五、四、丙戌）免江南徽、廬、鳳三府屬州縣康熙十七年民欠地丁屯折等銀一萬九千五百餘兩、米一千一百九十八石零。(聖祖一二五、

一三）

（康熙二五、一二、辛亥）免江南靈璧縣本年分蝗災額賦有差。（聖祖一二八、一二）

（康熙二七、一一、壬辰）免江南亳州等三州縣本年分水災額賦有差。（聖祖一三七、二七）

（康熙三二、一〇、乙未）免江南全椒縣本年分水災額賦有差。（聖祖一六〇、二六）

（康熙三五、一一、甲寅朔）免江南泗州等八州縣衛本年分水災額賦有差。（聖祖一七八、一）

（康熙三六、一一、辛卯）免江南泗州等四州縣本年分水災額賦有差。（聖祖一八六、四）

（康熙三七、八、戊辰）免江南壽州、鳳陽等十二州縣本年分水災額賦有差。（聖祖一八九、一九）

（康熙三八、四、乙卯）諭户部：朕巡幸江南，徧察地方疾苦，深知民間生計艱難，將通省積欠錢糧盡行蠲免。所過州縣，有被災甚重者，俱經賑濟，務俾得所。茲聞鳳陽府屬，去歲潦災甚重，是用破格加恩，以示優卹。康熙三十七年該府屬壽州、泗州、亳州、鳳陽、臨淮、懷遠、五河、虹縣、蒙城、盱眙、靈璧十一州縣並泗州一衛未完地丁漕項等銀米，著一概免徵。爾部行文該督撫，即飭該地方有司，張示曉諭，令窮鄉僻壤，咸悉朝廷曲軫災黎至意。如有不肖官吏，悖旨私徵，使百姓不霑實惠者，察出定治重罪。爾部即遵諭行。（聖祖一九三、六）

（康熙三八、一一、壬子）免江南潁上縣本年分水災額賦有差。（聖祖一九六、九）

（康熙三九、七、丙申）免江南泗州盱眙縣本年分水災額賦。（聖祖二〇〇、四）

（康熙三九、九、庚戌）免江南潁州、霍邱等五州縣本年分水災額賦有差。（聖祖二〇一、一四）

（康熙四〇、一、壬子）免江南宿州衛康熙三十九年分水災額賦有差。（聖祖二〇三、三）

（康熙四一、一一、丙辰）又諭户部：……江北田土瘠薄，生計尤艱，朕心彌切軫念。著將安徽巡撫所屬府州縣衛等處康熙四十二年地丁錢糧，除漕項外，通行蠲免。地方有司，務要切實奉行，俾小民得霑實惠，以副朕愛養黎元至意。儻有不肖官吏陽奉陰違，或借端苛取，澤不下究，事發定從重

治罪不宥。(聖祖二一○、一○)

(**康熙四一、一二、甲申**) 免江南亳州等四州縣衛本年分水災額賦有差。(聖祖二一○、一六)

(**康熙四四、一○、乙未**) 免江南壽州、臨淮等十州縣，鳳陽等三衛本分水災額賦有差。(聖祖二二二、一八)

(**康熙四五、一二、辛卯**) 免江南潁州並潁州衛本年分水災額賦有差。(聖祖二二七、二五)

(**康熙四六、一二、壬午**) 免江南滁州、定遠等七州縣，泗州等三衛本年分旱災額賦有差。(聖祖二三一、二二)

(**康熙四八、四、戊午**) 免江南和州、潛山等十七州縣衛康熙四十七年分水災額賦有差。(聖祖二三七、一六)

(**康熙四九、一二、己巳**) 免江南舒城縣本年分水災額賦有差。(聖祖二四四、二○)

(**康熙五○、一二、丙辰**) 免江南六安、壽州等六州縣，廬州衛、鳳陽右衛本年分旱災額賦有差。(聖祖二四八、二七)

(**康熙五三、九、壬子**) 免江南蒙城縣本年分旱災額賦有差。(聖祖二六○、八)

(**康熙五五、九、丁巳朔**) 免江南宣城等三縣本分水災額賦有差。(聖祖二六九、一○)

(**康熙五五、九、辛巳**) 免江南宿松縣本年分水災額賦有差。(聖祖二六九、二一)

(**康熙五八、九、乙未**) 免江南歙縣等五縣康熙五十七年分水災額賦有差。(聖祖二八五、一八)

(**康熙六一、六、乙丑**) 免江南休寧等十一縣、新安一衛康熙六十年分旱災額賦有差。(康熙二九八、五)

(**雍正一、五、庚辰**) 免江南壽州、合肥等十四州縣，廬州等六衛康熙六十一年分旱災額賦有差。(世宗七、二)

(**雍正三、一二、辛巳**) 免江南太平、盱眙、泗州三州縣本年分旱災額賦有差。(世宗三九、二二)

(**雍正四、八、甲申**) 免江南泗州本年分水災額賦有差。(世宗四七、一六)

(**雍正四、一一、庚子**) 免江南宿松縣本年分水災額賦有差。(世宗五○、九)

(雍正四、一一、壬寅) 免江南無爲、望江二州縣本年分水災額賦有差。(世宗五〇、一〇)

　　(雍正四、一一、癸丑) 免江南銅陵縣本年分水災額賦有差。(二世宗五〇、一八)

　　(雍正四、一二、丙寅) 免江南宣城等三縣本年分水災額賦有差。(世宗五一、一四)

　　(雍正四、一二、戊辰) 免江南南陵等四縣本年分水災額賦有差。(世宗五一、一九)

　　(雍正五、八、辛卯) 免江南泗州、桐城等十州縣雍正四年分水災額賦有差。(世宗六〇、八)

　　(雍正六、五、壬戌) 免江南無爲、宿松等五州縣雍正五年分水災額賦有差。(世宗六九、六)

　　(雍正六、九、丁卯) 免江南懷寧等十四縣、鳳陽一衛雍正五年分水災額賦有差。(世宗七三、一九)

　　(雍正八、一〇、甲辰) 免江南壽州、合肥二州縣，廬州一衛雍正七年分旱災額賦有差。(世宗九九、一〇)

　　(雍正九、三、丁丑) 免江南建平縣雍正八年分水災額賦有差。(世宗一〇七、四)

　　(雍正九、六、丙申) 免江南宣城等四縣雍正八年分水災額賦有差。(世宗一〇七、四)

　　(雍正九、八、戊午) 免江南無爲、寧國等十州縣，鳳陽、長淮二衛雍正八年分水災額賦有差。(世宗一〇九、二六)

　　(雍正一〇、八、丙寅) 免江南滁州、寧國等五州縣雍正九年分水災額賦有差。(世宗一二二、一〇)

　　(雍正一一、八、辛未) 免江南六安、舒城等七州縣，宿州一衛雍正十年分水災額賦有差。(世宗一三四、一一)

　　(雍正一二、一二、癸卯) 免安徽滁州、宣城等十二州縣衛本年分水災額賦有差。(世宗一五〇、三)

　　(雍正一三、一二、戊辰) 免安慶、泗州、潛山縣水災應蠲銀兩米麥，緩徵現年額賦，兼賑飢民。(高宗八、九)

　　(乾隆一、一〇、丁亥) 緩徵安徽宿州等十二州縣被水災田額賦，截漕平糶。(高宗二九、一二)

　　(乾隆二、五、丙辰) 免安徽宿州水災乾隆元年分額賦有差。(高宗四

三、二一）

（**乾隆二、一一、丙寅**）蠲賑安徽太平、合肥、舒城、廬江、巢縣、和州、含山、石埭、懷遠、六安、新安十一州縣衛被水災民。（高宗五六、一五）

（**乾隆三、三、癸酉**）免安徽太平、石埭、合肥、舒城、廬江、巢縣、懷遠、六安、和州、含山等十州縣并新安衛水災額賦有差。（高宗六五、一四）

（**乾隆三、四、己丑**）免安徽被旱之壽州本年應徵漕項銀糧。（高宗六六、一〇）

（**乾隆四、三、戊午**）諭：據安徽巡撫孫國璽奏稱，宿州、鳳臺、靈璧、石埭等四州縣，上年雖未被旱，但查有未完雍正十三年、乾隆元年、二年錢糧，均係從前災緩之項，例應現在分年帶徵；又舊欠錢糧之隨徵耗羨，及被災所屬內尚有未完乾隆元、二兩年災緩漕糧，亦係帶徵之項。其成災之太平、銅陵、壽州、貴池、桐城、涇縣、巢縣、臨淮、懷遠、定遠、虹縣、霍山、和州、無爲、望江、青陽、當塗、繁昌、合肥、廬江、鳳陽、霍邱、泗州、全椒、含山并長淮衛等二十六州縣衛內，勘不成災之田地并上年被旱勘不成災之潛山、宿松、東流等三縣，及未經被旱之歙縣、休寧、祁門、黟縣、績溪、建德、阜陽、宿州衛等各縣衛，均有未完各年錢糧。俱應限年催徵，非係分年帶徵之項。再，蘆課向於每歲冬涸之候，始行砍伐，是以課賦遞年壓徵，亦非分年帶徵之項。合行分晰奏聞等語。朕因上年安徽旱災甚重，時深厪念，曾降諭旨，將所有雍正十三年、乾隆元年、二年之災分未完地糧蘆課，及米穀麥豆等項，例應將來分年帶徵者，悉行豁免。今宿州、鳳臺、靈璧、石埭四州縣，雖未被旱，所有未完雍正十三年、乾隆元年、二年錢糧，亦係從前被災緩徵之項，現在分年帶徵，與江蘇各屬被水緩徵等項相同，著一體加恩豁免。其舊欠之隨徵耗羨并被災各屬帶徵乾隆元、二兩年之災緩漕糧，著遵照前旨，俱隨正項豁免。至成災之太平、銅陵等二十六州縣衛內，雖尚有勘不成災之地畝，而收成亦屬歉薄，且農民工本，較之常年，自必多費。所有舊欠錢糧，現在催徵，小民未免苦累。著該撫查明，一併豁免。其未經被旱及勘不成災之各州縣，雖稍有收成，而介於成災之區，仍不免於物力艱難。所有催徵舊欠錢糧，亦著加恩分年帶徵，以紓民力。再，蘆課除係遞年壓徵之項照例徵收外。如有舊欠力不能完應行豁免者，著仍照前旨行。戶部可即行文該督撫，一一遵照辦理，出示曉諭，務期實惠均霑，以副朕加惠元元之至意。（高宗八八、一四）

（乾隆四、四、丁丑）免安徽壽州乾隆三年旱災場地額賦。（高宗九〇、三）

（乾隆五、二、壬辰）免安慶宿州乾隆四年分雹災額賦十之七。（高宗一一一、四）

（乾隆五、七、己丑）免安徽鳳陽、宿州、臨淮、懷遠、虹縣、靈壁、阜陽、穎上、亳州、太和、蒙城、泗州、五河、盱眙、天長等十五州縣，鳳陽、宿州、長淮、泗州等四衛四年分水災；無爲、合肥、廬江、和州等四州縣四年分旱災；額徵銀三萬八千五百一十八兩有奇，米一千六百九十七石九斗有奇。（高宗一二三、一〇）

（乾隆五、七、戊子）緩徵安徽宣城縣並宣州衛本年分雹災額賦，兼賑飢民。（高宗一二三、一〇）

（乾隆五、一二、壬寅）蠲免安慶宣城、宣州二縣衛本年雹災錢糧。（高宗一三二、五）

（乾隆六、八、乙未）賑安徽宿州、壽州、鳳臺、鳳陽、臨淮、懷遠、虹縣、靈壁、穎上、霍邱、蒙城、泗州、盱眙、五河等十四州縣，鳳陽、鳳陽中、長淮、泗州、宿州等五衛水災飢民，并緩徵新舊額賦。（高宗一四八、六）

（乾隆六、一〇、戊申）諭：今年上江鳳陽等十六州縣，夏秋被水，有傷禾稼，且彼地土瘠民貧，連年被潦，朕心深爲軫念。著將勘實成災地畝應徵漕米漕項，照分年帶徵之例，緩至來歲分兩年帶徵。其勘未成災之地畝，亦被久雨淹浸，顆粒粃細，難以交倉。准照收銀之例，每石折銀一兩完納。至宿州、靈壁、虹縣三州縣被災更重，且屢年歉收，民情艱窘，尤當格外施恩，毋使輸將竭蹶。著將成災地畝應完漕米漕項，各照成災分數與地丁一體蠲免；其勘不成災之地畝，所有應完漕米漕項，亦准緩至來年帶徵。並將此三州縣及宿州衛勘不成災之地丁，亦准緩至來年麥收後開徵。俾閭閻無追呼之擾，官吏無催科之勞，得以專心於撫卹。該部可即傳諭該督撫遵行。尋戶部議准：安徽巡撫張楷疏報，宿州、靈壁、虹縣、鳳陽、臨淮、懷遠、壽州、鳳臺、定遠、穎上、霍邱、蒙城、亳州、阜陽、太和、五河、盱眙、天長、滁州、來安、全椒、和州、含山、無爲州、舒城廿五州縣，宿州、鳳陽、鳳陽中、長淮、泗州、滁州六衛被災軍民，加賑有差。宿州、靈壁、虹縣成災地畝，本年漕米漕項，均與蠲免；其三州縣勘不成災之地畝，本年漕米漕項、地丁錢糧，緩至來年帶徵。懷遠、壽州、鳳臺、定遠、穎上、霍邱、蒙城、亳州、阜陽、太和、五河、盱眙、天長、無爲州、舒城等處成災地畝本年漕米項，緩至來年帶徵；其勘不成災地畝，改折完漕。（高宗一五三、一）

（乾隆七、二、庚子）緩徵安徽鳳陽、穎州、泗州屬乾隆六年水災額賦，

兼帶徵銀米。(高宗一六〇、七)

（**乾隆七、五、庚申**）免安徽桐城、涇縣、太平、廬州府、舒城、廬江、六安、泗州、盱眙、天長、含山、廣德等十二府州縣乾隆三年旱災學田租銀。(高宗一六六、四)

（**乾隆七、八、辛卯**）戶部議准：安徽巡撫張楷疏報、鳳陽、懷遠、虹縣、靈壁、蒙城、五河等六縣被水，并霉爛二麥。其新舊錢糧，暫緩催徵；無力貧民，酌借籽種。至二麥歉收各戶，借給口糧一月。從之。(高宗一七二、一七)

（**乾隆七、一一**）[是月]安徽巡撫張楷奏：宿州、懷遠、虹縣、靈壁、鳳臺、阜陽、潁上、亳州、蒙城、太和、泗州、五河、天長等十三州縣，雖勘不成災，但未淹地畝無幾，收穫甚微。所有新舊錢糧，應概行停徵，統俟來歲熟後啟徵。其軍衛地畝，附屬各州縣境內者，一例辦理。得旨：是。應如是以蘇災黎、復元氣也。(高宗一七九、二四)

（**乾隆八、三、壬申**）戶部議覆：調任安徽巡撫喀爾吉善奏稱，鳳、潁、泗三屬各州縣衛，因被災蠲餘應徵銀米，例係分年帶徵之款。應如所奏，請旨豁免。至節年舊欠，係從前未完之項，未便如該撫所請，一併免徵。得旨：乾隆七年，上江鳳、潁、泗三府州屬，被災田地，除照例應免分數外，尚有蠲剩應徵地漕銀米，例係分年帶徵者，朕念該處積歉之後，又被水災，民力拮据，俱著加恩寬免。餘依議。(高宗一八七、六)

（**乾隆八、四、甲申**）免安徽壽州、宿州、鳳陽、臨淮、懷遠、定遠、虹縣、靈壁、鳳臺、阜陽、潁上、霍邱、亳州、蒙城、太和、泗州、盱眙、天長、五河、懷寧、桐城、宿松、望江、貴池、東流、六安、滁州、來安等二十八州縣，鳳陽、鳳中、長淮、泗州、安豐六衛本年水災額賦有差。(高宗一八八、五)

（**乾隆八、七、癸未**）貸安徽寧國、貴池、和州、含山等四州縣雹災飢民，并緩徵本年分額賦。(高宗一九六、五)

（**乾隆八、一〇、庚午**）緩安徽太平、壽州、鳳臺、鳳陽、懷遠、霍邱、泗州、盱眙、天長等九州縣及新安、鳳陽、鳳中、泗州、長淮等五衛水災軍民新舊額徵，並分別賑貸。(高宗二〇三、九)

（**乾隆八、一〇**）[是月]安徽巡撫范璨奏：鳳陽、泗州一帶，連年積歉，復被旱災；桐城、宣城、南陵、銅陵、繁昌、無為、廬江、臨淮、建平等九州縣，又皆被水。現在分別蠲緩賑卹。得旨：欲慰朕懷，必實力妥辦賑務，使小民不至失所，方能稍解飢溺之思而已。(高宗二〇三、二一)

（乾隆八、一一、庚辰）又諭：安徽省鳳、潁、泗三府州屬，壽、宿等二十四州縣衛，連年被災歉收，民生艱苦。朕加恩撫卹，蠲賑兼施，務期登之袵席。所有未完帶徵之舊欠，原降諭旨令俟民間元氣漸復之後，另行定限帶徵。今思此等地方，當積困之餘，既有本年應納之錢糧，又有昔年帶徵之舊項，勢難竭蹶輸將，深可軫念。著將鳳、潁、泗三府州屬壽、宿等二十四州縣衛，乾隆七年舊欠地漕銀兩，隨同新糧，於本年十月徵收；其六年以前現應帶徵地丁及折漕銀兩，緩俟甲子年麥熟後起限徵收；應改徵穀石之舊欠漕米，於秋收後起限徵收，仍照定例分年帶納。所有宿州、靈璧、虹縣、臨淮、懷遠、泗州、五河等七州縣五年以前未完帶徵銀兩，及漕項銀米，仍俟年歲屢豐後定限帶徵；其本年歲旱地方，照例另請停緩。如此，則民力得以稍紓，庶副朕撫綏養之意。該部即遵諭行。（高宗二〇四、四）

（乾隆八、一一、辛巳）賑貸安徽無爲州被水災民，蠲免本年額賦。（高宗二〇四、八）

（乾隆八、一一、丁亥）諭：今年上江所屬地方有旱潦偏災之處，如桐城、宣城、南陵、銅陵、繁昌、無爲、廬江、建平等八州縣所有勘實成災之地，朕心軫念。其應完漕糧漕項，著緩至來歲徵收，以免歲内催科。至壽州、鳳臺、鳳陽、懷遠、臨淮、泗州、盱眙等七州縣，雖成災止有五分，而地土瘠薄，連年荒歉之後，民力均覺艱難。著將此七州縣及坐落七州縣之衛田應完漕糧漕項，概行緩至來歲徵收，以紓民力。朕原降旨截留江南漕糧十萬石於本省，以補倉儲，今將所緩即算在截留之内，不過補倉略遲，而閭閻得以從容輸納，自可免於竭蹶。該部可速傳諭該督撫知之。（高宗二〇四、一二）

（乾隆八、一一、丁未）賑貸安徽壽州、鳳陽、懷遠、鳳臺、泗州、盱眙等六州縣及鳳中、長淮、泗州等三衛被旱軍民，緩徵新舊額賦。（高宗二〇五、一九）

（乾隆九、一、丙午）諭：上年上下兩江，秋收大概豐稔，間有偏災地方，朕已加恩蠲緩賑卹。其壽州、鳳臺、鳳陽、懷遠、臨淮、桐城、泗州、盱眙八州縣勘不成災地畝，所有新舊錢糧，原應照例催徵，但念該處連年積歉之後，雖未成災，收成不無歉薄。目下正當青黃不接之時，若仍事追呼，閭閻未免拮据。著將壽州等八州縣並坐落八州縣之衛田應納新舊錢糧，俱緩至本年麥熟後徵收，以示朕體卹烝黎之至意。該部即遵諭行。（高宗二〇九、一三）

（乾隆九、二、丙辰）蠲免安徽桐城、宣城、南陵、銅陵、繁昌、無爲、廬江、臨淮、建平等九州縣并無爲州歸衛田地上年水災額賦有差。（高宗二

一〇、一〇)

(乾隆九、六、甲寅)諭：安徽之鳳、潁、泗三府州屬，連災之後，朕屢經降旨，將舊欠銀糧，分別緩徵，俟豐收後起限收納。此時二麥登場，正宜催輸積欠之候，但查壽州等州縣衛，從前被災稍重，實為積困之區。若令新舊銀米，同時並徵，小民未免拮据。著將壽州、鳳陽、阜陽、亳州、蒙城、太和、盱眙、天長八州縣，並附入各州縣之鳳陽、鳳中、長淮、泗州、宿州五衛，應徵乾隆五年以前未完舊欠銀兩，緩俟六、七、八等年應徵民欠全完之後，啟限徵收，以紓民力。該部即遵諭行。(高宗二一八、七)

(乾隆九、八、庚戌)豁免安徽省雍正十三年分鳳、淮二倉項下未完銀米及常盈倉地租額。(高宗二二二、一一)

(乾隆九、九、戊寅)戶部議覆：安徽巡撫準泰疏報，安省六月以內，大雨時行，河水陡漲，鳳陽府屬之懷遠、壽州、鳳臺，潁州府屬之阜陽、潁上窪地被淹。又七月初四等日，風雨交作，蛟漲尤甚，徽州府屬之歙縣、休寧、婺源、績溪，寧國府屬之宣城、南陵、涇縣、寧國、旌德、太平，池州府屬之貴池、青陽、東流，太平府屬之蕪湖、繁昌，廣德州并所屬之建平一十七州縣，又安慶、宣州、建陽、鳳中四衛，田禾淹沒，民房、官舍、城垣，多有坍塌。現飛飭印官確勘，設法宣洩。各屬應完新舊錢糧，請暫行停緩；其不成災之處，照例酌借籽種口糧。仍將成災田畝，俟勘明分數，題請豁免。應如所請，分別極次大小飢口，動支存倉米賑卹。其歙、休、婺、績等四縣，該撫稱僻處萬山，市米缺少；應令各屬倉糧先儘本邑散賑外，不敷，即於鄰近州縣撥協。再貧生一項，如果被災不能謀生，亦應照乾隆三年諭旨，飭該教官造冊申送州縣，於存公項下，撥交本學勻給，事竣核實題銷。得旨：依議速行。(高宗二二四、七)

(乾隆九、一一、己卯)蠲賑安徽歙縣、休寧、婺源、績溪、宣城、南陵、涇縣、寧國、旌德、貴池、東流、蕪湖、鳳臺、鳳陽、懷遠、廣德、建平等十七州縣，安慶、宣州、建陽、鳳陽等四衛被水災民，並緩徵太平、青陽、繁昌、壽州、阜陽、潁上等六州縣新舊錢糧。(高宗二二八、七)

(乾隆九、一二、戊辰)蠲免安徽歙縣、休寧、婺源、績溪、宣城、南陵、涇縣、寧國、旌德、貴池、東流、蕪湖、鳳臺、懷遠、廣德、建平、鳳陽等十七州縣並安慶、宣州、建陽、鳳中等四衛被水災民本年額賦有差。(高宗二三一、一〇)

(乾隆一〇、六、庚戌)諭：據準泰奏稱，各省蠲免錢糧之例，凡遇特恩蠲免者，其耗羨仍舊輸納；若因水旱蠲免者，不得徵收耗羨。查安徽所屬鳳、潁、泗等處，從前連值災傷，乾隆七年又復被水，荷蒙天恩，於成災分數例免錢糧外，復將蠲餘應行帶徵地漕銀八萬九千二百餘兩、地漕米一萬一千八百餘石，俱奉特恩寬免。此原係因災而加之曠典，所有應徵耗羨銀九千一百七十四兩零，似應一例免徵。但從前未經奏明，難以遵辦等語。鳳、潁、泗等處蠲免帶徵地漕銀米一案，雖係特恩，實因彼地災傷而沛澤於格外者。所有應徵耗羨，亦著寬免。該部即速行文該省督撫遵諭行。(高宗二四二、一九)

(乾隆一〇、七、戊子) 緩徵安徽壽州、宿州、鳳陽、臨淮、懷遠、虹縣、靈璧、鳳臺、阜陽、潁上、泗州、五河等十二州縣，鳳陽、鳳中、宿州等三衛水災，鳳臺、潁上、蒙城等三縣雹災額賦，賑貸飢民。(高宗二四五、七)

(乾隆一〇、八)〔是月〕安徽巡撫魏定國奏：安省鳳、潁、泗等屬及鳳、宿等衛從前被水麥田，秋禾續報被淹，臣照例查明賑卹。其廣、滁、和等州屬間有淹漫之處，一體查辦。再，被水各州縣，應徵新舊錢糧，分別停緩，並設法疏消積水，俟應種麥時，酌借籽種。得旨：是。諸凡妥協撫卹，恐汝查察不能周到，須實力勉為之。(高宗二四七、一五)

(乾隆一〇、一一、己丑)〔戶部〕又議覆：安徽巡撫魏定國疏稱，宿州、鳳陽、臨淮、懷遠、虹縣、靈璧、鳳臺、阜陽、潁上、霍邱、亳州、蒙城、泗州、盱眙、五河、全椒、和州、含山、建平、合肥、太和等二十一州縣，鳳陽、鳳陽中、宿州、廬州、長淮等五衛秋禾被水成災。最重之宿州、靈璧、虹縣、亳州、蒙城應徵漕糧漕項，請按分蠲免；蠲剩者，緩至來秋帶徵。次重之鳳、臨等二十一縣衛，本年災田應完漕糧漕項并上年級徵漕糧，均緩至來秋，補徵搭運；未完節年漕項，分年帶徵。所奏與確勘實在情形、臨時請旨蠲緩例相符，應請旨遵行。被災各屬應支俸工驛站等項，錢糧既准蠲緩，應如該撫所請，於匣費內借給，來歲徵還。至鳳、潁、泗等府州屬，丙寅年應解河工錢糧，准借支司庫地丁銀，開徵歸還。得旨：依議。宿州等州縣衛應徵漕糧漕項等項，著照該撫所請速行。(高宗二五三、一〇)

(乾隆一一、五、己未) 又諭：江南上江之鳳、潁、泗三屬，上年被災各州縣衛，已加恩蠲賑頻施，今春又降旨分別加賑。今當麥收之後，所有舊欠錢糧，例應催徵完納。從前降旨，宿州等州縣舊欠錢糧，俟年歲屢豐後帶徵，鳳陽等州縣衛，舊欠錢糧，俟六、七、八等年民欠全完之後，起限徵收。但念宿州、鳳陽、臨寧、懷遠、虹縣、靈璧、鳳臺、阜陽、潁上、亳州、蒙城、太和、泗州、盱眙、五河、霍邱等十六州縣並鳳陽、鳳中、長淮、宿州等四衛，皆六、七等年連被災祲之區，上年又值歉收，若帶徵積年舊欠，民力未免拮据。所有宿州等二十州縣衛，今年麥收後，著只帶徵十年一年未完之項，其六年起至九年舊欠，均緩至戊辰年起，分年帶納。其霍邱縣五年以前舊欠，亦著俟六、七、八等年舊欠徵完之後，再行啟徵。該部即遵諭行。（高宗二六七、一四）

（**乾隆一一、七、丁未**）賑貸安徽靈璧縣被雹災民，并予緩徵。（高宗二七〇、二三）

（**乾隆一一、一〇、戊子**）戶部議覆：安徽巡撫潘思榘等疏稱，壽州、宿州、鳳陽、臨淮、懷遠、虹縣、靈璧、鳳臺、阜陽、潁上、霍邱、亳州、蒙城、太和、泗州、盱眙、五河、天長等十八州縣，鳳陽、鳳中、泗州、長淮、宿州等五衛被水成災地畝，所有應蠲錢糧，另行題豁外，其被災貧民貧生，分別極次給賑；衝塌房屋，並予修費；被淹城垣，動項興修；五河縣漫溢壩埂，一體估報搶築等語。均應如所請。又各州縣衛本年被災較重，請將漕糧漕項，照地丁之例，按分蠲免。至蠲剩銀米，緩至來秋帶徵。內壽州、虹縣、阜陽、霍邱、太和、天長等六州縣被災稍輕，本年漕糧漕項，緩至來秋補徵。各邑未完節年漕項銀米，統請分年帶徵，候旨遵行。得旨：依議。宿、壽等州縣衛應徵本年漕糧漕項及蠲剩銀米、未完節年漕項銀米，俱著照該撫等所請速行。（高宗二七七、二〇）

（**乾隆一一、一二、癸酉**）免安徽泗州水災學田額賦。（高宗二八〇、二二）

（**乾隆一二、三、庚子**）諭：朕普免天下錢糧，今歲係安徽輪免之年，聞該省有馬田稻租一項，係歸公官田，不在蠲免之列。但念民佃終歲勤動，不得一體邀恩，未免向隅。著加恩將馬稻租息，蠲免十分之三俾耕佃農民，均霑實惠。該部遵諭速行。（高宗二八六、一四）

（**乾隆一二、三、丙午**）免安徽壽州、宿州、鳳陽、臨淮、懷遠、虹縣、靈璧、鳳臺、阜陽、潁上、霍邱、亳州、蒙城、太和、泗州、盱眙、天長、五河等十八州縣，鳳陽、鳳中、長淮、宿州、泗州等五衛，并泗州續報學田，乾隆十一年分水災額徵銀七萬六千五百一十七兩有奇，米三百五十七石八斗有奇，麥五十二石九斗有奇。（高宗二八七、二）

（**乾隆一二、一〇、丙子**）諭：安徽宿、虹等處，秋禾被水成災，業經加恩賑卹。其漕項銀米，例應照常徵納。但思該地方積歉之餘，民間元氣未復，輸將未免拮据。所有宿州、靈璧、虹縣、宿州一衛，應徵漕項銀米，俱著暫緩徵收，俟來秋補徵搭運。其未完節年漕項，亦著停緩，照例分年帶徵，以紓民力。該部即遵諭行。（高宗三〇一、四）

（**乾隆一二、一二、辛酉**）加賑安徽歙縣、黟縣、績溪、宿州、靈璧、

虹縣并宿州衛本年水災飢民,並緩徵新舊錢糧;其應蠲額賦,命於明歲補蠲。(高宗三〇四、一〇)

(**乾隆一二、一二**)[是月]調任安徽巡撫潘思榘奏:查安省之宿州、靈璧、虹縣、臨淮、懷遠、泗州、五河等七州縣被災地方,土瘠民貧,生計艱難,即使屢豐,元氣未能驟復,新糧舊賦並輸,不免拮据。請將乾隆五年以前未完帶徵地漕等銀五萬八千四百一十七兩零,并隨正耗羨,一體豁免。得旨:所奏是。何不早奏,至今始留去後之思乎?(高宗三〇五、三五)

(**乾隆一三、三、癸巳**)蠲安徽歙縣、黟縣、績溪、宿州、虹縣、靈璧及宿州衛乾隆十二年被水田地銀四千二百兩有奇,米六十三石八斗有奇,豆十七石有奇。(高宗三一〇、二四)

(**乾隆一三、五、壬寅**)蠲免安徽旌德、合肥、來安、和州、含山、新安、廬州等七州縣衛十二年分旱災額賦有差。(高宗三一五、一〇)

(**乾隆一三、七、丙午**)貸安徽貴池、青陽、石埭、懷遠、阜陽、潁上、霍邱、泗州、盱眙、泗州衛等十州縣衛被水被雹貧民口糧籽種,并緩徵新舊錢糧。(高宗三一九、一八)

(**乾隆一三、一〇、癸卯**)緩徵安徽貴池、青陽、石埭、懷遠、阜陽、潁上、霍邱、泗州、盱眙、太平十州縣并泗州衛夏麥水雹成災地新舊錢糧,貸貧民口糧籽種。(高宗三二七、一五)

(**乾隆一四、三、癸丑**)緩徵安徽潁上、霍邱二縣乾隆十三年被水田畝應徵額賦。(高宗三三六、一三)

(**乾隆一四、五、丙辰**)免安徽阜陽、潁上、霍邱、鳳陽、懷遠、定遠、泗州、盱眙、來安并鳳陽中、長淮、泗州、滁州等十三州縣衛乾隆十三年分水旱災田地銀一萬一百七十兩有奇、米一千三十石有奇、豆二十石有奇。(高宗三四〇、二一)

(**乾隆一四、七、丙寅**)又諭:據黃廷桂奏稱,上江所屬之合肥、壽州、鳳臺、鳳陽、貴池、懷遠、靈璧、虹縣、滁州、全椒、和州、泗州、五河、臨淮、盱眙、鳳陽衛、長淮衛十七州縣衛俱各被水,其臨河窪下之處,秋成未免失望等語。今歲各路豐稔,該處雖屬偏災,但被水貧民,不無拮据。所有應完新舊錢糧,著加恩緩至明年麥熟後開徵,以紓民力。該部即遵諭速行。(高宗三四五、一〇)

(**乾隆一四、一〇、乙酉**)諭:今歲各省大概豐收,惟安徽省之壽州、鳳陽、臨淮、泗州、鳳臺、懷遠、五河、霍邱八州縣並坐落之鳳陽、鳳中、長淮、泗州等四衛,原係積歉之區,而本年六七月間,大雨疊降,被災稍重，未免向隅。再宿州、虹縣、靈璧三州縣及宿州衛，被災雖輕，民力不無拮据。應加恩將漕米漕項，分別蠲緩，以紓民力。著將壽州等八州縣及坐落之鳳陽等四衛，按成災分數，照例蠲免。其蠲剩銀米，著於次年帶徵搭運。再，宿州等三州縣及宿州衛，亦一併緩徵，俟至次年完納，以昭朕軫恤民依之意。該部即遵諭速行。（高宗三五〇、二三）

（**乾隆一五、三、戊午**）蠲安徽貴池、石埭、合肥、壽州、鳳臺、宿州、鳳陽、臨淮、懷遠、定遠、虹縣、靈璧、阜陽、潁上、霍邱、亳州、泗州、盱眙、五河、滁州、全椒、來安、和州等二十三州縣並廬州、鳳陽、鳳中、長淮、宿州、泗州、滁州等七衛乾隆十四年分水災田地額賦有差，並緩蠲餘帶徵及勘不成災新舊各項地丁銀米；賑恤借貸如例。（高宗三六〇、二三）

（**乾隆一五、四、乙未**）豁免安徽貴池、石埭、合肥、壽州、鳳臺、宿州、鳳陽、臨淮、懷遠、定遠、虹縣、靈璧、阜陽、潁上、霍邱、亳州、泗州、盱眙、五河、滁州、全椒、來安、和州等二十三州縣并廬州、鳳陽、鳳中、長淮、宿州、泗州、滁州等七衛，乾隆十四年分水災銀一萬七千六百九十七兩零，米一千三百八十四石零，麥五十四石零，豆五十二石。（高宗三六三、一九）

（**乾隆一六、辛酉**）免安慶壽州、鳳臺、宿州、鳳陽、臨淮、懷遠、定遠、虹縣、靈璧、阜陽、潁上、霍邱、亳州、蒙城、泗州、盱眙、五河、滁州、全椒、和州、含山、太和、鳳陽、長淮、滁州等二十五州縣衛乾隆十五年水災額賦，並緩應徵漕項銀米。（高宗三九三、一七）

（**乾隆一六、一〇、甲寅**）賑貸安徽歙縣、績溪、宣城、南陵、涇縣、寧國、旌德、太平、貴池、青陽、銅陵、壽州、和州、廣德、建平等十五州縣，宣州、建陽、鳳陽歸併原鳳中等三衛本年旱災，宿州、虹縣、靈璧等三州縣，長淮歸併原宿州衛本年水災貧民。并緩應徵新舊錢糧及借欠籽種口糧。（高宗四〇一、八）

（**乾隆一六、一二、辛亥**）緩徵安徽壽州、宿州、虹縣、靈璧、銅陵、廣德、建平、歙縣、績溪等九州縣本年水旱災應徵漕糧漕項銀米。（高宗四〇五、六）

（**乾隆一八、三、戊寅**）賑恤安徽壽州、鳳陽、臨淮、定遠、霍邱、泗州、盱眙、天長等八州縣及鳳陽、長淮、泗州等三衛乾隆十七年旱災飢民，並蠲緩額賦。其壽、定、霍、泗、盱、天等六州縣漕糧漕項銀米，鳳陽、臨淮二縣漕項銀及舊欠漕糧并衛田應徵新舊漕糧漕項，均予緩徵。（高宗四三五、一一）

（乾隆一九、三、庚午）蠲緩安徽太平、壽州、宿州、鳳陽、臨淮、懷遠、虹縣、靈壁、鳳臺、阜陽、潁上、霍邱、亳州、太和、泗州、盱眙、天長、五河、滁州、全椒等二十州縣，新安、鳳陽、長淮、泗州、滁州等五衛乾隆十八年水災應徵額賦，並予加賑；其應徵漕項銀米，除被災較輕之太平、滁州、全椒三州縣，新安、滁州二衛外，分別蠲免緩帶有差。（高宗四五九、七）

（乾隆一九、五、己丑）蠲緩安徽屬太平、壽州、宿州、鳳陽、臨淮、懷遠、虹縣、靈壁、鳳臺、阜陽、潁上、霍邱、亳州、太和、泗州、盱眙、天長、五河、滁州、全椒并新安、鳳陽、原鳳、中右、長淮等二十五州縣衛乾隆十八年分水災額賦。（高宗四六四、一四）

（乾隆一九、一〇、乙卯）賑卹安徽壽州、鳳陽、臨淮、懷遠、鳳臺、霍邱、泗州、盱眙、天長、五河、滁州、全椒、來安、和州、含山等十五州縣，長淮、鳳陽、泗州、滁州等四衛本年水災饑民，並停應徵新舊額賦及節年民欠籽種。其本年應徵并舊欠漕項銀米，除向無應徵漕米之全椒、來安、和州、含山、滁州并衛外，概予緩徵。（高宗四七四、一〇）

（乾隆二〇、二、癸亥）緩徵安徽壽州、鳳陽、臨淮、懷遠、鳳臺、霍邱、泗州、盱眙、天長、五河、滁州、全椒、來安、和州、含山等州縣并鳳陽、長淮、泗州、滁州等衛上年被水田地蠲剩銀米；分別加賑口糧、借給籽種。（高宗四八三、八）

（乾隆二〇、五、甲戌）免安徽壽州、鳳陽、臨淮、懷遠、鳳臺、霍邱、泗州、盱眙、天長、五河、滁州、全椒、來安、和州、含山、鳳陽、長淮、泗州、滁州等十九州縣衛水災額賦有差。（高宗四八八、一）

（乾隆二〇、一〇、丁巳）賑卹安徽無爲、合肥、廬江、巢縣、壽州、鳳臺、宿州、鳳陽、懷遠、定遠、虹縣、靈壁、阜陽、潁上、霍邱、亳州、蒙城、太和、泗州、盱眙、天長、五河、滁州、全椒、來安、和州、含山等二十七州縣，廬州、鳳陽、長淮、泗州、滁州等五衛本年水災饑民；並緩徵新舊錢糧。（高宗四九九、七）

（乾隆二一、三、戊子）戶部議奏：原任安徽巡撫鄂樂舜奏，宿州、靈壁、虹縣、懷遠、鳳臺、泗州、五河、臨淮、壽州、潁上、霍邱、盱眙、天長、阜陽、蒙城、太和、滁州、全椒、來安、和州、含山二十一州縣衛被災及勘成災田地應徵漕項銀米並舊欠，可否准與豁免。得旨：著照所請行。（高宗五〇九、一一）

（乾隆二一、七、戊辰）免安徽無爲、合肥、廬江、巢縣、壽州、宿州、鳳陽、懷遠、定遠、虹縣、靈壁、鳳臺、阜陽、潁上、霍邱、亳州、蒙城、太和、泗州、盱眙、天長、五河、滁州、全椒、來安、和州、含山等二十七州縣並廬州、鳳陽、長淮、泗州、滁州等衛乾隆二十年水災額賦銀一十一萬三百四兩有奇、米五千一百七十三石有奇、麥二百十九石有奇、豆七十五石有奇。（高宗五一六、二）

（**乾隆二一、閏九、甲寅**）戶部議准：安徽巡撫高晉疏稱，宿州、鳳陽、懷遠、虹縣、靈璧、壽州、鳳臺、泗州、盱眙、無為、鳳陽、長淮等十二州縣衛秋禾被水，應徵新舊錢糧並民借籽種口糧，均請停緩；其迫不及待之戶，先行撫卹一月口糧，涸出地畝無力窮農，借給籽種。得旨：依議速行。（高宗五二三、四）

（**乾隆二一、一二、己卯**）緩徵安徽宿州、虹縣、靈璧、鳳陽、鳳臺、懷遠、泗州、盱眙、五河、鳳陽衛、長淮等十一州縣衛新舊漕糧。（高宗五二九、二）

（**乾隆二二、五、庚申**）蠲免安徽鳳、泗二屬乾隆二十一年水災額賦有差。（高宗五三九、二八）

（**乾隆二二、七、乙巳**）賑貸安徽宿州、懷遠、虹縣、靈璧、鳳臺、泗州、盱眙、五河等八州縣，鳳、長二衛水災雹災饑民，併緩徵本年額賦。壽州、鳳陽、阜陽、潁上、霍邱、蒙城六州縣麥收歉薄，一併緩徵。（高宗五四二、四三）

（**乾隆二五、三、丁未**）蠲緩安徽懷寧、桐城、潛山、太湖、宿松、望江、婺源、虹縣、靈璧、泗州、盱眙、天長、五河、滁州、建平等十五州縣併泗州、滁州二衛乾隆二十四年水災蟲災額賦，分別賑卹。（高宗六〇八、三）

（**乾隆二五、一〇、丙戌**）撫卹安徽宿州、鳳陽、懷遠、虹縣、靈璧、鳳臺、泗州、盱眙、天長、五河等及鳳陽、長淮、泗州三衛等十三州縣衛本年被水災民，並予緩徵。（高宗六二二、一九）

（**乾隆二六、三、庚戌**）賑貸安徽宿州、鳳陽、懷遠、虹縣、靈璧、鳳臺、泗州、盱眙、天長、五河等十州縣，鳳陽、長淮、泗州等三衛乾隆二十五年水災饑民，並緩應徵額賦。（高宗六三二、一七）

（**乾隆二六、五、庚子**）諭：安省之宿州、鳳陽等各州縣衛，節年未完各項銀糧，應於二十五年完納，以去秋間被偏災，暫行緩至本年麥熟後徵收。今該省二麥收成，現在豐稔，理應按數輸將。但念新舊一時並徵，民力仍未免拮据。著再加恩將宿州、鳳陽等處未完地丁正雜銀兩並漕倉銀米，以及民借籽種口糧，俱於麥收時先徵一半，其餘一半，緩至秋成後再行徵收，俾小民得以從容輸納，以示體卹。該部遵諭速行。（高宗六三六、二）

（乾隆二六、一〇、癸巳）［户部］又議覆：安徽巡撫託庸疏稱，壽州、鳳陽并衛、懷遠、靈璧、鳳臺、阜陽、潁上、亳州、太和、泗州并衛、盱眙、天長、五河、長淮等十六州縣衛，本年水災，請將新舊錢糧、節年民借籽種及供支牛草各項暫停徵。靈璧縣耿工墊卸猝衝，先賑一月口糧。應如所題。其懷、靈等屬節欠漕項漕糧，係災田帶徵之款，請俟明年秋成，照限分年徵運。得旨：依議。懷、靈等屬未完節年舊欠漕項漕糧，著照該撫所請速行。（高宗六四七、二二）

（乾隆二七、一、丙申）又諭：安徽上年被災各屬，視河南雖屬較輕，但念被淹窪地，陸續涸出處所，現在難即翻犁播種，將來麥收難豫定，民力未免拮据。著加恩將此等災地漕糧漕項，照豫省之例，概行停緩，分作三年帶徵，以示軫念災黎至意。（高宗六五二、三）

（乾隆二七、三、癸亥）緩徵安徽靈璧、阜陽、潁上、亳州、太和、天長等六州縣民衛所地畝，乾隆二十六年分水災額糧。（高宗六五七、二二）

（乾隆二七、五、甲午）賦卹安徽壽州、鳳臺、鳳陽、懷遠、泗州、盱眙、五河七州縣及鳳陽、長淮、泗州三衛乾隆二十六年被水災民，並蠲緩額賦有差。（高宗六六〇、一）

（乾隆二七、五、癸卯）……減徵［安徽］虹縣、靈璧二縣次窪地五百三十九頃七十三畝則賦。（高宗六六〇、一二）

（乾隆二七、七、癸亥）蠲免安徽壽州、鳳臺、鳳陽、懷遠、靈璧、阜陽、潁上、亳州、太和、泗州、盱眙、天長、五河、鳳陽、長淮、泗州等十六州縣衛，乾隆二十六年被水田地二萬五千三百九十六頃有奇額賦。（高宗六六六、四）

（乾隆二八、二、壬寅）豁除安徽貴池縣乾隆十一年至二十三年未完丁損、豆折銀千一百二十兩有奇，米一千六百七十石有奇。（高宗六八〇、二九）

（乾隆二九、一〇、甲辰）賑卹安徽懷寧、桐城、太湖、宿松、望江、貴池、清陽、銅陵、東流、當塗、蕪湖、繁昌、無爲、廬江、巢縣、和州、安慶、廬州、建陽等十九州縣衛水災貧民，蠲緩新舊漕糧漕項各有差。（高宗七二一、一七）

（乾隆三〇、三、庚辰）蠲緩安徽桐城、太湖、宿松、望江、貴池、銅陵、東流、當塗、蕪湖、繁昌、無爲、廬江、巢縣、和州、含山及安慶、建陽、廬州等州縣衛，乾隆二十九年分水災民屯田地額賦有差。并緩徵被旱勘不成災之鳳陽縣新舊錢糧、舊欠籽種口糧。（高宗七三二、六）

（乾隆三〇、五、丁酉）免安徽懷寧、桐城、太湖、宿松、望江、貴池、銅陵、東流、當塗、蕪湖、繁昌、無爲、廬江、巢縣、和州、含山等州縣並建陽、廬州、安慶三衛，乾隆二十九年分水災民田蘆洲額賦。(高宗七三七、一二)

(**乾隆三一、一〇、辛酉**) 緩徵安徽安慶、懷寧、桐城、宿松、望江、貴池、銅陵、東流、當塗、蕪湖、繁昌、無爲、廬江、巢縣、靈璧、宿州、虹縣、泗州、慶陽、廬州等二十州縣衛本年水災額賦，分別賑貸有差。其應徵新舊漕項銀兩、漕糧，特予緩徵。(高宗七七一、一七)

(**乾隆三二、三、辛卯**) 賑卹安徽懷寧、桐城、宿松、望江、貴池、銅陵、東流、當塗、蕪湖、繁昌、無爲、廬江、巢縣、宿州、虹縣、靈璧、泗州等十七州縣及安慶、建陽、廬州三衛乾隆三十一年水災饑民，併蠲應徵額賦，緩徵蠲剩銀米有差。其勘不成災之鳳陽、懷遠、和州三州縣應徵新舊錢糧，併予緩徵。(高宗七八一、二四)

(**乾隆三二、一一、癸巳**) 蠲緩安徽桐城、懷寧、潛山、太湖、宿松、望江、南陵、貴池、青陽、銅陵、東流、當塗、蕪湖、繁昌、無爲、合肥、廬江、巢縣、壽州、鳳陽、懷遠、靈璧、鳳臺、泗州、盱眙、五河、和州、含山并安慶、建陽、廬州、鳳陽、長淮、泗州等三十四州縣衛本年被水災民額賦。(高宗七九八、二)

(**乾隆三三、二、辛巳**) 蠲免安徽懷寧、桐城、潛山、太湖、宿松、望江、貴池、青陽、銅陵、東流、當塗、蕪湖、繁昌、無爲、合肥、廬江、巢縣、壽州、鳳陽、懷遠、靈璧、鳳臺、泗州、盱眙、五河、和州、含山等二十七州縣，安慶、建陽、廬州、鳳陽、長淮、泗州等六衛乾隆三十二年水災田地六萬一千七百一頃有奇額賦。(高宗八〇五、二二)

(**乾隆三三、四、庚午**) 蠲免安徽安慶、池州、太平、廬州、鳳陽、泗州、和州七府州屬乾隆三十二年水災額賦。(高宗八〇八、二五)

(**乾隆三三、七、乙巳**) 蠲免安徽潛山、當塗、無爲等三州縣學田乾隆三十一年分水災額賦。(高宗八一五、二〇)

(**乾隆三四、三、戊申**) 蠲免安徽合肥、壽州、鳳陽、懷遠、定遠、霍邱、六安、霍山、泗州、盱眙、天長、滁州、全椒、來安、和州、含山等十六州縣及廬州、鳳陽、長淮、泗州、滁州等五衛乾隆三十三年分旱災額賦。(高宗八三一、一五)

(**乾隆三四、六、癸丑**) 蠲免安徽定遠、六安、泗州、滁州、全椒等五州縣乾隆三十三年旱災學田二十九頃八十三畝有奇額賦。(高宗八三六、二)

(**乾隆三四、一〇、乙丑**) 賑卹安徽懷寧、桐城、宿松、望江、貴池、銅陵、東流、當塗、蕪湖、繁昌、無爲、廬江、巢縣、和州、含山、太湖等十六州縣，安慶、建陽、廬州等三衛本年水災貧民，并蠲緩新舊額賦。（高宗八四五、九）

（乾隆三五、二、辛酉）緩徵安徽懷寧、桐城、宿松、望江、貴池、銅陵、東流、當塗、蕪湖、繁昌、無爲、安慶、建陽、廬州等十四州縣衛乾隆三十二、三、五等年緩徵帶徵蠲剩漕糧。（高宗八五二、二一）

（乾隆三五、七、丁未）蠲免安徽宣城、當塗、蕪湖、合肥、無爲等五州縣學乾隆三十四年水災學田租銀八十兩有奇。（高宗八六四、九）

（乾隆三五、七、癸酉）蠲免安徽懷寧、桐城、潛山、太湖、宿松、望江、宣城、南陵、貴池、青陽、銅陵、東流、當塗、蕪湖、繁昌、無爲、合肥、廬江、巢縣、滁州、全椒、來安、和州、含山、建平等二十五州縣及安慶、宣州、建陽、廬州四衛乾隆三十四年分水災額賦有差。（高宗八六五、二五）

（乾隆三七、四、甲申）免安徽鳳陽、定遠、靈璧、泗州、盱眙、五河等六州縣，鳳陽、長淮、泗州三衛乾隆三十六年分水災額賦。（高宗九〇七、一五）

（乾隆三八、六、丙申）諭：據裴宗錫奏，鳳陽府之鳳陽、壽州、鳳臺、懷遠、靈璧、虹縣等六州縣，泗州及所屬之盱眙、五河二縣，並鳳陽、長淮、泗州三衛，因本年春夏雨澤較多，湖河盛漲，以致沿河地畝被淹，而鳳陽、泗州、盱眙、五河四州縣，長淮、泗州二衛較重。現在分別查辦。此等瀕臨湖河之州縣衛，被水情形，雖各不同，并據稱上年豐稔之後，家有蓋藏，民情不致十分拮据。但二麥既已失收，若消涸稍遲者，不及補種秋禾，民食未免稍歉。著該撫查照被災輕重，酌借口糧籽種，以資接濟。所有新舊錢糧，並著照例緩徵。該撫其董飭所屬，實力經理，務令均霑實惠。該部即遵諭行。（高宗九三六、一二）

（乾隆三八、一〇、戊申）賑卹安徽壽州、鳳陽、懷遠、虹縣、靈璧、鳳臺、泗州、盱眙、五河、宿州、鳳陽、長淮、泗州等十三州縣衛本年水災饑民，并緩徵新舊錢糧。（高宗九四五、一五）

（乾隆三九、一〇、辛丑）蠲緩安徽合肥、定遠、泗州、盱眙、全椒、鳳陽、宿州、壽州、天長、滁州、懷遠、霍邱、六安、霍山、巢縣、五河並廬州、鳳陽、長淮、泗州等二十州縣衛本年水旱災民額賦。（高宗九六九、二一）

（乾隆四〇、二、癸未）蠲安徽合肥、定遠、泗州、盱眙、全椒、鳳陽、宿州、壽州、天長、滁州、懷遠、霍邱、六安、霍山等十四州縣，廬州、鳳陽、長淮、泗州四衛乾隆三十九年水旱災地額賦。並緩壽州、泗州、盱眙、鳳陽、宿州、懷遠六州縣，鳳陽、長淮、泗州三衛舊欠漕項，均予分年帶徵。(高宗九七六、九)

(**乾隆四〇、四、己卯**)蠲免安徽合肥、壽州、宿州、鳳陽、懷遠、定遠、霍邱、六安、霍山、泗州、盱眙、天長、滁州、全椒等十四州縣并廬州、鳳陽、長淮、泗州四衛乾隆三十九年旱災額賦。其被災較重者，給賑一月。(高宗九八〇、三)

(**乾隆四〇、一〇、乙未**)加賑安徽定遠、泗州、盱眙、天長、五河、滁州、來安、合肥、巢縣、鳳陽、虹縣、全椒、建平、懷寧、桐城、南陵、貴池、東流、當塗、蕪湖、繁昌、廬江、壽州、宿州、懷遠、靈璧、霍邱、六安、霍山、和州、含山、廣德並安慶、廬州、鳳陽、長淮、泗州、滁州、建陽等三十九州縣衛本年旱災貧民，併蠲緩額賦有差。(高宗九九三、一一)

(**乾隆四一、一、壬寅**)諭：據李質穎奏，安慶等府州屬，上年間被旱災，所有乾隆四十年分漕糧，已蒙緩至四十一年帶徵。其壽州、宿州、盱眙、懷遠四州縣，自三十八年後連被偏災，若統於四十一年新舊併徵，民力未免拮据等語。著加恩將壽州等四州縣所有乾隆三十八、九兩年積欠漕糧一萬四千九百餘石，緩至四十二、三兩年，分年帶徵，俾民力益紓，以副優卹窮黎之至意。(高宗一〇〇一、二三)

(**乾隆四一、三、乙未**)蠲免安徽懷寧、桐城、南陵、貴池、東流、當塗、蕪湖、繁昌、合肥、廬江、巢縣、壽州、宿州、鳳陽、懷遠、定遠、虹縣、靈璧、霍邱、六安、霍山、泗州、盱眙、天長、五河、滁州、全椒、來安、和州、含山、廣德、建平等三十二州縣并建陽、安慶、廬州、鳳陽、長淮、泗州、滁州等七衛乾隆四十年分水旱偏災額賦有差。(高宗一〇〇五、二〇)

(**乾隆四一、七、戊戌**)蠲免安徽桐城、鳳陽、臨淮、定遠、盱眙、滁州、全椒、廣德、建平等九州縣乾隆四十年被水學田九十五頃六十二畝有奇租銀。(高宗一〇一三、二四)

(**乾隆四一、一〇、辛酉**)戶部議覆：安徽巡撫閔鶚元疏稱，宿州、鳳陽、虹縣、靈璧、泗州、盱眙、天長、五河等八州縣并鳳陽、長淮、泗州三衛，被水成災，分別蠲緩賑卹。應如所題。得旨：依議。宿州等八州縣并坐落各州縣之鳳陽等三衛，本年災田應徵漕項及帶徵舊欠災緩漕項銀兩、本年漕糧及帶徵舊欠災緩漕糧，俱著照該撫所請速行。(高宗一〇一九、九)

(**乾隆四二、二、甲寅**)蠲免安徽宿州、鳳陽、虹縣、靈璧、泗州、盱眙、天長、五河八州縣，鳳陽、長河、泗州三衛乾隆四十一年水災額賦有

差。(高宗一〇二七、三)

（乾隆四二、四、辛酉）蠲免安徽宿州、鳳陽、虹縣、靈璧、泗州、盱眙、天長、五河八州縣，鳳陽、長淮、泗州三衛乾隆四十一年水災額賦。(高宗一〇三一、二三)

（乾隆四二、八、乙未）蠲免安徽鳳陽縣臨淮鄉乾隆四十一年水災學田一十一頃三十五畝額賦。(高宗一〇三八、二)

（乾隆四三、一〇、庚辰）賑卹安徽亳州、蒙城、阜陽、宿州、鳳陽、壽州、靈璧、懷遠、鳳臺、泗州、盱眙、天長、五河、定遠、和州、全椒、來安、當塗、蕪湖、繁昌、合肥、巢縣、廬江、霍邱、滁州、六安、含山等二十七州縣本年水災貧民，並緩徵漕項銀米有差。(高宗一〇六九、二五)

（乾隆四四、七、丁未）蠲免安徽鳳陽、當塗、臨淮、定遠、盱眙、全椒等縣乾隆四十三年分水旱成災學田八十五頃四十三畝有奇額賦。(高宗一〇八七、二〇)

（乾隆四四、一一、甲申）蠲緩安徽亳州、蒙城、懷遠、五河、宿州、鳳臺、鳳陽、靈璧、泗州、盱眙、壽州等十一州縣并鳳陽、長淮、泗州三衛本年水災地畝應徵帶徵額賦。(高宗一〇九四、三)

（乾隆四五、四、乙卯）緩徵安徽宿州、壽州、鳳陽、靈璧、鳳臺、泗州、盱眙等七州縣並鳳陽、長淮、泗州三衛乾隆四十四年水災舊欠額賦。(高宗一一〇四、八)

（乾隆四五、一一、丙戌）緩徵安徽泗州、宿州、靈璧、鳳陽、五河、壽州、鳳臺、盱眙、亳州等九州縣并泗州、鳳陽、長淮三衛本年水災地畝額賦。(高宗一一一八、一八)

（乾隆四六、三、乙亥）蠲安徽亳州、泗州、宿州、靈璧、鳳陽、五河、壽州、鳳臺、盱眙等九州縣及鳳陽、長淮、泗州等三衛乾隆四十五年水災額賦有差，其蠲剩銀併帶徵舊欠漕項銀米，均予緩徵。(高宗一一二六、一)

（乾隆四六、四、辛未）蠲免安徽壽州、宿州、鳳陽、靈璧、鳳臺、亳州、泗州、盱眙、五河九州縣，鳳陽、長淮、泗州三衛乾隆四十五年水災額賦有差。(高宗一一二九、二六)

（乾隆四六、一〇、癸巳）賑卹安徽靈璧、宿州、泗州、鳳陽、五河、壽州、鳳臺、懷遠、盱眙、懷寧、太湖、宿松、望江、東流、定遠、天長、滁州、全椒、來安並泗州、鳳陽、長淮、安慶、滁州等衛二十四州縣衛本年水旱災民，並分別蠲緩額賦有差。(高宗一一四三、二一)

（乾隆四七、五、庚戌）蠲免安徽懷寧、太湖、宿松、望江、東流、壽州、宿州、鳳陽、鳳臺、泗州、懷遠、靈璧、盱眙、天長、五河、滁州、全椒、來安等十八州縣并安慶、鳳陽、泗州、滁州、長淮等五衛乾隆四十六年水災額賦。（高宗一一五六二八）

（**乾隆四七、八、戊子**）蠲免安徽東流、鳳陽、盱眙、滁州、全椒等五州縣學田乾隆四十六年分水旱災額賦。（高宗一一六三、二〇）

（**乾隆四七、一〇、甲申**）賑安徽壽州、鳳臺、懷遠、鳳陽、靈璧、宿州、五河、泗州、盱眙、阜陽、潁上、霍邱、太和並鳳陽、長淮、泗州等十六州縣衛水旱災民，併蠲緩新舊錢糧漕米有差。（高宗一一六七、一一）

（**乾隆四八、三、壬寅**）緩徵安徽壽州、鳳臺、懷遠、鳳陽、靈璧、泗州、盱眙、五河、潁上、霍邱、天長等十一州縣，鳳陽、長淮、泗州等三衛乾隆四十七年分水旱災漕項銀米。（高宗一一七六、二〇）

（**乾隆四八、五、丙午**）蠲免安徽壽州、鳳陽、懷遠、靈璧、鳳臺、潁上、霍邱、泗州、盱眙、天長、五河十一州縣乾隆四十七年分水災額賦有差。（高宗一一八一、一）

（**乾隆四八、八、庚辰**）蠲免安徽鳳陽縣臨淮鄉并盱眙縣學田乾隆四十七年水災額賦有差。（高宗一一八七、七）

（**乾隆四九、閏三、戊寅**）蠲免安徽懷寧、桐城、宿松、望江、貴池、東流、靈璧、泗州、盱眙、天長等十州縣，安慶、鳳陽、泗州等三衛乾隆四十八年分水旱災額賦。其不成災之合肥、壽州、鳳陽、懷遠、定遠、鳳臺、五河、長淮等八州縣衛額賦，分別蠲緩有差。（高宗一二〇三、一五）

（**乾隆四九、六、癸丑**）蠲免安徽懷寧、桐城、宿松、望江、貴池、東流、靈璧、泗州、盱眙、天長十州縣，安慶、鳳陽、泗州三衛乾隆四十八年分水旱災額賦有差。（高宗一二〇九、三六）

（**乾隆四九、一〇、甲午**）又諭：據書麟奏，安省本年各屬秋成豐稔，其亳州及泗州等九屬，低田被淹，未能趕種秋麥等語。安省亳州等處，經豫省睢州漫水下注，田畝未免被淹，屢經降旨，令該撫確實查明撫卹。茲據奏，亳州及泗州等九屬，被淹低田，不能趕種冬麥。著該撫即率屬查明成災分數及應賑戶口，照例給賑，並將應徵新舊錢糧，分別蠲緩；其例不給賑者，酌給籽種口糧，以資接濟。至泗州、鳳陽、長淮三衛被災屯田，並著照坐落州縣一律妥協辦理，務使災黎均霑實惠，毋令一夫失所。該部即遵諭行。（高宗一二一六、三一）

（**乾隆五〇、七、丙寅**）諭：據書麟奏，安慶等各府州屬，自五月以後，雨澤愆期，田禾未能播種齊全，秋收勢已歉薄；查安省漕糧於明年即屆輪免之年，可否改於本年蠲免，俾全省旱霑闓澤等語。所奏甚是。本年安省各屬被旱較廣，業經疊次加恩緩徵，賞給口糧，並前後截漕十五萬石，以備賑卹。但雨澤既稀，農田秋收不免歉薄，民間口食自倍形拮据，著照所請，將安省乾隆五十一年應行輪免漕糧准其改於本年蠲免，俾閭閻無事輸將，得以安心耕作，以副朕軫念窮黎有加無已至意。該部即遵諭速行。（高宗一二三五、四）

（乾隆五〇、一〇、辛丑）加賑安徽亳州、蒙城、太和、阜陽、霍邱、宿州、潁上、靈璧、定遠、懷遠、壽州、鳳臺、鳳陽、泗州、盱眙、五河、天長、滁州、全椒、來安、廬江、巢縣、合肥、舒城、無為、銅陵、貴池、東流、建德、青陽、宜城、南陵、旌德、寧國、涇縣、太平、懷寧、桐城、宿松、太湖、潛山、望江、和州、含山、廣德、建平、當塗、蕪湖、繁昌、六安、霍山等五十一州縣并鳳陽、長淮、泗州、滁州、廬州、安慶、建陽、宜州、新安等九衛本年旱災貧民，並蠲緩漕項銀米有差。（高宗一二四一、一三）

（乾隆五一、三、丁卯）蠲緩安徽懷寧、桐城、潛山、太湖、宿松、望江、宣城、南陵、涇縣、寧國、旌德、太平、貴池、青陽、銅陵、建德、東流、當塗、蕪湖、繁昌、無為、合肥、舒城、廬江、巢縣、壽州、宿州、鳳陽、懷遠、定遠、靈璧、鳳臺、阜寧、霍邱、亳州、蒙城、太和、六安、霍山、泗州、盱眙、天長、五河、滁州、全椒、來安、和州、含山、廣德、建平及新安、宣州、建陽、安慶、廬州、鳳陽、長淮、泗州、滁州等五十九州縣衛乾隆五十年旱災額賦有差，並緩徵各州縣被災五分以上之附近鄉莊成熟田地及勘不成災之潁上縣錢糧。（高宗一二五一、一三）

（乾隆五一、七、辛酉）蠲緩安徽全省五十九州縣衛乾隆五十年分旱災地畝額賦有差。（高宗一二五九、一二）

（乾隆五一、八、戊辰）蠲免安徽寧國、涇縣、銅陵、建德、當塗、繁昌、無為、舒城、鳳陽、臨淮、定遠、盱眙、滁州、廣德等州縣乾隆五十年分旱災學田八十一頃六十六畝有奇額賦。（高宗一二六三、二四）

（乾隆五一、九）[是月]書麟又奏：安省本年雨澤過多，湖河並漲，五河、定遠、鳳陽、鳳臺、懷遠、泗水、盱眙、壽州、天長、靈璧、來安、全椒、滁州、合肥、廬江、巢縣、無為等十七州縣，蒙恩撫卹外，茲據藩司陳步瀛確勘已成偏災，應請給賑。再，鳳陽、長淮、泗州、滁州、廬州五衛被水屯田，照坐落州縣辦理，其新舊錢糧，請概予緩至來年徵收。得旨：一切賑卹，實力為之。（高宗一二六五、四二）

（乾隆五一、一一、癸酉）賑貸安徽合肥、廬江、無為、巢縣、鳳陽、懷遠、定遠、壽州、鳳臺、靈璧、滁州、全椒、來安、泗州、天長、盱眙、五河

十七州縣衛被水災民，緩徵新舊額賦及舊欠籽種口糧。（高宗一二六八、八）

　　（乾隆五二、一、甲戌）諭：據書麟奏，安徽安慶、廬州、鳳陽、潁州等府屬之十六州縣，應徵舊欠及歷年災緩錢糧等項，爲數較多，若同時並徵，民力不無拮据等語。安慶等府各屬，俱係災歉之後，去年春夏，雨水稍多，又災後疫氣交作，民間元氣未能遽復，若令新舊並徵，小民輸將，未免拮据。所有安慶府屬之懷寧、桐城、潛山、太湖、宿松、望江，廬州府屬之舒城，鳳陽府屬之宿州，潁州府屬之阜陽、潁上、亳州、蒙城、太和、霍邱，和州并所屬之含山等十六州縣，去年應徵舊欠及歷年災緩錢糧、借欠本折籽種口糧等項，俱著緩至今歲秋成後補徵，以紓民力。該部即遵諭行。（高宗一二七二、一〇）

　　（乾隆五二、九、壬申）免安徽無爲、廬江、定遠、鳳陽等四州縣乾隆五十一年分水災學田額賦有差。（高宗一二八八、一七）

　　（乾隆五二、一〇、壬寅）諭：據書麟奏，安徽亳州等十八州縣，連歲被災，又壽州等四州縣，亦係積歉之區，若將緩徵帶徵錢糧，同時並徵，民力未免拮据等語。安省亳州等處疊被災祲，本年睢州復有漫口之事，該處地居下游，又被淹浸，自應分別蠲緩，以紓民力。所有成災之亳州、蒙城、懷遠、鳳陽、靈璧、宿州、泗州、五河、盱眙、天長等十州縣及勘不成災之定遠、鳳臺、廬江、無爲、和州、含山、滁、椒等八州縣，其節年帶徵緩徵正雜錢糧及漕項漕米，著分別年限，遞行展緩。壽州、合肥、巢縣、來安四州、全州縣應徵五十年帶徵緩徵各項銀米，著隨同本年新糧徵收，其五十一年帶徵緩徵銀米，著緩至五十三年秋後開徵。俾小民次第輸將，以副朕軫念災黎至意。（高宗一二九〇、一一）

　　（乾隆五三、六、戊戌）蠲免安徽鳳陽、潁州、泗州、宿州四府州衛乾隆五十二年水災額賦有差。（高宗一三〇六、二二）

　　（乾隆五三、八、壬子）安徽巡撫陳用敷、布政使陳步瀛奏：安慶、廬州等九屬被水，臣等親往確勘。望江、銅陵、蕪湖、繁昌、無爲、和州較重，懷寧、桐城、宿松、東流、貴池、當塗、廬江次之，潛山、太湖、青陽、建德、泗州、盱眙、五河又次之。房屋間有坍塌，人口並未傷損。惟秋後積水尚深，已種未種之地，皆成一隅偏災。除已緩徵并給修費外，請俱酌量輕重，照例予賑。其勘不成災之巢縣、鳳陽、靈璧、宿州、懷遠、鳳臺、壽州、定遠、霍邱、亳州、蒙城、含山十二處，雖涸復尚速，民力未免拮据，亦請緩徵。又五月猝被蛟水之祁門、黟縣、休寧三縣，有沙壓甚重，不能及時挑復補種者，亦請分別緩徵給賑。得旨：覽奏稍慰。雖一隅偏災，按

（乾隆五三、九、癸酉）蠲安徽宿州、鳳陽、鳳陽衛、靈璧、懷遠、亳州、蒙城、泗州、泗州衛、盱眙、天長、五河、長淮衛、無爲、廬江、定遠、鳳臺、滁州、全椒、和州、含山二十一州縣衛乾隆五十二年水災額賦有差。（高宗一三一二、四九）

（乾隆五三、一一、辛酉）蠲緩安徽望江、懷寧、桐城、宿松、銅陵、東流、貴池、蕪湖、繁昌、當塗、無爲、和州、潛山、太湖、青陽、建德、廬江、巢縣、泗州、盱眙、五河、壽州、鳳陽、懷遠、定遠、靈璧、鳳臺、霍邱、亳州、蒙城、含山並安慶、建陽、泗州、長淮、鳳陽等衛三十六州縣衛本年被水災民額賦有差。（高宗一三一六、四）

（乾隆五四、六、丁巳）蠲免安徽安慶、徽州、池州、太平、廬州、泗州、和州等府州屬乾隆五十三年水災額賦。（高宗一三二二、七）

（乾隆五四、八、丁卯）蠲免安徽懷寧、祁門、當塗、蕪湖、繁昌、銅陵、無爲、建德、廬江等九州縣乾隆五十三年學田水災額賦。（高宗一三三六、二二）

（乾隆五四、一一、丙戌）諭曰：陳用敷奏，安徽省江北各屬，連年俱被偏災，舊欠銀米，業經分別遞緩催徵。本年宿州、靈璧等處，因黃水漫注，又被偏災，除被水各州縣外，其餘各處，尚屬有收。惟所欠各款錢糧及隨漕銀米等項，連年積壓，爲數較多，同時並徵，民力不無拮据等語。安省鳳、潁等屬，本有積欠銀米，本年宿州、靈璧等州縣，又被黃水偏災，雖該處亦有秋收成熟地方，但積欠既多，若同時新舊並徵，閭閻生計不無竭蹶。所有本年秋收成熟之懷寧、無爲、廬江、巢縣、定遠、壽州、鳳臺等七州縣積欠地丁、隨漕及借給籽種口糧等項應徵銀米，著加恩自五十四年起，分限四年帶徵。其被災歉收之宿州、靈璧、泗州、盱眙、五河、鳳陽、懷遠、霍邱、亳州、蒙城、太和等十一州縣及鳳陽、長淮、泗州三衛積欠各銀米，竟予寬免。以副朕軫念民依有加無已之至意。該部即遵諭行。（高宗一三四二、九）

（乾隆五五、四、乙丑）蠲緩安徽宿州、靈璧、泗州、盱眙、五河等五州縣并鳳陽、長淮、泗州等三衛乾隆五十四年分水災田畝額賦有差。（高宗一三五二、二八）

（乾隆五六、二、壬申）緩徵安徽宿州、靈璧、泗州并舊虹、盱眙、五河等五州縣，鳳陽、長淮、泗州等三衛乾隆五十五年分被水成災額賦及民欠籽種。（高宗一三七三、二二）

（乾隆五六、三、乙酉）又諭曰：朱珪奏，安徽和州、安慶衛積欠南北蘆課等項銀兩，因該州衛連年間被淹浸，民間元氣未復，若將緩帶錢糧同時並徵，民力未免拮据等語。和州、安慶衛於五十二、三等年被水淹浸，所有新舊應徵銀米，業經加恩遞緩。第念該處連年疊被水淹，民間元氣未能驟復，加之應徵五十五年新糧，若仍新舊一時並徵，恐民力實有不逮。著再加恩將和州未完災緩帶徵南屯米折銀一萬五千餘兩，安慶衛未完災緩蘆課銀四千二百餘兩，俱以五十五年起，分限三年帶徵。俾小民按限輸將，無虞竭蹙，以示朕惠愛閭閻有加無已之至意。該部知道。（高宗一三七四、二七）

（乾隆五六、七、己亥）蠲緩安徽宿州、靈璧、泗州、舊虹、盱眙、五河、舒城、定遠、壽州、鳳臺、懷遠、霍邱、天長、滁州、全椒、來安等十六州縣并鳳陽、長淮、泗州三衛乾隆五十五年分水災額賦有差。（高宗一三八三、二七）

（乾隆五六、九、丙申）諭曰：朱珪奏，安徽鳳陽、潁州、泗州等府屬州縣低窪之區，本年夏間雨水稍多，間有淹浸，雖經涸復補種，收成未免歉薄等語。鳳、潁等府屬各州縣，本年窪地遇水，收成既經歉薄，除應完本年漕糧耗羨等項外，其應行帶徵舊欠錢糧，為數尚多，若令同時輸納，民力不無拮据。所有鳳陽、宿州、靈璧、亳州、霍邱、盱眙等六州縣低窪村莊地畝應完五十四、五兩年地丁屯折漕糧漕項等款舊欠銀米，併天長縣自四十八年起至五十五年止歷年舊欠銀米，俱著加恩緩至來年秋後徵收。又，壽州自五十年起至五十三年止，定遠、鳳臺二縣，鳳陽、長淮二衛，自四十八年起至五十三年止，分限應徵歷欠銀米，所有低窪村莊地畝，均照原限，展緩至五十七年開徵。其餘應完分限帶徵銀米，以次遞緩。又五十四、五兩年舊欠銀米，亦著緩至來年秋後徵收，以紓民力。該撫務須督飭所屬，實心經理，俾小民益資寬裕，以副朕軫念窮簷有加無已至意。該部即遵諭行。（高宗一三八七、一七）

（乾隆五七、九、己酉）諭：據朱珪奏，本年安慶府屬之桐城等縣、鳳陽府屬之壽州等州縣高阜地畝，夏秋俱獲豐收，惟濱江沿淮低窪之區，因夏間雨水稍多，間有漫溢沙壅之處，收成未免歉薄等語。安徽省壽州、鳳陽等州縣衛，原係積歉之區，本年窪地又經過水，其桐城、潛山二縣并安慶衛沿江地畝，因五月間雨多江漲，水衝沙壅，雖據該撫勘不成災，收成究屬歉薄，若將新舊錢糧同時並徵，民力未免拮据。除桐城、潛山二縣并安慶衛本年丁地新糧現值輪應蠲免外，所有桐城縣并安慶衛自四十八年起至五十六年止，潛山縣自五十年起至五十六年止，各低窪村莊節年未完舊欠丁地蘆課各項，及隨徵耗羨等款，俱著加恩，緩至來年秋成後徵收。其鳳陽、靈璧、宿州三州縣低窪村莊應完五十四、五、六等三年丁地屯折各項及隨徵耗羨等款，又壽州自五十年起至五十三年止，定遠、鳳臺二縣並鳳陽、長淮二衛自四十八年起至五十三年止，低窪村莊分限應徵歷欠銀米，及五十四、五、六等三年舊欠錢糧，並著加恩，分別展緩至五十八年秋成後啟徵，以紓民力。該撫務須督飭所屬，實心經理，毋使吏胥從中滋弊，以副朕軫念良依至意。該部知道。（高宗一四一二、三二）

（**乾隆五八、九、丙午**）諭曰：朱珪奏，安慶、池州等府屬濱江臨湖地方，因夏間雨水稍多，江淮盛漲，間有漫溢沙壅之處，收成歉薄等語。本年安徽省各屬秋成，約計八分，尚屬豐稔，唯夏間雨水稍多，山水驟發，江淮盛漲，其濱臨江湖低窪處所，積水未能全消，以致收成歉薄，民力未免拮据。所有被水稍重之無爲州，著賞借兩月口糧，銅陵、繁昌二縣，著賞借一月口糧，以資接濟。該撫務須督飭該州縣，覆實按戶給放，俾閭閻均霑實惠，毋任吏胥侵漁滋弊。至懷寧、桐城等二十八州縣衛，被水後雖已涸復補種，秋收究屬歉薄。除貴池、銅陵、東流、無爲、廬江等五州縣本年地丁新糧現值輪蠲外，尚有應徵漕糧漕項、南屯米麥豆折蘆課、津貼加津等項，並節年舊欠錢糧及因災借帑各項；又懷寧、桐城、潛山、望江、蕪湖、繁昌、壽州、宿州、鳳陽、懷遠、定遠、靈璧、鳳臺、泗州、盱眙、天長、五河、和州等十八州縣並安慶、建陽、鳳陽、長淮、河州等五衛村莊低窪田畝，應徵本年新賦及節年因災緩帶舊欠錢糧並借欠各項；均著緩至來年秋成後，分別遞展啟徵，以紓民力。其應徵新舊漕糧漕項銀米，亦著緩至來年秋成後徵收，俾民力益資寬裕，以副朕軫念民依有加無已至意。該部即遵諭行。（高宗一四三七、一）

（**乾隆五九、一〇、庚申**）諭曰：周樽奏，遵旨查明鳳陽、泗州二屬，因夏秋連得大雨，峰山閘減洩，上游河流下注；又，安慶、池州府屬八月連雨，上游江水下注，低窪地畝，俱未免被淹減收等語。鳳陽、泗州本係積歉之區，安慶、池州上年亦屬被水歉收，本年復因雨水稍多，江河漲發，低窪地畝，收成歉薄。若將新舊錢糧，照舊徵收，民力未免拮据。著加恩將懷寧、桐城、潛山、宿松、望江、貴池、銅陵、東流、壽州、宿州、鳳陽、懷遠、定遠、靈璧、鳳臺、泗州、盱眙、天長、五河等十九州縣並安慶、鳳陽、長淮、泗州等四衛被水村莊，應徵本年地丁南屯米麥豆折蘆課津貼屯折並歷年舊欠錢糧，及因災借帑各項，均緩至來年秋成後遞展啟徵。其應徵新舊漕糧漕項銀米，亦緩至來年秋成後，與新漕一併搭運。俾民力益臻寬裕，以示朕廑念窮黎恩加無已至意。該部知道。（高宗一四六二、一四）

（乾隆六〇、二、丙子）諭：前經降旨，普免天下積欠錢糧，令各督撫查明具奏。茲據蘇凌阿等奏，安省節年民欠及因災緩帶地丁漕糧正耗並借帑及出借社倉穀米秋豆未完各數，開單呈覽。所有安徽省各州縣衛節年民欠、因災帶緩未完地丁漕項正耗並借帑等銀一百三十五萬五千四百七十六兩零、漕南正耗等米麥一十二萬六千二十石零、未完災緩歸補常平米三千四十二石零、未完出借社倉穀米秋豆二萬三千八百六十三石零，俱著加恩豁免，以示朕普惠閭閻緩恩施無已至意。（高宗一四七一、一六）

（乾隆六〇、閏三、庚申）諭：據周樽奏，本年安徽省漕糧，輪應蠲免，所有隨漕各項，分別徵緩等語。向來免漕之年，仍有應徵隨漕一切贈月兵孤、南屯本色正耗米麥等項，安徽省輪應免漕，其隨漕各項，自應分別緩徵。除該省辦理運漕糧及向無正漕各府州縣，隨漕應完銀米照舊徵收外，所有寧國、旌德、太平、英山四縣民折官辦之行月贈米，應俟下年再行徵辦。該部知道。（高宗一四七四、二三）

（嘉慶一、九、丁未）賑安徽宿、靈璧、鳳陽、泗、盱眙五州縣被水災民，緩徵本年額賦；又緩徵壽、鳳臺、懷遠、定遠、亳、太和、天長七州縣本年額賦。（仁宗九、二）

（嘉慶二、八、己未）賑安徽宿、靈璧、泗、五河、盱眙五州縣被水災民，并緩徵鳳陽、懷遠、壽、鳳臺四州縣、村莊新舊額賦。（仁宗二一、一二）

（嘉慶二、九、癸未）緩徵安徽合肥、定遠、巢、來安、全椒、壽六州縣旱災新舊額賦。（仁宗二二、一二）

（嘉慶二、一〇、庚申）賑安徽合肥、定遠二縣被旱災民，並緩徵巢、來安、全椒、壽四州縣衛新舊額賦。（仁宗二三、一六）

（嘉慶三、一一、甲子）賑安徽亳、蒙城、太和、懷遠、鳳陽、五河、盱眙七州縣并鳳陽、長淮、泗州三衛被水災民，緩徵壽、宿、定遠、鳳臺、靈璧、泗、天長七州縣新舊額賦。（仁宗三六、二）

（嘉慶四、九、甲戌）賑安徽宿、靈璧、泗、鳳陽、懷遠、盱眙、五河七州縣被水災民，並緩徵定遠、壽、鳳臺三州縣本年額賦。（仁宗五二、九）

（嘉慶五、八、丁丑）加賑安徽宿、靈璧、泗三州縣被水災民，並緩徵懷寧、桐城、潛山、宜城、南陵、貴池、銅陵、當塗、蕪湖、繁昌、廬江、和、含山、滁、全椒、來安、建平、鳳陽、懷遠、壽、鳳臺、定遠、盱眙、五河二十四州縣新舊漕糧額賦。（仁宗七三、二〇）

（嘉慶六、五、戊子）免安徽宿、靈璧、泗三州縣衛本年水災額賦有差。（仁宗八三、一七）

（嘉慶六、七、甲辰）緩徵安徽宿、靈璧、鳳陽、泗、盱眙、五河六州縣，鳳陽、長淮、泗州三衛舊欠額賦漕糧。（仁宗八五、三〇）

（嘉慶六、九、己丑）緩徵安徽懷寧、桐城、潛山、壽、鳳臺、定遠、懷遠、滁、全椒、宿、靈璧、鳳陽、盱眙、五河十四州縣，安慶、鳳陽、長淮、泗州四衛水災新舊額賦。（仁宗八七、一四）

（嘉慶七、九、己丑）賑安徽望江、宣城、南陵、涇、貴池、青陽、石埭、建德、東流、銅陵、鳳陽、壽、鳳臺、定遠、懷遠十五州縣被水被旱災民；並緩徵懷寧、桐城、潛山、宿松、寧國、太平、蕪湖、繁昌、合肥、廬江、巢、靈璧、宿、泗、盱眙、天長、五河、滁、全椒、來安、和、廣德二十二州縣，安慶、宣州等衛本年額賦。（仁宗一〇三、二〇）

（嘉慶七、一〇、癸亥）緩徵安徽太湖縣旱災新舊額賦。（仁宗一〇四、一九）

（嘉慶八、七、辛亥）免安徽望江、宣城、南陵、涇、貴池、青陽、銅陵、石埭、建德、東流、壽、宿、鳳陽、懷遠、定遠、靈璧、鳳臺、泗、盱眙、五河二十州縣並新安、宣州、建陽、安慶、鳳陽、長淮、泗州七衛上年被旱被水災民額賦。（仁宗一一七、一〇）

（嘉慶八、八、丁卯）免安徽疊被水災復經賊匪滋擾之宿州並長淮、宿州二衛舊欠漕項額賦。（仁宗一一八、二一）

（嘉慶八、九、丙申）免安徽涇、青陽、銅陵、建德、東流、鳳陽、定遠七縣旱災學田額賦。（仁宗一二〇、六）

（嘉慶八、九、乙卯）復緩徵安徽懷寧、桐城、潛山、滁、全椒、宣城、南陵、貴池、銅陵、蕪湖、繁昌、廬江、來安、和十四州縣，安慶、宣州、建陽三衛歷年被災遞緩額賦。（仁宗一二一、二二）

（嘉慶八、一一、甲戌）緩徵安徽鳳陽、壽、鳳臺、懷遠、定遠、泗、盱眙、五河、宿、靈璧、天長十一州縣及各衛水災新舊漕糧額賦。（仁宗一二二、一〇）

（嘉慶九、七、庚戌）緩徵安徽懷寧、桐城、潛山、太湖、宿松、望江、貴池、青陽、銅陵、東流、宣城、南陵、當塗、蕪湖、繁昌、無為、廬江、和、含山、全椒二十州縣水災新舊額賦，給廬江、東關等二十二保災民一月口糧。（仁宗一三二、二〇）

（嘉慶九、九、乙巳）緩徵安徽巢、鳳陽、懷遠、定遠、壽、鳳臺、宿、靈璧、泗、盱眙、天長、五河十二州縣水災新舊額賦漕糧，給貴池、青陽、銅陵、東流、當塗、蕪湖、繁昌、無為、廬江九州縣貧民一月口糧。（仁宗

一三四、一九)

（嘉慶一〇、九、癸丑）緩徵安徽懷寧、銅陵、無爲、鳳陽、懷遠、定遠、壽、鳳臺、宿、靈壁、和、泗、盱眙、天長、五河十五州縣水災旱災新舊額賦。(仁宗一五〇、三)

（嘉慶一〇、九、丁丑）展緩安徽全椒、宣城、南陵、貴池、蕪湖、繁昌、廬江、望江、青陽、東流、當塗十一縣及坐落各衛帶徵歷年額賦有差。(仁宗一五〇、三六)

（嘉慶一〇、九、丁丑）給安徽鳳陽、鳳臺、五河、懷遠、壽、泗、天長七州縣水旱災民一月口糧，並緩徵桐城、潛山、蒙城三縣本年額賦。(仁宗一五〇、三六)

（嘉慶一一、七、庚戌）緩徵安徽壽、鳳臺、宿、南平、靈壁、定遠、天長、泗、盱眙、五河、鳳陽、懷遠十二廳州縣水災新舊額賦漕糧。(仁宗一六四、四)

（嘉慶一一、九、壬戌）展緩安徽懷寧、桐城、潛山、銅陵、和、無爲、蒙城七州縣疊被水災旱災帶徵節年額賦漕糧及各項銀米。(仁宗一六七、六)

（嘉慶一二、六、戊子）緩徵安徽宿、南平、靈壁、鳳陽、懷遠、定遠、亳、蒙城、泗、盱眙、五河十一廳州縣歉收地方新舊額賦漕糧。(仁宗一八二、六)

（嘉慶一二、七、壬子）緩徵安徽當塗、蕪湖、繁昌、東流、天長、潛山六縣水災本年額賦。(仁宗一八三、三〇)

（嘉慶一二、一〇、庚午）緩徵安徽懷寧、桐城、太湖、望江、青陽、銅陵、建德、合肥、全椒、建平、和、壽、鳳臺、霍邱、六安、盱眙、靈壁、潛山十八州縣水災旱災新舊額賦，並給鳳臺、壽、霍邱、六安、鳳陽、懷遠、天長、霍山八州縣軍民一月口糧。(仁宗一八六、二)

（嘉慶一三、七、壬辰）給安徽潛山、懷寧、霍山、和、全椒五州縣被水災民一月口糧，並緩徵新舊額賦。(仁宗一九九、二二)

（嘉慶一四、一〇、庚戌）蠲緩安徽盱眙、天長、鳳陽、宿、靈壁、泗、五河、桐城、懷寧、潛山、太湖、壽、鳳臺、定遠、懷遠、東流十六州縣及屯坐各衛水災旱災新舊額賦漕糧有差，並賑盱眙、天長、鳳陽、宿、靈壁、泗、五河七州縣及屯坐各衛貧民。(仁宗二一九、二九)

（嘉慶一四、一二、壬辰）緩徵安徽無爲、廬江二州縣疊被水災旱災帶徵額賦漕糧。(仁宗二二二、七)

（嘉慶一五、一〇、己酉）賑安徽泗、盱眙、天長、五河、靈壁五州縣，鳳陽、泗州二衛被水被旱災民，並蠲緩泗、盱眙、天長、潛山、宣城、南陵、繁昌、宿、鳳陽、懷遠、定遠、靈璧、五河、和、懷寧、桐城、壽、鳳臺、當塗、太湖、東流二十一州縣新舊額賦有差。(仁宗二三五、三一)

（嘉慶一六、一〇、己未）緩徵安徽泗、宿、靈璧、五河四州縣節年帶徵額賦，並給房屋修費。蠲緩盱眙、霍邱、全椒、合肥、廬江、壽、鳳陽、定遠、鳳臺、天長、舒城、桐城、巢、無為、懷寧、潛山、太湖、望江、東流、涇、蕪湖、繁昌、懷遠、六安、滁、來安、和、含山、霍山、當塗三十州縣暨屯坐各衛水災旱災新舊額賦有差，並給盱眙、霍邱、全椒、合肥、廬江、桐城、壽、鳳陽、定遠、鳳臺十州縣災民一月口糧，並貸舒城、巢二縣籽種。(仁宗二四九、一四)

（嘉慶一七、一〇、己巳）緩徵安徽潛山、盱眙、天長、五河、壽、鳳陽、懷遠、定遠、鳳臺九州縣及屯坐各衛本年水災旱災新舊額賦，懷寧、桐城、太湖、涇、東流、當塗、蕪湖、繁昌、無為、合肥、廬江、巢、和十三州縣帶徵額賦，並給宿、泗、盱眙、天長、五河五州縣，泗州衛軍民口糧有差。(仁宗二六二、二〇)

（嘉慶一七、一二、壬戌）緩徵安徽省積欠未完銀並宿、靈璧、泗、五河四州縣上年水災新舊額賦。(仁宗二六四、二七)

（嘉慶一八、一一、壬午）免安徽亳、蒙城、懷遠、鳳陽、宿、盱眙、五河七州縣水災旱災額賦，並緩徵靈璧、定遠、壽、鳳臺、潛山、太湖、宿松、望江、東流、繁昌、桐城、阜陽、懷寧、當塗、蕪湖、無為、廬江、巢、天長十九州縣新舊漕糧額賦有差。賑亳、蒙城、懷遠、鳳陽、宿五州縣災民，給泗、盱眙、五河、鳳陽、靈璧五州縣暨屯坐各衛一月口糧。(仁宗二七九、一一)

（嘉慶一九、一〇、壬申）賑安徽合肥、廬江、無為、巢、桐城、銅陵、鳳陽、壽、鳳臺、懷遠、定遠、蒙城、霍邱、六安、霍山、泗、盱眙、五河、天長、滁、全椒、來安二十二州縣及屯坐各衛被水被旱災民；給亳、壽、宿、靈璧、泗、無為、潛山、舒城、寧國、東流、和、繁昌、含山、貴池、建德十五州縣災民一月口糧，並蠲緩額賦漕糧有差；緩徵懷寧、太湖、宿、松、宣城、南陵、旌德、寧國、涇、太平、貴池、青陽、建德、當塗、蕪湖、阜陽、太和十六縣新舊額賦。(仁宗二九八、一六)

（嘉慶二〇、一〇、庚辰）給安徽五河、鳳陽、懷遠、靈璧四縣及泗州衛被旱災民口糧，並蠲緩泗、桐城、潛山、南陵、蕪湖、無為、巢、壽、宿、鳳陽、懷遠、靈璧、鳳臺、盱眙、五河、天長、滁、全椒、和、含山、懷寧、合肥、蒙城、涇、貴池、當塗、繁昌、太湖、望江、東流、廬江、亳三十二州縣及屯坐各衛新舊額賦有差。(仁宗三一一、二七)

(**嘉慶二一、一一、己未**)賑安徽宿、靈璧、懷遠、鳳陽、泗、五河六州縣及屯坐各衛水旱災民，並緩徵宿、靈璧、懷遠、鳳陽、泗、五河、壽、定遠、鳳臺、盱眙、天長、無為、蕪湖、繁昌、潛山、蒙城、懷寧、太湖、廬江、當塗、和、巢、東流、桐城、太和、亳二十六州縣及鳳陽、長淮、泗州、建陽四衛新舊額賦有差。(仁宗三二四、一四)

(**嘉慶二二、一一、乙巳**)給安徽五河、鳳陽、靈璧、宿、懷遠、泗六州縣及屯坐各衛被水災民一月口糧，並蠲緩五河、鳳陽、靈璧、宿、懷遠、泗、盱眙、天長、壽、鳳臺、定遠、潛山、蕪湖、懷寧、東流、當塗、繁昌、無為、巢、廬江二十州縣及建陽、泗州、鳳陽、長淮四衛新舊額賦借欠籽種口糧有差。(仁宗三三六、三)

(**嘉慶二三、一一、庚子**)免安徽宿、靈璧、泗三州縣，鳳陽、長淮、泗州三衛旱災水災本年額賦有差，並緩徵來年額賦及舊欠籽種俸工等項。緩徵五河、盱眙、天長、鳳陽、懷遠、壽、鳳臺、潛山、蕪湖、繁昌、定遠、和、懷寧、桐城、當塗、無為、巢、廬江十八州縣及建陽衛本年額賦並積欠銀米籽種口糧有差；賑宿、靈璧、泗三州縣災民，給靈璧、泗、五河、盱眙、天長、鳳陽、懷遠七州縣貧民一月口糧。(仁宗三四九、一○)

(**嘉慶二四、一一、丙子**)緩徵安徽太湖、望江、阜陽、盱眙、天長、壽、宿、定遠、桐城、潛山十州縣及屯坐各衛水災旱災本年及上年額賦；賑亳、蒙城、太和、懷遠、鳳陽、靈璧、鳳臺、五河、泗九州縣及屯坐各衛災民，並給泗、亳、蒙城、太和、盱眙、天長六州縣勘不成災地方貧民一月口糧。(仁宗三六四、二三)

15. 江西

(**順治六、六、乙卯**)免江西全省四年分，南昌、新建五年分漕課。其餘被兵州縣，重者免五年分租賦，輕者免五年分租賦之半。(世祖四四、二六)

(**順治六、一○、己亥**)免江西六年以前明季加增遼餉銀兩。(世祖四六、一八)

(**順治一○、一一、己未**)戶部議：江西省五十四州縣旱災，應照江南例，酌免無漕糧州縣錢糧。從之。(世祖七九、一四)

(**順治一一、二、戊寅**)免江西缺丁銀四萬七千二百八十九兩有奇。(世祖八一、九)

（**順治一三、一、乙巳**）江西巡撫郎廷佐奏言：江省地瘠民疲，頻遭水旱，請照直隸八府例，蠲免八、九、十、十一年分錢糧。……得旨：江西水旱頻仍，深可軫念。八年拖欠錢糧，著蠲免。（世祖九七、一一）

（**順治一三、八、戊寅**）免江西廣信、饒州、吉安三府屬縣十二年分旱災額賦。（世祖一〇三、五）

（**順治一四、一一、庚戌**）免江西龍泉、泰和、吉水、萬安、永豐、崇仁、峽江、新喻等八縣本年分旱災額賦。（世祖一一三、四）

（**順治一四、一二、癸酉**）免江西新建、豐城二縣本年分水災額賦。（世祖一一三、一一）

（**順治一七、一一、乙卯**）免江西寧州、上饒、豐城、奉新、武寧、進賢、高安、上高、新昌、靖江、新喻、峽江、新淦、永豐、弋陽、玉山、德興、宜春、分宜、萬載、新建、安義、安福、貴溪、興安、吉水、永新、都昌、崇仁、餘干、東鄉、鉛山、安仁、靖安、泰和、廬陵、鄱陽、臨川、樂安、星子、浮梁、樂平、南昌、永豐、萬年等縣十六年分旱災田糧。（世祖一四二、三）

（**康熙二、四、丁未**）免江西南昌等府六十五州縣康熙元年分旱災額賦有差。（聖祖九、二）

（**康熙二、九、乙酉**）免江西玉山等十二縣本年分旱災額賦有差。（聖祖一〇、三）

（**康熙二、一二、戊申**）免江西鄱陽等四縣本年分水災額賦有差。（聖祖一〇、一六）

（**康熙三、六、庚子**）免江西餘干、安仁二縣康熙二年分水災額賦。（聖祖一二、一二）

（**康熙四、一、己酉**）免江西南昌等四十一州縣康熙三年分旱災額賦有差。（聖祖一四、七）

（**康熙四、一一、庚戌**）免江西南昌等四十二州縣本年分旱災額賦有差。（聖祖一七、一二）

（**康熙五、一一、癸卯**）免江西寧州、武寧等三十五州縣本年分旱災額賦有差。（聖祖二〇、一三）

（**康熙一三、一一、丙寅**）免江西南昌等十二州縣本年分水災額賦有差。（聖祖五〇、一三）

（**康熙一五、二、丙寅**）免江西南昌、寧州等十七州縣衛康熙十四年分旱災額賦有差。（聖祖五九、二一）

（康熙一五、一二、戊午）免江西東鄉縣本年分旱災額賦有差。（聖祖六四、一六）

（康熙一六、五、己丑）免江西寧州、南昌等三十三州縣衛康熙十五年分水災額賦有差。（聖祖六七、四）

（康熙一六、一〇、乙巳）免江西新建等十三州縣本年分旱災額賦有差。（聖祖六九、一四）

（康熙一六、一一、乙未）免江西浮梁、安仁、萬年三縣本年分旱災額賦有差。（聖祖七〇、六）

（康熙一七、二、辛亥）免江西豐城等九縣康熙十六年分水災額賦。（聖祖七一、二〇）

（康熙一七、五、庚申）免江西萬安等三縣康熙十六年分水災額賦。（聖祖七三、二三）

（康熙一七、一二、辛卯）免江西寧州、南昌等六州縣，南昌、九江二衛本年分旱災額賦有差。（聖祖七八、二一）

（康熙一八、一一、己巳）諭戶部：江西舊欠錢糧，屢經督撫及科道等官奏請蠲免，朕已洞悉。但當逆賊煽亂之時，各省地方與賊接壤者，被其侵犯，迫而從逆，情非得已，故於平定之後，其舊欠錢糧，悉行蠲免。江西於賊未到之先，地方奸徒，輒行倡亂，廣信、南康、饒州、奉新、寧州、宜黃、安仁、永新、永豐、彭澤、湖口、瀘溪、玉山、鉛山等處，所在背叛，忠義全無。紳衿兵民人等或附和嘯聚，抗拒官軍；或運送糧米，助張賊勢；或布散偽劄，煽誘良民；或窩藏奸細，潛通消息。輕負國恩，相率從逆，以致寇氛益熾，兵力多分，遲延平定之期，勞師費餉，揆厥所由，良可痛恨。即今田廬蕩析、家室化離，皆其自作之孽，逋賦未蠲，職此之故。但思逆寇漸經殲除，地方凋敝，舊欠追比，民困愈深，朕心殊為不忍。其康熙十六年以前舊欠錢糧，著盡行蠲免。爾部即行該督撫通行曉示，務使小民均霑實惠，以昭朕愛養百姓至意。（聖祖七九、一三）

（康熙一九、四、戊申）免江西南昌、寧州等五十六州縣并南昌等十衛所康熙十八年分旱災額賦有差。（聖祖九〇、八）

（康熙二〇、一二、甲申）免江西新建等十四州縣衛所本年分水災額賦十之三。（聖祖九九、二）

（康熙二一、九、戊午）免江西寧州、進賢等五州縣、袁州衛本年分水災額賦十之三。（聖祖一〇四、二二）

（康熙二一、一二、庚寅）免江西宜春等八縣及贛州衛、吉安所本年分

旱災額賦十之三。（聖祖一〇六、二一）

（康熙二三、一二、己酉）免江西分宜等十五縣并袁州、安福二衛所康熙二十二年分旱災額賦有差。（聖祖一一八、一一）

（康熙二四、四、己亥）免江西宜春、鄱陽、樂平三縣并袁州衛康熙二十二年分水災額賦有差。（聖祖一二〇、二一）

（康熙二四、九、甲子）免江西上饒等四縣本年分旱災額賦有差。（聖祖一二二、三）

（康熙二四、九、辛巳）免江西宜春等五縣本年分旱災額賦有差。（聖祖一二二、一三）

（康熙二六、一一、甲辰）免江西萬載等七縣本年分旱災額賦有差。（聖祖一三一、三〇）

（康熙二七、三、庚寅）户部議覆：漕運總督慕天顏疏請蠲江南江西歷年帶徵漕項銀米。毋庸議。得旨：康熙十七年以前所欠漕項銀米，著盡行蠲免。（聖祖一三四、一二）。

（康熙二七、六、庚戌）免江西宜春等三縣康熙二十六年分旱災額賦有差。（聖祖一三五、二三）

（康熙二七、一二、壬寅）免江西宜春等十二州縣本年分旱災額賦有差。（聖祖一三八、二）

（康熙二八、一二、丁卯）免江西寧州等二十八州縣、袁州等四衛所本年分旱災額賦有差。（聖祖一四三、一〇）

（康熙三〇、閏七、丙辰）免江西南昌等五府康熙二十三年至二十七年民欠未完額賦。（聖祖一五二、一五）

（康熙三二、九、壬子）免江西寧州、上饒縣本年分旱災額賦有差。（聖祖一六〇、一一）

（康熙三四、一二、庚子）免江西新淦、建昌、南康三縣本年分旱災額賦有差。（聖祖一六九、一八）

（康熙三六、一二、癸丑）免江西星子等九縣本年分水災額賦有差。（聖祖一八六、一〇）

（康熙三八、八、丁亥）免江西建昌縣本年分水災額賦十之三。（聖祖一九四、二〇）

（康熙四三、九、甲寅）免江西清江等六縣本年分水災額賦有差。（聖祖二一七、七）

（康熙四五、二、甲辰）免江西新建等四縣康熙四十四年分水災額賦有

差。(聖祖二二四、一四)

(康熙四五、九、戊寅) 免江西清江、新淦二縣本年分水災額賦有差。(聖祖二二六、一四)

(康熙四六、一二、丁亥) 免江西新喻等四縣本年分旱災額賦有差。(聖祖二三一、二三)

(康熙五五、八、乙巳) 免江西寧州、武寧等三州縣本年分水災額賦有差。(聖祖二六九、一二)

(雍正二、閏四、辛卯) 豁免江西南昌府屬寧州、南昌等七州縣浮額銀七萬五千五百四十兩有奇。從江西巡撫裴徠度請也。(世宗一九、一六)

(雍正四、一一、乙巳) 免江西南昌等七縣本年分水災額賦有差。(世宗五〇、一二)

(雍正五、二、壬午) 免江西新喻、新淦二縣雍正四年分水災額賦有差。(世宗五三、三一)

(雍正六、九、壬申) 免江西上高縣雍正五年分旱災額賦有差。(世宗七三、二一)

(雍正七、二、丙申) 免江西安仁縣雍正六年分旱災額賦有差。(世宗七八、二九)

(雍正一一、二、丙子) 免江西清江等三縣雍正十年分水災額賦有差。(世宗一二八、一三)

(雍正一一、一二、戊辰) 免江西新淦等七縣本年分水災額賦有差。(世宗一三八、一三)

(乾隆一、九、丙午) 免江西安福縣本年分水災額賦。(高宗二六、二五)

(乾隆七、八、甲辰) 賑䘏江西興國縣水災饑民，并蠲免本年額賦。(高宗一七三、六)

(乾隆七、一二、丙戌) 免江西南昌、新建、進賢、德化等四縣水災地糧銀九百一十四兩有奇，並停徵被水鄉村錢糧。其勘不成災之湖口、彭澤、建昌、都昌、鄱陽、餘干等六縣，俱停徵。(高宗一八〇、二)

(乾隆一〇、二、壬戌) 緩徵江西玉山、德興、樂平、宜黃四縣乾隆九年水災額賦。(高宗二三五、七)

(乾隆一〇、一〇、癸丑) 户部議准：江西巡撫塞楞額疏稱，上年玉山縣夏禾被旱田，勘共九十六頃有奇，成災七、八分不等；且係山鄉砂土，得雨後雖補種雜糧，收成歉薄。所有應蠲糧銀，請即照秋災蠲免。得旨：依議速行。(高宗二五〇、二八)

（乾隆二九、九、癸亥）諭：前江西德化等處，因江水驟漲，濱窪之地，秋禾不免淹損。已降旨將德化封一等三鄉及彭澤等五縣被水之地分別加恩撫綏。今各該處積水，雖次第消退，可以補植秋禾。而南昌等縣緊踞鄱湖之上，其最低處所，尚未能全行涸出，秋種難期收穫，民力不無拮据。著再加恩，將南昌、新建、進賢三縣未涸地畝，即照封一等三鄉之例，一體概予蠲賑。該撫速飭所屬實力妥辦，務令均霑實惠，副朕軫念閭閻至意。該部遵諭速行。（高宗七一八、一六）

（乾隆三〇、閏二、甲子）蠲緩江西德化縣上年被水災民額賦有差。（高宗七三一、六）

（乾隆三〇、四、戊申）免江西南昌、新建、進賢等三縣乾隆二十九年分水災額賦，其蠲剩銀米並予帶徵。（高宗七三四、三）

（乾隆三一、一二、甲寅）賑卹江西南昌、新建、進賢、星子、建昌、德化、德安、鄱陽、餘干、南昌衛、九江衛等十一縣衛本年水災貧民，蠲緩新舊額賦如例。（高宗七七五、六）

（乾隆三二、四、己未）蠲江西南昌、新建、進賢、星子、建昌、德化、德安、鄱陽、餘干等九縣乾隆三十一年水災額賦，并緩蠲餘銀兩有差。（高宗七八三、二〇）

（乾隆三二、一一、丁酉）户部議覆：江西巡撫吳紹詩奏稱，本年六月間江湖漲溢，被淹成災之南昌、新建、進賢、鄱陽、餘干、星子、建昌、德化、德安、瑞昌、湖口、彭澤、都昌十三縣應徵地丁錢糧，請將被災十分者免十分之七，九分者免十分之六，八分者免十分之四，七分者免十分之二，六分者免十分之一；蠲剩錢糧，分作二年、三年帶徵。極次貧户，分別加賑。又德化、湖口、彭澤三縣，南昌、九江二衛應徵蘆課錢糧，亦請一例蠲緩。查江西省蘆課錢糧，向例從無蠲緩，該撫所請，應無庸議。其所稱南昌等十三縣應徵地丁錢糧，按被災分數蠲緩及加賑事宜，均應如所請。得旨：依議。其應徵蘆課錢糧，該部以向來不在蠲緩之例，照例議駁。但念各該處本年被災稍重，民力未免拮据。著加恩將德化、湖口、彭澤、南昌、九江等縣衛應徵蘆課，一體蠲緩，以示軫卹。該部遵諭速行。（高宗七九八、六）

（乾隆三三、三、癸丑）蠲免江西南昌、新建、進賢、鄱陽、餘干、星子、都昌、建昌、德化、德安、瑞昌、湖口、彭澤等十三縣乾隆三十二年水災應徵額賦，其蠲剩、緩徵等項，並予分年帶徵。（高宗八〇七、一五）

（乾隆三四、一〇、乙亥）又諭：據吳紹詩奏，南昌、新建、進賢、鄱陽、餘干、都昌、建昌等七縣連年被水，所有帶徵漕糧及本年應徵之項，一時力難并納等語。南昌等七縣數年來節次被有偏災，農民自多竭蹶。著加恩將被災處所帶徵三十二年未完漕糧及三十四年應徵之糧，統緩至明年秋收後，分作三年帶徵完納，以紓民力。該部遵諭速行。至災地應徵漕糧，事關閭閻生計，地方官承辦要務，孰切於此？吳紹詩何不早爲籌畫、及時入告？今屆十月之杪，州縣徵漕已收一月，所奏實屬太遲。是吳紹詩平日全不以事爲事，茲因離任在即，知更無可諉，始以一奏塞責，殊屬非是。吳紹詩著交部議處。(高宗八四五、四〇)

(**乾隆三四、一二、己酉**) 賑卹江西德化、德安、南昌、新建、進賢、鄱陽、餘干、星子、都昌、建昌、瑞昌、湖口、彭澤十三縣衛本年水災貧民，分別蠲緩額賦及蘆課錢糧。(高宗八四八、四)

(**乾隆三五、四、戊午**) 蠲緩江西南昌、新建、進賢、鄱陽、餘干、星子、都昌、建昌、德化、德安、瑞昌、湖口、彭澤十三縣乾隆三十四年分水災額賦。(高宗八五六、一七)

(**乾隆四六、九、丙辰**) 諭曰：郝碩奏查明晚田實在情形一摺。據稱該省早稻豐登，其專藉晚田之戶已借本補種，無需賑濟。惟南昌、新建等縣雖夏間雨水稍欠霑足，迨後續得透雨滋培，補種雜糧，指日成熟，實屬勘不成災等語。南昌、新建等縣，雖據該撫確實查勘並未成災，但高阜遠水之處未經透雨，田畝究未免受傷，殊堪軫念。所有勘不成災之南昌、新建、安義、建昌、星子、德化、德安、彭澤、湖口、瑞昌等十縣，各田畝應徵錢糧及軍屯餘租，均著加恩緩至明年早稻後徵收，俾農民生計倍得從容，副朕卹貧黎至意。(高宗一一四一、五)

(**乾隆四九、一〇、戊戌**) 又諭：據伊星阿奏，江西南昌、新建等六縣，因上游水發，濱湖田畝被淹，雖涸退後業經補種雜糧，節候稍遲，收成未免歉薄等語。本年夏間據該撫等奏，萍鄉等三縣被淹，當令其加意撫卹，並將無力貧民，酌量借給籽種，無使一人失所。今南昌等六縣傍水田畝，亦緣水退稍遲、收成歉薄，若照舊輸將，民力難免拮据。所有南昌應徵糧銀二千一百三十四兩零、新建應徵糧銀三千三百七十七兩零、進賢應徵糧銀一千一百三兩零、鄱陽應徵糧銀一千二百四十三兩零、餘干應徵糧銀二千七百三十八兩零、建昌應徵糧銀三千一百八十七兩零，俱著緩至五十、五十一兩年，分年帶徵。俾農民生計益紓，以副朕軫念閭閻有加無已至意。該部即遵諭行。(高宗一二一七、一)

(**乾隆五三、九、乙酉**) 諭曰：何裕城奏，南昌等八縣被水地畝，秋成失望，本年應徵漕糧，不能依期完納等語。南昌等縣被水成災，業經降旨撫賑兼施，農民自可不至失所。但本年尚有應徵漕糧，若令依期完納，民力仍未免拮据。所有南昌、新建、進賢、鄱陽、餘干、德興、建昌、都昌八縣被災各户本年應徵漕糧，著加恩緩至來年秋熟後一併徵收，以示朕軫念災區有加無已至意。該部即遵諭行。（高宗一三一三、三四）

（**乾隆五四、閏五、乙巳**）蠲緩江西省南昌、新建、進賢、鄱陽、餘干、德興、萬年、星子、都昌、建昌、德化、德安、瑞昌、湖口、彭澤十五縣乾隆五十三年水災額賦。（高宗一三三一、一○）

（**乾隆五八、七、丁巳**）諭軍機大臣曰：陳淮奏，南康府屬之安義縣、南昌府屬之靖安縣，於七月初一、二日，因遇大雨，山水陡發，灌入縣城，倉廒被水浸濕，城垣均有塌卸。當即親往該二縣查勘，妥為撫卹等語。所辦俱妥。至其被淹地畝，水勢消退後趕緊補種，是否尚可有收，並著查明具奏。又據奏，濱江沿湖之南昌、新建等十縣，亦因上游水發，窪地間被漫淹，現飭司道查勘等語。南昌、新建等縣被水淹漫情形，雖較安義、靖安二縣為輕，但其濱近江湖，低窪地畝、所有田禾，究不免衝刷傷損。如有應行撫卹之處，並著該撫督率地方官詳悉查明，一體妥辦，俾被水民人，均資接濟，毋使一夫失所，以副朕厪念災黎至意。將此諭令知之。尋奏：查安義、靖安二縣，農民借得籽種修費銀兩，趕緊挑復，補種晚禾，可與高田一體有收，無需查辦。其南昌、新建等十縣及續報之建昌、瑞昌二縣，房屋人口，並無損傷，不致成災，但水消遲緩，節逾白露，補種不及，民力未免拮据。先經奏懇借給口糧籽種，並將錢糧緩徵，被水農民，已邀殊恩稠疊，均不致失所，無庸再加撫卹。報聞。（高宗一四三三、一八）

（**乾隆五八、八、辛巳**）諭曰：陳淮奏，勘明南昌等七州縣濱江沿湖被淹窪地，水勢消退遲緩，晚禾雜糧俱不及補種等語。此七州縣，上年窪地被淹，曾經降旨賞借緩徵，本年又復被淹，秋禾雜糧補種不及，民力未免拮据。其豐城等五縣被水農民，亦未免稍形支絀。著將南昌、新建、進賢、鄱陽、餘干、德化、湖口等七縣，賞借兩月口糧，其豐城、德安、彭澤、建昌、瑞昌五縣，著借給一月口糧。仍俟種麥時，該撫再行酌量借給籽種。至南昌等七縣所有本年應完上年借領籽種口糧，著緩至來年秋熟後徵收；其本年借領口糧籽種，著遞緩至乙卯、丙辰兩年免息徵還。又本年所有各該縣被淹民屯窪地，應徵地丁、屯糧、蘆課等項，計銀數自三千餘兩及三四百兩不等，著一併緩至來歲麥收後起徵。該撫務須督率州縣實力經理，俾小民均霑實惠，毋任胥吏稍有侵冒等弊，以副朕軫念黎元有加無已至意。（高宗一四三五、二三）

（**乾隆五八、九、甲寅**）緩徵江西南昌、新建、進賢、鄱陽、餘干、都昌、德化等七縣五十七年水災民糧銀七千八百一十五兩有奇，南昌、九江二衛屯糧銀七十八兩有奇，德化、湖口二縣蘆課銀五百四兩有奇。（高宗一四三七、一一）

（**乾隆五八、九、庚申**）諭：據陳淮奏，查明被水各縣內，南昌等七縣尚有應徵正副漕米，共高阜地畝現在照舊交納，惟低窪被水各戶，秋成失望，輸納維艱等語。江西南昌等處被淹村莊，雖止各縣中之一隅，但該處糧戶既已失收，且多係連年被水之區，若復令其買米完糧，民力未免仍形竭蹶。所有南昌、新建、豐城、進賢、鄱陽、餘干、建昌七縣應徵本年漕米，著加恩緩至來歲秋成帶徵交倉，俾民力益資寬裕，以副朕軫卹加惠至意。該部即遵諭行。（高宗一四三七、二一）

（**乾隆六〇、一、庚戌**）又諭：前經降旨普免天下積欠錢糧，令各督撫查明具奏。茲據陳淮覆奏，江西省並無積欠，惟乾隆五十七、八兩年南昌等縣被水緩徵民欠銀糧，均在緩徵期內，未屆奏銷之項等語。江西南昌等縣，因五十七、八等年被水緩徵民欠銀糧，雖係未屆奏銷，亦應普予豁除，俾小民共臻樂利。所有乾隆五十八年分南昌等十二縣民欠地丁正耗及折給穀價銀，共九萬八千九百四十八兩零，又進賢等四縣並五十七年分餘干、湖口二縣民欠出借倉穀籽種，共穀一萬三千二百三十二石零，均著加恩豁免，以副朕行慶惠民、恩施無已至意。（高宗一四六九、二〇）

（**嘉慶五、九、丁亥**）賑江西寧都、雩都、廣昌、南豐四州縣被水災民，并蠲緩額賦有差；緩徵石城、瑞金、南城、永豐、吉水、豐城、南昌、新建八縣水災額賦。（仁宗七四、五）

（**嘉慶六、九、乙酉**）緩徵江西南昌、新建、豐城、進賢四縣水災本年額賦。（仁宗八七、一二）

（**嘉慶七、七、乙酉**）緩徵江西南昌、瑞州、袁州、臨江、吉安、撫州、建昌、廣信、饒州、南康、九江十一府屬旱災本年額賦。（仁宗一〇一、二）

（**嘉慶七、九、丙子**）免江西新城縣被水田地一百二十三頃有奇本年額賦。（仁宗一〇三、一一）

（**嘉慶七、一〇、庚戌**）免江西湖口、彭澤二縣旱災本年額賦十分之一，餘分兩年帶徵。（仁宗一〇四、七）

（**嘉慶九、一〇、丁卯**）加賑江西德化縣被水災民，緩徵南昌、新建、豐城、進賢、鄱陽、餘干、星子、瑞昌、宜黃九縣新舊額賦漕糧。（仁宗一三五、八）

（**嘉慶一一、一〇、己丑**）展緩江西疊被水旱之南昌、新建、豐城、進

賢、宜黃、鄱陽、餘干、星子、瑞昌九縣六年額賦漕糧。(仁宗一六九、七)

（嘉慶一三、一一、癸亥）緩徵江西南昌、新建、豐城、進賢、鄱陽、餘干、星子、建昌、德安九縣水災本年額賦，並南昌、新建、進賢、鄱陽、德安五縣應還籽種口糧。(仁宗二〇三、二)

（嘉慶一四、一〇、甲辰）緩徵江西南昌、新建、豐城三縣窪地水災本年額賦及舊欠籽種。(仁宗二一九、二〇)

（嘉慶一五、一一、戊辰）緩徵江西南昌、新建、豐城三縣被水地方帶徵額賦漕糧。(仁宗二三六、二三)

（嘉慶一六、一〇、甲子）緩徵江西義寧、奉新、武寧、建昌、安義、瑞昌、德安七州縣旱災本年額賦。(仁宗二四九、一八)

（嘉慶一七、一一、癸酉）緩徵江西萬安、泰和、廬陵、新淦、清江、南昌、新建、豐城八縣本年被水地畝額賦。(仁宗二六三、七)

（嘉慶一八、一一、壬午）緩徵江西廬陵、泰和、新淦、清江、豐城五縣水災新舊額賦有差。(仁宗二七九、一一)

（嘉慶一九、一〇、戊寅）緩徵江西星子、都昌、建昌、安義、德化、德安、瑞昌、彭澤、南昌、新建、豐城十一縣本年旱災水災額賦。(仁宗二九八、二二)

（嘉慶二一、一〇、戊寅）緩徵江西清江、廬陵二縣旱災額賦。(仁宗三二三、四)

（嘉慶二二、一〇、乙酉）緩徵江西德化、星子、德安三縣被水地畝額賦。(仁宗三三五、一四)

16. 浙江

（順治一〇、六、丙午）免浙江鄞、慈谿、奉化、定海、象山等縣八年分水災逋賦。(世祖七六、五)

（順治一〇、一二、甲戌）免浙江金華府屬八縣九年分旱災額賦有差。(世祖七九、二〇)

（順治一二、六、甲寅）免浙江杭州、寧波、金華、衢州、台州五府，錢塘等二十一縣及海門衛十一年分旱災額賦 (世祖九二、一)

（順治一二、一二、癸亥）免浙江仁和、錢塘、臨安、歸安、烏程、長興、德清、武康、孝豐、安吉等州縣本年分水災額賦。(世祖九六、六)

（順治一二、一二、甲戌）免浙江臨海、天台、仙居、黃巖、寧海、金華、蘭谿、東陽、義烏、永康、武義、浦江、湯溪、麗水、縉雲、松陽、龍

泉、宣平等縣本年分旱災額賦。(世祖九六、一一)

(**順治一三、一、甲辰**) 免浙江富陽、西安、龍游、江山、常山、開化等縣十二年分水旱災荒額賦。(世祖九七、一一)

(**順治一五、一二、乙酉**) 免浙江山陰、會稽、蕭山、諸暨、餘姚、上虞、嵊縣、定海等縣十四年分水災額賦。(世祖一二二、一一)

(**順治一六、九、庚申**) 免浙江台州府四年至十二年寇劫倉庫銀糧。(世祖一二八、二)

(**順治一八、一〇、庚申**) 以浙江定海縣舟山地方人民內徙，免其順治九年至十二年未完額賦。(聖祖五、四)

(**順治一八、一二、甲子**) 免浙江錢塘等二十九縣本年分旱災額賦有差。(聖祖五、二一)

(**康熙二、四、乙卯**) 免工部項下順治十八年浙江旱災額賦。已經徵解者，准抵康熙元年額賦。(聖祖九、四)

(**康熙二、五、甲午**) 免浙江西安、餘姚等五縣康熙元年分旱災額賦有差。(聖祖九、一三)

(**康熙二、一〇、乙卯**) 免浙江江山等十四縣本年分旱災額賦有差。(聖祖一〇、八)

(**康熙二、一二、辛亥**) 免浙江桐鄉縣本年分水災額賦有差。(聖祖一〇、一六)

(**康熙三、一一、癸丑**) 免浙江西安、江山、常山、開化四縣本年分水災額賦有差。(聖祖一三、一六)

(**康熙四、一、戊申**) 免浙江慈谿等五縣康熙三年分水災額賦有差。(聖祖一四、七)

(**康熙四、一一、庚寅**) 免浙江安吉等八州縣及湖州一所本年分水災額賦有差。(聖祖一七、八)

(**康熙五、四、庚午**) 免浙江仁和等八縣康熙四年分旱災額賦有差。(聖祖一八、二二)

(**康熙六、九、乙卯**) 免浙江奉化等十六縣、台州一衛本年分旱蝗額賦有差。(聖祖二四、五)

(**康熙六、九、壬戌**) 免浙江象山等六縣康熙五年分水災額賦有差。(聖祖二四、六)

(**康熙七、二、甲申**) 免浙江臨海縣康熙六年分水災額賦十之三。(聖祖二五、一四)

（康熙七、九、丁巳）免浙江寧海等七縣本年分旱災額賦有差。（聖祖二七、八）

（康熙七、一一、壬戌）免浙江山陰等五縣衛本年分水災額賦有差。其臨海、天台二縣衝没田地，全免額賦。（聖祖二七、一九）

（康熙九、一二、丁未）免浙江烏程等五縣本年分水災額賦有差。（聖祖三四、二四）

（康熙一〇、二、辛卯）免浙江加增屯餉銀九千六百三十七兩有奇。（聖祖三五、八）

（康熙一〇、一二、辛巳）免浙江杭州等九府屬州縣衛所本年分旱災額賦有差。（聖祖三七、一二）

（康熙一一、閏七、己卯）免浙江太平、松陽、景寧三縣康熙六年分民欠地丁銀兩。（聖祖三九、一七）

（康熙一一、一二、己未）免浙江杭、嘉、湖、紹四府所屬十六縣本年分蝗災額賦有差。（聖祖四〇、二一）

（康熙一二、一一、甲午）免浙江仙居縣本年分旱災額賦有差。（聖祖四四、五）

（康熙一三、三、甲申）免浙江臨海等四縣歷年民欠銀三萬五千餘兩、錢二千七百餘緡、米六千餘石。（聖祖四六、二〇）

（康熙一七、六、癸酉）諭户部：浙江江山、西安等十九縣，溫衢各衛所，逼近閩中，首先被陷，百姓困苦。其康熙十六年錢糧，概從蠲免。並令該督撫多方招徠避賊黎庶，各逞故土，俾事耕墾。（聖祖七四、三）

（康熙一八、一、癸卯）免浙江西安等五縣康熙十七年分旱災額賦有差。（聖祖七九、二）

（康熙一八、一二、庚辰）免浙江黄巖等六縣本年分旱災額賦有差。（聖祖八七、一五）

（康熙二〇、一二、戊戌）免浙江黄巖等一十二縣衛本年分水災額賦有差。（聖祖九九、一四）

（康熙二一、九、甲寅）免浙江富陽等十縣、嚴州一所本年分旱災額賦有差。（聖祖一〇四、二一）

（康熙二八、一、戊子）免浙江宣平縣康熙二十七年分旱災額賦有差。（聖祖一三九、九）

（康熙二九、一一、壬子）免浙江餘姚等五縣本年分水災額賦有差。（聖祖一四九、二一）

（康熙三二、九、丙辰）户部議覆：浙江巡撫張鵬翮疏言，浙省今歲旱後得雨，田雖補種，節氣已過，所收之米，不堪辦供。請將康熙三十三年之蠲免，移免三十二年之額徵。應如所請。從之。（聖祖一六〇、一一）

（康熙三二、一二、庚寅）免浙江餘姚等三縣本年分水災額賦有差。（聖祖一六一、一六）

（康熙三七、一、戊申）免浙江宣平縣康熙三十六年分雹災額賦有差。（聖祖一八七、八）

（康熙三七、一二、丁未）免浙江歸安等四縣本年分旱災額賦有差。（聖祖一九一、一七）

（康熙三八、三、乙未）諭户部：朕以省方問俗，巡歷三吳。比至浙省，見沿路農桑，雖徧隴畝，而地有肥磽，時有豐歉，歷年正供錢糧，因輸納維艱，致多逋負，已准分年帶徵。而新舊之賦，取給一時，恐力作之民，終難兼辦，應通行蠲豁，以弘庥澤。除康熙三十三年以前恩詔赦免外，其康熙三十四、五、六年奏銷未完民欠地丁錢糧、米豆麥雜税，著一概免徵。爾部行文該督撫，責令有司悉心奉行，務俾均霑實惠。如有官吏以完作欠、詭詞侵蝕者，察出定從重治罪。爾部即遵諭行。（聖祖一九二、二八）

（康熙三八、八、甲戌）免浙江龍游、蘭谿二縣本年分水災額賦有差。（聖祖一九四、一八）

（康熙三八、八、庚寅）免浙江西安等三縣本年分水災額賦有差。（聖祖一九四、二〇）

（康熙三八、一二、甲戌）免浙江鄞縣、諸暨、青田三縣本年分水災額賦有差。（聖祖一九六、一四）

（康熙三八、一二、庚辰）免浙江餘姚縣本年分水災額賦有差。（聖祖一九六、一六）

（康熙三九、九、戊申）免浙江西安等四縣、衢州所本年分旱災額賦有差。（聖祖二〇一、一〇）

（康熙三九、一二、壬戌）免浙江金華等五縣本年分水災額賦有差。（聖祖二〇二、一三）

（康熙四一、一二、丁丑）免浙江縉雲縣本年分旱災額賦有差。（聖祖二一〇、一五）

（康熙四二、九、己未）免浙江龍游等八縣本年分旱災額賦有差。（聖祖二一三、一〇）

（康熙四二、一二、乙酉）免浙江諸暨等五縣本年分旱災額賦有差。（聖

祖二一四、一七)

（**康熙四六、一〇、癸未**）免浙江錢塘等四縣、湖州一所本年分旱災額賦有差。(聖祖二三一、三)

（**康熙四六、一一、庚戌**）免浙江安吉、餘杭等一十六州縣本年分旱災額賦有差。(聖祖二三一、一二)

（**康熙四七、八、癸亥**）免浙江仁和、武康二縣本年分水災額賦有差。(聖祖二三三、二五)

（**康熙四七、一〇、癸卯**）戶部議覆：浙江巡撫王然疏請賑濟杭州、湖州兩府屬被水災民。應准行。上諭大學士等曰：去年已有旨蠲免江浙兩省丁銀及被災州縣田地銀米，今年江寧、安徽、浙江地方，穀不甚收，或有州縣又復被災。江浙乃財賦要區，著查明江寧、安徽、浙江康熙四十八年丁銀及被災州縣田地銀米，亦應照去年蠲免例，一概蠲免。(聖祖二三五、三)

（**康熙四九、三、辛巳**）戶部議覆：浙江巡撫黃秉中疏言，杭州、湖州二府所屬仁和等八州縣，康熙四十七年緩徵漕糧，應於四十八年徵收帶運。除見完之米已令起運外，尚有未完米九萬二千石有零，請於四十九年徵收帶運。應如所請。得旨：漕糧例不蠲免，念浙省被災之後，民力艱難，其未完漕米九萬二千餘石，著免徵。(聖祖二四一、一五)

（**康熙五一、一一、己丑**）免浙江安吉、長興、諸暨三州縣本年分水災額賦有差。(聖祖二五二、二)

（**康熙五二、九、庚午**）免浙江臨海等六縣並台州衛本年分旱災額賦有差。(聖祖二五六、一〇)

（**康熙五二、一二、辛卯**）免浙江寧海等三縣本年分旱災額賦有差。(聖祖二五七、一四)

（**康熙五三、八、壬辰**）免浙江建德等四縣、嚴州一所本年分水災額賦有差。(聖祖二六〇、五)

（**康熙五三、九、庚戌**）免浙江山陰縣本年分水災額賦有差。(聖祖二六〇、八)

（**康熙五三、一一、己亥**）免浙江錢塘等十三縣、衢州一所本年分旱災額賦有差。(聖祖二六一、一)

（**康熙五三、一二、己丑**）免浙江山陰、蕭山、宣平三縣本年分旱災額賦有差。(聖祖二六一、一八)

（**康熙五五、七、壬午**）免浙江蘭谿等七縣、嚴州一所本年分水災額賦有差。(聖祖二六九、八)

（康熙五九、七、壬辰）免浙江錢塘等二十一縣康熙五十八年分旱災額賦有差。（聖祖二八八、一八）

（康熙五九、八、癸亥）免浙江會稽、上虞二縣康熙五十八年分風災額賦有差。（聖祖二八八、二三）

（康熙六〇、一一、己酉）免浙江錢塘等二十三縣，衢、嚴二所本年分旱災額賦有差。（聖祖二九五、一四）

（康熙六〇、一二、戊辰）免浙江安吉、於潛等十一州縣本年分旱災額賦有差。（聖祖二九五、一七）

（康熙六一、八、丙辰）免浙江蘭谿等五縣本年分旱災額賦有差。（聖祖二九八、一五）

（雍正一、一一、乙酉）免浙江安吉、仁和等五十州縣，杭州右衛等三衛，湖州、嚴州二所本年分旱災額賦有差。（世宗一三、八）

（雍正二、一一、己酉）免浙江仁和等十一縣本年分水災額賦有差。（世宗二六、六）

（雍正三、六、丙子）免浙江蘭谿、建德二縣雍正二年分水災額賦有差。（世宗三三、一四）

（雍正五、二、乙丑）免浙江安吉、仁和等九州縣雍正四年分水災額賦有差。（世宗五三、一八）

（雍正五、一一、辛巳）免浙江安吉、仁和等十州縣，杭州前右二衛本年分水災額賦有差。（世宗六三、三三）

（雍正七、二、辛丑）諭內閣：浙省為財賦重地，民力輸將，朕所軫念。其舊欠錢糧，非不欲開恩豁免，止以屢年未完之項，乃頑戶之所拖欠，若以抗正供而霑膏澤，則頑民獲利而良善轉未邀恩，非所以化導人心風俗也。今據性桂摺奏，浙省紳士庶民，咸能知朕教養之殷懷，感朕訓誨之至意，踴躍完納正賦。即此一事，可以見其感恩遷善之誠，朕實為浙省之士民風俗稱慶，非重此數十萬之國帑也。浙省嚮善之速，甚屬可嘉。用沛鴻恩，將雍正七年額徵地丁屯餉錢糧，蠲免十分之二，共計六十萬兩。著李衛轉飭各屬，恪遵奉行，務使閭閻均霑實惠。並將朕加恩獎善之意，徧行宣諭，俾遠鄉僻壤，咸共知悉。（世宗七八、三三）

（雍正七、一一、辛卯）免浙江江山縣本年分水災額賦有差。（世宗八八、二〇）

（雍正一二、二、甲寅）免浙江新城、分水二縣雍正十一年分旱災額賦有差。（世宗一四〇、四）

（雍正一三、一〇、癸酉）緩徵浙江遂安、宣平二縣被旱錢糧，仙居、東陽、永康、永嘉、縉雲等五縣被水錢糧。（高宗四、二九）

（乾隆一、一〇、戊辰）諭總理事務王大臣：朕聞今年伏秋之際，浙省雨水連綿，仁和、安吉、德清、武康四州縣內，低窪田畝，積水未經涸出，不能栽種秋禾，以致西成失望。所有應徵地丁錢糧，已經該督照例題請蠲免。其漕白南米，向來雖無蠲免之例，朕念彼地收成歉薄，民力輸納維艱，著將仁和等四州縣實在被水各戶，本年應徵漕白南米，亦照地丁之例，格外加恩豁除，以示朕愛養黎元至意。（高宗二八、一三）

（乾隆二、六、庚午）免浙江仁和、安吉、德清、武康四州縣水災乾隆元年分額賦有差。（高宗四四、二〇）

（乾隆二、閏九、癸酉）諭總理事務王大臣：浙江今歲收成頗稱豐稔，惟溫、台二府屬有海濱被水之縣邑，穀價未免昂貴。已據大學士嵇曾筠等悉心籌畫，動撥省城義倉米穀，運往二郡分貯，以備將來平糶之用。朕思溫、台所屬，既有被水之處，除高阜田禾豐收者自應照常徵收錢糧外，其窪地薄收之田畝，雖不至於成災，而貧民力量不足；若令依限完糧，未免輸將竭蹶。著大學士嵇曾筠轉飭有司，將薄收之處詳確查明，分別緩徵，以卹民隱。該部即遵諭行。（高宗五三、二）

（乾隆三、一〇、己亥）戶部議覆：大學士前總理浙江海塘管總督事嵇曾筠疏報，湖州府屬之安吉、烏程、長興、孝豐等四縣及湖州所、金華府屬之東陽縣山田被旱，所有本年額賦，請分別暫予緩徵；並酌量被災輕重，先動庫項，一體賑卹。應如所請。從之。（高宗七九、三）

（乾隆三、一一）［是月］浙江布政使張若震奏：安吉、烏程、歸安、長興、孝豐、東陽、湖州所等七州縣所，本年被災，除將丁地南漕等項按數奏請蠲緩外，復經委員查明被災分數，借給籽本，並分別極貧、次貧等項，按月加賑口糧，現又設廠平糶，民間自可支持。惟明春青黃不接之時，浙江米糧必貴，請將江、廣等處買回之備糶米十萬石，酌撥平糶；不敷，稟商撫臣籌畫接濟。得旨：知道了。一切賑卹之事，與新撫臣和衷竭力為之。（高宗八一、三四）

（乾隆四、二、戊戌）豁浙江上虞、黃巖、樂清、麗水、龍泉、遂昌六縣雍正十二年以前未完新升隱罰等銀三千七百九十七兩有奇，糧二百八十七石有奇。（高宗八七、五）

（乾隆四、四、庚辰）諭：據閩浙總督郝玉麟、浙江巡撫盧焯奏稱，浙省溫州府屬之永嘉、樂清、瑞安、平陽四縣暨溫州衛，台州府屬之臨海、黃巖二縣暨台州衛，於乾隆二年，曾被水災，已荷恩施，多方賑卹，閭閻均霑實惠。惟是勘不成災之處，有緩徵錢糧，扣至三年歲底尚未完納者，永嘉則有銀八百九十八兩、米一千石，瑞安則有銀一千三百三十七兩、米四百八十石，平陽則有銀九百九十九兩、米九百二十六石，黃巖則有銀五百七十七兩、米二百七十九石。以上共銀三千八百一十一兩，共米二千六百八十五石。茲當開徵之期，例應帶徵完項。查各該縣三年分未完錢糧尚多，又有四年分應徵新糧，若將二年分未完之銀米一併催令全完，小民未免艱難。可否寬至四、五兩年，分年帶徵等語。著照該督撫所請，將此四縣二年未完之銀米，寬至四、五兩年，分年帶徵，以紓民力。該部即遵諭行。(高宗九〇、七)

(乾隆四、四、乙未) 緩徵浙江安吉州、烏程、長興、孝豐、湖州所乾隆三年蟲旱成災四年分應徵銀米。(高宗九一、五)

(乾隆四、四、丙申) 緩徵浙江烏程、歸安乾隆三年被雹成災三年、四年分應徵銀米。(高宗九一、五)

(乾隆四、一二、丙子) 戶部議覆：浙江巡撫盧焯疏稱，安吉、烏程、長興、孝豐四州縣，上年被旱、被蟲成災，應免漕糧並改漕正耗米二千五百五十一石零，又米一百三十三石零，漕項漕截等銀一千五百一十二兩零；又該年帶徵漕項七百三十七兩零，隨同地丁，題請按分蠲免。查漕糧漕項與地丁不同，向來偶被偏災，或議緩徵、或議折徵，從無蠲免之例。嗣經九卿定議，臨時請旨遵行。今該撫確勘情形，除前項帶徵銀兩准其分年帶徵外，其漕糧銀米從無蠲免之例，應毋庸議。得旨：安吉等州縣漕糧銀米，准其一體蠲免。餘依議。(高宗一〇六、九)

(乾隆五、三、己未) 諭：浙江湖州府屬之歸安、烏程二縣，於乾隆三年，曾被雹災，朕已加恩分別蠲免、帶徵、改折，以示優卹。惟有漕糧並改徵正耗灰石行月食米共七千九百三石五升零，漕項漕截等銀四千一百八十九兩六錢零，定例不在蠲免之內。朕思乾隆三年歸安、烏程二縣被災頗重，收成歉薄，四年雖稱豐稔，而民間元氣一時未復，今以一歲所入，既完本年額賦，又完緩徵帶徵各項，民力未免艱難。著將此二縣乾隆三年分被雹田畝之漕項銀米，分作五、六、七三年帶徵，俾閭閻力量寬紓，從容完納。該部可即傳諭該督撫知之。(高宗一一三、二)

(乾隆五、三、乙丑) 免浙江麗水、永康兩縣乾隆四年分旱災額賦有差。(高宗一一三、六)

(乾隆五、九、癸未) 賑卹浙江餘杭、臨安、安吉、會稽、諸暨、上虞、臨海、黃巖、太平、天台、仙居、蘭谿、縉雲等十三州縣並玉環廳、台州

衛、湖州所本年分被水饑民，並予緩徵。（高宗一二六、二二）

（**乾隆六、一〇、丁未**）改減浙江錢塘倉潮淹稅蕩一萬六千七百八十四畝有奇則課。（高宗一五三、一）

（**乾隆六、一二、乙巳**）蠲免浙江仁和、錢塘、餘杭、安吉、歸安、烏程、長興、德清、武康九州縣水旱成災田本年應徵漕糧。（高宗一五六、三五）

（**乾隆六、一二、辛亥**）賑浙江嵊縣、宣平、仁和、錢塘、海寧、餘杭、安吉、歸安、烏程、長興、德清、武康、蕭山、永嘉、樂清、瑞安、平陽十七州縣及仁和場、錢清場、永嘉場、松江南滙縣下砂二三場、杭州前右二衛屯田、湖州所被水旱災民屯竈戶。貸麗水縣、玉環廳勘不成災民竈戶籽種竈本；緩徵災地蠲剩新舊錢糧及勘不成災之東陽、義烏、武義、麗水四縣本年錢糧。減免杭州漁課十分之三。（高宗一五七、一三）

（**乾隆七、二、甲寅**）又諭：上年浙江杭、湖二府屬之仁、錢等九州縣，田禾被水，民力拮据。其成災田畝，所有應徵漕糧，朕已降旨，按分蠲免；其蠲剩並歉收田畝，應完米石，部議令於今年照數徵收起運。計此時正民間應行完納之期矣。朕思田畝既屬歉收，所穫自然不足，自上秋以至今春，爲時已久，即有餘粒，業已日食無存，若令按期完納，勢必買米交倉，輸將竭蹶。查漕糧早已開兌北上，此米尚可緩期。著將歉收田畝應徵漕糧並改漕米石，緩至今冬徵收起運，俾閭閻從容輸納，以紓民力。該部即行文該督撫知之。（高宗一六一、九）

（**乾隆九、七、丙子**）戶部議覆：浙江巡撫常安疏稱，乾隆六年仁和、錢塘、海寧、餘杭、歸安、烏程、長興、德清等縣水旱成災，業經題請分別蠲緩額賦外，其不徵漕米之蕭山、永嘉、樂清、瑞安、平陽等縣被災情形，與仁和等縣相同，請於地丁款內，一體分別蠲緩。應如所請。從之。（高宗二二〇、二）

（**乾隆九、九、癸未**）戶部議覆：浙江巡撫常安疏報，浙省七月初三等日風雨驟作，山溪江水，一時陡漲，又海潮泛溢，所有杭屬之仁和、錢塘、海寧、富陽、餘杭、新城、於潛、昌化，湖屬之安吉、歸安、烏程、長興、德清、武康，紹屬之山陰、會稽、蕭山、諸暨、餘姚、上虞，金屬之蘭谿、湯溪，衢屬之西安、龍游、常山、開化，嚴屬之建德、淳安、遂安、桐廬、分水等三十一州縣及杭州前右二衛、湖嚴二所、仁和之曹娥、錢清、鳴鶴、石堰、金山，並江南松江府屬南滙縣之下砂及下砂二、三等八場，浸沒田禾花豆，衝塌城垣、隄岸、倉厫、衙署、營房、民舍，人口間有淹斃，仰懇一體賑卹。其淳安、建德、常山、開化等四縣，被災更重，業經照例動支公項銀米、查勘撫卹外，至被水各州縣新舊漕糧地丁，亦請暫停徵比。均應如所請。其修葺房屋、補給籽本，統於京餉餘平及備公項下，動撥題銷。應徵額賦，或分年帶徵、或確勘蠲免，另題請旨。得旨：依議速行。（高宗二二四、一七）

（乾隆九、九、辛丑）諭：今年浙江被水之州縣頗多，且有受災甚重之處，朕心深爲軫念，已屢頒諭旨，令該撫加意撫綏，毋使閭閻一夫失所。項據署浙閩總督印務周學健奏稱，各郡被災地方，除撫臣現在題報之三十一州縣、二衛、二所、八場外，尚有先後具報被災之嘉興府屬海鹽、平湖、桐鄉三縣，寧波府屬鄞縣、慈谿、鎮海、象山、定海五縣，金華府屬金華、東陽、義烏、浦江四縣，嚴州府屬遂昌一縣，共一十三縣，先據呈報同時被災，續有勘報被災無多、請銷案者，亦有未據勘報果否成災者。臣思此等各縣，同時被災，如果被災無多，或秋成尚有可望，其蠲免賑濟，自應無庸濫及；但被災雖屬稍輕，而民力難免拮据。可否仰懇天恩，將本年被水未成災之州縣，其被災村莊本年地丁錢糧，寬至次年麥熟後開徵。有田畝被水減收者，飭令地方官酌借常社各倉穀石，以爲補種春花工本，俟明年秋成後免息還倉。其現經題報被災之三十一縣內，如有陸續勘明不成災者，亦照此辦理等語。今年浙省州縣，水災情形，非尋常被水可比，小民顛連，深可憫惻。朕屢經訪問具悉，非加意賑卹，不足以蘇民困。著照周學健所請行。常安奏報災傷，顯有粉飾，而辦理賑務，亦竟草率，不能仰體朕意，著嚴飭行。諭旨到日，可竭力殫心，多方救濟，務登斯民於衽席。督臣馬爾泰到任，亦應不時查察經理，以慰朕念。該部遵諭速行。（高宗二二五、一六）

（乾隆九、一二、丁未）蠲緩浙江仁和、錢塘、海寧、富陽、餘杭、新城、於潛、昌化、安吉、烏程、歸安、長興、德清、武康、山陰、會稽、蕭山、諸暨、餘姚、上虞、蘭谿、西安、龍游、常山、開化、建德、淳安、遂安、桐廬、分水等三十州縣及嚴州所被旱被水災民新舊額徵。（高宗二三〇、一三）

（乾隆九、一二、戊申）賑貸浙江仁和、錢塘、海寧、富陽、餘杭、新城、於潛、昌化、安吉、歸安、烏程、長興、德清、武康、山陰、會稽、蕭山、諸暨、餘姚、上虞、蘭谿、西安、龍游、常山、開化、建德、淳安、遂安、桐廬、分水等三十州縣，杭州前右二衛、湖州、衢州、嚴州等所，仁和、錢清、曹娥、金山、石堰等場水旱災民屯竈；並緩徵勘不成災之金華、湯溪二縣及鳴鶴、下砂頭二三場新舊額徵。（高宗二三〇、一四）

（乾隆一〇、三、癸巳）戶部議准：浙江巡撫常安疏稱，浙屬上年被水，請將成災之仁和、錢塘、海寧、富陽、餘杭、新城、於潛、昌化、安吉、歸安、烏程、長興、德清、武康、山陰、會稽、蕭山、諸暨、餘姚、上虞、蘭谿、西安、龍游、常山、開化、建德、淳安、遂安、桐廬、分水三十州縣應完乾隆九年錢糧，分別蠲免；其勘不成災之金華、湯溪二縣及仁和、錢清、曹娥、金山、石堰五場，湖州、衢州、嚴州三所應完地賦場課，統請緩徵。得旨：依議速行。（高宗二三七、七）

（**乾隆一〇、九**）[是月] 浙江巡撫常安奏：浙屬定海、象山、太平、黃巖四縣，沿海地畝，間被潮漫；江山、嵊縣二縣高阜之處，亦多缺雨。雖勘報歉收分數，未至成災，例不蠲賑，然民食或未免拮据。請酌借籽種，並緩徵錢糧。得旨：如所請行。（高宗二四九、二五）

（**乾隆一二、七、己酉**）諭：今歲浙江被水各縣，朕已降旨分別撫卹。其淳安、壽昌、遂安等處受災較重。該省本年錢糧，俱已蠲免，而漕項尚應徵收，若照例令其完納，民情未免拮据。著加恩將被水傷重地方，應徵本年漕項，俱行緩徵，以紓民力。至此等災民，交冬之際，如有衣食更覺艱難之處，並令該撫查明辦理，量加賑卹，以資接濟。（高宗二九五、八）

（**乾隆一二、一一、癸巳**）賑卹浙江壽昌、淳安、遂安等三縣饑民，緩徵本年漕糧；其地丁錢糧，命於明歲補豁。（高宗三〇二、一一）

（**乾隆一三、二、丁卯**）戶部議奏：浙江巡撫顧琮奏請淳安、遂安、壽昌三縣，查無被災之田，並予緩徵，與例不符，應無庸議。得旨：淳安等三縣緩徵漕糧之處，照該撫所請行。（高宗三〇八、一四）

（**乾隆一三、三、庚寅**）免浙江海寧、餘姚、永康、西安、松陽等五縣潮災田地本年漕糧漕項銀米及蠲剩舊欠漕項銀。（高宗三一〇、二〇）

（**乾隆一三、六、癸酉**）戶部議覆：陞任浙江巡撫顧琮疏稱，浙省上年被災縣場蠲賑事宜。一、海寧、餘姚、永康、西安、松陽等五縣，石堰、鳴鶴、下砂並下砂二三等四場，被災田地應徵錢糧，按分蠲免，蠲剩南秋米石，除餘姚縣已經全完，其餘應分年帶徵；石堰等場蠲剩錢糧並未完場課，俱分別緩徵。一、海寧等五縣被災，扣蠲役食等項銀兩，於備公銀內撥給。一、岱山、崇明二處被潮衝失鹽斤、笫課請豁。一、石堰等場賑米，於餘姚縣存倉米動撥；折賑銀兩，於鹽道庫給發。一、勘災查賑盤費等項，先於各縣庫動撥；事竣，於藩司鹽道庫撥還。一、下砂並下砂二三場極次貧民，加賑兩月，所需米照價概給折色。一、各屬道府督察賑務，各項動用銀米，應定限題銷各等語。均應如所請。從之。（高宗三一七、九）

（**乾隆一五、七、戊辰**）賑卹浙江淳安縣水災饑民，分別蠲緩新舊額賦。（高宗三六九、一七）

(乾隆一五、一〇、庚寅) 蠲緩浙江淳安縣本年分水災漕項銀米有差。(高宗三七五、九)

(乾隆一五、一一、辛亥) 撫卹浙江象山、臨海、黃巖、太平、定海、天台、仙居、永嘉、樂清、瑞安、平陽、雲和等十二縣，杜瀆、黃巖、永嘉、長林等四場，溫州衛、玉環廳本年風水災饑民竈戶；並緩徵漕米額賦有差。(高宗三七六、二四)

(乾隆一六、三、戊戌) 免浙江淳安縣水災地畝漕項並月糧改折銀兩。(高宗三八四、三)

(乾隆一六、三、乙丑) 蠲緩浙江玉環、永嘉、樂清、瑞安、平陽、臨海、溫州等廳縣衛水災本年漕項銀米有差。(高宗三八五、二一)

(乾隆一六、閏五、己巳) 諭：上年浙省溫、台各屬內有偶被偏災之處，業經照例蠲賑；其蠲剩漕項銀米，已令緩至本年麥熟後徵收。今該處春間雨水稍多，麥收歉薄，現在減糶加賑，以資接濟，所有此項蠲剩銀米，若仍照舊催徵，小民未免艱於輸納。著加恩緩至本年秋收及壬申年麥熟後，分作兩年帶徵，以紓民力。該部遵諭速行。(高宗三九〇、八)

(乾隆一六、六、丙辰) 免浙江永嘉、樂清、瑞安、平陽、臨海等五縣並玉環廳、溫州衛乾隆十五年額賦有差。(高宗三九三、五)

(乾隆一六、八、乙未) 賑貸浙江海寧、富陽、餘杭、臨安、昌化、安吉、烏程、長興、鄞縣、慈谿、奉化、鎮海、象山、定海、蕭山、諸暨、餘姚、上虞、嵊縣、臨海、黃巖、太平、寧海、天台、仙居、金華、東陽、蘭谿、義烏、永康、武義、浦江、湯溪、西安、龍游、江山、常山、開化、建德、淳安、遂安、壽昌、桐廬、分水、永嘉、樂清、平陽、瑞安、麗水、縉雲、青田、松陽、遂昌、雲和、龍泉、慶元、宣平五十七州縣及玉環一廳，杭、台二衛，湖、嚴、衢三所，大嵩、清泉等場旱災民竈並緩徵本年地丁、場課、新舊漕糧。(高宗三九六、二)

(乾隆一六、一二、壬寅) 緩浙江海寧、富陽、餘姚、臨安、昌化、安吉、烏程、長興等八州縣本年旱災應徵糧銀，並分別蠲緩漕項米折等銀及未完舊欠。(高宗四〇四、一三)

(乾隆一七、四、庚戌) 蠲緩浙江乾隆十六年分原報續報旱災之海寧、富陽、餘杭、臨安、昌化、安吉、烏程、長興、鄞縣、慈谿、奉化、鎮海、象山、定海、蕭山、諸暨、餘姚、上虞、嵊縣、臨海、黃巖、太平、海寧、天台、仙居、金華、蘭谿、東陽、義烏、永康、武義、浦江、湯溪、西安、龍游、江山、常山、開化、建德、淳安、遂安、壽昌、桐廬、分水、永嘉、樂清、瑞安、平陽、麗水、縉雲、青田、松陽、遂昌、雲和、龍泉、慶元、宣平、仁和、錢塘、海鹽、歸安、孝豐、山陰、會稽、新昌、泰順等六十六州縣，玉環一廳，杭、嘉、台三衛，湖、衢、嚴三所，大嵩、龍頭、穿長、清泉、玉泉、杜瀆、黃巖、長亭、仁和、鮑郎、錢清、永嘉、雙穗等場額賦有差。（高宗四一三、一二）

（乾隆一八、五、辛未）蠲緩浙江仁和、海寧、山陰、蕭山、諸暨、上虞等六縣仁和場乾隆十七年水災額賦，並予賑卹有差。（高宗四三九、一）

（乾隆一八、一〇、庚戌）蠲緩浙江錢塘、富陽、臨安、新城、於潛、象山、諸暨、新昌、嵊縣、臨海、寧海、天台、仙居、東陽、永康、西安、江山、桐廬、永嘉、樂清、瑞安、平陽、玉環、杭州、台州、衢州、嚴州、玉泉二十八州縣廳衛所本年被旱災民額賦，並借給籽種。（高宗四四九、二六）

（乾隆一九、三、辛亥）貸浙江錢塘、富陽、臨安、新城、於潛、象山、諸暨、寧海、天台、永康、西安、江山、桐廬、永嘉、樂清、瑞安、平陽等十七縣，玉環廳，杭州、台州二衛，衢州、嚴州二所，玉泉場乾隆十八年旱災貧民竈戶籽本，並分別蠲緩應徵額賦有差。（高宗四五八、四）

（乾隆二〇、九、己丑）撫卹浙江山陰、會稽、諸暨、餘姚、嵊縣、上虞、烏程、歸安、長興、德清、武康、安吉、仁和、慈谿、蕭山等十五州縣，東江、曹娥、金山、鳴鶴、下沙等五場，湖州一所本年被水貧民；給與口糧籽種，停徵新舊額賦。（高宗四九七、五）

（乾隆二一、二、丙午）諭：上年浙省杭、湖各屬，間有被災之處，業經加恩蠲緩。其餘災地接壤各州縣，雖勘不成災，收成究屬歉薄，現既完納漕糧，而地丁錢糧復按限催徵，民力未免拮据。著加恩將杭州府屬之錢塘、海寧、餘杭、富安、臨安、嘉興府屬之嘉興、秀水、嘉善、海鹽、平湖、桐鄉、石門，湖州府屬之孝豐等十三州縣，並已報被災之仁和等十三州縣內例不緩徵各戶，所有應徵乾隆二十年分未完地丁錢糧，一併緩至今歲蠶收麥熟後完納，以紓民力。該部遵諭速行。（高宗五〇六、一八）

（乾隆二一、三、辛未）戶部議覆：浙江巡撫周人驥奏，仁和、烏程、歸安、長興、德清、武康、安吉、山陰、會稽、蕭山、諸暨、餘姚、上虞十三縣被水成災暨勘不成災地畝，應完漕米漕項及蠲剩舊欠銀米，應如所請，分別蠲緩。從之。（高宗五〇八、一一）

（乾隆二一、四、癸丑）諭：上年浙省偶被偏災，收成歉薄，所有應徵地丁錢糧，業已加恩蠲緩。其例不緩徵各戶，亦經降旨緩至蠶收麥熟後完納。但念該省被災亦重，現在米價未平，小民生計，專賴蠶麥，以資接濟。

若新舊並輸，則貧黎口食，仍恐未免拮据。著再加恩，將該省緩徵各屬乾隆二十年分地丁錢糧，一併緩至本年秋成後開徵，俾得從容完納，以紓民力。該部即遵諭行。（高宗五一一、一）

（**乾隆二一、五、乙亥**）諭：據喀爾吉善奏，杭、嘉、湖、紹等府，四月以來，雨多晴少，窪下之處，不無積水，麥穗受傷，蠶事亦甚減嗇等語。前因該省去秋收成歉薄，已降旨將乾隆二十年應徵地丁錢糧，緩至本年秋成後開徵。惟是浙省小民生計，專賴蠶麥以資接濟，今據目下情形，所有本年地丁錢糧，若照例按期收納，民力未免拮据。著再加恩，將該省各屬本年春夏應徵地丁錢糧，一併緩至秋成後開徵，以紓民力。（高宗五一二、一五）

（**乾隆二一、五、乙亥**）免浙江仁和、安吉、歸安、烏程、長興、德清、武康、山陰、會稽、蕭山、諸暨、餘姚、上虞等十三州縣乾隆二十年被災田地漕項銀米，並緩徵蠲剩及舊欠漕白錢糧。（高宗五一二、一七）

（**乾隆二一、五、己卯**）蠲緩浙江仁和、安吉、歸安、烏程、長興、德清、武康、山陰、會稽、蕭山、諸暨、餘姚、上虞等十三州縣，湖州一所，乾隆二十年被災田地額賦；並上虞縣水衝沙漲田一十七頃二十二畝無徵銀米，均予豁除。（高宗五一二、二三）

（**乾隆二一、九、丙寅**）緩浙江安吉州仁和縣二十年水災額賦。（高宗五二〇、三）

（**乾隆二一、閏九、壬戌**）諭軍機大臣等：喀爾吉善等請將仁和等七州縣應徵緩帶二十年分漕糧改折徵收一摺，上年江浙二省同被偏災，浙省災地情形，雖稍輕於江省，而該督撫之始初查辦過緊，未能周浹。但漕糧係天庾正供，既已緩帶而又改折徵收，則江省有漕各州縣，俱萌冀倖之心，地方官勢必援例而請，此豈可為常例耶？此項緩帶漕糧，如實在民氣初復，新舊並徵頗覺拮据，朕心實為軫念。可傳諭該督撫等，令其轉飭收漕各員，酌量緩至明年蠶收麥熟後完納。其糧戶中有情願於今冬交倉者，亦聽從民便。該督撫等奉到此旨，即具摺奏聞，交部備案可也。（高宗五二三、一六）

（**乾隆二一、一〇、乙亥**）又諭：前曾傳諭，令將仁和等七州縣應行帶徵漕糧，該督撫等酌量緩至明年蠶收麥熟後完納，並令具摺奏聞，交部備案。今朕已明降諭旨，江浙俱行緩徵，該督撫等應遵照辦理，毋庸再行具奏。可傳諭喀爾吉善等知之。（高宗五二四、一八）

（**乾隆二一、一二、癸酉**）緩徵浙江杭、嘉、湖、紹等四府屬本年水災漕項錢糧。（高宗五二八、一一）

（**乾隆二二、三、壬辰**）諭：江浙二省積欠地丁銀兩，前已有旨豁免，而浙省所免獨少，足見黎庶素属急公。今巡省茌止，因命悉查各項，則尚有十八、十九、二十等年各屬未完緩徵及蠲剩漕項銀十八萬九千餘兩，二十年分杭、嘉、湖、紹四府屬縣場未完借欠籽本銀三萬七千八百餘兩，十八、二十年分各衛所未完屯餉銀六千四百餘兩，並海寧縣未完沙地公租銀二千餘兩。著加恩概行豁免。該督撫等其董率属員，實力奉行，無令胥役里長侵蝕中飽，副朕曲體惠鮮之至意。（高宗五三四、一）

（**乾隆二三、一二、己巳**）緩浙江仁和、歸安、烏程、長興、德清、武康等六縣，湖州一所本年水災田畝應徵漕糧漕截漕項等銀米並舊欠錢糧。（高宗五七七、九）

（**乾隆二三、一二、辛未**）蠲浙江錢塘、山陰、會稽、蕭山、諸暨、餘姚、上虞等七縣本年水災田畝應徵漕項錢糧有差，並緩徵漕糧、漕截等銀米及舊欠錢糧。（高宗五七七、一五）

（**乾隆二四、四、庚申**）蠲免浙江錢塘、海寧、山陰、會稽、蕭山、諸暨、餘姚、上虞八縣，曹娥、東江、石堰、金山、青村、下砂、下砂二三八場乾隆二十三年秋禾風災額賦，並予加賑。（高宗五八四、一九）

（**乾隆二四、四、壬戌**）蠲緩浙江仁和、歸安、烏程、長興、德清、武康六縣，湖州一所乾隆二十三年秋禾水災額賦，並予加賑。（高宗五八四、二六）

（**乾隆二四、九、庚戌**）戶部議准：浙江巡撫莊有恭疏稱，江山、麗水等縣秋田被水成災，除本年應徵地漕分別蠲緩外，其蠲剩銀米，分年帶徵，衝坍田畝題豁，並先行撫卹借給。得旨：依議速行。（高宗五九六、五）

（**乾隆二四、一〇、辛丑**）撫卹浙江嘉興、秀水、嘉善、平湖、石門、桐鄉、安吉、歸安、烏程、長興、德清、武康、永嘉、樂清、瑞安、仁和、錢塘、海寧等十八州縣，嘉興衛，湖州所，雙穗、蘆瀝、永嘉、橫浦、浦東、下砂、下砂二三場、青村、袁浦等九場本年被水被蟲貧民；並給籽種口糧，停徵額賦如例。（高宗五九九、三九）

（**乾隆二四、一二、丁酉**）蠲免浙江江山、常山、開化等三縣本年水災銀賦，並豁除江山、常山水衝沙壅地畝無徵漕項銀米。（高宗六〇三、一四）

（**乾隆二五、三、丁巳**）蠲緩浙江仁和、錢塘、海寧、嘉興、秀水、嘉善、平湖、石門、桐鄉、安吉、歸安、烏程、長興、德清、武康、永嘉、樂清、瑞安等十八州縣並嘉興衛、湖州所及雙穗、蘆瀝、永嘉、橫浦、浦東、下砂、下砂二三、青村、袁浦等九場乾隆二十四年水災蟲災田蕩額賦，分別賑卹。（高宗六〇八、一八）

（乾隆二五、八、甲午）緩浙江安吉、歸安、烏程、長興、德清五州縣災地漕糧銀米。(高宗六一九、八)

（乾隆二七、三、庚子）又諭：前經降旨，將江蘇、安徽、浙江積欠地丁概予豁免，而浙江一省積欠較少。今翠華蒞止，體察民情，宜再加恩，以示鼓勵。著將浙省所有乾隆二三、四、五、六等年災緩帶徵未完地丁屯餉等銀五萬三千餘兩，災緩未完及二十五年以前民欠未完漕項銀十一萬餘兩，並水鄉竈課未完銀十萬一千餘兩，通行蠲免，俾閭閻得以均霑渥澤。該部遵諭速行。(高宗六五六、九)

（乾隆二七、四、戊寅）蠲緩浙江仁和、歸安、烏程、長興、德清、武康、會稽、諸暨、餘姚、上虞等十縣，湖州一所，仁和、曹娥、金山、下砂、下砂二三等五場，乾隆二十六年水災額賦有差。(高宗六五八、二三)

（乾隆二八、三、庚辰）緩徵浙江仁和、錢塘、海寧、餘杭、石門、桐鄉、安吉、歸安、烏程、長興、德清、武康、孝豐、山陰、餘姚、蕭山、諸暨、上虞、杭州、湖州等十八州縣衛並仁和、曹娥、錢清、金山、青村、下砂二三等七場水災額賦。(高宗六八三、一二)

（乾隆二八、四、壬辰）緩徵浙江仁和、長興、德清、會稽、諸暨、餘姚、上虞等七縣，湖州所，乾隆二十六年、二十七年分水災額賦有差。(高宗六八四、六)

（乾隆三〇、閏二、己酉）又諭：朕翠華南幸，始涖浙境，念該省所免積欠較江省獨少，且於未奉恩旨以前，復有續完之項，民情可謂急公。因命悉查積年未完各項，無論於例應蠲與否，盡予豁除，以紓民力。至清蹕所經，前已降旨蠲本年額賦十分之三。昨巡歷江省，復念淮、徐各屬，地瘠民貧，江淮以南，人知愛戴，凡水陸經行州縣加免十分之五。浙省雖郵頓無多，而除道清塵，亦足覘閭閻欢感。且兩省皆係赤子，誠求懷保，厥視惟均。著再加恩，將浙江經過地方本年應徵錢糧，概免十分之五，俾群黎普霑膏澤，益慶阜恬，副朕入疆施惠至意。該部即遵諭行。(高宗七三〇、四)

（乾隆三〇、九、丙戌）豁免浙江乾隆二十八年分民欠南秋軍儲等米四千九百八十九石有奇。(高宗七四四、一七)

（乾隆三〇、九、甲午）豁免浙江乾隆二十六年分民欠額徵南米一千八十石有奇。(高宗七四五、一一)

（乾隆三〇、一〇、己未）諭軍機大臣等：昨據熊學鵬奏，天台、新昌、寧海等三縣地畝，間被旱災，現在分別酌給籽本，其應徵錢糧照例蠲緩，並豫籌撥運附近倉穀協濟，小民自可不致失所。但念來歲春收尚遠，青黃不接之際，山僻窮黎，生計未免艱窘。應否作何加恩撫卹之處，著該撫詳查覆奏，俟朕酌量降旨。至前摺所奏收成稍歉之仁和、錢塘、會稽、蕭山、桐廬、分水等縣，雖據該撫勘明，係一隅偏災，應俟明年春耕時，查明實在無力貧農，酌借籽種。但秋收分數既減，民力自不無拮据，是否並須接濟，亦著該撫體察情形，一併詳細具奏。可將此傳諭知之。（高宗七四七、四）

（乾隆三〇、一〇、丁卯）貸浙江仁和、錢塘、會稽、蕭山、新昌、寧海、天台、桐廬、分水等九縣場並仁和、浦東、橫浦三場，台州、杭、嚴二衛所本年旱災饑民，並緩徵額賦漕糧有差。（高宗七四七、一四）

（乾隆三一、一、甲戌）又諭：浙江天台、新昌、寧海等三縣，去秋晚禾間有被旱，業經該撫酌給籽本，其應徵錢糧，照例蠲緩，並豫籌撥運倉穀協濟，小民自可不致失所。但念東作方興，春收尚遠，青黃不接之際，閭閻生計未免稍艱。著加恩將天台、新昌、寧海等縣，查明實在貧乏戶口，散給一月口糧，以資接濟。至仁和、錢塘、會稽、蕭山、桐廬、分水等縣，雖據該撫勘明，係一隅偏災，亦經分別緩徵；而收成究屬歉薄，民力不無拮据。並著加恩，將此數縣歉收地畝，於春耕時按畝賞給籽本穀三升，免其追繳，令各乘時力作。該撫其董飭所屬，悉心經理，務俾小民均霑實惠，以副朕愛養黎元至意。該部遵諭速行。（高宗七五二、五）

（乾隆三一、三、壬辰）戶部議覆：浙江巡撫熊學鵬奏，仁和、錢塘、新昌等縣、嚴州一所被旱，請緩扣蠲。得旨：仁和等縣所本年應徵漕糧及行月等項銀米並新舊漕項錢糧，新昌等縣應徵漕項錢糧及蠲剩應徵銀兩，俱著照該撫所請行。（高宗七五七、一四）

（乾隆三一、九、辛未）賑卹浙江臨海、黃巖、太平三縣，杜瀆、黃巖二場本年水災饑民竈戶，並蠲新舊額賦。（高宗七六八、一）

（乾隆三一、一二、丁未）蠲緩浙江臨海、黃巖、太平三縣，杜瀆、黃巖二場本年水災額賦。其臨海縣應徵漕項及蠲剩應徵銀，並蠲免帶徵如例。（高宗七七四、一一）

（乾隆三四、九、己亥）賑卹浙江仁和、錢塘、歸安、烏程、長興、德清、武康等七縣，杭嚴、嘉湖二衛本年被水貧民，分別蠲緩額賦。（高宗八四三、七）

（乾隆三四、一一、庚辰）停徵浙江寧海、玉環、永嘉、樂清等四縣廳本年旱災饑民額賦，並貸給籽種。（高宗八四六、五）

（乾隆三四、一二、戊辰）蠲緩浙江仁和、錢塘、安吉、歸安、烏程、長興、德清、武康等八州縣本年水災貧民漕糧，其舊欠蠲剩銀米，並予緩

徵。（高宗八四九、一四）

（**乾隆三五、一、辛巳**）諭：上年浙省杭州、湖州二府所屬近水八州縣，因夏雨稍多，低田間被淹浸，業經散給籽種、蠲緩錢糧，並於正月內給賑一月，俾口食咸得寬裕。第現在東作方興，距麥秋為期尚遠，閭閻生計，仍恐不免拮据。所有仁和、錢塘、烏程、歸安、安吉、長興、德清、武康八州縣，並坐落烏程等州縣之嘉湖衛、坐落仁和等縣之杭嚴衛各被災極貧戶口，著再加恩加賑一月，令農人得盡力春耕，不致少有失所。該撫其督率所屬，實心查辦，毋使胥吏稍有扣剋浮冒，務俾窮民均霑實惠。該部即遵諭行。（高宗八五〇、五）

（**乾隆三五、四、丁巳**）蠲緩浙江仁和、錢塘、歸安、烏程、長興、德清、武康、安吉八州縣，杭嚴、嘉湖二衛乾隆三十四年分水災額賦有差，並予加賑。（高宗八五六、一六）

（**乾隆三五、八**）[是月，署浙江巡撫熊學鵬] 又奏：查得安吉、長興二州縣地勢低窪，天目諸山之水，由該州縣溪河而出，七月望後，陰雨連綿，溪河驟漲，以致近溪之田，被水淹浸。現在天晴水涸，田間禾稻，農民收拾曬颺，尚有三、四、五分收成。其所居房屋，間有一二損壞者，俱經鄉民自行修整完固。臣體察民情，不至匱乏，毋庸議給賑卹。唯是被水處所，收成分數既歉，本年應徵銀米，均緩至明春麥熟後開徵，以紓民力。得旨嘉獎。（高宗八六七、一一）

（**乾隆三六、二、癸未**）蠲浙江海寧、安吉、長興、蕭山四州縣乾隆三十五年被水災地應徵漕項額賦，並緩蠲餘及各項舊欠銀米各有差。（高宗八七八、一七）

（**乾隆三六、二、庚寅**）蠲緩浙江仁和、海寧、安吉、長興、山陰、會稽、蕭山、上虞八州縣，仁和、錢清二場，並坐落安吉州之湖州所，乾隆三十五年被水災地應徵本年及帶徵未完民賦各有差，並賑卹借貸如例。（高宗八七九、九）

（**乾隆三七、一、辛丑**）又諭：本年輪屆浙江省普免地丁錢糧，該省溫、台二府所屬玉環廳，每歲額徵租穀一萬一千八百五十餘石，又海寧縣天漲沙地，應納租銀一千二百二十餘兩，向例不在蠲免之內。第思此項租穀租銀，原並出於田畝徵輸，與闔省地丁無異，自當一視同仁，俾得並免輸將，以安作息。著加恩將此二項應徵銀穀，一體蠲免，副朕愛養群黎至意。該部即遵諭行。（高宗九〇〇、一〇）

（**乾隆四〇、一二、癸丑**）緩徵浙江長興縣本年旱災田地額賦。（高宗九

九八、一六）

（**乾隆四三、一一、癸卯**）緩徵浙江歸安、烏程、長興、德清、仁和等五縣本年霜災地畝額賦。（高宗一〇七一、五）

（**乾隆四三、一二、丙子**）諭：明歲浙江省係輪應蠲免錢糧之年，該省溫、台二府所屬玉環廳，額徵租穀二萬二千六百一十九石四斗七升有零，又海寧州沙地應納租銀二千五百六兩八錢五分有零，本不在應免之例，第念此項銀穀，按畝輸將，實與地丁無異，若照舊徵收，小民未免向隅。著加恩將前項租穀租銀，一體蠲免，俾瀕海黎民，均霑實惠。該部即遵諭行。（高宗一〇七三、一二）

（**乾隆四四、五、甲申**）緩徵浙江烏程、歸安、長興、德清、仁和等五縣乾隆四十三年霜災額賦。（高宗一〇八二、二）

（**乾隆四五、二、己卯**）諭：朕展義言巡，順時行慶，浙省輦路所經，本年應徵地丁錢糧，已先降旨蠲免十分之三。茲入疆伊始，用宜更沛新恩，俾資樂利。所有該省歸安等縣緩徵未完地丁漕白各款銀五萬三千九百餘兩零，並歸安等三縣緩徵未完南米四千七百餘石，仁和等三縣未完民借穀一萬八千二百餘石，均著加恩一併豁免，以紓民力。該督撫等其董率各屬，實力奉行，稱朕愛惠黎元至意。（高宗一一〇一、二一）

（**乾隆四五、一〇、癸丑**）緩徵浙江蕭山、諸暨、新昌、嵊縣、東陽、義烏、浦江七縣本年水災地畝額賦，並賑卹諸暨縣饑民。（高宗一一一六、一四）

（**乾隆四六、二、丙辰**）蠲緩浙江諸暨縣乾隆四十五年水災漕項錢糧；其勘不成災之蕭山、新昌、嵊縣、東陽、義烏、浦江六州縣漕糧，均予緩徵。（高宗一一二四、二二）

（**乾隆四九、三、丁酉**）諭：朕翠華蒞浙，愷澤覃敷，前已降旨將經過地方本年額賦蠲免十分之三，並省城駐蹕之仁和、錢塘二縣本年應徵地丁錢糧，概予豁免。今入疆伊始，周諮民隱，再沛恩綸。所有杭州、嘉興、湖州三府屬本年应徵地丁錢糧共一百九萬餘兩，著再加恩普免十分之三，俾近光黎庶，益享盈寧，以副朕省方問俗、施惠閭閻、有加無已之至意。（高宗一二〇〇、二二）

（**乾隆五〇、一〇、丙戌**）諭曰：福崧奏，仁和等十七州縣並杭嚴、嘉湖二衛，田畝歉收，請將應徵漕米錢糧等項分別緩徵等語。本年浙西一帶雨澤愆期，田禾間有被旱之處，收成不無歉薄，民力未免拮据。所有仁和、錢塘、海寧、餘杭、臨安、嘉興、秀水、海鹽、於潛、石門、桐鄉、烏程、歸安、長興、德清、武康、安吉等十七州縣並杭嚴、嘉湖二衛歉收田畝應徵地漕錢糧，著加恩緩至五十一年麥熟後徵收。其漕米及新舊漕截等銀，亦著緩至次年秋成後徵收帶運，以紓民力。該部即遵諭行。（高宗一二四〇、一九）

（乾隆五一、一、戊申）又諭：上年浙西杭、嘉、湖三府屬之仁和等十七州縣並杭嚴、嘉湖二衛，得雨較遲，收成歉薄，業經降旨將應徵地丁漕項銀米，緩至次年分別帶徵，以紓民力。第念東作方興，農民播種翻犁，未免尚形拮据。著再加恩，將杭、嘉、湖三府屬之仁和、錢塘、海寧、餘杭、臨安、於潛、嘉興、秀水、海鹽、石門、桐鄉、烏程、歸安、長興、德清、武康、安吉等十七州縣並杭嚴、嘉湖二衛，再行緩至秋收後按例徵收。並查明實在貧民，酌借口糧籽種，以資接濟。（高宗一二四六、三）

（乾隆五一、一一、乙亥）又諭：據伊齡阿奏上午仁和等十七州縣緩徵漕糧，請酌分二年徵收帶運一摺。上年浙西杭、嘉、湖三府屬之仁和等十七州縣暨杭嚴、嘉湖二衛，秋禾被旱歉收，節經降旨，將應徵漕糧緩至本年秋收後徵收。第念該省本年收成雖屬豐稔，而民間元氣未復，若同時新舊並徵，民力不無拮据。所有緩徵漕糧，並改徵漕米二十四萬五百餘石，著照所請，本年徵收一半，其餘一半，加恩俟次年徵足帶運，以紓民力。該部即遵諭行。（高宗一二六八、一〇）

（乾隆五三、一〇、乙卯）又諭曰：琅玕奏，本年浙江被水各縣，惟遂安一縣地畝涸出稍遲，收成未免歉薄等語。前因浙省淳安等縣，夏間偶被山水，業經加恩撫卹，借給籽種及修理房屋等費，小民自可不致失所。今淳安、西安、開化三縣，俱已補種雜糧，一律有收，惟遂安一縣，被水稍重，收成歉薄，若將應徵漕糧銀米，一體徵收，民力仍不免拮据。所有遂安縣本年應徵地丁漕項錢糧銀米，著加恩緩至次年麥熟後徵收，俾紓民力，以示朕軫念災區有加無已至意。該部即遵諭行。（高宗一三一五、二五）

（乾隆五五、二、庚辰）諭：本年朕八旬萬壽，業經特降諭旨，將天下錢糧普行蠲免。浙江省溫州府所屬玉環廳額徵租穀，及杭州府所屬海寧州沙地租銀，本不在應免之例，第念此項銀穀，按畝輸將，實與地丁無異，若照舊徵收，小民未免向隅。著加恩將玉環廳租穀二萬二千餘石、海寧州沙地租銀二千八百餘兩，一體蠲免，俾瀕海黎民，均霑實惠。該部即遵諭行。（高宗一三四九、三六）

（乾隆五八、八、甲戌）諭曰：長麟奏，本年浙省杭州、紹興等各府，早禾收成，總計實有九分，現在晚禾亦長發青蔥，秋收可望豐稔。惟湖州府屬之烏程、歸安等五縣，因五月間雨水較多，湖河鋪泛，禾苗不免受傷等語。湖州府屬烏程、歸安等五縣，沿湖沿河田畝，本屬低窪，今歲夏雨較多，湖河致有泛溢，禾苗受傷。雖現已補種雜糧，農民僅敷餬口；若將應完漕糧一併令其輸納，小民未免拮据。所有烏程、歸安、長興、德清、武康等五縣，補種雜糧田畝應徵漕米及新舊錢糧，俱著加恩緩徵，統於來年秋成後，分作二年帶徵全完，以紓民力。該撫務須實力妥辦，俾閭閻均霑實惠，毋任胥吏弊混，以副朕惠愛黎元、優加軫卹至意。該部即遵諭行。（高宗一四三四、一八）

（**乾隆五八、一〇、己巳**）諭曰：吉慶奏，杭州府屬之仁和縣地方，於八月初旬，陰雨連綿，山水陡發，田畝晚禾，間段受傷等語。本年杭州府屬，田禾多已收穫，惟仁和縣地方，因秋雨稍多，田畝間被山水衝損，晚禾未免受傷，若將應徵漕糧，一體令其輸納，民力不無拮据。所有仁和縣被水田畝應徵漕米一千九百四十餘石，及新舊錢糧，著加恩照烏程等縣緩徵之例，於來年秋成後，分作二年帶徵全完，以紓民力。該撫務須督率所屬妥辦，俾小民均霑實惠，以副朕軫念民依至意。（高宗一四三八、一一）

（**乾隆六〇、一一、丁卯**）諭：前經降旨普免天下積欠錢糧，令各督撫查明具奏。茲據吉慶將浙江省節年民欠及因災緩徵地丁漕糧正耗、並蠲免補徵耗羨及漕截動墊補徵未完各數開單呈覽。所有浙江省節年民欠、因災緩帶並蠲免補徵耗羨等銀二十五萬二千一百九十五兩零、南糧米二千二百十四石零，因災緩徵漕糧正耗米四千一百二十七石零，又乾隆五十八年分應補徵寧波、台州、衢州、嚴州、處州五府屬輪免地丁耗羨未完銀四萬三千二百餘兩，五十六、七兩年分應徵還嘉興、湖州二府屬道庫動墊漕截未完銀八萬四百餘兩，五十八年分應徵還杭州、嘉興、湖州三府屬道庫動墊漕截未完銀十八萬三千四百餘兩，浙省通共未完銀五十五萬九千一百九十五兩零、未完米六千三百四十一石零，俱著加恩豁免，以示朕普錫春祺、恩賜無已至意。（高宗一四七〇、四七）

（**乾隆六〇、一二、乙巳**）諭曰：吉慶奏，明年普免天下錢糧，所有玉環同知額徵租穀、海寧州沙地租銀，可否一體蠲免等語。此項租穀租銀，本不在蠲免地丁之內，但按畝輸將，亦與地丁無異。著加恩將玉環同知應徵租穀二萬二千餘石、海寧州沙地租銀二千八百餘兩，一體蠲免，以示朕普惠閭閻、湛恩均霑至意。（高宗一四九三、二一）

（**嘉慶二、九、癸酉**）撫卹浙江臨海、寧海、黃巖、太平、定海、象山、玉環七廳縣被水災民，並緩徵新舊額賦。緩徵歸安、德清、烏程三縣水災本

年額賦。(仁宗二二、八)

（**嘉慶六、一〇、壬子**）免浙江諸暨、蕭山、錢塘、餘杭、山陰五縣並錢清場牧地被水災民本年額賦及牧租竈課，並緩舊欠。又緩徵富陽、臨海、仙居、桐廬、分水五縣及曹娥場、海州沙地新舊額賦、竈課公租。(仁宗八八、一三)

（**嘉慶七、九、丙申**）緩徵浙江西安、龍游、東陽、浦江、建德、淳安、桐廬、金華、蘭谿、義烏、永康、武義、湯溪、江山、常山、開化、遂安、壽昌、縉雲、宣平、諸暨、嵊、當陽二十三縣，衢州所、杭嚴衛旱災新舊額賦。(仁宗一〇三、二四)

（**嘉慶九、九、丁亥**）蠲緩浙江烏程、德清、歸安、長興、仁和、海寧、石門、桐鄉、武康、錢塘、秀水、嘉興、嘉善、平湖、海鹽十五州縣及嘉湖衛水災新舊額賦有差。(仁宗一三四、一)

（**嘉慶一〇、五、己亥**）加賑浙江仁和、錢塘、海寧、餘杭、臨安、嘉興、秀水、海鹽、石門、桐鄉、烏程、歸安、長興、德清、武康十五州縣上年被水災民，並緩徵本年額賦及未完耗羨銀。(仁宗一四四、二)

（**嘉慶一〇、一〇、己丑**）展緩浙江杭州、嘉興、湖州三府屬州縣上年帶徵漕糧。(仁宗一五一、五)

（**嘉慶一二、一一、戊戌**）緩徵浙江烏程、歸安、德清三縣歉收田畝漕米額賦。(仁宗一八七、一)

（**嘉慶一三、一〇、戊午**）蠲緩浙江仁和、錢塘、烏程、歸安、德清、武康、石門、桐鄉、長興、嘉興、秀水、海鹽十二縣被水災民新舊額賦有差及蕭山縣牧地租課，並給烏程、歸安、長興、德清、武康五縣貧民口糧。(仁宗二〇二、二八)

（**嘉慶一四、八、丁巳**）緩徵浙江烏程、歸安、德清三縣上年水災未完漕糧。(仁宗二一七、三六)

（**嘉慶一六、九、乙酉**）緩徵浙江諸暨、新昌、嵊、天台、永康、武義、浦江、建德、遂安、壽昌、桐廬、分水、麗水、縉雲、青田、松陽、宣平、富陽十八縣及杭嚴衛旱災本年額賦。(仁宗二四八、七)

（**嘉慶一六、一〇、甲戌**）給浙江宣平、麗水、縉雲、青田四縣被霜歉收貧民一月口糧，並蠲緩宣平、麗水、縉雲、青田、仁和、歸安、烏程、德清、武康、仙居十縣及台州衛旱災霜災新舊額賦有差。(仁宗二四九、二六)

（**嘉慶一九、一〇、乙亥**）蠲緩浙江西安、常山、開化、仁和、錢塘、海寧、餘杭、臨安、於潛、嘉興、秀水、石門、桐鄉、海鹽、歸安、烏程、

長興、德清、武康、安吉、孝豐二十一州縣旱災本年額賦漕糧有差。（仁宗二九八、一八）

（嘉慶二一、一〇、乙未）蠲緩浙江蘭谿、東陽、義烏、浦江、湯溪、西安、龍游、江山、常山、青田、麗水、宣平、臨海十三縣及衢州所旱災新舊額賦有差，並給麗水、宣平二縣貧民一月口種。（仁宗三二三、一〇）

（嘉慶二四、一一、壬午）免浙江仁和、錢塘、海寧、餘杭、臨安、嘉興、秀水、海鹽、石門、桐鄉、歸安、烏程、長興、德清、武康、安吉、孝豐十七州縣及嘉湖衛水災本年額賦，並緩帶徵銀米。（仁宗三六四、三〇）

17. 福建

（康熙二、四、癸卯）免福建閩縣等十二縣順治十八年分水災額賦有差。（聖祖九、二）

（康熙三、一二、壬午）免福建閩縣等七州縣衛本年分水災額賦。（聖祖一三、二二）

（康熙六、九、丁卯）免福建龍溪等五縣本年分旱災額賦。（聖祖二四、七）

（康熙九、閏二、庚寅）免福建龍溪等五縣康熙七年分水災額賦有差。（聖祖三二、一二）

（康熙一六、二、辛酉）諭戶部：閩地經海孽擾害，又遭逆賊暴徵橫斂，民困已極，今年錢糧盡與蠲免。其遭亂竄避人民，俱招徠還籍，俾各安本業。（聖祖六五、一四）

（康熙一八、一二、丁卯）以福建海澄等十三縣歷年被兵，將未徵地丁銀米並鹽課銀盡行蠲免。（聖祖八七、六）

（康熙一九、一〇、丁酉）免福建泰寧縣康熙十八年分水災額賦有差。（聖祖九二、一六）

（康熙二二、三、丁未）免福建侯官等二十六州縣被兵後久荒田地康熙十八年以後積久錢糧銀三萬三千餘兩、米四千六百餘石。（聖祖一〇八、一）

（康熙三四、三、丙戌）免福建閩清等三縣康熙三十三年分水災額賦有差。（聖祖一六六、一六）

（康熙三五、八、庚子）免福建閩縣等五縣本年分旱災額賦有差。（聖祖一七五、一二）

（康熙三七、八、戊午）免福建同安縣本年分水災額賦有差。（聖祖一八九、一二）

(**康熙三八、二、甲寅**)免福建臺灣、鳳山、諸羅三縣康熙三十七年分水災額賦有差。(聖祖一九二、一〇)

　　(**康熙四五、三、己未**)福建巡撫李斯義疏報：臺灣、鳳山、諸羅三縣旱災。上諭大學士等曰：臺灣地方窪下，一遇亢旱，即至歉收。著將臺灣等三縣糧米，全行蠲免。朕蒞政四十餘年，留心諸務，無所不悉。見窪下之地，旱則不收，水亦鮮穫，不若蒙古田土高而且腴，雨雪常調，無荒歉之年。更兼土潔泉甘，誠佳壤也。(聖祖二二四、一七)

　　(**康熙四七、二、乙未**)免福建臺灣、鳳山、諸羅三縣康熙四十六年分旱災額賦有差。(聖祖二三二、一〇)

　　(**康熙五〇、一〇、丙辰**)戶部議覆，福建巡撫黃秉中疏言，康熙四十九年奉上諭蠲免直隸、奉天、浙江、福建、廣東、廣西、四川、雲南、貴州等省康熙五十年應徵地丁銀兩。至臺灣府屬三縣地畝，向徵稻穀，並無額編銀兩，其應徵本色稻穀，請應一體蠲免。查此項錢糧，該撫應於春夏開徵之前即行題請，遲至秋季方行具奏，應不准行。得旨：臺灣府屬五十年應徵稻穀，已經徵完在官，雖蠲免，與小民無益。其應徵康熙五十一年稻穀，著行蠲免。(聖祖二四八、二)

　　(**康熙五二、八、戊寅**)免福建侯官縣本年分水衝田地額賦。(聖祖二五六、三)

　　(**康熙五七、二、甲辰**)免福建臺灣、諸羅、鳳山三縣康熙五十六年分旱災額賦有差。(聖祖二七七、二九)

　　(**康熙六〇、一〇、丁亥**)免福建臺灣、鳳山、諸羅三縣本年分颶災額賦。(聖祖二九五、一二)

　　(**雍正五、二、壬申**)免福建連江、羅源二縣雍正四年分水災額賦有差。(世宗五三、二二)

　　(**雍正六、一一、庚戌**)諭戶部：福建歷年地丁錢糧，雍正四年冊報，共未完銀四十四萬二千一百餘兩。其或欠在官、或欠在民，從前未曾分別明晰。經朕特遣大臣，會同督撫徹底清查，除查出官吏侵蝕那移虧空外，實在民欠銀三十三萬八千三百餘兩。朕思今年閩省州縣，有數處微欠雨澤，收成諒不能十分豐足，若於明年徵收正額之外，仍帶徵歷年舊欠，恐民力艱於輸將。茲特大沛恩膏，將康熙五十五年起至雍正四年，民欠地丁銀三十三萬八千三百餘兩，概予蠲免。共有已徵在官者，即照數留抵雍正己酉年本戶正賦。此朕惠養黎元、勤求民隱之至意，該督撫等應仰體朕心，家喻戶曉，並嚴飭州縣等官，實力奉行，務俾小民均霑實惠。儻有不肖州縣陽奉陰違，或將已徵在官者侵匿入己，仍作民欠開報，或將應行蠲免者私自徵收，一經查出，定將州縣官從重治罪，該督撫一併嚴加處分。再雲南、貴州、四川、廣東、廣西等省，皆係邊遠地方，如有歷年實在民欠錢糧，俱著該督撫詳細查明，將實數具奏。(世宗七五、二)

(雍正八、九、丁卯) 戶部議覆：福建巡撫劉世明疏言，臺灣縣水衝沙壓田園，自康熙六十一年至雍正四年無徵粟石，應著落從前不行詳報之知縣周鍾瑄等賠補。但自五年以後，應徵原額已奉旨永行豁免，則此項分賠粟石，亦應一體予豁，以免離任窮員苦累。應如所請。從之。(世宗九八、二)

(雍正一〇、五、甲戌) 諭戶部：福建臺灣府彰化縣，經兇番擾害之後，百姓耕種未免失時，該縣所有雍正八、九年分未完穀六千五百餘石，著悉行豁免。(世宗一一八、一七)

(乾隆二、九) [是月] 閩浙總督銜專管福建事郝玉麟奏報：閩縣、侯官、福清、長樂、羅源、連江等六縣被風；松溪、政和、建安、甌寧等四縣被水；請緩徵本年錢糧，並賑饑各事宜。得旨：覽。被災州縣，務須加意撫卹之。(高宗五一、二七)

(乾隆二、一一、丁卯) 免福建長樂等縣未完租穀一千三十石九斗八升有奇。(高宗五六、一七)

(乾隆二、一二、辛亥) 免福建省缺額田所勻丁銀，及延平、建寧、邵武解糧運費。諭：閩省丁銀，勻入地畝，已歷多年。上年朕查出通省缺額田地五萬四千餘畝，已降旨將糧銀豁除，以紓民力。但所勻丁銀，未曾裁免，仍屬小民之累。著將應納丁銀九百六十一兩，悉行免徵，永著為例。又聞延、建、邵三府，有運解省城之糧米二萬四千石，於耗米之外，又徵運費，每石一錢一、二分至五、六分不等。交官之數若此，其官吏需索之費，正恐繁多，小民輸將匪易。著將此項永遠免徵，所有運費三千兩，即於存公銀內支給，以除閭閻之擾。(高宗五九、一四)

(乾隆三、三、壬申) 免福建詔安縣旱災額賦有差。(高宗六五、一二)

(乾隆三、七、丁巳) 免福建詔安縣乾隆二年旱災額賦有差。(高宗七二、八)

(乾隆三、七、壬戌) 免福建長樂、福清二縣乾隆二年風災額賦十六七，並長樂、閩縣衝陷沙堆無徵銀米全數豁除。(高宗七二、一八)

(乾隆三、七、辛未) 免福建海澄縣乾隆二年旱災額賦有差。(高宗七三、六)

(乾隆三、九、戊午) 免福建漳浦縣乾隆二年旱災額賦。(高宗七六、

一一）

（乾隆三、一〇、庚子）免福建臺、鳳等廳縣額徵社餉並粟石折價銀八千四百二十五兩有奇、各社鹿皮折價銀一百六十九兩有奇；減徵臺屬各縣贌番地貼餉銀一半。（高宗七九、六）

（乾隆四、九、丁未）戶部議覆：署福建巡撫布政使王士任疏稱，臺灣府臺、鳳三縣，地處海外，民間少種早禾，亦鮮栽二麥。乾隆三年被旱偏災，本年錢糧照例緩徵外，所有未完雍正十三年、乾隆元年、二年舊欠粟石官莊銀兩，因時屆麥秋，設法勸輸。查無完納，請一並緩至乾隆四年十月收成後，一體帶徵。與例不符，應毋庸議。特旨：如該署撫所請行。（高宗一〇〇、五）

（乾隆四、一〇、乙酉）免福建建陽縣虛糧、舊欠及無徵銀米。諭：據署福建巡撫王士任奏稱，建寧府屬之建陽縣，有虛糧六百三十一兩六錢，久爲民纍，已於乾隆元年蒙恩豁免，並將雍正十二年以前節欠銀兩，於恩詔內蠲除，里民不勝感戴。惟是該縣尚有雍正十三年未完民欠銀兩，現在徵比。可否仰懇格外之恩，並予豁免。再虛糧項下，有應勻丁口銀一百四十九兩七錢、應派本色米五十一石六斗五升，皆屬有額無徵之數。可否一體邀恩，特此請旨等語。建陽縣所有雍正十三年虛糧未完民欠銀六百三十一兩六錢，著寬免；其應勻丁口銀一百四十九兩七錢、應派本色米五十一石六斗五升，俱著永遠免徵。該部可即行文閩省督撫知之。（高宗一〇二、一三）

（乾隆六、五、戊寅）又諭：福建臺灣地方，上年秋間缺雨，收成較常歉薄，聞今春以來，米價日漸昂貴，小民謀食艱難，而納課尤爲竭蹙。查臺灣縣自雍正十三年起至乾隆三年，未完人丁正雜錢糧餉稅銀共二千二百一十六兩零，未完供粟共四萬三千七百一十石零；鳳山縣乾隆三年未完人丁正雜錢糧餉稅銀共三百五十六兩零，又未完四、五、六等年帶徵三年分被災官莊銀四百三十六兩零，未完供粟五千一百四十七石零；諸羅縣乾隆元年起至三年，未完官莊銀共四百三十九兩零，未完供粟共二千六百三十二石零。此皆多年舊欠，今若責償於儉歲之後，民力未免拮据，朕心軫念。特沛恩膏，概行豁免。至乾隆四年以後，未完銀粟，統俟本年十月成熟之後，再行徵收。庶追呼無擾，力量寬紓，海疆百姓共受蠲賦緩徵之益。該部即遵諭行。（高宗一四二、一八）

（乾隆六、八、丙辰）賑福建詔安縣旱災饑民，並緩徵本年分田額賦。（高宗一四九、九）

（乾隆六、一〇、己酉）緩徵福建永定縣被水災田本年錢糧，除衝陷田

二十七畝有奇額賦。（高宗一五三、三）

（**乾隆七、三、己丑**）免乾隆六年分福建福安縣被旱額賦。（高宗一六三、一九）

（**乾隆七、四、甲寅**）免福建福清、連江、羅源、霞浦、福鼎、福安、寧德等七縣颶災地丁銀一千七十兩有奇。（高宗一六五、一八）

（**乾隆七、五、丁卯**）戶部議准：原任福建巡撫王恕遵旨疏請，將閩縣雍正七年加徵無著學租銀五百三十二兩零、並乾隆三年至五年未完民欠銀六百二十兩零，一體豁除。從之。（高宗一六六、一四）

（**乾隆七、八、丙午**）護理福建巡撫印務布政使張嗣昌疏報：閩省漳州府屬詔安縣乾隆六年夏月被災，應免銀五千五十六兩有奇。（高宗一七三、一〇）

（**乾隆七、一〇、戊子**）[戶部]又議准：福建巡撫劉於義奏稱，福安縣乾隆六年蠲剩應徵錢糧，其被災十分者，請分作三年帶徵；五、六、七分者，分作二年帶徵。從之。（高宗一七六、四）

（**乾隆七、一二、己丑**）豁免福建雍正十一、二年民欠未完穀一千九百三十五石有奇。（高宗一八〇、六）

（**乾隆八、九、甲申**）諭：上年八月內，降旨將江蘇、安徽、福建、甘肅、直隸、廣東、浙江等省雍正十三年分未完民欠地丁、漕項一切銀米，加恩豁免。今聞福建閩縣等處，向有寺租歸公一項，原係廢寺田畝入官，收租完糧，雍正十三年分，尚有民欠未完租穀四百餘石，因係另案造報，未獲一體邀恩。朕思寺租雖屬另案題報之項，但窮佃無力輸將，事同一轍；所有閩縣、古田、霞浦、寧德四縣十三年分民欠寺租，著加恩一併寬免。該部即遵諭行。（高宗二〇〇、四）

（**乾隆八、一一、辛丑**）賑貸福建臺灣、鳳山、諸羅三縣被旱災民，並緩新舊額徵。（高宗二〇五、七）

（**乾隆九、二、壬戌**）免福建臺灣、鳳山、諸羅三縣旱災額賦有差，分別賑貸。（高宗二一〇、二一）

（**乾隆九、六、壬戌**）緩徵臺灣、鳳山、諸羅三縣八年分被旱勘不成災額賦。（高宗二一九、一）

（**乾隆九、七、甲辰**）蠲免福建臺灣府屬之臺灣、諸羅、鳳山等縣乾隆八年秋旱成災額賦。（高宗二二一、二九）

（**乾隆一〇、九、己丑**）諭：閩省丙寅年地丁錢糧，已全行蠲免，惟是臺灣府屬一廳四縣地畝額糧，向不編徵銀兩，歷係徵收粟穀。今內地各郡既通行蠲免，而臺屬地畝，因其編徵本色，不得一體邀免，非朕普徧加恩之意。著將臺灣府屬一廳四縣丙寅豐額徵供粟一十六萬餘石，全數蠲免。該部即遵諭行。（高宗二四九、九）

（乾隆一二、一一、丙申）緩福建長樂、福清二縣本年旱災應徵新舊錢糧。（高宗三〇二、一五）

（乾隆一二、一二、辛未）緩福建臺灣、鳳山二縣本年旱災應徵新舊錢糧。（高宗三〇四、二四）

（乾隆一三、七、丁亥）免福建長樂、福清二縣乾隆十二年分旱災額賦有差。（高宗三一八、一一）

（乾隆一三、九、乙卯）蠲緩福建臺灣、鳳山二縣乾隆十二年分旱災額賦有差，並免徵鳳山縣官莊銀。（高宗三二四、九）

（乾隆一四、四、辛卯）貸福建晉江、南安、惠安、同安、龍溪、詔安六縣並金門縣丞被災貧民籽種口糧；本年蠲剩額賦，並予緩徵。（高宗三三八、四二）

（乾隆一四、四、乙巳）賑貸福建臺灣、鳳山、彰化三縣乾隆十三年被災貧民，應輸額賦並予緩徵。（高宗三三九、三八）

（乾隆一四、七、己酉）賑卹福建光澤、邵武二縣本年被水災民，並緩徵額賦。（高宗三四四、三）

（乾隆一四、七、辛亥）蠲免福建晉江、南安、惠安、同安、龍溪、詔安、臺灣、鳳山、彰化等九縣乾隆十三年分晚禾被旱被潮田地應徵額賦。（高宗三四四、五）

（乾隆一五、二、乙未）蠲福建邵武、光澤二縣乾隆十四年分水災民屯額賦十之七。（高宗三五九、一八）

（乾隆一六、六、丁巳）諭：福建汀州府屬之清流、寧化二縣，夏間溪河異漲，漂及鄉城。前據該督撫奏報，曾降旨加意撫卹，又令將應徵新舊錢糧，暫停徵收，其被災各戶，分別極貧次貧，酌量賑濟。今思該二邑被災甚重，此時去秋成尚遠，若僅照常例賑卹，不足以資接濟。著再加恩將寧化、清流二縣，查明極貧人戶，加賑三個月，次貧加賑兩個月。該督撫嚴飭屬員，實力查辦，務令災黎均霑實惠。該部遵諭速行。（高宗三九三、六）

（乾隆一七、四、甲寅）豁除福建福安、壽寧二縣乾隆十六年水災額賦有差。（高宗四一三、一七）

（乾隆一八、二、乙未）豁免福建閩縣、侯官、長樂、連江、羅源、晉江、惠安、順昌等八縣無著漁課銀六百九十一兩有奇。（高宗四三二、一三）

（乾隆一八、八、癸卯）户部議准：福建巡撫陳宏謀疏稱，晉江、南安二縣，勘實被災八分民屯田畝，除應免外尚應徵銀一百三十兩六錢零，勻丁銀一十五兩一分零，分作三年帶徵。又被災七分、六分、五分民、屯、寺、學田畝，除應免外尚應徵銀一千三百八十六兩六錢零、勻丁銀一百七十六兩三錢零，分作二年帶徵。請於十七年起限，分年帶徵。從之。(高宗四四五、七)

（乾隆一九、五、辛巳）蠲緩福建臺灣、鳳山二縣乾隆十八年旱災額賦有差；被災較重者，賑卹一月。(高宗四六四、六)

（乾隆一九、六、壬子）諭：據新柱、陳宏謀等奏，漳州府屬之龍溪、漳浦、海澄、南靖、長泰、平和、詔安等縣，泉州府屬之同安縣及雲霄、南勝等處，於閏四月十七、八等日大雨，山水驟發，一時宣洩不及，房屋間有坍塌，人口亦有淹斃等語。貧民猝被水災，田廬漂損，深堪憫惻。著該督喀爾吉善即速查明，加意撫卹，給予一月口糧，無令失所。衝坍房屋、損傷人口，照例速行辦理。其田禾淹浸處所，民力艱難，所有本年應徵錢糧，俱著加恩緩其徵收。至城署、營房、祠宇坍塌之處，一併勘明，分別修理。該督等董率屬員，即行實力查辦，務俾災黎均霑實惠，毋致胥役中飽。該部遵諭速行。(高宗四六六、二)

（乾隆一九、一〇、丁未）緩徵福建臺灣、鳳山二縣乾隆十八年旱災額賦。(高宗四七四、三)

（乾隆一九、一一、戊寅）諭：喀爾吉善等奏，臺灣、澎湖等處，颶風頓作，沉失商漁船隻，坍塌民房，田禾間有刮損，諸羅、彰化二縣，被災較重等語。臺灣地居海外，貧民猝被風災，殊堪憫惻。著該督撫查明被災戶口，加意撫綏，所有本年應徵地丁錢糧，照例分別蠲緩。乏食貧民，酌借口糧，妥籌接濟。其坍塌房間、擊沉船隻，查明給與修費及掩埋之資。仍督飭屬員實心查辦，務使災黎均霑實惠。至應行撥運內地補倉米穀，並著暫停起運，留備賑卹之用。該部即遵諭行。(高宗四七六、四)

（乾隆二〇、六、乙丑）緩徵福建臺灣、諸羅、彰化等三縣風災額賦有差。(高宗四九一、一八)

（乾隆二〇、九、癸未）緩徵福建臺灣、諸羅、彰化等三縣乾隆十九年被水田園蠲剩銀五千七百七十八兩有奇、粟四萬四千八百二十九石有奇。(高宗四九六、二九)

（乾隆二三、四、丁丑）免福建臺灣縣乾隆二十二年分各則田旱災額賦。(高宗五六一、二〇)

（乾隆二三、七、庚寅）蠲免福建臺灣府屬臺灣縣旱災民田額徵米四千

（乾隆二三、一一、壬寅）諭曰：福建福州等府屬之長樂等八縣，入秋以來，雨澤未能普遍，間有歉收之處，雖勘不成災，濱海貧民生計，未免拮据。著加恩將福州府屬之長樂、福清，泉州府屬之晉江、南安、惠安、同安，漳州府屬之漳浦、詔安等八縣歉收田畝，應徵錢糧五萬二千餘兩、米四千餘石，緩至明年麥熟後徵收。其上年歉收緩徵、應於今年麥熟後徵收者，除已完納外，其未經徵收者，查明於明年起，分作兩年一併帶徵，以紓民力。至此內如有實在無力農民，著該地方官於社倉內借給麥本，以資力作，俟來年秋收後免息還倉，以示加惠濱海貧黎至意。該部即遵諭行。（高宗五七五、一三）

（乾隆二三、一二、癸丑）賑福建臺灣、鳳山、諸羅、彰化等四縣本年風災饑民，併緩徵新舊錢糧。（高宗五七六、一〇）

（乾隆二四、閏六、丙戌）蠲免福建臺灣、鳳山、諸羅三縣乾隆二十三年晚禾風災額賦。（高宗五九〇、八）

（乾隆二六、一一、庚子）緩福建淡防廳屬拳頭母山，乾隆十九、二十、二十一等年，未完應徵供粟二千五百石有奇。（高宗六四八、九）

（乾隆三六、一、甲辰）又諭：前此普免天下錢糧，曾降旨將閩省臺灣府屬地畝額糧編徵本色，一體予蠲。今普免直省正供，辛卯年屆該省輪免之期，著加恩仍將臺灣府屬一廳四縣辛卯年額徵供粟一十六萬餘石全數蠲免。該部即遵諭行。（高宗八七六、二）

（乾隆四二、五、戊寅）諭：前經降旨，自戊戌年爲始，普蠲天下錢糧，仍分三年輪免，福建應於庚子年全行蠲免。但該省有臺灣府屬官莊租息一項，因與雜稅無異，例應照舊徵收。乾隆十一年及三十五年普蠲各案內，均經加恩，准其蠲免十分之三。現在又屆普蠲之年，所有前項官莊租息銀兩，仍著照上次之例，蠲免十分之三，俾海外羣黎，均霑渥澤。該部即遵諭行。（高宗一〇三二、二五）

（乾隆四九、七、庚申）諭：前據富勒渾等奏，建寧府因雨後溪河猝漲，淹及官民房屋，並損傷人口，業經諭令該督等飭屬詳晰查明，酌量撫卹矣。該處猝被水災，雖經該督等分別撫卹，酌借籽種口糧，貧黎均已得所，但究係被水之後，民力不無拮据。著加恩將建寧府屬之建安、甌寧二縣，並下游被水之延平府屬南平縣本年應徵錢糧，緩至乾隆五十年秋成後帶徵，以示朕體卹災黎、有加無已之至意。（高宗一二一〇、一二）

（乾隆五二、二、壬子）諭：此次臺灣逆匪林爽文等糾衆謀逆，到處搶掠，義民鄉勇人等，同官兵奮勇殺賊，守禦郡城，甚屬可嘉，業經降旨令該督等查明優賞。惟念逆匪滋事之初，經過地方，百姓田廬、牲畜被其蹂躪及避賊遷徙流離者，殊爲可憫，亦宜一體加恩，普施惠澤。所有臺灣府全屬五十二年應徵地丁錢糧，悉行蠲免，以副朕優加軫卹之至意。並著該督撫接奉此旨即行謄黃，徧諭各處。該部遵諭速行。（高宗一二七四、四二）

（乾隆五二、一一、壬申）又諭：嘉義縣城，被賊攻圍，已閱半載，而民人等共知大義，幫同官兵奮力把守，久而益堅，實堪嘉尚。除節經降旨將臺灣府屬本年及五十三年應徵錢糧豁免，著再加恩將嘉義縣五十四年應徵錢糧，再行豁免，以示朕優獎忠義、有加無已至意。（高宗一二九二、二五）

（乾隆五二、一二、戊申）諭：據李侍堯等奏，臺灣府屬各廳縣，本年應徵兵穀及耗羨莊租雜稅等項，請分作四年帶徵等語。臺灣自勦捕逆匪以來，節經降旨，將乾隆五十二、三兩年錢糧，並嘉義縣五十四年錢糧，全行蠲免矣。今此項應徵兵穀及耗羨租稅，固應照例徵收，以備供支，但念該處經賊匪滋擾後，被難歸莊之民，未遑耕種，生理艱難，若仍分年帶徵，民力不無拮据。所有臺灣各屬本年應徵兵穀十九萬九百餘石，及耗羨莊租雜稅銀六萬九千餘兩，粟一千八百餘石，俱著加恩全行寬免，以副朕惠愛被難邊黎、有加無已至意。該部即遵諭行。（高宗一二九四、二七）

（乾隆五三、一、丁卯）又諭：上年臺灣辦理軍務，漳、泉等府屬應付浙粵滿漢官兵及四川、湖南、貴州各兵，兼之糧餉軍裝鉛藥等項，絡繹過境，差務甚繁，資用民力之處最多。茲屆春祺普錫之時，大功即日告竣，自宜特沛殊恩，以示優卹。所有泉州府之晉江、南安、惠安、同安，漳州府之龍溪、漳浦、海澄、詔安等八縣本年應徵錢糧，著加恩蠲免十分之三。其浦城、崇安、建陽、建安、甌寧、南平、古田、閩縣、侯官、福清、莆田、仙遊等十二縣應徵錢糧，著蠲免十分之二。至福鼎、霞浦、福安、寧德、羅源、連江、光澤等七縣所有應徵錢糧，著緩至五十四年麥熟後徵收。俾小民均霑渥澤，以副朕惠愛黎元、有加無已至意。該部即遵諭行。（高宗一二九六、四）

（乾隆五四、一、甲戌）蠲免福建淡水、臺灣、鳳山、嘉義、彰化五廳縣乾隆五十三年額徵穀粟，並嘉義縣乾隆五十四年額徵穀粟。（高宗一三二一、八）

（乾隆五四、六、庚午）諭曰：伍拉納等奏，漳、泉二府屬現在雨水調勻，晚稻可望有收，但究因早稻得雨較遲，收成未免歉薄等語。前因漳、泉二府屬春間得雨稍遲，曾令該督等察看情形，酌量借糶，以資接濟。今該二府屬早稻收成未能豐稔，本年尚有應徵帶緩錢糧，若新舊一併催納，恐民力仍不無拮据。所有漳、泉二府屬應徵五十二年緩徵錢糧，著加恩展至明歲麥熟后帶徵，俾閭閻蓋藏，益資饒裕，以副朕軫念民依、有加無已至意。該部即遵諭行。(高宗一三三三、一)

(**乾隆五五、三、甲午**) 又諭：本年朕八旬壽辰，業經降旨，將直省地丁錢糧普行蠲免。臺灣府屬有應徵供粟及官莊租息銀兩，本不在蠲免之例，第念該省各府州縣錢糧，俱已全行蠲免，臺灣瀕臨海外，若不獲一體邀恩，番黎等未免向隅。著加恩將臺灣府屬一廳四縣應徵供粟，按照內地之例，分作三年輪免，其官莊租息銀兩，亦著蠲免十分之三，以示加惠海疆至意。該部即遵諭行。(高宗一三五〇、二一)

(**乾隆五九、一一、戊申**) 諭曰：伍拉納奏，泉州府屬之晉江、南安二縣，四鄉低窪之區，被水田禾，涸出較遲，雖係勘不成災，收成實為歉薄。又，南靖縣護城隄岸，被水衝開，工段綿長，必須趕緊補築；本係民修，請先行賞借司庫銀兩，分作三年徵完歸款各等語。福建漳州府屬之龍溪等縣，前經浦霖查奏被水較重情形，當即降旨，將該處被災地方，加恩兩倍賞卹，並令查明本年應納秋糧，加恩蠲免，以示軫卹。今既據伍拉納查明晉江、南安二縣，雖係勘不成災，收成實為歉薄，若照例徵收，民力不無拮据。著加恩將該二縣本年錢糧，緩至來歲早收後徵輪，以紓民力。至南靖縣應修隄岸，雖屬例應民修，但工段綿亙，需費較多，該處當被災之後，甫經撫卹，若將修隄銀兩，分年帶徵完款，究恐民力不能寬舒。著將該處估需修隄銀九千餘兩，加恩即全行賞給，作正開銷，俾閭閻益資饒裕。該督等務督飭所屬，實心經理，毋任胥吏稍滋弊端，以副朕軫念災區、恩加無已至意。該部即遵諭行。(高宗一四六五、一一)

(**乾隆六〇、一、戊戌**) 諭：前降諭旨普免天下積欠，令各督撫查明具奏。茲據伍拉納等奏，福建省節年未完正耗二項、又漳泉二屬上年被水之晉江等五縣未完節年積欠，奏請緩徵。謹一併列入，共銀八十一萬九千一百餘兩等語。漳泉二屬上年偶被水災，疊經降旨加兩倍賞卹，並免秋糧，其歷年積欠，雖屬緩徵之款，自應一體豁免，俾窮簷永免追呼。所有該省節年未完及晉江等縣因災緩徵銀八十一萬九千一百餘兩，俱著加恩全行寬免，以示朕錫福延禧、覃敷愷澤、恩加無已至意。(高宗一四六八、一五)

(**乾隆六〇、四、庚戌**) 免福建龍溪、南靖、長泰、海澄四縣乾隆五十九年水災額賦有差。(高宗一四七七、二六)

(**乾隆六〇、六、壬辰**) 蠲緩福建晉江、南安、龍溪、南靖、長泰、海

澄六縣及石碼一廳乾隆五十九年水災額賦有差。(高宗一四八〇、一九)

（乾隆六〇、九、乙亥）又諭：福建漳州府屬龍溪、南靖、長泰、海澄四縣並華封縣丞所轄應徵五十九年分地丁錢糧，因上年八月被水，所有蠲剩應徵銀兩，及泉州府屬之晉江、南安二縣並羅溪縣丞所轄五十九年分錢糧，亦因收成歉薄，業經加恩，俱著緩至本年徵收，以紓民力。今思該二府所屬被災各處，雖本年早收俱有八分，但民力究未免拮据。所有龍溪、南靖、長泰、海澄、晉江、南安六縣，並華封、羅溪二縣丞所轄五十九年因災緩徵錢糧共未完地丁銀一十三萬八千六百八十七兩六錢零，又耗羨銀一萬六千六百四十二兩五錢零，均著再行加恩一體豁免，以示朕軫念民依有加無已至意。(高宗一四八七、二四)

（乾隆六〇、一〇、己卯）諭：據長麟等奏，漳泉二府屬田禾，自八月中旬以後，缺少雨澤。漳州府屬之漳浦、詔安、龍溪、海澄等四縣，於八月間潮水陡漲，低田間被鹹水淹浸等語。漳泉二府屬上年曾經被水，本年早收雖屬豐稔，但自八月以來，田禾缺雨，而漳州府屬之漳浦等縣沿海田禾復被潮水淹浸，收成歉薄，若照舊開徵，民力恐不無拮据。著加恩將漳州、泉州二府屬本年應徵錢糧緩至來年秋收後徵收，以示體卹。現在魁倫已親赴該府屬查勘，並著該署撫妥為撫卹。一面酌給口糧，量加接濟，並設法平糶，催運商米，無使一夫失所，以副朕軫念閭閻有加無已至意。該部即遵諭行。(高宗一四八八、二)

（乾隆六〇、一〇、乙未）諭：……著再將漳浦、海澄、詔安、龍溪、惠安、晉江、莆田七縣沿海地畝，猝被淹浸受災較重之處，所有本年應納錢糧，概予加恩豁免。並先給一月口糧，以資日食。此內漳浦等縣距海較遠地畝，及長泰、南靖、平和、安溪、同安、南安等縣同時被旱歉收，雖牽算收成尚有六分，例不成災，但民力究恐拮据。即遵前旨，將各該屬受旱地畝應徵本年錢糧，緩至明年早收後啟徵，以紓民力。該署督撫等務須董率所屬，妥協查辦，俾窮簷均霑實惠，毋致胥役人等從中滋弊，以副朕軫念民依、無使一夫失所至意。(高宗一四八九、四)

（乾隆六〇、一一、癸丑）又諭：前經降旨，將漳浦、海澄、詔安、龍溪、惠安、晉江、莆田等七縣被災較重之處，本年該納錢糧，概予豁免；並先給予一月口糧，以資接濟。茲復據魁倫續行奏到，泉州府屬之馬家港廳，亦有被潮淹浸田畝，與漳浦等縣事同一例。著即將該廳被淹地畝、本年應納錢糧，一體蠲免，仍先給予一月正賑口糧。此次漳浦等八廳縣被災地方，情形較重，並著於正賑外，不分極次貧民，均賞給三個月口糧，以示體卹，該

署督撫等務宜董率所屬，俾窮黎均霑實惠，毋使一夫失所，以副朕惠愛窮簷、恩施無已至意。(高宗一四九〇、七)

（嘉慶一、一一、丁卯）免福建莆田、晉江、惠安、同安、馬家巷、龍溪、漳浦、海澄、詔安九廳縣潮災舊欠額賦。(仁宗一一、二三)

（嘉慶三、五、丙寅）免福建通省遠年民欠米。(仁宗三〇、一)

（嘉慶五、一〇、丁丑）加給福建浦城、建寧、寧化、清流、長汀五縣被水災民一月口糧，並蠲緩浦城、建寧、寧化、清流、長汀、沙、永安七縣沙壅石壓田新舊糧米有差。(仁宗七五、三二)

（嘉慶一一、二、乙巳）免福建臺灣府屬被賊滋擾地方本年額賦。(仁宗一五七、二五)

（嘉慶一一、八、庚子）緩徵福建龍溪、南靖二縣水災本年額賦。(仁宗一六五、三一)

（嘉慶一二、六、丙子）緩徵福建被賊滋擾之臺灣、鳳山、嘉義三縣正供穀及官莊租銀十分之五，並免淡水、彰化二廳縣帶徵上年額賦十分之五。(仁宗一八一、一一)

（嘉慶一四、七、乙亥）緩徵福建侯官、閩二縣風災本年額賦，並給貧民一月口糧。(仁宗二一六、六)

（嘉慶一四、七、戊子）緩徵福建長樂縣風災本年額賦，給災民一月口糧並房屋修費。(仁宗二一六、一六)

（嘉慶一七、五、丙申）緩徵福建澎湖通判所屬上年旱災新舊地種銀。(仁宗二五七、二九)

（嘉慶一七、八、甲辰）緩徵福建閩、侯官、連江三縣被水災民本年額賦。(仁宗二六〇、一)

（嘉慶一七、九、辛卯）緩徵福建武平縣水災本年額賦。(仁宗二六一、二〇)

（嘉慶一七、一〇、己巳）免福建臺灣府屬抄叛各產被賊搶失租穀應徵銀。(仁宗二六二、二〇)

（嘉慶一七、一二、乙巳）除福建噶瑪蘭被水衝陷田園正供各穀石，並緩徵被淹田地穀石有差。(仁宗二六四、七)

（嘉慶二一、一、戊子）緩徵福建澎湖廳上年風災未完額賦。(仁宗三一五、六)

（嘉慶二一、一、庚戌）緩徵福建平潭廳及南日縣丞所屬上年旱災新舊額賦。(仁宗三一五、二三)

18. 湖北

（**順治四、五、庚戌**）免湖廣興國州、江夏、武昌、崇陽、通城、大冶、通山、蒲圻、咸寧、嘉魚等縣三年分旱災額賦。（世祖三二、五）

（**順治一〇、五、乙酉**）免湖廣武昌、漢陽、黃州、安陸、德安、荊州、岳州等府九年分旱災額賦。（世祖七五、二二）

（**順治一一、一二、戊辰**）免湖廣鍾祥、京山、天門、潛江、荊門、江陵等州縣本年分水災額賦。（世祖八七、一四）

（**順治一二、三、壬寅**）免湖廣鄖陽、襄陽府屬州縣衛所十一年分寇災額賦。（世祖九〇、一九）

（**順治一三、二、戊午**）免湖廣荊州、安陸、常德、武昌、黃州等府屬州縣十二年分水災額賦。（世祖九八、六）

（**順治一三、三、癸未**）免湖廣天門、松滋、安化、黃梅、廣濟、漢川、棗陽、寧遠、武昌九縣十二年分旱災額賦。（世祖九九、三）

（**順治一四、二、癸卯**）免湖廣沔陽州、益陽縣十三年分水災額賦。（世祖一〇七、二五）

（**順治一五、四、癸未**）免湖廣江夏、江陵、石首、益陽、安鄉、華容、攸縣等十三年分水災額賦。（世祖一一六、八）

（**順治一五、一一、乙未**）免湖廣鄖陽、襄陽二府屬本年分荒田額賦。（世祖一二一、一六）

（**順治一六、二、辛未**）免湖廣荊門、沔陽二州，潛江、監利、天門、江陵、松滋、遠安、鍾祥、枝江等縣，沔陽、安陸二衛十五年分水蓄額賦。（世祖一二三、一八）

（**順治一六、三、丁巳**）免湖廣襄陽、光化、宜城、穀城、棗陽、南漳等縣十五年分水災額賦。（世祖一二四、一五）

（**順治一六、閏三、甲申**）免湖廣鍾祥縣十五年分水災額賦。（世祖一二五、一四）

（**順治一七、六、戊子**）免湖廣澧州、巴陵、平江、臨湘、華容、安鄉、通城等縣，岳州衛旱災，石首、天門、漢川、江陵、監利等縣，荊州衛、沔陽衛水災十六年分額賦有差。（世祖一三六、一〇）

（**順治一七、七、己巳**）免湖廣荊門、沔陽、茶陵等州，祁陽、常寧、衡陽、潛江、長沙、寧遠、湘陰、益陽、安仁、新田等縣，衡州、鎮遠、永州等衛，十六年分水旱災傷額賦有差。（世祖一三八、一二）

（順治一七、七、庚午）免湖廣均州、房山、保康、竹山、竹溪、鄖、南漳、穀城等縣及鄖襄衛十六年分兵荒額賦。（世祖一三八、一三）

（順治一八、一、壬申）免湖廣蘄州廣濟縣順治十七年分蝗災額賦有差。（聖祖一、一四）

（順治一八、一二、庚申）免湖廣沔陽州本年分水災額賦。（聖祖五、一九）

（康熙一、二、丁巳）免湖廣黃梅、廣濟二縣及沔陽一衛順治十八年分水災額賦十之三。（聖祖六、八）

（康熙二、二、壬戌）免湖廣荊門州、鍾祥、漢川二縣康熙元年分水災額賦有差。（聖祖八、一四）

（康熙二、五、壬辰）免湖廣興國、黃梅等七州縣、沔陽一衛康熙元年分旱災額賦有差。（聖祖九、一一）

（康熙二、六、壬戌）湖廣巡撫劉兆麟疏言：鄖、襄等屬地方向爲賊踞，錢糧屢經蠲豁，今雖大兵會勦，蕩平可期，但康熙二年分額賦尚無從出。仍請照例蠲免。下部議。（聖祖九、一八）

（康熙三、二、辛亥）免湖廣嘉魚等十四州縣衛康熙二年分水災額賦有差。（聖祖一一、一二）

（康熙三、二、己未）免湖廣沔陽州、臨湘縣康熙二年分旱災額賦有差。（聖祖一一、一四）

（康熙三、三、辛未）免湖廣黃岡等十三縣衛康熙二年分水災額賦有差。（聖祖一一、一六）

（康熙三、四、丙申）免湖廣興國州、安陸、應城二縣，德安所康熙二年分水災額賦有差。（聖祖一一、二一）

（康熙三、五、丁丑）免湖廣石首縣康熙二年分水災額賦十之三。（聖祖一二、五）

（康熙三、一一、庚戌）免湖廣沔陽等十一州縣本年分水災額賦有差。（聖祖一三、一六）

（康熙四、三、乙卯）免湖廣石首、黃梅、廣濟三縣康熙三年分蝗災額賦有差。（聖祖一四、三一）

（康熙四、六、乙丑）免湖廣西山軍前運餉人夫死亡者同居父兄子弟一年丁差。（聖祖一五、一八）

（康熙五、四、乙亥）免湖廣蘄州等八州縣衛康熙四年分水災額賦有差。（聖祖一八、二二）

（康熙六、二、辛酉）免湖廣沔陽、黃岡等十二州縣衛所康熙五年分旱災額賦。（聖祖二一、八）
　　（康熙七、九、丁酉）免湖廣黃岡等十三縣本年分旱災額賦有差。（聖祖二七、一）
　　（康熙七、一一、庚戌）免湖廣潛江等七州縣衛本年分水災額賦有差。（聖祖二七、一六）
　　（康熙八、一一、庚寅）免湖廣黃梅縣本年分旱災額賦十之三。（聖祖三一、一六）
　　（康熙九、八、甲辰）免湖廣漢陽等六縣並沔陽衛本年分旱災額賦有差。（聖祖三三、二八）
　　（康熙一〇、一二、乙未）免湖廣荊門、武昌等三十三州縣衛所本年分旱災額賦有差。（聖祖三七、一六）
　　（康熙一一、一一、丁丑）免湖廣嘉魚等十四縣本年分水災額賦有差。（聖祖四〇、一三）
　　（康熙一一、一一、丁亥）免湖廣監利縣本年分水災額賦有差。（聖祖四〇、一四）
　　（康熙一一、一二、丙午）免湖廣江夏等八縣衛本年分水災額賦有差。（聖祖四〇、一七）
　　（康熙一四、二、壬子）免湖廣武昌等七府康熙十三年分旱災額賦有差，並命動支節年存貯穀米銀錢賑濟。（聖祖五三、一〇）
　　（康熙一四、一一、丙申）免湖廣沔陽、黃梅等四州縣本年分水災額賦十之三。（聖祖五八、六）
　　（康熙一四、一一、癸丑）免湖廣通城、潛江二縣本年分旱災額賦有差。（聖祖五八、一四）
　　（康熙一六、三、丁丑）免湖廣江夏等十州縣衛康熙十五年分水災額賦有差。（聖祖六六、一）
　　（康熙一七、一二、丙戌）免湖廣興國等八州縣本年分水災額賦有差。（聖祖七八、一七）
　　（康熙一八、一〇、庚辰）免湖廣湖北康熙十三年至十七年近賊地方額賦。（聖祖八五、一五）
　　（康熙一八、一二、辛未）免湖廣江夏等四十七州縣、武昌等十衛本年分旱災額賦有差。（聖祖八七、八）
　　（康熙二〇、一一、辛未）免湖廣江陵、監利二縣本年分水災額賦十之

三。(聖祖九八、一九)

（康熙二一、四、辛卯）免湖廣沔陽、潛江等三州縣，沔陽、荊州等四衛康熙二十年分水災額賦十之三。(聖祖一〇二、六)

（康熙二一、九、己未）免湖廣黃梅、廣濟、蘄州三州縣本年分水災額賦十之三。(聖祖一〇四、二三)

（康熙二一、一二、己卯）免湖廣江陵、沔陽等八州縣及沔陽、荊州衛本年分水災額賦十之三。(聖祖一〇六、一五)

（康熙二三、九、丁丑）免湖廣江夏等三縣及沔陽衛本年分水災額賦有差。(聖祖一一六、二四)

（康熙二四、五、壬午）免湖廣沔陽州本年分水災額賦有差。(聖祖一二一、四)

（康熙二四、五、丁亥）免湖廣黃岡等十一州縣康熙二十三年分旱災額賦有差。(聖祖一二一、八)

（康熙二七、一一、壬辰）免湖廣崇陽等七州縣本年分旱災額賦有差。(聖祖一三七、二七)

（康熙二八、八、丁亥）免湖廣鍾祥等六州縣及沔陽衛本年分旱災額賦有差。(聖祖一四一、二五)

（康熙二八、九、庚子）湖廣巡撫楊素蘊疏言：湖北各屬，亢旱異常。請將湖北本年分應徵漕糧分年帶徵，使百姓得一意辦納南糧，以給兵餉。得旨：近因直屬地方亢旱，朕心深切焦勞，已經遣官詳察。今據奏，湖北地方亢旱，小民饑饉等語，朕心益廑憂慮。著差戶部賢能司官，遠往會同該督撫詳察以聞。尋戶部議：將本年應徵正耗漕糧、漕項錢糧，准康熙二十九、三十兩年帶徵。從之。(聖祖一四二、三)

（康熙二八、一一、甲寅）諭戶部：朕念小民衣食，惟田畝是賴，必年穀順成，斯生計無乏；若遭罹荒歉，饘粥尚且艱難，正賦安能輸辦？今年湖北亢旱為災，已遣官會同該督察勘，今據將武昌等府所屬二十九州縣、八衛所災傷分數勘明具奏，朕心深用軫念，儻不亟加蠲卹，恐致流移失所。武昌等四府今年錢糧，前已全蠲，其被災二十州縣、四衛所康熙二十九年上半年地丁錢糧，著與蠲免。荊州、安陸二府所屬被災九州縣、四衛所本年地丁錢糧，除已徵在官外，其未經徵收及二十九年上半年錢糧，亦盡行蠲免。爾部速行該督撫，通行曉諭，務使均霑實惠，以副朕拯濟窮黎至意。如民人或致流散，不肖官役朦混侵蝕及仍行私徵者，將該督撫一並嚴加處分。爾部即遵諭行。(聖祖一四三、三)

（康熙三二、九、丙辰）免湖廣蘄州、黃岡等五州縣，黃、蘄二衛本年分旱災額賦有差。（聖祖一六〇、一一）

（康熙三五、一一、己未）免湖廣潛江等九州縣衛本年分水災額賦有差，並發穀賑濟饑民。（聖祖一七八、三）

（康熙三七、一二、癸丑）免湖廣鍾祥等七州縣本年分旱災額賦有差。（聖祖一九一、二〇）

（康熙三八、一〇、己丑）免湖廣沔陽州本年分水災額賦有差。（聖祖一九五、二〇）

（康熙四一、一一、己巳）分湖廣沔陽州衛本年分水災額賦十之三。（聖祖二一〇、一三）

（康熙四二、八、壬寅）免湖廣沔陽州、潛江縣及沔陽衛本年分水災額賦有差。（聖祖二一三、六）

（康熙四二、九、丙寅）免湖廣江陵縣本年分水災額賦有差。（聖祖二一三、一〇）

（康熙四二、一二、戊寅）免湖廣監利縣本年分水災額賦十之三。（聖祖二一四、一五）

（康熙四四、一、癸亥）免湖廣京山縣康熙四十三年分水災額賦十之三。（聖祖二一九、五）

（康熙四四、九、庚辰）免湖廣沔陽、江夏等九州縣，武昌等五衛本年分水災額賦有差。（聖祖二二二、一一）

（康熙四八、二、丙辰）免湖廣蘄州、鄖西等五州縣康熙四十七年分旱災額賦有差。（聖祖二三六、二一）

（康熙四八、八、甲子）免湖廣漢陽、荊門等十五州縣衛本年分水災額賦有差。（聖祖二三八、二〇）

（康熙五三、一二、辛巳）免湖廣沔陽州、潛江縣及沔陽衛本年分水災額賦有差。（聖祖二六一、一三）

（康熙五三、一二、癸未）免湖廣嘉魚等八州縣及武昌等二衛本年分旱災額賦有差。（聖祖二六一、一四）

（康熙五五、九、壬戌）免湖廣江夏等八縣、武昌等六衛本年分水災額賦有差。（聖祖二六九、一四）

（康熙五五、九、丙子）免湖廣黃陂等四縣、荊左一衛本年分水災額賦有差。（聖祖二六九、一七）

（康熙五七、一一、癸巳）免湖廣鍾祥等十二州縣、武昌等七衛奉年分

旱災額賦有差。（聖祖二八二、四）

（**康熙六〇、二、戊戌**）免湖廣沔陽、漢川等四州縣，武昌等四衛康熙五十九年分水災額賦有差。（聖祖二九一、八）

（**雍正一、二、辛酉**）免湖廣荊門、鍾祥等四州縣衛康熙六十一年分旱災額賦有差。（世宗四、一二）

（**雍正二、一一、己未**）免湖北沔陽、江陵等四州縣，荊州等三衛本年分水災額賦有差。（世宗二六、二〇）

（**雍正四、二、戊寅**）免湖廣沔陽州沔陽衛雍正三年分水災額賦有差。（世宗四一、一七）

（**雍正四、一〇、丁丑**）免湖北沔陽、江夏等十一州縣，武昌、武左等六衛本年分水災額賦有差。（世宗四九、二二）

（**雍正五、閏三、乙丑**）緩徵湖廣江夏、沔陽等十七州縣衛雍正四年分及本年額賦。（世宗五五、九）

（**雍正五、七、乙卯**）諭戶部：湖北地方，今年四、五月間雨水稍多，江流泛漲，沿江之地罹於水患。如武昌府屬之咸寧、蒲圻、嘉魚三縣，武昌、武左二衛，漢陽府屬之漢陽、漢川二縣，荊州府屬之江陵、荊州衛，黃州府屬之黃陂、黃梅二縣，田畝被淹，米價漸昂，朕心深為軫念。著該地方官加意撫卹。朕又思此縣衛數處既經被水，仍令其輸納錢糧，民間未免竭蹶。著將今歲錢糧全行蠲免，儻有已經完納者，准作雍正六年應完之項。再各省藩庫，俱有酌留銀兩備用，因湖北並無存剩銀兩，是以未曾酌留。今既有蠲免之州縣，恐俸餉公用等項，一時或有不敷。查湖南藩庫有存貯銀三十萬兩，著將銀十萬兩就近撥解湖北布政司；再將兩淮鹽課撥動二十萬兩，以十萬兩解送湖南補項，以十萬兩解送湖北備用。又聞湖南近江州縣，亦有數處被水，著總督巡撫確實查明，亦照湖北咸寧、蒲圻等縣衛之例，將今歲錢糧蠲免。（世宗五九、一）

（**雍正五、一一、丁卯**）免湖北蘄州、黃岡等四州縣，黃州、蘄州二衛本年分水災額賦有差。（世宗六三、一七）

（**雍正五、一一、庚辰**）免湖北公安、石首二縣，荊左、荊右二衛本年分水災額賦有差。（世宗六三、三三）

（**雍正九、三、乙亥**）湖廣總督邁柱遵旨將沔陽州實在民欠糧銀三萬二千餘兩，分晰造冊具題。得旨：朕愛養元元，時下減賦蠲租之詔。每思豁除舊欠，則頑戶獨蒙恩，蠲免新糧，則善良均被澤，此亦情事之易知者。惟是沔陽民欠，與他處不同，該州近水，常有澇溢之患，朕所深悉。其未完民欠

銀兩，著從寬豁免。(世宗一〇四、一二)

（乾隆一、一〇、甲申）除湖北江夏等州縣未經攤減丁銀。諭：湖北丁隨糧派一案，前蒙皇考疊沛恩膏，多方調劑減免，以除閭閻之累。其江夏等十九州縣攤納之重丁，原經廷議，俟有陞科丁銀，可以漸次攤抵，則輸納可得其平。今朕聞得原墾之荒頗多不實，則攤抵之期一時難必，念此十九州縣獨受重丁之苦，輸納維艱，朕心深爲軫卹。今仰體皇考子惠元元之聖心，將江夏等十九州縣未經攤減之丁銀八千三百有奇，自乾隆二年爲始，全行豁免。著該部行文史貽直、鍾保即遵諭行。(高宗二九、一〇)

（乾隆二、四、甲申）免湖北漢川、江陵二縣及武左、荊州、荊左三衛水災乾隆元年分額賦有差。(高宗四一、二九)

（乾隆二、五、癸巳）免湖北安陸、荊州兩府屬各州縣衛水災乾隆元年分額賦有差。(高宗四二、八)

（乾隆二、九、庚子）免湖北漢川、江陵、潛江、沔陽、荊門、監利等六州縣乾隆元年分水災應免起存銀五萬六千六百十兩有奇。(高宗五〇、三八)

（乾隆三、三、丁丑）諭：湖北沔陽州地勢低窪，爲諸水滙歸之地，以致田畝坍塌，淤漲靡常，小民苦樂不均，積有逋賦。迨雍正十二年，該督題請丈明，按實在地畝輸納，民累頓除。但未經清丈以前，有雍正十三年未完銀四千六十餘兩，乾隆元年未完銀八千一百餘兩，率係被水淹沒之地無力完糧者，官吏仍事催科，窮民不免敲撲，深可憫念。著將此兩年未完之項悉行蠲免，以息閭閻追呼之擾。(高宗六五、一七)

（乾隆三、九、癸亥）免湖北鍾祥、雲夢、江陵等三縣被水衝決田地無徵額賦有差。(高宗七六、一八)

（乾隆三、九、己巳）減湖北沔陽州額設學田租賦。(高宗七七、七)

（乾隆三、九、辛未）免湖北沔陽衛乾隆元年未完屯餉銀兩。(高宗七七、九)

（乾隆四、二、庚子）免湖北鍾祥、京山、黃安、宜城、襄陽五縣衛乾隆三年旱災額賦有差。(高宗八七、一〇)

（乾隆四、三、戊午）免湖北應山縣乾隆三年旱災額賦。(高宗八八、一九)

（乾隆四、七、乙丑）湖北巡撫崔紀題報：鄖陽府屬之房縣，入夏亢暘，岡坡旱地全未下種。請將該縣地丁錢糧，暫停催徵，先將倉貯給賑。得旨：下部速議具奏。尋議：應如所請。從之。(高宗九七、六)

（乾隆五、二、己丑）免湖北襄陽縣衛乾隆四年分水災額賦有差。(高宗

一一、二)

（**乾隆五、二、辛丑**）免湖北漢陽、黃陂、孝感、黃州等四縣衛乾隆四年分旱災額賦有差。（高宗一一一、一〇）

（**乾隆五、九、丁酉**）緩徵湖北鍾祥、京山、潛江、沔陽、天門、江陵、鄖陽等七州縣並武昌、襄陽二衛本年分水災額賦，兼賑饑民。（高宗一二七、二六）

（**乾隆六、二、辛亥**）免湖北鍾祥、京山、天門三縣並武昌衛被災田畝乾隆五年額賦，共銀二千七百二十兩有奇、米豆二百四石有奇；緩徵潛江、沔陽、鄖縣、襄陽等州縣衛本年額賦。（高宗一三七、二）

（**乾隆七、七、乙酉**）戶部議覆：湖北巡撫范璨疏報，漢陽府屬之漢川縣，安陸府屬之潛江、沔陽、天門、荊門四州縣並沔陽衛，德安府之雲夢縣，荊州府屬之江陵、監利二縣並荊州、荊左二衛，襄陽府屬之襄陽縣，於本年五、六月內，或因河水泛漲、或因雨水漫溢，低窪田地，禾苗多被淹沒，廬舍人口，亦有損傷。又襄陽府屬之襄陽、棗陽、穀城三縣並襄陽衛，於本年四月內，因風雨驟至，內帶冰雹，粟穀棉豆，均有折傷。應請查明被災軍民，先動庫項並倉穀，分別撫卹，其應完地丁屯餉錢糧，暫停催徵。應如所請。從之。（高宗一七一、二一）

（**乾隆七、九、庚申**）賑卹湖北潛江、沔陽、天門、監利、棗陽、宜城、光化七州縣並沔陽、武昌、襄陽三衛續被水災軍民，並緩徵額賦。（高宗一七四、一四）

（**乾隆七、一一、戊午**）停徵湖北沔陽、均州、嘉魚、漢陽、漢川、黃陂、孝感、黃梅、廣濟、武昌、武左、蘄州等十二州縣、衛水災額賦。（高宗一七八、八）

（**乾隆八、二、乙巳**）蠲湖北襄陽、棗陽、宜城、武昌、襄陽衛五州縣衛上年水災應徵額賦，分別借貸撫卹如例，並緩漢川、沔陽、天門三州縣未完乾隆六年分帶徵舊欠銀兩。（高宗一八五、一二）

（**乾隆八、二、丁未**）蠲湖北漢川、潛江、沔陽、天門、荊門、江陵、監利、光化八州縣上年水災田地塘額銀七萬七千七十兩有奇、米九千三百八十一石有奇，沔陽、荊州、荊左三衛上午水災額銀二千三百三十兩有奇，並緩徵蠲餘及勘不成災額賦有差。（高宗一八五、一五）

（**乾隆八、四、庚寅**）免湖北江夏、嘉魚、漢陽、漢川、黃陂、孝感、黃梅、廣濟、沔陽等九州縣，武昌、武左、蘄州三衛乾隆七年被水災額賦有差。（高宗一八八、一三）

（乾隆八、四、癸巳）免湖北襄陽、棗陽、宜城三縣並武昌、襄陽二衛乾隆七年水災額賦有差。（高宗一八八、一五）

（乾隆八、八、癸丑）賑卹湖北興國、黃岡、麻城等三州縣水災饑民，分別蠲緩本年額賦。（高宗一九八、七）

（乾隆一〇、八、癸卯）停徵湖北漢川、孝感、黃梅、潛江、沔陽、天門、荊門、當陽、雲夢、江陵、監利、枝江、宜都等十三州縣，沔陽、荊州、荊左、荊右四衛本年水災，光化、穀城二縣雹災額賦；賑貸饑民。（高宗二四六、五）

（乾隆一一、三、丙申）蠲緩湖北省漢川、潛江、當陽、江陵、枝江等縣乾隆十年分水災田賦。（高宗二六一、三一）

（乾隆一一、七、壬戌）賑貸湖北漢川、潛江、雲夢、應城、江陵、襄陽、棗陽七縣被水災民、鄖縣被雹災民，並予緩徵。（高宗二七一、二六）

（乾隆一一、一〇、丁卯）賑卹湖北漢川、潛江、沔陽、天門、荊門、江陵、監利等七州縣並沔陽衛、荊州左衛本年被水災民，並予緩徵。（高宗二七六、一〇）

（乾隆一一、一〇、丙子）賑卹湖北棗陽縣本年被水災民，並予緩徵。（高宗二七六、二三）

（乾隆一二、二、己丑）免湖北棗陽縣十一年分水災額賦，其雲夢、應城、襄陽、鄖縣等四縣並予緩徵。（高宗二八五、一五）

（乾隆一二、三、丁酉）緩徵湖北漢川、棗陽二縣十一年分水災額賦。（高宗二八六、一二）

（乾隆一三、九、乙亥）豁除湖北宜城縣編審不實丁銀一百十七兩有奇。（高宗三二五、一九）

（乾隆一四、七、庚戌）蠲免湖北漢川、潛江、天門、沔陽、江陵、監利六州縣乾隆十三年被水災地起存驢脚等銀二千四百兩有奇、租餉銀六百四十兩有奇、南米三百二十石有奇，又荊州衛屯餉起存丁糧銀一十二兩有奇。（高宗三四四、四）

（乾隆一四、八、壬午）賑貸湖北羅田、雲夢二縣被水災民，並緩徵本年額賦。（高宗三四六、一四）

（乾隆一四、八、甲辰）賑貸湖北潛江、沔陽、天門、荊門、當陽、江陵、監利、遠安、襄陽等九州縣並沔陽、荊州、荊左、荊右四衛被水災民，並緩徵本年額賦。（高宗三四七、一三）

（乾隆一五、三、乙丑）蠲湖北續報潛江、沔陽、天門、監利四州縣乾隆十四年分水災民更屯地銀共四千五百九十九兩有奇、南米五百二十六石零，並緩蠲餘帶徵及勘不成災各項應徵額賦。（高宗三六一、九）

（乾隆一五、一一、乙卯）緩徵湖北漢川、黃岡、應昌等三縣及武昌左衛本年水災地畝額賦有差。（高宗三七七、七）

（乾隆一六、八、乙未）賑貸湖北天門縣被旱貧民口糧籽種，並緩徵本年額賦。（高宗三九六、三）

（乾隆一六、一〇、辛酉）貸湖北荊門州本年旱災貧民，並緩應徵錢糧。（高宗四〇一、二〇）

（乾隆一六、一一、庚午）緩湖北天門縣本年旱災田畝應徵錢糧。（高宗四〇二、七）

（乾隆一七、一〇、丁巳）賑貸湖北鍾祥、京山、潛江、荊門、當陽、隨州、江陵、遠安、枝江、襄陽、棗陽、宜城、均州、穀城、鄖縣、鄖西、保康、竹山、竹谿、東湖二十州縣，武昌、荊州、荊左、荊右、襄陽五衛本年旱災饑民，並緩徵額賦。（高宗四二五、一四）

（乾隆一九、三、庚申）加賑湖北潛江、沔陽、天門三州縣，沔陽衛乾隆十八年水災饑民，並分別蠲緩應徵額賦。（高宗四五八、一三）

（乾隆一九、閏四、己未）免湖北潛江、沔陽、天門三州縣並沔陽衛乾隆十八年分水災額賦有差。（高宗四六二、九）

（乾隆二〇、一二、己未）賑卹湖北潛江、沔陽、荊門、江陵、監利、荊左等六州縣衛本年水災饑民，並緩徵新舊錢糧。（高宗五〇三、一二）

（乾隆二六、九、壬子）賑貸湖北沔陽、天門、潛江、荊門、江陵、公安、監利、歸州、沔陽衛、荊州衛、荊州左衛等十一州縣衛本年續被水災饑民，並予緩徵。（高宗六四五、三）

（乾隆二六、一二、甲申）賑湖北漢川縣武昌左衛本年水災饑民，並緩勘不成災之黃岡、雲夢、京山、公安等四縣額徵。（高宗六五一、八）

（乾隆二七、閏五、丁卯）蠲緩湖北潛江、沔陽、天門、荊門、江陵、監利等六州縣並沔陽、荊州、荊左三衛乾隆二十六年水災額賦有差。（高宗六六二、五）

（乾隆二九、二、辛亥）蠲湖北沔陽、天門二州縣並沔陽衛乾隆二十八年分被水災地應徵額賦十之一，緩文泉、潛江、荊門、江陵、監利、竹谿、東湖、興山、利川、來鳳十州縣並荊州衛勘不成災地畝額賦如例。（高宗七〇五、一八）

（乾隆二九、九、庚申）緩徵湖北江夏、武昌、咸寧、嘉魚、蒲圻、興國、大冶、漢陽、漢川、黃陂、沔陽、文泉、黃岡、蘄水、黃安、蘄州、黃梅、廣濟、石首、監利並武左、沔陽、黃州、蘄州二十四州縣衛水災額賦。（高宗七一八、一三）

（乾隆三〇、三、丙子）加賑湖北漢陽、漢川、沔陽、黃梅、廣濟、監利、新裁文泉等七州縣乾隆二十九年分水災饑民，並緩徵江夏、武昌、咸寧、嘉魚、蒲圻、興國、大冶、黃陂、黃岡、蘄水、黃安、蘄州、石首暨武昌、黃州、蘄州等十六州縣衛錢糧。（高宗七三二、三）

（乾隆三〇、四、庚戌）免湖北漢陽、漢川、沔陽、文泉、黃梅、廣濟、監利等七州縣，並屯坐漢陽、文泉二縣之武昌衛、漢川縣之武昌左衛、沔陽州之沔陽衛、黃梅縣江南宿松縣之蘄州衛、監利縣之荊州衛乾隆二十九年分水災額賦。其蠲剩銀米，並予帶徵。（高宗七三四、四）

（乾隆三三、一、辛卯）諭：上年湖北省黃梅等十三州縣並屯坐各州縣之武昌等七衛，夏秋間被水災，業經該督等照例分別撫卹加賑。惟念停賑之後，即值青黃不接之時，貧民口食不無拮据。著加恩將被災較重之黃梅、廣濟、黃岡、漢陽、漢川五縣及屯坐各縣之武昌、武左、黃州、蘄州四衛，並蘄州衛屯坐江南宿松、江西德化、瑞昌三縣地方，無論極貧次貧軍民，概行加賑一個月。其黃梅等州縣上年應徵錢糧，雖已分別蠲緩，所有乾隆二十九年被水以後未完帶徵錢糧及領借籽種口糧，若仍按限徵追，尚恐積歉之區，輸將無力，並著加恩統緩至本年秋收豐稔後再行帶徵。該督撫等其督率所屬實力奉行，務使災黎均霑實惠。該部即遵諭行。（高宗八〇二、二）

（乾隆三三、四、壬戌）蠲緩湖北江夏、武昌、嘉魚、漢陽、漢川、黃陂、沔陽、黃岡、黃梅、廣濟、雲夢、江陵、監利十三州縣並武昌、武昌左、沔陽、黃州、蘄州、荊州、荊州左等七衛乾隆三十二年水災額賦有差。（高宗八〇八、一〇）

（乾隆三三、九、己酉）停徵湖北孝感、京山、安陸、雲夢、應城、應山六縣，武昌、武左二衛，德安所，本年旱災應徵地丁屯餉錢糧。（高宗八一九、一九）

（乾隆三三、一二、癸酉）賑貸湖北孝感、安陸、雲夢、應城、應山等五縣，武昌、武左二衛，德安一所，本年旱災饑民，並緩徵額賦。（高宗八二五、七）

（乾隆三四、一、戊子）又諭：湖北省安陸、雲夢等州縣，上年得雨稍遲，收成不無歉薄，已分別加恩蠲緩，照例賑卹。即勘不成災之州縣衛所田地，亦經將應徵錢糧，緩至麥收後啟徵。今念該省尚有京山、隨州二處，雖俱勘不成災，而高阜之區，秋收顆粒不及往年，小民口食未免仍多拮据。著再加恩，將京山、隨州應徵乾隆三十三年屯餉錢糧，一體緩至麥熟後徵收，並酌借籽種口糧，以紓民力。該撫等其即率屬妥協經理，俾窮黎均霑實惠，副朕軫念閭閻至意。該部遵諭速行。（高宗八二六、六）

（乾隆三四、四、丙辰）蠲免湖北孝感、安陸、雲夢、應城、應山等五縣，武昌、武左二衛，德安所，乾隆三十三年旱災額賦有差。（高宗八三二、四）

（乾隆三四、八、辛未）貸給湖北黃梅、黃岡、蘄水、蘄州、廣濟、江夏、武昌、咸寧、嘉魚、蒲圻、興國、大冶、漢陽、漢川、黃陂、孝感、沔陽、天門、雲夢、江陵、公安、石首、監利二十三州縣，武昌、武左、沔陽、黃州、蘄州、荊州、荊右七衛，本年被水貧民口糧籽種；分別緩徵額賦。（高宗八四一、九）

（乾隆三八、一〇、戊戌）諭：沔陽州衛有被水垸田，補植較遲收成稍歉者。若與熟田一體徵收，小民未免拮据。著加恩將該州衛補種歉收地畝，今歲應完下半年錢糧緩徵，至次年麥熟後徵收，以紓民力。該部即遵諭行。（高宗九四四、三六）

（乾隆三九、九、庚辰）緩湖北漢陽、孝感、安陸、雲夢、應城、應山、隨州、京山、鍾祥、荊門、天門、黃安、襄陽、宜城、棗陽十五州縣，並武昌、武左、荊州、荊左、荊右、襄陽六衛，德安一所旱災額賦。（高宗九六七、七九）

（乾隆四〇、六、丁丑）蠲免湖北漢陽、孝感、安陸、雲夢、應城、應山、隨州、京山、鍾祥、荊門、天門、黃安、襄陽、宜城、棗陽十五州縣並武昌、武左、荊州、荊左、荊右、襄陽六衛，德安一所，乾隆三十九年旱災額賦。（高宗九八四、一）

（乾隆四〇、九、庚戌）蠲免湖北孝感、鍾祥、京山、荊門、安陸、雲夢、應城、隨州、應山、襄陽、宜城、棗陽等十二州縣並武昌、武左、荊州、荊左、荊右、襄陽、德安等七衛乾隆三十九年旱災額賦。（高宗九九〇、八）

（乾隆四二、一〇、癸卯）諭：湖北省江陵、監利二縣，本年因秋水泛漲，其最低垸田，間有被浸處所。雖該撫等查明，疏消補種，俱秋成有望，不致成災。第念該處垸田，俟水退後補種荍糧，收成究未免歉薄。所有江陵、監利二縣被水補種歉收各垸田，本年下半年錢糧，著加恩緩至次年麥熟後徵收，以示體卹貧民之至意。該部即遵諭行。（高宗一〇四二、二〇）

（乾隆四三、一〇、癸酉）賑卹湖北漢川、沔陽、潛江、荊門、江陵、

監利等六州縣並沔陽、荊州、荊左、荊右等四衛本年水災貧民，並予緩徵。（高宗一〇六九、六）

（**乾隆四三、一〇、辛巳**）賑卹湖北江夏、武昌、咸寧、嘉魚、蒲圻、崇陽、通城、興國、大冶、通山、漢陽、漢川、黃陂、孝感、沔陽、黃岡、蘄水、麻城、黃安、羅田、蘄州、黃梅、廣濟、鍾祥、京山、潛江、天門、荊門、當陽、安陸、雲夢、應城、隨州、應山、江陵、公安、石首、監利、松滋、枝江、宜都、遠安、襄陽、棗陽、宜城、南漳、穀城、長陽等四十八州縣衛本年水旱災貧民，並予緩徵。（高宗一〇六九、二八）

（**乾隆四三、一一、丁酉**）諭：本年湖北漢陽等各府屬，先被旱災，又因漢江盛漲被淹，災分較重，節經降旨諭令該督撫等加意撫卹。第念災後貧民蓋藏鮮少，其補種之秋菽雜糧，收成亦屬有限，若銀米兼徵，民力不無拮据。著加恩將成災有漕之江夏、武昌、嘉魚、漢陽、黃陂、孝感、黃岡、潛江、天門、荊門、安陸、雲夢、應城、應山、江陵、公安、石首、監利、松滋、咸寧、蒲圻、大冶等二十二州縣本年應完漕糧正耗米石水腳及隨漕銀兩，均緩作兩年帶徵。至有漕之崇陽、通城、興國、沔陽、蘄水、羅田、蘄州、廣濟、黃梅、隨州等十州縣雖未成災，但悉與災地環近，在本處既歉收食貴，而鄰境成災應賑之民，皆仰資購食；又，通山、當陽二縣，雖係折徵銀兩，但需撥江夏等縣耗米，均宜藏富於民，以資接濟。並著加恩，將該十二州縣應納漕糧正耗米石及折漕銀兩、水腳隨漕等銀，同成災無漕而有應徵隨漕淺船銀之黃安等縣，暨屯田分坐災地、應徵軍之安家閑丁等項，分解湖北、湖南之武昌、荊州等各衛所銀兩，一體暫寬催納，亦緩至下年一年帶徵。該督撫等務宜董率各屬，實力妥辦，毋使吏胥從中滋弊，以副朕軫念災黎至意。該部即遵諭行。（高宗一〇七〇、四二）

（**乾隆四四、三、己酉**）賑湖北江夏、武昌、咸寧、嘉魚、蒲圻、大冶、漢陽、漢川、黃陂、孝感、黃岡、麻城、黃安、鍾祥、京山、潛江、天門、荊門、安陸、雲夢、應城、應山、江陵、公安、石首、監利、枝江、襄陽、棗陽、宜城並武昌、武左、黃州、沔陽、荊州、荊左、荊右、襄陽、德安等三十九州縣衛上年旱災極次貧軍民，並緩徵勘不成災之崇陽、通城、興國、通山、沔陽、蘄水、羅田、蘄州、黃梅、廣濟、當陽、隨州、宜都、遠安、南漳、穀城、長陽並武昌、武左、沔陽、黃州、蘄州、荊州、荊左、荊右、襄陽、德安二十七州縣衛民屯田四十三年錢糧，及成災之江夏、江陵、監利並黃州等縣衛舊欠錢糧。（高宗一〇七九、一八）

（**乾隆四四、五、戊申**）緩徵湖北江夏、武昌、咸寧、嘉魚、蒲圻、大冶、漢陽、漢川、黃陂、孝感、黃岡、麻城、黃安、鍾祥、京山、潛江、天門、荊門、安陸、雲夢、應城、應山、江陵、公安、石首、監利、松滋、枝江、襄陽、棗陽、宜城等三十一州縣暨屯坐各該州縣之武昌、武左、沔陽、黃州、荊州、荊左、荊右、襄陽、德安等九衛乾隆四十三年水旱成災額賦。（高宗一〇八三、一七）

（**乾隆四四、八、壬戌**）賑卹湖北鍾祥、京山、潛江、天門、荊門、江陵、監利、石首、沔陽等州縣及荊州、荊左、沔陽三衛被水災民，並緩徵新舊額賦。（高宗一〇八八、一九）

（**乾隆四四、一一、己丑**）又諭：上年湖北偶被偏災，業經降旨加恩賑卹，並將成災有漕之江夏等各州縣漕糧正耗米石，隨漕水脚銀兩，緩至己亥、庚子兩年帶徵。本年通省豐收，各屬有糧花戶，自應踴躍輸將。第念潛江、江陵、監利、沔陽、荊門五州縣，俱係上年災重之區，若將緩帶銀米一併徵收，民力未免拮据。著再加恩，將潛江、江陵、監利、沔陽、荊門五州縣上年災歉、今復成災田地應在本年帶徵銀米，展至庚子年徵收；應分作庚子年帶徵銀米，展至辛丑年徵收；俾民力寬紓，共受盈寧之樂。該部即遵諭行。（高宗一〇九四、一〇）

（**乾隆四五、六、甲寅**）蠲免湖北沔陽、潛江、荊門、江陵、監利等五州縣本年水災額賦有差。（高宗一一〇八、五）

（**乾隆四五、八**）[是月] 湖廣總督富勒渾等奏：上年鍾祥縣民隄被水潰決，經臣等奏請賞借公項興修，於本縣及下游協濟之天門、京山、潛江等縣分年徵還。內查天門縣協修隄費銀九千八百八十五兩，較京山、潛江獨多。原限二年完納，民力未免拮据，請展作三年歸款。得旨：如所請行。該部知道。（高宗一一一三、一九）

（**乾隆四六、八、乙酉**）賑卹湖北潛江、江陵、監利、荊門等四州縣本年水災饑民，並予緩徵。（高宗一一三八、三三）

（**乾隆四六、一〇、庚寅**）賑卹湖北江夏、武昌、漢川、黃陂、孝感、雲夢、應城、應山、鍾祥、潛江、天門、荊門、江陵、監利、沔陽並荊州、荊左等十七州縣衛本年水旱災民，並予緩徵。（高宗一一四三、一八）

（**乾隆四八、八、丙寅**）賑貸湖北黃梅、廣濟、黃岡、蘄水、江夏、興國、漢陽、黃陂等八州縣，武昌、黃州、蘄州三衛本年被水災民，並予緩徵。（高宗一一八六、七）

（**乾隆四九、四、辛亥**）蠲免湖北黃梅、廣濟、黃岡、江夏四縣，武昌、黃州、蘄州三衛乾隆四十八年分水災額徵銀三萬四千二百十兩有奇、米五千

八百九十石有奇，並予成熟各鄉村緩徵。（高宗一二〇五、二三）

（乾隆五〇、九、辛未）諭：據吳垣奏，本年湖北江夏、武昌等州縣，民田軍屯夏秋被旱成災，內應行輸漕州縣，共計有三十餘處，自開徵月餘，完納無幾，體察情形，民力實爲拮据。懇請照四十三年緩徵成案，分別辦理等語。著照所請，將成災較重有漕之江夏、武昌、咸寧、嘉魚、蒲圻、漢陽、沔陽、黃陂、孝感、荆門、廣濟、黃梅、應城、隨州、江陵、公安、監利十七州縣本年應完漕糧正耗米石銀款等項，緩作三年帶徵。成災較輕有漕之興國、大冶、崇陽、潛江、天門、黃岡、蘄水、蘄州、羅田、安陸、雲夢、應山、石首、松滋十四州縣本年應完漕糧正耗米石銀款等項，緩作兩年帶徵。至被災稍輕之通城及毗連災區之通山、當陽，又成災之黃安等州縣，所有本年應徵漕糧並折漕隨漕銀款，俱著一體緩作兩年徵解。其該處屯田分坐災地應徵等項，亦著一併寬至下年一年帶徵。俾軍民均得從容輸納，口食益資充裕，以副朕軫念災黎，無使一夫失所之至意。該部遵諭速行。（高宗一二三九、一七）

（乾隆五一、五、丙午）緩徵湖北江夏、武昌、咸寧、嘉魚、蒲圻、崇陽、興國、大冶、通山、漢陽、漢川、黃陂、孝感、沔陽、黃岡、蘄水、麻城、黃安、羅田、蘄州、黃梅、廣濟、鍾祥、京山、潛江、天門、荆門、當陽、安陸、雲夢、應城、隨州、應山、江陵、公安、石首、監利、松滋、枝江、宜都、襄陽、棗陽、宜城、均州、光化、穀城、鄖縣等四十七州縣並屯田坐落之武昌、武左、沔陽、黃州、蘄州、荆州、荆左、荆右、襄陽、德安十衛上年旱災額賦。（高宗一二五四、六）

（乾隆五三、一〇、戊申）又諭：本年湖北荆州等屬被災較重，現據畢沅等查明災分輕重情形，分晰具奏。所有荆州、漢陽、宜昌、武昌、安陸各府所屬州縣，成災至九分十分者，著將乾隆五十三年應徵錢糧，加恩蠲免；其成災六、七、八分者，著交該部查照該督等原奏，於應行緩徵定限分年帶徵之外，再酌爲遞緩寬限一季帶徵，以示格外體卹。餘著該部妥議具奏。（高宗一三一五、一二）

（乾隆五三、一〇、丁巳）諭曰：畢沅等奏，湖北被水各屬內，江陵等縣民屯田地，被水成災。嗣因襄河漲發，潛江一縣亦被淹浸。各該州縣應完漕項銀米，分應依限輸納，但察其情形，未免拮据等語。湖北被災各屬，其本年及舊欠錢糧，業經分別蠲緩停徵，茲屆應完漕項之期，若即令依限輸納，民力究未免拮据。所有成災較重之江陵、公安、石首、監利、漢陽、沔陽、黃岡、廣濟、黃梅、潛江十州縣，本年應徵漕糧正耗米石、水脚隨漕銀兩，均緩作兩年帶徵；成災較輕之松滋、江夏二縣，本年應徵漕糧正耗米石、水腳隨漕銀兩，亦緩作一年帶徵；統加恩俟下年帶徵五十年災緩銀米全完之後，再行遞年帶徵。其各衛所屯田分坐災地應徵各項運費銀兩，亦著一併緩至下年帶徵，俾得從容輸納，益資寬裕，以示朕加惠災黎有加無已至意。該部即遵諭行。（高宗一三一五、二八）

（乾隆五三、一一、丁丑）蠲緩湖北江陵、監利、公安、石首、松滋、枝江、漢川、漢陽、沔陽、黃梅、廣濟、黃岡、長陽、江夏、武昌、咸寧、嘉魚、蒲圻、興國、大冶、黃陂、孝感、蘄水、羅田、蘄州、天門、荊門、當陽、雲夢、應城、宜都、潛江、東湖、歸州、巴東、鶴峰等三十六州縣本年被水災民額賦有差。（高宗一三一七、五）

（乾隆五四、一、戊午）諭：上年湖北江陵等州縣，夏秋被水成災，節經降旨撫賑，分別蠲緩帶徵，小民自可不至失所。第念今春正賑已畢，青黃不接之時，民食恐不無拮据；而江陵、監利兩縣，因隄塍潰決，被淹尤重，更宜格外優卹。著再加恩將江陵縣成災八、九、十分軍民，不分極次及監利縣成災八分極貧軍民，於正賑之外，再加賑兩個月。其公安、漢川、黃梅三縣成災八分極貧軍民，並各加賑一個月，俾資接濟。又公安等四縣內成災七分極次貧、八分次貧暨成災六、七分之石首、漢陽、沔陽、黃岡、廣濟、長陽六州縣，成災五、六分之潛江縣極次貧各軍民，並成災五分及勘不成災各屬，仍著該督撫察看情形，或酌借秄種口糧、或減價平糶，分別酌辦。該督撫等務須督飭所屬，實心經理，俾災黎均霑渥澤，以副朕軫念窮簷、普惠春祺至意。該部即遵諭行。（高宗一三二〇、一）

（乾隆五四、六、丙子）蠲免湖北江夏、漢陽、漢川、沔陽、黃岡、黃梅、廣濟、潛江、江陵、公安、石首、監利、松滋、枝江、長陽等十五州縣暨武昌、武左、沔陽、黃州、蘄州、荊州、荊左、荊右、襄陽等九衛乾隆五十三年水災額賦。（高宗一三三三、二一）

（乾隆五五、九、己亥）諭曰：畢沅奏，湖北江夏、武昌等州縣衛，所有應徵節年緩帶錢糧八十二萬六千二百餘兩，請於本年徵收十分之四，其餘六分，於乾隆五十六、七、八三年輪免正賦之期，按數完足等語。楚省本年雨暘時若，閭閻幸獲豐收，但於一歲之內新舊並徵，民情不無拮据。著照該督所請，湖北江夏、武昌、咸寧、嘉魚、蒲圻、興國、大冶、漢陽、漢川、黃陂、孝感、沔陽、黃岡、蘄州、蘄水、黃梅、廣濟、潛江、天門、荊門、雲夢、江陵、公安、石首、監利、松滋等二十六州縣並武昌、武左、沔陽、蘄州、黃州、荊州、荊左、荊右等八衛，所有應徵節年緩帶錢糧八十二萬六千二百五十兩零，著於本年先徵十分之四，其餘均於五十六、七、八輪免錢糧之年，照數輸納，俾小民生計倍覺寬舒，以示朕嘉惠黎元至意。該部知道。(高宗一三六三、一一)

(乾隆五九、一〇、丁卯) 又諭：據惠齡奏查勘京山等州縣被水情形一摺。內稱京山、潛江、天門、江陵、監利五縣成災較重之處，實有七分，其餘成災六分、五分不等；荊門、沔陽、漢川三州縣均各成災五分，其餘俱勘不成災等語。京山等州縣猝被水災，漫溢田廬，情殊可憫。現據該撫查明散賑，俾資口食。但此等被災小民，生計維艱，若令照常輸納，恐民力益形拮据。所有京山等縣本年未完錢糧，著該撫查明，按照成災分數，照例分別蠲免緩徵；其各縣內應行帶徵歷年錢糧隄費，一體加恩，分別緩帶；其各州縣內坐落軍戶屯田並各軍戶應徵本年運費，亦著一併查明，分別蠲緩。至勘不成災各屬地畝，均與災地毗連，所有本年應徵錢糧，均著緩至次年麥熟後徵收，以紓民力。該撫惟當督率詳查，妥爲經理，覈實題報，俾閭閻均霑實惠，以副朕軫念民依、有加無已至意。(高宗一四六二、二三)

(乾隆六〇、一、壬辰) 諭：前經降旨將各省節年正耗民欠及因災緩帶銀穀，普行豁免，並令各督撫詳晰查明具奏。茲據福寧等奏到，湖北省積年民欠，計節年未完民欠正耗錢糧及借修隄工並因災出借口糧，共銀十九萬一百九十一兩零，又常年出借、因災出借常社義倉穀七萬九千二百十六石零，均著加恩豁免。至該督撫等奏稱，乾隆五十九年，江陵等八州縣因災蠲緩錢糧，係六十年啟徵之項，未敢列入等語。所奏殊未喻朕意。朕臨御六十年，普免錢糧四次，漕糧三次，其餘水旱偏災，蠲賑兼施，所費帑金，不下億萬萬。今已將節年積欠全行豁免，豈有上年因災蠲緩之項，斤斤較此錙銖，轉令向隅之理。所有此項銀糧，並著該督撫查明數目，速行咨部題豁，用敷閭澤而普春祺。(高宗一四六八、一〇)

(乾隆六〇、四、甲辰) 蠲緩湖北漢川、沔陽、京山、潛江、天門、江陵、監利、荊門八州縣，武左、沔陽、荊州、荊左、荊右五衛乾隆五十九年水災額賦有差。(高宗一四七七、一四)

(乾隆六〇、七、乙丑) 蠲免湖北江陵、監利、潛江、天門、京山、荊門、沔陽、漢川等八州縣並沔陽、荊州、荊左、荊右等四衛乾隆五十九年分被水災民額賦。(高宗一四八三、一)

(乾隆六〇、一〇、己丑) 諭曰：……湖北荊門、天門二州縣，……上年今年疊遇水災，元氣一時未能盡復，所有本年應徵錢糧，若一律催徵，民力更形拮据。著加恩將荊門州之馬上一等九圖、潛江縣之長一等二十九垸、

天門縣之連魚團等二十七垸、沔陽州之小石等二十八垸本年應徵錢糧，緩至次年麥熟後徵收，以示體卹。(高宗一四八八、二六)

(嘉慶一、三、丁巳) 免湖北被賊滋擾之枝江、宜都、長樂、長陽、東湖、遠安、當陽、歸、興山、南漳、穀城、宜城、光化、均、鍾祥、竹山、竹谿、房、保康、來鳳二十州縣本年額賦。(仁宗三、九)

(嘉慶一、五、乙卯) 緩徵湖北附近災區晝夜禦賊之宣恩、潛江、天門、江陵、松滋五縣新舊額賦。(仁宗五、一二)

(嘉慶一、六、丙申) 撫卹湖北荊門、潛江、沔陽、天門、監利、江陵六州縣被水災民，並免本年額賦。(仁宗六、一二)

(嘉慶一、七、戊辰) 免湖北孝感、宣恩二縣本年額賦，緩徵漢川、黃陂、雲夢、應山四縣新舊額賦。(仁宗七、一五)

(嘉慶一、九、乙丑) 緩徵湖北江夏、嘉魚二縣水災新舊額賦。(仁宗九、八)

(嘉慶二、一、癸卯) 免湖北漢川、公安、石首、松滋四縣元年水災額賦，加賑荊門、潛江、天門、沔陽、江陵、監利六州縣被水災民。(仁宗一三、二)

(嘉慶二、二、丁酉) 緩徵湖北武昌、咸寧、蒲圻、崇陽、通城、興國、大冶、通山、漢陽、黃岡、蘄水、麻城、黃安、羅田、蘄、黃梅、廣濟、安陸、應城十九州縣新舊額賦。(仁宗一四、一七)

(嘉慶二、四、甲申) 免湖北被賊滋擾之應山、黃安、黃陂、應城、安陸五縣本年額賦。(仁宗一六、一一)

(嘉慶二、八、甲寅) 緩徵湖北武昌、漢陽、黃州、荊州、荊門五府州歉收州縣新舊漕米並本年漕項等銀，及荊州各衛所屯餉耗羨銀糧。截留湖南本年漕糧二十萬石，分貯武昌、荊州，以備軍糈。(仁宗二一、一○)

(嘉慶二、一○、丙午) 緩徵湖北天門、松滋、公安、石首四縣水災本年漕糧。(仁宗二三、八)

(嘉慶三、九、己巳) 緩徵湖北各屬帶徵元年、二年及荊門州本年漕糧漕項銀，並武昌、武左、黃州、德安、蘄州、襄陽等六衛所，京山、鍾祥、隨三州縣津貼等款。仍截留本年應運糧六萬石，以裕民食。(仁宗三四、五)

(嘉慶四、五、甲子) 免湖北被賊滋擾之孝感、鍾祥、京山、安陸、應城、隨、應山、江陵、枝江、宜都、襄陽、棗陽、宜城、南漳、均、光化、穀城、鄖、鄖西、房、保康、竹山、竹谿、東湖、歸、興山、長陽、巴東、鶴峰、長樂、恩施、宣恩、來鳳、咸豐、利川、建始、荊門、當陽、遠安三十九州縣，武昌、武左、黃州、德安、荊州、荊左、荊右、襄陽八衛所新舊額賦。並緩徵蒲圻、崇陽、黃陂、黃安、咸寧、通城、江夏、嘉魚、漢川、沔陽、潛江、天門、公安、石首、監利、松滋十六州縣新舊額賦。（仁宗四四、二〇）

（嘉慶四、七、癸未）緩徵湖北潛江、京山、荊門、天門、沔陽、漢川、江陵、監利八州縣水災本年額賦。（仁宗四九、三〇）

（嘉慶四、一一、丙寅）蠲緩湖北被賊滋擾之竹谿、竹山、房、保康、南漳、東湖、興山、歸、巴東九州縣及鄰近賊氛之鄖西、鄖、均、光化、穀城、棗陽、襄陽、宜城、遠安、當陽、長陽、鶴峰、長樂十三州縣本年夏秋冬三季起存驛站並各衛屯餉額賦有差。（仁宗五四、二五）

（嘉慶五、一、庚辰）緩徵湖北被賊滋擾之竹山、竹谿、房、保康、南漳、東湖、興山、歸、巴東九州縣衛本年春徵額賦，並荊州、荊左、荊右、沔陽四衛及枝江、松滋、宜都、當陽四縣未完節年運費義幫等銀。（仁宗五八、二〇）

（嘉慶五、一二、甲寅）緩徵湖北被賊滋擾之襄陽、宜城、南漳、保康、巴東、荊門、鍾祥、均、穀城、鄖、鄖西、當陽、遠安、房、竹山、竹谿、東湖、歸、興山十九州縣，武昌、荊州、荊左、荊右、襄陽五衛新舊額賦。（仁宗七七、一一）

（嘉慶六、五、癸未）緩徵湖北竹谿、竹山、房、保康、興山、鍾祥、襄陽、宜城、南漳、均、穀城、鄖、鄖西、東湖、歸、巴東、荊門、當陽、遠安、江夏、武昌、咸寧、嘉魚、蒲圻、崇陽、通城、興國、大冶、通山、漢陽、漢川、黃陂、孝感、沔陽、黃岡、蘄水、麻城、黃安、羅田、蘄、黃梅、廣濟、京山、潛江、天門、安陸、雲夢、應城、隨、應山、江陵、公安、石首、監利、松滋、棗陽、光化五十七州縣並屯坐各衛，及屯坐枝江、宜都二縣歷年帶徵額賦暨雜款銀。（仁宗八三、八）

（嘉慶七、三、丙子）免湖北被賊滋擾之鄖、鄖西、房、竹山、竹谿、保康、東湖、巴東、興山、歸、襄陽、棗陽、南漳、穀城、宜城、均、長陽、長樂、來鳳、利川、咸豐、宣恩、荊門、遠安、當陽、鍾祥、枝江、宜都、隨、孝感、京山、江陵、光化、安陸、應城、應山、黃陂、蒲圻、崇陽、黃安、恩施、建始四十二州縣本年額賦有差，並展緩帶徵舊賦。（仁宗九五、六）

（嘉慶七、七、己丑）緩徵湖北公安、松滋、江陵、監利、漢川、天門、潛江、鍾祥八縣水災新舊額賦，並給公安、潛江、松滋、江陵四縣災民一月

口糧。(仁宗一〇一、四)

（**嘉慶七、八、丙寅**）緩徵湖北江夏、咸寧、嘉魚、崇陽、通山、漢陽、黃陂、孝感、安陸、雲夢、應城、武昌、蒲圻、興國、大冶、黃岡、蘄水、蘄、黃梅、廣濟、麻城、羅田、黃安、荊門、漢川、潛江、公安、江陵、松滋、監利三十州縣旱災水災新舊額賦漕糧有差。(仁宗一〇二、三五)

（**嘉慶七、九、癸巳**）緩徵湖北公安、潛江、松滋、監利、漢川、天門、荊門、京山、通城九州縣水災旱災新舊漕糧額賦有差，並給各都垸軍民一月口糧。(仁宗一〇三、二一)

（**嘉慶八、一、庚午**）免湖北潛江、公安、江陵、監利、松滋、漢川、沔陽、鍾祥、天門、荊門、江夏、咸寧、嘉魚、漢陽、黃陂、孝感、安陸、雲夢、應城、京山、枝江、武昌、蒲圻、崇陽、通山、通城、興國、大冶、黃岡、蘄水、麻城、黃安、羅田、蘄、黃梅、廣濟、隨、應山三十八州縣並各衛所上年水災旱災額賦有差，又免荊州、荊左、荊右、沔陽四衛緩帶元、二、三年漕運各款銀。(仁宗一〇七、三)

（**嘉慶八、三、甲寅**）免湖北被賊滋擾之蒲圻、崇陽、黃陂、孝感、黃安、鍾祥、京山、安陸、應城、隨、應山、江陵、枝江、宜都、襄陽、棗陽、宜城、南漳、均、光化、穀城、鄖、鄖西、房、保康、竹山、竹溪、東湖、歸、興山、長陽、巴東、鶴峰、長樂、恩施、宣恩、來鳳、咸豐、建始、荊門、當陽、遠安四十二州縣、各衛所及鄰近賊氛之江夏、咸寧、嘉魚、通城、漢陽、漢川、沔陽、黃岡、麻城、潛江、天門、雲夢、公安、石首、監利、松滋十六州縣並各衛所緩帶借欠銀米有差，緩徵武昌、興國、大冶、通山、蘄水、羅田、蘄、廣濟、黃梅九州縣及各衛所借欠銀米。(仁宗一一〇、二二)

（**嘉慶八、一一、壬寅**）緩徵湖北興山、巴東二縣旱災額賦。(仁宗一二三、一七)

（**嘉慶九、六、己巳**）緩徵湖北被賊滋擾及鄰近賊氛之江夏、咸寧、嘉魚、通城、漢陽、漢川、沔陽、黃岡、麻城、潛江、天門、雲夢、公安、石首、監利、松滋、武昌、興國、大冶、通山、蘄水、羅田、蘄、黃梅、廣濟二十五州縣並屯坐各衛歷年積欠額賦有差。(仁宗一三〇、一六)

（**嘉慶九、七、癸巳**）緩徵湖北天門、沔陽、漢川、荊門、潛江、江陵、監利七州縣及屯坐各衛水災本年額賦。(仁宗一三一、一三)

（**嘉慶九、七、辛丑**）緩徵湖北黃梅縣水災本年額賦，並給一月口糧。(仁宗一三一、二六)

（嘉慶一〇、一、辛卯）給湖北黃梅縣被水軍民一月口糧，展緩漢川、沔陽、天門、潛江、監利、黃梅、荊門、江陵八州縣節年舊欠民屯額賦有差。(仁宗一三九、三)

（嘉慶一〇、閏六、丙戌）給湖北鍾祥、天門二縣被水災民一月口糧，並緩徵鍾祥、荊門、京山、天門、潛江、沔陽、漢川七州縣及屯坐各衛所新舊額賦。(仁宗一四六、八)

（嘉慶一〇、九、戊午）展緩湖北潛江、天門、江陵、監利四縣攤徵節年修隄銀。(仁宗一五〇、一二)

（嘉慶一〇、一〇、庚子）免湖北天門、漢川、潛江、京山、鍾祥五縣本年額賦十分之一，緩徵沔陽、荊門、江陵、監利四州縣新舊額賦，貸天門縣屬兩次被水災民籽種。(仁宗一五一、一九)

（嘉慶一一、一一、丁巳）緩徵湖北漢川、沔陽、潛江、天門、荊門五州縣並屯坐各衛被水災民新舊額賦及未完南米籽種隄費。(仁宗一七〇、二五)

（嘉慶一二、二、丁亥）展緩湖北全省節年帶徵額賦並耗羨銀。(仁宗一七四、四五)

（嘉慶一二、九、癸丑）緩徵湖北江夏、咸寧、嘉魚、蒲圻、崇陽、通城、漢陽、黃陂、孝感、安陸、雲夢、應城、應山、隨、棗陽、武昌、興國、通山、漢川、黃岡、麻城、廣濟、黃安、羅田、黃梅、鍾祥、京山、潛江、天門、江陵、石首、監利、宜都、襄陽、荊門三十五州縣旱災本年額賦並節年帶徵銀米。(仁宗一八五、一三)

（嘉慶一三、一、甲寅）緩徵湖北漢陽、漢川、沔陽、鍾祥、潛江、天門、應城、江陵、監利、荊門十州縣及武左、沔陽、德安、荊州、荊左五衛積水田畝應徵各項銀米。(仁宗一九一、一〇)

（嘉慶一三、一〇、癸丑）展緩湖北江夏、興國、黃梅、江陵、監利、鍾祥、天門、潛江、荊門、武昌、孝感、黃岡十二州縣及武昌正左二衛、德安所節年帶徵額賦。(仁宗二〇二、一五)

（嘉慶一五、一二、乙未）緩徵湖北漢川、黃梅、廣濟、蘄四州縣並屯坐各衛所被水地畝本年額賦。(仁宗二三七、一五)

（嘉慶一六、一〇、己未）緩徵湖北江夏、咸寧、嘉魚、蒲圻、崇陽、通城、興國、通山、鍾祥、應山、襄陽、光化、荊門、當陽、武昌、漢陽、漢川、黃陂、孝感、黃岡、蘄水、潛江、安陸、隨、江陵、松滋、枝江、宜都、穀城二十九州縣及屯坐各衛所旱災新舊額賦有差。(仁宗二四九、一三)

（嘉慶一八、一一、乙亥）展緩湖北江陵、公安、石首、隨、應山、天門、漢川、沔陽、潛江、枝江十州縣及各衛所水災旱災新舊額賦有差，並緩徵江夏、武昌、興國、黃陂、孝感、黃岡、蘄水、荊門、嘉魚、崇陽、通城、漢陽、鍾祥、安陸、襄陽十五州縣，武昌、武左、德安三衛舊欠額賦。(仁宗二七八、一七)

（嘉慶一九、四、乙亥）緩徵湖北沔陽、監利、天門、荊門、應城五州縣上年歉收新舊額賦。(仁宗二八九、一九)

（嘉慶一九、八、庚午）緩徵湖北沔陽州淤地新賦。(仁宗二九四、二九)

（嘉慶一九、一一、庚子）緩徵湖北黃陂、孝感、安陸、應城、隨、應山、云夢、江夏、武昌、嘉魚、興國、漢陽十二州縣及武昌、武左、德安三衛旱災本年額賦漕糧並舊欠銀米籽種有差。(仁宗二九九、一四)

（嘉慶二〇、一〇、癸酉）緩徵湖北沔陽、天門、江陵、公安、石首、枝江、荊門、潛江、漢川、黃岡等十州縣並屯坐各衛被水村莊新舊額賦。(仁宗三一一、一八)

（嘉慶二〇、一一、丁未）緩徵湖北京山、漢陽二縣及屯坐各衛水災本年額賦。(仁宗三一二、二八)

（嘉慶二一、一、戊申）緩徵湖北沔陽、漢川、天門、江陵四州縣上年被水淤田花利銀。(仁宗三一五、二二)

（嘉慶二一、一一、甲子）緩徵湖北漢川、沔陽、潛江、天門、江陵、公安、監利、江夏、武昌、嘉魚、漢陽、松滋、咸寧、興國、黃岡、黃梅、石首、荊門十八州縣及屯坐各衛水災新舊額賦有差。(仁宗三二四、一七)

（嘉慶二三、三、丙辰）緩徵湖北漢川、沔陽、潛山、天門、江陵、荊門、漢陽七州縣水災帶徵額賦。(仁宗三四〇、一四)

（嘉慶二三、一一、辛酉）緩徵湖北天門、沔陽二州縣及屯坐各衛水災節年舊欠額賦。(仁宗三五〇、二四)

（嘉慶二四、九、丙戌）免湖北漢川、天門、沔陽三州縣應追花利銀。(仁宗三六二、二四)

（嘉慶二四、一二、乙巳）緩徵湖北漢川、沔陽、潛江、天門、江陵、公安、松滋、漢陽八州縣及屯坐各衛水災本年及上年額賦漕糧。(仁宗三六五、二三)

19. 湖南

（順治一二、三、戊子）免湖廣石門縣十一年分蝗災額賦。(世祖九〇、二)

第四章　清政府的農村賦役徵派　/ 1483

（順治一三、六、庚子） 免湖廣常德府屬桃源縣十二年分荒地額賦。（世祖一〇二、一七）

（順治一四、六、壬午） 免湖廣常德府武陵縣十三年分水災額賦。（世祖一一〇、三）

（順治一五、六、壬辰） 免湖廣靖、沅、武岡、沅陵、瀘溪、辰溪、溆浦、麻陽、黔陽、綏寧、會同、通道、天柱、新寧、城步十五州縣及平溪等九衛所，十五年分額賦，以地方初闢也。（世祖一一八、一四）

（順治一五、七、己未） 免湖廣衡州府桂陽州、衡陽、安仁、臨武、嘉禾、常寧、耒陽、酃縣，郴州屬興寧縣、長沙府茶陵州十四年分旱災額賦。（世祖一一九、一二）

（順治一七、五、甲戌） 免湖廣沅州、鎮遠二衛十六年分旱災額賦。（世祖一三五、一〇）

（順治一七、八、己丑） 免湖廣武岡州十六年分旱災額賦。（世祖一三九、七）

（順治一八、三、己巳） 免湖南澧州石門縣順治十七年分旱災額賦十之二。（聖祖二、六）

（康熙二、一〇、戊午） 免湖廣衡陽、安仁、耒陽三縣本年分旱災額賦有差。（聖祖一〇、八）

（康熙二、一二、甲辰） 免湖廣安鄉等十四縣衛本年分旱災額賦有差。（聖祖一〇、一五）

（康熙三、二、己酉） 免湖廣澧州等六州縣衛康熙二年分水災額賦有差。（聖祖一一、一二）

（康熙三、一二、壬午） 免湖南耒陽等五州縣本年分水災額賦。（聖祖一三、二二）

（康熙四、一二、癸亥） 免湖南益陽等二十五州縣衛本年分旱災額賦有差。（聖祖一七、一五）

（康熙五、二、辛酉） 免湖南零陵等四縣康熙四年分旱災額賦有差。（聖祖一八、一〇）

（康熙五、四、丙子） 免湖南岳州、寧遠、常德三衛康熙四年分水災額賦有差。（聖祖一八、二三）

（康熙六、二、癸丑） 免湖廣巴陵等九縣衛康熙五年分旱災額賦。（聖祖二一、七）

（康熙六、一二、丁亥） 免偏沅安鄉等六縣本年分水災額賦有差。（聖祖

二四、三〇)

（康熙七、一一、庚申）免湖南瀏陽縣本年分旱災額賦十之三。（聖祖二七、一九)

（康熙八、一二、壬戌）免湖南平江等七縣本年分旱災額賦十之三。（聖祖三一、二二）

（康熙九、一一、庚午）免湖南瀏陽等十一州縣，衡、常二衛本年分旱災額賦有差。（聖祖三四、一七）

（康熙一〇、一〇、壬午）免湖廣蘄州、江夏等十七州縣，又偏沅、平江等十三縣衛本年分旱災額賦有差。（聖祖三七、二）

（康熙一〇、一一、庚戌）免湖廣衡州衛本年分旱災額賦十之三。（聖祖三七、七）

（康熙一〇、一二、丁酉）免湖南茶陵、瀏陽、長沙等一十七州縣衛本年分旱災額賦有差。（聖祖三七、一六）

（康熙一一、七、己巳）免湖南衡州衛康熙六年分未完屯餉。（聖祖三九、一五）

（康熙一一、閏七、庚辰）免湖南常寧縣康熙三、四、五年分民欠地丁銀兩。（聖祖三九、一七）

（康熙一二、一二、丁酉）免湖廣瀏陽等三縣本年分旱災額賦十分之三。（聖祖四四、六）

（康熙一九、二、丙子）免湖廣安化等二十六州縣康熙十八年分旱災額賦有差。（聖祖八八、二〇）

（康熙二二、四、壬辰）免湖廣華容、平江、安鄉三縣康熙二十一年分水災額賦十之三。（聖祖一〇九、一三）

（康熙二四、一二、戊戌）免湖南茶陵、湘鄉、邵陽等州縣本年分旱災額賦有差。（聖祖一二三、二〇）

（康熙二六、五、甲辰）免湖南康熙二十五年未完額賦並康熙二十六年下半年、康熙二十七年上半年額賦有差。（聖祖一三〇、一八）

（康熙三〇、一一、壬申）免湖廣沅州等三州縣本年分水災額賦有差。（聖祖一五三、一〇）

（康熙三二、九、丁未）免偏沅湘陰、平江二縣本年分旱災額賦有差。（聖祖一六〇、七）

（康熙三八、九、丙申）免湖廣安鄉縣本年分水災額賦有差。（聖祖一九五、一）

（康熙三八、一一、壬寅）諭户部：……今海宇昇平，四方無事，欲使普天率土，咸登饒阜。惟湖南地方，素稱魚米之鄉，比年雖年穀順成，而民間猶未盡充裕。是用格外加恩，以綏黎庶。所有康熙三十九年湖南所屬地丁雜稅等項錢糧，著一概蠲免。移文該督撫，令徧飭所屬，實心奉行。務俾深山窮谷均霑實惠，以副朕愛民如子至意。爾部即遵諭行。（聖祖一九六、四）

（康熙四二、九、己未）免湖南攸縣等五縣本年分旱災額賦有差。（聖祖二一三、一〇）

（康熙四二、一〇、丁丑）免湖廣耒陽、嘉禾二縣本年分旱災額賦有差。（聖祖二一三、一七）

（康熙四三、一一、癸卯）免湖南武陵、桃源二縣本年分旱災額賦有差。（聖祖二一八、三）

（康熙四四、一〇、乙未）免偏沅岳州衛本年分水災額賦十之三。（聖祖二二二、一八）

（康熙四四、一一、癸酉）諭户部：……湖北、湖南康熙四十五年除漕糧漕項外，其餘地丁銀米一概免徵；舊欠未完者，並停輸納。爾部移文該督撫令各飭屬員張示徧諭窮鄉僻壤，咸使周知。（聖祖二二三、四）

（康熙四五、三、辛巳）免湖南華容、安鄉二縣康熙四十四年分水災額賦有差。（聖祖二二四、二八）

（康熙四七、一〇、癸丑）免湖廣益陽、武陵二縣，長沙等四衛本年分水災額賦有差。（聖祖二三五、一一）

（康熙五四、九、庚戌）免湖南安鄉等四縣及岳州衛本年分水災額賦有差。（聖祖二六五、一一）

（康熙五五、八、壬辰）免湖廣安鄉等四縣本年分水災額賦有差。（聖祖二六九、一一）

（康熙五五、八、丙申）免湖廣巴陵等三縣、岳州一衛本年分水災額賦有差。（聖祖二六九、一二）

（雍正二、一一、戊午）免湖南臨湘縣本年分旱災額賦有差。（世宗二六、二〇）

（雍正四、一〇、甲申）免湖南臨湘等三縣、岳州一衛本年分水災額賦有差。（世宗四九、二八）

（雍正四、一一、戊申）免湖南巴陵等四縣本年分水災額賦有差。（世宗五〇、一四）

（雍正四、一二、壬戌）免湖南澧州本年分水災額賦有差。（世宗五

一、五）

（雍正八、二、丁巳） 賑湖南澧州、臨湘等七州縣、岳州等三衛旱災饑民，並免雍正七年分額賦有差。（世宗九一、一五）

（雍正一三、八、丁丑） 諭辦理苗疆事務王大臣等：黔省逆苗不法，擾害地方，以致居民逃避於鄰省。湖南接壤黔疆，朕聞該督撫有司經理有方，俾轉徙之災黎，不至失所，甚屬可嘉。著該督撫將實心辦事之員記名，俟事竣之後，奏請議敘。沅州切近黔省，聞難民聚集者，竟至萬人，且雇募夫役，赴黔運餉者，又多係沅州之民。除已降旨加增價值、用示恩卹外，朕念沅民急公趨事，倍於他處，著將沅州今年地丁錢糧，全行蠲免；若有已徵在官者，准抵明年應徵之額賦。著該地方官敬謹奉行，毋使胥吏侵蝕中飽。其雲南、廣西近黔之郡縣，若有似此多養難民、努力趨事者，著該督撫查明具奏，朕必將該處官民亦加恩澤；其怠忽從事官員即著嚴參，照前旨從重治罪。（世宗一五九、一二）

（乾隆三、一一、壬子） 賑湖南石門縣義禮等十二區旱災貧民三月，借給籽種畝五升，並緩徵本年錢糧。（高宗八〇、七）

（乾隆四、三、癸丑） 免湖南石門縣乾隆三年旱災額賦十分之七，並緩徵舊欠銀糧。（高宗八八、八）

（乾隆六、七、癸亥） 戶部議准：湖南巡撫許容奏稱，乾隆五年頑苗滋事，城步、綏寧二縣，間有拋荒踐踏田畝。請免徵條餉銀五十一兩有奇、米三十九石有奇。從之。（高宗一四六、四）

（乾隆六、一二、甲辰） 蠲免湖南湘鄉、臨武二縣被水災田本年應徵錢糧，除水衝失額田二十二畝有奇額賦。（高宗一五六、三二）

（乾隆七、九、甲子） 賑卹湖南湘陰、長沙、益陽、巴陵、華容、武陵、龍陽、沅江、安鄉等九縣續報被水災民，並緩徵本年額賦。（高宗一七四、二〇）

（乾隆一〇、一〇、乙丑） 賑湖南湘陰、龍陽、沅江等縣旱災饑民，並停徵本年錢糧。（高宗二五一、一五）

（乾隆一〇、一一、甲戌） 緩徵湖南桃源、武陵等縣旱災本年錢糧。（高宗二五二、一四）

（乾隆一〇、一二、丁未） 諭：朕愛養黎元，於三年內普免各省錢糧一週。明年應免湖南正賦，彼地隸有苗民，共歸化已久，一例輸納地丁銀兩者，已在蠲免之內。查有乾州、鳳凰營、永綏三廳苗民雜糧共三百八十三石六斗，城步、綏寧二縣，苗米共五百三十七石七斗，每年俱徵本色，湊給兵米及孤貧口糧等用。朕思此等苗民既無完納之地丁，其所納米糧亦應一體蠲免，使之均霑恩澤。又城、綏地方新闢長安營有入官叛產一千三百八十餘畝，召佃收租，以為公事之用，此項官田，亦應免租十分之三。著該部速行文傳諭該巡撫知之。（高宗二五四、一三）

（乾隆一一、四、戊子）蠲免湖南湘陰、武陵、桃源、龍陽、沅江等縣十年分旱災額賦銀二千九十三兩有奇、米二百二十七石有奇，並緩徵銀一萬二千五十八兩有奇、米九百八石有奇。（高宗二六五、二〇）

（乾隆一一、一〇、丁卯）賑卹湖南臨武、藍山二縣本年被水災民，並予緩徵。（高宗二七六、一〇）

（乾隆一四、四、乙巳）免湖南新寧縣乾隆十三年水災田畝額賦，並分年帶徵應納銀糧。（高宗三三九、二八）

（乾隆一七、五、甲申）蠲緩湖南善化、湘陰、益陽等三縣乾隆十六年分水災額賦有差。（高宗四一五、一八）

（乾隆二六、四、戊子）蠲緩湖南常寧、耒陽、零陵、祁陽、東安、道州、寧遠、新田、郴州、永興、桂陽、臨武等十二州縣乾隆二十五年旱災額賦。（高宗六三五、九）

（乾隆二六、一〇、癸巳）賑湖南武陵、龍陽、安鄉三縣本年水災貧民，並分別蠲緩額賦。（高宗六四七、二二）

（乾隆二七、五、辛丑）賑卹湖南武陵、龍陽、澧州、安鄉等四州縣乾隆二十六年水災貧民，並蠲免額賦有差。（高宗六六〇、七）

（乾隆二九、七）［是月］湖南巡撫喬光烈奏：湘陰等十州、縣、衛沿湖低窪村垸被淹，臣親往查勘。諭令掘開大隄，疏消積水，大半可以補種。其民力稍拮据者，已飭地方官開倉借糶，接濟籽種口糧。其本年應徵錢糧，于開徵時查明災地，照例緩徵。得旨：覽奏俱悉。（高宗七一五、一八）

（乾隆二九、一一、丙辰）豁免湖南武岡、攸縣被災田畝額徵銀米，並借給籽種。（高宗七二二、一四）

（乾隆三三、三、戊戌）蠲緩湖南華容、沅江、安鄉三縣，岳州衛乾隆三十二年水災額賦，并予加賑。（高宗八〇六、一三）

（乾隆三四、一〇、丙寅）又諭：據方世儁奏，湖南澧州、武陵等七州縣，本年夏間雨水稍多，下田漫溢，業經借給籽種補種晚禾。其中澧州、武陵等五州縣，收成俱稱中稔。惟華容、安鄉二縣，種植稍遲，秋收歉薄。若將本年下半錢糧照舊催徵，民力不無拮据等語。該二縣既已歉收，小民生計自多竭蹷。著將華容、安鄉二縣被水補種歉收地畝應徵本年下半

錢糧，緩至來年秋成後一併起徵，以紓民力。該部遵諭速行。（高宗八四五、一一）

（**乾隆三五、五、己丑**）諭：朕愛育黎元，廣敷閭澤，降旨將各省應徵錢糧，再行普免一週。湖南省在本年輪免之例，該省隸有苗民，其歸化已久、一體輸納地丁銀兩者，已在蠲免之內。尚有乾州、鳳凰、永綏三廳苗民雜糧二百八十三石三斗零，城步、綏寧二縣苗米五百七十八石五斗零，每年俱徵收本色。此等苗民，向不完納地丁，其應徵米糧即與丁銀無異，亦應照上屆普蠲之例一體蠲免，俾得同霑惠澤。該部即遵諭行。（高宗八五八、二〇）

（**乾隆四二、五、甲午**）緩徵湖南耒陽、郴州、永興、興寧、宜章五州縣乾隆四十一年水災額賦，並予賑卹。（高宗一〇三三、二一）

（**乾隆四三、一二、甲戌**）賑卹湖南湘陰、巴陵、臨湘、華容、平江、武陵、桃源、龍陽、澧州、安鄉、安福、長沙、善化、瀏陽、岳州等十五州縣衛本年旱災貧民，並蠲緩額賦有差。（高宗一〇七三、九）

（**乾隆四四、三、庚寅**）又諭：本年湖南省係輪應蠲免錢糧之年，該省苗民歸化已久，其一體輸納地丁銀兩者，已在蠲免之內，尚有辰州府屬乾州、鳳凰、永綏三廳額徵苗民雜糧二百八十三石三斗零，城步、綏寧二縣額徵苗米五百七十八石五斗零。此等苗民，向不完納地丁，其應徵本色米糧，即與丁銀無異，未便令其向隅。著加恩照上屆普蠲之例，一體蠲免，俾得均霑惠澤。該部即遵諭行。（高宗一〇七八、九）

（**乾隆四四、五、甲辰**）緩徵湖南湘陰、巴陵、臨湘、華容、平江、武陵、桃源、龍陽、澧州、安鄉、安福、長沙、善化、瀏陽、岳州等十五州縣衛乾隆四十三年旱災額賦。（高宗一〇八三、五）

（**乾隆五〇、一〇、庚辰**）賑卹湖南巴陵、臨湘、華容、武陵、桃源、龍陽、安福、岳州等八州縣衛，並坐落巴陵、臨湘、華容三縣之湖北武左、黃州等二衛屯田本年旱災貧民，蠲緩額賦有差。（高宗一二四〇、六）

（**乾隆五〇、一一、壬申**）又諭：據浦霖奏，湖南省各縣衛有勘不成災田畝，收成僅及六分。民間蓋藏鮮少，稍形拮据等語。前因該省巴陵等縣衛得雨較遲，秋收不無歉薄，業經降旨分別蠲賑。此外各縣衛被旱田畝，雖勘不成災，但令照舊徵輸，民力究形拮據，著該撫查明，將現年民屯地丁錢糧均緩至次年秋成後徵收。所有隨正徵收之漕項等雜款銀糧，並緩至正項開徵時一體補徵，俾歉收農民生計益資寬裕，以副朕軫念災區有加無已之至意。該部即遵諭行。（高宗一二四三、一一）

（乾隆五三、四、丁巳）緩徵湖南武陵縣乾隆五十二年水災額賦。（高宗一三〇三、二四）

（乾隆五三、八、丙申）諭：據浦霖奏，查勘澧州、安鄉、武陵、華容等州縣被水情形。摺內稱，澧州、武陵、龍陽三州縣被水尚輕，惟華容、安鄉二縣情形較重。現在查明，並無淹斃人口、衝坍房屋，且民間先將家貲搬移高阜，日用有資，可無庸動項撫卹。其被水尚未涸出之田，現在設法疏消；並查明無力貧民，酌借籽種工本等語。華容、安鄉二縣被水田畝，現既未全行涸出，著浦霖即飛飭該地方官相度形勢，設法疏消。並著查明實在無力貧民，借給籽種口糧，以資工作。前漵浦等縣有被水淹浸田畝之事，曾降旨將該縣應徵本年下半年錢糧，暫行緩徵；今華容、安鄉事同一例，並著加恩將該二縣被水各垸本年應徵下半年錢糧，一體緩徵，至次年秋後徵收，以紓民力。至澧州地處安鄉上游，離湖稍遠，武陵、龍陽二縣隄身並未衝潰，雖俱被災較輕，並著該撫詳悉查明，如有成災處所，亦即妥為賑卹，不可稍有諱飾，以副朕軫念災黎、有加無已至意。（高宗一三一〇、二〇）

（乾隆五四、一〇、辛酉）諭曰：畢沅等奏稱，武陵縣疊遭水旱，本年雖屬豐稔，究係積歉之區，民力未紓；華容、安鄉二縣，上年湖水倒漾，亦有緩徵錢糧及借給種麥工本銀兩，若同時並徵，不免稍形竭蹙等語。武陵縣係積歉地方，閭閻不無拮据，所有積年未完民欠銀五萬八千五百餘兩、未完穀二萬八千六百餘石，俱著加恩分為乾隆五十四、五、六等年，按年帶徵。華容、安鄉二縣，上年曾經被水，所有借給之項，未便一律徵收，亦著加恩將華容縣上年借給麥本銀三千六百餘兩、安鄉縣借給麥本銀九千四百餘兩，一併緩至五十五年秋後徵收，以示朕軫念災區有加無已之至意。（高宗一三四〇、一五）

（乾隆五五、六、戊午）諭：湖南乾州、鳳凰、永綏三廳並城步、綏寧二縣，每年額徵苗民雜糧八百六十一石九斗三升，著仍照上屆之例加恩一律蠲免，隨同地丁分年輪豁。所有應需兵糧等項，亦著照上屆蠲免苗糧之年，另行動款撥支，以示朕普惠邊黎有加無已至意。該部即遵諭行。（高宗一三五六、一五）

（乾隆六〇、八、癸卯）諭：本年春間，因湖南鳳凰、永綏、乾州三廳及附近瀘溪、沅陵等縣，被苗匪滋擾，業經降旨將春季錢糧，一併緩徵，並將無業貧民，按月賑卹口糧，俾無失所。現據畢沅等奏，通省收成九分有餘，即附近三廳各縣地畝，亦多復業有收。第念大功將蔵，正逢秋季開徵之候，恐各廳縣所屬地方，民力究不免竭蹶。除永綏廳錢糧業加恩寬免三年外，所有鳳凰、乾州、瀘溪、沅陵、辰溪、永順、保靖、龍山、麻陽、芷江等十廳縣，本年秋季應徵錢糧，著加恩緩至丙辰年早收後，同前次緩徵之春季錢糧一併開徵，以示軫念閭閻有加無已之至意。（高宗一四八五、一四）

（嘉慶一、五、辛酉）免湖南乾州、鳳凰、城步、綏寧四廳縣本年苗糧十分之二。（仁宗五、一四）

（嘉慶二、六、丁丑）免湖南逆苗滋擾之乾州、鳳凰、城步、綏寧四廳縣苗糧。（仁宗一八、七）

（嘉慶二、六、乙未）復緩徵湖南全省州縣元年漕糧。（仁宗一八、一七）

（嘉慶六、七、庚寅）緩徵湖南武陵、龍陽二縣水災本年額賦。（仁宗八五、一三）

（嘉慶九、九、丁酉）緩徵湖南澧州被水各垸額賦。（仁宗一三四、一〇）

（嘉慶一〇、四、辛酉）緩徵湖南武陵縣被水災民原借麥種及隄工銀。（仁宗一四二、一一）

（嘉慶一〇、九、庚申）緩徵湖南澧州屬東鄉黃絲等垸水災新舊額賦。（仁宗一五〇、一四）

（嘉慶一一、六、乙酉）緩徵湖南武陵、龍陽、澧三州縣水災新舊額賦及未完隄工、種麥工本銀。（仁宗一六二、二一）

（嘉慶一一、九、壬戌）緩徵湖南澧州、東來等四垸水災本年額賦。（仁宗一六七、六）

（嘉慶一二、一〇、辛巳）緩徵湖南巴陵、臨湘、華容、平江、湘陰、澧、武陵、龍陽八州縣水災旱災新舊額賦並漕南二米，及原借隄工麥種銀。（仁宗一八六、一七）

（嘉慶一三、一〇、甲辰）緩徵湖南澧、武陵二州縣水災新舊額賦及未完隄工麥種銀。（仁宗二〇二、九）

（嘉慶一四、一〇、丁未）緩徵湖南茶陵、攸、酃、澧四州縣水災新舊額賦。（仁宗二一九、二四）

（嘉慶一五、一〇、乙巳）緩徵湖南澧州被水災新舊額賦。（仁宗二三五、二七）

（嘉慶一七、九、乙酉）緩徵湖南澧州被水災民新舊額賦。（仁宗二六一、一五）

（嘉慶一八、七、庚寅）免湖南澧、沅江二州縣被水地畝節年緩徵銀，

並緩徵龍陽、武陵、澧三州縣本年額賦。(仁宗二七一、三五)

（嘉慶一九、一〇、丙子）緩徵湖南澧州積水地畝新舊額賦及應還籽種口糧銀。(仁宗二九八、一九)

（嘉慶二一、一一、丙辰）蠲緩湖南澧、安鄉、武陵、沅江四州縣水災本年額賦有差。(仁宗三二四、一二)

（嘉慶二二、一〇、戊戌）緩徵湖南澧州被水田畝新舊額賦。(仁宗三三五、二六)

（嘉慶二四、一二、庚子）免湖南鳳凰、乾州、永綏、古丈坪、保靖、麻陽、瀘溪七廳縣旱災額賦。(仁宗三六五、一四)

20. 廣東

（順治四、七、甲子）以廣東初定，特頒恩詔。詔曰：……所有該省合行恩例，開列於後。……一、廣東人丁地畝本折錢糧，並衛所屯糧，俱自順治四年正月初一日起，通照前朝萬曆四十八年則例徵收，天啟、崇禎年間加派盡行蠲免。……一、廣東起解戶、禮、兵、工四部折色錢糧、金花、黃白臘、烏梅、五棓子、滕黃、黑鉛、桐油、黃熟銅、圓眼、菉筍、荔枝、香蕈、木耳、硇砂、核桃、蜂蜜、藥材、四司料價、胖襖、胭脂木、南棗木、紫榆木、紫竹、梨木、翠毛、均一料、魚油料、蔴、鐵、鐵稅、會試、會同館、協濟昌平本色錢糧、黃白臘、芽茶、葉茶、銀硃、貳硃、生漆、錫、生銅、藥材、廣膠並鋪墊水腳銀兩，俱照萬曆四十八年額數，自順治四年正月初一日以前，已徵在官者，起解充餉，拖欠在民者，悉行蠲免。……丁銀雖有定額，但生齒凋耗，年老殘疾，盡苦追徵，甚至包納逃亡，貽累戶族，殊堪憫惻，自今以後，各撫按官，嚴行有司細加編審，凡年老殘疾，並逃亡故絕者，悉與豁免。(世祖三三、六)

（順治一七、八、己丑）免廣東化州、茂名、信宜、陽春等縣，高州所十六年分水災額賦。(世祖一三九、四)

（順治一七、九、甲戌）免廣東保昌、曲江、乳源、仁化、樂昌、翁源等縣，南雄、韶州二所十四年分旱災額賦。(世祖一四〇、九)

（康熙一八、一一、辛丑）免廣東廣州、肇慶二府康熙十二、十三年分未完額賦。(聖祖八六、七)

（康熙三三、八、甲辰）免廣東南海、三水、高要三縣本年分水災額賦有差。(聖祖一六四、一五)

（康熙三四、一二、己酉）免廣東保昌、始興、曲江三縣，南雄一所本

年分旱災額賦有差。(聖祖一六九、二八)

（康熙四〇、九、癸丑）免廣東南海等七縣衛本年分水災額賦有差。(聖祖二〇五、一八)

（康熙四〇、一〇、己未）免廣東東安縣本年分水災額賦。(聖祖二〇六、三)

（康熙四三、一一、丙午）免廣東南海等六縣、肇慶一衛本年分水災額賦有差。(聖祖二一八、三)

（康熙四四、一〇、甲午）免廣東高要、高明二縣本年分水災額賦有差。(聖祖二二二、一七)

（雍正二、三、乙酉）免廣東雷州屬海康、遂溪二縣雍正元年分被淹田畝額賦。(世宗一七、一二)

（雍正三、一〇、丁丑）免廣東海康、遂溪二縣雍正二年分水災額賦有差。(世宗三七、九)

（雍正五、閏三、乙亥）免廣東東莞等六縣雍正四年分水災額賦有差。(世宗五五、一七)

（乾隆三、三、庚申）免……廣東三水、龍門、從化、清遠、花縣、潮陽、澄海、高要、開平、四會等十州縣被旱災民乾隆二年額賦。(高宗六四、一五)

（乾隆三、三、戊寅）免廣東海康、遂溪、徐聞、吳川、合浦、瓊山、文昌等七縣被水災民本年額賦。(高宗六五、一九)

（乾隆三、四、乙巳）免廣東三水、清遠、龍門、從化、花縣、潮陽、澄海、高要、開平、四會十縣二年分被旱額賦有差。(高宗六七、一六)

（乾隆三、九、壬戌）免廣東高要縣無徵漁課。(高宗七六、一五)

（乾隆七、九、辛酉）蠲免廣東崖州、感恩二州縣上年被風災民額賦。(高宗一七四、一五)

（乾隆八、四、乙巳）免廣東潮陽、饒平二縣本年旱災額賦。(高宗一八九、一一)

（乾隆八、一二、庚戌）賑廣東吳川縣被旱災民，緩徵本年額賦。(高宗二〇六、一)

（乾隆九、二、丙子）免廣東吳川縣旱災額賦有差。(高宗二一一、二一)

（乾隆九、四、辛亥）免廣東吳川縣風旱兩災額賦有差。(高宗二一四、七)

（乾隆一〇、二、庚申）免廣東海陽、澄海二縣乾隆九年水災額賦。(高

宗二三五、二）

（乾隆一〇、三、癸巳）緩徵廣東茂名、化州、吳川、羅定四州縣乾隆九年蟲災額賦。（高宗二三七、七）

（乾隆一〇、一一、乙酉）户部議准：兩廣總督策楞疏稱，粤東南海、番禺、東莞、新安、新寧、清遠、花縣、增城、歸善、高要、恩平等十一縣入秋猝被風雨，損傷沿海田禾，又化州、陽春、羅定三州縣及南澳同知所屬之隆澳，田畝被旱。所有應徵錢糧，一併緩徵；並借給貧民社倉穀石，秋後免息還倉。至南海等十一縣，風雨碎船坍屋、壓没人口，照例分别撫卹；城垣衙署等項，確估興修。得旨：依議速行。（高宗二五三、五）

（乾隆一一、二、丁未）户部議准：廣東巡撫準泰疏報，乾隆十年分被水之新寧縣田五百六十一頃五十二畝零，被旱之潮州府隆澳田一十六頃三十八畝零，潮陽縣田四百二十五頃七十五畝零，陽春縣田九十二頃三十一畝零，化州田三百五十一頃四十五畝零，羅定州田三百七十五頃七十三畝零，勘俱成災，請緩徵蠲賦如例。其乏食貧民及被風被水倒壞房船、壓斃人口，分别賑卹，並動項修造。得旨：依議速行。（高宗二五八、一〇）

（乾隆一一、四、庚寅）蠲免廣東新寧、潮陽、陽春、羅定等州縣被水田地額賦銀三千八十五兩有奇，穀價銀二十四兩有奇，米八百九石有奇，穀一百二十石有奇。（高宗二六五、二二）

（乾隆一一、七、庚申）又諭：廣東瓊州府屬，有應徵牛新等項税銀四千二百餘兩，據該督撫查奏，此項税銀内，有無著銀一千七百餘兩，實係畸零小户，難以照舊派徵等語。朕思牛新等項税銀，雖載在全書，例應徵納，今既查明此内有無著銀兩，著按額徵輸，民力未免拮据。著將廣東瓊州所屬應徵牛新等税内無著銀兩，加恩永行豁免，俾邊海貧民，不致有追呼之擾。該部即遵諭行。（高宗二七一、二二）

（乾隆一一、八、己丑）賑貸廣東南海、三水、保昌、始興、曲江、樂昌、仁化、英德、乳源、四會、恩平、開平、鶴山、茂名等十四縣被水災民，并予緩徵。（高宗二七三、一九）

（乾隆一一、一一、辛亥）緩徵廣東連州、清遠、四會等州縣水災，廣寧縣蟲災，海豐、新興、澄海、崖州等州縣及南澳廳所屬隆澳旱災額賦。賑卹饑民。（高宗二七九、一〇）

（乾隆一二、二、己丑）緩徵廣東澄海、潮陽、饒平、惠來、四會、廣寧、新興等七縣十一年分水災額賦，兼賑災民。（高宗二八五、一五）

（乾隆一二、六、己卯）免廣東崖州乾隆十一年分水災額賦。（高宗二九

三、九)

（乾隆一三、六、壬戌）除廣東清遠、龍門、東安等三縣十二年分水衝無徵田地額賦有差，並補蠲四會縣十二年分水災額賦。（高宗三一六、一二）

（乾隆一六、三、甲寅）加賑廣東海康、遂溪二縣水災饑民，並蠲緩本年錢糧有差。（高宗三八五、二）

（乾隆一六、四、辛未）緩徵廣東海陽、潮陽、揭陽、澄海、饒平、惠來、普寧、豐順等八縣風災額賦，兼賑海陽饑民。（高宗三八六、五）

（乾隆一六、五、丁巳）蠲免廣東海康、遂溪、文昌、海陽、潮陽、揭陽、澄海、饒平、惠來、普寧、豐順等十一州縣乾隆十五年風災額賦。（高宗三八九、六）

（乾隆一七、四、己未）豁除廣東文昌縣乾隆十六年風災額賦。（高宗四一三、一九）

（乾隆一八、五、丁卯）蠲免廣東豐順、海陽、澄海等三縣乾隆十七年水災額賦。（高宗四三八、一三）

（乾隆二一、九）[是月，廣東巡撫鶴年]又奏，查廣州府屬之番禺、花縣，肇慶府屬之陽春，此三縣徵收民米內，另有一種名爲厨房米，又稱宮眷米，共計一萬二千餘石。其米必須細長潔白，方准收納，每年兌解道倉，借給旗營俸米。此米産既不多，值亦較貴，重爲民累，請嗣後照各屬米穀畫一徵收，此項米禁革。得旨：好。（高宗五二一、一六）

（乾隆三六、一、乙巳）諭：前此普免天下錢糧，曾將廣東省廣、韶等府州屬應徵官租及屯田曠軍餘羨等項銀錢米石及應徵學租銀兩，蠲免十分之一。今普免直省正供，辛卯年屆該省輪免之期，著加恩仍照上次，將應徵官租等項蠲免十分之一，俾邊海農民，均霑愷澤。該部遵諭速行。（高宗八七六、三）

（乾隆四五、七、丙午）諭：前次普免天下錢糧，曾將廣東省廣、韶等府州屬應徵官租及屯田曠軍餘羨等項銀錢米石及應徵學租銀兩，蠲免十分之一。今普免直省正供，本年值該省輪免之期，著加恩仍照上次，將應徵官租等項蠲免十分之一，俾邊海農民，均霑愷澤。該部遵諭速行。（高宗一一一一、二二）

（乾隆六〇、二、癸丑）諭：前經降旨普免天下積欠錢糧，令各督撫查明具奏。茲據長麟等覆奏，廣東省乾隆五十五年以前民欠正耗銀米，俱已帶徵全完，將五十六、七、八等年各州縣民欠及因災緩徵銀米、並賞給口糧折給銀兩查明，開單呈覽。所有廣東省保昌等州縣民欠銀米，及高要、高明、四會、南海、三水等縣被水淹浸田畝緩徵地丁正耗銀米，並賞借口糧折銀等項，共未完銀七萬二千二百十八兩零、米一萬九千八十二石零，均著加恩全行豁免，以示錫福推恩、孚惠無疆至意。(高宗一四七〇、一)

(乾隆六〇、六、乙未)諭曰：長麟等奏，廣東南海、三水、四會、高要等縣沿江基圍，因四月中旬陰雨連綿，海潮盛漲，以致間段漫溢，禾苗俱被淹損等語。南海等縣江外圍基，本以護衛民田，今因海潮盛漲，聞有被衝漫溢之所，田禾致有淹損。雖各該縣基圍被淹不及十之一二，但現在早收將屆，正值青黃不接之時，猝被水淹，民力未免拮据。所有南海、三水、四會、高要等縣被水地方，著加恩借給兩月口糧，俾資餬口；其本年應納錢糧，著一併緩至來歲秋成後帶徵完繳，以紓民力。該督撫務督率所屬，實心經理，以副軫念偏隅、不使一夫失所至意。(高宗一四八一、一)

(乾隆六〇、一一、癸丑)諭曰：朱珪奏，潮州府屬，濱臨海洋，本年八、九兩月，未得透雨，晚禾收成，低田尚有七八分，高田不過二三分，委係勘不成災等語。廣東潮州府屬，濱海臨溪，本年早收豐稔，米穀充裕，惟因八、九兩月雨澤短少，高田晚禾收成不無歉薄，雖係勘不成災，但來年青黃不接之時，爲期尚久，恐民力不無拮据。著加恩將潮州府屬六十年分民欠未完錢糧色米，緩至來歲秋成後帶徵完繳。該督撫務須董率所屬，妥協查辦，俾閭閻均霑實惠，以副朕軫念濱海窮黎、恩加無已至意。(高宗一四九〇、八)

(嘉慶五、九、癸巳)緩徵廣東大埔、海陽、饒平、澄海四縣水災本年額賦。(仁宗七四、九)

(嘉慶七、一一、辛巳)緩徵廣東被賊滋擾之博羅、永安二縣本年額賦。(高宗一〇五、一〇)

(嘉慶一七、九、丙戌)緩徵廣東鎮平縣白馬等五鄉水災本年額賦。(仁宗二六一、一六)

(嘉慶一八、七、戊寅)加賑廣東三水、南海、高明、高要、開建、封川、清遠、鶴山、番禺、四會、南雄、順德、新會、花、廣寧、德慶、開平十七州縣被水災民，並緩徵新舊額賦。(仁宗二七一、二五)

(嘉慶一八、九、庚辰)緩徵廣東鎮平縣被水村莊新舊額賦。(仁宗二七四、一四)

(嘉慶二二、九、丙辰)給廣東南海、高要二縣被水災民房屋修費及葬埋銀，並緩徵新舊額賦有差。(高宗三三四、一三)

(嘉慶二三、九、甲寅)展緩廣東高要縣被水地畝帶徵額賦。(仁宗三四

七、五)

(**嘉慶二四、一一、丙戌**) 緩徵廣東歸善、博羅、增城三縣水災本年及上年額賦,並給房屋修費、賞卹淹斃人口銀。(仁宗三六四、三〇)

21. 廣西

(**順治一六、九、戊寅**) 免廣西臨桂縣草場十四、五、六年分包荒稅銀,永寧州、臨桂、靈川、永福、義寧等縣廢藩田租銀米。(世祖一二八、一三)

(**康熙四、一二、丙寅**) 免廣西臨桂等五州縣本年分旱災額賦有差。(聖祖一七、一五)

(**康熙一九、九、乙酉**) 免廣西通省州縣康熙十八年分未完額賦。(聖祖九二、一二)

(**康熙二二、一、癸亥**) 免廣西平樂縣、藤縣康熙二十一年分水災額賦十之三。(聖祖一〇七、五)

(**康熙二二、二、乙亥**) 免廣西河池州康熙二十一年分蟲災額賦十之二。(聖祖一〇七、一〇)

(**乾隆一〇、一一、辛巳**) 賑貸廣西思恩、興業等縣旱災貧民,並分別蠲緩本年錢糧。(高宗二五二、三五)

(**乾隆一一、二、己酉**) 戶部議准:署廣西巡撫託庸疏稱,乾隆十年分,思恩、興業二縣原報秋禾被旱各村,今確勘雖有六、七分不等,然覈計不過十分之一,其餘收成均有六分。晚禾雖僅三分,其本年早稻收成實有八分。所有貧民於每戶借給常平倉穀一石,並借銀俾購麥種,俟春間再糶借兼施,毋庸另議加賑。至被災各戶,應徵乾隆十年分地丁銀一百二十六兩零、本色米四百四十八石零,請照例緩徵;所借銀穀,緩至秋收後免息還款。得旨:依議速行。(高宗二五八、一三)

(**乾隆一一、一〇、丁卯**) 諭:朕加惠黎元,將直省應徵錢糧輪年蠲免。粵西省桂、梧、南、太、柳、慶、鬱等府州屬,有額徵官田租穀銀米等項,俱係入官田畝,招佃承耕,收租以充公用。又桂、平等府州額徵學租銀米一項,因非地丁錢糧,均不在蠲免之內。茲特加恩,將粵西省額徵官租、學租銀米穀石蠲免十分之三,俾邊徼農民均霑實澤。該部即遵諭行。(高宗二七六、八)

(**乾隆三六、一、乙巳**) 又諭:昨歲降旨,普免天下錢糧,粵西省應於今年輪免,所有桂、梧、南、太、柳、慶、鬱等府州屬額徵官田租穀銀米等項,及桂、平等府州額徵學租銀米一項,著加恩仍照乾隆十一年之例,蠲免

十分之三。該部即遵諭行。(高宗八七六、三)

(乾隆四三、一一、壬辰) 賑卹廣西興、安、靈川、永福、全州、馬平、雒容、柳城、來賓、象州等九州縣本年旱災貧民，並予緩徵。(高宗一○七○、二九)

(乾隆四四、四、己卯) 緩征廣西、興安、靈川、永福、全川、馬平、雒容、來賓、象州等八州乾縣隆四十三年旱災額賦。(高宗一○八一、一五)

(乾隆五四、五、己未) 又諭：上年大兵進勦安南，粵西民夫運送糧餉踴躍急公，甚屬出力。且前歲臺灣用兵時，曾調粵兵前往，而黔兵赴臺灣時，又係由粵西經過，因念該處地瘠民貧，連歲秋收未能豐稔，恐民力不無拮据，曾降旨令該督撫等查明各官兵經過地方，酌量蠲緩。茲據福康安等奏，此次官兵及上年調赴臺灣各兵經過地方，查其應付多少，請分別蠲緩等語。著照所請，將應付較多之柳州、潯州、梧州、南寧、太平五府屬五十四年應徵錢糧，概予蠲免。其應付較少之各府州屬所有本年應徵錢糧，亦著緩徵半年，俾紓民力。該督撫務督飭所屬妥協辦理，以副朕軫念邊氓至意。該部即遵諭行。(高宗一三二八、三)

(嘉慶二、閏六、丁巳) 緩徵廣西承辦兵差之蒼梧、藤、桂平、平南、貴、宣化、隆安、橫、永淳、賓、上林、武緣、西林、凌雲十四州縣及果化、歸德、田、上林四土州縣，白山、那馬、興隆、都陽四土司本年額賦。(仁宗一九、一六)

(嘉慶二、八、丙寅) 緩徵廣西省及各土司被苗滋擾地方本年額賦。(仁宗二一、一四)

(嘉慶一二、九、丙午) 緩徵廣西臨桂、靈州、興安、陽朔、永寧、永福、灌陽、平樂、永安、賀、修仁、荔浦、昭平、雒容、柳城、羅城、融、懷遠、來賓、象二十州縣旱災本年額賦，並發社義倉穀平糶。(仁宗一八五、六)

22. 四川

(康熙二、一一、己卯) 免四川建昌等衛順治十八年分水災額賦。(聖祖一○、一二)

(康熙二二、一、壬申) 免四川建昌、永寧、夔州等處康熙十九年分額徵銀米，以連年用兵故也。(聖祖一○七、九)

(雍正七、六、甲戌) 四川巡撫憲德疏奏：瀘州士民，先因樂輸軍需米石，奉旨將雍正七年額賦，全行豁免，萬姓歡呼。呈請照崇慶州例，將雍正五年自首已徵在官寬至雍正七年起科之糧，仍於本年抵銷，並現年自首尚未查丈定數之糧，情願一體輪納。得旨：崇慶州已徵之糧，留抵庚戌年正課，其丈量未畢者，亦俟庚戌年輪納，前已降諭旨。此所請瀘屬願輸錢糧，著照崇慶州之例行。(世宗八二、一)

（雍正九、二、癸丑）戶部議覆：四川巡撫憲德疏言，貴州永寧業經歸四川管轄，川省錢糧現奉蠲免之旨，則永寧縣八年分額徵，請一例蠲免，以廣恩施。應如所請。從之。(世宗一〇三、一六)

（雍正九、三、癸未）免四川省所屬明正、冷邊各土司雍正八年分地丁額賦有差。(世宗一〇四、一五)

（雍正一三、一〇）[是月]四川總督黃廷桂等具奏：川東一帶，偶缺雨澤，收成歉薄，酌動倉穀平糶借支，並請緩徵。得旨：川省巴縣等九處應徵錢糧，已降旨豁免矣。既有歉收之州縣，恐窮民乏食，且恐缺少籽種，汝等當加意籌畫，多方接濟。若作紙上空談，使百姓不得其所，朕必加以溺職處分，決不寬貸也。勉之。(高宗五、五〇)

（雍正一三、一一、丁未）諭戶部：聞四川巴縣、江津、長壽、綦江、涪州、瀘州、璧山、合江、永川九姓司九處，今年雨水較少，收成稍薄，雖據該督撫等奏稱勘不成災，不在蠲租之例，但歲收既歉，民間納賦未免艱難，朕心深為軫念。查各省舊欠錢糧，朕已降旨通行蠲免，而川省民風淳樸，歷年輸將恐後，並無逋欠之項，得邀赦免之恩。此巴縣等九處本年未完錢糧，著即全行豁免，以惠吾民。該督撫等務宜實心奉行，嚴飭地方官詳查辦理，勿使吏胥滋弊中飽，俾閭閻得霑實惠。(高宗六、二一)

（雍正一三、一二、壬午）又諭：川省口外番部，輸誠急公，良可嘉憫。朕已降旨令巴、裏二塘所納一年貢賦，悉行蠲免，以昭撫綏至意。其明正土司所屬等處並沈、冷二邊，以及口外新附各處番眾，恭順效力，與巴、裏二塘無異，所宜一體加恩，普施惠澤。著將明正、沈、冷各土司所屬一年雜糧折徵銀並貢馬銀，及口外新附各處認納折徵銀，該撫查明確數，通行蠲免。土目人等，不得私收中飽，務使番夷得霑實惠。再，巴、裏二塘正賦之外，尚有衣單口糧等項銀兩，原以充支給喇嘛土官之用，今正賦既蠲而此項仍徵，恐番夷蠢愚不能分晰，土目人等或乘此牽混私收，著將衣單口糧銀兩亦一併蠲免。其應支各項衣糧，著咨部撥補。以上應蠲各項，諒本年已經完納，可於乾隆元年照數通蠲。(高宗九、五)

（乾隆一、三、戊申）諭：川省所屬內附巴、裏二塘及沈、冷二邊各番，朕念其恭順効力，曾降諭旨，將本年所納供賦雜糧等項，概予蠲免，以示優獎，其建昌、松潘所屬涼山、會川、鹽源、阿樹、木坪各土番等處，俱傾心效順，遇有徵調，奮力奉公，毫無違誤，所宜一體加恩，將本年米折條銀以及本色雜糧貢馬等項，照巴、裏塘，沈、冷邊之例，通行蠲免。再普安、安阜、酉陽等處，現在建造城垣，皆資民力，所有本年應納貢賦，亦照松潘之例概賜豁免。該督撫飭令該管官實心奉行，勿致中飽滋弊。俾得均霑實惠，以昭朕懷岫遠夷之意。（高宗一四、二六）

（乾隆一、五、甲寅）免四川風雹被災敘州府屬之南溪縣、直隸瀘州并瀘屬之納谿、江安、合江、九姓司，又敘永廳并所屬之永寧縣乾隆元年分額賦有差。（高宗一九、一〇）

（乾隆一、六、辛未）免四川南溪縣等處風雹災本年額賦有差。（高宗二〇、一八）

（乾隆三、八、丙戌）緩徵四川射洪、遂寧、三臺、中江、蓬溪、銅梁等六縣本年水災額賦有差，兼賑饑民。（高宗七四、一五）

（乾隆三、九、癸亥）免四川涪州、敘永、蓬溪、犍為、大邑、打箭爐等六廳州縣乾隆二年分水衝石壓田地並年久旱地無徵額賦有差。（高宗七六、一九）

（乾隆四、四、甲午）免四川忠州、萬縣、開縣三州縣乾隆三年旱災額賦十之一。（高宗九一、二）

（乾隆六、二、己酉）免金川土司例貢折價。諭：打箭爐迤西瞻對、瓦述各部落番夷，例應每年納貢馬、狐皮折價銀八十九兩五錢，今朕聞得彼地年來積雪嚴寒，牛羊受凍，多有傷損，番夷困苦，納貢艱難，著將乾隆五年、六年應納折價銀兩豁免，以示軫卹。著該部即行文四川巡撫出示曉諭番夷等知之。（高宗一三六、二九）

（乾隆八、八、乙亥）戶部議覆：調任四川巡撫碩色疏報西昌縣被水情形。應如所請，遵照定例，分別極次貧民，加意賑卹。其有城垣、河道、橋梁急應濬築者，勘明興修，寓賑於工，俾災黎不至失所。本年錢糧，暫行緩徵；被衝田地，其能否開墾及應徵應蠲之處，查明報部核議。從之。（高宗一九九、四）

（乾隆八、九、壬辰）賑卹四川寧遠府屬冕寧縣、德昌所、鹽中左所、靖遠營等處被水民夷，並緩徵本年額賦。（高宗二〇〇、一〇）

（乾隆九、八、癸丑）賑卹四川成都府屬各州縣被水災民，并緩徵本年額賦。（高宗二二二、一五）

（乾隆一〇、一〇、己亥）諭：川省民番雜處，賦糧不一，有徵收米豆雜糧者，有認納貝母青稞折徵米担者。其各廳營土司，又有番民認納夷賦銀兩及按例完納本折貢馬等項，均與應徵地丁無異。朕思該省丙寅年地丁錢糧業已全數蠲免，而各民番土司所輸，因非條糧，不能普霑惠澤，著加恩將丙寅年分寧遠、敘州二府所屬州縣衛所、建昌鎮標各營應徵米豆，龍安府茂州松潘鎮營所屬番寨折徵米石，雷波、黃螂、苗氏認納本色雜糧，建昌鎮標會川、會鹽、南坪、打箭爐各廳營新撫各土司番民認納夷賦銀兩，各土司完納本折貢馬等項，一例蠲免，以示朕優卹邊方之意。該部即遵諭行。(高宗二五〇、三)

（乾隆一一、六、丁卯）諭：此番進剿瞻對，四川各土司，率領番衆，承辦軍糧，催雇烏拉，莫不踴躍從事，將及一載，急公趨義，甚屬可嘉。該土司等，本年應納貢賦，已經普免。今軍務告竣，著再加恩，將打箭爐口內口外効力之各部番衆，應納貢賦，再行蠲免二年，以示優卹勤勞之意。該部即遵諭行。(高宗二六八、四)

（乾隆一四、五、丙辰）諭：前因川省軍興，一切供億輸輓，有資民力，曾經降旨將該省乾隆十三年並本年分地丁錢糧概行緩徵；復令該督策楞將辦過夫米各州縣，於凱旋之日，查明等次奏請，候朕加恩。今據策楞分別查奏，其列在一等之茂州等一十四州縣，地居衝要，差務殷繁，承辦夫米最多，應加恩蠲免一年錢糧。列在二等之溫江等四十三州縣廳，辦米出夫稍次，或有派往出口站夫、或當北路孔道，差務亦重，應酌免一年錢糧十分之七。列在三等、四等之州縣，或糧由舟運、人力稍省，或辦夫而不辦米、辦米而不辦夫，如樂山等二十二州縣，應酌免一年錢糧十分之五；隆昌等五十三州縣，酌免一年錢糧十分之三。至乾隆十三年錢糧，既經緩徵，所有急公完納之戶，即照伊等完納分數，仍准展限緩徵，以示獎勵。其本年緩徵者，目今軍務雖竣，仍令該督相其緩急，毋致催督擾民。如此，則全蜀辦公出力之良民，咸得仰邀恩澤，元氣漸舒。該督等應督率所屬妥協辦理，并出示曉諭，俾閭閻均霑實惠，以副朕優卹勞民之至意。該部即遵諭速行。(高宗三四〇、一九)

（乾隆一四、八、乙巳）又諭：據策楞奏稱，川省十三、十四兩年地丁錢糧，欽奉恩旨緩徵，其耗羨米石，從前撫臣紀山、班第、藩司倉德、高越錯誤辦理，一概停收，請將伊等交部議處。再，十三年分應徵米石州縣，計共一萬一千七百六十餘石，今若照錢糧分數，應免米石三千六百五十六石零，可否照十一年特旨恩免等語。紀山等從前錯誤辦理自應查處，朕已降旨交部。至所稱十三年米石，請照十一年免徵之處，川省素稱產米之鄉，民間蓋藏尚屬充裕，連年軍興，朕已疊次加恩，此番若再行免徵，似可不必。是

以朕令將此摺節去後幅，交部察議，可傳諭策楞知之。（高宗三四七、一四）

（乾隆一四、一一、壬戌）戶部議准：四川總督策楞疏稱，遵查乾隆十三年辦米辦夫之州縣，總計應徵正閏地丁銀六十六萬一千七百五十七兩零，應免銀三十八萬三千四百八十九兩零。除已完銀四十九萬一千六百四十八兩外，未完銀僅一十七萬一百八兩零，不敷應免之數。若將已完在庫銀，零星分還各戶，事屬難行。請將十三年應免錢糧，統於十四年地糧銀內分別蠲免；十三年尾欠，仍於應徵時照數徵收。至十四年地糧銀分別豁免外，尚有應徵之數，另行查辦。從之。（高宗三五三、四）

（乾隆一四、一一、辛未）又諭：川省十三、十四兩年地丁錢糧，除分別蠲免之項外，所有未完尾欠均應於來年帶徵。但念軍興之後，今年雖幸豐收，民力恐未充裕，若一時併徵，難免拮据。著加恩將十三年尾欠，於庚午年帶徵，十四年尾欠，於辛未年帶徵，以示朕體卹閭閻之意。該部即遵諭行。（高宗三五三、一二）

（乾隆一六、六、戊申）諭曰：策楞奏稱，此番赴藏官兵人等，沿途所買口糧草料，雇用騎馱烏拉，俱自番地應付，所過地方，踴躍從事，毫無遲誤等語。番眾等，急公效順，甚屬可嘉。所有明正司、裏塘、巴塘三處本年應納夷賦，著加恩優免一半。乍丫、察木多、類烏齊三處呼圖克圖，著各賞給緞八匹，以示獎勵。（高宗三九二、一八）

（乾隆三三、二、辛未）又諭：大兵進勦緬匪，所有鄰近雲南之四川省，前經調撥兵丁牛馬以濟軍行。現在尚有續行調撥之事，所有該省兵丁等項經過州縣，一應接遞護送，除動支公項外，不無稍資民力。著加恩將川省赴滇兵丁等項所過該省地方，本年應徵地丁錢糧，緩至次年徵收，以示嘉惠閭閻至意。該部遵諭速行。（高宗八〇四、四一）

（乾隆三六、一、丁未）諭：川省民番賦糧不一，有徵收米豆雜糧者，有認納貝母青稞折徵米石者，其各廳營土司，又有番民認納夷賦銀兩，及按例完納本折貢馬等項，曾於丙寅年降旨同地丁錢糧一體蠲免。茲復加恩普蠲正賦，該省今年值輪免之期，仍著加恩照上屆之例，將辛卯年寧遠、敘州二府屬州縣衛所、建昌鎮標各營應徵米豆，龍安府、茂州、松潘鎮營所屬番寨折徵米石，雷波、黃螂苗民認納本色雜糧，建昌鎮標會川、會鹽、南坪、打箭鑪各廳營新撫各土司番民認納夷賦銀兩，各土司完納本折貢馬等項，統行蠲免，以示朕優卹邊方格外施恩至意。該部遵諭速行。（高宗八七六、四）

（乾隆三七、一、戊戌）又諭：昨年四川省輪免正賦，並有旨將該省民番雜糧各項，一體蠲免，俾得普霑愷澤。現在辦理小金川一事，調撥大兵，剋期勦滅，所有一切軍需供應，俱發帑撥給備用，絲毫不以累及閻閻。惟是運送糧餉軍械，間亦酌用民力，雖並給與口糧腳價，而小民不無勞瘁，朕心深爲軫念。著該督等查明該省官兵經過之各州縣，將本年錢糧，再行先予緩徵，俟凱還事竣之後，分別等次，奏明請旨，候朕加恩，以示軫卹邊氓之至意。該部即遵諭行。（高宗九〇〇、三）

（乾隆三八、一、壬辰）又諭：四川自辦理軍務以來，一切徵調官兵及輓輸饋運，皆係動用公帑，從未有絲毫累及閻閻，而齎送逓行，不無少資民力。上年曾降旨分別蠲緩，以示優獎。而百姓等趨事奉公，倍加踴躍，一年之內，又已積有勤勞。茲當小金川全境蕩平，自宜益霈隆施，俾共洽新春膏澤。著再加恩，將四川省官兵經過之成都、華陽、新都、漢州、德陽、綿州、梓潼、劍州、昭化、廣元、郫縣、灌縣、汶川、保縣、雜谷廳、茂州、松潘廳、雙流、新津、邛州、名山、雅安、榮經、清溪、打箭鑪、蘆山、天全州、金堂、簡州、資川、資陽、內江、隆昌、瀘州、納谿、敘永廳、永寧、三台、中江、蓬溪、射洪、渠縣、蓬州、南充、大竹、梁山、奉節、雲陽、萬縣、巫山等五十廳州縣乾隆三十八年分額徵錢糧，俱緩至三十九年帶徵。其分辦夫糧未經過兵之溫江、新繁、彭縣、什邡、崇寧、崇慶州、仁壽、井研、安縣、綿竹、閬中、蒼溪、南部、巴州、通江、南江、西充、營山、儀隴、廣安州、鄰水、岳池、馬邊廳、宜賓、慶符、富順、南溪、長寧、高縣、筠連、珙縣、興文、屏山、雷波廳、江北廳、巴縣、江津、長壽、永川、榮昌、綦江、南川、合州、涪州、銅梁、大足、璧山、定遠、酉陽州、秀山、黔江、彭水、忠州、酆都、墊江、開縣、大寧、石砫廳、達州、東鄉、太平、新寧、平武、江油、石泉、彰明、鹽亭、遂寧、樂至、安岳、眉州、丹稜、彭山、青神、樂山、峨眉、洪雅、夾江、犍爲、榮縣、威遠、蒲江、大邑、合江、江安、西昌、冕寧、鹽源、會理州、越嶲廳等九十廳州縣所有三十七年蠲剩應行帶徵之項，俱展限至三十九年，再行帶徵。至官兵經過地方，番民有認納夷銀米貢馬者，俱著一體緩徵，用昭格外軫卹。庶茅簷作息，益得寬舒，副朕曲體民勞、有加無已之至意。該部即遵諭行。（高宗九二四、三）

（乾隆三九、一、丙辰）又諭：……茲當小金川境壤全行收復，剋期乘勝迅勦金川，一切糧運軍儲不無尚資輓負，允宜特加優獎，更沛春膏。著該督等查明川省各屬辦差繁簡，於乾隆四十年分應徵錢糧內，酌量緩徵多寡分數，具奏到日，候朕降旨加恩。至官兵經過地方，番民有認納夷賦銀米貢馬者，俱著一體緩徵，用昭格外軫卹，俾閭閻趨事，益得寬舒。該督等其實力妥協辦理，以副嘉惠勞民、有加無已至意。該部即遵諭行。(高宗九五〇、三)

（乾隆三九、一一、丙辰）諭：前因川省大功告成在即，官軍正當乘勝深入，糧儲尤宜加緊趲運，所需夫役倍多，雖疊次加恩，已將乾隆四十年以前應徵錢糧，分別緩帶，究係暫緩催科，將來仍須如數完納，民力不無拮据，朕心深為軫念。特諭該督等查明應行酌免分數，妥速覆奏，候朕加恩。今據富勒渾、文綬等將過兵地方及未經辦差之九十廳州縣，節年出夫運糧，俱踴躍急公，分別酌免分數覆奏。此等急公奉上之民，甚屬可嘉，著加恩將成都等二十三州縣已緩三十八年錢糧，全行蠲免；其三十九年錢糧，酌免十分之五。簡州等二十三廳州縣三十七年蠲剩緩徵錢糧，全行蠲免；其已緩三十八、九兩年錢糧，各蠲免十分之五。天全、蘆山、茂州、松潘四廳州縣，已緩三十八年錢糧酌免十分之五。溫江等五十六廳州縣三十七年蠲剩緩徵錢糧，全行蠲免；其三十九年錢糧，酌免十分之五。大寧等三十四廳州縣三十七年錢糧蠲剩十分之三者，全行蠲免；蠲剩十分之五、十分之七者再免三分；並將三十九年錢糧，再免十分之三；俾閭閻生計，益得寬舒。仍俟大功奏捷時，另普渥恩，以副朕嘉惠勞民、有加無已至意。該部遵諭速行。(高宗九七〇、八)

（乾隆三九、一二、乙未）諭：川省自辦理軍務以來，各土司夷民急公踴躍，甚屬可嘉，業經疊沛渥恩，分別蠲緩。今大功指日告成，該土司等益加奮勉出力，允宜再沛恩膏，用昭優卹。著加恩將明正、董卜二土司乾隆三十八年級徵夷賦及三十七、八兩年緩徵貢馬全行蠲免，並將三十九年緩徵夷賦貢馬蠲免十分之五；雜谷廳保縣、茂州緩徵三十八年夷賦全行蠲免，並將三十九年緩徵夷賦酌免十分之五；龍安、敘州、寧遠所屬之雷波、越嶲二廳，石泉、西昌、鹽源、冕寧四縣及會理州緩徵三十七年夷賦酌免十分之三，並將三十九年夷賦再免十分之三；松潘、漳臘、平番、南坪、疊溪三十九年夷賦酌免十分之五；龍安、建昌、會川、會鹽、寧越、越嶲、靖遠、永靜等標營及九姓土司三十九年夷賦貢馬酌免十分之三；其綽斯甲布、革布什咱及巴塘土司四十年分應納貢馬，並著蠲免一次。該督其董率所屬實力經理，務俾邊夷均霑實惠，副朕優厚番民至意。該部遵諭速行。(高宗九七三、一)

（乾隆四一、三、辛卯）又諭：邇年徵勦金川，一切軍需糧運等項，節次發帑，不下七千餘萬。官為辦給，不欲絲毫累及閭閻，而負任運供，不無稍資民力，業已疊次加恩將乾隆四十年以前應徵錢糧分別蠲免。今兩金川全境蕩平，大勳克集，念川省百姓踴躍急公，甚屬可嘉。自宜廣沛渥恩，以昭優卹。特令該督文綬會同將軍阿桂查明奏聞。茲據分晰差務繁簡覆奏。著加恩將成都、華陽、新都、漢州、郫縣、灌縣、德陽、綿州、梓潼、劍州、貽化、廣元、汶川、保縣、雜谷廳、雙流、新津、邛州、名山、雅安、榮經、清溪、打箭鑪二十三廳州縣、乾隆四十年分緩徵錢糧，全行蠲免。金堂、簡州、資州、資陽、內江、隆昌、瀘州、納溪、敘永廳、永寧、中江、三臺、蓬溪、射洪、渠縣、南充、大竹十七廳州縣所有四十年分全緩錢糧，蠲免十分之七。其茂州、松潘廳、江北廳、巴縣、永川、榮昌、璧山、樂山、犍爲、宜賓、眉州、奉節、雲陽、萬縣、巫山、梁山、蘆山、天全州十八廳州縣四十年分前經酌緩十分之七錢糧，一併蠲免。溫江、新繁、彭縣、什邡、崇寧、崇慶州、蓬州、長壽、墊江、南溪、富順、長寧、蒲江、大邑、安縣、綿竹、仁壽、井研、廣安、岳池、安岳、榮縣、遂寧二十三州縣所有四十年分已經酌緩十分之七錢糧內，蠲免十分之五。其西充、營山、儀隴、隣水、江津、綦江、南川、合州、涪州、銅梁、大足、定遠、忠州、酆都、鹽亭、樂至、丹稜、彭山、青神、峨眉、洪雅、夾江、威遠、合江、江安二十五州縣四十年分前經酌緩十分之五錢糧，全行蠲免。閬中、蒼溪、南部、巴州、通江、南江、馬邊廳、慶符、高縣、筠連、珙縣、興文、屏山、雷波廳、酉陽、秀山、黔江、彭水、開縣、大寧、石砫廳、達州、東鄉、太平、新寧、平武、江油、石泉、彰明、西昌、冕寧、鹽源、會理州、越巂廳三十四廳州縣四十年分前經酌緩十分之五錢糧內，蠲免十分之三。其各營縣番民認納銀米，前已降旨緩徵，並著將該年夷賦一體按照分數蠲免，俾民番均得普霑實惠，用示慶洽武成、嘉獎勞民至意。（高宗一〇〇五、六）

（**乾隆六〇、三、己未**）又諭：此次黔楚邊境一帶，逆苗滋擾，附近居民致誤東作。前經降旨，將湖南辰州府屬之各廳縣、貴州銅仁府所屬各處應徵春季錢糧，概行緩徵，俟事定後，查明分別辦理。茲四川秀山一帶，亦被賊苗蔓延侵擾，該處平民未能及時耕作。所有秀山一帶應徵春季錢糧，並著加恩一體緩徵，統俟事定後，該督查明春收分數，奏明辦理。用示撫綏良善，加惠黎元至意。（高宗一四七四、一七）

（**乾隆六〇、三、乙丑**）諭：前已降旨將貴州、四川、湖南三省凡被逆苗滋擾各廳縣，春季應納銀糧，概行緩徵，並令該督撫查明經賊蹂躪收成歉薄之處，即行奏聞，再予豁免；茲又念各該處邊界村堡小民，被賊焚掠，四出逃避，一時不能各歸本業，尤爲可憫。著再加恩川、黔、楚省所有逃難民人，均著該督撫查明，分別大小口，普行給予一月口糧，用資養贍；其川黔兩省勦清賊匪處，業已搬回原處者，仍著地方官借給籽本，俾得及時耕作，共資生計，以示朕體卹被難窮黎，恩施逾格至意。（高宗一四七四、二九）

（乾隆六〇、一一、丁巳）諭：四川秀山縣地方，本年春間經逆苗滋擾，業將該縣春季錢糧，降旨加恩緩徵。現在該民等雖陸續歸業，趕緊栽種，但貲財房屋，業已蕩然，若將秋季錢糧，照例徵收，民力究屬拮据。所有秀山縣六十年秋季錢糧，著加恩緩至明年，與今年春季錢糧，分作春秋兩季完繳。其餘未經被難戶口，雖房屋未遭焚搶，但聞風躲避，未免亦有失業。著加恩一體緩徵，以示朕軫念窮黎有加無已至意。（高宗一四九〇、一一）

（嘉慶一、三、丁巳）免四川逆苗滋擾之酉陽州本年額賦。（仁宗三、九）

（嘉慶一、三、己巳）緩徵四川逆苗滋擾之秀山縣新舊額賦。（仁宗三、一二）

（嘉慶一、四、壬寅）免四川龍安等府廳營屬及各土司夷賦糧折、馬價、雜糧等項十分之二。（仁宗四、一九）

（嘉慶二、七、乙酉）免四川運辦軍務之奉節、巫山、雲陽、萬、開、大寧六縣次年額賦。（仁宗二〇、一五）

（嘉慶三、三、辛巳）免四川被賊滋擾之長壽、梁山、營山、儀隴、廣安、渠、大竹、鄰水、巴、通江、南江、蒼溪、廣元、達十四州縣本年額賦，緩徵鄰近禦賊之閬中、南部、昭化、劍、南充、西充、蓬、岳池、巴、江北、合、涪、忠、酆都、墊江、石砫、黔江十七廳州縣本年額賦。（仁宗二八、一〇）

（嘉慶四、四、己亥）免四川被賊滋擾之奉節、大寧、巫山、雲陽、萬、開、達、東鄉、太平、新寧、忠、梁山、墊江、酆都、江北、涪、合、長壽、定遠、閬中、蒼溪、南部、廣元、昭化、巴、通江、南江、南充、儀隴、蓬、廣安、營山、渠、大竹、鄰水、岳池三十六廳州縣鄰近賊氛之石砫、巴、璧山、劍、西充五廳州縣本年額賦，及未完二年、三年額賦十分之三；并緩徵鹽茶稅課。（仁宗四二、二五）

（嘉慶五、二、己丑）免四川被賊滋擾之巫山、雲陽、開、萬、大寧、忠、梁山、江北、巴州、蒼溪、閬中、廣元、通江、昭化、南江、營山、廣安、渠、岳池、儀隴、大竹、鄰水、合、定遠、南充、墊江、蓬溪二十七廳州縣本年額賦，緩徵石砫、劍、巴縣、璧山、西充、遂寧、鹽亭、平武、長壽、涪、南鄭、蓬、酆都、射洪十四州縣營並南坪巡檢所屬本年額賦。（仁

宗五九、一七）

（嘉慶五、五、丙申）免四川被賊滋擾之射洪、鹽串、遂寧、西充、南部、劍、長壽、涪、酆都、平武、松潘、三臺、中江、綿、梓潼、江油、彰明十七廳州縣本年額賦，並緩徵安岳、樂至、石泉、金堂、茂、簡六州縣本年額賦、鹽茶課稅有差。（仁宗六七、一九）

（嘉慶六、二、丙寅）免四川被賊滋擾之達、東鄉、太平、新寧、奉節、巫山、雲陽、開、萬、大寧、忠、梁山、酆都、墊江、涪、長壽、江北、合、巴、蒼溪、閬中、廣元、通江、昭化、南江、南部、營山、廣安、渠、岳池、儀隴、大竹、鄰水、松潘、平武三十五廳州縣及南坪營本年額賦；並緩徵南充、定遠、鹽亭、劍、蓬溪、射洪、蓬七州縣本年額賦，及石砫、巴、黔江、西充、璧山、安岳、樂至、石泉、金堂、茂、簡十一州縣新舊額賦有差。（仁宗七九、一八）

（嘉慶六、四、己未）諭內閣：勒保奏，查明川省捐輸銀數，請將嘉慶七年應徵地丁錢糧，分別蠲免。此次辦理津貼，非正供可比，該省民人誼切桑梓，急公尚義，實屬可嘉。著加恩照勒保所請蠲免之數，遞行加增。所有遂寧等十六縣，著蠲免十分之四；大邑等十三州縣，著蠲免十分之三，成都等五十七廳州縣，著蠲免十分之二，以示獎勵。（仁宗八二、一四）

（嘉慶七、二、己巳）免四川教匪滋擾之大寧、太平、廣元、通江、南江、奉節、巫山、雲陽、萬、開、東鄉、蒼溪、巴、江北、長壽、達、新寧、忠、酆都、墊江、梁山、大竹、鄰水、昭化、閬中二十五廳州縣本年額賦有差，並展緩梁山、達、昭化、南部、閬中、岳池、江北、涪、合、忠、酆都、墊江、蓬溪、鹽亭、射洪、蓬、劍、南充、定遠十九廳州縣帶徵銀及大寧、太平、廣元、通江、南江五州縣鹽茶稅銀。（仁宗九四、三一）

（嘉慶七、一一、丙戌）免四川夷匪滋擾之雷波廳屬東寧、廣餘二鄉本年額賦。（仁宗一〇五、一三）

（嘉慶八、二、辛亥）免四川連年被賊滋擾之太平、大寧、廣元、通江、南江、巴州、蒼溪、奉節、巫山九廳州縣額賦有差，緩徵雲陽、萬、開、江北、長壽、達、東鄉、新寧、忠、酆都、墊江、梁山、大竹、閬中、昭化、鄰水十六廳州縣額賦，并太平、大寧、廣元、通江、南江五廳縣鹽茶課稅。（仁宗一〇八、六）

（嘉慶八、五、丙申）免四川生番滋擾之馬邊廳本年額賦。（仁宗一一三、四）

（嘉慶九、二、甲申）免四川太平、大寧、通江、巫山四廳縣額賦有差，

並緩徵鹽茶課稅銀。（仁宗一二六、二七）

（**嘉慶九、六、庚申**）緩徵四川生番滋擾之馬邊廳屬岡外、烟峰、迴龍三鄉額賦。（仁宗一三〇、二）

（**嘉慶九、一二、庚辰**）免四川野夷滋擾之雷波廳本年額賦。（仁宗一三八、三）

（**嘉慶一〇、二、庚辰**）緩徵四川前被賊擾之太平、通江、大寧、巫山四廳縣本年額賦並鹽茶課稅。（仁宗一四〇、三〇）

（**嘉慶一一、八、乙未**）緩徵四川太平、雷波、綦江、珙四廳縣被水村莊本年額賦。（仁宗一六五、二八）

（**嘉慶一二、一、辛未**）賑四川綏定府難民，並給房屋修費，免達縣本年額賦。（仁宗一七三、二六）

（**嘉慶一二、八、庚辰**）免四川達縣被難民戶本年條糧。（仁宗一八四、九）

（**嘉慶一三、六、戊申**）免四川夷匪滋擾之峨眉縣屬峨邊地方應徵條糧銀。（仁宗一九七、二六）

（**嘉慶一五、一〇、乙巳**）緩徵四川鹽源縣水災本年屯米。（仁宗二三五、二七）

（**嘉慶一九、三、甲辰**）緩徵四川協同防堵之通江、南江、巴、廣元四州縣本年額賦。（仁宗二八七、一八）

（**嘉慶二〇、三、癸巳**）緩徵四川閬中、蒼溪、南部、廣元、昭化、巴、通江、南江、劍九州縣本年春季額賦。（仁宗三〇四、一〇）

23. 西藏

（**乾隆七、一、戊寅**）諭：據副都統紀山奏稱，前因準噶爾請進藏熬茶，派官兵護送。令那克素三十九部落番民等，豫備馬匹牲畜，接濟應用。伊等率先集事，惟恐後時，甚屬急公。且伊等頭目入見，俱言蒙國家豢養之恩，從無擾累，各得安生，惟願誠心報效等語。此次準噶爾人等，未曾進藏，伊等所備之馬匹牲畜，雖未經應用，但番民生長遙遠，感戴國家之恩，黽勉報效，甚屬可嘉，宜施特恩。著將伊等今年應輸錢糧，盡數寬免，以示鼓勵。（高宗一五九、一）

（**乾隆八、一一、丙申**）諭：據副都統索拜奏稱，那克素三十九部番民，豫備馬匹牲畜，爲接濟護送夷使官弁之用。因官弁等，其力尚堪自給，並未動用番民所備等語。此次雖未經應用，但伊等番民，生長邊末，感激國恩，黽勉急公，甚屬可嘉。應施特恩，將伊等明年錢糧盡行寬免，以示鼓勵。

(高宗二〇五、一)

　　(**乾隆四四、一〇、壬戌**)西藏辦事大臣恒瑞等奏：恭奉恩詔普免天下錢糧，西藏那克舒三十九家番子等，應交馬銀三百九十一兩有奇，請照乾隆三十六年普免恩旨一體蠲免。從之。(高宗一〇九二、一三)

　　(**乾隆五五、五、壬寅**)諭：本年逢朕八旬萬壽大慶，業經將天下民户應納錢糧概行寬免矣。因念西藏所屬三十九部落番子等，亦有應納款項，自當一體同沛愷澤。著加恩將本年應納馬折錢糧銀三百九十餘兩寬免，以示朕一視同仁、加惠天下臣僕之意。(高宗一三五五、一〇)

　　(**乾隆五七、一〇、丙子**)又諭：……此次藏內用兵，烏拉一切皆係發帑給價，並未絲毫累及商上；而各番寨經兵燹之後，元氣未能驟復，福康安請將應納錢糧酌免一兩年，所見甚是。但向來駐藏大臣類多闒冗，一切置之不問，……惟聽達賴喇嘛親近及噶佈倫等專擅輒行，並不關白駐藏大臣，以致任意妄爲，屢滋釁端。……今酌免錢糧、修葺官寨二事，俱關緊要，自亦應駐藏大臣督辦。若僅告知達賴喇嘛，恐其見小糊塗，難保其必能遵行妥辦。此二事均交和琳等查明辦理，俾事權益歸畫一，更足以收實效而資整理。(高宗一四一四、二一)

　　(**乾隆五八、三、庚申**)又諭曰：恩達碩板多一帶地方三十九族番民，前于大兵進剿廓爾喀時，經福康安等派員前往雇辦烏拉牛馬，押赴各站，協濟兵差，甚爲急公出力。所有該番民應納五十七年分馬價銀三百九十一兩零，著加恩豁免，以示體卹遠番、獎勵勤勞至意。(高宗一四二五、一四)

　　(**嘉慶一七、六、甲辰**)免衞藏夥爾等二十族番民雪災上年貢馬銀。(仁宗二五八、三)

24. 貴州

　　(**順治一七、二、癸巳**)免貴州貴陽、安順、都勻、石阡、鎮遠、銅仁等府屬州縣衞所土司十六年分旱災額賦。(世祖一三二、五)

　　(**康熙二、七、丙戌**)免貴州新添衞所屬丹平司康熙元年分荒田額賦。(聖祖九、二〇)

　　(**康熙二、一二、辛酉**)免貴州都勻等六衞、普市一所本年分水災額賦有差。(聖祖一〇、一八)

　　(**康熙三、七、辛卯**)免貴州新添衞康熙二年分水災額賦。(聖祖一二、二二)

（康熙一一、六、癸卯）除貴州省二十七山場小稅。（聖祖三九、一一）

（康熙二七、一〇、庚戌）免貴州黃平州水衝沙壓田畝本年額賦。（聖祖一三七、一四）

（雍正八、一一、癸酉）免貴州新墾起科暨由四川、湖廣、廣西改隸各地畝本年分額徵銀三萬三千三百兩有奇。（世宗一〇〇、五）

（雍正一三、八、己巳）諭辦理苗疆事務王大臣等：從來經理苗疆之意，原因苗性兇頑，久爲地方居民之害。是以計議勦撫，爲乂安百姓之計。若云利其民人，則其人不過如鳥獸之屬；若云貪其土地，則其地本在吾版圖之中。縱使日久之後，苗衆抒誠向化，輸納錢糧，計算尚不及設汛養兵萬分之一。然則國家果何所利而爲此哉？乃逼近苗疆之緊要州縣，設兵不過三四十名，全不足以資捍禦。而逆苗萌動之時，文武官弁又皆在睡夢之鄉，茫然一無知覺。今逆苗突入内地，勾引熟苗，肆行搶掠，良民遭其荼毒。以安民之心，而成害民之舉，朕與經理之大臣，安能辭其過耶？每當讞獄之時，遇身獲重罪之犯，應加刑辟者，朕與執法之臣皆再四推研，求其生而不可，然後實之于法。此心儻應惻然，其見小卑劣者，尚欲賣法以爲陰德。今黔省被害之民，皆無罪之良民也。我君臣目視其遭兇苗之慘禍，如蹈湯火。其幸得保全之民人，此時當竭力撫綏，勿憚煩勞，勿惜公帑，期登災黎于衽席。若再稽查不力，董率無方，以救災卹困之資，或飽污吏貪官之腹，不令窮民得霑實惠，經朕訪聞，必將大小官員，在該省即時正法以示衆。或有但知潔己，而不能安插貧民者，著該督撫即以溺職題參，不必論其向日之官聲，稍爲寬貸。其災黎避往之地方，亦照此旨，一體料理。若視爲鄰省之事，稍存怠忽之心，朕亦必治以溺職之罪。若將賑卹之項，借名侵蝕者，亦必即行正法。貴州既有被害之州縣，則運餉募夫，俱須鄰郡接濟。著將今年黔省錢糧，通行蠲免。其被賊殘害之州縣，蠲免三年錢糧。若有已徵在官者，准抵下次應徵之額賦。著將此旨，通行曉諭各省官弁兵民等，咸使聞知。（世宗一五九、二）

（雍正一三、九、庚申）諭總理事務王大臣、辦理苗疆事務王大臣：黔苗肆逆，百姓被其擾害，前已欽奉皇考諭旨，將今年黔省錢糧，通行蠲免，其被賊殘害之州縣，蠲免三年錢糧在案。今朕思該省本年額徵米石，雖無蠲免之例，而被賊殘害之州縣，田土已經抛荒，漸次復業之民，尚在加恩賑卹，所有該州縣本年應徵糧米，著並予蠲免。其未經被擾之州縣民人，現俱團練鄉勇，保固地方，並運送軍糧軍裝等項，實屬勞苦。所有本年應徵糧米，著停止徵比，以紓民力。再，朕聞黔省州縣，有豐收之處，今應徵額糧，既行緩徵，則該州縣米糧充裕。而被擾地方，現需米石賑卹，且各省協勦官兵，現需供支口糧，著該撫即行發帑，於豐收州縣，按照時價，採買備用。仍嚴飭該州縣官，公平收買，無任胥吏抑勒滋擾。（高宗三、二七）

（**雍正一三、一一、甲寅**）免貴州耗羨。諭曰：貴州百姓，被逆苗擾害，已蒙皇考恩旨，令將本年通省錢糧悉予蠲免，並將被賊殘害之州縣，蠲免三年錢糧在案。查定例，凡特恩蠲免之項，其耗羨仍行徵收，以爲各官養廉；其因水旱蠲免者，其耗羨一併蠲免。朕思黔民被難，較之水旱尤甚，況正項既蠲，仍徵耗羨，未必於民全無擾累。著將貴州本年應徵耗羨及被擾州縣三年內應徵耗羨，悉行蠲免。該督撫嚴飭地方有司，毋得違例徵收。其各官養廉公費，著元展成於別項酌撥抵補。（高宗七、一一）

（**乾隆一、七、辛丑**）永除新疆苗賦。諭曰：貴州古州等處苗衆，從古以來未歸王化，我皇考世宗憲皇帝如天之仁，特允督臣所請，不忍棄置絣幪之外，遂因伊等俯首傾心，輸誠歸順之切，收入版圖，使得霑濡德澤，共享昇平之福，原非利其土地民人，爲開拓疆圉之舉也。即如從前所定糧額，本屬至輕至微，不過略表其向化輸租之意。俟數年之後，原欲並此加恩寬免，此皇考撫卹苗民之聖心、向朕與諸王大臣曾經再三宣諭者。詎苗衆生性反覆靡常，於上年三、四月間，騷擾內地，並勾引熟苗攻掠城池，燒燬村落，百姓被其荼毒。兇惡頑梗，法所必誅。是以遣發大兵分路進討，勦撫兼施。其中肆逆抗拒者，或就誅夷，或被擒獲，而脅從附和之苗寨，又各擒縛爲首之犯，相率投赴軍前，呈繳器械，悔罪歸誠，軍務漸次告竣。朕思此等逆苗，孽由自作，固王法所當重懲者，而在皇考與朕視之，則普天率土皆吾赤子，此特赤子中之不肖者耳。今身罹刑辟，家口分離，朕心仍覺不忍，且現在就撫苗衆，多屬脅從附和，其中尚有並未從逆、始終守法之各寨，均當加意撫卹，俾得生養安全。因思苗人納糧一事，正額雖少，而徵之於官，收之於吏，其間經手重疊，恐繁雜之費或轉多於正額，亦未可知。惟有將正賦悉行豁除，使苗民與胥吏終歲無交涉之處，則彼此各安本分，雖欲生事滋擾，其釁無由。況蠲免新疆苗賦，原屬皇考聖意，朕此時當敬謹遵奉，見之施行者也。用是特頒諭旨，著總督張廣泗出示通行曉諭，將古州等處新設錢糧盡行豁免，永不徵收。伊等既無官吏需索之擾，並無輸糧納稅之煩，耕田鑿井，俯仰優游，永爲天朝良順之民，以樂其妻孥，長其子孫，苗衆亦具有人心，豈有舍衽席而蹈湯火之理。至於建立營汛，分布官兵，乃國家定制，原以詰奸禁暴，安戢善良，各省內地且然，況苗疆險要，防範尤不可不嚴。且設兵之意，所以禁約漢奸播弄搆釁，又以查察熟苗私入勾引，朋比爲奸，非特以新附之苗爲不可信，而以重兵彈壓之也。其設兵事宜，仍著總督張廣泗遵照前旨悉心妥議辦理。至駐守弁兵，均當謹守法度，不得借端滋事，如有絲毫擾累，該管官即行詳報題參，從重治罪。若或隱匿不報，經朕訪聞，定將該管文武各官一並重處。苗民風俗與內地百姓迥別，嗣後苗衆一切自相争訟之事，俱照苗例完結，不必繩以官法。至有與兵民及熟苗關涉之案件，隸文官者，仍聽文員辦理，隸武官者，仍聽武弁辦理，必秉公酌理，毋得生事擾累。貴州總督張廣泗，可一併曉諭知之。（高宗二二、二〇）

（**乾隆一、九、戊午**）户部議准：經略苗疆貴州總督兼管巡撫張廣泗奏，平越、鎮遠各府州縣條丁改徵糧米，原與徵銀無異，請照條丁之例蠲免三年。從之。（高宗二七、一三）

（**乾隆二、一一、癸亥**）賑卹貴州郎岱廳及普定、安平二縣雹傷災民，緩徵本年額賦。（高宗五六、一二）

（**乾隆三、三、壬午**）蠲緩貴州安順府郎岱廳暨安平、普定二縣雹災民苗額賦有差，分別賑卹。（高宗六五、二四）

（**乾隆三、六、乙未**）免貴州安順、郎岱、鎮寧、普定、安平等府廳州縣被雹地畝二年分錢糧十分之一。（高宗七〇、二七）

（**乾隆四、二、己丑**）免貴州郎岱、普定、鎮寧、安平四州廳縣乾隆三年雹災額賦，並緩徵舊欠各有差。（高宗八六、一七）

（**乾隆四、五、癸亥**）裁貴州遵義府屬之綏陽、正安、桐梓、仁懷四州縣耗外帶徵幫貼銀兩。（高宗九三、二）

（**乾隆六〇、閏二、壬辰**）又諭：前因貴州銅仁府屬之松桃、正大等處，猝被逆苗滋擾，於農功不無妨礙，業經降旨，將本年錢糧緩徵，並令該撫查明，覆奏到日，再行加恩豁免。茲據該督撫將銅仁府屬每年額徵錢糧數目，查明具奏。所有銅仁府及松桃、正大等處，本年應徵秋糧及改折米共六千七百餘石、地丁正耗等銀九百八十餘兩，銅仁縣本年應徵秋糧改折米共二千六百餘石、地丁正耗等銀三百餘兩，俱著加恩，全行豁免。至附近銅仁府之鎮遠、思南、思州、黎平、平越、都勻、古州等府廳屬士民共抒義憤，招集鄉勇，堵禦賊苗，及官兵經過之貴陽、安順等府，悉皆幫運軍裝，急公趨事，亦應量予恩施。仍著該撫等將鎮遠等府廳屬本年應徵錢糧查明，分別蠲緩，以示朕撫綏良善、加惠閭閻至意。（高宗一四七二、二〇）

（**乾隆六〇、四、戊申**）諭：前因貴州銅仁府屬松桃等處地方猝被逆苗滋擾，業經降旨，將該處應徵銀兩全行豁免，並令該撫等將附近銅仁府屬官兵經過地方查明，分別加恩。茲據福康安、馮光熊查明覆奏，所有鎮遠、思南、思州三府，清江一通判，鎮遠、施秉、天柱、安化、印江、婺川、玉屏、青谿八縣本年應徵地丁錢糧，俱著加恩蠲免十分之五。其貴陽、安順、平越、都勻、黎平五府，古州、郎岱、下江等廳，黃平、鎮寧、永寧三州，平越、清平、貴築、貴定、龍里、普定、清鎮、安平八縣本年應徵地丁錢糧，著加恩蠲免十分之三。其大定、石阡二府，普安、威寧、黔西、獨山、麻哈五州，安南、普安、畢節、甕安、都勻、荔波、湄潭、餘慶、龍泉、開泰、永從、錦平十二縣本年應徵地丁錢糧，俱著緩徵十分之五，以紓民力。該督撫務當督率妥辦，徧行曉諭，俾小民均霑實惠，以副朕念切恩施至意。（高宗一四七七、一九）

（**乾隆六〇、七、丁巳**）諭曰：馮光熊奏，查明黔省錢糧內，有銅仁府屬五十九年未完米三千三百七石零，請分作兩年帶徵等語。前因銅仁地方猝被苗匪滋擾，業經降旨，將本年應徵錢糧全行豁免，以紓民力。今據該撫查明尚有五十九年分尾欠米三千三百七石七斗零，著加恩一併豁免，以示軫念黎元、恩施無已至意。（高宗一四八二、一八）

（**嘉慶二、五、壬戌**）賑卹貴州犵苗滋擾之南籠府並所屬普安、永豐二州，普安、安南二縣，冊亨州同，安順府屬朗岱、歸化、普定、永寧、鎮寧五廳州縣，又貴陽府屬之羅斛、廣順各邊界村寨貧民三月口糧。免南籠府屬州縣及普定、朗岱、鎮寧、永寧、廣順、定番、長寨七廳州縣元年未完銀穀及二年應徵正耗秋米，緩徵貴陽、都勻、大定、平越、銅仁、鎮遠、思州七府未完額賦。（仁宗一七、一四）

（**嘉慶二、閏六、丙午**）諭內閣：勒保奏，官兵至南籠城內，難民男婦數萬均來迎接，當將裹帶糧食及連日所獲賊糧，按名散給，並即派員賑撫等語。南籠府城，受困半載，賊匪日來滋擾，民食已罄。城內紳士民人等，深明大義，晝夜備禦，捐助薪米，得以同心協力，固守無虞。今勒保解圍到郡，見城內難民口食不敷，情形已極疲憊，實堪憫惻。所有南籠應徵錢糧，著該督查明蠲免一年。其餘被賊滋擾地方，如永豐、冊亨、捧鮓、黃草壩及粵滇邊界被擾各處，亦均著該督撫查明，各免一年錢糧，俾閭閻元氣漸復，民力寬裕，用副軫懷。其守城兵勇，均著加恩賞給一月錢糧口糧，以示獎勵。（仁宗一九、四）

（**嘉慶二、閏六、丁卯**）諭內閣：前因黔省犵苗滋事，業經降旨加恩，普行賑卹，並將興義及被賊滋擾地方應徵錢糧交該督撫查明，蠲免一年，該處民苗自不致失所。第念自開賑迄今，三月屆滿，黔省秋成較遲，若一停賑，被難民苗仍不免謀生乏術。所有興義各屬，著加恩展賑三個月，其餘分別加賑兩個月，俟秋獲後，再行停止。仍著該督撫飭屬妥協辦理，務俾窮簷備霑實惠。（仁宗一九、二一）

（嘉慶二、一一、丁丑）緩徵貴州苗匪滋擾之平遠、清鎮、安平三州縣本年秋米正耗及縣屬舊欠額賦。（仁宗二四、九）

（嘉慶三、八、壬子）免貴州狆苗滋擾之興義府、普安、貞豐二州，普安、安南二縣，並冊亨州同、新安縣丞、捧鮓巡檢所屬本年額賦；緩徵朗岱、歸化、永寧、平遠、安平、清鎮六廳州縣新舊額賦。（仁宗三三、一四）

（嘉慶四、八、丙申）免貴州興義府屬苗匪滋擾地方本年糧米。（仁宗五〇、八）

（嘉慶一三、一、丙辰）緩徵貴州思南府及印江縣被水田畝本年額賦。（仁宗一九一、一二）

（嘉慶二四、二、壬辰）諭內閣：朕本年六旬萬壽，剛經降旨，普免天下節年民欠銀糧，令各該督撫查明具奏。茲據朱理奏，查明黔省並無積欠，亦無緩徵帶徵等款。該省小民踴躍輸將，惟正之供，歷係年清年款，此次未能一體邀免，亦應俾令閭澤均霑。恭照乾隆六十年皇考高宗純皇帝加恩成例，著將貴州省嘉慶二十五年正賦寬免十分之二。該撫即將此旨刊刻宣諭，董率所屬，均勻減免，報部查覈，用副朕膏澤平施、遠邇一體至意。（仁宗三五四、三二）

25. 雲南

（康熙二、一二、甲辰）免雲南昆明縣及左右六衛本年分水災額賦有差。（聖祖一〇、一五）

（康熙二〇、六、癸巳）免雲南新復地方康熙二十年夏糧。（聖祖九六、一六）

（康熙二七、一二、壬子）免雲南開化府本年分旱災額賦有差。（聖祖一三八、一七）

（康熙二八、一二、乙丑）諭戶部：朕撫育蒸黎，務期休養，閭閻疾苦，時軫朕懷。今覽總督范承勳奏，雲南屯地錢糧，自康熙二十一年至二十七年，每歲拖欠，懇請分年帶徵。朕念雲南百姓，前曾供億王師，繼又遷移叛屬家口，運送勞瘁。本年正賦輸將尚屬艱難，復令帶徵逋租，必致益滋困累。著將歷年所欠屯賦銀七萬一千二百餘兩、米麥等項十萬七百餘石，盡行蠲免，以示朕軫念民生至意。其令該督撫通行曉諭，務使得霑實惠。如有不肖官員私行徵比者，該督撫指名題參，從重治罪。爾部即遵諭行。（聖祖一四三、九）

（**康熙二九、一一、壬辰**）免雲南新興、河陽二州縣本年分水災額賦有差。（聖祖一四九、一四）

（**康熙三〇、一一、壬申**）免雲南昆明等十州縣本年分水災額賦有差。（聖祖一五三、二〇）

（**雍正三、一一、辛酉**）免雲南南寧、霑益等四州縣本年分水災雹傷額賦有差。（世宗三八、一九）

（**雍正三、一二、丙子**）免雲南鄧川、建水二州本年分水災額賦有差。（世宗三九、一九）

（**雍正七、一〇、癸卯**）免雲南南寧縣本年分水災額賦有差。（世宗八七、二）

（**雍正九、八、丁酉**）免雲南東川、烏蒙二府屬雍正八年分未完銀米有差。（世宗一〇九、四）

（**雍正一〇、八、丙辰**）免雲南昭通、東川二府雍正九年分未完額賦。以八年被兵瘡痍未復也。（世宗一二二、二）

（**雍正一一、一二、癸酉**）諭內閣：雲南元江、普洱二府邊境，上年猓夷蠢動，今雖地方寧怗，年歲豐收，但夫役頻繁之後，小民輸將，力有不逮，所有兩府本年額徵銀兩，俱著加恩豁免。（世宗一三八、一四）

（**雍正一三、八、己卯**）諭辦理苗疆事務王大臣等：數年以來，雲南地方屢有用兵籌餉之事，民力輓輸，未免勞頓，朕心深爲軫念。今聞元江、普恩等處軍務告竣，用是特沛恩膏，將本年通省地丁錢糧，全行蠲免，俾滇民均霑實惠。若諭旨到日，有已徵在官者，准抵明年應納之正賦。著該督撫藩司，董率州縣官員，敬謹奉行，毋使胥吏土棍人等侵蝕中飽，以副朕加惠滇民之至意。（世宗一五九、一三）

（**乾隆一、一一、丙申**）又諭：據雲貴總督尹繼善奏稱，雲南曲靖、澂江、臨安、楚雄、姚安、廣西、昭通等府所屬州縣內，有栽插稍遲之地，禾稻正在揚花，忽遇冷雨，多不結實，止有五六分收成，其中呈貢、昆陽、安寧、恩安、魯甸數處收成，則在四分以下；除委員確勘實在成災者，即行具題，將應免地丁等項，照例請免；查秋米一項，舊例不在邀免之內，已令所屬暫緩徵收等語。滇省遠在天南，舟車不通，民每艱於謀食，今聞本年栽種稍遲，州縣內有收成歉薄之處，朕心深爲軫念。其成災地方，自應將應免地丁等項，照例豁免。至於秋米一項，雖無邀免之例，第恐閭閻力薄，輸納維艱，著將收成六分以下之州縣，所有本年應收秋米，全行緩徵，從乾隆二年爲始，分作三年帶徵，以紓民力。凡此歉收之處，窮民必至乏食，其應賑卹者，即行動項賑卹，務使咸得其所；其應平糶者，即將存倉米穀，減價平糶，或將鄰近倉儲，設法撥運，以資接濟；至無力之民，則借給籽種，以助來歲春耕。若摺內所開州縣之外，尚有似此歉收處，亦照此一體辦理，毋得忽視。著該部速行傳諭該督撫知之。（高宗三〇、六）

（乾隆二、四、丁丑）又諭：上年滇省州縣，有收成歉薄之處，前已降旨，將成災地方應徵地丁等項，照例豁免，應收秋米，從乾隆二年爲始，分作三年帶徵。今雖據雲南督撫奏報，今春雨暘時若，可望豐收。但朕思滇省百姓，既有帶徵之秋米，又有應納之正供，昨歲歉收之後，輸納未免艱難，朕心深爲軫念。著將乾隆元年分雲南省所有分作三年帶徵之秋糧，全行豁免。該督撫等即通行曉諭，仍嚴飭州縣實力奉行，務使閭閻均霑實惠。再，滇省有將文職各官俸工銀兩，捐抵康熙五十九年以前軍需案內供應出師官兵人役盤費及犒賞等項。事已多年，現在各官，俱非向日之承辦者，所有未完銀七萬餘兩，著悉行豁免，不必再行捐扣。（高宗四一、一三）

（乾隆二、九、丙申）戶部議准：雲南總督尹繼善奏，遵旨查勘陸涼州……水馬廠魚課等，瘠薄田地三百四十五頃五十八畝有奇，止能照則科徵。至年收租折銀兩應請減免。從之。（高宗五〇、三三）

（乾隆二、九、癸丑）又諭：滇省安寧等地方，上年收成歉薄，朕屢降諭旨，令該督撫悉心籌畫，多方經理，以濟民食。除蠲除錢糧外，並將分作三年帶徵之秋糧全行豁免，俾閭閻無追呼之擾。但聞滇省有夏稅一項，久經以麥改米，同秋糧並徵。今秋糧既免，而夏稅猶分年完納，恐小民難以分別輸將，而官役又易於從中滋弊，非朕加惠邊民之意。著將上年歉收各屬夏稅共麥、菝、豆折徵米一萬八千二百六十四石七斗零，米、菝折徵銀四千八百五十四兩五錢八分，永北府未完帶徵麥一百四十一石，悉予豁免。該撫張允隨可即宣朕此旨，通行傳諭，並飭有司確實遵行，毋使不肖官吏及地棍人等侵蝕中飽。（高宗五一、二二）

（乾隆三、六、癸未）除雲南麗江府夷民丁銀。諭：朕聞雲南麗江府原係土府，於雍正二年間改設流官。比時清查田地戶口時，有土官莊奴、院奴等類共二千三百四十四名。伊等並無田糧，皆願自納丁銀，以比於齊民，每名編爲一丁，每年納銀六分六釐，共徵丁銀一百五十四兩七錢零。迨滇省民丁改爲隨糧派納，而此項夷丁不得與有糧之戶一例攤派，至今照舊徵收，其

中不無貧乏之家艱於輸納者。著該督撫查明，概予豁免，俾邊地夷民永無催科之擾。該部即遵諭行。(高宗七〇、六)

（乾隆七、四、癸卯）免雲南景東府無徵海糧耗羨銀四百六十兩有奇。(高宗一六四、三七)

（乾隆八、閏四、丁巳）免雲南寧、雲二州無徵公件銀三百八兩零。(高宗一九〇、七)

（乾隆八、八、壬子）賑貸雲南南寧縣、霑益州水災饑民，並減價平糶；蠲免本年額賦十分之七。(高宗一九八、四)

（乾隆一一、二、丁未）[戶部]又議准：雲南總督兼管巡撫事張允隨疏報，乾隆十年分，鶴慶府屬金登等二十六村被水民屯田共三十三頃六十畝有奇，應免額徵銀米十分之七，並賑借如例。從之。(高宗二五八、一一)

（乾隆一一、三、辛巳）諭：朕子惠元元，將直省應徵錢糧輪年蠲免。查滇省有官莊地畝一項，向係文武各官招佃開墾，收租取息，又有各營生息田畝及義田等項，著照湖南城、綏入官田畝之例，俱免租十分之三，使農民均霑恩澤。今歲係滇省免賦之年，該部即遵諭速行。(高宗二六〇、二一)

（乾隆一二、九、戊子）賑卹雲南安寧、楚雄、廣通等三州縣本年分旱災饑民，並予緩徵。(高宗二九八、四)

（乾隆一四、四、戊戌）免雲南昆明、晉寧、呈貢三州縣乾隆十三年水災屯田銀一千一百八十兩有奇、米九百四十石有奇、穀三十九石有奇，並豁除景東府並衛水衝莊屯田三頃一十三畝應徵額賦。(高宗三三九、一五)

（乾隆一六、八、戊戌）又諭：據雲貴總督碩色等奏請，將雲南劍川等州縣地震被災較重之戶，地丁暫行緩徵，並請將被災兵丁，再借餉銀一月等語。兵民當地震之後，雖已得邀撫卹，但恐甫經被災，元氣未能驟復。著將劍川、鶴慶、浪穹、麗江等四州縣被災較重之戶，所有本年應徵地丁銀米，緩作兩年帶徵，以甦民困。其被災兵丁，亦著再借給餉銀一月，分作四季扣還，以卹兵艱。該部即遵諭行。(高宗三九六、八)

（乾隆一八、四、乙未）蠲緩雲南劍川州、鶴慶禦乾隆十六、七年地震水災額賦，並予賑卹及葺屋銀兩。(高宗四三六、一二)

（乾隆二〇、一一、甲戌）蠲免雲南劍川州本年地震水陷損折常平倉米一千三百三石有奇。(高宗五〇〇、一四)

（乾隆三一、四、丁未）諭：雲南附近普洱之十三土司，久已輸誠內向，編列版圖。近日莽匪滋擾各土司，邊境夷民鮮得寧居。現今發兵平勦，已搗整欠孟艮賊巢，搜捕匪黨，各土司得復安故土。但既受莽匪蹂躪，元氣難免虧損，深可軫念。即未經被擾土司，一切派撥土練，修理橋梁，急公踴躍，其情亦屬可嘉。著加恩將普藤、猛旺、整董、猛烏、烏得、車里、六困、倚邦、易武、猛臘、猛遮、猛籠、猛往十三土司地方所有乾隆三十一年額徵條編正耗暨米折銀三千餘兩、正耗糧六百餘石，並猛籠一處乾隆三十年舊欠銀二百餘兩，概行豁免，以示優卹邊夷之意。該部遵諭速行。（高宗七五八、一一）

（乾隆三二、五、丁丑）諭：近因緬匪滋擾緣邊土司，司事者調度失宜，現在豫籌進勦，一切軍行儲偫，雖絲毫不累民間，但大兵所過，物價易致翔涌，而糧運轉輸，亦不無稍資民力。從前平定準夷回部時，陝甘各省俱經節次緩徵蠲賦，今滇省軍務方殷，宜特沛殊恩，以示體卹。所有該省本年應徵地丁錢糧，其大兵經過之地及永昌、騰越、普洱三府州，著全行蠲免；其非經過地方，亦蠲免十分之五，俾得一體霑恩，於邊陲生計，更爲饒裕。該督撫等其飭屬實力奉行，無任吏胥浸漁中飽，副朕嘉惠邊氓至意。該部遵諭速行。（高宗七八四、三一）

（乾隆三二、五、庚辰）諭：昨因滇省緣邊一帶官兵進勦緬匪，已降旨將該省本年地丁錢糧，分別蠲免。因念近邊各該土司地方，毗連外夷，自莽匪滋事以來，伊等均能奉公効力，宜一體加恩，俾資生計。所有該土司等應徵本年糧銀，普行蠲免，以示體卹。該部遵諭速行。（高宗七八五、一）

（乾隆三三、一、己酉）諭：昨歲大兵進勦緬匪，所有經過各省，……夫馬運送，不無稍資民力。……雲南一省所有本年應徵地丁錢糧，其大兵所過之地及永昌府屬俱著全行蠲免；其非經過地方亦著蠲免十分之五。（高宗八〇三、八）

（乾隆三三、一、己酉）諭：軍機大臣等：現在降旨將軍行所過各省及雲南所屬分別加恩，賞給銀兩，蠲免錢糧，用示體卹。至沿邊一帶土司，前此已經加恩，此次大兵進勦，土司等有無出力及可否加恩之處，著傳諭鄂寧詳悉查明具奏，候朕再降諭旨。尋奏：……永昌、普洱用兵數載，各土司土練未曾荷戈禦敵，並無出力之處，惟大兵進勦，夷民抬送軍裝糧米尚堪供役，俱已酌給運價，勉其勤力，報聞。（高宗八〇三、一〇）

（乾隆三四、一〇、戊辰）緩雲南鄧川州乾隆三十三年水災民屯額賦。（高宗八四五、一九）

（乾隆三六、三、庚午）蠲雲南浪穹縣乾隆三十五年被水災地應徵額賦

十之七，並緩徵賑卹如例。（高宗八八一、二七）

（乾隆三六、五、甲寅）豁免雲南浪穹縣乾隆三十五年分水災額賦有差。（高宗八八四、二四）

（乾隆三八、九、甲申）賑卹雲南浪穹縣本年水災貧民，並蠲新舊額賦。（高宗九四三、四三）

（乾隆四〇、閏一〇、丁未）蠲免雲南浪穹、鄧川二州縣本年水災田地額賦有差。（高宗九九四、五）

（乾隆四一、二、癸亥）賑卹雲南浪穹、鄧川二州縣乾隆四十年水災饑民，並蠲緩額賦有差。（高宗一〇〇三、二八）

（乾隆五五、二、乙亥）蠲免雲南通海、河西、寧州、河陽、江川等五州縣乾隆五十四年分地震災田銀米，並豁除傍海震沒田二百三十七畝有奇。（高宗一三四九、二〇）

（嘉慶二、七、丙申）緩徵雲南被賊滋擾之宣威、廣西、霑益、馬龍、尋甸、嵩明、陸涼、南寧、彌勒、寶寧、昆明十一州縣本年額賦。（仁宗二〇、二一）

（嘉慶二、八、丙午）緩徵雲南狆苗滋擾之羅平、平彝、師宗三州縣未完米折銀兩。（仁宗二一、五）

（嘉慶三、二、乙卯）緩徵雲南羅平、平彝、師宗三州縣及五嶍州判、邱北縣丞所屬額賦並夷田秋糧。（仁宗二七、一七）

（嘉慶四、一一、庚申）免雲南石屏州地震災民本年額賦。（仁宗五四、一五）

（嘉慶五、三、丁巳）免雲南猓匪滋擾之順寧府屬緬寧地方上年額徵秋米。（仁宗六一、一一）

（嘉慶五、四、庚子）免雲南經過兵差之威遠、景東二廳額徵民屯條編公耗銀，思茅廳寧洱縣、順寧府順寧縣、雲州五屬額徵條編地畝差發公耗銀十分之五；官莊學租十分之三。緩徵景東廳、順寧府、順寧縣、雲州四屬帶徵三年公耗銀。（仁宗六四、一一）

（嘉慶六、八、辛未）免雲南易門縣水災本年額賦。（仁宗八六、三一）

（嘉慶六、一一、壬寅）免雲南建水、浪穹二縣水災本年額賦。（仁宗九一、二四）

（嘉慶七、九、丙申）免雲南猓匪滋擾及兵差經過之維西、麗江、中甸、劍川、鶴慶、雲龍、太和、趙、賓川、鄧川、浪穹、雲南、楚雄、鎮南、大姚、南安、定遠、姚、保山、永平、蒙化、永北二十二廳州縣本年額賦有

差。(仁宗一〇三、二三)

（嘉慶七、一一、庚午）免雲南鄧川州被水災民本年蠲剩條公等銀十分之七及應徵秋糧。(仁宗一〇五、三)

（嘉慶七、一一、辛未）免雲南新興州水災本年額賦。(仁宗一〇五、四)

（嘉慶七、一二、戊申）免雲南猓匪滋擾之麗江府屬本年礦廠鹽井額課銅斤及稅秋官莊租米。(仁宗一〇六、六)

（嘉慶八、一、壬申）免雲南河陽縣鹽井溝等七村被雹災民條公銀，並緩徵夏秋租米。(仁宗一〇七、四)

（嘉慶八、九、庚子）免雲南賓川、雲南二州縣地震災民本年銀米。(仁宗一二〇、一一)

（嘉慶八、一二、庚辰）免雲南被賊滋擾之維西、麗江兩廳縣本年地丁稅秋銀米及麗江府官莊租米，並免集勇防堵之中甸、劍川、鶴慶、雲龍四廳州及兵差糧運經由之大理、雲南、永昌三府及太和、趙、雲南、浪穹、鄧川、楚雄、鎮南、姚、大姚、廣通、南安、定遠、昆明、昆陽、富民、安寧、禄豐、易門、羅次、宜良、呈貢、晉寧、騰越、保山、新興、河陽、江川、蒙化、永北二十九廳州縣條公銀有差。(仁宗一二四、二二)

（嘉慶九、九、辛亥）緩徵雲南晉寧州水災秋糧及條公等銀。(仁宗一三四、三〇)

（嘉慶一〇、一一、戊辰）給雲南昆明、昆陽、晉寧、呈貢四州縣被水災民一月口糧，並緩徵本年額賦。(仁宗一五三、六)

（嘉慶一一、一一、丙寅）展賑雲南浪穹縣被水災民，並免本年應徵秋糧及條公銀。(仁宗一七一、一五)

（嘉慶一七、九、己丑）賑雲南禄豐縣被水災民，並免沙壓田畝本年秋糧及條公銀。(仁宗二六一、一八)

（嘉慶一七、一一、丁酉）免雲南防守失耕之思茅、寧洱二廳縣所屬土司地方本年秋糧及條公銀。(仁宗二六三、三五)

（嘉慶二一、二、丙辰）展緩雲南騰越州民欠米穀。(仁宗三一六、八)

（嘉慶二一、一一、丙辰）賑雲南鄧川、鶴慶二州被水災民，並蠲緩額賦有差。(仁宗三二四、一二)

（嘉慶二二、一一、丁卯）蠲緩雲南鶴慶、維西、馬龍三廳州歉收新舊額賦、借欠倉穀；賑鄧川州被水貧民，並蠲緩新舊額賦、借欠倉穀。(仁宗三三六、二六)

（嘉慶二三、六、戊子）免雲南夷匪滋擾及辦理兵差之建水、阿迷、蒙自、石屏、元江、文山、通海、河西、嶍峨、寧、昆明、呈貢、晉寧、河陽、江川、宣威、霑益、南寧、陸涼、師宗、廣西、彌勒、太和、趙、雲南、姚、鎮南、楚雄、廣通、祿豐、安寧、恩安、會澤、尋甸、嵩明、寶寧、武定、富民、寧洱、他郎、新平、新興四十二廳州縣及邱北縣丞所屬並貴州威寧州額賦有差。（仁宗三四三、二一）

（三）歷朝分省蠲免統計

1. 順治朝歷年蠲免田賦份額及地區範圍統計表*

時期		蠲免份額	蠲免地區範圍														
			直隸				山東				河南				山西			
順治	公元		省	府	州縣	衛所	省	府	州縣	衛所	省	府	州縣	衛所	省	府	州縣	衛所
1	1644	全　免			5				7									
		部分免																
2	1645	全　免		4	8								4			1		
		部分免											8					
3	1646	全　免			14								4				1	
		部分免																
4	1647	全　免		4					15								14	6
		部分免																
5	1648	全　免			5				18							4	3	
		部分免																
6	1649	全　免		5	10				4							3	2	
		部分免										1					74	
7	1650	全　免			1				1				6			2	8	
		部分免																
8	1651	全　免			2	1			69				8	1			1	
		部分免																
9	1652	全　免			42				69			5	7				1	
		部分免															46	
10	1653	全　免		5	8				49			5	1					
		部分免																
11	1654	全　免		8	6	1			46	2		49	2				1	
		部分免			9													
12	1655	全　免	1	33	9				41	1			14			4	1	
		部分免																

(續表)

時期		蠲免份額	蠲免地區範圍												
			直隸			山東			河南			山西			
順治	公元		省	府	州縣	衛所	省	府	州縣	衛所	省	府	州縣	衛所	省	府	州縣	衛所
13	1656	全免		1	1								13				2	1
		部分免															1	
14	1657	全免			30	4												
		部分免																
15	1658	全免			8												1	
		部分免											1					
16	1659	全免			5	1			12				13					
		部分免																
17	1660	全免			2													
		部分免			1				4				13					
18	1661	全免			1													
		部分免			6			2										

時期		蠲免份額	蠲免地區範圍												
			陝西			甘肅			江蘇			安徽			
順治	公元		省	府	州縣	衛所	省	府	州縣	衛所	省	府	州縣	衛所	省	府	州縣	衛所
1	1644	全免																
		部分免																
2	1645	全免																
		部分免			8	1												
3	1646	全免				1											4	
		部分免																
4	1647	全免			6													
		部分免																
5	1648	全免																
		部分免																
6	1649	全免			3				1				1					
		部分免																
7	1650	全免							1				1				6	
		部分免																
8	1651	全免							1				1					
		部分免															1	
9	1652	全免																
		部分免																
10	1653	全免			3	3			1	1		2	51	26		2	1	
		部分免				1								2				
11	1654	全免							6				4	3			5	
		部分免																

(續表)

時期		蠲免份額	蠲免地區範圍														
			陝西				甘肅				江蘇				安徽			
順治	公元		省	府	州縣	衛所	省	府	州縣	衛所	省	府	州縣	衛所	省	府	州縣	衛所
12	1655	全 免		8	2				6									
		部分免															1	1
13	1656	全 免			1				2			1						
		部分免			1													
14	1657	全 免																
		部分免																
15	1658	全 免							1									
		部分免																
16	1659	全 免			5							1	4	2				
		部分免												1				
17	1660	全 免											1					
		部分免												8				
18	1661	全 免							1								1	
		部分免			5								12	15				

時期		蠲免份額	蠲免地區範圍														
			江西				浙江				福建				湖北			
順治	公元		省	府	州縣	衛所	省	府	州縣	衛所	省	府	州縣	衛所	省	府	州縣	衛所
1	1644	全 免																
		部分免																
2	1645	全 免																
		部分免																
3	1646	全 免															10	
		部分免																
4	1647	全 免																
		部分免		1														
5	1648	全 免																
		部分免			1													
6	1649	全 免																
		部分免																
7	1650	全 免																
		部分免																
8	1651	全 免																
		部分免							5									
9	1652	全 免															7	
		部分免							8									

(續表)

時期		蠲免份額	蠲免地區範圍													
			江西				浙江				福建				湖北			
順治	公元		省	府	州縣	衛所	省	府	州縣	衛所	省	府	州縣	衛所	省	府	州縣	衛所
10	1653	全 免			54												4	1
		部分免																
11	1654	全 免						5	21	1							2	6
		部分免																
12	1655	全 免							34								7	9
		部分免							1									
13	1656	全 免							13									9
		部分免																
14	1657	全 免			10				8									
		部分免																
15	1658	全 免														2	17	2
		部分免																
16	1659	全 免			45												8	1
		部分免															25	6
17	1660	全 免																
		部分免							4								1	
18	1661	全 免															1	
		部分免							29				12				2	1

時期		蠲免份額	蠲免地區範圍											
			湖南			廣東			四川			貴州		
順治	公元		省	府	州縣	衛所	省	府	州縣	衛所	省	府	州縣	衛所	省	府	州縣	衛所
1	1644	全 免																
		部分免																
2	1645	全 免																
		部分免																
3	1646	全 免																
		部分免																
4	1647	全 免																
		部分免																
5	1648	全 免																
		部分免																
6	1649	全 免																
		部分免																

(續表)

時期		蠲免份額	蠲免地區範圍														
			湖南				廣東				四川				貴州			
順治	公元		省	府	州縣	衛所	省	府	州縣	衛所	省	府	州縣	衛所	省	府	州縣	衛所
7	1650	全　免																
		部分免																
8	1651	全　免																
		部分免																
9	1652	全　免																
		部分免																
10	1653	全　免			3	2												
		部分免																
11	1654	全　免			1													
		部分免																
12	1655	全　免																
		部分免																
13	1656	全　免			1													
		部分免																
14	1657	全　免			10				6	2								
		部分免																
15	1658	全　免			15	9												
		部分免																
16	1659	全　免			1	2			4	1							6	
		部分免																
17	1660	全　免																
		部分免			1													
18	1661	全　免												1				
		部分免																

＊(1) 順治朝和以下康熙、雍正、乾隆、嘉慶四朝蠲免田賦份額及地區範圍統計表，皆是根據《清實錄》有關直省地區民田額徵正賦的蠲免數量記載加以統計編制的。

(2) 表列"蠲免份額"欄下分"全免"和"部份免"二項。"全免"指將一年額賦的全部蠲免；"部份免"包括一年額賦的"十分之一"、"十分之×"………以及"免額賦有差"和"免未完額賦"等不同情況。

(3) 表列"地區範圍"欄下分"省"、"府"、"州縣"、"衛所"四項，係據《清實錄》原載蠲免地區、省、府、廳、州、縣、衛、所、莊、屯、處等等大小不同的單位加以概括與合計而來。"府"包括"廳"，"州"與"縣"合併為一項計算，"州縣"項還包括"處"，"衛"與"所"合併為一項計算，"衛所"項還包括"村、莊、屯"。《清實錄》記載中有的蠲免地區單位數字是"府"與"州縣"的合計，或"州、縣"與"衛、所"的合計，這種數字，即記在統計表的兩項之間。

2. 康熙朝歷年蠲免田賦份額及地區範圍統計表

時期		蠲免份額	蠲免地區範圍													
			奉天				直隸				山東				河南			
康熙	公元		省	府	州縣	衛所	省	府	州縣	衛所	省	府	州縣	衛所	省	府	州縣	衛所
1	1662	全 免																
		部分免							5								22	
2	1663	全 免																
		部分免							28								25	
3	1664	全 免							8				3					
		部分免							4				11					
4	1665	全 免							7				7					
		部分免							1				6				5	
5	1666	全 免															3	
		部分免															4	
6	1667	全 免			2													
		部分免							51				2					
7	1668	全 免																
		部分免							39	1			40				4	
8	1669	全 免																
		部分免							8								13	
9	1670	全 免											1					
		部分免							58				35	1			11	
10	1671	全 免							1				6					
		部分免							49				10				12	
11	1672	全 免							1				3					
		部分免							21				9				10	
12	1673	全 免																
		部分免							18					1			1	
13	1674	全 免																
		部分免							11				29				6	
14	1675	全 免																
		部分免							5									
15	1676	全 免																
		部分免																
16	1677	全 免																
		部分免							1				1					
17	1678	全 免																
		部分免							9								3	
18	1679	全 免							3									
		部分免							64				16				23	
19	1680	全 免																
		部分免							16				10					
20	1681	全 免																
		部分免							4				1					

(續表)

時期 康熙	時期 公元	蠲免份額	奉天 省	奉天 府	奉天 州縣	奉天 衛所	直隸 省	直隸 府	直隸 州縣	直隸 衛所	山東 省	山東 府	山東 州縣	山東 衛所	河南 省	河南 府	河南 州縣	河南 衛所
21	1682	全免		2														
		部分免							18				4					
22	1683	全免																
		部分免											1					
23	1684	全免																
		部分免			1												3	
24	1685	全免																
		部分免							3				10		1			
25	1686	全免																
		部分免						4	10	1			2		1			
26	1687	全免						1										
		部分免							1				1		1			
27	1688	全免																
		部分免																
28	1689	全免																
		部分免							100									
29	1690	全免							8		1							
		部分免							8								24	
30	1691	全免																
		部分免							77								49	
31	1692	全免													1			
		部分免																
32	1693	全免																
		部分免							38									
33	1694	全免							4				1					
		部分免																
34	1695	全免						1	11									
		部分免																
35	1696	全免						5										
		部分免							32									
36	1697	全免							17									
		部分免											27					
37	1698	全免																
		部分免							1									
38	1699	全免																
		部分免							21									
39	1700	全免																
		部分免							8									
40	1701	全免																
		部分免							1									

第四章　清政府的農村賦役徵派 / 1527

(續表)

時期		蠲免份額	蠲免地區範圍												
			奉天				直隸				山東				河南			
康熙	公元		省	府	州縣	衛所	省	府	州縣	衛所	省	府	州縣	衛所	省	府	州縣	衛所
41	1702	全　免											45				3	
		部分免																
42	1703	全　免											100				19	
		部分免							28	1								
43	1704	全　免											1					
		部分免							1									
44	1705	全　免						2					1					
		部分免							2									
45	1706	全　免																
		部分免							1				1					
46	1707	全　免																
		部分免							6				7					
47	1708	全　免																
		部分免											35					
48	1709	全　免																
		部分免							12				4					
49	1710	全　免											4				6	
		部分免							7								6	
50	1711	全　免	1						1									
		部分免	1						1									
51	1712	全　免													1			
		部分免							1				4		1			
52	1713	全　免											1					
		部分免											1					
53	1714	全　免																
		部分免															26	
54	1715	全　免							5									
		部分免																
55	1716	全　免																
		部分免							6				6					
56	1717	全　免							35									
		部分免							35									
57	1718	全　免																
		部分免																
58	1719	全　免																
		部分免																
59	1720	全　免							5									
		部分免																
60	1721	全　免							5								45	
		部分免							24				87					
61	1722	全　免																
		部分免							1				5					

(續表)

時期		蠲免份額	山西				陝西				甘肅				江蘇			
康熙	公元		省	府	州縣	衛所	省	府	州縣	衛所	省	府	州縣	衛所	省	府	州縣	衛所
1	1662	全免											1					1
		部分免																
2	1663	全免					4											
		部分免			20				1			2	1				25	
3	1664	全免											1					1
		部分免							1				3				5	
4	1665	全免	1										4					
		部分免				3			1	1			5	3			29	
5	1666	全免		1							1					2		
		部分免							1				5				5	
6	1667	全免									5	1						
		部分免				3			10				23		2		13	21
7	1668	全免							5				5					1
		部分免															16	
8	1669	全免																
		部分免				2			1				3				4	5
9	1670	全免															2	
		部分免															39	
10	1671	全免															2	2
		部分免												3			56	
11	1672	全免																
		部分免				2			1								26	1
12	1673	全免															1	
		部分免													6		2	2
13	1674	全免																
		部分免								1							1	
14	1675	全免						2	5								2	
		部分免															9	3
15	1676	全免																
		部分免							16								10	
16	1677	全免						2									1	
		部分免						2										14
17	1678	全免															17	
		部分免															7	
18	1679	全免																
		部分免				3			1								15	
19	1680	全免																
		部分免			2	8											23	
20	1681	全免	1														3	
		部分免				2											1	

(續表)

時期		蠲免份額	蠲免地區範圍													
			山西				陝西				甘肅				江蘇			
康熙	公元		省	府	州縣	衛所	省	府	州縣	衛所	省	府	州縣	衛所	省	府	州縣	衛所
21	1682	全免																
		部分免			2												4	
22	1683	全免												1				
		部分免										1	3					
23	1684	全免															1	
		部分免			1												1	
24	1685	全免																
		部分免			1												7	
25	1686	全免												1				
		部分免															11	
26	1687	全免																
		部分免			1			1									1	
27	1688	全免					1									1		
		部分免															2	
28	1689	全免															1	
		部分免											1		1			
29	1690	全免																
		部分免											2	1			17	
30	1691	全免															1	
		部分免			17				26				1				7	
31	1692	全免						2										
		部分免			2												10	
32	1693	全免			3			1									2	
		部分免			21												14	
33	1694	全免			2			2										
		部分免											1					
34	1695	全免			2													
		部分免																
35	1696	全免														3		
		部分免															27	
36	1697	全免		1	3												32	3
		部分免		11														
37	1698	全免	1															
		部分免							12								20	
38	1699	全免														7		
		部分免														2	15	
39	1700	全免																
		部分免							5								27	1
40	1701	全免											1				4	1
		部分免											16	10			2	

(續表)

時期		蠲免份額	蠲免地區範圍														
			山西				陝西				甘肅				江蘇		
康熙	公元		省	府	州縣	衛所	省	府	州縣	衛所	省	府	州縣	衛所	省	府	州縣	衛所
41	1702	全 免													1			
		部分免															1	
42	1703	全 免																
		部分免	1														2	1
43	1704	全 免																
		部分免	1						1				1				1	
44	1705	全 免																
		部分免															12	3
45	1706	全 免																
		部分免															14	3
46	1707	全 免																
		部分免															29	
47	1708	全 免													1			
		部分免																
48	1709	全 免													1			
		部分免															11	
49	1710	全 免																
		部分免															22	
50	1711	全 免																
		部分免																
51	1712	全 免							1				1					
		部分免							1				1				13	2
52	1713	全 免													1			
		部分免											4		1			
53	1714	全 免											6	8				
		部分免							1								5	3
54	1715	全 免											28					
		部分免							1								18	
55	1716	全 免											33					
		部分免							1								11	
56	1717	全 免			7				41									
		部分免							41				1				1	
57	1718	全 免			1				1									
		部分免															5	
58	1719	全 免			1													
		部分免			1												15	
59	1720	全 免							32				34					
		部分免							7	11							5	
60	1721	全 免			1				1									
		部分免			1				1								1	
61	1722	全 免			1													
		部分免		2	2								1				26	2

(續表)

時期		蠲免份額	蠲免地區範圍											
			安徽				江西				浙江				福建			
康熙	公元		省	府	州縣	衛所	省	府	州縣	衛所	省	府	州縣	衛所	省	府	州縣	衛所
1	1662	全 免																
		部分免			6				65				5					
2	1663	全 免							2									
		部分免			9				16				15					
3	1664	全 免															7	
		部分免			21				41				9					
4	1665	全 免																
		部分免			6				42				16	1				
5	1666	全 免											5					
		部分免			6				35				11					
6	1667	全 免															5	
		部分免							31				20	1				
7	1668	全 免											2					
		部分免			20								12				5	
8	1669	全 免																
		部分免			1													
9	1670	全 免																
		部分免			5	3							5					
10	1671	全 免																
		部分免			50	3							9					
11	1672	全 免																
		部分免			12								16					
12	1673	全 免																
		部分免			3								1					
13	1674	全 免																
		部分免			15				12				4					
14	1675	全 免																
		部分免			4				17									
15	1676	全 免															1	
		部分免							34									
16	1677	全 免											19					
		部分免																
17	1678	全 免			18				12									
		部分免		3	3				6	2			5					
18	1679	全 免		·													13	
		部分免			82	13			56	10			6				1	
19	1680	全 免																
		部分免																
20	1681	全 免																
		部分免							14				12					

(續表)

時期		蠲免份額	蠲免地區範圍														
			安徽				江西				浙江				福建			
康熙	公元		省	府	州縣	衛所	省	府	州縣	衛所	省	府	州縣	衛所	省	府	州縣	衛所
21	1682	全免																
		部分免							6	2			10	1				
22	1683	全免																
		部分免							18	2							26	
23	1684	全免																
		部分免																
24	1685	全免																
		部分免							9									
25	1686	全免																
		部分免			3								9			1		
26	1687	全免														1		
		部分免							10							1		
27	1688	全免																
		部分免			3			5	12				1			1		
28	1689	全免																
		部分免							28	4								
29	1690	全免																
		部分免											5					
30	1691	全免																
		部分免																
31	1692	全免																
		部分免																
32	1693	全免																
		部分免			1				1		1							
33	1694	全免																
		部分免															3	
34	1695	全免																
		部分免							3				1					
35	1696	全免																
		部分免			8								1				5	
36	1697	全免																
		部分免			4				9				1					
37	1698	全免																
		部份免			23	1							4				4	
38	1699	全免																
		部分免	1										9					
39	1700	全免			1													
		部分免			5	1							9	1				
40	1701	全免																
		部分免																

第四章 清政府的農村賦役徵派 / 1533

(續表)

時期		蠲免份額	蠲免地區範圍															
			安徽				江西				浙江				福建			
康熙	公元		省	府	州縣	衛所	省	府	州縣	衛所	省	府	州縣	衛所	省	府	州縣	衛所
41	1702	全免																
		部分免			4								1					
42	1703	全免	1															
		部分免											13					
43	1704	全免																
		部分免	1				1				1				1			
44	1705	全免																
		部分免			10	3			4									
45	1706	全免	1														3	
		部分免							2									
46	1707	全免																
		部分免			7	3			4				20	1			3	
47	1708	全免			7	3					1							
		部分免			17													
48	1709	全免									1							
		部分免																
49	1710	全免																
		部分免			1													
50	1711	全免									1				1			
		部分免			6	2					1				1			
51	1712	全免																
		部分免											3					
52	1713	全免	1				1								1			
		部分免	1				1						9					
53	1714	全免													1		1	
		部分免			1								21	1				
54	1715	全免																
		部分免																
55	1716	全免																
		部分免			4				3				7	1				
56	1717	全免																
		部分免															3	
57	1718	全免																
		部分免			5													
58	1719	全免																
		部分免											23					
59	1720	全免																
		部分免																
60	1721	全免															3	
		部分免			11	1							34	2				
61	1722	全免																
		部分免			14	6							5					

(續表)

時期 康熙	公元	蠲免份額	湖北 省	湖北 府	湖北 州縣	湖北 衛所	湖南 省	湖南 府	湖南 州縣	湖南 衛所	廣東 省	廣東 府	廣東 州縣	廣東 衛所	廣西 省	廣西 府	廣西 州縣	廣西 衛所
1	1662	全 免																
1	1662	部分免			9	1												
2	1663	全 免																
2	1663	部分免			29				23									
3	1664	全 免							5									
3	1664	部分免			14				1									
4	1665	全 免																
4	1665	部分免			14	1			33								5	
5	1666	全 免			12				9									
5	1666	部分免							1									
6	1667	全 免																
6	1667	部分免			7				6									
7	1668	全 免																
7	1668	部分免			25				1									
8	1669	全 免																
8	1669	部分免			1				7									
9	1670	全 免																
9	1670	部分免			6	1			13									
10	1671	全 免																
10	1671	部分免			33				49									
11	1672	全 免																
11	1672	部分免			23													
12	1673	全 免																
12	1673	部分免							3				2					
13	1674	全 免																
13	1674	部分免			7								2					
14	1675	全 免																
14	1675	部分免			6													
15	1676	全 免																
15	1676	部分免			14													
16	1677	全 免											1					
16	1677	部分免																
17	1678	全 免																
17	1678	部分免			8								1					
18	1679	全 免																
18	1679	部分免			47	10			26				1					
19	1680	全 免																
19	1680	部分免																
20	1681	全 免																
20	1681	部分免			5	4												

(續表)

時期		蠲免份額	蠲免地區範圍												
			湖北			湖南			廣東			廣西			
康熙	公元		省	府	州縣	衛所	省	府	州縣	衛所	省	府	州縣	衛所	省	府	州縣	衛所
21	1682	全　免														
		部分免			11	2			3								3	
22	1683	全　免														
		部分免														
23	1684	全　免														
		部分免			14	1										
24	1685	全　免														
		部分免	1						3							
25	1686	全　免														
		部分免	1						1							
26	1687	全　免							1				1			
		部分免							1							
27	1688	全　免														
		部分免			7				1							
28	1689	全　免		4												
		部分免			6	1										
29	1690	全　免														
		部分免			20											
30	1691	全　免														
		部分免							3							
31	1692	全　免														
		部分免														
32	1693	全　免														
		部分免			5	2			2							
33	1694	全　免														
		部分免											3			
34	1695	全　免														
		部分免											3	1		
35	1696	全　免														
		部分免			9											
36	1697	全　免														
		部分免														
37	1698	全　免														
		部分免			7											
38	1699	全　免														
		部分免			1				1							
39	1700	全　免					1									
		部分免														
40	1701	全　免											1			
		部分免											7			

(續表)

時期		蠲免份額	蠲免地區範圍											
			湖北				湖南				廣東				廣西			
康熙	公元		省	府	州縣	衛所	省	府	州縣	衛所	省	府	州縣	衛所	省	府	州縣	衛所
41	1702	全免																
		部分免				1												
42	1703	全免																
		部分免			3	1			7									
43	1704	全免															1	
		部分免	1				1				1							
44	1705	全免																
		部分免			9				2	1			2					
45	1706	全免	1				1											
46	1707	全免																
		部分免																
47	1708	全免																
		部分免			18				5	4								
48	1709	全免																
		部分免			15													
49	1710	全免																
		部分免																
50	1711	全免									1				1			
		部分免											1				1	
51	1712	全免	1				1											
		部分免	1				1											
52	1713	全免																
		部分免																
53	1714	全免											5					
		部分免		9	3													
54	1715	全免																
		部分免							4	1								
55	1716	全免																
		部分免			12	7			7	1								
56	1717	全免																
		部分免																
57	1718	全免																
		部分免			12	7												
58	1719	全免																
		部分免																
59	1720	全免																
		部分免			4	4												
60	1721	全免																
		部分免																
61	1722	全免																
		部分免			4													

(續表)

時期		蠲免份額	蠲免地區範圍										
			四川				貴州				雲南		
康熙	公元		省	府	州縣	衛所	省	府	州縣	衛所	省	府	州縣	衛所
1	1662	全　免												
		部分免												
2	1663	全　免								1				
		部分免								7			1	6
3	1664	全　免												
		部分免												
4	1665	全　免	1											
		部分免												
5	1666	全　免												
		部分免												
6	1667	全　免												
		部分免												
7	1668	全　免												
		部分免												
8	1669	全　免												
		部分免												
9	1670	全　免												
		部分免												
10	1671	全　免												
		部分免												
11	1672	全　免												
		部分免												
12	1673	全　免												
		部分免												
13	1674	全　免												
		部分免												
14	1675	全　免												
		部分免												
15	1676	全　免												
		部分免												
16	1677	全　免												
		部分免												
17	1678	全　免												
		部分免												
18	1679	全　免												
		部分免							1					
19	1680	全　免												
		部分免												
20	1681	全　免												
		部分免												

1538 / 《清實錄》經濟史資料農業編

(續表)

時期		蠲免份額	蠲免地區範圍											
			四川				貴州				雲南			
康熙	公元		省	府	州縣	衛所	省	府	州縣	衛所	省	府	州縣	衛所
21	1682	全免												
		部分免												
22	1683	全免												
		部分免						1						
23	1684	全免												
		部分免						1						
24	1685	全免												
		部分免												
25	1686	全免												
		部分免	1				1							
26	1687	全免	1				1							
		部分免												
27	1688	全免							1					
		部分免										1		
28	1689	全免												
		部分免												
29	1690	全免												
		部分免											2	
30	1691	全免												
		部分免											10	
31	1692	全免												
		部分免												
32	1693	全免												
		部分免												
33	1694	全免	1											
		部分免												
34	1695	全免												
		部分免												
35	1696	全免												
		部分免												
36	1697	全免												
		部分免												
37	1698	全免												
		部分免												
38	1699	全免												
		部分免												
39	1700	全免												
		部分免												
40	1701	全免												
		部分免												

(續表)

時期		蠲免份額	蠲免地區範圍											
			四川				貴州				雲南			
康熙	公元		省	府	州縣	衛所	省	府	州縣	衛所	省	府	州縣	衛所
41	1702	全 免												
		部分免												
42	1703	全 免												
		部分免												
43	1704	全 免	1				1				1			
		部分免												
44	1705	全 免												
		部分免												
45	1706	全 免												
		部分免												
46	1707	全 免												
		部分免												
47	1708	全 免												
		部分免												
48	1709	全 免												
		部分免												
49	1710	全 免												
		部分免												
50	1711	全 免	1				1				1			
		部分免	1				1				1			
51	1712	全 免												
		部分免												
52	1713	全 免												
		部分免												
53	1714	全 免												
		部分免												
54	1715	全 免												
		部分免												
55	1716	全 免												
		部分免												
56	1717	全 免												
		部分免												
57	1718	全 免												
		部分免												
58	1719	全 免												
		部分免												
59	1720	全 免												
		部分免												
60	1721	全 免												
		部分免												
61	1722	全 免												
		部分免												

3. 雍正朝歷年蠲免田賦份額及地區範圍統計表

時期		蠲免份額	蠲免地區範圍														
			直隸				山東				河南				山西			
雍正	公元		省	府	州縣	衛所	省	府	州縣	衛所	省	府	州縣	衛所	省	府	州縣	衛所
1	1723	全免			11													
		部分免											10					
2	1724	全免																
		部分免																
3	1725	全免																
		部分免			80	1			59	7			7					
4	1726	全免																
		部分免							10	1								
5	1727	全免																
		部分免			26	1												
6	1728	全免																
		部分免																1
7	1729	全免																
		部分免			6													
8	1730	全免																
		部分免			39													1
9	1731	全免																
		部分免			15				8									
10	1732	全免																
		部分免							51									
11	1733	全免																
		部分免			22				21									
12	1734	全免																
		部分免			17													
13	1735	全免																
		部分免	1															

(續表)

時期 雍正	時期 公元	蠲免份額	陝西 省	陝西 府	陝西 州縣	陝西 衛所	甘肅 省	甘肅 府	甘肅 州縣	甘肅 衛所	江蘇 省	江蘇 府	江蘇 州縣	江蘇 衛所	安徽 省	安徽 府	安徽 州縣	安徽 衛所
1	1723	全免																
1	1723	部分免											22	5				
2	1724	全免																
2	1724	部分免											32					
3	1725	全免			1													
3	1725	部分免											4				3	
4	1726	全免																
4	1726	部分免											45				22	
5	1727	全免																
5	1727	部分免											10				19	1
6	1728	全免																
6	1728	部分免							1	7			1					
7	1729	全免																
7	1729	部分免															2	1
8	1730	全免					1											
8	1730	部分免		1									23	1			15	2
9	1731	全免					1											
9	1731	部分免		1									6				5	
10	1732	全免					1											
10	1732	部分免											60				7	
11	1733	全免					1											
11	1733	部分免											4					
12	1734	全免								4								
12	1734	部分免							3			2	21				12	
13	1735	全免					1											
13	1735	部分免					1						1				1	

(續表)

時期 雍正	時期 公元	蠲免份額	蠲免地區範圍 江西 省府	江西 州縣	江西 衛所	浙江 省府	浙江 州縣	浙江 衛所	福建 省府	福建 州縣	福建 衛所	湖北 省府	湖北 州縣	湖北 衛所
1	1723	全免												
1	1723	部分免					50	5						
2	1724	全免												
2	1724	部分免					13						4	3
3	1725	全免												
3	1725	部分免												1
4	1726	全免												
4	1726	部分免		9			9		1				11	6
5	1727	全免											7	3
5	1727	部分免		1			10	2					6	4
6	1728	全免												
6	1728	部分免		1										
7	1729	全免												
7	1729	部分免				1								
8	1730	全免												
8	1730	部分免												
9	1731	全免												
9	1731	部分免								1			1	
10	1732	全免												
10	1732	部分免		3										
11	1733	全免												
11	1733	部分免		7			2							
12	1734	全免												
12	1734	部分免												
13	1735	全免												
13	1735	部分免					1						1	

(續表)

時期		蠲免份額	蠲免地區範圍											
			湖南				廣東				廣西			
雍正	公元		省	府	州縣	衛所	省	府	州縣	衛所	省	府	州縣	衛所
1	1723	全免							2					
		部分免												
2	1724	全免												
		部分免			1				2					
3	1725	全免												
		部分免												
4	1726	全免												
		部分免			8	1			6					
5	1727	全免												
		部分免												
6	1728	全免												
		部分免												
7	1729	全免												
		部分免			7	3								
8	1730	全免										1		
		部分免												
9	1731	全免												
		部分免												
10	1732	全免												
		部分免												
11	1733	全免												
		部分免												
12	1734	全免												
		部分免												
13	1735	全免			1									
		部分免						1						

(續表)

時期		蠲免份額	蠲免地區範圍											
			四川				貴州				雲南			
雍正	公元		省	府	州縣	衛所	省	府	州縣	衛所	省	府	州縣	衛所
1	1723	全 免												
		部分免												
2	1724	全 免												
		部分免												
3	1725	全 免												
		部分免												6	
4	1726	全 免												
		部分免												
5	1727	全 免												
		部分免												
6	1728	全 免												
		部分免												
7	1729	全 免			1									
		部分免												1
8	1730	全 免	1				1				1			
		部分免											2	
9	1731	全 免												
		部分免											2	
10	1732	全 免												
		部分免												
11	1733	全 免											2	
		部分免												
12	1734	全 免												
		部分免												
13	1735	全 免			9		1				1			
		部分免												

4. 乾隆朝歷年蠲免田賦份額及地區範圍統計表

時期		蠲免份額	蠲免地區範圍														
			奉天				直隸				山東				河南			
乾隆	公元		省	府	州縣	衛所	省	府	州縣	衛所	省	府	州縣	衛所	省	府	州縣	衛所
1	1736	全免					1											
		部分免																
2	1737	全免		1			1						33					
		部分免											12					
3	1738	全免											1					
		部分免					1						52	6				
4	1739	全免					1						74				55	
		部分免											5					
5	1740	全免																
		部分免					10											
6	1741	全免					5						16					
		部分免					5											
7	1742	全免											29					
		部分免																
8	1743	全免											16					
		部分免					4						1				13	
9	1744	全免											34				6	
		部分免					11											
10	1745	全免																
		部分免					26											
11	1746	全免		2			1											
		部分免					1						8					
12	1747	全免													1			
		部分免					32						3				28	
13	1748	全免					5						20					
		部分免																
14	1749	全免					10											
		部分免											27				16	
15	1750	全免																
		部分免															5	
16	1751	全免															2	
		部分免					34						19					
17	1752	全免																
		部分免															1	
18	1753	全免																
		部分免					20						31					
19	1754	全免																
		部分免																
20	1755	全免											19					
		部分免					33						16					

(續表)

時期(乾隆)	時期(公元)	蠲免份額	奉天省	奉天府	奉天州縣	奉天衛所	直隸省	直隸府	直隸州縣	直隸衛所	山東省	山東府	山東州縣	山東衛所	河南省	河南府	河南州縣	河南衛所
21	1756	全免																
21	1756	部分免							3									
22	1757	全免							29				5				49	
22	1757	部分免							3				6				4	
23	1758	全免															4	
23	1758	部分免																
24	1759	全免																
24	1759	部分免																
25	1760	全免							2				2					
25	1760	部分免							17									
26	1761	全免											44					
26	1761	部分免							74								43	
27	1762	全免							22									
27	1762	部分免											6					
28	1763	全免											31					
28	1763	部分免											7		1			
29	1764	全免																
29	1764	部分免																
30	1765	全免																
30	1765	部分免																
31	1766	全免			5				1				55	5				
31	1766	部分免							17									
32	1767	全免							2				3					
32	1767	部分免					1											
33	1768	全免							52								7	
33	1768	部分免					1											
34	1769	全免							4									
34	1769	部分免							15		1							
35	1770	全免							46					1	1			
35	1770	部分免					1								1			
36	1771	全免																
36	1771	部分免							20									
37	1772	全免		2														
37	1772	部分免							15									
38	1773	全免																
38	1773	部分免																
39	1774	全免							25								5	
39	1774	部分免					1							16				
40	1775	全免																
40	1775	部分免							52									

(續表)

時期		蠲免份額	蠲免地區範圍													
			奉天				直隸				山東				河南			
乾隆	公元		省	府	州縣	衛所	省	府	州縣	衛所	省	府	州縣	衛所	省	府	州縣	衛所
41	1776	全 免											32					
		部分免																
42	1777	全 免																
		部分免							24								3	
43	1778	全 免									1							
		部分免																
44	1779	全 免	1						1									
		部分免																
45	1770	全 免							63								5	
		部分免											1					
46	1781	全 免			11				50				1				6	
		部分免																
47	1782	全 免																
		部分免															16	
48	1783	全 免																
		部分免							5								16	
49	1784	全 免	1														6	
		部分免																
50	1785	全 免															14	
		部分免					1										82	
51	1786	全 免																
		部分免							4									
52	1787	全 免																
		部分免							7								6	
53	1788	全 免		2					4									
		部分免			7		1											
54	1789	全 免							54								1	
		部分免																
55	1790	全 免	1				1				1				1			
		部分免	1				1				1				1			
56	1791	全 免		1	1													
		部分免	1*						1								5	
57	1792	全 免																
		部分免	1				1											
58	1793	全 免																
		部分免																
59	1794	全 免																
		部分免						1	46				8	2			9	
60	1795	全 免							1									
		部分免				2												

* 吉林寧古塔

1548 / 《清實錄》經濟史資料農業編

(續表)

時期 乾隆	時期 公元	蠲免份額	蠲免地區範圍 山西 省	山西 府	山西 州縣	山西 衛所	陝西 省	陝西 府	陝西 州縣	陝西 衛所	甘肅 省	甘肅 府	甘肅 州縣	甘肅 衛所	江蘇 省	江蘇 府	江蘇 州縣	江蘇 衛所
1	1736	全 免									1						41	
		部分免						1									7	1
2	1737	全 免							9			2	1		1			
		部分免						1									15	
3	1738	全 免							17				1				84	
		部分免						1				7	2				25	
4	1739	全 免							14			20			1			
		部分免						2										
5	1740	全 免						3				5						
		部分免			4	3		6				3						
6	1741	全 免	1									3					44	
		部分免															4	
7	1742	全 免										1					7	
		部分免										6					7	
8	1743	全 免																
		部分免			11													
9	1744	全 免			2								2		1			
		部分免			18							2					16	
10	1745	全 免			18						1						11	
		部分免																
11	1746	全 免			2		1				1						5	1
		部分免																
12	1747	全 免										25					18	
		部分免			12													
13	1748	全 免	1														1	
		部分免										9			1			
14	1749	全 免																
		部分免										20					1	
15	1750	全 免										8						
		部分免			19							13						
16	1751	全 免						4									1	
		部分免			2												15	
17	1752	全 免																
		部分免																
18	1753	全 免															26	5
		部分免																
19	1754	全 免															23	
		部分免																
20	1755	全 免			1												1	
		部分免							1									

(續表)

時期		蠲免份額	蠲免地區範圍													
			山西				陝西				甘肅				江蘇			
乾隆	公元		省	府	州縣	衛所	省	府	州縣	衛所	省	府	州縣	衛所	省	府	州縣	衛所
21	1756	全免			2						3	1	5					
		部分免											17		1			
22	1757	全免							1		4	1	7				2	
		部分免							8	1								
23	1758	全免			3				1		1						5	
		部分免																
24	1759	全免			38						1							
		部分免							65								2	
25	1760	全免									1							
		部分免																
26	1761	全免									1							
		部分免													1			
27	1762	全免																
		部分免															1	
28	1763	全免															14	
		部分免															8	
29	1764	全免											31					
		部分免											14					
30	1765	全免											23				8	
		部分免															4	
31	1766	全免											13					
		部分免							3									
32	1767	全免											50					
		部分免																
33	1768	全免																
		部分免																
34	1769	全免											34					
		部分免							1									
35	1770	全免																
		部分免																
36	1771	全免					1						25					
		部分免											35					
37	1772	全免	1															
		部分免							3		1							
38	1773	全免			2												6	1
		部分免															9	
39	1774	全免															19	2
		部分免			2								17				6	1
40	1775	全免															47	6
		部分免																

(續表)

時期		蠲免份額	蠲免地區範圍																	
			山西					陝西					甘肅					江蘇			
乾隆	公元		省	府	州縣	衛所		省	府	州縣	衛所		省	府	州縣	衛所		省	府	州縣	衛所
41	1776	全免												46							
		部分免																			
42	1777	全免											1								
		部分免																			
43	1778	全免						1													
		部分免																			
44	1779	全免											101								
		部分免																		9	
45	1770	全免	1										1							10	
		部分免												15						8	
46	1781	全免			56									6						29	
		部分免						1													
47	1782	全免																			
		部分免								3									41	3	
48	1783	全免																			
		部分免								11									8		
49	1784	全免											1							2	
		部分免																			
50	1785	全免																		48	8
		部分免		5																	
51	1786	全免																			
		部分免		3	1																
52	1787	全免																			
		部分免			9					6											
53	1788	全免																			
		部分免											1								
54	1789	全免																			
		部分免								3											
55	1790	全免	1					1					1					1			
		部分免	1					1					1					1			
56	1791	全免																			
		部分免													3					3	1
57	1792	全免																			
		部分免								1											
58	1793	全免																			
		部分免																			
59	1794	全免		3																	
		部分免		3				1													
60	1795	全免																			
		部分免													45	1					

第四章　清政府的農村賦役徵派 / 1551

(續表)

時期		蠲免份額	蠲免地區範圍													
			安徽				江西				浙江				福建			
乾隆	公元		省	府	州縣	衛所	省	府	州縣	衛所	省	府	州縣	衛所	省	府	州縣	衛所
1	1736	全免											4					
		部分免			1								4					
2	1737	全免															1	
		部分免			41												4	
3	1738	全免			1													
		部分免			10	1											3	
4	1739	全免	1								1							
		部分免											2					
5	1740	全免			2													
		部分免			7													
6	1741	全免																
		部分免											1					
7	1742	全免							5								8	
		部分免		3														
8	1743	全免			1												3	
		部分免			37	7												
9	1744	全免											30					
		部分免			17	4											3	
10	1745	全免																
		部分免																
11	1746	全免			19												1	
		部分免																
12	1747	全免	1															
		部分免															2	
13	1748	全免			13												9	
		部分免			1													
14	1749	全免																
		部分免			23	7											2	
15	1750	全免			25													
		部分免										1	5	1				
16	1751	全免																
		部分免															2	
17	1752	全免																
		部分免																
18	1753	全免															8	
		部分免																
19	1754	全免																
		部分免																
20	1755	全免			27	5												
		部分免			19													

(續表)

時期		蠲免份額	蠲免地區範圍														
			安徽				江西				浙江				福建			
乾隆	公元		省	府	州縣	衛所	省	府	州縣	衛所	省	府	州縣	衛所	省	府	州縣	衛所
21	1756	全 免																
		部分免			1								1					
22	1757	全 免																1	
		部分免																
23	1758	全 免											8	8				
		部分免							1									
24	1759	全 免											21	9				
		部分免							1									
25	1760	全 免																
		部分免							1									
26	1761	全 免			16													
		部分免			1								1					
27	1762	全 免																
		部分免																
28	1763	全 免																
		部分免			1													
29	1764	全 免			16	3			3									
		部分免																
30	1765	全 免																
		部分免																
31	1766	全 免			17	3			9				5					
		部分免																
32	1767	全 免			37	6			13									
		部分免																
33	1768	全 免			21	5												
		部分免																
34	1769	全 免			5													
		部分免			25	4												
35	1770	全 免																
		部分免																
36	1771	全 免			6	3											1	
		部分免																
37	1772	全 免											1					
		部分免																
38	1773	全 免																
		部分免																
39	1774	全 免			14	4												
		部分免																
40	1775	全 免			9													
		部分免			32	7												

(續表)

時期		蠲免份額	蠲免地區範圍														
			安徽				江西				浙江				福建			
乾隆	公元		省	府	州縣	衛所	省	府	州縣	衛所	省	府	州縣	衛所	省	府	州縣	衛所
41	1776	全 免			8	4												
		部分免																
42	1777	全 免																
		部分免																
43	1778	全 免			6													
		部分免																
44	1779	全 免										1						
		部分免																
45	1770	全 免			9	3										1		
		部分免																
46	1781	全 免			15	5												
		部分免																
47	1782	全 免																
		部分免			12	1												
48	1783	全 免																
		部分免			10	3												
49	1784	全 免											2					
		部分免										3						
50	1785	全 免			14													
		部分免																
51	1786	全 免																
		部分免			4													
52	1787	全 免														1		
		部分免			21													
53	1788	全 免		16												1	5	
		部分免															20	
54	1789	全 免															1	
		部分免			11	3												
55	1790	全 免	1				1				1				1			
		部分免	1				1				1				1			
56	1791	全 免																
		部分免																
57	1792	全 免			2	1												
		部分免	1															
58	1793	全 免			5													
		部分免							12									
59	1794	全 免																
		部分免															12	
60	1795	全 免														1	7	
		部分免	1								1				1			

1554 / 《清實錄》經濟史資料農業編

(續表)

時期		蠲免份額	蠲免地區範圍											
			湖北			湖南			廣東			廣西		
乾隆	公元		省府	州縣	衛所	省府	州縣	衛所	省府	州縣	衛所	省府	州縣	衛所
1	1736	全免												
		部分免	2	3	4									
2	1737	全免								10				
		部分免								10				
3	1738	全免	1							7				
		部分免					1							
4	1739	全免												
		部分免		5										
5	1740	全免		3	1									
		部分免												
6	1741	全免					2			2				
		部分免												
7	1742	全免		16										
		部分免		12	5									
8	1743	全免								2				
		部分免												
9	1744	全免								6				
		部分免									1			
10	1745	全免					5							
		部分免												
11	1746	全免		1		1				5				
		部分免												
12	1747	全免								1				
		部分免												
13	1748	全免					1							
		部分免												
14	1749	全免												
		部分免												
15	1750	全免								2				
		部分免												
16	1751	全免												
		部分免												
17	1752	全免								3				
		部分免												
18	1753	全免												
		部分免		3	1									
19	1754	全免												
		部分免												
20	1755	全免		5										
		部分免												

第四章　清政府的農村賦役徵派 / 1555

(續表)

時期		蠲免份額	蠲免地區範圍														
			湖北				湖南				廣東				廣西			
乾隆	公元		省	府	州縣	衛所	省	府	州縣	衛所	省	府	州縣	衛所	省	府	州縣	衛所
21	1756	全免																
		部分免																
22	1757	全免																
		部分免																
23	1758	全免																
		部分免																
24	1759	全免																
		部分免																
25	1760	全免																
		部分免																
26	1761	全免																
		部分免							4									
27	1762	全免																
		部分免																
28	1763	全免																
		部分免			2	1												
29	1764	全免			7	5			2									
		部分免																
30	1765	全免																
		部分免																
31	1766	全免																
		部分免																
32	1767	全免																
		部分免																
33	1768	全免																
		部分免			5	3												
34	1769	全免																
		部分免																
35	1770	全免							1									
		部分免	1						1									
36	1771	全免											1				1	
		部分免																
37	1772	全免																
		部分免																
38	1773	全免																
		部分免																
39	1774	全免			15	7												
		部分免																
40	1775	全免																
		部分免																

(續表)

時期 乾隆	公元	蠲免份額	湖北 省	府	州縣	衛所	湖南 省	府	州縣	衛所	廣東 省	府	州縣	衛所	廣西 省	府	州縣	衛所
41	1776	全免																
		部分免																
42	1777	全免																
		部分免																
43	1778	全免																
		部分免																
44	1779	全免					1											
		部分免																
45	1770	全免									1							
		部分免			5													
46	1781	全免																
		部分免																
47	1782	全免																
		部分免																
48	1783	全免		4	3													
		部分免																
49	1784	全免																
		部分免																
50	1785	全免																
		部分免																
51	1786	全免																
		部分免																
52	1787	全免																
		部分免																
53	1788	全免		15	9													
		部分免																
54	1789	全免													5			
		部分免																
55	1790	全免	1				1				1				1			
		部分免	1				1				1				1			
56	1791	全免																
		部分免																
57	1792	全免																
		部分免					1				1							
58	1793	全免																
		部分免																
59	1794	全免		8	4													
		部分免																
60	1795	全免																
		部分免	1										6					

(續表)

時期		蠲免份額	蠲免地區範圍											
			四川				貴州				雲南			
乾隆	公元		省	府	州縣	衛所	省	府	州縣	衛所	省	府	州縣	衛所
1	1736	全免												
		部分免		1	8							1		
2	1737	全免												
		部分免		6				5						
3	1738	全免							4					
		部分免			3									
4	1739	全免			7									
		部分免												
5	1740	全免												
		部分免												
6	1741	全免												
		部分免												
7	1742	全免												
		部分免												
8	1743	全免												
		部分免											2	
9	1744	全免												
		部分免												
10	1745	全免												
		部分免												26
11	1746	全免	1											
		部分免												
12	1747	全免												
		部分免												
13	1748	全免											3	
		部分免												
14	1749	全免			14									
		部分免			118									
15	1750	全免												
		部分免												
16	1751	全免												
		部分免												
17	1752	全免												
		部分免												
18	1753	全免												
		部分免												
19	1754	全免												
		部分免												
20	1755	全免												
		部分免												

(續表)

時期		蠲免份額	蠲免地區範圍											
			四川				貴州				雲南			
乾隆	公元		省	府	州縣	衛所	省	府	州縣	衛所	省	府	州縣	衛所
21	1756	全　免												
		部分免												
22	1757	全　免												
		部分免												
23	1758	全　免												
		部分免												
24	1759	全　免												
		部分免												
25	1760	全　免												
		部分免												
26	1761	全　免												
		部分免												
27	1762	全　免												
		部分免												
28	1763	全　免												
		部分免												
29	1764	全　免												
		部分免												
30	1765	全　免												
		部分免												
31	1766	全　免												
		部分免												
32	1767	全　免											3	
		部分免												
33	1768	全　免												
		部分免												
34	1769	全　免												
		部分免												
35	1770	全　免												
		部分免							1				5	
36	1771	全　免	1											
		部分免												
37	1772	全　免												
		部分免												
38	1773	全　免											1	
		部分免		4										
39	1774	全　免												
		部分免												
40	1775	全　免												
		部分免		17									2	

(續表)

時期		蠲免份額	蠲免地區範圍										
			四川				貴州				雲南		
乾隆	公元		省	府	州縣	衛所	省	府	州縣	衛所	省	府	州縣	衛所
41	1776	全 免												
		部分免												
42	1777	全 免												
		部分免												
43	1778	全 免												
		部分免												
44	1779	全 免												
		部分免												
45	1770	全 免												
		部分免												
46	1781	全 免												
		部分免												
47	1782	全 免												
		部分免												
48	1783	全 免												
		部分免												
49	1784	全 免												
		部分免												
50	1785	全 免												
		部分免												
51	1786	全 免												
		部分免												
52	1787	全 免												
		部分免												
53	1788	全 免												
		部分免												
54	1789	全 免												5
		部分免												
55	1790	全 免	1				1				1			
		部分免	1				1				1			
56	1791	全 免												
		部分免												
57	1792	全 免												
		部分免												
58	1793	全 免												
		部分免												
59	1794	全 免												
		部分免						1						
60	1795	全 免						1						
		部分免						8	19					

5. 嘉慶朝歷年蠲免田賦份額及地區範圍統計表

時期		蠲免份額	蠲免地區範圍												
			奉天				直隸				山東				河南			
嘉慶	公元		省	府	州縣	衛所	省	府	州縣	衛所	省	府	州縣	衛所	省	府	州縣	衛所
1	1796	全 免																
		部分免							2									
2	1797	全 免																
		部分免							8									
3	1798	全 免																
		部分免																
4	1799	全 免					1		10								20	
		部分免																
5	1800	全 免																
		部分免							11									
6	1801	全 免							82									
		部分免							31									
7	1802	全 免	1*						1									
		部分免							14	360								
8	1803	全 免							7									
		部分免							2									
9	1804	全 免																
		部分免																
10	1805	全 免			4													
		部分免							20									
11	1806	全 免							7									
		部分免					1											
12	1807	全 免							25									
		部分免																
13	1808	全 免							8									
		部分免							8									

＊黑龍江齊齊哈爾地方

(續表)

時期		蠲免份額	蠲免地區範圍															
			奉天				直隸				山東				河南			
嘉慶	公元		省	府	州縣	衛所	省	府	州縣	衛所	省	府	州縣	衛所	省	府	州縣	衛所
14	1809	全 免							2									
		部分免																
15	1810	全 免																
		部分免							7									
16	1811	全 免							1								3	
		部分免							38									
17	1812	全 免															2	
		部分免							6									
18	1813	全 免							2								1	
		部分免							7								26	
19	1814	全 免							2									
		部分免																
20	1815	全 免							3									
		部分免																
21	1816	全 免																
		部分免							1									
22	1817	全 免																
		部分免							8									
23	1818	全 免		2	5				24				2					
		部分免											2					
24	1819	全 免		1	1				3									
		部分免	1						1				1				1	
25	1820	全 免																
		部分免		1	1													

(續表)

時期		蠲免份額	蠲免地區範圍												
			山西				陝西				甘肅				江蘇			
嘉慶	公元		省	府	州縣	衛所	省	府	州縣	衛所	省	府	州縣	衛所	省	府	州縣	衛所
1	1796	全 免							1									
		部分免																
2	1797	全 免							12									
		部分免							19									
3	1798	全 免							25									
		部分免																
4	1799	全 免							35				16					
		部分免							24				42					
5	1800	全 免							4									
		部分免																
6	1801	全 免			12													
		部分免							18									
7	1802	全 免															2	
		部分免							64									
8	1803	全 免															7	2
		部分免							4				51					
9	1804	全 免																
		部分免																
10	1805	全 免																
		部分免			26													
11	1806	全 免																
		部分免																
12	1807	全 免																
		部分免											1					
13	1808	全 免															14	3
		部分免																

(續表)

時期		蠲免份額	蠲免地區範圍												
			山西				陝西				甘肅				江蘇			
嘉慶	公元		省	府	州縣	衛所	省	府	州縣	衛所	省	府	州縣	衛所	省	府	州縣	衛所
14	1809	全免																
		部分免																
15	1810	全免																
		部分免	1															
16	1811	全免															6	
		部分免			1													
17	1812	全免															4	
		部分免																
18	1813	全免															2	
		部分免																
19	1814	全免																
		部分免																
20	1815	全免																
		部分免																
21	1816	全免																
		部分免																
22	1817	全免																
		部分免																
23	1818	全免																
		部分免																
24	1819	全免																
		部分免	1				1				1				1			
25	1820	全免																
		部分免																

(續表)

時期		蠲免份額	蠲免地區範圍												
			安徽				江西				浙江				福建			
嘉慶	公元		省	府	州縣	衛所	省	府	州縣	衛所	省	府	州縣	衛所	省	府	州縣	衛所
1	1796	全免																
		部分免															9	
2	1797	全免																
		部分免																
3	1798	全免																
		部分免														1		
4	1799	全免																
		部分免																
5	1800	全免																
		部分免																
6	1801	全免											5	1				
		部分免			3													
7	1802	全免						1										
		部分免						2										
8	1803	全免		27	7													
		部分免		1	2													
9	1804	全免																
		部分免																
10	1805	全免																
		部分免																
11	1806	全免														1		
		部分免																
12	1807	全免																
		部分免																
13	1808	全免																
		部分免																

(續表)

時期		蠲免份額	蠲免地區範圍												
			安徽				江西				浙江				福建			
嘉慶	公元		省	府	州縣	衛所	省	府	州縣	衛所	省	府	州縣	衛所	省	府	州縣	衛所
14	1809	全免																
		部分免																
15	1810	全免																
		部分免																
16	1811	全免																
		部分免																
17	1812	全免																
		部分免																
18	1813	全免			7													
		部分免																
19	1814	全免																
		部分免																
20	1815	全免																
		部分免																
21	1816	全免																
		部分免																
22	1817	全免																
		部分免																
23	1818	全免																
		部分免			3	3												
24	1819	全免											17	1				
		部分免	1				1				1				1			
25	1820	全免																
		部分免																

(續表)

時期		蠲免份額	蠲免地區範圍												
			湖北				湖南				廣東				廣西			
嘉慶	公元		省	府	州縣	衛所	省	府	州縣	衛所	省	府	州縣	衛所	省	府	州縣	衛所
1	1796	全 免			26													
		部分免						4										
2	1797	全 免	1				1											
		部分免																
3	1798	全 免																
		部分免																
4	1799	全 免			39	8												
		部分免																
5	1800	全 免																
		部分免																
6	1801	全 免																
		部分免																
7	1802	全 免																
		部分免			80													
8	1803	全 免																
		部分免			58													
9	1804	全 免																
		部分免																
10	1805	全 免																
		部分免																
11	1806	全 免																
		部分免																
12	1807	全 免									1							
		部分免																
13	1808	全 免																
		部分免																

(續表)

時期		蠲免份額	蠲免地區範圍													
			湖北				湖南				廣東				廣西			
嘉慶	公元		省	府	州縣	衛所	省	府	州縣	衛所	省	府	州縣	衛所	省	府	州縣	衛所
14	1809	全免																
		部分免																
15	1810	全免																
		部分免																
16	1811	全免																
		部分免																
17	1812	全免																
		部分免																
18	1813	全免																
		部分免							2									
19	1814	全免																
		部分免																
20	1815	全免																
		部分免																
21	1816	全免																
		部分免																
22	1817	全免																
		部分免																
23	1818	全免																
		部分免																
24	1819	全免							7									
		部分免	1				1				1				1			
25	1820	全免																
		部分免																

(續表)

時期		蠲免份額	蠲免地區範圍										
			四川				貴州				雲南		
嘉慶	公元		省	府	州縣	衛所	省	府	州縣	衛所	省	府	州縣	衛所
1	1796	全 免			1									
		部分免												
2	1797	全 免	1						5					
		部分免												
3	1798	全 免			20			1	7					
		部分免												
4	1799	全 免			41			1					1	
		部分免												
5	1800	全 免			44									
		部分免												
6	1801	全 免			36								4	
		部分免			73									
7	1802	全 免				2							1	
		部分免		25								22		
8	1803	全 免		1									2	
		部分免		9										
9	1804	全 免		1										
		部分免		4										
10	1805	全 免												
		部分免												
11	1806	全 免												
		部分免												
12	1807	全 免												
		部分免												
13	1808	全 免												
		部分免												

第四章 清政府的農村賦役徵派 / 1569

(續表)

時期		蠲免份額	蠲免地區範圍											
			四川				貴州				雲南			
嘉慶	公元		省	府	州縣	衛所	省	府	州縣	衛所	省	府	州縣	衛所
14	1809	全免												
		部分免												
15	1810	全免												
		部分免												
16	1811	全免												
		部分免												
17	1812	全免												
		部分免												
18	1813	全免												
		部分免												
19	1814	全免												
		部分免												
20	1815	全免												
		部分免												
21	1816	全免												
		部分免												
22	1817	全免												
		部分免												
23	1818	全免												
		部分免							1				42	
24	1819	全免												
		部分免	1				1				1			
25	1820	全免												
		部分免												

第二節　方物土貢

（順治二、二、丁巳）令戶部傳諭管莊撥什庫等，使曉諭各處莊頭，凡民間什物，不許攘掠，若採買芻糧，定於民間開市之日，著一人率領同往，餘日毋得私行。其貿易價值，毋致短少，務須兩得其平。儻有違令恣行者，即行處死。至各莊田土，尤須勤力耕種，毋致失時荒蕪。（世祖一四、四）

（順治四、一〇、壬辰）兩廣總督佟養甲疏言：粵東雷、廉二郡素稱產珠，僅有池九、廉八、雷一，皆在洪濤巨浸中。取珠之法，例用長繩數百丈，縋蜑戶入海底，每果鯨鱷之腹，而得珠多寡有無尚未可知，是取珠甚艱也。前朝萬曆年間，宦者李敬開採，每年協助夫銀不下巨萬，是所費又甚繁也。向在無事時，尚且得不償失，況今蹂躪之餘，豈堪重有此舉。乞皇上俯念瘡痍，緩其開採，寬一分之民力，即培一分之元氣矣。得旨：覽奏始知採珠不便於民，差官著即撤回。（世祖三四、一八）

（順治八、一、丙辰）戶部進陝西漢中府額貢柑子。諭曰：陝西進貢柑子，雖屬歲額，但地方官員採辦，不無苦累小民之處；且漢中去京甚遠，沿途動用人夫轉送，更累驛遞，是以口腹之微而騷擾吾民也。朕心殊爲不忍。目前陝西需餉正殷，著留此買運柑子錢糧，以養兵民。爾部即傳諭該督撫，嗣後漢中額貢柑子，著永行停止，以昭朕體卹百姓至意。其江南所進橘子、河南所進石榴，亦著永行停止。（世祖五二、一〇）

（順治八、六、壬戌）諭戶部：太和山春秋二季貢符篆、黃精等物，實屬無用，且長途轉運，未免煩擾驛遞，以後著永免辦解，爾部傳諭知之。（世祖五七、二〇）

（順治八、八、己巳）諭戶部：朕軫念百姓疾苦，凡事有不便於民者，悉令罷之。今四川進貢扇柄、湖廣進貢魚鮓，道經水陸，去京甚遠，夫馬船隻，動支錢糧，苦累小民，朕甚憫之。以後永免，著爲令。爾衙門即行榜示，務使小民休息，咸霑德意。（世祖五九、二六）

（順治一三、七、壬子）以乾清宮成，頒詔天下。詔曰：……今乾清、坤寧宮告成，祇告天地、宗廟、社稷，於順治十三年七月初六日臨御新宮，懋圖治理。念臣民之勞瘁，宜恩赦之廣頒。所有事款，條列於後：……一、十二年以前各省牛角皮料等項，果有未解完者，工部照例改折，以紓民力。（世祖一〇二、二三）

（順治一四、二、丁丑）禁止官民採用楠木。（世祖一〇七、二）

(**順治一五、一、庚子**）上以皇太后聖體康豫，頒詔大赦天下。詔曰：……遘茲莫大之嘉祥，宜佈非常之恩赦，應行事款，開列於後：……一、順治十、十一兩年分曆日祭祀牛羊、藥材、本折錢糧，其已徵在官者，照數起解，其拖欠在民者，該撫按確察具奏豁免。一、順治十四年以前各省牛角皮料等項，凡有未解完者，工部確察，照例改折，以紓民力。（世祖一一四、一）

（**順治一五、五、壬子**）禮部議覆：光祿寺條奏，長蘆運司所解青白鹽鹽磚，歷年存剩六十萬勘有零，現在足用，應暫停解本色。自十五年以後，該地方官照時價改折，將折銀併脚價銀一併解送光祿寺。俟庫內見存之鹽用完日具題，仍解本色。至裁併南光祿寺錢糧又酌裁司牲司大使二款，俱應如該寺所議行。從之。（世祖一一七、一八）

（**順治一五、五、戊午**）九卿、詹事、科、道會議禮部條奏四事：……一、庫貯藥材既尚足用，應令該部同太醫院核明，其各省應解本色者，照舊起解，如有可以折解者，暫令該地方官查照時價折解，俟庫貯用完，再題請起解本色。……俱應如該部所議行。從之。（世祖一一七、一八）

（**順治一八、五、乙亥**）工科給事中袁懋德疏請：本色物料自順治十八年爲始，暫行改折，以佐軍需。部議：歲所需用仍解本色，其餘自康熙元年爲始，各照數折價。從之。（聖祖二、三二）

（**順治一八、六、丙申**）户部題：各省應解本色物料量行改折，以濟急需。從之。（聖祖三、八）

（**順治一八、六、戊戌**）雲南貴州總督趙廷臣疏言：平西王吳三桂所得五象，臣派官送進京師，今遵諭停止。請嗣後境外進獻之物，一概停止，以免地方解送之勞。下部知之。（聖祖三、九）

（**康熙六、六、己亥**）户科給事中姚文然疏言：四川、湖廣、江西、浙江、江南五省，採辦楠木，每有不肖官役借事嚇詐，封鎖民房，砍伐墳樹，百姓受殃，必用賄求免。況採木原有丈尺定式，乃不問大小，砍山陸運，假公行私，致累小民，請敕嚴禁。得旨：採辦楠木，以備大工之用，不肖官役及姦商土棍，借名生事，苦累小民，著督撫嚴禁。（聖祖二二、二〇）

（**康熙六、一〇、辛巳**）户部題：請敕下福建、廣東、江南三省採買香料。得旨：採買香料恐地方官借端下海貿易，且苦累百姓，著該督撫不時嚴察。（聖祖二四、一〇）

（**康熙八、三、乙卯**）四川巡撫張德地疏報：採取楠木八十株。得旨：修造宮殿所用楠木不敷，酌量以松木湊用，著停止採取。（聖祖二八、一六）

（**康熙九、二、丁亥**）户科給事中姚文然疏言：各省辦買豆、米、草料等項，俱當官發價，其藥材、銅、鐵、絹、布、絲、綿、白蔴、魚膠、顏料等項，俱係民間辦買交官。在豆米等項，價係官發，則部駁核減銀兩，自應追還貯庫，若顏料等項，價銀出自民間，駁減之後，仍追銀貯庫，實爲重困。請嗣後將減價銀兩概行給還，庶民困得蘇矣。下部議行。（聖祖三二、一一）

（康熙二一、五、丙寅）諭甯古塔將軍巴海、副都統薩布素、瓦禮祜等：朕幸吉林地方訪詢民隱，見兵丁役重差繁，勞苦至極。此等情由，回鑾之日，將軍以下至於兵丁，教諭大意，已有特旨。朕自至京師，復爲思繹，不將各種無益差徭顯與革除，兵丁人等終無裨補，且不得霑實惠矣。一、鷹鸇窩雛，於三月尋覓，四月内捕取，最妨農事，兼屬無益。況所得鷹鸇不諳呼飼，難至京師，徒勞人力，應行停止。一、自八月放鷹，原欲令之熟習，以便齎送。數年以來，並無名鷹貢至京師，在烏喇地方兵丁，於冬寒之時，尋覓山雞，人馬勞頓，應行停止。一、圍獵以講武事，必不可廢，亦不可無時。冬月行大圍，臘底行年圍，春夏則看馬之肥瘠，酌量行圍。令貧人採取禽獸皮肉，須豫先傳明日期，以便遵行。所獲禽獸，均行分給。圍臘不整肅者，照例懲治，不可時加責罰，苛求瑣屑，遇有猛獸，須小心防禦，以人爲重，勿致誤有所傷。一、打鱘鰉等魚，既有專管西特庫等，烏喇兵丁應停差役。其搬移新滿洲，採取造房並船隻桅木等項，及偵探巡邏等差，俱係軍務，乃駐防官兵專責，不可寬假，應照常行。此外偶爾差遣大臣、侍衛督看採取東珠、砍伐木植、尋覓鷹鸇，不涉每歲定例，所行之事，似無過勞。此後將軍以下，撥什庫以上，應念兵丁遠居邊境；無市貿易，身冒嚴寒，往採山木，妻子汲水操作，備極艱辛，時加憐憫。吉林烏喇，田地米糧，甚爲緊要，農事有誤，關繫非細，宜勸勉之使勤耕種。朕軫念滿洲人民生理，欲遣人專往，以驛遞疲弊，故因筆帖式來奏，特諭。（聖祖一〇二、二〇）

（康熙二一、八、庚子）上諭大學士等曰：建太和殿搜採楠木，恐致貽累地方，其嚴飭差員及地方官，慎勿生事擾民，有不遵者，從重治罪。（聖祖一〇四、一二）

（康熙二一、九、乙丑）以興建太和殿，命刑部郎中洪尼喀往江南、江西，吏部郎中崑篤倫往浙江、福建，工部郎中龔愛往廣東、廣西，工部郎中圖鼐往湖廣，户部郎中齊穡往四川，採辦楠木。（聖祖一〇四、二七）

（康熙二四、五、丙戌）工部議覆：湖廣巡撫石琳、浙江巡撫趙士麟疏言：楠木、杉木，不能如期運至，特請寬限。應不准行。上諭大學士等曰：朕聞明時採運楠木，從山至河，民力告竭，地方苦累，今運各省所備楠木、

杉木，若程限太迫，恐山路崎嶇，轉運艱難，地方雖有良吏，不能不苦累百姓，其令部臣詳議緩運，勿致累民。(聖祖一二一、七)

(康熙二五、二、辛亥)九卿等議覆：入覲四川松威道王驚條奏，四川楠木，採運艱難，應行停減。上曰：蜀中屢遭兵燹，百姓窮苦已極，朕甚憫之，豈宜重困。今塞外松木，材大可用者甚多，若取充殿材，即數百年可支，何必楠木。著停止川省採運。(聖祖一二四、二一)

(康熙二五、三、壬寅)直隸巡撫于成龍疏請：直隸每年辦解狐皮改爲折色。上曰：地方採買狐皮，一倍費至十倍，故百姓困苦，此後俱著停止。應用狐皮令戶部在京採買。(聖祖一二五、一九)

(康熙二六、四、乙卯)諭工部：四川楠木，多產於崇山懸巖，採取甚難，必致有累土司。且來京甚遠，沿途地方，亦恐滋擾。著傳諭四川巡撫，免其解送。(聖祖一三〇、二)

(康熙二六、五、己卯)諭大學士等曰：各項採買估計價值，前浮冒欺飾者甚多，是以令其核減。今所減者太過，恐致苦累，可令察訪時價，量度估計。又諭曰：凡諸修造工程，其估計在前，今照新例銷算，但新定之例，凡物料匠役工價，核減太過，至於苦累，皆未可必。前此修造已完者，其仍照原估計銷算，凡各項物料所值之價，俱訪時價，量度估計銷算。(聖祖一三〇、八)

(康熙二七、二、癸丑)戶部議覆：四川巡撫姚締虞疏言，蜀省每歲解京白蠟，道路遼遠，無腳價開銷之項；請嗣後停止解送，令部臣就近採買。又歷年抽稅生鐵積有一萬一千六百斤有奇，亦難於起運，請變價充餉。查鐵斤沈重，解送維艱，準其變價報部；至白蠟乃蜀產土物，應令依例解送。得旨：白蠟仍前解送，恐致累民，著一併免解。(聖祖一三三、二二)

(康熙二七、一二、壬子)江西巡撫宋犖疏言：江省每年採買竹木，名爲官捐，實係累民。請嗣後動支正帑採買供用，並嚴禁科派採買、勒掯經收等弊。從之。(聖祖一三八、一七)

(康熙三一、一〇、庚子)諭大學士等：近日光祿寺奏停薦新芽茶，凡有類於此者，俱宜停止。其各省慶賀表箋，每次遣官齎送，不惟驛遞煩擾，而齎送官員，亦屬勞苦。朕思凡物解京，均於地方百姓有累，省一件如去一病，今將表箋停其每次遣官齎送，或應照朝鮮國一年一次彙送，凡事皆由督撫具題，或著督撫彙收，一次彙送，爾等會同該部議之。尋議覆：各省慶賀表箋，應按期交與督撫彙齊齎送，停止遣官。從之。(聖祖一五七、八)

(康熙三二、四、癸巳)戶部遵諭議覆：各省解送物料共九十九項，京中無貨買之物應令照舊解送外，查所解印書紙張，庫內見有存貯，白銅無應用之處，應將此二項停其解送。至於外解青粉等三十八項，價值並脚價合算比在京師價貴，相應停其外解。如有應用此等物料之處，在京照時價採買應用；或遇時價騰貴辦買不得者，具題行令出產省分解送。從之。(聖祖一五九、四)

(康熙三八、一二、辛未) 諭大學士等：每年所買皮張，儘足供用，多買亦奚用耶。即如朕內用沉香，每年二百觔，用尚有餘，今辦解者已過數倍。此等物件，俱令察明，量用採買。其餘無用者，悉停之。(聖祖一九六、一二)

(康熙四〇、四、甲子) 戶部議覆：廣西巡撫彭鵬疏言，舊例廣西採買熟鐵生銅解送京師，康熙三十九年奉旨熟鐵已停解送，今生銅亦請停解。應不准行。上諭大學士等曰：廣西路遙地險，若令解送必致累民，可如其所請，折銀解部。(聖祖二〇四、二)

(康熙四八、一〇、壬子) 諭內務府：張家口每年解送羊皮等物，聞地方官將彼處居民及旗人派供解費，恐多騷擾；嗣後應於出差回京官員內派一員前往解送，事既易辦，而民間苦累亦得免矣。爾等會議具奏。尋議：張家口解送羊皮等物，向係地方官起運，派累民間，應遵旨停止地方官解送。嗣後每年於差回官員內派一員前往，協同內務府司官並匠役人等，揀選羊皮及馬牛皮等物，俱令解送來京；其不堪用之皮，即於張家口變價交庫。得旨：嗣後揀選皮張，仍照舊揀選，其揀遺之皮，著變價賞牧馬場貧窮蒙古。餘依議。(聖祖二三九、一五)

(康熙五九、一、癸巳) 工部議覆：吏科給事中紀遜宜條奏，……河工所需草束，河廳差役向民間採買，不無借端擾累，嗣後凡置辦工料，請嚴飭廳員協同地方官購買，不得短價多收，令民運送。如有累民之處，或經首告，許該地方官詳報總河、督撫據實題參。如總河不行題參，經督撫題參者，將總河及道員等俱照徇庇例議處。應如所請。從之。(聖祖二八七、七)

(康熙六一、一一、庚戌) 停止江南常州府解送薦新秈米。(世宗一、三一)

(雍正六、一一、甲子) 諭兵部：向來預備軍需，如採買騾馬、製辦物件之類，不肖有司，往往虛耗國帑，派累民間。種種弊端，朕知之甚悉，已降旨屢行申飭禁止，而此風尚未全改。朕愛養斯民，不使絲毫擾累，凡軍務所需，悉動帑金，照時價購辦，又恐承辦官員預留將來核減之地，稍借民力以助公事，特令岳鍾琪等核定折中價值，儻時價可減，即爲節省，或定價不敷，據實奏加。此皆體卹官員、撫綏黎庶之至意也。儻嗣後承辦各員，再有剋扣短發侵蝕等弊，其罪誠不可逭。若參革之後，必俟審擬定案，方行著追，則百姓守候補領之價，必致累月經年而不能得，深可軫念。嗣後一經題參摘印，即照數核明剋扣之價，先動軍需銀兩，傳集百姓，如數找給，仍將該員於本境枷號，勒限追完。如逾限不完，嚴加治罪。庶貪墨之人，知所儆懼，而軍需有益，民無擾累矣。（世宗七五、一三）

（**雍正一二、四、庚午**）諭大學士等：朕於一切器具但取樸素適用，不尚華麗工巧，屢降諭旨甚明。從前廣東曾進象牙席，朕甚不取，以爲不過偶然之進獻，未降諭旨切戒；今則獻者日多，大非朕意。夫以象牙編織爲器，或如團扇之類，其體尚小；今製爲座席，則取材甚多，倍費人工，開奢靡之端矣。著傳廣東督撫，若廣東工匠爲此，則禁其毋得再製；若從海洋而來，從此屏棄勿買；則製造之風自然止息矣。（世宗一四二、一一）

（**雍正一三、六、辛卯**）諭內閣：自古地方官員，有進獻方物之禮。蓋以地土所產，貢之於君，所以將其誠意；而爲君者鑒其意而酌納，所以篤堂廉之誼，聯上下之情也。朕即位以來，亦循照舊例，間有進獻珍寶古玩者，朕概降旨停止。向來鎮臣中亦有隨督撫進獻者，朕皆諭止之。至於所獻之物，備隨時賞賜內外臣工，以示家人一體之意，並非朕所需用而收貯內府也。雖臣之效忠於上，君之加恩於下，不在乎此，然亦儀文禮節之一端，所以歷來未廢。凡爲督撫者既以此將其誠敬之悃，則當於採辦之時，厚其價值，俾所屬官民歡欣從事，方爲事君盡禮之實心。乃朕向聞各省大員，採備貢物，有恃上司體勢，發價減少者，以致民間受累，視爲畏途。如榆次不敢種好瓜，肅寧畏植好桃，外間傳爲話柄。近朕訪聞福建採買柑果，有短價累地方官民之處，則與君臣聯接之本懷大相違背，朕豈肯爲此無益之儀文，而令承辦之微員、貿易之百姓或受擾累哉？以貢物而累及閭閻，萬萬不可，即或交與屬員代辦，而價值不敷，令其暗中賠補，是又假公濟私，收受賄賂之巧術也。似此食用微物，朕發價市買，何所不得，豈肯絲毫累及地方。可通行曉諭督撫等，自接奉此旨爲始，著將前貢物之數，再減一半，儻仍蹈舊轍，朕必將各省貢獻之例，全行禁止。（世宗一五七、一七）

（**乾隆一、三、丁未**）免江南貢鮮折價。諭：聞江南長江一帶，向有貢獻鰣魚之例，至康熙年間停止，因而地方改爲折價，向網戶徵收，解充地方公用。乃歷年既久，或網戶改業，或移徙他方，展轉牽連；又加胥吏借端苛索，遂致沿江捕魚之人，代受追呼之累。朕思當年聖祖仁皇帝停止貢鮮，乃愛惜民力之至意，何用此些須折價，煩擾小民，著該督撫查明豁免，永著爲

例。（高宗一四、二四）

（**乾隆一、九、癸卯**）又諭：刻經需用板片，經內務府奏准於直隸、山東出產梨木地方購買。乃近聞地方官奉行不善，所解板片竟有不堪應用者，內務府俱行發回。朕思此等板片雖不合式，然既已解送到京又復回原處，其樹木業經砍伐，脚價又須重出，在地方官豈能料理妥協，勢必貽累小民，甚屬未便。嗣後解到板片，除合式者收用外，其不合式者尚可留爲刊刻書籍之用，著內務府亦行收存不必發回。再從前所定價值每片銀三錢二分，其中或有不敷，可令地方官酌量增添，毋令稍有累民之處；即解到不合式板片亦准照原定價值開銷，以免賠累。至於直隸、山東承辦地方官料理不能盡心，著該督撫等嚴行申飭。嗣後務須妥協辦理，不得絲毫累民。內務府查收板片亦須公平驗看，儻有勒掯抑捺等弊，查出定行究處。該承辦地方官不得因有此旨遂將不堪應用之板解送，有誤刻經之用。（高宗二六、一九）

（**乾隆三、二、癸卯**）禁派祭祀燎柴。諭：直隸宣化府屬懷來、保安二縣，採辦楊木長柴，供郊壇、宗廟焚帛之用，向無開銷之例，俱係兩縣捐貲，繼因添用柴薪，又分派宣屬他縣協辦，相沿已久。朕思州縣公捐，易啓借端科派貽累小民之弊，不可不防其漸。著從乾隆三年爲始，將每歲需用楊木長柴，按照辦解之數，動用正項，造入地丁册內報銷，令出產之懷來縣承辦，以專責成。儻有私行派累等弊，該督即行查參，從重議處。（高宗六三、六）

（**乾隆三、四、甲申**）停止督撫貢獻。諭曰：各省督撫，向來有進貢方物之例。朕御極之初，即降諭旨，令三年之內停止進貢，俟即吉後，再行請旨。數月以來，雖各省督撫尚未舉行，但朕思此事，甚屬無益。蓋進貢之意，不過曰藉此以聯上下之情耳；殊不知君臣之間，惟在誠意相孚，不以虛相尚。如爲督撫者，果能以國計民生爲務，公爾忘私，國爾忘家，則一德一心，朕必加以獎賞。若不知務此，而徒以貢獻方物爲聯上下之情，則早已見輕於朕矣。且朕現在諭令督撫等毋得收受屬員土儀，誠以督撫取之屬吏，屬吏未必不取之民間，目前所受雖微，久之必滋流弊。若進貢方物，雖云督撫自行製辦，而輾轉購買，豈能無累閭閻，是所當行禁止者。惟織造、關差、鹽差等官，進貢物件，向係動用公項製買，以備賞賜之用，與百姓無涉，不在禁例。其督撫等有牧民之責者，概行停止貢獻。（高宗六六、五）

（**乾隆五、四**）[是月] 湖南巡撫馮光裕，奏報雨水春熟情形。並呈進土產祁陽葛布一百疋，安化芽茶一百觔。得旨：知道了。汝守土之官，又無兼管關稅，此進甚非。芽茶此次姑收，以後不可。（高宗一一五、三六）

（**乾隆七、六、丁未**）諭軍機大臣等：孫嘉淦參劾冶大雄貪縱不法一案，著將冶大雄革職，交與該撫嚴審定擬。但孫嘉淦參款內，有冶大雄派買穀石短發價值及賤買雞鵝等項。朕思行軍之際，自以秋毫無犯爲貴，然亦只能去其太甚耳。若購買米石食物，偶與市價不符，亦勢所不免。今若以此發審，必須與苗人對質。宣播於衆，萬一再有用兵之事，苗人借此居奇，轉致掣肘，頗有關係。況冶大雄劣蹟已多，亦不在此一節。可刪截發抄，並寄信與孫嘉淦知之。（高宗一六九、五）

（**乾隆七、一〇、丙午**）大學士等議覆：甘肅巡撫黃廷桂奏稱，前買支河西滿洲糧草，係照部價，每糧料一石估銀一兩，每草一束估銀一分，但各屬時價不一，計自乾隆二年冬季起，至六年底止，共不敷銀十一萬七千五百七十七兩零，內官墊銀三萬二千七百四十二兩零、民墊銀八萬四千八百三十五兩零。屢請找給，俱經部駁，百姓大半畏縮，承辦不前。懇將不敷之數，概行補給，嗣後採買，永著爲例等語。應如所請。著照甘、涼、西、肅各鎮協營之例，每糧料一石折銀一兩者，加增二錢，其從前採買之項，俱照此補給。得旨：依議速行。（高宗一七七、九）

（**乾隆一一、一二、甲子**）諭：據將軍達勒當阿奏，進獻圍場所得牲畜，每圍每次，俱屬稀少。雖近年來大率皆然，但圍場牲畜，屆時自長白山來，原屬蕃盛，今漸稀少，必係來路有所阻礙，自應查辦。乃觀伊等每年進獻，及商販交納者，並非不能如額，可見並非來路稀少所致。該將軍所奏，未免相沿舊習，恐非確實。若圍場牲畜，果爾稀少，亦有關繫。著寄諭達勒當阿，查明具奏。（高宗二八〇、三）

（**乾隆二四、四、丁丑**）諭：各鹽政織造等，夏節貢物，以備賞賚之需，雖行之已久，但邇來綈繡，太求精巧，既害女紅，長此爲窮，非朕敦尚樸素之意也。甚至華藻被於葛褥，天中五日以外，無所用之，迎涼適清，亦不宜於憩息也。其禁之。（高宗五八五、一六）

（**乾隆二七、一一、甲申**）又諭曰：永貴奏稱，外藩所市鷹犬等物，及回人等貢獻者，因爲數頗多，特交護軍參領松年，由驛馳齎等語。近因新疆齎送官物，或有鷹犬之類，官兵等藉端騷擾，曾降旨命督撫等查參。又軍機大臣議，嗣後新疆年貢，仍由驛馳遞，其隨時微物，如鷹犬之類，俱於齎送金玉之便附來，俱經准行。著傳諭永貴等，此等尋常貢物，不必多爲購辦。或有需用，候行文知會，再爲附便齎送，不必特派人員，以致滋擾。仍通諭各駐劄大臣知之。（高宗六七五、一〇）

（**乾隆三〇、八、己酉**）又諭曰：巴延弼已授爲宣化鎮總兵官，命往和闐辦事。……著傳諭巴延弼，朕因其人尚可用，予以奮勉之階。伊至和闐，當以素誠、和誠爲戒。……和闐采玉，係常年土貢，每派回人供役，伊等儻怠玩隱匿，自當加意約束。若効力行走，尚屬勤慎，則應酌量賞給，以示鼓勵，不可絲毫擾累。（高宗七四二、六）

（乾隆三六、一、丙寅）户部議覆：陞任江蘇佈政使李湖奏稱，江蘇省額解物料，俱係各行户照市價領辦，覈與准銷部價，節年盈絀無幾，並無弊竇。惟高錫黄蠟係委員自行辦解，其價時有增減，轉易浮開冒銷。請嗣後一體由行户領辦，委員解部。並請於辦解各項物料之先，令地方官將市價部價，詳查比較；應否酌減，詳明咨部立案。均應如所請。從之。（高宗八七七、六）

（乾隆三七、七、癸丑）又諭：據鐘音參奏，紹興協守備高必升，短價勒買草干，任意重責卒伍，並串通千總章鳳勇，尅扣兵糧，種種貪縱不法，請一併革職拏問等語。高必升、章鳳勇俱著革職拏問，交與該督將案內應訊犯證，一併嚴審，定擬具奏。（高宗九一三、八）

（乾隆四一、三、丙子）户部議准：陞任貢州布政使、署湖南布政使鄭士進奏稱，各省購辦黄白蠟，係備內廷及祭祀應用。查乾隆三十四年採辦本色時，因辰州、寶慶二府不能如期趕辦，曾通派省屬。恐將來歲值缺產，而辦期適至，致市儈居奇，請於二、三年前，行知應辦省分，俾得分年購備。從之。（高宗一〇〇四、六）

（乾隆四三、一一、戊子）諭：本日據巴廷三奏，起獲張鑾同夥私販之衛全義寄賣各玉器，內有玉如意一枝，票開價銀四千兩，覽之深爲駭異。前次屢降諭旨，禁止貢獻，而督撫等於呈進方物時，間有以玉如意附進者。朕因如意義寓祥占，且計所值無幾，間亦賞收，以聯上下之情，初不知商人等之居奇罔利若此也。今閱單內衛全義所寄之玉如意一枝，需售四千兩，實出情理之外，其餘玉器價值，概可想見。奸商輩以近市三倍之心，貪得無厭，高抬市值以惑人，固屬可恨，而督撫等不惜重費購覓，亦屬愚而無謂矣。朕於整玉如意，本非所喜，是以座右陳設，止用鑲玉者，而不用整玉，乃衆所共知。況回疆玉料，琢成器皿，朕一見即能辨識，今既徹底查禁，將來自不敢復有違犯；但舊時存者，恐尚不少，豈可仍聽市儈之昧心漁利。現諭督撫等即朕七旬萬壽，亦不准進貢；其或偶於方物附呈者，不得仍用和闐整玉如意及大件玉器，即呈進，亦必不收；使奸商無利可圖，其弊自息。將此通諭中外知之。（高宗一〇七〇、一一）

（乾隆四四、五、乙酉）又諭：向來端午節督撫等並無進貢之例，惟兩江、閩、浙、湖廣等省所進土貢，有在端節呈遞者，如茶扇香葛之類。各因物土之宜，原所不禁，其餘無土產省分，並不隨衆同進。乃今歲各省督撫亦復一例呈獻，殊爲非理。現已諭令奏事處將山東、雲南、貴州等省所進物件，概行發還，不准呈覽。並著傳諭各省督撫，嗣後務遵向例，如有歷年端節進獻土物者，仍准照舊呈進；至向來並無土物進貢各省，不得踵事增華，另列端陽貢名目，紛紛進獻。（高宗一〇八二、二）

（**乾隆四四、六、己未**）諭：據福康安奏，前署岫巖通判德興、署城守尉佐領沙布東阿，差派兵役，下鄉採買燒窰柴薪，該牌頭劉發興科派村民飯食、草料錢文，以致將村民李明毆斃，該通判德興雖經驗訊，拘獲兇手，尚未通報，或有規避隱諱情事。請勅交奉天府府尹嚴審究擬等語。地方辦理城工物料，兵役藉端派擾，以致毆斃人命，該管上司均有失察之責，若交府尹查審，不免瞻徇迴護。此案著交盛京刑部侍郎穆精阿嚴審，究擬具奏。其有應行續參之該地方官，並著福康安查明參奏。該部知道。（高宗一〇八四、八）

（**乾隆四五、四、辛酉**）軍機大臣等議覆：葉爾羌辦事大臣復興奏稱，從前葉爾羌每年撥運伊犁布綿，俱於編起解送時，陸續按數奏聞。春秋二季派伯克前往採玉，亦豫具奏。請嗣後每年撥運伊犁之布綿，臨運送時，先行咨伊犁將軍查收。俟布綿全行起程，再開單統奏一次，仍將穀錢布綿細數，造册送部開銷。春秋採玉，亦俟解京後再奏。至派官兵咨取喀什噶爾馬匹，亦於馬匹解回時，再行奏聞。應如所清，從之。（高宗一一〇四、一六）

（**乾隆五二、一一、乙亥**）停回人春季採玉。諭：向例每年葉爾羌、和闐春秋二季採玉輸納，該處回人按季跟隨大臣，無甚閒暇，俱各奮勉，既應酌量施恩以紓其力，而此時節次採運之玉，亦足充用，嗣後每年春季停止採納，惟秋季仍令採玉解運，自明年起，即著爲令，以示朕惠愛回人之意。（高宗一二九二、二八）

（**乾隆六〇、七、丙寅**）又諭：向來督撫等年節三貢，備物呈進，朕不過酌量賞收，以聯上下之情。但伊等所得養廉，原資辦公之用，現在每年督撫等尚不免有簠簋不飭，私行派累情事，因思明年屆朕歸政，前已有旨交軍機大臣存記，各督撫等不得於年例之外，另添呈進次數，致滋糜費。但明年以後，慶辰月分，自當不同，若分期呈進，是又添貢一次矣。著傳諭該督撫等，明年止須於嗣皇帝慶辰備物呈進，仍原係朕照例觀覽，其收與否與常年相同。其八月之貢，不必再進，以示體卹。在各督撫等職分較大，稍知大體，自能恪遵朕諭。其鹽政、織造、關差係內務府人員，誠恐伊等私添次數，以爲見長地步，如此不特踵事增華，且失敬恭之道，斷不可行，爾等可遇便諭令知之。（高宗一四八三、六）

（乾隆六〇、九、癸丑）諭：舊例在京王大臣及督撫等，每逢年節備物呈進，酌量賞收，原以聯上下之情。來歲丙辰，屆朕歸政爲太上皇，若於年例之外，添備一分呈進皇帝，則伊等所得廉俸或不敷辦公，且恐外省督撫致有藉端私行派累之事，若祇備進一分，伊等於心又有未安。國家百年昇平，大內備貯陳設物件甚多，原可無需再行呈進，徒滋糜費。著自丙辰年爲始，內外大臣所有年節三貢，竟無庸備物呈進。惟元旦及朕與嗣皇帝壽辰慶節，在朝王大臣亦祇須備進如意，以迓吉祥而伸忱悃，逾日仍不過分賜衆人也。至各省土貢及鹽政、織造、關差年例辦進物件，如菓品茶葉之類，係備頒賞之用，應仍照向例次數，備進一分，不得復有增添別物。內外大臣職任部院封圻，惟當恪共盡職，勉思報稱，原不在備物抒誠。嗣後務須仰體訓諭，遵照辦理，如有仍前備物瀆進者，必當交部議處。將此通諭知之。（高宗一四八六、二一）

（嘉慶一、一、己酉）勅諭：前降諭旨，以丙辰年爲始，內外大臣年節三貢，毋庸備物呈進。但王公大臣等年節呈進如意，乃自雍正年間奉行至今，以聯上下新年喜慶之意，是以仍准其呈進分賜，用迓吉祥。乃昨日貝勒、貝子、公等及部院侍郎、散秩大臣、副都統紛紛呈進如意兩分，殊覺繁瑣，不可不定以限制。嗣后凡遇元旦及朕與皇帝壽辰慶節，宗室親王、郡王、滿漢大學士、尚書始准呈進如意，其餘概不准呈進。至外省督撫，止准按例呈進土貢。其鹽政、織造、關差俱有得項，所有年例辦進備賞之物，均仍照向例，按次備進一分，以備賞用，不得復有增添。儻伊等私自備物呈進，一經查出，必當重治其罪，以節糜費，而示體卹。（高宗一四九四、一一）

（嘉慶一、一、丁卯）又勅諭：向來兩淮鹽政例進土物風猪肉一百塊、皮糖八匣，本日蘇楞額呈進風猪肉、皮糖均加一倍，殊屬非是。鹽政、織造、關差等備進備賞之物，早經明降諭旨，祇許照例呈進一分，以備賞用。乃蘇楞額轉加倍進呈，其意何居？其多進之風猪肉一百塊、皮糖八匣，俱著擲還。蘇楞額著傳旨嚴行申飭，並交部議處，以爲挾私取巧者戒。（高宗一四九四、二五）

（嘉慶一、五、丙辰）勅諭：前經降旨，令內外大臣年節無庸備物呈進。惟遇朕及嗣皇帝壽辰慶節，准在京王公大臣等僅遞如意，藉以聯情抒悃。今思本年係朕歸政之初，爲嗣皇帝登極之始，或恐內外王公大臣等未喻朕意，又思於八月及十月，朕與嗣皇帝壽辰時，備物祝嘏。殊不知朕御宇六十年來，國家昇平昌阜，大內存貯珍物駢羅，即佛像亦無供奉之處，而嗣皇帝方當以儉樸爲天下先，原不宜貴奇異奢華之物，是用再行通諭。此後除鹽、織、關差向有公項購辦備賞物件外,其餘內而王公大臣,外而督撫,不但貴物不必進呈,即如意亦不許備進。其土貢惟麥麪、果品、茶葉、藥材等項,准其照例呈進,以備薦新分賞之用,不得額外增添陳設紬緞各物,以示體卹而節繁費。如有違例瀆進及奏事處濫行接收者,必當一併治罪。俟朕九旬大慶,嗣皇帝四旬壽辰,屆時應否准其抒忱祝嘏之處,另候勅旨遵行。將此通諭知之。(高宗一四九四、四一)

(**嘉慶三、一二、戊申**)申禁各督撫年節呈進紬緞,裁減各鹽政關差進十分之二。(仁宗三六、一三)

(**嘉慶四、一、甲戌**)申禁呈進貢物。諭內閣:朕恭閱皇考硃筆,有嚴禁內外大廈呈進貢物諭旨二道,聖訓煌煌,垂誡至為明切。夫貢之為義,始於禹貢,原指任土作貢而言,並非崇尚珍奇,所謂不貴異物賤用物也。我皇考頒諭飭禁,至再至三,祇因和珅攬權納賄,凡遇外省督撫等呈進物件,准遞與否,必須先向和珅關白;伊即擅自准駁,明示有權。而督撫等所進貢物,在皇考不過賞收一二件,其餘盡入和珅私宅。是以我皇考雖屢經禁止,仍未杜絕。試思外省備辦玉、銅、甆、書畫、插屏、掛屏等件,豈皆出自己資,必下而取之州縣,而州縣又必取之百姓,稍不足數,敲扑隨之。以閭閻有限之脂膏,供官吏無窮之朘削,民何以堪?況此等古玩,饑不可食,寒不可衣,真糞土之不若,而以奇貨視之,可乎?國家百數十年來,昇平昌阜,財賦豐盈,內府所存陳設物件,充牣駢羅,見在幾於無可收貯之處;且所貢之物,斷不勝於大內所藏,即或較勝,朕視之直如糞土也。朕之所寶者,惟在時和年豐,民物康阜,得賢才以分理庶政,方為國家至寶耳。至應進土貢,原為日用所必需,如吉林、黑龍江將軍每年所進貂皮、東珠、人蔘,係該處所產之物,其他如川廣之藥材,九江之甆器,江浙之紬緞及徽墨、湖筆、箋紙、茶葉、瓜果等項,原不外任土作貢之義,仍准按例呈進。所有如意、玉、銅、甆、書畫、掛屏、插屏等物,嗣後概不許呈進。至在京王公大臣,每年所得分例,尚不敷當差之用,豈有餘資,亦不許呈進貢物。若內廷翰林所錄御製詩文册頁及自作書畫等件,尚可呈進,斷不許增入古玩。至各省鹽政、織造、關差等,並無地方理民之責,其應交盈餘銀兩,現令戶部查明,方擬酌減,伊等辦公更可裕如,應進貢物,准其照例呈進。再年節王公大臣、督撫等所進如意,取兆吉祥,殊覺無謂。諸臣以為如意,而朕觀之轉不如意也,亦著一併禁止。經朕此次嚴諭之後,諸臣等有將所禁之物呈進者,即以違制論,決不稍貸,特此明白宣示,通諭中外知之。(仁宗三七、四四)

(**嘉慶四、一、戊寅**)又諭:上年十二月間,都爾嘉將由葉爾羌採解大塊玉石運送艱難之處，寄知和珅，和珅匿不陳奏，現經軍機大臣查出具奏。葉爾羌離京路途甚遠，運送玉石倍覺費力，彼時和珅據情陳奏，斷無因此勞役回衆之理。今閱都爾嘉原書，得知回衆勞苦情狀，朕心甚爲憐憫。將此速諭所經各城大臣，接奉此旨，所解玉石，行至何處，即行抛棄，不必前解。惟是由葉爾羌採取遞送之回子伯克以及衆回人費力良多，著寄諭奇豐額並所過各城大臣，酌定賞賜伯克頭目緞匹、衆回人銀兩，一面具奏，一面賞給，以示朕矜卹回奴之意。（仁宗三八、九）

（嘉慶四、三、丁丑）又諭：昨据奇豐額將從前在葉爾羌採取不堪用之大玉二塊補送情節咨報軍機處。此項玉料，初採得時，因瑕裂處頗多，奇豐額始另行尋採，將此二塊酌量琢開，再爲運送等情，請示和坤，乃和珅竟未請旨，私札奇豐額，令其補送，顯係和珅有豫存肥己之見。昨已降旨將從前運送之大玉二塊停止運送，并賞資出力回衆矣。著速行諭令駐劄各回城大臣等，此二塊玉料運至何處，即行擲放該處，所有經過地方，運送之伯克回衆等，仍照前賞資。（仁宗四一、一一）

（嘉慶四、七、辛巳）停止中秋節貢。諭內閣：各省呈進方物，原以備賞資之需，現在二十七月之內，萬壽慶節并不舉行筵宴，無須頒賞，所有各督撫及鹽政、關差、織造應進方物，概行停止呈進。若中秋節令，外間不過以瓜餅食物酬酢往來，內廷并無宴資之例，尤非萬壽及端陽、歲除可比。嗣後中秋節貢，著永遠停止。（仁宗四九、二〇）

（嘉慶四、八、丙申）申嚴呈進貢物之禁。諭內閣：兵部議處達例呈進土貢之福州將軍慶霖請照違旨例革職一摺。……著從寬改爲革職留任。……從前進貢一事，皇考亦屢經頒諭嚴禁，而督撫等仍間有備物呈遞者，皇考因其既經備進，或賞收一二件，藉聯上下之情，然亦甚以爲可厭。今朕志先定，斷不容臣工等有陽奉陰違之事。朕在藩邸時，一切服御起居，概從簡樸，而親政後，尤以崇儉黜華，冀厚民生而敦澆俗。現在宮禁之中，所貯珍寶玩品，極爲充牣，饑不可食，寒不可衣，可見此等珍奇，祇屬無用之物。況外省備進貢物，名爲奉上，其實藉以營私。每次未收之件，既可分餽權貴，又可歸入私囊，而屬員等競事逢迎，輒以幫貢爲詞，藉端派累，層層巧取，以至小民脧削難堪。大致進奉一節，最爲吏治之害，此朕所深悉弊端而必加嚴禁者也。此次朕之所以寬恕慶霖者，實因伊係武職糊塗，所進祇係方物，其咎不過冒昧，尚非欲倡爲此舉，首先嘗試，是以姑免革職。儻臣工等誤會朕意，欲藉此營私見好，仍冀得免嚴議，則是有意效尤，不但照違制例革職，必當重治其罪，決不姑寬。朕如此披誠訓諭，而內外臣工，多有不能深信朕者，必欲陷朕好貨之名，快其私憤，便其私圖，雖係以小人之腹度君子之心，不足與較，然朕之苦衷，亦不可不宣示也。至慶桂在京供職，相距伊弟任所較遠，慶霖呈進不合之處，未經阻止，其咎尚輕，著照部議查級准抵，免其降調。將此通諭知之。(仁宗五〇、五)

（**嘉慶四、一二、丁未**）又諭：朕恭閱皇考前降諭旨，曾將打牲烏拉東珠，自乾隆四十六年至五十一年，停採五年。至今又經十五年，不惟每歲勞苦採勞人等，又復多傷物命。朕仰體皇考好生至仁，其打牲烏拉採珠河，著自明年起停採三年，以資長養；俟三年滿後，由該將軍等再行具奏請旨。當此停歇之際，交吉林黑龍江將軍等於水陸隘口，安設卡倫，嚴行查拏偷採之人。此朕憐惜物命，並非珍愛其珠也，勿得仍任偷採，負朕愛物之至意。(仁宗五六、四〇)

（**嘉慶一三、二、乙未**）又諭：朕自臨御以來，嚴飭各督撫等於任土作貢之外，不得別有進獻，各督撫等日久遵循，罔敢違逾，自已咸知朕意。惟來年為朕五十誕辰，該督撫等承受渥恩，情殷祝嘏，或以五旬慶節，非常年萬壽可比，輒欲競獻珍奇，用申誠悃，或督撫本無此意，而屬員等藉端慫恿，希圖見好，且可從中獲利，亦情事之所必有。在封疆大吏共礪廉隅，斷不至因祝釐進獻致有簠簋不飭之事。但恐此端一開，則爭長見巧，誇多鬥靡，其弊有不可勝言者。況宮府所藏，百物充牣，朕躬行節儉，凡珍異華美之物皆所不取，實由天性，初非出於矯強，諒亦諸臣所共喻。明年五旬慶辰，除該督撫等應進土貢，仍准循例進獻備賞外，所有金珠玩好各物，概不准呈進。若督撫中有准其屆期來京申祝者，祇准呈遞如意，或係科甲出身素工詞翰者，並准其進獻詩冊書畫，俾展慶忱。儻經此次訓諭之後，該督撫等復有違例進獻珍玩者，必當加以譴責，該督撫等務宜敬謹凜遵，以副朕黜華崇實諄諄教誡之至意。將此通諭知之。(仁宗一九二、二四)

（**嘉慶一六、八、庚申**）諭內閣：伊犁將軍呈進馬匹，以備天閑之選，自平定西域以來，歷年遵辦已久。昨據察哈爾都統興肇奏，此次伊犁進馬，共帶有一百八十五匹，沿途多索支應。當交軍機大臣會同行在刑部將派來進馬之總管佐領等提訊。據供將軍晉昌原交進貢馬五匹，備用馬四匹。此外多係該將軍及領隊大臣等帶來分送各大臣官員者，下及總管佐領以至隨從兵丁，均各有私帶馬匹，或沿途售賣，或分送親友，以故馬數增多，并將該將軍等分送王大臣等馬匹數目開單進呈。朕批閱單內，御前大臣及御前侍衛華聘、阿那保均各得有饋送馬匹。每年貢馬僅止五匹，備用之數亦略相等，而私帶分送者，竟加至數十倍，殊屬不成事體。且御前侍衛多人，何以獨華聘、阿那保二人得有餽遺，明係華聘、阿那保爲派出試馬之人，是以該將軍進馬恐其挑剔，先行致送以杜其口。此等風氣，亟應飭禁。嗣后伊犂將軍每年進馬，除例貢五匹外，再備進五匹，派委妥員送到，一同交上駟院驗收，此外不許多帶一匹。至官兵等所供，附帶馬匹售賣，添補盤費，亦係託詞支飾。如該官兵遠道隨行，盤費實有不敷，著該將軍給發充足，毋令借口滋弊。(仁宗二四七、九)

（嘉慶一六、九、己卯）諭内閣：伊犂將軍呈進馬匹，遵循已久，現在天閑内馴良得力者多係伊犂所貢，即該將軍每年於備貢之外，隨帶數匹致送親友，及弁兵各私帶數匹，亦向所時有，但未有如此次隨帶馬匹多至一百七八十匹者。皆由該將軍辦理不善，復給與支應牌文，以致該弁兵等沿途滋擾，且恐經過地方官不爲應付，并各致餽馬匹，殊屬不知政體。晉昌，著交部嚴加議處。其沿途經過台站及地方官員，於晉昌餽送馬匹，率行收受，即濫與供支，均屬不合。(仁宗二四八、四)

（嘉慶一六、九、乙巳）免烏里雅蘇台、塔爾巴哈台呈進正貢外備用馬匹。(仁宗二四八、二七)

（嘉慶一九、二、壬寅）又諭：向來雲南土貢，例進銅鑪，浙江歲進嘉鑪、湖鏡，兩淮歲進銅火盆。相沿已久，歷年所積，宫内存貯者甚多。朕愛惜物力，思以有用之銅斤，庋之無用之地，殊爲虛擲。現在錢局官銅，未爲豐裕，若省此耗費，俾廣爲流通，於鼓鑄不爲無益。著傳諭該督撫鹽政，此數項銅器，嗣後無庸呈進。則鑄造者少，而地寶胥歸利用矣。(仁宗二八四、二五)

（嘉慶二二、五、癸亥）諭軍機大臣等：……伊犂將軍向來進貢馬匹，原以新疆爲產馬之區。至陝甘總督，例不進馬，自那彦成任内，始呈進馬匹，據稱係自新疆帶來在甘省調習餧養者，嗣先福踵而行之，亦曾進馬。伊等以進奉爲名，安知不將自用馬匹一併交屬縣餧養，其司道府等官又從而效之。如上年查辦虧空案内，皐蘭縣即指代各上司餧養馬匹一款，以爲口實。長齡前任伊犂將軍，今已改任陝甘總督，即自長齡爲始，不許呈進馬匹。伊即有自伊犂帶來之馬亦不准呈進，永著爲例，亦減除浮費之一端也。將此諭令知之。(仁宗三三〇、二一)

（嘉慶二二、一〇、癸未）諭軍機大臣等：前曾有旨諭知松筠，已離伊犂將軍之任，嗣後不准貢獻馬匹。乃松筠自到察哈爾都統任後，又復進馬，該處副都統棍楚克策楞亦進馬二匹。張家口素不產馬，該都統等向無進馬之例，此次必係松筠自出主見，又約會棍楚克策楞一同進獻，作爲陪伴，甚屬無謂。松筠，著傳旨申飭。伊二人所進之馬，俱不堪供御，已歸入阿拉善群內。松筠嗣後不准再進馬匹，儻再行瀆進，除將馬匹立時撥回外，仍將伊交部議處。再，昨降旨派松筠前往歸化城，查辦佐領達莫龍呈控盤獲教匪，副都統等不爲究辦一案，係因察哈爾距歸化城不遠，令松筠就近前往，松筠到彼審明後，即繕摺具奏，速回察哈爾都統本任，斷不可借奉使爲名，妄思來京復命也。將此諭令知之。（仁宗三三五、一〇）

第三節　軍政官吏丁役私徵勒索

一、概述

（康熙五、七、乙酉）兵部議覆：廣東巡撫王來任條奏，粵東武職各官，借名軍需，發銀州縣，採買穀米、稻草、牛皮、牛角、弓弰、箭竹、木炭等項，所發之價，十僅四五，州縣不敢動其分文，照數繳還，穀米等項，俱派里排備完，仍用民夫民船裝運交納。所差員役，勒索供應，稍遲鞭責，小民日見朘削。請通飭永禁。應如所請。得旨：著該撫指名參奏。（聖祖一九、一二）

（康熙七、五、戊戌）兵部題：投誠官兵，理應凜遵法紀。近見福建督撫疏奏，投誠各官騷擾地方，勒索百姓，種種不法。福建如此，他省可知。皆由該管將領鈐束不嚴，并該督撫申飭不力所致。請敕各省督撫提鎮，嚴行禁止，若仍前弊，或被害人等首告，或科道糾參，將該管將領從重治罪。從之。（聖祖二六、一）

（康熙八、七、戊戌）兵部議覆：都察院左副都御史王光裕疏言，直隸各省，分防州縣兵丁，食用、馬匹草料取辦民間，稍不如意，即行鞭扑，肆虐實甚。請敕部行文各省通行嚴禁，如有此等情弊，被害人民首告，督撫以下治以縱兵害民之罪。應如所請。從之。（聖祖三〇、一五）

（康熙二〇、二、癸巳）諭戶部：直省清察隱占田畝，州縣有司或利其陞敘，虛報田糧，攤派民間，致滋苦累，亦未可定。爾部可檄行直省督撫，著嚴行察覈，以除其弊。（聖祖九四、一三）

（康熙二一、八、辛巳）杭州副都統邵鳳祥陛辭請訓旨，上御玉泉山東門，面諭曰：朕聞杭州駐防官兵，將地方民人商賈甚加刻害。官兵駐防省會，原以鎮守地方，使民生有益，乃反行刻害，是何理也？今任爾爲副都統，爾須留心此事，嚴束官兵，以副朕簡用。如仍前恣行，決不輕恕。聞鎮江更甚，今爾往，將朕諭傳與彼處將軍副都統知之。（聖祖一〇四、三）

（康熙二六、五、戊寅）貴州巡撫馬世濟陛辭，請訓旨，上曰：漢軍多有喜做外官者，不過希有所得耳。在部院衙門，見聞甚近，尚不敢爲非，一至遠處即便於行私。今天下雖甚承平，而百姓甚苦，貴州殘破地方，其苦尤甚，不但火耗多派於民，即一應供億動輒取之於民，其何堪受此重困乎？又雲南、貴州往來差使甚多，近聞驛遞中有應給一馬而多至數馬者，豈得不爲病民？（聖祖一三〇、八）

（康熙二八、四、己卯）吏部議覆：江南江西總督傅拉塔疏參贛縣知縣劉瀚芳科派婪贓，江西布政使多弘安、按察使吳延貴等不行詳究，明系徇庇。查官員徇庇，例降三級調用，今多弘安等于屬縣私派之案不行詳究，恐別有情弊，不便照常例議處，請將多弘安等革職發審。從之。（聖祖一四〇、二七）

（康熙三八、閏七、壬寅）山西巡撫噶禮陛辭。上諭曰：凡巡撫赴任，朕俱有訓旨，然遵諭而行者甚少。山西地方，被溫保科派，迄今百姓受困。倭倫居官雖無甚劣處，而於科派不肖之員，不行題參，是以大失民心。爾到任後，務要勤勞愛民，居官若好，朕即超擢，否則即行罷斥，惟爾自取，朕斷無所瞻徇也。（聖祖一九四、一〇）

（康熙五〇、五、庚寅）戶部議覆：戶科給事中冷宗昱疏言，黔省地方荒僻，公事無多，官役俸工，遇有公捐者，應年終據實題明，以杜中飽之弊。又蜀省州縣，一切供應，皆取給於里民，請嚴行禁革。應如所請。從之。（聖祖二四六、八）

（康熙五八、一、丁酉）江南江西總督長鼐疏言：鳳陽府屬潁州知州王承勳，首告鳳陽府知府蔣國正勒索銀一萬一千八百兩；安徽布政使年希堯勒索銀五千八百餘兩，又康熙五十六、七等年，蠲免民欠錢糧，司府鈎通，捏造民欠，冒蠲銀四千餘兩；請將布政使年希堯、知府蔣國正、知州王承勳，俱離任質審。得旨：著兵部右侍郎田從典、都察院左副都御史屠沂前往審理。（聖祖二八六、一四）

（雍正一、七、壬辰）禁止出差官員不嚴束人役，需索餽送，騷擾地方。州縣官亦不得借欽差公費名色，私派里民。（世宗九、一八）

（雍正二、閏四、乙酉）諭戶部：朕惟錢糧固屬緊要，而民瘼尤宜體卹。聞有州縣虧空錢糧，百姓情願代賠者，此端斷不可開。虧空之員，未必愛民，況百姓貧富不等，斷無闔縣情願代賠之理。或係棍蠹勾連，借端科斂，或不肖紳衿，一向出入衙門，通同作弊，及本官被參，猶冀題留復任，因而號召多事之人，連名具呈，稱係闔縣願賠。後官畏懼承追處分，接呈入手，即差役按里追呼，名曰樂捐，其實强派，累民不淺。嗣后紳衿富民，情願協助者，聽其自行完納，其有闔縣具呈者，即將爲首之人治以重罪。如府州縣官擅準派賠，著該督撫查參重處。(世宗一九、一一)

(**雍正二、八、庚子**)户部議覆：内閣學士巴錫條奏，整飭州縣，先宜革除陋規，如派催里長，有茶菓之名，編審有酬勞之例，迎春、鄉飲，均有謝禮。應令各該督撫嚴行禁革，違者參處。應如所請。從之。(世宗二三、二九)

(**雍正七、一二、乙巳**)諭内閣：國家設兵衛民，所以安良除暴，雖尚勇武之力，然必謹守法度，顧惜廉耻，不爲犯法干紀之行，始不負朝廷豢養之恩，可以有上進之望。八旗兵丁，國家所以養之者甚厚，偶有差遣征剿之事，復加意體卹，賞給各項銀兩、行糧之外，復給坐糧，所以籌畫其用度，養贍其身家者，至周至渥矣。爲兵丁者，自宜感戴國恩，兢兢奉法，共知自愛，以邀爵賞而沐寵榮，况朕之訓飭教導者，至再至三，豈伊等尚不知猛醒，痛改惡習乎！乃自藏回陝之八旗兵丁四百名，仍有沿途騷擾居民之事，經撫臣憲德兩次參奏，共一百三十餘件，似此負恩犯法，無知無耻，朕實爲伊等深愧之。且其所得有限，乃一時率其獷悍之性，不知檢束，以致身投法網，罪無可逃，能不愧悔？况損人利己者，天理之所不容，强奪横取者，國法之所不宥，爾兵丁等奈何惟利是貪，而不顧天理，不畏國法，爲此可羞可媿之行乎？今將該撫所參各款，一一開出，並降此旨，著交與八旗及各省駐防管兵官員等，各抄録一道，每月傳集兵丁，敬謹宣讀，令其觸目警心，時時檢束，恪謹遵奉。(世宗八九、一二)

(**雍正九、一二、甲辰**)奉天府府尹楊超曾疏言：奉天各屬，從前一切公務，皆取給里下，總計一歲之科派，多於正額之錢糧。如遇奏銷地丁驛站，大造編審人丁，大計考察官吏等項，自臣衙門家人書吏，以至治中知府州縣，各處均有陋規銀兩，名爲造冊之費；歲科考試童生，自府丞至治中知縣衙門，亦有陋規銀兩，名爲考試之費。至大小官員到任，凡修理衙署，鋪設器用，以及查點保甲，换給門牌、印捕等官紙張飯食，俱行攤派銀兩，每項約有數十兩至百餘兩不等。更或衙蠹里書從中指一派十，侵收包攬，弊竇多端。臣已嚴飭各屬勒碑永禁，並令嗣後徹底澄清，不許絲毫派累。得旨：從來地方科派陋規，甚爲民間之擾累。楊超曾通行查禁，辦理甚是。但恐相沿已久，官吏人等尚有陽奉陰違者，又恐日久法弛，將來接任之員，或有仍襲從前之陋習，著將楊超曾所奏，宣示於外，令奉天官吏人等永遠遵行，以除積弊，以惠閭閻。(世宗一一三、一〇)

（乾隆二、四、癸未）除澎湖漁艇陋規。諭總理事務王大臣：朕查閩省澎湖地方，係海中孤島，並無田地可耕，附島居民咸置小艇捕魚，以餬其口。昔年提臣施烺，倚勢霸占，立爲獨行，每年得規禮一千二百兩。及許良彬到任後，遂將此項奏請歸公，以爲提督衙門公事之用，每年交納，率以爲常。行家任意苛求，漁人多受剥削，頗爲沿海窮民之累，著總督郝玉麟宣朕諭旨，永行禁革。其現在捕漁船隻，飭令該地方官照例編號，稽查辦理。此項陋規既經裁除，若水師提督衙門有公用必不可少之處，著郝玉麟將他項銀兩，酌撥數百金補之。（高宗四一、二五）

（乾隆七、六、乙卯）諭：國家設兵，原以衛民，不可使之稍有累於民。朕聞得粤西地方，看守城門之兵丁，往往借盤詰爲名，遇小民肩挑薪蔬米豆等物入城貨賣者，必攫取些須，以資食用；民間嫁娶，經由城門出入者，則先期需索酒食，方無阻滯。又分防塘汛之兵丁，每驅使近村民人薙草取水，並令輪值代送公文，或塘房破損，即令村民出錢承攬代爲粘補，以餘貲入己，通省皆然，而偏僻之地爲尤甚。又如賭博一節，輒自恃身充營伍，差役不敢擅拏，而同類人多，風信便捷，即拏亦易於走脱，以致開設賭場，引人入夥，肆無忌憚。此種弊端，係朕得之風聞者，該省督撫提鎮，皆當加意訪察，共相整刷，以除積習，毋得視爲具文。他省或有似此者，封疆大吏，亦應一體留心辦理。（高宗一六九、二〇）

（乾隆二八、七、甲戌）諭：據蘇昌參奏碣石鎮總兵王陳榮私索漁船銀兩一摺。王陳榮身爲海疆專閫大員，理宜潔己率屬，整飭營伍，乃敢私索漁船銀兩至一千餘圓之多，及至事已敗露，又賄囑犯弁狡賴，希圖脱罪。貪黷敗檢，甚屬不法。王陳榮，著革職，交與該督將案内應行質訊人犯，一併嚴審定擬速奏。（高宗六九一、六）

（嘉慶四、三、己未）諭内閣：今派綸布春巴圖魯侍衛等十八人前往川省軍營，解運餉銀。向來我朝滿州世僕，遇有軍務，即籲求前往，其報効國家之心，皆出於至誠，初爲無利之見也。乃近年來，前赴軍營者，惟知按站需索銀兩，及抵軍營後，又不能實力打仗，不過濫竽藏事。而於歸途經過地方，索取銀兩，到家後坐擁厚資。故東三省人等凱旋後，輒指稱修墓告假，大率攜回索取資財，置買產業。此等陋習，朕所深知，事屬既往，姑不深究。（仁宗四〇、二）

（嘉慶四、七、丁卯）又諭：宜興前放巡撫時，并非有人保薦，因一時乏人，特加簡用。今有人參奏該撫各款。……宜興荒湛於酒，任聽家人等需索門包使費，每一州縣計銀三四百兩。若該撫有通同染指情弊，必應設法嚴懲；即係審明衹係家人索詐，宜興并不知情，然以封疆大吏，日在醉鄉，不能約束奴隸，任其勒索屬員，亦有應得之罪。(仁宗四八、一三)。

（**嘉慶一二、一二、癸酉**）又諭：朕披閱勦平三省邪匪方略，從前湖北辦理軍需，……於糧餉撥到之後，又不以時給發，遂致兵勇等向民間勒索，任意滋擾，几致貽誤。(仁宗一八九、一三)

（**嘉慶一二、一二、庚辰**）諭内閣：伯麟參奏雲南石屏州生監、書差冒領社倉穀石，並供出前任正署州牧及官親家人，均有需索受賄情弊一摺。社倉穀石，係民間自行捐貯，以備無力農民借作籽種，春借秋還，例不許官吏經手，以杜侵虧冒領之弊。乃石屏州社倉穀石，節年被生監、書差串通冒領，其無力農民借領轉少，且官親家人，胆敢收受使費，兩次共錢三百八十餘千文。並据貢生任澍宇供出，正署兩任知州孫儀、劉先，俱曾得受賄賂。如果屬實，均屬大干功令。所有案内之貢監生員，概行革去衣頂，著交伯麟提集已革石屏州知州孫儀、前署石屏州試用知縣劉先及一干應訊人証，嚴審確情，定擬具奏。(仁宗一八九、二六)

二、錢糧浮收勒折

（一）錢糧徵收

（**順治二、二、丙子**）原任淮揚參議道楊樞奏言，州縣有司爲親民之官，加意撫綏，方爲稱職。茲有借稱兵馬急需額外橫徵多加火耗者，宜嚴創懲，以儆貪墨。……得旨：著所司酌行。(世祖一四、一五)

（**順治一八、四、戊子**）四川道御史夏人佺條奏：田賦正額，每畝多不過二三錢，少止幾分，惟地方官攤派科斂，較正額多且十餘倍，少或數倍。乞通行禁飭，責成督撫巡按嚴加訪察，凡州縣私派私徵，及司道府廳不克檢察，一并參處。如督撫按身先作俑，有不互糾，事發坐罪。即使兵行地方，事有難已，尤必多方調濟，不得藉口濫派小民。其在内經營錢糧各部院衙門，禁止各役勒取使費，犯者即坐該管官失察之罪。臣更有請者，閩、滇地方，見在用兵，百娃苦憊難堪，臣請倣照崇明恩例，敕下該省巡撫確察供應最苦地方，分別奏聞，重者免其田賦一年，次者免其田賦之半。下部知之。(聖祖二、一五)

（**順治一八、一一、丁丑**）户科給事中柯聳疏言：有司考成，見任去任，俱有則例處分，而年終奏銷，又別紳欠、衿欠、役欠，照新例議處，獨奸胥侵欺捏報，尚無定律，其弊不可勝言，或於正額之外，妄立名色，而多派私徵；或將已完之糧不登收薄，而註欠重比；或受本户囑託，而糧數飛砌隔圖；或侵一人銀兩，而零星散灑各户；一經册報，無不照數賠完。如不立法嚴懲，漏巵將何底止。即如二等侍衛臣金世羨、臺臣周季琬、詞臣宋德宜、葉方藹等各疏稱，照由單之數，早已透完，而經承妄捏報欠，身列朝班之人，蠹書尚敢舞法作奸，以完作欠，則村野愚民受若輩之私增暗砌，不知其幾矣。乞敕部从重議一定例，頒行勒石。抑臣更有請者，每年由單，務必照申部單式，依限早發，以便小民明知應完之數。又宜立四季徵比循環簿，申送藩司用印，先期發縣，許納户完後，自填印簿，每季起解錢糧，即將印簿申繳該司。如經承稍有別弊，許納户據由單完票告發，加等治罪。州縣官一併參處。下部知之。(聖祖五、八)

（康熙三、五、甲子）户部議覆：四川道御史馬大士疏言，欲杜州縣私派之弊，宜嚴上司容隱之條。查州縣官徵收錢糧，有以完作欠，並加派私徵，弊端百出。嗣後司道府廳等官，朦隱不報者，督撫題參，將司道府廳官革職。若司道府廳等官具報督撫，而督撫隱匿徇情，不行題參，聽科道官指名題參，將督撫降五級調用。從之。(聖祖一二、一)

（康熙四、三、壬辰）諭户部：設官原以養民，民足然後國裕。近聞守令貪婪者多，徵收錢糧，加添火耗，或指公費科派，或向行户强取，借端肥己，獻媚上官。下至户書里長等役，恣行妄派。小民困苦，無所申告。以後著科道府，將此等情弊，不時查訪糾參。至於夏秋徵收錢糧，原有定期，隔年預徵，小民何能完納。以後預徵者停止，照定例徵收。地丁錢糧，有撥兵餉者，應否將何項錢糧撥補，爾部詳議具奏。(聖祖一四、二〇)

（康熙三六、五、戊戌）諭吏部等衙門：……比年用兵以來，一應軍需芻糗俱動支正項錢糧，儲峙供應，從不取辦閭閻。乃[山西、陝西]各府州縣官員借端私徵，重收火耗，督撫、布政使等官又不仰體朝廷卹民至意，糾察貪汙、禁革加派，反多瞻徇曲庇。又或該督撫庸懦懈弛，因而筆帖式及衙門人役無所忌憚，擅作奸弊，以致民生滋蹙，朕心深切軫惻。今外寇已經蕩平，惟以綏乂地方、拊循百姓爲急務。山陝兩省關繫緊要，應作何撫卹休養，著九卿詹事科道詳議以聞。尋議覆：山陝里井艱難，皆緣督撫有司不能仰體皇上軫卹黎民之意，橫徵私派之所致也。應請敕下山陝督撫，務期洗心滌慮，正己率屬，嚴飭所屬官員屏絕苞苴，嚴禁私徵重耗。共貪汙虐民者，立行糾參。至筆帖式衙門人役，擅作奸弊，滋擾地方者，亦必嚴加懲處。凡有不利於民、應革事宜，督撫即爲確查革除。或遇水旱災傷，當即奏聞。如督撫仍前因循，徇庇屬員，不能撫綏百姓，將督撫革職，從重治罪。從之。

(聖祖一八三、二五)

(康熙四九、三、丁亥) 又諭曰：雲貴四川等處，俱係邊疆，殊爲緊要。督撫以下官員，謂去京遼遠，朕不及聞知，故違法妄行者多。督撫爲一省之表率，職任極重，用伊等者原爲愛養生民，安撫地方，非使之富貴而已。近聞四川官員，惟學道陳璸操守尚清廉，其餘地方官，橫行加派，恣肆者甚多。戶部侍郎能泰，前爲四川巡撫，不能嚴加檢束訓誡屬員，使民困苦，屬下文武官員，無一善者。如此之人，若仍留爲侍郎，何以明賞罰，示勸懲。著將能泰革去侍郎；四川布政使卞永式，居官尤劣，著解任。江西按察使吳存禮著升爲四川布政使。(聖祖二四一、一七)

(康熙五〇、九、癸卯) 刑部議覆：兵部尚書今陞大學士蕭永藻察審四川加派一案，原任布政使卞永式，徵收錢糧，每兩加派銀一錢二分，除送原任四川巡撫能泰等銀二萬二百兩外，共計入己銀二萬七千四百兩有奇。應將原任布政使卞永式照律擬絞，已經病故，毋庸議。原任巡撫能泰，身爲巡撫，屬官私派不行覺察，又身受贓銀，應照律擬絞監候，秋後處決。從之。(聖祖二四七、一七)

(康熙五六、九、癸酉) 奉差河南審事刑部尚書張廷樞等疏言：審據河南府知府李廷臣供，去年河南府屬十四處，每地一畝，派銀四釐，係原任巡撫李錫傳八府知府面諭照派。又李錫發河南府瘦馬二百九十七匹，每匹交銀十二兩，糧驛道戴錦轉發馬八十四匹，每匹交銀十二兩五錢，除提問布政使張伯琮、糧驛道戴錦外，請敕吏部問取李錫確供發臣，以便與張伯琮等所供核對定議。得旨：李錫著革職，速行發往質對。(聖祖二七四、一一)

(雍正五、八、己丑) 署直隸總督宜兆熊等疏參：大城縣知縣李先枝，貪婪成性，罔念民瘼，將地畝人丁，於額徵之外加派私收，苦累小民，請革職究審。得旨：李紱任直隸總督時，將李先枝題陞天津州知州，朕調來引見，看其人甚屬庸常，故令仍回知縣原任。今以私派被參，劣款現有明據。常見科甲出身人員，多有夤緣黨庇之惡習，而貪贓枉法者，尚不多見。今李先枝目無國法，公然私派科斂，苦累小民，料爲科目中之匪類，而李紱乃敢在朕前特薦題補天津要缺，是李紱不但有心袒護，且必有暗受李先枝請託之處。著將李先枝革職拏問。其私派情由及本內有名人犯，該督等一併嚴審定擬，再將如何請託李紱之處，務須究出具奏。(世宗六〇、六)

(乾隆九、一) [是月] 湖北巡撫晏斯盛奏：楚省徵催錢糧，每鄉每里，各有里書、冊書盤踞鄉曲、包攬侵收、飛灑詭寄以及需索冊費等弊。前署荊門州知州高世榮，縱用里書，朋比爲奸，業經參革，嗣後頑抗之戶，臨限無完，令該管官照例查比。即山區窵遠，亦分委佐貳就近徵比，無事蠹役代賠，藉爲弊柄。得旨：汝在湖廣年餘，惟此事尚屬辦理得宜耳。告之許容，令其繼此妥辦。(高宗二〇九、一七)

(乾隆九、七)〔是月〕福建巡撫周學健奏：閩省各屬，積年地欠錢糧甚多，固緣戶藉不清，苦於賠累，亦有糧戶離城遼遠，不能自赴繳納，以致胥役攬收代完，因而假印假串，滋弊多端。現飭藩司委員攜帶該縣各年日徵紅簿，挨戶查對，如紅簿無名，而執有印串者，即知係假，以冀徹底查出私收侵蝕之弊。得旨：如此實心剔弊，朕所嘉悦也。勉之。(高宗二二一、三五)

(乾隆一二、一〇、癸酉) 諭軍機大臣等：從前高斌摺奏江蘇清查積欠弊端一事，朕令寄諭愛必達密行詳查，據實具奏。蓋高斌素性長厚，此等清查積欠之事，恐致擾民，本非其所欲爲。且因王師一事，未免稍存偏護，所奏不無過甚。今覽愛必達回奏，實屬至公之論。其摺内所稱，句容縣糧戶駱寅等，被收書張玉昆侵收銀三百餘兩，駱寅等情願照數完納；鎮洋縣銀匠王蒼玉，侵收銀一百四十餘兩，據監生何嘉楣情願先行完繳，等語。夫書役假串侵收錢糧，自應在書役名下追償，即使脱逃，亦當俟緝獲之日，嚴行追比。乃令原戶重爲完納，此係安寧失於檢點，辦理猶未盡善之處。況糧戶已完之項，復令重科，所稱出於情願，亦係必無之事。如果有之，則係盛世良民。爲大吏者，當免其完納，以示嘉獎，豈有復使代償之理。此時辦理，雖未必如高斌所奏若此之甚，但即此二事推之，將來書役聞風效尤，其流弊必至如高斌所奏者。江蘇積欠二百餘萬之多，固當設法清釐，第不可使糧戶重完，以致擾累。(高宗三〇一、一)

(乾隆二二、一〇、壬戌) 諭軍機大臣等：據富勒渾奏，續經查出之巴東長樂等州縣，俱有浮收情弊，現在提犯嚴審等語。察吏乃巡撫專責，加派私徵，病民爲甚，不可不極力懲治。富勒渾已授湖南巡撫，著將原摺抄寄莊有恭，令其嚴行查辦，徹底清釐，務期積弊悉除。儻別經發覺，仍前朦蔽，恐莊有恭亦不能當此罪也。(高宗五四八、六)

(乾隆三〇、七、甲戌) 又諭：據李侍堯等查奏，貴州按察使熊繹祖，前在廣東糧道任内，有浮收斛面折錢入己一案，經伊管倉家人宋二收進等語，已降旨將熊繹祖革職解審。著傳諭方世儁即行派委妥員，押解赴粵審訊，其家人宋二，亦著一併挐解。務令沿途小心防範，無致疎虞。(高宗七四〇、四)

(乾隆四八、七、丁酉) 諭軍機大臣等：據德保等奏，貴州甕安縣土縣丞宋遵仁呈控，伊家祖遺都挖山田地一所，先經作爲苗田入官，將山地給還土官家，其后復令土民開墾，山地均作爲官田，仍令伊家交納差賦。屢在督撫藩司衙門控告未准，復經該縣知縣董樑，以擅告官莊，將伊父宋連鎖禁酷打。再，董樑徵收銀兩，加耗苛索，又折收倉穀，勒派餧馬各款。請交貴州巡撫李本研審究擬等語。此案土官宋遵仁所控各情節，如果地方官辦理不善，及有苛派私徵等弊，自應徹底查究；儻該土司挾嫌誣控，希圖洩忿，尤當嚴行懲治，以儆刁風。但所控係黔省官員，未便仍交該撫李本辦理。著傳諭劉秉恬將撫篆交與富綱兼署，即前赴黔省秉公查審具奏。其原告宋遵仁，仍交刑部解往該省，以憑質審。將此傳諭劉秉恬并都察院、刑部堂官知之。（高宗一一八四、一四）

（乾隆五〇、一一、己卯）諭軍機大臣等：據步軍統領衙門奏，山西高平縣捐職未入流陳銑，呈控該縣富户朱秉春等六十一家藉修本縣鼓樓，私斂錢文二千餘串，止用錢四百八十串，其餘盡行侵蝕；又户書宋廷彥等，串通銀匠申嘉錫等，包收錢糧，每銀一錢，收制錢一百二十七文；又鄉長崔雁峰，指官勒派，每里捐銀二百兩各款。從前曾在本府及巡撫、藩司、臬司衙門控告，經本府看押訊問，逼出誣告甘結，情急來京控告等語。陳銑所控各款，如係屬實，自應嚴審究治，以安地方，該府、縣何得僅令出結完案。而巡撫、藩、臬亦竟置之不問。但該縣既有此等殃累之事，合縣民人均受其害，何獨陳銑一人挺身驀越來京控訴，其中保無包攬誣捏情事，亦須徹底根究，以儆刁風。著傳諭伊桑阿即將案内人犯搜集，秉公嚴審，據實定擬具奏，不可稍存迴護將就之見，步軍統領衙門摺，并著一併鈔寄閱看。（高宗一二四四、七）

（嘉慶四、一一、辛未）又諭：御史彭希洛奏請禁外省官員勒令告病，并嚴禁州縣浮收條銀，文武員弁諱資一摺。所奏俱切時弊。據稱，……徵收錢糧，各省州縣多有浮收之弊，如江蘇有徵收條銀，官設銀店，每一兩浮收銀三四錢不等；其將錢折交者，每一兩收大錢一千四五百文不等。州縣既已浮收，胥吏又從而侵蝕，現經嚴除漕弊，恐不肖官吏，因出息較少，于徵收錢糧時，又致逐漸加增，……各等語。該御史所奏，俱屬應辦之事……錢糧一項，例應民間自封投匱，久經嚴禁私設官店，以杜浮收。其鄉民内，向有折交錢文者，若竟行禁止，恐小民不諳銀色，反受胥吏愚弄。各督撫務於開徵之先，按照時價，覈定換銀上庫之數，每兩徵收大錢若干文，出示曉諭，聽民自便，毋許絲毫浮收。（仁宗五五、四）

（嘉慶一三、一〇、乙卯）諭軍機大臣等：山西左雲縣生員郭億呈控該縣家人張五、蕭三浮徵錢糧，勒折科斂，并拏車派草一案，已降旨交成寧審辦矣。此案郭億所控該縣官門家人張五、蕭三，串通書吏等，折收錢糧，浮收脚價，并派買穀石等款，種種刱法病民，大爲地方之蠹。該省現無應辦差使，而該家人、書吏等公然藉辦差爲名，向地方鋪戶派草至七萬餘斤，折收錢文，又硬拏車馬索詐，擾累閭閻，殊爲可惡。並恐該縣等有主使營私情弊，本日刑部具奏上時，本欲特派廷臣馳赴該省嚴鞫，因部院辦事需人，且此事未經在本省控告，是以發交成寧審辦。該撫接奉此旨，即與欽差無異，當照欽差審辦案件，親加提訊，據實查明。務期水落石出，以成信讞。儻視同尋常控案，轉委屬員，任其捏飾朦混，以致案情不實，翻控無已，則惟該撫是問。將此諭令知之。(仁宗二〇二、二二)

(**嘉慶一三、一二、癸巳**) 諭内閣：據御史常文奏請申禁浮收錢糧一摺。錢糧一項，朕於嘉慶四年親政之初，即經明降諭旨，嚴飭各地方官不得稍有浮收，致滋擾累，自應實力奉行。乃比年以來，各省赴京縣控浮收錢糧者，仍復不少。雖節經詳節覈案情，隨時分別懲辦，而欲息訟源，必先嚴杜貪墨，自前次頒諭之後，迄今已及十載，恐各省督撫不免視爲具文，而不肖州縣以及奸胥蠧役遂各陽奉陰違，每屆開徵，輒思從中侵肥，恣行朘削。控瀆之繁，未必不由於此。今特重申例禁，諭令各省督撫轉飭所屬，於錢糧正項務當按額徵收，如有侵浮舞弊之員，一經訪聞，立即指名參辦，毋得以日久生怠，致干咎戾。(仁宗二〇四、一)

(**嘉慶二〇、一一、癸未**) 諭軍機大臣等：朕聞湖南……交納錢糧時，州縣官私加名色，有短封、補水、補平、投匱、上票等項，每兩定數之外，私加銀六七錢不等。……該省果否有此積弊，巴哈布係新任之員，無所庸其迴護，著於入境時詳加察訪。如查有前項弊端，即嚴行禁革，以飭官方而安民業。(仁宗三一二、一〇)

(二) 漕糧收運

(**順治一八、二、辛巳**) 戶部議准：禮科給事中成肇毅疏言，浙江南米，不宜濫委通判收放，並令督撫釐革一切勒索陋規。從之。(聖祖一、一九)

(**乾隆二、七、戊子**) 戶部議覆：吏科給事中馬宏琦條奏，收漕例用部頒鐵斛平概，不許踢斛淋尖。查乾隆元年七月，議准御史蔣炳奏陳漕弊案内，通飭有漕各省督撫，嚴革蠧役留難刁蹬踢斛淋尖等弊。乃自再行申禁之後，甫及一年，該給事中馬宏琦，又奏有浮加斛面，自一指、二指以至三指等弊，應請飭總漕及有漕各督撫確查奏辦。其所稱兌運每石按數另加耗米之處，查收漕例有漕贈潤耗等項銀米，今若另收耗米，實係耗外加耗，應毋庸議。又所奏州縣徵收地丁耗羨並摘捉短封，以及道府親身查察，同知等官監拆之處。查乾隆元年七月，議覆御史薛醞奏陳州縣私置重戥，額外多收及御史楊嗣璟奏稱徵耗短平，又鴻臚寺卿趙挺元奏請州縣糧櫃拆封，該管府州親往拆驗等案內，節經行據直省各督撫妥議，奏定成例在案。共所稱雜項錢糧，令民自封投櫃，請再通行各督撫飭屬遵行。儻有勒索留包偷取等弊，指參究處。從之。（高宗四六、五）

（**乾隆四、一一、己未**）定湖北省南北兩漕分收例禁。諭：朕聞湖北地方，每年額徵糧米二十七萬八千餘石。以十五萬一千餘石運赴通倉，名曰北漕；以十二萬六千餘石爲荆州官米，名曰南漕。此二項糧米，雖有不同，而徵之於官，納之於民，則同一乾圓潔净之米。即額定之耗米腳貫，亦屬一例，原可合收而分解者。乃有不肖州縣，巧爲多取，分設倉口，分點倉書，令糧戶分作兩處完納，以圖多得贏餘，民間未免苦累。近年以來，上官訪知此弊，已出示禁革，小民稱便，但未著爲定例，恐將來官吏貪得贏餘，仍有復蹈舊轍者。著該部行文該省，將南北二項漕糧合收之處，永遠遵行。如有分項徵收，零星多取者，該督撫即行查參。儻別省收漕地方，有似此分收者，著該督撫酌量查禁。（高宗一〇五、二）

（**乾隆八、七、丙午**）户部議覆：給事中鍾衡奏請除坐倉之弊。州縣徵漕，每斂派書役分廠收米，多係歷年積蠹，又恐伊等朋比作奸，遂令内署親戚家人長隨等坐倉看收，而不肖書吏暗通賄賂，彼此交結，致糧戶交納，分外刁難，而包攬代納之輩，復潛相串通，恣行無忌，往往有之。應如所奏，令有漕督撫、總漕嚴飭徵漕州縣，於開倉時，務必親至倉廠，米屬乾潔，隨到隨收，響擋平量，一一親身查察。萬一因公他出，暫委本州縣佐貳官輪流監收。該州縣在倉看收人等及斂派之書役，如有包攬浮收、通同舞弊之事，即行揭報，嚴參究治。如監收之佐貳官有扶同隱匿等弊，該撫一併參究。從之。（高宗一九七、一三）

（**乾隆一二、一〇、乙亥**）户部議覆：湖廣道監察御史馮鈐奏稱，各省收漕，如踢斛淋尖、刁蹬講貫、裏折外加、倉有飭米即以銀錢折色各弊，請勅漕臣嚴察示懲等語。應如所奏，令總漕及有漕督撫飭各該糧道，不時訪察。如各州縣有不按定例，藉端勒索，私行折加，以及縱容胥吏舞弊，即行指名題參。從之。（高宗三〇一、三）

（**乾隆一七、八、丁巳**）山東巡撫鄂容安奏：東省各屬倉貯，經臣密委道府前往抽查，諸多懸缺，今秋收豐稔，正宜及時籌補。再各處徵收漕糧，向有浮收派運之弊，臣酌定規條，升斗必用小口，聽民自行量兌，並設盤製器，餘米收給本户領回。先期公派運糧車馬，到時即行，不許令其守候重運，其運費銀兩，除公扣水次需用外，余項勻給車户。水次仍令州縣官自遣家人胥役交收，車户止管運而不管交，免致多方需索。得旨：總在行之得宜，如此立法，即能無弊乎。（高宗四二一、二三）

（**乾隆二五、一〇、辛巳**）御史朱嵇奏：請嚴禁收漕積弊。查倉厫設斛、斗、升，所以分別户之大小糧之多寡，惟恐浮收升合。今則置斛不用，雖數十石、百石者，概以斗量，取其爲數廣而狼籍多。斗取其平，定例刷以木板，今則多用尖斗，一邑之中，有米萬石者、數萬石者，以斛斗之弊，積其零星之數，不啻大半過之，於是官吏交通。約其浮收米數，已足正額，遂閉厫不收。包攬納米之人，又將未完人户大半以銀折米。富户幸其簡便，小户苦其守候，是以私折之價，倍於市價。至於暗開斛角，密開斗面，浮冒尤甚，諸弊皆風聞所及。請飭有漕省分督撫嚴察。得旨：摺内所稱置斛尖斗諸弊，或實有之，然則有漕省分督撫，誠何爲者。至折銀一弊，實屬駭聞，然不可漫以風聞加諸各省。著朱嵇據實指參。飭著該部速議具奏。尋朱嵇覆奏：收漕折銀一弊，實由置斛尖斗而生，蓋恐浮收過多，發賣爲難，臣原摺所云包攬納米之人，即折銀之藪也。其弊皆由攬户串通吏役。交糧者利其簡便，或銀或錢，一付攬户，足不履倉而得完米票。臣習知江浙多有此弊，近聞有漕州縣大半若斯。至該州縣侵蝕，未得確據，無由指參。得旨：該部速議具奏。（高宗六二二、一四）

（**乾隆四八、二、甲申**）諭曰：福崧奏審擬桐鄉縣辦漕浮收之官吏一摺，已批交該部議奏矣。至案内已革漕書金德元，於前充漕書時，得過浮收餘米、包攬折色錢八百餘串，此次徵收漕米，又慫恿該漕書吳漢與等禀明縣官，加收斛面，分肥舞弊，以致縣民錢徵書等糾衆鬧堂，身罹重辟者三名。雖係錢徵書等罪因自取，但此案實由該犯釀成，即以抵罪而論，金德元亦應照部中書辦衙役舞弊立正典刑，以昭徵儆。乃福崧僅將該犯擬發伊犂，賞給厄魯特爲奴，殊屬輕縱，豈明刑弼教之意乎？除將金德元一犯交部另行改擬外，福崧著傳旨申飭。（高宗一一七五、六）

（**乾隆五二、一二、壬子**）諭軍機大臣等：步軍統領衙門奏，山東東平州民人孟捍廷呈控該州多收漕糧及科派車輛，歷控該省藩臬各衙門，不爲審辦一案。查此案該地方官吏如果有浮收米石折錢派累之事，既經該處民人歷次呈控，無難審訊得實，亦不值專派大臣前往查辦。現在孟捍廷所控呈詞内，有長巡撫坐照悉查情弊之語。是長麟尚屬留心民事，因何不向該撫呈控。此案著即交該撫就近秉公嚴審，如所控屬實，則官吏浮收派累，有干法紀，承審之員，不爲審辦，自不可不爲切實根究，查明嚴參，以肅吏治。想長麟自不致迴護屬員。儻所控或有不實，該撫亦當據實辦理，不可因該處百姓有稱頌該撫之語，意存偏袒也。將此諭令知之。（高宗一二九五、一三）

（**乾隆五三、三、戊辰**）諭軍機大臣等：本日有湖北荊門州民人蔡士仁，在道傍叩閽，當即令軍機大臣訊問。據供，該州徵收漕米，書役舞弊，不收本色，要收折色，上年該處米糧甚賤，每斗賣制錢一百文，交納時要交八百文。又多出田單卡票，索詐常規錢文。四十二年、四十六年，歷經州民赴院、司、道、府衙門具控，積弊如故。蔡士仁曾於五十一年赴府控告，被書役等朦混聳禀前任知州，訊息詳銷，等供。地方官徵收糧米，自應按例收納，何得任意折收，例外苛索。現據蔡士仁供，節經州民赴院、司、道、府衙門控告有案，何以並未查辦。如果蔡士仁所供屬實，則該州官吏苛徵舞弊，各上司通同徇隱，不可不嚴查究辦。但以一州之事，蔡士仁一人挺身控告，恐有賄囑唆訟情事，亦當據實質訊，以儆刁健。現在穆精阿自廣西審案業經完竣起程，此案即著該侍郎順道前赴荊門州會同舒常，姜晟吊集案卷，提齊犯證，秉公查審具奏。所有軍機大臣審訊奏片，及蔡士仁原呈並呈出卡票田單，著一併發往。將此由六百里各諭令知之。（高宗一三〇〇、一二）

（**乾隆五五、四、丁巳**）又諭：向聞浙省地方官，徵收漕糧，多有浮收加耗之弊。從前王亶望任内，縱容劣員收糧浮冒，苦累小民。王亶望治罪之後，大加整飭，始得稍清積弊。近聞該省收漕弊竇，漸已如前……該省收漕情弊，自必須切實嚴查，以肅漕政而清積習。伍拉納近在鄰省，浙江本其所屬，平日必有風聞，著傳諭該督，即將現在浙省收漕是否實有浮收情弊，密行查明，迅速據實具奏。（高宗一三五二、一一）

（**乾隆五五、五、丁亥**）諭軍機大臣等：前聞浙省漕務有浮收情弊，降旨令伍拉納訪查。兹據奏稱，現有嘉善縣糧戶陸建業等來閩，呈控革書袁坤一、漕總秦惠勳等，將伊運交漕米一百六十一石，僅給一百石九斗九升串票。業經飭提案内緊要犯證串簿，解閩親審等語。是浙省漕務浮收加耗積弊，仍未清釐，而吏胥等敢於乘機作弊，或竟係該管地方官，亦有通同故縱情弊……著傳諭伍拉納，務即嚴訊犯證，檢查串簿，秉公據實具奏，不得稍有瞻徇。（高宗一三五四、一二）

（**乾隆五五、六、庚戌**）諭軍機大臣等：昨據福崧續奏句容縣糧書，侵盜多贓一摺，朕反復思之，其中弊竇甚多。該縣每年額漕一萬一千餘石，書吏竟侵用八百餘石，是所侵之數，幾及十分之一。漕艘受兑時，該運弁何以竟肯短額接收。若該運弁受賄通同含糊收兑，則過淮時，總漕又何以籤盤驗放，即抵通交卸，按數收兌，亦斷無不查出之理，儻該縣浮收斛面，加倍苛徵，應完一石，竟至交納兩石之多，小民雖愚，亦必不能聽其如此抑勒。四面比對，其中情弊顯然，不可不逐一查明，以期水落石出。現在南糧交卸，業經陸續回空，諒此時尚未全出東境。管幹珍現已督押尾幫行抵濟甯，著傳諭長麟、和琳，會同管幹珍，面詢該省督運糧道及押運員弁，所有江寧衛幫船，其於開兌時，句容縣漕米究竟有無短絀，如何受兌交納之處，令其據實登覆，毋稍隱飾。儻江寧回空幫船已出東境，即令福崧就近查究。如糧艘收兌時，竟無短絀，其弊必係該縣官吏通同浮收，上下漁利。一經徹底根查，自難始終狡飾也。（高宗一三五六、一）

（**乾隆五五、七、丁未**）諭軍機大臣等：昨密雲途次，有叩閽湖南民人童高門，即交軍機大臣會同刑部訊問。據供係長沙府湘鄉縣人，充當區首，乾隆五十二年，該縣糧書彭重美等五人，違例勒折漕米，每石折銀五六兩不等，伊運米十石到倉，延擱不收，屢經控告，又復宕延不結，只得交銀四十七兩五錢，作米十石。至交納錢糧，每兩須紋銀一兩三錢，若小戶交納，每兩外加至五六錢不等。伊交納糧銀八錢零六釐，業有串票，差役彭祥等又向催徵，復給大錢一千六百五十文等語。所控情節，俱關該縣戶書勒折重徵，有干法紀，已降旨令王昶馳驛前往，秉公審辦矣。朕思外省書吏舞弊侵漁之事，自所不免，加以官官相護惡習，牢不可破，即如江南高郵、句容二縣，假票冒徵，捏完作欠，歷年竟習以爲常，一經查辦，始相繼破露。可見童高門所控勒折重徵等事，未必無因，自應徹底根究，以成信讞。……著傳諭吉慶，……即速行束裝赴楚，會同秉公審辦。儻於途次接奉此旨，亦即由該處馳往，秉公審辦，悉心研鞫，將該戶書等如何違禁勒折、串差舞弊，是否確有實據，抑係童高門有挾嫌誣控之處，秉公查審，據實具奏，不可稍涉顢頇，至負委任。（高宗一三五九、二七）

（**乾隆五五、九、丁酉**）諭：據吉慶等奏查審湖南湘鄉縣民童高門，呈控該縣糧書勒折重徵一摺。內稱，親往常平倉，抽盤應貯穀石，尚屬相符，其糶穀銀兩，解長沙府庫，查對亦無短缺。五十二年間，該州因辦臺灣兵米，在倉碾穀一萬二千餘石，有案可稽，並非兌漕之用。惟所控勒折多收之處，因該縣地方遼闊，零星小戶，挑運需時，每託附近親族及糧書等代爲完繳，以致吳青桂等計圖漁利，遂將寫遠各戶內相識者，俱先爲墊完銀米，持票向索錢文，每銀一錢，加至三四分，糧一斗，折收錢三四百文不等。至重徵串票，並無月日可憑，供詞亦復互異，現在調取實徵底簿，按款清查，並摘傳花戶，詳悉根究。請將前任湘鄉縣知縣李玳馨革職歸案審訊。長沙府知府陳嘉謨，一併解任候質等語。此案蠹書吳青桂等，於錢糧重務，輒敢豫爲代墊，從中牟利，實屬大干法紀。前任知縣李玳馨，毫無覺察，或竟有通同容隱情事，自不可不從嚴究辦。李玳馨，著即革職，交與吉慶等提同案犯，嚴切審訊；知府陳嘉謨，亦著解任候質。至該縣吏書等，既有墊完銀米多索錢文之事，則假票重徵種種滋弊，自所不免，吉慶等務當提集卷證，遂一嚴究，以期水落石出，不可稍存徇隱。（高宗一三六三、八）

（乾隆五五、一二、乙丑）諭軍機大臣等：據孫士毅等奏署句容縣事修補知州程宗洛、署金壇縣事縣丞倪時慶，徵收漕米，民間交納，未能允服，訪係漕書毛永年、王申之等從中滋弊，致啟物議，恐有官吏勾通情事，現將漕書等提至省城嚴鞫，並將程宗洛、倪時慶解任候質一摺，已批交該部知道矣。江南吏治廢弛，如高郵州句容縣之書吏，重徵侵蝕，種種舞弊，甫經嚴行懲辦，乃爲時無幾，復有程宗洛、倪時慶等縱吏滋弊之事，其中恐有官吏通同勒折浮收染指分肥情弊，不可不徹底究辦。著傳諭孫士毅、長麟即提集案內應訊人等，嚴加根究，據實具奏，毋得稍涉徇隱。（高宗一三六九、一〇）

（嘉慶四、三、丁卯）諭軍機大臣等：有人條奏，民間供輸漕糧之弊。向來漕糧按畝徵收，功令本有踢斛淋尖之禁，而州縣因以爲利，多有每石加至數斗及倍收者，所收未至三分之一。本色已足，則變而收折色。小民不肯遽交折色，則稽留以花消其食用，呈驗以狼籍其顆粒，使之不得不委曲聽從。慮上司之參劾也，則饋送之。又慮地方訟棍之控告也，則分飽之。又承辦採買之弊，上司發價既剋減於前，納倉又浮收於後，美其名爲出陳易新，覈其實則倍出倍入。而上司知其然也，領價則多方扣之。吏胥利其然也，交價又從中侵之等語。此等積弊，實所不免。著傳諭有漕各督撫，務須督飭所屬，留心查察，毋使州縣藉端勒掯，朘削累民。儻有前項情弊，即行據實嚴參辦理。（仁宗四〇、二一）

（嘉慶四、七、丙子）諭內閣：宜興奏革除漕弊一摺。據稱，向來民戶完糧，原不免有升合之浮，以備折耗，後則日漸加增，竟有每石加至七八斗者。民戶因浮加日甚，米色即不肯挑選純潔，又恐官吏挑駁，開徵之初，躲避尔納；一俟兌運在邇，則蜂擁交倉。且有刁生劣監廣爲包攬，官吏因有浮收，被其挾制，不能不通融收納，追覈計所收之米已敷兌運，即以廒滿爲詞，藉收折色，分肥入己。而幫弁、旗丁因見米色不純，遂爾藉端需索。徒前每船一隻，不過幫貼一二十兩，後則加至一百數十兩及二百餘兩，稍不滿欲，即百計刁難，不肯開兌。及幫費既足，間有醜雜之米，亦一概斛收。請嗣後盡革有漕州懸浮收之積弊，裁除漕員弁丁需索之陋規，通飭民戶一律揀選好米上倉，俾包户無從挾制等語。此等積弊，朕聞之已久，實爲漕務之害。但所指情弊，尚有不止於此者。如所奏州縣收糧，一數兑運，即以廒滿爲詞一節，有漕州縣，惟利改收折色，藉以分肥，往往於開徵時，先將低潮米石搬貯倉廒，名爲鋪倉，以便藉詞廒滿，折收錢文，何待收糧數運後，始行折色。其糧米之不能一律純潔，亦由於此，豈得盡諉之民户耶。又據奏，開徵之初，民户因恐挑駁，躲避不納一節，亦非實情。民户完糧，惟望早爲收納，從無躲避不前之事，皆由官吏多方勒掯，有意刁難，以致民户守候需時，不得不聽從出費。此與地方詞訟，赴訴到官，不肯速爲審理，拖延時日以爲吏胥說合需索地步者，情事相同。總由地方官得受漕規，以爲賄賂權要逢迎上司之用，甚至幕友長隨，藉此肥橐，而運弁以挑剔米色爲詞，刁難勒掯，及催漕運弁，沿途俱有需索，而抵通後，倉場衙門，又向弁丁等勒取使費。層層剝削，錙銖皆取於民，最爲漕務之害，不可不嚴行查禁。著通諭有漕各督撫，嚴飭經徵監兑各員，務須將以上積弊實力革除，妥爲經理。況此後有何多費，如敢仍前浮折，得受漕規，致正供米色攙雜不純，惟該督撫等是問，必當重治其罪。其漕運總督及倉場衙門，亦須一體嚴行禁止。儻此次通諭之後，仍敢復蹈前轍，一經發覺，朕惟有執法從事，決不姑貸。（仁宗四九、一〇）

（嘉慶四、一一、癸酉）又諭：各省旗丁押運赴通，沿途用度甚多，糧道又將旗丁應領各項，不行如數發給，以致旗丁向州縣加增幫費，而州縣遂得任意浮收，積弊已非一日。前經降旨清釐漕弊，並令各督撫將一切陋規開單進呈，又酌增旗丁貼費。據各督撫將運丁津貼籌款增添，節次交部議行，並據岳起、荆道乾先後奏到，應禁陋規，自當概行裁革。現在幫船沿途濫費，既已刪除，而旗丁又得增添津貼，用度寬餘，自不致仍前支絀，不能復向州縣索費，而州縣更不能藉口浮收。從此漕務肅清，諸弊可期盡絕，著將岳起、荆道乾兩次奏到清單，交該部通行有漕省分督撫及總漕、巡漕、倉場、衙門，將一應陋規永遠禁革。自此次飭諭之後，儻有陽奉陰違，仍前滋弊者，一經查出，必當從重治罪，決不寬貸。（仁宗五五、七）

（嘉慶七、三、庚寅）嚴禁有漕省分浮收折色。諭內閣：各省徵收漕糧，禁止折色，定例綦嚴。朕親政以來，於漕務事宜，大加整頓，期積弊漸就肅清；乃近聞有漕省分，尚不免有浮收及得受漕規者，是積習仍未悛改。並聞各州縣往往於開倉時，逾額浮收，迨米數既足，遂私行折色，竟公然設局定價，並有於開倉之始，即先行折色，虛報滿廒，自用賤價買補，於兑糧時，兼有折兑之弊，而運員旗丁之指勒，奸胥蠹吏之舞弊，劣衿刁民之把持，皆由此而起。其受累者，惟在安分良民。以天庾正供，徒爲不肖官吏紳士等牟利之途，蠹國病民，莫此爲甚。著傳諭有漕省分各督撫督率司道等官，嚴行查禁。嗣後州縣官徵收漕糧，槪以本色兑收，無得仍前私收折色。儻敢仍前弊混，一經查出，即照枉法治罪。再聞州縣官於徵收本色時，往往以米色平常，藉詞挑斥，即實係乾圓潔淨者，亦必多方勒掯，使花戶等守候需時，百端苦累，自不得不以折色改交。此次申諭之後，伊等或又陽奉陰違，於本色收倉時，故意留難刁頓，以爲需索地步，此風尤不可長，並著該督撫等嚴行查察，既不得改收折色，亦不得於本色過事苛求，違者嚴參治罪。若該督撫不能實力訪查，甚或有意瞻徇，經朕察出，或被人參奏，必將該督撫等一併懲治，決不寬貸。（仁宗九六、八）

（嘉慶一二、四、癸巳）諭內閣：本日都察院彙奏咨交各省查辦之案。朕披閱清單內，有山東莘縣民魯名魁控告漕書朱吉甫重徵伊家應納漕糧一案，係咨交山東巡撫查辦？……殊屬非是。外省州縣書吏，舞弊重徵，最爲閭閻之害，遇有來京控案，都察院亟應專摺奏聞，以便交該撫作速審辦，或交欽差就近審訊，加以創懲，庶除莠安良，奸蠹日漸斂跡。都察院歷來奏辦重徵之案，本自不少，此案何以改奏爲咨。若以此案魯名魁所控，祇係重徵伊一家漕糧，殊不知奸胥猾吏瞻玩營私，既可將伊一家漕糧重徵舞弊，則其餘花戶，又安能保其不勒索苛求，何得以一咨完事。此等重徵之案，尚不具奏，豈專待謀反大逆之事，始行具奏耶？……應奏之件，率行咨辦，實屬偷安懈怠，著傳旨申飭。嗣後務當斟酌案情，分別奏咨，毋得率意辦理。（仁宗一七八、六）

（嘉慶一五、一二、丁酉）諭內閣：步軍統領衙門奏山東平縣民人劉靜遠，呈控該縣浮收漕糧，勒折錢文一案。州縣勒折浮收，大干例禁。山東德平縣前任知縣周宗華、李藩，徵收滋弊，曾經該縣民人王大勇在本省控告，該撫藩不爲審辦，以致該民人前來叩閽。經朕特派欽差到彼審結，乃甫經懲辦未及一年，而該縣復蹈前轍。現據劉靜遠所控，新任周姓知縣，設法稟明上司，派員彈壓，咨意浮收，而接任之夏姓知縣，浮收益甚。該撫藩等，於屬員擾累閭閻，不加飭禁，一任其苛索橫徵，所司何事。巡撫吉綸、藩司朱錫爵，俱著先行交部議處。其周姓、夏姓兩知縣，著交該撫確切嚴查。如查明所控屬實，即將該縣等革職拏問，並將該管知府一併嚴參，訊擬具奏。（仁宗二三七、一七）

（嘉慶二一、八、戊子）諭內閣：給事中張源長奏漕務切弊一摺。漕糧歲輸天庾，爲國家惟正之供，例係徵收本色，有漕州縣勒收折色，向干嚴禁。現值年豐穀賤，若令小民以賤價糶穀，交納折色，是閭閻終歲勤劬，所得升斗，大半糶以輸官，以有限之蓋藏，供無窮之朘削，其爲病民，實相倍蓰。著通諭有漕省分各督撫轉飭所屬，徵收漕糧，概以本色交納，毋許勒折滋弊。如有專利虐民者，即據實嚴參，勿稍徇縱。(仁宗三二一、七)

(嘉慶二二、三、丁巳)諭內閣：巡漕給事中孫汶奏知府兌漕草率被參，訐稟弁丁有勒索情弊，請旨查辦一摺。前據李奕疇參奏常州府知府卞斌，交兌宜興孫漕糧草率，請將卞斌交部議處，並勒令分賠。茲據該府訐稟，該幫弁丁等，因裁減浮費不滿其欲，刁難勒索，不肯受兌；該倉米色本係純潔等語。案關漕務積弊，不可不徹底根究，著交孫玉庭秉公查辦。如宜興縣所兌漕糧本不純潔，該府卞斌草率交兌，被參後又捏稟掩飾，則其咎更重，即從嚴參辦。儻該弁丁等實因勒索不遂，裝點朦混，亦即據實查明嚴懲。(仁宗三二八、九)

(嘉慶二二、七、丙午)諭軍機大臣等：御史高翔麟奏，江蘇昭文縣令黃峸，信任漕折總書張姓，勒折浮收。張姓本係犯事革役，因與該知縣之孫黃仁溥結交飲博，得以鑽營，改名復充，勾通一氣，婪索多端，民間物議沸騰，臚款上控，積有數十案，該管上司，但以一批了事；請飭查辦等語。此案所控昭文縣知縣黃峸，縱容伊孫結交漕書，多方婪索，如果屬實，何以歷經上控，不行查辦。著孫玉庭、胡克家親提漕書張姓並具控各案人證，秉公嚴究。如黃峸實有縱吏殃民情事，無庸先行具奏，將該員革職，歸案嚴審，按律定擬，毋稍徇縱。(仁宗三三二、一)

(嘉慶二二、七、戊申)諭內閣：御史蔣詩奏請嚴禁州縣徵收折色、運弁需索兌費一摺。漕糧爲天庾正供，原應徵收純潔米石，如數兌運。若徵漕時，先收折色，兌運不敷，輒於水次購米完交，或串通弁丁給與兌費，於抵通前盜買回漕，攙雜輸納，日久必致京通倉貯，紅朽相因。不可不嚴行查禁，以杜其源。著通諭有漕省分各督撫嚴飭所屬州縣，於收漕時，務令徵收乾潔好米，如數交兌，毋許私收折色；並嚴禁弁丁等通用舞弊，私索兌費。如有前項弊端，該督撫及漕運總督據實嚴參重懲，以肅漕政而重倉儲。(仁宗三三二、三)

(嘉慶二二、九、戊辰)又諭：孫玉庭奏卹丁除弊一摺。漕船每歲領運，於例給漕贈月粗糧外，後優准加帶土宜，並於通州變賣餘米，所以體卹丁力者甚至。而江省各幫船，仍有勒索州縣兌費之事，總藉口於賠墊積疲，不能不資津貼。幫船津貼日多，則州縣浮收日甚，伊何底止。茲據該督奏請卹丁兩條，其減省委員禁止餽送，全在該督撫、漕督實力奉行，嚴加查察，勿爲空言；其酌籌生息，增給造運，即著該督等詳議續奏。至所指弁兵等刁難州縣，有無故停兌開行、勒揹通關米結兩端，尤爲切中情事。總之漕糧未兌以前，責在州縣，既兌以後，責在弁丁。其受兌之時，如有米色潮溼攙和者，准其稟報該糧道查驗參辦；若米色純潔，該弁丁等仍敢停兌吵鬧，及揹不出結者，立即從嚴懲辦，以杜刁制。至另片所奏蘇、松、常、鎭各幫統以米石多寡，按水次舊章，酌給津貼，禁止每船給費，均著照所奏辦理。如此酌中調劑，即作爲一定限制。如幫丁再敢格外需索，州縣藉口浮收，俱著嚴參治罪，以肅漕政而塞弊源。（仁宗三三四、二〇）

（嘉慶二四、五、甲午）又諭：御史吳杰奏陳近日南漕積弊一摺。江蘇漕務，向以丁力疲乏，節經調劑津貼，該旗丁運費，已屬敷餘，何得復行藉端需索。茲據該御史奏稱，該省幫丁，除各項幫費支足外，另向州縣勒索，有鋪艙禮、米色銀、通關費、盤驗費各名目，每船自數十兩至百餘兩不等。旗丁如此需索州縣，州縣費將安出，不過仍取之於百姓。若不嚴行禁止，大爲地方之害。著孫玉庭、李奕疇、陳桂生據實確查，如運丁等果有前項苛索情弊，即將該丁嚴挈治罪，並將縱容之幫弁總運督官，一併嚴參重懲，勿稍姑息，以肅漕政而裕民生。（仁宗三五五、二）

（嘉慶二四、五、壬午）又諭：孫玉庭等奏參縱容幫丁索費揹勒米結之運弁並違例濫給之知縣，請分別革職解任究辦一摺。各幫船兌運，本有例給銀米。前因丁力疲乏，准令酌給津貼，已屬格外優施。乃江蘇太倉後等幫運丁，在崑山縣需索幫費，每船洋銀九百餘圓至一千餘圓之多。蘇州後等幫運丁，在新陽縣需索幫費，每船洋銀六百餘圓至一千餘圓之多，仍稱未滿其欲，將通關米結揹勒留難，實屬任意索詐，毫無忌憚。該運弁等，不行禁止，轉將米結交丁，赴縣喧鬧，顯係通同一氣，上下分肥。若不嚴行懲辦，漕弊何由肅清。所有該幫米石，著飭令糧道斌良督押各運弁，迅速輓運抵通，沿途嚴查攙和等弊。交兌後，著倉場侍郎即傳旨將運弁胡泉、高峰雲、王復一、楊經士、柯鵬翥、錢佐六員先行革職，同頭伍人等，一併鎖挐，解往江蘇，交該督等嚴審定擬具奏。其崑山縣知縣李珏，著解任，同降調知縣馮秉泰一併歸案質訊；李奕疇前在漕運總督任內，漫無約束，以致該弁丁等肆意索擾，李奕疇不勝郎中之任，著以主事降補。（仁宗三五八、二一）

（三）倉穀兵米徵購

（乾隆一、七、己亥）飭督撫籌畫糶糴便民之策。諭曰：積儲平糶之法，原以便民，乃聞各省州縣，於倉穀出入，竟有派累百姓者。當出糶之時，則派單令其納銀領穀若干,及買補之時,則派單令其納穀領銀若干,納銀則收書重取其贏餘,納穀則倉胥大肆其勒抑,甚至以霉爛之穀,充爲乾潔。小民畏勢,不敢不領,惟有隱忍賠累而已。更有山多田少之地,產穀無多,而該地方官不能向他處採買,但按田畝册籍覈算發價,派令百姓將田畝歲收之穀交倉,絕不爲民間計及蓋藏。至有十餘畝之田,而亦責其承買穀石者。在附郭居民,去倉廠不遠,尚可就近轉輸,至於遠鄉僻壤,離城或百里,或七八十里之遙,亦一概令其領銀納穀,小民肩挑背負,越嶺登山,窮日之力,始至交納之所。而奸胥蠹吏,又復任意留難。及平糶之日,而窵遠鄉村,更不能均霑實惠,是徒有轉運之苦,而不獲蒙積儲之益。夫良法美意,行之不善,流弊種種,其作何變通之法,使閭閻實受糶糴之益,而無有擾累,各該督撫大吏當悉心籌畫,令有司實力奉行,以副朕愛養斯民之意。(高宗二二、一〇)

（乾隆二、一、丁酉）命籌常平倉出糶買補之法,諭直省督撫：各省常平倉,原爲濟民而設,每年青黃不接時,存七糶三,以給民食。秋成之後,照數買補,出陳易新,不致紅朽,以備歉歲賑卹之用。法至善也。但有司奉行不善,其弊遂有不可勝言者。當其出糶之時,惟附近居民就近赴買,而鄉民則往返守候,不能徧及。且城中衿户、役户、牙户、囤户,與倉書聲氣相通,捏名報買,而州縣之内丁隨役,亦乘機暗竊,通同盜賣,雖倉額有虧,總期秋熟買補還倉時,於斗秤溢額浮收,填補遮蓋。此平糶時之弊也。至買補之際,往往擇縣中富户,發給銀兩,令其交穀。有照時價短發十之一二者,有銀色低潮者;或令自運還倉,脚價無出;又或用斗,則以大易小,用秤,則以重易輕。且交倉折耗、盤倉供應之費,皆出之小民。此富民受累也。乃更有照糧派買之弊,每處派一買頭,總斂各户,照數交倉。此等窮黎,二月新絲,五月新穀,尚然不敷,豈能堪此擾累也。朕思穀貴則出糶,穀賤則買補,自然之理。然天時豐歉靡常,而價值低昂難定,儻或買補之時,不能無賠累之苦,則官吏不能不問之閭閻。而不肖者,更欲藉此獲利,則其害益不可問矣。其中弊端種種,朕知之甚悉,即臣工參奏者亦甚多。但再三思維,若明降諭旨,又恐啟奸民阻撓公事之漸,可密寄各省督撫,將如何籌畫辦理,使官吏無累,而蓋藏常足之處,悉心定議具奏。(高宗五八、一八)

（乾隆四、六、乙酉）諭：廣東徵收糧米,支給本省兵食,民間因名爲兵米。聞向來州縣官皆折收銀兩,每一倉石,照時價多收銀六七錢至加倍不等。收銀之後,另買稻穀,碾米給兵。其買穀,或派富户,或派米鋪,每石又照時價短發一錢或數分不等,甚至有富家希圖結交,因事清託,並不領價者。似此一出一入之間，多收少發，小民何堪賠累之苦。即云山居遙遠之地，折徵銀兩，亦可免其輸將，量議加增以爲運脚，亦民所樂從。然借端需索，爲數太多，則事之必不可者。著該督撫悉心查察，務令公平辦理。儻有仍前滋弊者，即行嚴參，毋得姑容。（高宗九四、一八）

（乾隆六、六、庚子）左都御史、管廣東巡撫事署兩廣總督王安國奏：乾隆四年，奉旨查辦廣東徵收糧米之弊，至今各項陋規，總未革除；又州縣多徵民糧，亦有各項費用，如徵解糧道倉、給發駐防兵米，除耗米三升外，仍多浮收；又巡撫衙門，每年食米，皆取於南、番兩縣，而撫署吏書，每年食米一百六十石，皆向糧道票取，上下通同，遂成積弊，請嚴飭廣東各官兩年來奉行不實之罪，並責成撫臣，令徹底清查辦理。得旨：此事據實直陳，非卿不能也。甚嘉是之。已有旨諭部矣。（高宗一四四、八）

（乾隆六、六、庚子）諭：朕向來聞得于廣東徵收糧米支給本省兵糧者，州縣官折收銀兩，每一倉石，照時價多收銀六七錢至加倍不等，收銀之後，另買稻穀，碾米給兵，則分派富戶米行，又照時價短少。似此需索扣剋，甚屬累民，特於乾隆四年六月頒發諭旨，令該督撫悉心稽查，嚴行禁革。今留心訪察，廣東徵收糧米之弊，並未革除。收本色則浮加斛面，收折色則高擡價銀，以及管倉家人、倉書斗級各項陋規，合算民間納米，每石費至加倍有餘。且上司衙門所用食米，名曰發價，其實繳還。種種弊端，上下朦混，從前奉行不實之咎，誠屬難逭。若非痛加整頓，何以除民困於將來。著交與巡撫王安國徹底清查，實心辦理，務令弊端悉剔，苛累永蠲，始於地方有益。如再有玩忽之處，朕於該撫是問。（高宗一四四、九）

（乾隆一五、七、己酉）又諭軍機大臣等：廣東省糧道衙門，向來積弊甚多，乾隆六年，業經降旨，通行禁革。今該督陳大受參奏，丁憂糧驛道明福，在任折收米一萬九千餘石，價銀二萬七千餘兩，訊據供歷任俱如此折收。此在乾隆六年以前，尚可謂之相沿積弊，乃在禁革以後，仍有此等陽奉陰違之事，如法紀何。糧道折收作弊，斷不能掩督撫之耳目，策楞曾任廣東總督，準泰曾任廣東巡撫，著將六年以後歷任糧道有無浮收米石存倉，向各府州縣折價，婪收入己，及始于何年何員任內，暗行舞弊，嗣後遂公行折價之處，據實指明具奏。現經該督陳大受、巡撫蘇昌參出，並差尚書劉統勳前往徹底清查，自必水落石出，該督撫不得瞻徇舊屬，自蹈欺罔之咎。（高宗三六八、一三）

（乾隆一五、八、丙申）諭：廣東參革糧道明福折收糧價，婪贓入己一案，朕降旨令前任廣東督撫，將乾隆六年禁革積弊以後，所有歷任道員，有無似此浮收折價情弊，據實指明具奏。……今閱總督策楞覆奏，將六年以後，曾任道員之朱叔權等五員居心行事，詳悉入告，並稱伊在廣見聞，各糧道並無似明福之公行折價情由，一一直陳無隱。辦理甚公，深得封疆大臣之體，朕心深爲嘉許。況朕特遣尚書劉統勳往粵審理，原欲查明禁革以後有無陽奉陰違情事，以服明福之心，而非欲于歷任道員有心搜剔，必欲其盡如明福也。即使各糧道内，或有仍沿積弊者，亦係屬員一時矇蔽，在策楞問心實無不可自信之處，即據實入告。且歷任皆係漢員，明福獨係滿洲，策楞並不存庇護意見。各督撫中能如此存心者，實覺甚少，朕所嘉許者在是。……著將此摺抄錄令劉統勳閱看，仍遵照前旨，秉公審理，並將此諭令中外知之。（高宗三七一、一一）

（乾隆一五、一一、己巳）欽差刑部尚書劉統勳奏：查審參革廣東糧驛道明福折收倉米一案，據明福供稱，前任各道，俱如此折收。除明福現在審明定擬另題外，查前道朱叔權、朱聖閑、李方勉、前護道薛韞、金允彝等任内，均有浮收米石，惟前道龐嶼任内查無折收之事。再查站船水手工食，歷任俱有曠缺，應併贓論罪，除朱聖閑、金允彝病故，毋庸擬罪，仍追銀兩入官；龐嶼止有曠缺工食銀二十八兩零，應照律杖流雜犯准徒四年；薛韞任内浮收三百二石七斗零，應擬斬雜犯准徒五年；朱叔權任内浮收五百四十五石零，李方勉任内浮收八百四十三石零，應擬斬監候；除龐嶼並無浮收，免其提解外，薛韞等應令押解來粵，訊明追贓究擬。其不能覺察之督、撫、藩、臬及聽從浮收之各州、縣，均請旨議處。得旨：薛韞前任御史時，屢有封奏，朕因其人尚鯁直，擢用道員，自應嚴於律己，益礪清操，方不負簡任之意。乃於本任内違禁浮收，婪贓入己，若不嚴加治罪，則凡屬言官，平時矯矯自命，以圖受知，及蒞外任，竟不能潔清自矢，是轉以繩糾爲捷徑矣。薛韞，著革職，拏交刑部從重治罪，朱叔權、李方勉，雖侵收之數，浮於薛韞，然二人本由外吏擢用，無足比數，俱著革職，押解往粵，交與該督撫質訊明確，按律追擬，已足蔽辜；龐嶼侵收之數甚少，且已爲添補賞貼之用，並未入己，著從寬，免其革職治罪，其歷任州縣各官，被勒折交，情尚可原，俱著從寬，免其察議。王安國等著議處具奏，餘著覈議具奏。（高宗三七七、三八）

（乾隆一五、一二、庚午）欽差刑部尚書劉統勳題：查審明福實多折收米價銀二萬五千三百二十一兩八錢九分入己，又侵收水手曠缺工食銀一千二百四十二兩零。應照律擬斬監候，追贓入官。其聽從折輕之府州縣交部議處。前任督、撫、藩、臬，交部察議。得旨：三法司擬覈具奏。吳謙鋕現任藩司，於糧驛道有統轄之責，乃一任明福浮收勒折，婪得多臟，毫無覺察，著交部嚴察議處。其州縣各官，俱系明福屬員，不無擬勒情節，尚有可原，且俱經自行稟首，著從寬免其議處。（高宗三七八、二）

（**乾隆二二、七、丙午**）諭軍機大臣等：據碩色等奏，黃州府屬廣濟縣蠹書周錫璉等十二人，輪充糧庫總書，自乾隆十四年至今，歲歲負加派私徵分肥。現在提究屬實，並將庇縱捏飾之守令李玭、馬汝明題參等語。加派私徵，例干嚴禁，當此政務肅清之時，何以該省尚有此種錮弊歷久未破。且廣濟一縣既有不法蠹書朋比為奸，則他邑難保其必無，此所關於吏治民風者甚大。總督碩色年已漸老，精神恐不能周到，巡撫莊有恭到任尚需時日，著傳諭布政使富勒渾速赴湖北新任，護理撫篆，會同碩色，即將此案情弊詳細追究，從重辦理。其餘各邑，亦應徹底通查，毋得草率從事。（高宗五四三、五）

（**乾隆二二、八、丙戌**）諭軍機大臣等：據碩色查奏黃州府屬廣濟蠹書周錫璉等輪充糧庫總書，加派私徵一案，內稱乾隆二十年六月內，縣民夏廷佐等，在前任巡撫張若震任內控告，批發黃州府查訊，該府知府李玭審詳，並非長徵，分別擬以枷責，隨經張若震批結等語。此案現據該督等究訊，私徵屬實，歷任知縣，均有分肥情弊。李玭系該管知府，雖已於本案題參革職，但從前巡撫批發查審時，自當徹底根究，據實詳揭，乃以並非長徵朦朧詳覆，轉將控告民人枷責，而此後仍任該縣等加派私徵。是李玭既諱飭於前，複徇縱於後，其罪尤無可逭。著該督等審明情節，從重治罪。可將此傳諭碩色知之。（高宗五四五、二〇）

（**乾隆二八、八、己酉**）諭軍機大臣等：和其衷參奏，徐溝縣知縣朱昱發，派錢買穀一摺。朱昱發以採買常平穀石，派令縣屬有田之戶，按畝出錢。該撫既經查實，自應據實參奏。（高宗六九三、八）

（**乾隆二九、六、甲辰**）山東巡撫明山奏鹽運使王概貪污各款。得旨：此奏可嘉之至。蘇昌竟為其所愚，而汝不顧弟兄私情即行參奏，實不負朕任用之恩矣。勉之。諭曰：明山參奏，鹽運使王概，於署糧道任內，浮收倉米五千餘石，及勒令舖戶加倍折收銀一萬餘兩入己，並查出潮屬各埠虧空缺餉銀兩，向盤查運同保成跪求各款，請革職嚴審等語。王概身為運使大員，兼署糧道，不思潔己奉公，表率僚屬，乃敢浮收倉米五千餘石，且勒令解米舖戶折收銀至萬餘兩之多，甚至以上司轉向屬員長跪懇求，行止卑鄙，罔顧官箴，實堪駭異。王概著革職，交與該督撫將案內各款逐一嚴審定擬具奏。（高宗七一三、一二）

（**乾隆三〇、五、辛卯**）又諭：前明山參奏糧道王概浮收倉米、賣銀入己一案，業經該督撫審擬完結，但思從前明福於糧道任內，因有浮收斛面等弊，特派劉統勳前往徹底查辦，此後自應夙弊一清，何得王概尚有浮收之事。且自查辦明福以來，閱今已十餘載，其間任糧道者，不止一人，如歷任道員並知潔己自愛，而王概獨敢復蹈覆轍，致有浮收私弊，則更無可曲貸。若其事爲歷任相沿之陋弊，而道員之爲督撫所偏護者，即曲爲掩蓋姑容，其意所不悦者，即登之白簡，是督撫以愛憎爲是非，致同一貪墨之員，或顯罹刑章，或倖逃法網，實於政體有關。況倉糧本有定額，若任意浮收，計圖贏溢，必致苛累小民，尤非整飭官方之道。朕辦理庶務，一秉大公，豈容含糊了事，使監司同罪異罰耶？著傳諭李侍堯、明山，將明福以後王概以前所有歷任道員，有無似此浮收私賣等情節，逐一徹底查明具奏，毋得稍有袒徇諱飾，並將此後如何立法不致仍生弊端，著悉心詳議具奏。(高宗七三七、四)

(乾隆三〇、七、甲戌) 諭：前明山參奏糧道王概浮收倉米、賣銀入己一案，業經革職發審，擬以斬候。昨據刑部代伊奏請贖罪。因思從前廣東糧道明福曾以浮收斛面等弊，被恭審擬治罪，復經徹底查辦，自應夙弊一清，何得復有王概之案。且此十餘年中，任糧道者不止一人，如歷任道員，並知潔己自愛，而王概獨干法紀，則不但不准贖罪，秋審時，必且入情實予勾。若歷任相沿陋弊，而道員之或參或否，祇憑督撫之愛憎爲是非，又豈足以示公允。因降旨令李侍堯、明山逐一詳悉查奏。今據李侍堯等奏稱，自查辦明福以後，梁翥鴻、范時紀、李珏、陳于中任內，俱不敢多收，及富明安到任，斛面又漸加增，此後多寡不一。而富明安及金烈、熊繹祖又俱有折銀入己之事。是其弊非始于王概，乃富明安于積弊澄清後，復敢開浮收折價之端。……王概既係因仍積弊，尚可量爲寬貸，著刑部查照前奏，加恩准其贖罪。李侍堯等摺并發，並將此通諭中外知之。(高宗七四〇、一)

(乾隆三〇、九、辛卯) 户部等部議覆：署兩廣總督楊廷璋議奏粵東徵收屯米各事宜。一、糧道爲州縣上司，如任意浮折，下屬莫可誰何。且不能身親其事，必假手胥役家人，弊端百出。嗣後請委理事同知專管，設有情弊，易於發覺。其倉大使一缺，應裁。一、每石向加耗米三升，內一升五合解折色，爲修倉鋪墊之用，一升五合解本色，充折耗及書役紙張飯食等項，間有不敷，致啟浮收之弊。查折耗每石一升，斷不可少，惟修倉鋪墊，尚可節省，請改一升解折色，二升解本色，以修倉鋪墊之所餘，補折耗役食之不足。一、州縣解米赴倉，例將解批送巡撫處掛號，然後轉發收倉。但多解少收無從稽考，請飭該撫遴委標員，將某日某處解數及每月關放兵糧之數申報，再令同知於收放完時，將米票彙申該撫存覈。一、零星遠戶，例許折

徵。該督撫於開徵前，覈定時價，飭州縣刊入由單示諭。均應如所奏。從之。（高宗七四五、六）

（**乾隆三一、七、己丑**）諭軍機大臣等：據王檢奏查審富明安開端浮收折價一案，稱係家人婁貴偷賣私折，詰訊富明安，堅不承認，請提管帳家人李成到粵質審究擬等語。此案既據婁貴供認浮收米三百餘石，係回明伊主私賣加收，富明安豈能託辭不知。明係諉過家人，以爲卸罪地步，該撫何得任其狡展。且婁貴供，前道范時紀，交代有些虧折，因有浮收之事。則自清釐明福一案以後，其端復開於富明安更無可辨，尚何所容其支吾掩飾乎？……王檢儻欲稍存瞻顧，有意爲富明安開脫，則莊有恭覆轍具在，惟該撫審所自處。所有富明安家人李成，已飭交步軍統領衙門查拏解粵。著將此傳諭知之。（高宗七六五、五）

（**乾隆三二、三、丙戌**）諭：前廣東糧道，有折收米石之案。因思此事，自查辦明福以後，積弊既清，復自何人發端，不可不徹底根究，重懲示儆，諭令李侍堯、明山據實查奏。旋據李侍堯等奏稱，折色之弊，復始自富明安，是以降旨革職拏問。今該督撫等嚴審定擬，嗣經楊廷璋、王檢訊奏，則於富明安是否首犯，並不能確有證據，轉以所供例得折色之數，浮多七百餘兩，遂指爲批外勒索，併贓科罪。當時閱其情節支離，似乎有意周內，不足以服其心，因命將富明安解京，令軍機大臣會同刑部質訊。今據查覈卷冊，詳悉研究，則楊廷璋等所審富明安批外勒索一款，毫無影響，即原奏未經入厫之米一百一十七石，業經富明安移交後任糧道張曾接收；現有交代印冊可據。是富明安並非此案罪首，而作俑之故，又當于張曾是問。至李侍堯等初次查奏時，據收米草簿，見富明安任內，有未注入厫之項，且經倉書人等供認，因指富明安爲首先復犯，但不根查交代冊籍，亦難辭疏忽之咎。李侍堯、明山均著交部察議。至楊廷璋、王檢等于富明安到案時，犯證具在，無難質訊明確，以成信讞。如其事屬子虛，即應據實奏聞，另行審辦，何必遷就原參，曲爲入罪。使非朕令解京覆訊，幾至重輕顛倒，豈所以協情法之平。楊廷璋、王檢及承審各員並著交部嚴加議處。朕辦理庶務，一秉至公，從不稍存成見，使富明安果爲此案罪魁，自難輕宥；今既訊與富明安無涉，自應究及接收之張曾，儻張曾到案後，又能供辯有据，確指始自何人，則張曾又爲無罪之人，亦不難遞行根訊接收之人。朕於富明安、張曾並無所愛憎于其間，惟欲使其事水落石出，實在首犯，毫無遁情，以正刑章而飭吏治，斷不肯聽其含糊了事也。恐外省督撫審理案件，似此依違迎合者，正復不少，可將此通諭各督撫知之。（高宗七八一、一五）

（乾隆三二、七、庚寅）諭：據明瑞等奏，永昌府知府陳大呂採買軍需糧石，縱容家人胥吏等串通舞弊，剋價浮收，請旨革職，以便究審等語。軍糧最關緊要，前經降旨，令地方官寬裕給值，俾小民得霑實惠。乃該府輒敢派令額外浮交，復縱容僕役扣剋剝民，非尋常採買擾累者可比。陳大呂著革職拏問交與鄂寧速即嚴審治罪。其案內有名人犯，著該撫一併確訊定擬具奏。（高宗七八九、一〇）

（乾隆三八、一一、庚申）諭：據李侍堯參奏，降調試用知縣喬大椿，於署河池州任內派買倉穀，又派捐養贍軍流穀石，致被生員覃錦文等控告。前任慶遠府邢璵明知失察於前，又欲彌縫於後，轉以覃錦文干與公事，斂錢包訟，詳革發審，復周內科斷，淹禁三年，以致拖累監斃，實屬有心徇縱，請旨一並革審，並將模稜迴護之布政使淑寶，請交部嚴加議處等語。邢璵、喬大椿俱著革職，交該撫熊學鵬提集案內人証，秉公研審，定擬具奏。淑寶，著交部嚴加議處。（高宗九四六、九）

（乾隆四三、三、甲申）諭曰：刑部議覆，李侍堯奏審建水令孫鐸短價派買倉穀一案。據稱孫鐸因買補倉穀，每石發銀五錢，交倉書王萬年轉派縣民鄒浩等分買，因彼時市價較昂，孫鐸諭令將原價繳回，王萬年乘機舞弊，勒貼銀兩，以致鄒浩無力措繳，情急自縊。該督將孫鐸擬以杖流。……此案孫鐸既短價派買於前，復縱役索詐於後，致令無辜鄉民畏累縊斃，至審供時，又復匿情混供，情罪較重。……著從重改發伊犁，充當苦差。（高宗一〇五三、一〇）

（乾隆四八、一、丙午）又諭：據福崧覆奏王燧在浙玩法婪贓各款一摺。內稱，王燧在杭州府任內，出糶省倉米石，並不候司覈轉，串通王亶望即日批准，糶米三萬石，計侵蝕銀七千餘兩；又倚恃王亶望信任，辦理工程，包攬勒索；又新到人員，羈留在省，多方勒掯；各屬缺出，不待兩司詳請，即徑與王亶望面定委員，然後行知藩司；又短發價值，派累鋪户各款，種種劣蹟，不一而足等語。浙省吏治廢弛，倉庫虧缺，皆由王亶望、王燧而起，王燧情罪最重之處，尤在嘉興收漕諸弊，何以摺內並未查出奏明。已於摺內批示，並將原摺存貯，批交軍機大臣，俟福崧查明奏到，會同該部嚴審定擬速奏矣。（高宗一一七二、二一）

（乾隆四八、二、甲子）又諭曰：王燧前在浙江杭嘉湖道任內，倚恃王亶望信任，貪縱不職，牟利營私，種種劣蹟，業經革職問擬絞候，入於秋審情實。……茲據福崧奏到，王燧在杭州府任內，出糶省倉米石，並不候司覈轉，串通王亶望即日批准，糶米三萬石，計侵蝕銀七千餘兩；又於各州縣運解南米到倉，每石勒加斛面二三升不等，計浮收米二千餘石；又折收南米，每石價銀三兩六錢至四兩不等，虛報出糶，每石止折價銀一兩六錢零，計該犯浮收折色暨短報糶價，共得贓二萬餘兩；又於嘉興府任內，視各縣應徵米數多寡，每縣勒索銀一二千兩至五六千兩不等，贓款鑿鑿，確有證據。因令軍機大臣會同刑部嚴切究詢，該犯亦惟俯首認罪，無可置辯。則是王燧倚恃王亶望肆無忌憚，於徵收南米等事，貪婪勒索，竟敢得贓至數萬餘兩之多，實為藐視國法，擾害百姓，情罪重大，……自應即正典刑，以彰國憲。王燧，著照軍機大臣及該部所擬，即行處斬。著派穆精阿前往監視行刑，以爲監司大員與上司朋比爲奸、藉端婪索殃民者戒，將此通諭知之。(高宗一一七四、七)

三、驛站需索

(順治一、一一、己丑)兵部右侍郎金之俊請禁止滿洲官役額外需索驛遞夫馬廩糧草料，從之。(世祖一一、四)

(康熙五、三、庚戌)山東道御史張登選疏言：朝廷設立驛站，即有經制錢糧并協濟銀兩，豈容更有私派。乃私派之禁日嚴，而各州縣貪風日盛，以道府受其陋規，不行揭報故也。臣請嗣後如有前弊，處分州縣，即當處分道府，如道府已報，而督撫不參，或別經告發，或科道糾參，并督撫從重治罪，庶有司知警，小民不致重困矣。下部知之。(聖祖一八、一七)

(乾隆二〇、五、庚辰)諭：據御史胡定奏，直省驛站夫馬車船，各上司委員及親友家人俱須應付，更聞給以小票，令屬員供應等語。設驛原以備公，非奉差人員應馳驛者，不得多索濫付，定例綦嚴。近年有驛州縣，遇公私差遣，輒擅自動用夫馬，在屬員以差務爲名，在上司亦以供應爲便，甚至額設不敷，即不免有取辦民間之事。如胡定所奏，俱係向來地方陋習，而相沿日甚，勢必擾驛遞而累閭閻，不可不力爲整飭。著交各省督撫等悉心察禁，儻有任意擅動濫應等弊，即按例嚴參，不得稍有瞻徇。至督撫等爲封疆表率，尤宜恪遵定制，若以郵騎供厮隸奔馳之用，則其違例誤公罪尤難逭。嗣後各省驛站如有復蹈前弊，及督撫等徇隱不奏者，一經發覺，必盡法重懲，以清郵政。(高宗四八八、一〇)

(乾隆三〇、一二、己未)刑部奏：直隸香河縣書役科派車輛，並內務府郎中伊星阿任莊頭雇車作弊，又復侵用，應分別治罪。得旨：莊頭姚碩、翟彬從前承辦車輛之時，伊等不願認辦。今經地方官雇覓車輛，伊等又復希冀分肥，從中取利，甚屬不法。著交內務府大臣從重治罪。至伊星阿貪鄙不堪，著在慎刑司枷號一百日，俾內務府人員，共知儆戒。至直隸州縣官，藉差滋擾，方觀承所司何事，著即明白回奏。尋奏：香河縣書役，科派幫貼車費，前任知縣任琚出票催追，臣不能查察，實屬昏潰，請交部嚴加議處。下吏部議。尋議：應照例降二級調用。得旨：方觀承著降二級，從寬留任。（高宗七五一、四）

（乾隆三二、閏七、丁酉）河南巡撫阿思哈奏：臣審擬蔡淮英辦理車輛濫行科派一案，緣本年四月內，健銳營官兵五百名，前赴雲南，由豫省經過，各站俱需車輛應付。杞縣派車十一輛，詎蔡淮英不照定價發給，濫行科斂，共派四百三十二戶，每名勒交銀三兩，共收銀一千二百九十六兩，交武生李振遠等赴站辦理；又多派餘車十四輛，每大戶三十名，出車一輛，先令駕驗，蔡淮英混行駁換，勒令另購肥騾，價值昂貴，合計買騾銀一千九百餘兩；又縱差役勒詐，彼此分肥。至李振遠同書役等押車赴站，蔡淮英明知派項多餘，並不確覈撙節，聽憑李振遠徇情，多給夫役工飯銀兩，恣意花銷，以致民怨沸騰。臣反覆嚴審，雖無從中染指情弊，而任情科派，苦累閭閻，蔡淮英應照因公科斂所屬財物不入己坐贓論，律加一等，杖一百，流二千里；武生李振遠訊無侵蝕銀錢，但徇情多給，應照不應重律，杖八十，照例納贖，尚非行止有虧，應免斥革；餘分別輕重辦理。得旨：另有旨諭。未免大題小作，有事化無事。大不是矣。諭軍機大臣等：阿思哈奏已革署杞縣知縣蔡淮英辦理送兵車輛濫行苛派一案，審無染指情弊，問擬杖流等因一摺。所辦甚屬非是，已於摺內批示矣。蔡淮英辦送兵車，輒敢借端科斂，恣意派累，若非該撫即時訪聞參劾，安知所派銀兩不即從中侵蝕，為自肥囊橐之計。且李振遠，以武生承辦地方公務，徇情多給，安知其非親故，或事後索謝，皆未可知。既經擬杖，亦豈有不行斥革，反行開復之理。前因該撫據實查參，曾交部議敘，乃今審擬此案，忽爾意存姑息，曲為開脫，希冀化大事為小事，殊非朕期獎之意。阿思哈，著傳旨申飭。此摺且不必交部覈擬，仍著該撫另行嚴審，務得確情，定擬具奏。可將此傳諭知之。（高宗七九〇、五）

（乾隆三三、一、癸巳）諭：前因進勦緬匪，官兵所過各省，一切例支正項外，所有夫馬運送，不無或需民力。且據河南湖廣等省查奏，俱有各州縣公同協濟之事。閭閻急公踴躍，固屬可嘉；而朕之本意，則不肯使一絲一粟，有累民也。當即傳諭各該督撫，令將各屬實需民力若干奏聞，候朕加恩。今據貴州巡撫良卿奏稱，民間所用夫馬，銀數多寡參差，無從覈數開呈等語。不獨辦理模稜，且于飭屬安民之本義，大相刺謬。地方偶遇辦差，供頓悉支官帑，其正款不能賅備之處，即些微有資民力，亦當官為檢覈。使出納多寡，一一按籍可稽，則官吏無由滋擾而小民得以霑恩，其法實爲盡善。若督撫大吏，猥以此等款項，悉由鄉保人等白行措辦，遂爾置之不問。上司首創，下屬效尤，民瘼將何所仰賴？在州縣官潔己自愛者，已難概見，下此如吏役等，因無凭察覈，藉端滋弊，且又何所不至耶？良卿由布政使署理巡撫，于此等事務，豈得諉爲不知，思以顢頇了事？鄂寶調任未久，曾經承辦此事，亦竟漫無稽覈。著一併交部嚴加議處。貴州民苗急公効力之處，俟朕酌量加恩，先將此通諭知之。尋議：良卿、鄂寶均應照不行確查具題降調例，降三級調用。得旨：良卿、鄂寶，俱著革職，從寬留任。（高宗八〇二、一三）

（乾隆三三、七、癸丑）諭軍機大臣等：本日據良卿奏，綏陽縣知縣單芸，擅將應發雇價及恩賞銀兩，於給發之後私自取回，仍令糧户繳銀，代買馬匹餧養，請旨革職拏問一摺，已降旨將單芸革職，交該撫嚴審定擬具奏矣。前以雲南用兵，所有京兵經過州縣，雖一切動用官帑，而豫備夫馬等項，恐不無稍資民力，是以特降恩旨，賞給銀兩，以示優卹。該縣單芸乃敢取回肥橐，復行派累繳銀代買馬匹餧養應差，情罪甚屬可惡，更非尋常婪贓敝法者可比。著該撫即行嚴加審訊，定擬速奏，趕入本年秋審情實。其漫無覺察之知府鄭廷望，俟審明單芸定案奏到之日，再降諭旨。（高宗八一五、五九）

（乾隆三四、八、庚申）諭軍機大臣等：據喀寧阿參奏呈貢縣知縣楊家駒，採辦牛馬、承運糧餉等事，竟敢藉端派累，扣剋牟利，請旨革審一摺，已有旨將楊家駒革職拏問，交彰寶嚴審矣。楊家駒承辦軍需，乃敢藉名科派，扣剋侵漁，數至盈千累萬，情罪甚屬可惡。審明之日，自應即行正法，以昭炯戒。所有任所貲財，著彰寶嚴密查抄，毋任絲毫隱匿寄頓。將此傳諭知之。（高宗八四〇、一四）

（乾隆三四、一〇、庚戌）諭軍機大臣等：據彰寶奏，查抄革職呈貢縣知縣楊家駒任所貲財，僅現銀三百餘兩、錢七串餘文等語。該犯辦理軍需，科派民錢三百八十餘串、銀一萬八千餘兩之多，且領餧馬匹，既不發價，需用夫役，又復短給工錢，是其貪婪肥橐所斂銀錢，一時豈能花用。即摺內所稱，查封之外，尚有借給保山縣知縣徐明道銀二千兩，爲數亦屬有限，必係該犯被控離任時，自知干犯重法，豫爲隱匿寄頓，以致所存無幾。著傳諭彰寶，即提楊家駒嚴行確訊。該犯所斂銀錢如何使用，因何僅存此數，或另有隱匿寄頓情弊，務令據實供明，毋任絲毫掩飾。仍將訊問情由，即速覆奏。尋奏：查訊楊家駒因公科派等情屬實，其貲財別無寄頓，即遵旨先行正佉。教諭沈錩，幫同科斂入己，擬絞監候。該管各上司分別參處。得旨：該部覈

議具奏。（高宗八四四、五）

（**乾隆四一、四、丁卯**）又諭：向來外省遇有欽差大臣官員因公過往，地方官爲之豫備公館，亦勢所不免，至於公館之外，不應復有繁費。即如此次將軍等凱旋過境，較別項差使自屬緊要，一切或稍加周到，然凱旋非事所常有，其餘則不當援以爲例。且聞各驛站，每有長隨胥役等代辦，向其本官任意開銷，甚至借端科派需索，累及閭閻，流弊滋甚。即如富德係有罪解京之人，經過地方，止須派員幫同押送出境，乃尚有照常爲之備辦公館夫馬者，尤屬不成事體。已諭令該督等查辦矣。看來外省應酬風氣未能革除，於吏治甚有關係。地方官豈肯費其養廉，不過仍出之民間。不可不力爲飭禁。著各省督撫實力稽查，嗣後驛站官員應付差使，如有違例逢迎，稍涉糜費，及長隨胥役藉差派累者，即行嚴參重究。督撫等或意存袒徇，經科道參奏，或朕別有訪聞，惟該督撫是問。將此通諭知之。（高宗一〇〇七、一五）

（**乾隆四三、一〇、己卯**）又諭：軍機大臣訊據高樸家人常永供稱，伊跟隨高樸往葉爾羌時，沿途驛站需索銀兩，少者四兩、六兩，多至五六十兩等語。前因各省驛站，遇有欽差大臣官員過境，往往豫備公館，長隨胥役備辦供應，任意開銷，而大臣官員之家人前站，亦每有需索騷擾之事，屢降諭旨，嚴加飭禁。乃高樸奉差往葉爾羌，沿途經過各驛站，縱容家人需索騷擾，該督撫豈毫無見聞，何以不行參奏？況高樸曾在保定，喝令鞭打辦差家人，周元理安得諉爲不知，乃竟隱忍不言。伊等不過因高樸係兵部侍郎出差，驛站事務亦其專管，故爾畏懼逢迎，甘心徇隱；設欽差大臣勢位更有大于此者，沿途地方官又將如何酬應乎？此事於吏治甚有關係，著傳諭周元理、巴延三、畢沅、勒爾謹將因何不行查察參奏之故，明白回奏。（高宗一〇六九、二一）

（**乾隆四三、一一、壬辰**）諭：昨因高樸家人跟隨伊主往葉爾羌時，沿途驛站，有需索騷擾之事，已諭令各督撫按站查參。直隸按察使係專管該省驛站之員，而其事係達爾吉善任內之事，並降旨將伊交部嚴加議處矣。前此以各省驛站，遇出差大臣官員，沿途俱爲備辦供應，屢經飭諭嚴禁，該管驛站之大員，理應嚴飭所屬遵旨妥辦。設有需索情事，或直揭部科，或稟報上司參劾，其風自必斂戢，何以高樸出差，其家人尚敢沿途勒索？此皆不肖州縣，迎合應付，有以誘之。高樸業已於偷賣官玉一案，審明正法，其家人亦罪不容誅。而所在驛站官員，曾經給與銀兩者，皆不可不查明，從重議處，以儆將來。此等積弊，始于換馬使費，皆由各驛站馬不足數，或疲瘦不堪，恐爲欽差參奏，遂私自打點彌縫，日久竟成錮習；並聞有上下站合棚餧養之說，遇到站馬不敷用，即令上站之馬仍復應差，俗稱爲打過站。比於郵政大有關係。蓋由有驛各州縣，平時短餧馬匹，扣剋馬乾草料自肥，及差至需馬稍多，不敷支應，因而巧爲生法，以混目前。且計其終年所扣之數甚多，而欽差家人勒索，雖費至十余金、數十金亦尚有限，遂致甘心付給，希冀無事。此等惡習，不可不徹底嚴查。現已另降諭旨，令各省守巡道，分管所屬驛傳事務，並令按察使總司其事。嗣后伊等必隨時查點，如有短少及疲瘦者，立即查參，州縣自必凜法知畏。如果馬匹臕壯、不缺額數，而欽差往來家人仍復藉端需索者，即報知管驛之司道，驗明馬匹具揭。該督撫參奏，必將縱容勒索之欽差及其家人查明，從重治罪。如仍有應付驛站之事，一經發覺，除將該州縣重處外，惟於該管驛站之司道是問，恐伊等不能當其重戾也。將此通諭知之。（高宗一〇七〇、二五）

　　（嘉慶四、七、戊午）諭內閣：福建布政使李殿圖條奏病農弊端一摺。據稱騾馬爲農家要具，乾隆三十年以前，農家必畜騾馬三四頭，以供耕種。遇有差務，亦可藉得官價。嗣後地方官不察民情，漸多滋擾，或有差而得錢賣放，或無差而假名需索，甚至此站打過下站，此邑協濟他邑，以致倒斃過多，於是賣騾馬而畜牛驢者，十之八九。地方官遇有差使，又於各里派養騾馬，以備調用，甚或設立差局，昂價受雇，仍向民間浮攤，應請查明革除，俾民間爭畜騾馬，於農田官差，兩有裨益。……所奏皆切中時弊，著通諭直省督撫，一體留心查察，徐加化導，以期崇儉去奢，俾小民務本力農，衣食之源，益臻充裕。（仁宗四八、二）

　　（嘉慶一一、六、甲辰）諭軍機大臣等：瑚素通阿等奏，查訊正定縣生員王之選等，呈控吏役包攬勒折車輛草料一案大概情形一摺。據稱，正定恒山、伏城二驛，差務絡繹。從前曾令各鄉公備四套馬車三十二輛協濟，事竣放回。嗣後漸將車輛留驛，令各鄉雇工管照，鄉民因覓車戶代辦，給草料工食錢文數十千。近年竟歸縣役包攬勒索，每車一輛，要大錢至四百數十千文，業經訊據縣役翟繼閔等供認屬實。又原呈內稱，該縣吏役有二千之多，今調驗卯簿，通計各色吏役，實止九百餘名等語。直省有驛州縣辦理差務，均有額設號馬應付，正定係九省通衢，即因差務較繁，不能不藉資民車協濟，尤應善爲經理，聽民自便，何至竟歸縣役包攬，任意勒索多錢。迨採買豆石麩草時，又任聽浮派短收，需索使費，以致擾累閭閻。即如吏役一項，各州縣自有定額，正定一縣，各色吏役至九百餘名之多，直隸一省，統計有百餘州縣，則差役不啻有十餘萬之多，其擾累何可勝言。該縣盛安身爲民牧，乃竟置若罔聞，難保無通同染指情事。著解任，交瑚素通阿、劉權之提同案內人証，嚴行審訊。看來該縣吏役包攬車輛、斂索錢文，或未必始於盛安。究竟起自何年何人任內，著一併詳確查訊，分別定擬具奏。又據另片奏，行抵正定，有鄉民百十人，攔遞每年出辦長短車並承買秣草豆等項費用清單，瑚素通阿等，以風聞有先期傳單邀集之事，恐即係王之選等指使等語。此亦未必。現在此案業經審辦，鄉民等自必聞風各散，如果查有主謀指使攔訴之人，當將首犯拘獲懲治，無庸紛紛訪拏也。將此諭令知之。(仁宗一六三、一八)

（**嘉慶二三、一、辛丑**）諭內閣：文寧係棄瑕錄用之人，復擢至巡撫，由貴州調任河南。乃一入豫境，沿途挑斥供應，縱容家人需索站規，實屬溺職。文寧，著即照部議革職。(仁宗三三八、二)

四、藉差科派

（**康熙四、七、庚戌**）戶部議覆：廣西道御史戈英疏言，州縣每年設有輪值甲長，凡催徵錢糧，及衙門需用各項之費，皆令甲長承辦。獨江西省更有提甲之弊，既將現年甲長追比各項銀兩，復提次甲為現年甲長，責成備辦禮物。廣信等府，積弊尤甚，至有連提數甲不止者，累民已極，請敕該撫嚴禁。應如所請。從之。(聖祖一六、七)

（**康熙八、一〇、甲子**）諭戶部：朕巡歷所至，凡御用器物，皆係所司由京城供辦，毫無取於地方。除內廄之馬不用飼秣，即部撥馬匹所需芻豆，亦屬無多。向聞地方官指稱御用，私派民間，預為儲偫。既不銷算，又不還民，貪污官吏，侵肥入己，苦累小民，重違法紀，自後務加嚴禁。儻有仍前藉端科派者，所司官嚴察參奏重懲。如匿不上聞，事發一并治罪。爾部即通行嚴飭，刊示曉諭。(聖祖三一、一四)

（**雍正一、一〇、壬子**）諭總理事務王大臣等：各處工程，有請將俸工銀兩捐助者，此事斷不可行。伊等名為捐助，實則藉端勒派，擾累小民。若直省大吏，將已分內所得羨餘捐助完工者，聽其捐助，如或不能，著奏請動用正項錢糧。(世宗一二、八)

（**乾隆一、六、丁亥**）禁四川私派番氏。諭總理事務王大臣：四川松潘鎮各番，輸誠効力，恭順多年，朕疊沛恩膏，俾各休養得所，已將口裏口外本年應納正賦通行豁免，示朕撫卹遠番之意。茲聞從前各番額賦之外，鎮將各衙門有私自派收之項，每年收穀，六族、包子寺、元壩、寒盼、七族等寨青稞四百餘石，以為公務之用。又該鎮衙門收西路峨眉、七布二寨、熱霧十二寨，紅土坡、臘、白三寨小麥、青稞等項，又收所屬各寨折草價之青稞及紅花、雄溪、雲屯、望山等處關堡折租銀兩。又漳臘營收羊峒、東敗、王亞、寒盼等寨，疊溪營收梁貢、黃包喇等寨、大姓、葫蘆、皮袋等寨小麥青稞等項。又遇刨挖貝母之年，該鎮及鎮標中營、平番營等衙門，令平番所屬各寨交收貝母。似比額外私徵，甚為番民苦累，亟宜概予蠲除，以甦番困。嗣後松潘鎮屬番寨，除按年輸納正賦外，一切鎮將衙門不得絲毫派斂。儻有仍沿陋習暗中索取者，經朕訪聞，必嚴加治罪。著該撫及提督遵朕諭旨，嚴行禁革，并通行曉諭各番寨地方知之。(高宗二一、一七)

（乾隆三、四、乙酉）吏部議准：廣西布政使楊錫紱疏稱，州縣養廉有限，浮費不除，斷無不派累百姓之理。請嚴禁餽送上司土儀，違者與受同罪。從之。(高宗六六、六)

（乾隆一五、一〇、庚午）四川總督策楞疏參署布政使宋厚，於飭查建昌道打箭爐庫貯軍需私行那借，數月并不揭參，止請勒限完結，又聞中供應糜費，混行科派一事，臣將訪單發兩司確查，臬司覺羅齊恪逐一開送，宋厚視同膜外，及行令會揭，仍不查實剋扣短發數月，嗣臣面問，復稱陋例相沿，求免參罰。緣提調道樊天游、成都縣翁纘祖，均蘇州籍貫，明係袒護同鄉。請旨革職。得旨：……宋厚，著革職，發往軍台効力贖罪。(高宗三七四、四)

（乾隆二二、四、戊子）又諭：劉崇元控告涿州知州黃元圯辦差借貸部民銀兩一案，業經特派大臣審訊完結。直隸辦差，向聞有藉端科派情弊，經朕降旨該督嚴禁，據該督以業已清釐奏覆，並稱凝將大州縣備貯千金，小者亦備貯數百金，儘可辦差無誤等語。今涿州附近京師，當往來之衝，尤稱繁劇，何防多為留貯千餘金，俾庫項充裕，辦差得有以藉手，乃竟因公用缺乏，致令臨時向部民借貸，此皆該督平時未能查辦之故。嗣後務須隨時體察，毋致復蹈前轍。(高宗五三七、三〇)

（乾隆二八、四、戊戌）諭軍機大臣等：……朕巡省所至，凡行宮豫備等項，已屢經詳諭該督撫等一切務從簡樸，從前三次辦理，已不免踵事增華，儻將來彼此效尤，日甚一日，何所底止。……前此地方官，知朕絲毫不肯累民，動以商捐藉口。殊不知官取給於商，而商人所捐，孰非民間所給。請督撫惟應實力約省，凡有需用，只許支取例給之項，及前此賞用所除，據實冊報查覈。其商捐一節，著永行禁止。又扈從官員，並已給船乘載，何須預備公館，在扈蹕大臣等，朝夕侍直該班，既不能四出居停，其各衙門官員，差使稍緩者，即泊舟稍遠，亦無難從容退食，乃有司等輒以此為名，致不肖胥役保甲等占貼民房，勒索滋弊。此風斷不可長，亦著嚴飭禁止，毋得稍爲寬假。或大臣官員等自需住宿，則聽其出貲僦賃，不許地方代爲購覓，以杜擾累。此後公館一事，亦竟宜停止。(高宗六八四、一九)

（**乾隆三二、六、庚戌**）諭曰：阿思哈題參署杞縣知縣蔡淮英，因派往雲南健鋭營兵丁，經由豫省，藉端派累民間，任意滋擾一本。所辦甚是。已降旨將蔡淮英革職，交與該撫嚴審定擬具奏矣。國家辦理公務，一切均動支官項，絲毫從不累民，地方官遇此等送兵事件，尤宜加意經理，毋使稍有派擾，俾閭閻安堵如常。乃蔡淮英輒敢藉辦公之名，遂其侵漁之慾，縱恣無忌，罔卹民艱，貪劣不法，實出情理之外。若不嚴行懲治，無以示儆。著該撫將蔡淮英逐一研訊明確，從重治罪。(高宗七八七、三)

（**乾隆三二、九、壬子**）諭曰：阿思哈參奏新野縣知縣曹承宣捏稱辦差賠墊，勒令士民捐派，人心不服，縣差復任意作踐，以致革役楊蛟等聚衆扒毀書役等房屋，事後復捏稱刁民聚衆報復私仇，請將該縣革職拏問究審等語。曹承宣身爲民牧，乃敢於差後捏稱賠累名色，公然設簿勒索，貪虐無忌，實出情理之外。曹承宣著革職拏問，與案內有名人犯、嚴審從重究擬，以示懲儆。至楊蛟等於該縣派累之事並不赴上司控理，靜聽查辦，輒敢糾聚多人肆行滋事，亦屬目無法紀，務即嚴緝全獲，另行審明，按律定擬具奏。(高宗七九五、七)

（**乾隆三四、八、庚申**）又諭：據喀寧阿參奏，署呈貢縣知縣楊家駒，採辦軍需牛馬以及承運軍糧各項，科派累民，計錢三千八百餘串、銀一萬八千餘兩；又領餧馬匹，派令鄉保餧養，又令各村買賠，並不發價，需用夫役，短給工錢各款。教諭沈鋁串通干與，亦有收受生童豆石等事，請旨革職審擬等語。楊家駒承辦軍需事件，竟敢藉端派民，恣意牟利，貪黷不法，實出情理之外。滇省自征勦緬匪以來，一切軍需事宜及軍行經過各省，俱係動支正項，絲毫不以累民，或官給間有不敷，一經督撫入告，無不立時增給，俾得裕如。并有督撫未經陳奏，朕偶爾念及，特旨加增者。復節次賞給每省銀數十萬兩，務期踴躍趨事之良民，均霑實惠。尚恐不肖胥役，或有藉名需索之事，屢勅各督撫實力稽查，隨時奏處，毋使閭閻稍有滋擾，諄切教誡，不啻至再至三。至於苛派里下之事，久經嚴禁。且朕念切愛民，惟恐一夫不得其所，凡地方間有水旱偏災，應行賑卹者，閱奏即行發帑，不稍稽廷，亦從不知少有靳惜。而辦理軍需諸務，雲南一省，已撥給庫帑一千三百餘萬兩之多，賞銀亦至三十萬兩。州縣辦公，儘有官項可動。豈得藉口於無米之炊，肆行橫派。乃楊家駒竟敢藉軍需名色，公然派及民間，剋扣侵漁，盈千累萬，冀以飽其慾壑。苟非喪盡天良，何竟悍然不顧若此，寔爲國法所不可片刻姑容。而教諭沈錩，串通干與，且有收受生童豆石之事，情亦可惡。楊家駒，著革職拏問，教諭沈錩，亦著革職，交與彰寶，一併嚴審實清，定擬速奏。至此案始於乾隆三十二年，迄今已閱三載，從前督撫等，豈竟毫無聞見，何以直至呈貢縣民李德俺赴經略大學士傅恒呈控交查始行參奏。歷任督撫及該管上司所司何事，並著彰寶查明交部嚴加議處。將此通諭中外知之。（高宗八四〇、一二）

（乾隆四四、一一、丁亥）諭：據鑾儀衛奏，民人充當校尉之榮志禮等，呈控順義縣差役人等，派令貼補老人差使、索詐錢文各情節一摺，于吏治甚有關係。本朝丁歸糧辦，民間一切差徭，久經停免，即遇緊要工程，如河工城工之類，亦俱官給雇值，不令絲毫累民，何致順義縣復有派當老人差使貼補錢文之事，不可不徹底查辦。至各州縣民人，充當校尉，或係國初相沿明季陋習，未及更定章程，致令濫竽。現在包衣閑散充當差使，兼資養贍，何必令各州縣挑送鑾儀衛假手胥吏、輾轉滋弊乎。此案著派軍機大臣會同英廉、程景伊並順天府詳加審訊，務得實情，秉公定擬具奏。如有干涉該縣事件、應行質訊之處，即行文楊景素令將該縣管押來京，會同審訊亦無不可。至各縣因何設有老人名目，及民人充當校尉，作何停止挑補改用包衣閑散之處，著一併查明，詳悉定擬具奏。尋奏：該縣老人，訊即鄉約地總別名，應交該督嚴行查察，毋得藉端滋事。縣役王化鵬等蠹索錢文，應請按律計贓定罪。知縣漫無覺察，交部議處。至鑾儀衛額設民校尉一千九百十六名，如請轎、靜鞭、旗手、作樂，俱需熟手遞相傳授，象所校尉亦係隨象來京，嫻于餵養，難易生手，無庸停改。其帶差、長差、請輦各項一千一百餘名，應請改用包衣閑散，俟缺出，以次補。得旨：此項民尉，除應行酌留外，其籍隸大、宛兩縣者，遇有缺出，鑾儀衛大臣及順天府送補甚便，不致滋弊。且使輦轂之民，不失世業，可仍照舊例行。其籍外州縣者，陸續出缺改補。（高宗一〇九四、八）

（乾隆五〇、六、癸卯）又諭：據步軍統領衙門奏江西廬陵縣生員郭榜呈控該縣修理志書，生員彭寅等經理，藉端派累民間銀兩，又將不應入傳之劉遇奇，濫入志書，將劉遇奇所作詩賦呈首等因一摺。閱所告情節，似係挾嫌呈控，但該縣重修志書，何至科派民間銀至七千餘兩之多。著交薩載會同舒常，提集犯證，秉公查訊，定擬具奏。（高宗一二三三、三四）

（乾隆五一、閏七、戊寅）諭軍機大臣等：據步軍統領衙門奏直隸永年縣民人王天才，呈控刑部貼寫陶殿侯唆使伊表兄閻培禮來京，欲控該縣工房江西周等藉差折銀派累等事，繼又不令呈告，復私行寄書通知該縣，以致閻培禮在京病斃一案。細閱情節，陶殿侯、陳聖佐，俱係吏、刑二部書吏，乃代王良佐包攬捐職，又潛赴永年縣通同王良佐多寫借票銀數，希圖誆騙銀兩，而陶殿侯聞該縣民人閻培禮因本縣書役藉差派累，短交折夫銀兩，私受刑責，輒乘機唆令來京告狀，將閻培禮等留住京城廟中，給以日食，又復差人寄書永年縣通信，令知縣出銀二三千兩，送京安頓，即可不告，以致閻培禮在京病斃。種種情節，甚屬狡惡。至永年縣知縣唐培洙，當蠹吏陶殿侯等私赴該縣滋事之時，並不挐究，反斷令給與盤費回京，後聞閻培禮赴京告狀，竟與陶殿侯交接往來，寄書通信，殊屬戙法。此案事關重大，著派綿恩、彭元瑞、金簡、勒保秉公嚴審，定擬具奏。現已傳諭劉峩，將該縣唐培洙及案內應訊人證迅速解京。看來該府清格，亦有知情故縱情事。如有應行質訊之處，亦即一面具奏，一面行文劉峩，令其解任來京候質。再閱原控呈內，有該縣各房書役，藉辦差爲名，勒派民夫，折價入己；倉穀散賑，皆有情弊等語。朕巡幸所經，一切俱動官帑，絲毫不以累民。乃該縣書役，通同舞弊，藉端派累，該縣豈有不知之理。如果屬實，殊出情理之外。不但該管道府有應得之罪，即總督、藩司亦有重咎，非尋常失察可比。著傳諭綿恩等，先就在京諸犯，秉公徹底究辦，以成信讞，毋得稍有不實不盡。（高宗一二六〇、二〇）

（乾隆五一、閏七、戊戌）諭：據竇光鼐奏，親赴平陽，查出黃梅以彌補虧空爲名，計畝派捐，每田一畝捐大錢五十文；又每户給官印田單一張，與徵收錢糧無異，又采買倉穀，並不給價，勒捐錢文。苾任八年所侵吞部定穀價與勒捐之錢，計贓不下二十余萬。……似此貪官污吏，而不嚴加懲治，俾得網漏吞舟，不肖之徒，轉相效尤，於吏治大有關係，……阿桂現已起程，在途接奉此旨，仍著回至浙江，秉公審辦。……務將竇光鼐摺內所奏黃梅勒派貪黷各款，逐一根究，……審明定罪，以儆奸貪，不可顧頇完結，致滋物議也。將此通諭知之。（高宗一二六一、三五）

（乾隆五一、八、丁卯）諭曰：阿桂等奏審擬原任平陽縣知縣黃梅向部民勒借錢文并按田科派二款，已供認不諱一摺。黃梅以彌補虧空爲名，向部民勒借派捐，業有確據，其貪婪不職，殊出情理之外。黃梅，著革職拏問；溫州府知府范恩敬，著解任，一併質審定擬具奏。（高宗一二六三、一九）

（乾隆五二、一〇、戊午）又諭曰：惠齡奏審擬直隸文安縣民人李善修呈控科派一案，辦理尚屬詳細，已批交該部議奏矣。惟詳閱所審各款，內有原控倉書指稱永定河運米，票傳牛車五百餘輛，折錢萬有餘千一款，訊據倉書劉沛澤供，上年二月，奉文分修隄卫，裝運錢米物料，陸續撥車，用過牛車一百餘輛，每輛俱於工所發給車戶京錢八百文；向來撥用牛車不多，上年撥至一百餘輛，是以李善修動疑呈控等語。永定河數年以來，安流順軌，何以有分修隄工之事。即間有應行歲修工段，例係官爲辦理，動項雇夫，並不絲毫擾累民間，即如豫省漫口工程，一切所用稭秫料物土方，數年來動帑數十百萬，從未累及閭閻。永定河不過黏補工程，乃輒稱裝運錢米料物，派撥民間車輛至一百餘輛之多，而倉書又復藉端刁揑，勒索車戶錢文，致滋擾累，恐該地方官，竟有藉修隄爲名，通同婪索情弊，則官帑開銷，何處著落。著傳諭劉峩，即將永定河何以有此項分修隄工，如該地方官有藉端派累等事，即據實嚴行亲奏，不得稍有諱飾。又原控禮書楊翠元，有藉招募樂舞生詐錢數千餘串一款。訊據張太等供，本年二月，奉文招募樂舞生，報充者共十六村，內有二村認充不到，楊殿元索詐村民京錢六十千文等語。招募樂舞生，雖係奉文辦理，但向有定額。況一縣所用樂舞生，更屬有限，止須招募數人，有情願充當者，報充足數，即可完事，何至於所屬村莊，徧發諭帖，悉行招募，致書役等招搖勒索，派斂錢文，擾累地方若此。可見該省吏治廢弛，已非一日。劉峩身任總督，漫無稽察，著傳旨申飭。仍著將該縣招募樂舞生、因何如此辦理之處，一併據實查奏，毋得稍存迴護。尋奏：該縣承辦永定河隄工，有給發夫價大錢四千八百餘千及糴買來夫食米大錢，均需運送赴工，是以雇用牛車有一百餘輛之多。至招募樂舞生，內有報充之人，不諳音律，意欲雇人代倩，以致書役乘機詐取，該縣毫無覺察，實屬罪無可逭。得旨：交惠齡查辦。(高宗一二九一、二八)

（嘉慶四、六、己酉）諭內閣：朕前聞江蘇有匿名首告胡觀瀾一事，諭令費淳查奏。茲據查明，江陰縣有廣福寺，年久傾圮，縣民商柏林係鹽政徵瑞長隨，稟知徵瑞捐銀五千兩，交知府胡觀瀾興修。胡觀瀾因公費不敷，復令該縣楊世綬在城鄉勸募，出差追徵，敘民怨沸騰，因令該員等先後告病解任。今請將胡觀瀾、楊世綬革職，永不敘用等語。胡觀瀾係知府大員，不知體卹民情，勒派出資修寺，擾累閭閻，且迎合鹽政長隨，爲之派捐催繳，尤爲卑鄙無恥。胡觀瀾，即著照該督所奏，與楊世綬一併革職，永不敘用。(仁宗四七、一四)

（嘉慶四、九）[是月] 四川布政使林儁奏：川省本年豐收，不恃川西川南安居樂業，即川東川北被賊地方，亦因年穀順成，民情歡豫。得旨：能自省否？批：川省被賊蹂躪三年，朕方自省憂憤，寢食不安，汝等本地大吏，尚作此等誇詡諛詞，宜乎！上天未能赦罪也。又批：加派紛紛，尚歡豫乎。

(仁宗五二、三四)

　　(嘉慶一〇、八、丙午) 又諭：……昨日又據儀親王奏，呈遞匿名揭帖，控稱內務府佐領延福等派令壯丁攢湊出銀，辦理差務。當交軍機大臣傳詢該佐領等。據稱此次盛京宮內陳設鋪墊及辦事公所一切器具多有損壞，均須收拾黏補，向無支銷，是以回明將軍，酌定壯丁每名出銀八錢，共湊交銀一萬二千餘兩屬實。并經延福等呈出饋送內務府大臣官員及各等處太監豬、羊、酒、米等件清單，據稱，亦於此項開銷等語。朕鑾輅經臨之所，每戒飭地方官毋許絲毫擾累，即扈從人等早經嚴諭禁絕饋。上年富俊到京時，曾屢加面詢。據稱此次辦差，一無派累。今即因盛京宮內陳設鋪墊及公所器具什物有須修補之處，計需費亦屬無多，朕此次派令巴寧阿前來辦理一切工程，支用銀十三萬餘兩。此等修理工程，亦係公需，富俊既早經查明，即應併計銀數，奏明動款支用。乃率聽該佐領等科派壯丁，致有匿名呈控主事。而於談佐領等致送內務府大臣官員食物之處，又不能管束禁止，任聽花銷，皆係富俊辦理不善之咎。除將與受各員另行降旨議處、太監等治罪外，富俊著將恩詔內加一級扣除，仍交該部議處；所有本日降旨將盛京文武官員因公處分開復之處，并著該部查明富俊任內降罰處分，均不准其開復。(仁宗一四九、二七)

　　(嘉慶一二、三、己巳) 諭軍機大臣等：本日都察院衙門奏直隸寧晉縣民人張夢榮，具控該縣知縣藉差科派一案，已明降諭旨，交溫承惠將該縣解任審訊，嚴切根究矣。此案據張夢榮控稱，寧晉縣知縣，因辦理淀津差務，於上年十月內，向民間派銀四千兩，已斂收二千，其餘二千，本年出示張掛，限於四月內如數交納，並因張夢榮之父生員張廷宸控告保長，即行掌責，嗣又痛責收禁，情急上控等語；並將所揭告示一併進呈。朕閱該縣告示語句，其科派收銀，竟係指稱淀津支應差使而言，殊不可解。巡幸淀津一事，上年雖曾向該督等諭及，亦尚未明降諭旨，地方官何得輒藉此為名，出示科派。況朕每遇巡幸，一切行宮坐落，以及橋梁道路，均係發帑興修，例有支銷之款，並不絲毫累民，又不許該督等呈進貢品，其所進果菜食物，不過留以備賞，所值無多。至於扈從王大臣以及官員章京，併內廷太監等，屢經嚴切諭禁，不但苞苴杜絕，即尋常酒菜食物，亦均不准收受，地方官尚有何項花銷，指稱支應差務乎。今寧晉一縣，派銀至四千兩之多，則直隸通省州縣共有一百二十餘處，豈不科派數十萬兩之多，小民何堪如此朘削，該縣既以支應差使為言明出告示，且稱上年先收之二千兩，業已解交藩庫轉發委員，自必有實在支應之款，可以詳查，先行明白回奏。溫承惠到直隸未久，上年州縣科派錢文，亦非伊任內之事，無可迴護，且現在無不可達之下情，不可稍存諱飾。著即據實查明，究竟凡遇巡幸之時，必須地方官支應者，係屬何款，實需若干，是否扈從人等舊習未悛，尚有違例需索之事。如果實有其事，即係近派王子及御前大臣、軍機大臣等，亦不妨指明直奏，不容稍有瞻徇。（仁宗一七六、三二）

（嘉慶一二、七、甲寅）諭軍機大臣等：都察院奏直隸樂亭縣民人常成彩，以藉差斂錢等情具控，已有旨交溫承惠提審矣。朕每遇巡幸，一切差務，從不肯絲毫累及閭閻，即如此案，樂亭縣莊民李學順，勾串縣役藉差科派，該縣查知，即出示曉諭，並云凡有差務，皆動帑銀，不累百姓，可見地方官未嘗不共知朕意。乃該縣既查知曉諭，何以不飭令將所斂之錢退還各戶，仍以王庸等捏詞歸還爲據，顢頇了事，並不將胥役嚴辦，是誠何心。且天津之行，不過上年方有此議，而直隸地方即藉詞科派，樂亭縣相距甚遠，該縣胥役尚挨戶斂出東錢七千四百餘弔之多，則近京州縣，所派更必數倍。外間惡習，動以辦差藉詞科斂分肥，以致小民來京控訴，豈必欲朕高拱深宮，將巡行舊典概不舉行。有是理乎？且急公奉上，義所宜然，如果辦理差務，實有不得不藉資民力之處，亦應明白曉諭，俾知分所難辭，自必踴躍從事，總由地方官辦理不善，而吏胥等又百般科斂，假公濟私，殊爲可惡。听有樂亭縣藉差斂錢之地方李學順等，著溫承惠親提嚴審，按律治罪，毋稍寬縱；並將該縣解任歸案審辦，庶將來辦差地方，不致藉差累民，以副朕愛養黎元至意。將此諭令知之。（仁宗一八三、一九）

（嘉慶一三、一二、壬寅）諭內閣：吉綸等奏訪查廣興在東省審案劣蹟大概情形一摺，覽奏深爲駭異。朕勤求民隱，惟恐閭閻疾苦壅於上聞，或官吏貪黷營私，病民戟法，必須徹底研究，是以於各省控告案件，核其情節重大者，特派大臣馳往鞫訊。該大臣仰蒙委任，宜如何秉矢虛公，潔清自愛。乃不料廣興前次兩赴東省審案，任性作威，供頓必須華美，稍不如意，即肆行呵斥。伊與周廷棟同在東省審案，周廷棟全無主持，以致民間竟有周全天下事、廣聚世間財之謠。且初在貢院居住，因長齡升任總督，伊即移住院署，嗣又移至鹽政行館，或令家人唱曲，或令優伶進唱，於貢院監臨後院開池養魚。據奏通省攤派差費，前後共計銀數萬餘兩。又訊據茌平縣知縣王琅供稱，廣興前在東昌時，通府公攤差費，起身時各送程儀，又司獄任灝供稱，知府嵩山送銀一千兩，聊城縣送銀一千兩，種種劣款，不惟需索騷擾，竟敢任意苞苴，殊出情理之外。此而不嚴行究辦，何以懲貪婪而儆官邪？廣興，著拏交刑部，交軍機大臣會同刑部嚴審究擬具奏。茌平縣知縣王琅，著先行解任；禹城縣丞沈鴻勳、泰安府司獄任灝，著革職，交吉綸再行嚴訊，務得確情，迅速具奏，即速解京質對。其知府嵩山已訊明餽送屬實，著一併解任，押送來京以憑質對。至周廷棟與廣興同赴東省審案，閱時半年之久，於伊需索受贓各款，豈竟毫無聞見。近日屢經召見垂詢，周廷棟不但力言其並無騷擾營私情事，並以廣興辦事才具明敏，竟似外間物議，冒加以不韙之名。若謂伊實未聞知，則係形同木偶，儻竟知而不言，則係有心徇飾。且伊在東省，供應亦須日費十餘兩，咎有應得。周廷棟，著交部嚴加議處。托津與廣興同赴濟寧審案時，於伊劣欺亦毫無覺察，且據開各公館食用每日通計銀一百七八十兩至二百餘兩，托津公館均在此內，亦不免浮費，托津，著交部議處。(仁宗二〇四、一四)

（**嘉慶一三、一二、乙巳**）諭內閣：前日據吉綸等奏到，廣興兩次往山東審案時，任性作威，苛求供頓，日向地方官藉端呵斥，暴戾恣睢，以致通省攤派差費多至數萬餘兩，並於臨行時收受餽送，種種劣蹟，實堪駭異。當經降旨將廣興拏問，查抄家產，交軍機大臣會同刑部嚴審，現據廣興供認，收受知府嵩山餽送銀一千兩，並搬移公館，開池養魚等款，俱已確鑿，其餘尚在狡賴。而本日據長麟、英和等奏，查抄廣興家內，不但房地甚多，財物尤夥，除現銀及借出存帳銀七千餘兩不計外，又訪出存放帳局銀三萬七千兩，並整玉如意多至六柄，洋呢羽緞等料多至一千餘件，他物稱是。此外又有代廣興寄存銀兩之盛師曾、盛時彥二人，查其家內，現有存銀取利確據，現在訊問之下，盛時彥等尚堅不吐實。廣興贓私累累，其由來實不可問，伊屢次出差山東河南多次，恐不但得受餽送，或竟於審案之時；向地方官威嚇取索，甚至將案情顛倒，婪贓鬻獄，均未可知，亟應徹底根訊，以期水落石出。此案關係甚大，著添派大學士等會同刑部堂官，嚴行審訊，務得確情，按律定擬具奏。其解任之員外郎盛時彥，著革職，同盛師曾一併拏問，歸案審辦。(仁宗二〇四、一八)

（**嘉慶一三、一二、戊申**）又諭：欽差大臣仰承簡命，赴各省審辦案件，理宜秉公持正，潔己爲先，一切夫馬供頓，應從簡約。地方大吏，自揣果無瑕疵可指，設遇欽差有縱恣勒索情事，原當據實揭參，豈可私行結納，轉相饋遺。乃近年廣興出差河南、山東，供出阮元曾送過公幫銀一千兩，齊布森等曾送過公幫銀二千兩，長麟曾送過銀三百兩，此在廣興貪污狼藉，其所得自尚不止此，而地方官吏輒相率攢湊幫費，任意苞苴，此風實不可長。阮元、齊布森、長齡，均著交部議處。(仁宗二〇五、五)

（**嘉慶一四、五、庚辰**）諭內閣：前據董誥奏有肥鄉縣知縣萬永福，差人投遞稟帖，內有奏摺一封，求爲代遞。董誥未敢啟封，當即進呈。朕閱後，因降旨令將該員解任來京，交軍機大臣詢問。茲據萬永福稱，伊於上年秋差，派辦密雲道路，時值大雨，屢經修墊，除資民力用銀二千兩外，仍賠用銀八百餘兩。又，天津差務，由省派令該縣出大戲十番，費銀三千兩，已交藩庫二千兩，尚有一千兩未解，屢奉文催，因思承辦差務，州縣力不能捐辦，不能不借用民力。聞將來尚有五臺差事，道路較長，恐資用民力更多，因此冒昧陳奏，懇求治罪等語。朕躬舉時巡，凡以修國典勤民事，原非爲侈遊觀，如每年率行秋獮，經過畿輔各州縣，事關綏藩肄武，時值暑雨塗濘，即官民稍効勞費，均屬分所應爾。至上年巡幸天津，省方觀民，兼以閱視隄工，屢降明諭飭誡疆吏，一切繁文糜費，概事擯除。乃該督等不知仰體朕心，沿途設有戲臺點綴等項，朕當即訊斥其非。該督等總以自行捐備，藉申忱悃爲辭。今據萬永福所言，仍係派之各州縣，即肥鄉一縣，已派至三千兩，則此外各縣所派，諒亦大略相倣。此皆該省辦差官吏，下及官親家人長隨，藉以爲名，人人希圖從中沾潤，遂不顧貽累地方。朕若徹底根究，該省大吏豈能當此重咎。念其事屬已往，姑免嚴辦。惟該總督藩司辦理不善，不可不加以懲儆。溫承惠，著拔去花翎，褫去黃馬褂；方受疇，亦著拔去花翎，用示薄懲。今年朕五旬萬壽，即日啟鑾前赴熱河，若該督等再於沿途踵事增華，但多建一牌樓、添一綵飾，必將該督等革職示懲。至巡幸五臺，尚未定期。即將來有旨前往，設直隸、山西途間有建設戲臺等項點綴者，亦必褫革不貸。朕言出法隨，彼時毋悔。萬永福越職言事，本有應得之罪，念其所言尚正，且事有實據，著免其治罪，加恩發往山西，以知縣即補。其肥鄉任內未交銀一千兩，並不許再向催交。(仁宗二一二、七)

（嘉慶一四、七、己未）諭內閣：前因直隸肥鄉縣知縣萬永福違例投遞奏摺，解任來京，詢出天津差務，派該縣出戲技銀三千兩，原前任總督裘行簡、藩司慶格派定章程，溫承惠等循照辦理，特降旨令慶格明白回奏。茲據奏稱，曾分派冀州、肥鄉、深澤、平山四州縣戲技銀三千、二千及一千余兩不等。辦理不善，自請交部從重懲處等語。朕巡幸淀津，閱視隄工，省方問俗，地方官修治道路，豫備一切，分所當然。乃伊等以戲技爲名，分攤屬員，形諸文札，濫派虛糜，莫此爲甚。除裘行簡業經身故外，慶格，著交部嚴加議處。尋議：降四級調用。從之。(仁宗二一五、一)

（嘉慶二三、八、甲午）諭軍機大臣等：本日步軍統領衙門奏河南永城縣監生孫世修，呈控該縣知縣派買稭料，勒折錢文一案，已有旨交陳若霖審辦矣。(仁宗三四五、二一)

五、對少數民族人民私徵勒索

（一）蒙古族

（**順治六、三、乙丑**）喀喇沁部落蘇伯杜稜所部兵，有擅掠已降民間子女牲畜者，居民控訴，攝政王令重治喀喇沁部兵罪，悉還其人畜。（世祖四三、三）

（**康熙二〇、八、己亥**）諭理藩院：朕聞爾衙門每差司官等往蒙古地方，常有需索，致供應食物繁費，怨聲沸騰，爾等宜嚴飭之。（聖祖九七、六）

（**康熙三一、三、壬申**）理藩院題：喀爾喀多羅郡王古祿西希旗分無牲畜之人衆，請給與米糧。得旨：貧窮蒙古，給與米糧，特爲施恩贍養，聞奉差放米官員，往往誘買轉賣，惟思利己，不論蒙古之果能度日與否，而稱爲窮苦者甚多，嗣後朕若察得其實，必將該管堂官一併置之重典。（聖祖一五四、二六）

（**雍正一、六、丙子**）諭理藩院：塞外居住之八旗察哈爾、蒙古護軍驍騎之器械，三年查看一次，而前往之護軍參領、驍騎參領等，騷擾蒙古，勒索馬牛等物，其三年一往比丁之官員，亦有勒索之處，朕所洞悉。（世宗八、一九）

（**雍正七、一一、丙申**）諭理藩院：八旗遊牧地方，甚屬緊要，近來總管等，仍有貪婪勒索屬下之事，蒙古等雖欲陳訴情由，因無巡察之人，即有含寃受抑者，亦無處控告，著於每年，或部屬司官，或監察御史，派出一員，令其巡察。如有此等之事，即著據實參奏，儻徇庇隱匿，被接任之員查出，將巡察官一併從重治罪。其歸化城，亦照此派往。（世宗八八、二三）

（**雍正一〇、二、甲午**）又諭：察哈爾總管副總管之缺，因本地無應補之人，是以於京城蒙古旗分官員內，揀選補授；伊等俱係由披甲護軍陞用之員，口外遊牧地方，並無產業，艱於謀生，未免向屬下人等混行勒索，致被訐告，爲稽查官員參奏，若竟照貪婪之律治罪，殊屬可憫。嗣後於京城揀選補授察哈爾總管、副總管、辦事官員，作何施恩賞給之處，著酌議具奏。尋議：嗣後察哈爾總管，請賞給帳房四架、馬十匹、牛十頭、羊八十只，副總管帳房三架、馬八匹、牛八頭、羊六十只，辦事官員帳房兩架、馬六匹、牛六頭、羊四十只。賞給之後，伊等再有勒索苛累等弊，查出，將產業追還，從重治罪。從之。（世宗一一五、一〇）

（**嘉慶二、五、癸丑**）勅諭：前據定邊左副將軍圖桑阿參奏，參贊大臣額勒春牟利營私各款，當經將額勒春革職挐問，派豐紳殷德前往嚴審。續據喀爾喀王薩木丕勒多爾濟呈遞理藩院公文，控告額勒春縱子妄爲及苦累蒙古各款。覈對所發月日，始知圖桑阿已聞薩木丕勒多爾濟業經呈控，難以掩飾，始行補參，而于額勒春肆意妄行諸重款仍未據實奏出，復降旨將圖桑阿革任，一併交豐紳殷德審明治罪矣。所控條內，有烏梁海例進貢馬到烏里雅蘇臺，額勒春令家人向索馬四十匹，伊即挑存二十匹，又勒索羊一百隻，烏梁海祇應付五十隻一節，可見額勒春貪鄙已極，實難寬宥。向來派往各路大臣，於所管部落，尚多有備帶賞需散給者，豈有轉向所部等人勒索之理，大失滿洲大臣顏面。況額勒春曾任巡撫司道，養廉豐厚，積有鉅萬家貲，經朕派往烏里雅蘇臺辦事，自應於所屬部落，體卹賚予，方不失特遣大臣撫馭外藩之道，乃額勒春轉肆行勒索，殊出情理之外。雖各該處大臣需用馬匹牛羊土物等項，不能不向各該處買用，其中稍知大體者，自必多給價值購買，即貪小之輩，亦不過官給價值，何至有藉端勒取等事。似此不肖貪黷劣員，不特新疆各路爲然，即督撫中亦曾有敗閑蕩檢者，朕實以爲慚也，何以肅綱紀而徼官邪。即如前歲黑龍江將軍都爾嘉、明亮、舒亮索取貂皮，以至激而上控。從前高樸之私賣玉石，格綳額之勒索回子，而督撫中則有伍拉納、國泰等。營私貪黷者，不一而足，一經敗露，俱已分別正法、發遣從重治罪，並節經降旨明白通諭，各大臣等寧不知之？自應益懷儆惕，共勵廉隅。乃諄諄訓諭，不啻至再至三，今額勒春復有向烏梁海索取馬羊之事。伊等不知自愛，甘蹈刑辟，固不足惜，而大臣等每有此等不肖之事，玷辱滿洲，朕實引以爲愧。即以私帶玉石一事而論，曾經降旨嚴禁，於守卡侍衛起程時，人給一紙，俾知提撕儆戒，立法不爲不周，而上年仍有守卡侍衛恒義等夾帶私玉之事。在此等窮苦微員，一經犯法，尚當嚴辦示懲，若大臣等出此，更當從重懲治。著將此旨通諭各省新疆將軍大臣及督撫等知之。並著各照錄一通，揭之衙門大堂，入於交代，俾各觸目警心，共知戒懼。儻經此次訓諭之後，復有仍前貼法者，必當加倍治罪。伍拉納、高樸、額勒春等皆前車之鑒，毋謂朕不教不誡也。凛之，慎之。（高宗一四九六、二四）

（二）回族

（乾隆三〇、閏二、丁卯）諭軍機大臣等：卞塔海等奏，擒獲烏什回人額伊敏，供稱駐劄大臣等，從前派出屯田回人，前往伊犁，所購馬匹牲隻及採買官糧，均未給價。又將瘦羊四百隻，每隻令回人繳價四兩，此項銀兩俱係哈密回人侵蝕。至運送沙棗樹科之時，賴和木圖拉兄弟謀逆，伊父額色木圖拉阻止不從，因在素誠署前放火拆屋，素誠與阿布都拉殺賊數人，後見賊勢愈眾，先殺其子，復行自盡。阿布都拉被擒，以女與賴和木圖拉之子爲妻，始未殺害等語。前據捉生詢問，阿布都拉被回人拘禁，朕尚以阿布都拉依玉素布之弟，必不肯屈節。今觀伊平日縱容所屬，侵蝕回人銀兩，又納女於賴和木圖拉，希圖臨難苟免，此與叛逆何異。豈可以其爲玉素布之弟，遂從寬貸。著傳諭明瑞，伊至烏什之日，務將此等情節查訊明確。若果所傳不妄，非獨逆回等當族誅示懲，即阿布都拉，亦當明正典刑。其運送木植累派回人之處，俱著查明具奏。（高宗七三一、九）

（**乾隆三〇、三、壬寅**）諭：據明瑞奏稱，素誠在烏什，平日將回人種種科派苦累。伊父子及辦事筆帖式等，任意姦淫回人婦女。此次辦送濟克得木植，素誠將伊子派出押運，沿途行李，俱令回人背負，以致所派之人甚多。並將小伯克賴和木圖拉亦行派出，而賴和木圖拉之妻，從前又曾被素誠留宿，因此蓄有嫌怨，遂至作亂。至卞塔海領兵到烏什時，並不查訊致亂緣由，輒行施放鳥鎗。至第三日，用礮攻打城門，回人始行出拒，而卞塔海遽爾敗北，奔至七八十里之外，致將步兵百餘名，礮三座，俱沒於賊。……再阿克蘇、喀什噶爾大小伯克，平日視卯房等處辦事人員，極爲畏懼。而納世通、卞塔海妄自尊大。……昨觀音保援兵至彼，納世通等即撥給回兵二百名令供樵汲使用，觀音保不敢留用等語。……納世通、卞塔海種種背謬乖張，不可枚舉。由此觀之，烏什之始而激變，繼而聽賊猖獗，不能立時完結者，皆伊等卑鄙無恥、庸妄債事之所致，實堪髮指。此內素誠情罪尤屬可惡。雖經自戕，不足蔽辜，著交留京辦事王大臣，將素誠家產查抄。其現有之子，俱著革退差使，發往伊犁，充步甲當差。納世通、卞塔海之罪，雖不至將伊子一併治罪，而伊等本身，斷難寬恕。所有納世通、卞塔海治罪之處，另降諭旨外，其二人家產，亦俱著查抄。明瑞摺一併譯發。（高宗七三三、一七）

（**乾隆三〇、五、丁亥**）又諭：據額爾景額參奏，和闐總兵和誠于上年十二月派阿奇木伯克阿什默特、署筆帖式松科泰、家人李文等假巡查六城爲由，松科泰、李文索取回人金錢衣物，衆回人無不嗟怨等語。和誠以辦事大員任聽屬官家人，求索所部，甚屬不堪，且安保無指使情事。和誠著革職挐問。（高宗七三六、一六）

（**乾隆四〇、一二、己酉**）諭：據明琦等參奏，哈密通判龍文，刻薄性成，凡遇過往一切支應，任意剝削。土爾扈特回至哈密，該員按名僅給羊肉一觔至二三觔不等，以致土爾扈特等皆不願領。經明琦等聞知嚴飭，始改給羊隻。其柴炭燭油，仍多剋減。又挑取鋪家皮張，發給賤價。沁、蔡二屯秋收糧石，勒收斛面二三升。種種卑污，請旨革職等語。此案龍文卑污貪婪，尚屬小節，其將土爾扈特等支應，任意剋削之處，甚有關係。國家優卹外藩，如各蒙古等俸禄緞疋羊隻供應等項，承辦官員俱應加意照料，妥爲辦給，不可絲毫虧短，俾得均霑實惠。況土爾扈特等歸順伊始，尤非內地蒙古可比，若伊等中途有滋事之處，地方官自應嚴加管束，據實稟詳。如於伊等應得分例，任意剋扣，將來相率效尤，何以副柔懷遠人之意。此案不可不嚴行辦理。龍文著革職，於該處枷號示衆，以昭懲儆。（高宗九九八、八）

（**乾隆四三、九、癸卯**）又諭：昨據永貴參奏高樸苦累回民一摺，已降旨俟此案審實，即將高樸在彼正法。因思伊什罕伯克乃幫同阿奇木辦事之人，高樸擾累回民，理當諫阻，而阿布都舒庫爾和卓從中慫慂取利，情實可惡。著再傳諭永貴嚴行訊鞫，即與高樸一併正法。如此，回衆始能心服而畏法令。其弟阿布賚則斯等隨同附和，亦應分別示懲。再閱色提巴爾弟呈內，有高樸自鄂對故後愈甚之語，是其苦累回衆，非自今日，若不嚴加懲治，必致回人俱不聊生，因而瓦解。永貴辦理此事，務必秉公審辦，庶足示儆，不得少事姑容。（高宗一〇六七、六）

（**乾隆四三、九、甲寅**）諭：據永貴奏，審訊高樸婪贓各款，高樸俯首無詞。因訊其心腹家人沈泰等，據供稱，任內積有金銀一萬數千兩，珠寶不計其數等語。從前喀喇汗在額魯特辦事，動向回人勒索，幾至激變。今高樸係欽差大員，肆行擾害，與喀喇汗何異。稍遲數年，恐又有烏什之事，深可腐恨。著傳諭永貴，將高樸審明，即於該處正法。（高宗一〇六七、三六）

（**乾隆四三、九、甲寅**）又諭曰：高樸在葉爾羌苦累回民，採辦玉石，串商私賣，又復婪索金銀，盈千累萬，回衆嗟怨。經阿奇木伯克色提巴爾弟向永貴呈控，永貴據情參奏。隨查抄高樸家中，所有寄回金玉等物，與原參單開之項，大略相符。茲復據永貴奏，查詢原控各款俱實，并查得高樸彼處，仍現有銀一萬六千餘兩，金五百餘兩。高樸貪婪無忌，罔顧法紀，實出情理之外。已另降諭旨，將高樸革職嚴審，即於該處正法矣。至綽克托係總辦回疆事務之人，朕加恩用爲吏部尚書，高樸如此聲名狼藉，豈偶爾一二事短發價值，失於查察者可比，綽克托所司何事，何以不據實參奏？其通同徇隱，幾釀事端，實爲深負朕恩。綽克托，著革職，並著奎林前往直隷、山西一帶傳旨拏交刑部治罪。所有吏部尚書員缺仍著永貴補授。朕於臣工功罪，一秉大公至正，如高樸貪黷負恩若此，較伊父高恒尤甚，不能念係慧賢皇貴妃之侄，高斌之孫稍爲矜宥也。又如綽克托前因其總理回疆尚覺認真，特加擢用，及敢徇私誤公，咎難輕逭，因即黜革拏問。若永貴原因市恩李漱芳身獲重譴之人，今辦理此事，公正可嘉，因復加恩擢用。此諸臣所共知共見，

禍福惟視其人之自取，朕並不稍存成見於其間。將此通諭知之。（高宗一〇六七、三七）

（乾隆四三、一〇、戊午）諭曰：高樸在葉爾羌，向回民勒索金寶諸物，又多累回人開採玉石，串商牟利，並公然遣家人載赴内地私賣，種種貪婪款蹟，均出情理之外。已降旨將高樸革職嚴審，即於該處正法矣。回疆辦事大臣經理該處事務，責任匪輕，當體朕意撫輯回民，俾得安居樂業，不宜稍有派累滋擾，致蹈素誠覆轍，貽誤國事。即間有不能潔己畏法之人，意圖染指，或向商人私分餘潤，未必非事之所無，然亦幸而不發，得逃法網。乃高樸在葉爾羌勒取回人財物，贓數累累，已屬從來所無。又先期奏請開採久經封閉之密爾岱山，豫爲作弊地步，遂派回人三千餘至該山採取玉石，致諸回受累含怨，且與蘇商串通，以官玉私獲厚利，並差家人裝運多車，至内地各處，冀得重價，實屬從來所罕見。是直全無人心，非復人類之所爲，朕豈能廢法稍爲曲貸？即現在如此辦理，已屬從寬矣。（高宗一〇六八、二）

（乾隆四三、一〇、壬戌）又諭：據永貴奏稱，主事職銜達三泰、伊沙噶伯克阿布都舒庫爾和卓，於密爾岱山採玉之三千人外，添派二百名，回衆俱皆怨恨，業將達三泰等嚴刑究訊，並將回衆用言安慰等語。所辦極是。達三泰等慫通高樸營私舞弊，擾累回人，若非永貴認真辦理，日久必致如烏什之事，尚復成何事體。此時高樸如未正法，亦當加之刑訊，以快衆心。（高宗一〇六八、二三）

（乾隆四四、一二、乙卯）又諭曰：申保等奏稱，審出庫車阿奇木伯克阿卜都哩蒂卜苛派所屬回人，並縱放回奴呢雅斯等赴各鄉村勒索牛馬羊錢，稍不如意，即行捆打等語。從前申保等參奏庫車阿奇木伯克阿卜都哩蒂卜虐使回民，該部擬以發往伊犂。具奏時，朕以阿卜都哩蒂卜苛索物件，尚屬無多，因特加恩免其發往伊犂，僅發烏什充當苦差。今申保等復又究出苛索之事甚多，著傳諭申保等不必遵前旨辦理，將案内人犯確審，照例定擬具奏。（高宗一〇九六、七）

（乾隆五四、二、己亥）諭曰：格綳額到和闐後，即向衆伯克索取銀錢，收受皮張等物，塔琦並未查出。及塔琦赴和闐巡察地方，問明格綳額向邁瑪第敏借貸錢文屬實，亦不具奏。直至錦格將格綳額索取銀兩、收受皮張、綢緞等物揭報後，塔琦始赴和闐，又未直捷辦理，明係迴護掩飾。若非派福崧前往審辦，此案亦不能水落石出。……塔琦，著革職，留在葉爾羌効力贖罪。（高宗一三二二、二二）

（乾隆五六、一〇、甲子）又諭：據明興等查出駐劄巴爾楚克卡倫之護軍校玉保，私役回民，勒索回手伯克馬匹等事，請將玉保革職，留于葉爾羌折挫差使等語。玉保駐劄卡倫，乃敢違例私役回民，勒索商伯克沙瞞蘇爾馬匹，殊屬卑鄙不堪。即著革去護軍校，從重治罪。百日滿時，鞭一百，留於該處折挫差使。（高宗一三八九、二四）

（**乾隆五七、三、丙子**）又諭：據李侍政等奏，克哩雅城四品阿奇木伯克邁瑪特尼啞爾，希圖利己，授意所屬明巴什等，恐嚇塔木額吉里之民，稱係克哩雅之人遷移，又將伯克阿里木和卓占據小回民田地謊報，又向克哩雅回民等，托故攢收布二千余匹各等語。邁瑪特尼啞爾，身為阿奇木伯克，乃唆令所屬回子，控告微員伯克，又向小回民等攢收許多布匹，自應從重治罪，以示儆戒。（高宗一三九八、八）

（三）藏、苗等諸族

（**康熙二五、一、甲戌**）雲南貴州總督蔡毓榮題：逆苗王騰龍等聚衆刦掠，應行征剿。上諭大學士等，曰：苗蠻賦性樸實，不敢生事，祇以地方該管官不克平情撫卹，反需索馬匹金銀，誅求無已，不能供應，遂生釁端耳。前逆賊吳三桂亦因需索水西，不遂貪欲，捏奏水西反叛，竟自發兵剿滅，盡取其利以為己有，今苗蠻之事恐亦類此。（聖祖一二四、四）

（**康熙二五、二、庚子**）諭大學士等：近雲貴督撫及四川、廣西巡撫俱疏請征剿土司，朕思從來控制苗蠻，惟在綏以恩德，不宜生事騷擾，今覽蔡毓榮奏疏，已稔悉其情由，蓋因土司地方所產金帛異物頗多，不肖之人苛求剝削，苟不遂所欲，輒以為抗拒反叛，請兵征剿。在地方官則殺少報多，希冒軍功，在土官則動生疑懼，攜志寒心，此適足啟釁耳。朕惟以逆賊剿除，四方底定，期于無事，如蔡毓榮、王繼文、哈占等，身為督撫，不思安靜撫綏，惟誅求無已，是何理也？前出征雲南，趙良棟將彼等過端幾至發露，穆占之家人舉首，朕寢其議。若此等尚多，朕無不洞悉。但事係已結，朕不復究，置之寬宥。至雲貴督撫，居官殊無善狀，或地處遼遠，朕不悉知，亦未可定，爾等將此諭旨傳示九卿、詹事、科道令其詳議具奏。尋九卿等會議：土司刦掠，應敕該督撫剿撫并用。請頒上諭，通行曉諭。從之。（聖祖一二四、一六）

（**康熙二五、二、丁未**）諭吏部、兵部：我國家埽除逆孽，平定遐荒，即負山阻箐之苗民，咸輸誠供賦，封疆大吏自宜宣布德意，動其畏懷，俾習俗漸馴，無相侵害，庶治化孚於遠邇。近見雲南、貴州、廣西、四川、湖廣等處督撫、提鎮各官，不惟不善加撫綏，更爾恣行苛虐，利其土產珍奇、貲藏饒裕，輒圖入己，悉索未遂，因之起釁。職爲厲階，蠢爾有苗，激成抗拒，即擅殺一二，謊稱累百盈千。始黷貨以生端，既邀功而逞志，藐玩因循，殊負委任。朕思土司苗蠻授官輸賦，悉歸王化，有何枳棿互相格鬬，無有寧居。嗣後作何立法，務令該地方督撫提鎭等官洗心易慮，痛改前轍，推示誠信，化導安輯，各循土俗，樂業遂生，亦令苗民恪遵約束，不至侵擾内地居民，以副朕撫馭遐方至意。著九卿詹事科道會同逐一詳議具奏。(聖祖一二四、一九)

（康熙三一、六、辛丑）先是，貴州巡撫衛既齊疏報：黎平府屬古州司高洞苗人金倒等，隱匿罪犯，拒捕殺死官吏。至是，衛既齊疏言：黎平府高洞苗拒捕殺官一案，臣誤信知府張潊、副將侯奇嵩之言，曾題明發兵。後報稱進剿殺苗一千一百餘人，亦經具題。今始訪聞，因張潊、侯奇嵩私遣兵目索財，是以苗人拒阻致殺，張潊等畏罪誑飾，實無拒捕之事，并無剿殺苗人之事。知府張潊副將侯奇嵩見在嚴審。臣前輕信具題，亦難辭咎。得旨：凡事詳慎方善，衛既齊於此事輕率發兵，又稱將苗人殺敗，伊自行具奏，今迺云盡屬虛妄。將人參劾，果何爲耶？朕自臨御以來，未見有如此錯誤者，著遣部院堂官會同總督詳加察審，如果係知府副將之罪，即於彼處以軍法從事。苗人果不遵約束，亦酌量即行剿滅，不必往返奏聞，即行完結。尋遣吏部尚書庫勒納、内閣學士溫保前往察審。(聖祖一五五、一九)

（雍正三、三、戊申）諭大學士等：前聞南坪壩番人聚衆梗化，朕料其必有起釁之由，曾降諭旨，今據提督岳鍾琪摺奏，叛番懼罪逃散，拏獲起事首惡喇嘛番子拔那等九名，其餘脅從逃匿者，現在陸續投誠，數日可以安輯。此事實因石泉營守備孟繼先魚肉番人，縱兵騷擾；茂州知州邊鴻烈，擅作成一強，因修城苛虐番人，以致伊等憤激，殺傷兵民等語。番人敢行悖逆，自有憲典，至守備知州等既有苛刻激成之由，必須審出實情，分別治罪，以伸國家之法，以服番衆之心。著刑部侍郎黃炳前往審理。(世宗三〇、一四)

（雍正七、五、庚申）又諭：據署湖廣提督岳超龍摺奏，永順土民控告同知潘果酷刑重耗、濫差妨農各款，苗衆約有二千人，聚集永順城外，臣現咨鎭臣周一德前往撫諭，儻仍逞蠢頑，不即解散，則應調遣官兵，相機勦撫等語。從前永順土司懇請改土爲流，朕屢次降旨不允，後以該土司情詞懇切，始勉從其請，加以特恩，並令該地方官撫綏苗衆，和輯乂安，使之得所。今土民聚衆妄行，干犯國法，雖係伊等秉性愚頑，然亦必由該同知不能撫循之所致，今若交與湖廣督撫審理，恐伊等瞻顧回護，但云土司凶悍，漸不可長，而不能得其實情。昨降諭旨，令趙弘恩署理湖北巡撫印務，著於到楚之時，先赴湖南，審理此案，再令御史苗壽、唐繼祖前往會同審訊。其土民倡首之人，自應查出治罪，若潘果實有苛刻陵虐等情，應置重典，以彰國憲。提臣岳超龍奏摺及土民控告呈詞款蹟，俱發與趙弘恩等，逐一秉公訊問。湖北巡撫印務，著布政使徐鼎暫行署理，俟趙弘恩此案審定之後，再赴署理湖北之任。(世宗八一、一八)

　　(雍正八、一〇、己西) 雲貴廣西總督鄂爾泰疏言：烏蒙蠻猓，自改流設鎮，臣不時諄囑提防，乃總兵劉起元，乘臣往來黔粵，私派公費，侵欺糧餉，客民被劫，混將頭人拷比，臣訪聞得實，隨密差中軍副將魏翥國前往，按款確訊，一面摘印，以憑參奏。不意于八月二十六日至二十九日，夷眾叛逆，圍城刦殺總兵官劉起元等。雖劉起元撫綏失宜，激變有由，臣膺封疆重寄，愧覺察之已遲，恨參革之不早，請賜罷斥，速簡賢員料理總督事務，並暫假臣以事權，督師進勦，雖馬革裹屍，亦所至願。得旨：烏蒙逆苗悖叛，已令遣發官兵分路進勦，總兵劉起元既苛刻于平時，又不能防禦于臨事，粗疎暴戾，自速其辜。惟是游擊汪仁、知縣賽枝大等倉卒遇害，累及妻孥，深可憫惻，著總督鄂爾泰查明具奏，加恩賞卹。至於烏蒙蠻眾，其性反覆靡常，……遠隔千餘里，豈什慮之所能周。……況鎮臣劉起元撫馭失宜，防範鮮術，事由激變，責有攸歸。該督引咎自劾並請解任督師之奏，大非朕心。其節制滇黔川省各路兵丁之處，仍遵前旨行。(世宗九九、一二)

　　(雍正一二、六、庚午) 雲貴廣西總督尹繼善等議覆陞任貴州布政史常安條奏：苗疆有事，多由于兵役之擾累，出入苗寨，擅動苗夫，需索供應，該管文武，罔識防微杜漸，苗人吞聲飲恨，遂逞邪謀。嗣後如有擾累等情，請將該管文武立即參處等語。臣現將積弊極力禁革，並嚴飭文武各官互相稽察，如有縱容兵役滋擾者，即行嚴參治罪。得旨：新定苗地，全賴撫綏，撫綏之方，先除擾累。尹繼善等，雖已令該管文武，稽察兵役之滋擾，但未定嚴例，仍恐視爲具文，且或係故縱，或係狥隱，或係失察，其滋擾之由不一，而啟釁之害則同，若不倍治文武官弁之罪，何能徧查兵役，使之奉公守法？著交部詳悉定議遵行。(世宗一四四、一一)

　　(乾隆六、三、丙戌) 議政大臣等議：貴州總督張廣泗會同湖北、廣西督撫議定楚粵兩省苗疆善後事宜：……一、禁滋擾。苗人愚悍，治苗文武向失要領，兇徒反多開脫，守法轉滋擾累。如科派擡夫，遞送公文，甚至爲塘兵擔柴負水，輪流服役。兵役下鄉，多方索詐，稍拂其意，毆辱交加。各署中，需用薪米等物，非抑價強買，即分釐不給，致苗人吞聲，釀成大釁，應禁絶諸弊。已上各條，均如所請行。從之。(高宗一三九、一〇)

（乾隆九、一〇）[是月] 署廣西巡撫託庸奏：廣西地方西北界，係苗疆要地。內地漢奸，往往欺凌勒詐苗民，以致激成事端。據柳州府知府譚襄世等查獲貢生唐代榮、馬玉彩、生員苗庭等，或假藉公事派詐苗猺，或包攬詞訟逞强武斷。又革兵張上才，革役陶略、李老四、劉英等，潛入苗寨，勒詐擾累，現在咨革審擬。並飭各屬，一體嚴查。得旨：諸凡如是留心，方副任使之意也。（高宗二二七、二七）

（乾隆一四、三、庚戌）諭軍機大臣等：愛必達所奏清理苗疆諸弊一摺內，如嚴禁兵役下鄉查匪取結、需索酒食盤費、鞭扑苗人、及棍徒冒充差役赴各寨行兇索詐、通事藉端派累鼓惑苗民數事，尚屬應行。但須督率有司實力飭禁，時加查察，不得祇行一文、出一示，虛應故事，以博整理苗疆之名。至所稱嚴禁私役苗夫、防範漢奸兩事，名雖美，然行之尚宜慎重。苗人服役，既起於雍正年間，又係伊等情願當差，相沿日久，安於無事。地方官應卹其勞苦，加以體察，毋令兵役咨意凌虐以肇釁端，自可循行無弊。若矯枉過正，一概不使服役，則苗人積久生驕，視地方官長漠不相關，漸無尊敬畏憚之意，設遇公事稍加派委，轉致瞋目罔應，成何政體。況黔省跬步皆山，群苗錯雜，有等州縣舍苗人無能爲役者。此例一除，目下未嘗不大得苗民之歡心，後此儻有徵發，將何以支應？豈非欲卹苗而適以長其刁風耶！據奏隨即禁革。若尚未通行，不若仍循舊制之爲便也。其漢奸一項，原有關係，總在地方官平時留心稽查，設法禁遏，俾其以次肅清於息事寧人之中，寓防微杜漸之意，始爲恰合機宜，未可遽求速效。朕意苗疆事體，惟當謹守章程，行所無事，自能敉寧綏輯。愛必達素多疑惑，想因伊兄罹法，爲此一奏以見其留心職業；不思凡事俱當坦懷辦理務以實勝，若有所觀望而以空文塞責，則大爲不可。著詳悉傳諭知之。（高宗三三六、四）

（乾隆一六、三、乙丑）四川總督策楞等奏：酌定西藏善後章程。一、西藏辦事噶隆，向例四人。……一、噶隆向祇辦地方事，兵馬卡隘，俱責成代奔。後藏地小，且設代奔三人。衛地大，僅代奔一人。遇差假，無人彈壓地方、護衛達賴喇嘛，應添設一員，與現有代奔，于補放時一體頒勒。一、全藏人民，向屬達賴喇嘛。按地方大小，人户多寡，均定差徭。頗羅鼐等任意侵占，或市私濫賞，甚至擅給免差文書。於所憎則加派。嗣後噶隆、代奔等，應公查舊檔。除因功勳賞毋庸徹回外，私賞濫免者，并查禀達賴喇嘛徹繳，加派者減。一、達賴喇嘛差務，向由地方百姓供應。自頗羅鼐等任事後，凡噶隆、代奔等差人往西寧、打箭爐、色爾喀馬、阿里克等處交易，亦私出牌票，致烏拉派累百姓，嗣後應禁止。遇公事，禀明達賴喇嘛，發給印

票遵行。……得旨：著照所定行。下部知之。（高宗三八五、一五）

（乾隆一六、九）[是月]雲南開化鎮總兵張凌霞奏：……再，總兵衙門所需食物，相沿陋例，令夷民上納。名雖給鹽兌換，實有勒派之弊，現刊示曉諭，一概禁革。報聞。（高宗三九九、二七）

（乾隆一六、一一）[是月]署湖南巡撫范時綬奏：益陽縣差役潛入苗寨需索滋事，拏獲嚴究。其失察各官，查明詳參。并飭各屬文武員弁，督兵役查盤，每月出具保結，不得視爲具文。得旨：是。苗疆雖云無事，而嚴禁騷擾苗寨，尤應不時留心者也。（高宗四〇三、二五）

（乾隆一九、三）[是月]湖南巡撫胡寶瑔奏：辰州府屬之乾州、鳳凰、永綏三廳所轄紅苗，與黔省古州、銅仁接壤。該苗等服食各殊，若聽其安居耕鑿，亦不敢出而滋事。多因近地漢奸潛入苗寨，誆誘財物，兵役挾勢欺凌，致生事端。現在諭令文武各員嚴切飭禁，並查所設營汛碁布星羅，地方俱獲安怙。得旨：覽奏俱悉。（高宗四五九、二二）

（乾隆一九、一二）[是月]兩廣總督楊應琚奏：粵西境處極邊，桂、平、梧、潯四府，民情淳樸。南、柳二府兵民雜處，風俗澆漓。太、鎮、泗、思、慶五府土俗愚悍。鬱林州習尚浮囂。兼各州邑，類皆猺獞雜居，種類繁多，生苗尤爲兇悍，必撫綏得宜，方可相安無事。至各屬土司等官，籍隸江浙山東者居多，本籍次之。從前恒有貪饕驕縱之習，近因法禁嚴明，亦各奉職惟謹。惟有一種土目，往往欺壓土民，肆行科索。臣諭令該管知府，不時查察，違犯者嚴究。……得旨：覽奏具見留心，但諸事認真，察吏安民可也。（高宗四七九、二四）

（乾隆三七、一、丙午）諭軍機大臣等：據彰寶奏訪聞古州土弁歐韻清，藉詞請剳需費，向各苗寨勒索銀七百兩，並令出米五十二石，代還所借倉糧。十一月，巡撫李湖查閱下江時，有岑龍等六寨苗民老濃等具控，曾經發府訊究，現在作何辦理及曾否具奏，請飭交撫臣嚴辦等語。彰寶所奏甚是。從來邊地苗民搆釁，多由土舍索詐滋事而起，督撫等理應隨時體察，竭力整頓，以杜事端。……此案前經李湖交發黎平知府王勳查審時，歐韻清雖不肯按數全認，已有自供得銀一百七十兩、米五十二石之事，是案情已屬顯露，豈可不爲徹底根究。（高宗九〇〇、二〇）

（嘉慶二、閏六、丁巳）諭軍機大臣等：狆苗起事根由，前由湖南苗寨向被客民盤剝，致起釁端，有旨令勒保就近前往湖南，將失察地方官查參。今黔省狆苗又復藉詞欺壓盤剝，釀成事端，其失察之地方官及上司等不可不一律查參。勒保尤當於事竣後，據實嚴查妥辦，勿稍迴護。將此諭令知之。

(仁宗一九、一五)

（**嘉慶四、六**）［是月］貴州巡撫馮光熊奏：查明司庫耗羨銀兩，均屬實貯在庫，並無挪移虧短情弊。得旨：黔省苗民甫定，宜嚴禁土司橫徵科斂，并漢民重利盤剝等事。若土司不知體卹窮苗，誅求無已，奸民加利放債，算及錙銖，是上困於本官，下困於漢奸，進退維谷。有不激而生變者乎！此皆朕所深知，汝應留意焉。(仁宗四七、三三)

（**嘉慶六、二、丙寅**）諭內閣：和寧等奏，駐防外委蒲順，殺傷兵丁段貴等，核擬具奏一摺。此案外委蒲順在恩達寨地方駐防，膽敢向所轄番民任意需索，已屬有罪之人，迨該管遊擊何得方訪查屬實，蒲順因需索之事，係由兵丁田俸說出，心懷氣忿，即用刀連砍田俸。適兵丁段貴上前抱救，蒲順遂拔取小刀及菜刀、木器、柴斧等先後砍打，致將段貴斃命。……蒲順，著即在該處正法。(仁宗七九、一六)

第五章 農村人民的生活和反抗鬥爭
第一節 農村人民的生活
一、概述

（**順治一一、二、癸酉**）工科左給事中魏裔介奏言：連歲水災頻仍，直隸、河北、山東饑民逃亡甚衆，請敕督撫嚴飭有司，凡流民所至不行收卹者，題參斥革，若能設法撫綏，即分別多寡，准以優等保薦。并乞大沛鴻恩，發銀數萬兩，遣滿漢賢能官員沿途接濟，務使流民得所，庶德澤布而閭井寧矣。得旨：饑荒流徙，民不聊生，朕深切憫念。其賑濟安插、勸懲鼓舞事宜，俱屬急務，著所司速議以聞。（世祖八一、七）

（**順治一八、八、己未**）諭戶部：前因江南、浙江、福建、廣東瀕海地方逼近賊巢，海逆不時侵犯，以致生民不獲寧宇，故盡令遷移內地，實爲保全民生。今若不速給田地居屋，小民何以資生，著該督撫詳察酌給，務須親身料理，安插得所，使小民盡霑實惠，不得但委屬員，草率了事。爾部即遵諭速行。（聖祖四、一〇）

（**康熙六、五、丙午**）諭吏部等衙門：民爲邦本，必使家給人足，安生樂業，方可稱太平之治。近聞直隸各省民多失所，疾苦顛連，深可憫念。或係官吏貪酷，朘削窮黎，抑或法制未便，致民失業，果何道以遂其生耶！一切民生利病，應行應革，爾內外各衙門大小文武等官，念切民依，其各抒所見，毋隱。（聖祖二二、六）

（**康熙六、六、甲戌**）內弘文院侍讀熊賜履遵旨條奏：竊臣備員侍從，遇皇上虛己求言，不敢摭拾浮詞以混宸聽。謹因聖諭所及而推本言之。伏讀詔書，曰：今聞直隸各省人民疾苦困窮，深可憫念，或因官吏朘削，或因法制未便，此真二帝三王之用心也。但國家日言生聚而凋敝愈甚，日言軫卹而瘡痍不起，日言招集、言蠲免，而流離瑣尾之狀不可勝言。遡厥由來，誠有如聖諭所云者，蓋小民終歲勤勞，僅給俯仰之資。而夏稅秋糧，朝催暮督，私派倍於官徵，雜項浮於正額。設一旦水旱頻仍，饑饉見告，蠲賦，則吏收其實而民受其名，賑濟，則官增其肥而民重其瘠。……疏入，報聞。（聖祖

二二、一一)

（康熙一六、九、壬寅）駕過達蘭蘇墨地方，見一人臥道旁，遣侍衛塞勒等往視之，回奏言：民王四海從邊外傭工還家，因食盡饑餒，臥不能起。上曰：誰非朕赤子，此人饑餒僵臥，深爲可憫，爾等往啖以粥，救之甦，可攜以來。既至，命大學士索額圖詳問其由，令喜峰口駐防遊擊杜昇等善養之，送回原籍。（聖祖六九、一二）

（康熙一八、七、壬戌）命滿漢大學士以下副都御史以上各官集左翼門，上遣侍衛費耀色，齎諭旨，仍口傳上諭曰：……一、民生困苦已極，大臣長吏之家，日益富饒，民間情形雖未昭著，近因家無衣食，將子女入京賤鬻者，不可勝數，非其明驗乎。此皆地方官吏諂媚上官，苛派百姓，總督巡撫司道，又轉而饋送在京大臣。以天生有限之物力，民間易盡之脂膏，盡歸貪吏私囊，小民愁怨之氣上干天和，以致召水旱、日食、星變、地震、泉涸之異。一、大臣朋比徇私者甚多，每遇會推選用時，皆舉其平素往來交好之人，但云辦事有能，並不問其操守清正。如此，而謂不上干天和者未之有也。一、用兵地方諸王將軍大臣，於攻城克敵之時，不思安民定難，以立功名，但志在肥己，多掠佔小民子女，或借名通賊，將良民廬舍焚燬，子女俘獲，財物攘取，名雖救民於水火，實則陷民於水火之中也。如此有不上干天和者乎？一、外官於民生疾苦，不使上聞，朝廷一切爲民詔旨，亦不使下達。雖遇水旱災荒，奏聞部覆，或則蠲免錢糧分數，或則給發銀米賑濟，皆地方官吏苟且侵漁，捏報虛數，以致百姓不霑實惠，是使窮民而益窮也。如此，有不上干天和者乎？一、大小問刑官員，將刑獄供招不行速結，使良民久羈囹圄，改造口供，草率定案，証據無憑，枉坐人罪。其間又有衙門蠹役，恐嚇索詐，致一事而破數家之產。如此，有不上干天和者乎？一、包衣下人及諸王貝勒大臣家人，侵佔小民生理，所在指稱名色，以網市利，干預詞訟，肆行非法，有司不敢犯其鋒，反行財賄，甚且身爲奴僕，而鮮衣良馬，遠勝仕宦之人。如此，則貴賤倒置，所關匪細。以上數條，事雖異而原則同。總之大臣廉，則督撫有所畏憚，不敢枉法以行私；督撫清正，則屬下官吏操守自潔，雖有一、二不肖有司，亦必改心易慮，不致大爲民害。此事，朕非不素知，但以正在用兵之際，每示寬容。今上天屢垂警戒，敢不昭布朕心，嚴行戒飭，以勉思共回天意。作何立法嚴禁，務期盡除積弊，著九卿詹事科道，會同詳議以聞。（聖祖八二、一八）

（康熙四〇、一〇、辛酉）又諭曰：江南今歲豐收，河南、山西、山東初雖稍旱，其後仍大收穫。其各省朕雖不時蠲免錢糧，屢加恩卹，而小民生計，終屬艱難。今見直隸旗民雜處，先雖稍有荒災，而百姓尚不至甚困，其北四府毫不私派。今年直隸又十分收成，民間生計甚是豐足。總之地方大吏居官若好，雨水又得調勻，田禾自必豐收也。(聖祖二〇六、五)

（**康熙四二、一二、庚寅**）上諭大學士等曰：……朕巡幸七省畿輔，秦晉民俗豐裕，江浙則較三十八年時更勝。山東近因水旱大異疇昔，河南百姓生計甚艱。此二省之民，深廑朕懷。(聖祖二一四、一八)

（**康熙四三、一、辛酉**）諭大學士等：朕數巡幸，諮訪民生利弊，知之甚詳。小民力作艱難，每歲耕三十畝者，西成時除完租外，約餘二十石。其終歲衣食丁徭，所恃惟此。爲民牧者若能愛養而少取之，則民亦漸臻豐裕。今乃苛索無藝，將終年之力作而竭取之，彼小民何以爲生耶？如朕前遣侍衛至鐵索橋掛匾，還京回奏，彼處督撫餽六千餘兩。夫一侍衛而費至此，則凡部院司官、筆帖式等差遣往來者，又不知煩費幾何。去歲所遣祭告諸臣回都，朕曾問一、二人，彼雖飾辭以對，然地方所費，亦不少矣。目今巡撫皆有廉聲，而司道以下何嘗不受州縣餽遺。總之此時清官或分內不取而巧取別項，或本地不取而取償他省，更有督撫所欲扶持之人，每歲暗中助銀，教彼掠取清名，不踰二三年，隨行薦舉。似此互相粉飾，釣譽沽名，尤屬不肖之極。至於蠲免錢糧，原爲加恩小民，然田畝多歸搢紳豪富之家，小民所有幾何。從前屢頒蠲詔，無田窮民，未必均沾惠澤。約計小民有恒業者，十之三四耳。餘皆賃地出租，所餘之糧，僅能度日，加之貪吏苛索，蓋藏何自而積耶？朕比年巡行七省，惟秦、晉兩地，民稍充裕，畿南四府及河南一路，殊覺生計艱難。山左，初次巡幸，民甚饒裕，繼而少減，今則大異往昔矣。皆由在外大小官員，不能實心體卹民隱，爲民除弊，而復設立名色，多方徵取，以此民力不支，日就貧困。科道官職司風紀，當一切不避，見之敷陳。今惟挾仇報復者掛之彈章，否則斷斷不言，或專倚一人，藉聲勢而聽其指使，然後敢言。甚有大言不慙，妄自矜誇者，考其行事，與言迥別。子曰：先行其言，而後從之。夫己之言，己且不能行，徒見之敷陳，何益之有。(聖祖二一五、二)

（**康熙四四、二、庚寅**）諭大學士等曰：總河張鵬翮昨日來，問以河工形勢，河事已大治矣。從前駱馬湖口，設竹絡壩，湖水大則從壩流入黃河，河水大則溢流入壩內。今竹絡壩止有湖水暢流，黃水並無浸灌，則黃水之深通可知。初次到江南時，船在黃河，兩岸人煙樹木，皆一一在望。康熙三十八年，則僅見河岸。四十二年，則河去岸甚低，是河身日刷深矣。自此日深一日，豈不大治。聞下河連年皆大熟，亦從前所未有也。又諭曰：朕不意山東之民，遽能如此。前者南巡，見閭閻失所，不堪屬目，今服飾顏面，大異往時。聞各官賑養亦善，此由承平日久，國帑富饒，故能蠲數年錢糧，遣官贍養賑濟耳。凡罹災荒，倘豫行奏報，無不可賑救者。止因山東各官匿災不報，故大致饑饉。嚮日陝西饑荒，亦由於匿不報聞，朕曾以地方官匿災不報之故，詢之於民，據云，民一罹災，朝廷即蠲歲賦，賦一蠲，則火耗無徵，故地方官隱而不報也。自古弊端，匿災為甚，誠豫為奏報，即設法賑濟矣，民豈遽至饑饉耶？（聖祖二一九、一〇）

（乾隆四、一一）［是月］［湖廣總督班第］又奏：湖北本省，老病殘廢無依之人，飭屬查開姓名年貌收養，動項支給口糧。其外來流丐，不特饑寒可憫，且恐匪類溷迹其中，查有親屬可倚者，即令收領。附近可朝發夕至者，移送本籍收養。至路遠流丐，照雍正八年留養饑民例，動常平倉穀安置留養，俟春融資送回籍。衣不蔽體者，量給棉衣。又楚省盜賊，陸路借名行乞躑線，水路多由漁船，乘夜為匪。若將流丐清釐，無可借徑，地方益得寧謐。得旨：所辦俱屬妥協。知道了。（高宗一〇五、一九）

（乾隆四、一二、甲戌）諭：今歲河南被水頗重，江南亦有歉收之州縣。聞豫省及上江民人，貧苦乏食，轉徙道路，有前往九江口而官吏禁止不許渡涉者。此雖得之傳聞，未必不確，著河南、安徽巡撫悉心體察，安輯撫綏，毋使流移失所。儻已離本省行至他省，彼地督撫，即應飭令有司設法救濟，免於凍餒。於春暖時，資送回籍，毋得膜視。或他處有似此出境覓食民人，亦照此辦理。該部即遵諭行文，各省督撫知之。（高宗一〇六、四）

（乾隆五、四、乙酉）諭：據福建署布政使喬學尹奏稱，有山東蘭山縣饑民二起到閩覓食，又有江南海州饑民到閩覓食，俱已捐給口糧，資助路費，送其回籍等語。朕原降旨，凡有饑民就食於鄰近地方者，令有司加意撫綏，毋使失所。至於山東，則去閩省甚遠，即江南與閩亦隔浙江一省，何以山東江南之民，遠涉長途，為餬口之計乎？若力量可以行遠，則非饑民可知。儻實係饑民，則行至隣近省分，該地方官即應設法留養，資送還鄉，又何以聽其流移跋涉於數千里之外乎？此係已經辦理之事，不必深問，嗣後大小官員，當留心體察，善為料理。（高宗一一四、一九）

（乾隆六、三、壬辰）又諭：據署湖廣總督那蘇圖奏稱，臣於上年十二月到任後，有山東、江南等省流民，稟請賑卹。查乾隆四年，山東沂州等處被災，江南亦有歉收之處，所有流移到楚之窮民，俱已賑卹安頓。至於乾隆五年，山東、江南等省並未被災，何致有饑民流至楚省者，隨諭布政使確查具報。旋據查覆，外省饑民到楚者，共計五十餘戶，內中實係貧苦者不過數户。其餘或有先經到楚資送回籍復行潛來者，或有年力少壯儘可自謀生計者，或有出外多年積有餘資堪自經營者，或本有棲止手藝可自食其力者，均與賑卹資送之例不符。祇因楚省曾有留養饑民之例，伊等妄希賑卹，未便任其冒濫，使各省游惰之民，聞風效尤而至，應各聽其自便。但武昌、漢陽二府，乃五方雜處之地，若漫無稽查，則此等之民行蹤莫定，或生事端。已飭各該縣查明，如有情願在楚營生者，即於烟户册尾附編畸零户後，俾該地保甲就近稽查，以防滋事，有自願回籍者，即諭令各回本籍等語。養贍饑民，乃國家卹災濟困之恩澤，若使游蕩之人得以借名冒濫，則無知愚氓，將以媮惰為得計，而荒其本業者不少矣。那蘇圖所辦是，著通行各省督撫知之。如有與此相類者，著照依辦理。（高宗一三九、二六）

（乾隆一一、四、乙未） 湖北巡撫開泰奏：湖北一省，為四達之區，向多外省流丐及本省游民，結伴乞食，往往恃其夥衆，肆行無狀。更有一種流棍，托跡傭工，往來鄉僻，動輒逞兇拚命。現據應山縣，拏獲二十餘名，除批飭訊究，並通飭各屬，實力查辦。得旨：此等視之雖似小事，然亦足為閻閻之累。所宜時刻留心稽察。（高宗二六五、二九）

（乾隆一三、三、丙午） 又諭：向來外省有資送流民之例，蓋因地方小有旱澇，而愚民輕去其鄉，以致拋棄室廬，荒蕪田畝，是以國家施恩格外，酌道路之遠近，計人口之大小，派遣官役，護送還家，使復故業，用意良厚。然至饑饉洊臻，本處米糧實已乏絕，而鄰封尚可覓食，不得不扶攜奔走，苟延性命。比等嗷嗷待哺之氓，若必驅還故里，豈能坐以待斃，勢又將顧而之他，南北東西，輾轉資送。在鄰省既不勝其煩勞，而於災民轉益流離失所。廷臣中嘗有以此入告者。朕思災輕之地，不可令其拋棄失業，自當照例資送。儻遇積歉之年，本處無以餬口，轉徙他鄉，或倚託親舊以濟其乏，或傭工種佃以食其力，且其中極無倚賴者，國家復有留養之例。是惟在地方官憫其流移之苦，無分畛域，隨宜安插。俟災氛平復，土地可耕，然後使回故里，勞徠安集，加意撫綏，亦未始非權宜之道。惟在權其輕重，相其緩急，斟酌辦理，未可執一而論。山東去年被災甚重，朕屢次加恩賑卹，發帑截漕，費已不貲，而尚不免流移，若近省督撫仍復拘例，飭令資送，實於災民無益。應令地方有司，就所至之境，酌量妥辦。如有親舊可依者，聽其自為謀食，其或無所倚靠，即為撫留，設法安插，不必拘定成例。嗣後凡有災重之區，饑氓外出，為督撫者俱當體朕痌瘝一體之意，善為安輯，俾令得所依歸。該部可即行文各督撫等知之。（高宗三一一、一五）

（乾隆二八、二、己亥） 諭：户部議覆御史顧光旭條奏資送貧民回籍一摺，援引前駁成案，以此例一開，恐致無業之徒，混冒虛糜，於災黎無益爲言。是僅推其流弊，而未深究夫有名無實之本源，無識者將未免仍疑爲節省帑項起見，非朕軫念窮氓熟籌調劑之苦心也。從前臣工等奏請咨送回籍，曾經降旨允行者，原因此等災民如果本籍自有田廬，固不當聽其播遷失業。今經日久，體驗流民中遠出謀生者，悉係故土並無田廬依倚之人，而必抑令復還，即還其故鄉，仍一無業之人耳。且無論一領路費，潛移別處，去而復來，有何查驗？即責地方有司實力奉行，則必押解，濫及無辜，亦非政體也。朕因直屬兩年秋霖過多，加恩蠲賑，不啻再三，又念京師爲五方聚處之會，令五城加廠平糶給賑，即費正供鉅萬，無所靳固，又何有於區區資送之一節？然已洞悉其一無實濟而猶曲徇陳言，矯情示惠，必不出此也。且流民故鄉既無生計，四出傭趁，即揆之古人無常職轉移執事之條，未始不可俾之並生並育，又何至束縛驅策，強以勢所不能堪。朕意以爲與其資送無實濟，不如加賑濟之期，俾民獲實惠之爲愈也。救荒無奇策，惟以體卹民隱爲要。設令被災至重，甚至有田之户亦概遠徙，則所以籌撫綏，必更有大設施者，又豈特此資送虛文所能濟其萬一哉。摺內已降旨依議，並將此通諭中外，使明知朕意。（高宗六八〇、二四）

　　（**乾隆三九、九、己巳**）又諭曰：給事中李漱芳奏，壽張奸民聚衆滋擾，大半皆無告饑民激成等因一摺。所見大不是。奸民敢于聚衆叛逆，刼庫殺官，此等倡亂逆匪，豈可不及早勦平。無論其非饑民，即饑民而敢于謀叛，亦爲國法所不宥。李漱芳此摺，轉代奸民飾詞諉罪，止圖爲一己沽名而置順逆大義于不問，是誠何心？至所稱山東被災之説，殊不足信。今歲東省夏初雖有短雨之處，入伏以後，均以次霑足，且係禹城、平原、德州一帶，與奸民滋事之壽張等縣無涉。況賊匪所至，需索村民米豆，若果歉收，各村莊何從得有糧食應賊？又賊匪搶奪壽張、陽谷、堂邑三縣，止刼庫銀，不動倉穀；若係饑民，豈有見糧食不取之理？此皆足爲并非災歉饑民之據。又稱，聞西南近京一帶，扶老攜幼，遷徙逃亡，地方官著人于盧溝橋攔住，不令過橋北上等語，亦屬荒唐。河間、天津所屬，被有偏災之州縣，周元理早經奏聞，請撥通倉米十萬石，備賑借之用。若地方官諱匿災傷，又豈肯請發倉米。其旨已頒發十餘日，李漱芳必係見朕前旨，始爲此奏。至歉收地方男婦出外求食，乃北省之常，如直隸、山東貧民，赴口外種地覓食，借以滋生者甚多。昨差福隆安進京挑兵時，往來俱見有男婦扶攜出口者。問之，知係河間百姓，因該處歉收，聞知口外年豐穀賤，欲往什巴里台等處覓親就食者。方今中外一家，間有貧民出口謀食者，乃自然裒益之道，地方官非惟不必攔，亦不必諱。如李漱芳所稱，地方官著人于蘆溝橋攔住，不令北上之語，若果有之，又何有北往之民被福隆安遇見乎？著周元理查明該地方官，是否果有此事，即據實覆奏。并飭有司，毋許攔阻貧民出口。即各州縣留養局，原以贍無資餬口之人，若係欲赴口外就親覓食者，應各從其便，不必強爲阻留，著周元理即爲妥辦。李漱芳摺此時斷不可辦，且將伊原摺封存，俟事定後再行另辦。舒赫德聞之，諒亦必以朕所辦爲是也。將此隨報發往，諭令知之。（高宗九六七、一五）

（乾隆五三、四、辛酉）諭：昨據永鐸奏，照料哈薩克來使之委署護軍參領經文、協領德明等，在直隸、山西、陝西、寧夏等處，共買子女十人，請將經文等交部議處等語。已將經文等革職，並將失察之沿途督撫，嚴行申飭矣。地方遇有災祲，無業貧民賣鬻子女，原屬間有之事。從前田文境在河南巡撫任時，曾禁止民人不准出境，其意不過爲諱災起見。此等貧民，既因災歉口食無資，不得已將其子女出賣，地方官果撫卹得宜，無此等事則善矣。若概行禁止，則災黎貧乏不能自存，又無以養贍其子女，必致歸於餓斃，豈軫卹災黎之道？自不若聽其賣鬻，則貧民既可得有身價，藉以存活，而其子女有人養育，亦不至有凍餒之患，豈非一舉兩得，又何必強爲禁止耶？但民人子女，或就近賣與地方民戶，及過往客商，固所不禁，即各省赴京引見官員，沿途價買攜帶，亦尚屬可行。至如由新疆押解人犯及照料回子護送哈薩克使人，并押送官物之官員人等，俱係由驛站行走，理宜簡便，若沿途買帶子女，則揀擇看視，說合講價，既不免等候需時，而買定後沿途攜帶，又需多用車輛夫馬，必致擾累驛站，貽誤差使。且此等買帶子女之人，未必盡係自行買用，或爲人代買，或復行販賣，更易滋別項情弊，而帶領來使之人，尤爲外藩所笑，不可不嚴行查禁。嗣後著各該督撫等，遇有災祲地方，貧民賣鬻子女者，除本地民戶、過往客商及並非馳驛官員，各聽其便，毋庸禁止外，其有派委差使由驛行走之人，俱應禁止民人，不得私行售賣，並隨時查察，此等官員，如有違禁私買攜帶者，即行嚴參治罪。將此通諭各督撫等，並諭伊犁將軍及新疆辦事大臣，一體嚴察，勿得仍前因循，致干咎戾。（高宗一三〇三、三一）

（嘉慶二〇、九、壬辰）諭內閣：給事中申啟賢奏，請將民間因荒契賣子女，照直隸、河南等省因荒賤賣地畝奏准照原價回贖之例，飭下各督撫廣出示諭，許依契賣原價贖還等語。民間年歲荒歉，將子女契賣，因一時口食不能兼顧，原非獲已。但人口與地畝不同，地畝確有故址可據，子女則或帶往他鄉，存亡不一，其聽贖與否，祇可從民之便，若一概官爲出示，准令回

贖，恐因此藉詞索詐，轉滋訟端。該給事中所奏，不可行。原摺著發還。（仁宗三一〇、九）

二、直隸　山東　河南

（**順治二、五、己亥**）直隸巡按衛周允疏言：畿南荒旱，小民饑饉，啖泥食草，面無人形，而有司皇皇錢糧是問，新舊兼徵，解存并亟。民方以蠲賑望之上，上乃以輸納責之下。夫夏田無望，秋成何期？禾麥無收，租賦何出？欲醫瘡而乏術，欲果腹而無資，民間疾苦，莫甚於斯。敢籲聖明，大沛汪濊，或蠲或賑，留此孑遺，是即發政施仁之首務也。下戶部議。（世祖一六、一五）

（**順治一〇、七、壬寅**）吏科右給事中王禎奏言：邇者霪雨爲災，河水汎濫，沿河一帶，城郭廬舍漂没殆盡。直隸被水諸處，萬民流離，扶老攜幼，就食山東，但逃人法嚴，不敢收留，流民啼號轉徙。乞敕下該督撫行文各屬，使流民各投供單，明書籍貫家口，無隱匿逃入甘結，該管官照單安置，庶可救此數萬生靈。下所司速議。（世祖七七、五）

（**康熙一二、一〇、己酉**）上因科臣納鼐疏言，京城內外，時棄嬰兒，命戶部議。凡民間貧不能養，棄所生子，或乳主人子而棄其子者，皆善全之，俾得長育。其棄而不養者，嚴禁。通飭八旗並包衣佐領及五城，一體遵行。（聖祖四三、一九）

（**康熙一九、二、丁卯**）諭戶部：前因各省地方多有饑饉，已經遣官賑濟。今見京師附近之地，四方饑民流移在道，朕心深爲憫惻。若不急行安插，令其得所，將來必至鬻賣子女，難以生全。作何設法令其各歸原籍，著該地方官加意撫綏，安集復業，以免流離。九卿詹事科道詳議具奏。（聖祖八八、一六）

（**康熙一九、二、丙戌**）諭戶部尚書伊桑阿：朕聞宣府等處歲值大祲，貧民乏食，鬻賣妻子以自求活。夫人孰不愛其室家哉，至欲延一朝夕之命，割其所親，憯惻莫甚焉。其遣爾部郎中明額禮馳驛速往，會同地方官賑濟，急拯艱厄，以紓朕懷。（聖祖八八、二五）

（**康熙二三、三、癸未**）諭戶部：民爲邦本，必年穀順成，家給人足，乃愜朕撫育群生之意。比者巡行近畿，見閭閻生計僅支日用，乃米價漸貴，民食維艱。又聞河南地方年歲荒歉，所在苦饑，小民無以資生，恐致流移失所，朕心深切軫念。直隸應作何平糶及勸諭捐輸，河南應行緩徵并鼓勵捐輸設法賑濟等項事宜，著九卿詹事科道會同確議具奏。（聖祖一一四、二五）

（康熙三三、九、甲申）諭戶部：朕惟黎元率育，全恃農桑，每遇歲時豐穰，比屋皆能自贍，儻一經旱潦，粒食無資，即有俯仰不給之虞。非相時緩急而先事圖維，則補助之恩難以遍沛。頃巡歷邊外，道經密雲等處地方，見田畝歉收，米穀價貴，閭閻匱乏，衣食不充，目前既已艱難，來歲何所依賴，宜豫爲籌畫，用俾資生。著遣部院堂官二員，會同直隸巡撫，親詣年歲不登之各州縣，詳察明白，應作何區處賙濟，確議具奏。其八旗披甲當差，及孤寡無依、年老有疾、中傷退閒人等，有實係貧窶、窘於謀生者，著各該都統詳察姓名報部，酌量恩卹。（聖祖一六五、五）

（康熙四二、二、丙子）諭山東巡撫王國昌：朕自泰安州見新泰、蒙陰、沂州、郯城等處，城郭鄉村黎民被災甚苦，雖然正賦蠲免，而見在乏食，尚屬無益，徒有賑濟之名，而倉粟諒已盡竭。又觀黎民顏面衣服，朕心不勝憫惻。更爲盡心籌畫，如以養蒙古之例，施於山左，庶幾青黃不接之際，猶可度日。命在京滿漢大學士九卿會議，無論官民有情願效力者，作速遣往山東，不拘銀米，同地方官分界賑濟，以及降級革職人等，有情願贖罪者，亦准其贖罪。俟秋成後，視其果有裨益，酌量議敘。至該撫尤宜董率屬員，善爲撫綏，勿致流離，務期副朕視民如子之至意。即將告示刊刻，徧行曉諭。（聖祖二一一、八）

（康熙四二、一一、丁丑）諭河南巡撫徐潮：朕念西土兵民生計，乘冬令農隙之時，特事西巡。返蹕京師，道由豫省。自入潼關，見閿鄉以及河南府民生甚艱，而懷慶少裕。至衛輝府，則又艱苦，賴薄有秋成尚能糊口，儻遇歉歲，必至流亡。此皆大小官吏互相容隱，雖有衰老病廢、懶惰退諉之員，仍使在任，以致貽誤地方。河南百姓質樸愚魯，輸賦從未稽遲，而今歲所欠，乃至四十萬兩，顯係州縣官聞朕蠲除秦晉積欠錢糧，希冀恩免，於中漁利。見今民欠俱免催徵，著將河南通省俸工銀兩補足所欠之數，如有不完，停其陞轉，俟完日開復。特諭。（聖祖二一四、一四）

（康熙四三、六、戊子）諭大學士等：觀山東巡撫所奏，今歲春麥大穫，又問自山東省來人，咸云民生大有起色，不似從前被災景象，此甚非易致也。山東百姓今始獲甦，明歲錢糧不可急徵，若秋田有收，再當商酌，爾等識之。俟十月、十一月間啟奏。（聖祖二一六、一四）

（雍正一、一、乙未）諭九卿：朕受皇考付託之重，撫育群黎，夙夜孜孜，惟恐閭閻失所。昨山東巡撫黃炳奏稱，東兗二屬上年二麥失收，小民未免困苦，直隸、河南鄰境之民，有攜家覓食者。朕即飭諭直隸、河南巡撫，加意撫綏，招集復業。但兩省巡撫並未奏聞，朕恐其視爲泛常，奉行不力，爾等可會同確議，或特遣大臣，或交與該撫，作何賑濟安輯之法，務使窮黎得霑實惠。又前歲河南黃水潰決，汎溢於直隸地方，比年以來，兩省近水居民耕種無資，衣食匱乏，均應加恩撫卹，爾等一併議奏。尋議：直隸、河南流民，應各派大臣一員，會同該撫，動常平倉穀賑濟。其無力耕種者酌量賞給，不能回籍者，應令直隸、河南、山東巡撫加意撫輯。從之。（世宗三、三五）

（雍正一、五、戊戌）諭河南巡撫石文焯：河南居四方之中，地廣民庶，爲幅員要區。素封之家，常喜儲藏米穀，以收居奇之利。比年連遇荒歉，民食維艱，貧者逃亡頗衆，朕夙夜厪懷，思所以安全拯濟之道。前特遣官往賑，務令實心奉行，俾窮黎得安衽席。河以南數郡雖已得雨，河北三府時逾麥秋，尚未霑足，誠恐小民勢難耕種，該撫即預爲籌畫，俾富室之粟，皆得流通，出糶於官，以爲賑卹之用。（世宗七、一七）

（雍正九、一、丁亥）諭內閣：山東地方上午遭值水患，窮民乏食，朕心軫念，屢頒諭旨，並遣大臣賜粟賜金，加恩賑濟，不忍使一夫不獲其所。又念該省上年禾稼歉收，則今春青黃不接之時，米價必致騰貴，特命截留鄰省漕糧三十五萬石，撥運奉天米穀二十萬石，減價平糶，以惠濟閭閻。朕之爲東省民食計者，亦備極籌畫矣。細思上年濟、兗、東三府之被水，較平時爲甚，今發粟平糶，固不慮價值之高昂，而赤貧之民仍苦於糶買之無力，且聞被水之後有餬口轉徙四方者，今各省漸次資送回籍，此等民人回籍之後，無以爲資，勢必至於失業，深屬可憫。著侍郎劉於義、牧可登、巡撫岳濬確查實在窮民無力糶買穀石者，再給兩月口糧，以卹其困苦，資其耕作。查濟、兗、東三府尚有存倉穀四十萬石，即將此爲散賑之需。儻不敷用，再將截留之漕米以二十萬石平糶，以十五萬石增添散賑。著該侍郎等遴選賢員，作速分途辦理，使黎民均霑實惠。並傳宣朕旨，曉諭百姓等，受朕格外之恩，當乘此春和，努力耕種，勿因失業而作邪僻之事，勿因困厄而懷怨尤之心。果能祗遵朕訓，則豫順之氣，自能感召天和，賜以安全之福。思之，勉之。（世宗一〇二、一七）

（雍正九、七、乙酉）諭內閣：朕以直隸、山東、河南夏間雨澤愆期，特命截漕查賑。既而三省陸續奏報得雨，朕心稍慰。茲聞直隸、山東及河北彰德、衛輝二府，有窮民因秋成無望，預爲渡河而南，以圖就食者，蓋因本地歉雨之時，尚未聞截漕查賑之諭旨，輒思就食他省，若即令資遣還鄉，恐時屆仲秋，耕種之期已過，轉致失所。著該撫飭令沿河州縣，於各渡口詳詢其所欲往地方，有力不能自達者，量給路費，仍知照該州縣善爲安插。除有親朋可依及已傭工得食者聽其自便外，其乏食之民，著用截漕米石，照例計口賑給。有欲回本籍者，即給資遣回。其不願即歸者，候來春給以資糧，使之回籍。俱照例動用存公銀兩，造册送部。如各省樂善之家，有能存卹周濟者，該地方官酌量輕重，賞給花紅旗匾，最優者，詳請題達，給以頂帶，以示鼓勵。設愚民無知，因鄰省安插得宜，仍復離鄉棄業，該地方官務悉心安集，剴切曉諭，令其勿離故土。又聞渡河流民，有欲往湖廣者，去鄉更遠，回籍愈難，著該地方官即於所到地方安插，務須規畫盡善，無使一夫失所，以副朕勤卹民隱、子惠元元之意。（世宗一〇八、三一）

（乾隆四、五、辛亥）諭軍機大臣等：朕聞得直隸乏食窮民，有散往鄰近地方以求餬口者。從前李衞爲直隸總督時，每於接壤交界之處，委人防範，令其不得出境，是以不聞有散往他處之事。此乃迫以勢力，勉强禁遏，非安輯貧民之正道。但百姓當歉收之際，而聽其轉徙他方，則廬舍田畝，必致荒棄，深可憫念。可寄信與孫嘉淦留心稽查，善爲籌畫，務令此等貧乏之人，本籍可以自存，不致輕去鄉井，以副朕愛養黎元之意。（高宗九二、五）

（乾隆五、五）[是月]山東巡撫碩色奏：聞上年蘭山、郯城二縣連歲歉收，流移湖廣等處貧民甚夥，隨即飭令該縣，各差妥役赴楚招徠。於四月初三至二十等日，共接到流民計大小二千二百八十二名口。除各回舊業無庸接濟外，已飭該縣借動社穀，酌給口糧，庶無業貧民，不致失所。得旨：此事隔月始行奏聞，朕不知汝在彼有何項要緊更甚於此之事也。汝在川省，遠而不知，今到此任，無能情節畢露，奈何？（高宗一一七、二四）

（乾隆五、六、戊戌）河南布政使朱定元奏：豫省俗情，不知撙節，有急宜查禁二條，一、喪葬過奢，棺柩久停；一、濫借西債，重利滾剝。均宜嚴禁。地方官失於覺察，請予處分。得旨：汝等且亟力行之。若地方官不肯奉行，參處一、二，亦可以示警矣。何庸定例耶？（高宗一一九、二九）

（乾隆五、八、壬寅）戶部議覆兵部侍郎阿里衮奏：查辦山東蘭山、郯城二縣被災窮黎應行撫卹事宜。一、被水地畝，請分別輕重，暫緩帶徵。應如所請。成災地畝錢糧，原議五年、六年徵收者，展至辛酉、壬戌兩年帶徵。勘不成災地畝錢糧，有未完者，亦緩至辛酉年麥熟後徵收。一、借給社倉穀石，請免追還。查社穀一項，原係公捐，接濟本地窮黎，未便免追缺額，應令該撫將所借穀石，緩至辛酉年秋後，責令還倉。一、回籍窮民，請加撫卹。應如所請。蘭、郯二縣覓食異地災民，回籍復業者，行令該撫，至年月動支社穀，借給一月口糧，以濟民食。一、窮民鬻賣子女，請加矜卹。應如所請。令該撫出示曉諭，上年被災窮民將子女出賣者，父母如力能取贖，聽其照價取回。子女力能爲買主服勞供役，應定其供役之年月，準爲傭雇之資，年滿歸還。再有代人贖回，並請願減價，不索原價退回者，不論多寡，地方官分別給與花紅匾額，以示獎勵。從之。（高宗一二四、六）

（乾隆六、二）［是月］河南巡撫雅爾圖奏：乾隆四年，河南、山東、江南三省被災，有窮民典鬻子女者，請降旨不論年限，不拘常例，俱准照原價取贖。得旨：此在汝等督撫自行勸諭於本省則可，豈可以朕旨勒令數省皆然乎。（高宗一三七、一六）

（乾隆一二、一、戊午）諭軍機大臣等：據直督那蘇圖奏稱，東省貧民，於歲暮米糧艱食之際，攜眷出境覓食。現在設局留養，如有願回就賑者，即令資送回籍等語。上年山東、河南二省俱有被水之州縣，冬間雪澤又少，難於播種秋麥，此時東作方興，彼地情形，未知若何，朕心軫念。著即傳諭兩省巡撫，令其將被災各處，細心體察。如散賑之外，或應發倉平糶，或應借給籽種，如有可趕種春麥之處，及時播種，務期悉心安插，善爲勸諭，俾窮黎毋致輕去其鄉。其覓食於外者，亦著巡撫悉心妥辦。（高宗二八三、一二）

（乾隆一二、二、壬戌）又諭：鹽山、慶雲二縣，地瘠民貧，朕已疊次降旨，令該督加意撫綏，且緩帶徵年分，地方官遵照辦理，當可望其漸有起色。但該處上年秋成雖有六、七分，而無地貧民尚或未免拮据。今東作方興，雨澤未降，或應平糶倉穀以資接濟，或應借給籽種以惠耕畝，該督查看情形，酌量奏請。其現行之種樹穿井等事，實心查辦，務期於該地方實有裨益，以副軫念。尋奏：鹽山、慶雲二縣，現種秋麥之區，得雨二寸，又蒙緩徵，已有起色，將來麥秋可望。擬於清明後農務方殷之時，設廠平糶，以資接濟。其赤貧衰老之人，借給口糧，有地無力之人，借給籽種。至種樹穿井等事，已次第辦理。得旨：覽奏稍慰。（高宗二八四、三）

（乾隆一三、二、甲戌）又諭：朕覽山東通志內，恭載皇祖諭旨，東省小民，俱依有身家者爲之耕種，豐年所得者少，凶年則已身並無田產，有力者流於四方，無力者即轉於溝壑。此等情狀，東省大臣庶僚及有身家者，若能輕減田租，亦各贍養其佃戶，不但深有益於窮民，即汝等田地，日後亦不致荒蕪。訓諭諄諄，誠切中東省民生利弊也。今朕省方問俗，親見民情風土，歲偶不登，閭閻即無所恃。南走江淮，北出口外，揆厥所由，實緣有身家者，不能贍養佃戶，以致滋生無策，動輒流移。夫睦婣任卹，自古爲重，利豈專在窮乏，富戶均受益焉。轉徙既多，則佃種之人，鞠爲茂草，富者不能獨耕也。何如有無相資，使農民不肯輕去其鄉，即水旱無虞大困。昨偶召見王柔，據奏往時東省貧民，稱貸富戶，雖加息四五分，尚肯償還，是以小民那借有資,不致流離失所。今即取息二三分,借出不還,赴官告理,又以私債,置之不問。有餘之家,恐爲所負,不復出借,亦無利息可生,往往中落。貧户仰叩無門,不得不求食他鄉,以致富者漸貧,貧者益無所底等語。在王柔所奏,似爲富者申其說,而朕不以人廢言,因思小民坐困之由,亦未救不因乎此。總之貧固資富之食,富亦資貧之力,不計其食,而但資其力,窮民復何所圖。繼自今,該撫董率群有司,實力稽察勸諭,務使曉然於貧富相維之道,俾閭里通周急之情。斯黎民享安土之樂,朕於東省有厚望焉。(高宗三〇九、一二)

　　(乾隆二二、四、己卯)諭:河南夏邑、商邱、虞城、永城等四縣,上年秋被水災,前於彭家屏接駕召見時,詢問地方情形,始據奏及。隨召圖勒炳阿質問,則奏稱並不成災。朕特旨令圖勒炳阿帶彭家屏同往查勘,如果被災實重,應需賑濟,斷不可稍存迴護。乃該撫覆奏,僅稱一二低窪地畝間有積水,餘俱有六、七分收成,可以不必給賑,酌量借糶兼行,已足接濟。經朕降旨,特行加賑,彼時已恐該撫之不免於迴護矣。及朕至徐州閱視河工,所見貧黎鳩形鵠面,因憶夏邑等縣與江南、山東接壤,其被災村莊不知若何,爲之惻然動念。隨遣步軍統領衙門員外觀音保微服前往,密行訪查,則該四邑連歲未登,積歉已久,災地未涸未種者居多,窮黎景況,更有不堪入目者,並於彼處收買童男二人,纔用錢四五百文耳。持券回奏,不勝憫駭。爲吾赤子,而使骨肉不相顧至此,尚忍言耶?夫水旱災傷,爲地方第一要務,朕宵旰勤求,時深軫念。現如江南之淮徐等各府屬,山東之濟寧各州縣,雖據各督撫查報,照例辦理,而凡可以議蠲議賑、加恩撫綏之處,無不曲加體察,破格施恩。乃圖勒炳阿初既不據實奏報,及命往查勘,又復有意諱飾,以致四邑災民流離失所,深負朕復加擢用、委任封疆之意。從前彭家屏面奏時,朕猶以彭家屏爲本地搢紳,不免有心邀譽鄉里,言之過甚。今據觀音保所奏,則彭家屏出自目擊身親,而圖勒炳阿之玩視民瘼,始終怙過,亦殊不料其竟至於此也。圖勒炳阿,著革職,發往烏里雅蘇臺軍營,自備資斧,效力贖罪,以爲地方諱災者之戒。夏邑、永城二縣知縣,俱著革職拏問。其虞城、商邱二縣,如應行參處,即著鶴年一併參奏拏問。該管道府俱著查參議處。(高宗五三七、六)

　　(乾隆四三、閏六、乙丑)諭軍機大臣曰:……豫省現在雨澤應時,大田自可期豐稔。但該省全以麥收爲重,必須普種秋麥,方與明歲夏收有益。惟是今年豫省二麥未收,貧民缺乏籽種,恐於秋間得雨時,不能及期構種,以致誤時失業,不可不豫爲籌畫。著傳諭鄭大進,於陝西省運到麥十萬石內，酌留若干，以備秋間借給秄種。臨時勸令多種秋麥，俾農民得資生計，庶災區元氣可以漸復。仍著該撫將如何籌辦之處，即行奏聞。至山東今歲麥收亦歉，並當於秋間酌借秄種，令其遍種秋麥。其動用何項麥石酌借之處，著國泰一體籌辦覆奏。將此由四百里一併諭令知之。（高宗一〇六〇、一三）

（嘉慶七、二、癸亥）諭軍機大臣等：永定河工程，節經降旨以工代賑。上年那彥寶等因工次需用人數較多，恐其不敷，曾經奏明，令該督陳大文招集災民，來工傭作。本年開工以後，已閱旬日，聞該處募用人夫不過三千餘人，而盧溝橋一帶饑民雲集，不獲傭工趁食，恐聚集日久，不免滋生事端。著傳諭那彥寶等察看情形，如工次或可添用人夫，即量為雇用，俾窮黎得資餬口，於工賑事宜兩有裨益。仍將該處近日約有饑民若干，據實具奏。（仁宗九四、二〇）

（嘉慶一八、三、乙未）諭軍機大臣等：本日姚文田到京，經朕召見，詢問河南地方情形，據奏衛輝府所屬地方，去冬雪澤稀少，二麥多未播種，春間又未得有透雨。雖於本月初七、八等日得雨三四寸，因枯旱已久，大田仍未能翻犁耕種。貧民皆以草根樹皮餬口度日，經過官道，兩旁柳葉採食殆盡。緣該府地方，近三四年來，總未大稔，糧價騰昂，是以民情倍形拮据。幸該府民風淳樸，閭閻尚各安靜等語。豫省衛輝府地方現在荒旱情形至於如此，長齡總未據實陳奏，豈竟聽小民轉徙溝壑，不為拯救。該撫係棄瑕錄用之人，若玩視民瘼，意存諱飾，自問安能當此重咎。著傳諭該撫，即將該處荒歉實在情形，應如何施恩調劑俾小民不致流離失所之處，迅速由驛具奏。將此諭令知之。（仁宗二六七、二二）

三、山西　陝西　甘肅

（康熙二〇、七、壬申）諭吏部、兵部：大同地方連年旱荒，百姓困苦，以致流離失所，就食他方，因而田地荒蕪，生計不遂。今已屢行賑濟，蠲免各項錢糧。又聞雨澤霑足，秋成有望，但饑饉之後，安養全，須廉能官吏方能加意招徠，留心撫字。見任府州縣衛所等官貪劣不職者，照常參處外，其才具平常者，該撫酌量更調本省簡僻之缺。仍於通省見任官員內，選擇清廉愛民者調補大同所屬地方。若果能撫循，使戶口充實，田地開墾，著有成效，該撫特行舉薦，該部從優敘錄，以副朕獎勵循良、愛養百姓至意。（聖祖九六、二六）

（康熙三〇、一〇、丁酉）諭大學士等曰：朕聞陝西西安、鳳翔等處年歲不登，民艱粒食，以致流移。今遣學士布喀速往陝西，凡被災地方，親歷

查看，其作何賑濟之處，會同總督、巡撫速議以聞。（聖祖一五三、一三）

（康熙三二、四、丁亥）諭大學士等：昨日皇子允禔奏，往祭華山，每日行一百七八十里，逼近潼關，連雨三日，泥濘難行，一日止行百里。至陝西，見麥田甚好，問總督佛倫，云雨水甚調，麥田頗好，故流民回籍者甚多。將播種銀兩，發與州縣百姓時，內有兩縣百姓云，田已種完，不用庫帑，將銀繳回。有自甘肅及秦嶺來者，問之，皆云雨水均調，麥田甚好。向日西安、鳳翔饑民逃竄者衆，今雖各回籍，必秋禾有收，方得安業。若秋禾不登，將如之何，朕實憂之。見今畿甸稍旱，著禮部虔誠祈雨。（聖祖一五九、二）

（康熙三六、五、戊戌）諭吏部等衙門：朕頃以狡寇噶爾丹未滅，調度軍務，親蒞塞外。因念切民依，巡歷邊境，所至咨訪，目擊山西、陝西緣邊一路，地當沙磧，難事耕耘，人多穴居，類鮮恆業，其土壤磽瘠，固已生計維艱，而地方遼遠，疾苦無由上聞，大小官吏不能子愛小民，更恣橫索，遂使里井日見虛耗，……朕心深切軫惻。今外寇已經蕩平，惟以綏乂地方、拊循百姓爲急務。山陝兩省關繫緊要，應作何撫卹休養，著九卿詹事科道詳議以聞。（聖祖一八三、二五）

（雍正一三、六、壬辰）辦理軍機大臣等議覆：署陝西總督劉於義奏稱，肅州軍興以來，運糧車夫、採割草束夫役，俱係陝甘無業貧民，流寓傭作，以爲度日之計，不下萬人。目今大兵凱旋，此輩窮民一無事事，難以自給。日則散在市廛，夜則居宿古廟，日復一日，恐至流入匪類。應否令沿途地方官給與口糧，派佐雜千把外委解送回籍安插。應如所請。從之。（世宗一五七、一九）

（乾隆一、三、戊戌）諭總理事務王大臣：朕御極以來，時時以愛養百姓爲心。深恐雨暘不時，旱澇爲患。閭閻疾苦，不能上聞。所以詰誡督撫有司者，至詳且悉。至於陝、甘二省民人，屢年轉運軍需，急公効力，更屬可嘉，尤爲朕心格外憫卹者，內外臣工，無不知之。上年聞甘省固原、環縣等處收成歉薄，窮民乏食。朕知許容性情褊隘，識見卑庸，恐但知節省錢糧，不思惠養百姓。屢次親批諭旨，令其寬裕料理，勿使災民稍有失所。又令資其安插之費，寬其散賑之期。朕之訓諭已頻，朕之心力亦竭矣。乃許容刻嚴性成，不但無痌瘝乃身之意，并朕旨亦不祗遵。不過循照往例，苟且塞責，罔計百姓之實能安堵與否。是以正當賑濟之時而流移他郡者，尚千百爲群，相望於道。朕訪問如此。合之署督臣查郎阿、劉於義所奏，亦大略相同。似此膜視民艱之大臣，何以稱撫綏懷保之職，許容著解任。暫留甘省，將經手

軍需各項，銷算清楚，來京候旨。(高宗一四、五)

(**乾隆二、二**) [是月，大學士仍管川陝總督查郎阿] 又奏：據肅州道黃文煒稟稱，哈密地方，因軍需停止，失業者多，請酌給口糧，資助回籍，以免逗遛生事。應確查人數，按程計日，每月酌給炒麵一觔，押解進口。得旨：此所給炒麵，為數已多，或出於黃文煒開銷之計，亦未可定；且塞外又安得有如許失業之人乎。此奏大不妥，再行明白回奏。(高宗三七、二二)

(**乾隆四、五、丙午**) 諭：各府、州、縣設立養濟院，原以收養鰥寡孤獨疲癃殘疾之窮民。近聞山西陝西一帶，多有老病殘廢之人，在途行乞，行旅見之惻然。朕思各處既有養濟院，若有司實力奉行，何至小民之困苦無依者，饑寒難支，乞食於道。山陝一路如此，則他省與此相類者不少矣。著各省督撫，各飭所屬州、縣官，體國家設立養濟院之意，與朕哀此煢獨之心，實力奉行，毋得視為具文故事。該督撫亦當時時留心訪察之。(高宗九二、一)

(**乾隆一二、一二、己巳**) 諭軍機大臣等：據胡中藻奏稱，陝西地方，乙丑、丙寅兩年，收成歉薄，尚可支持。至本年缺雨，渭河以南，有二、三、四分，若渭河以北，有收穫不敷穀種，並有顆粒不收，連藁秸無有者。西安、同州為尤甚。今冬又缺雪，窮口嗷嗷，有挈提妻子出走，甚至有一堡之內，並無居人等語。數年以來，陝省屢奏有收，即使徐杞諱災，慶復、陳宏謀向日亦諱災乎？且今歲四月間望雨，後亦據報普霑，何至如胡中藻所奏？因將此情形詢問大學士慶復，據稱此次來京，於陝西地方歷經數府，秋收大局，漢中、榆林及近邊一帶秋成豐稔，惟西安、同州等處，間有秋收歉薄州縣，現在地方官酌量籌辦。至沿途所見，有就食親戚者，或一二人，或三四人，挈伴同行，從未見有一堡空虛之事，不至如摺中所奏之甚等語。近據徐杞奏報，咸寧、長安等六十九廳州縣，秋收在八九分以上，已屬寧謐，其七分以上者，亦不為歉薄，惟耀州等十六州縣收成止於六分。看此情形，該處收成雖有歉薄地方，何至如奏中之甚。蓋胡中藻本一好名沽直之人，其言災傷，自不無過甚之處。然朕向來聞有人言災傷者，從無置之不問，不行查辦之事。至其言徐杞、馬金門之處，則實中肯綮，不可因人而廢言也。今陳宏謀已調任陝西巡撫，可將此摺抄寄，令其將摺內所奏種種情節，逐一確查。其中有應行籌辦之處，即行辦理，務使貧民不致失所，亦不得因陳奏太甚，辦理過當轉致滋事。可即傳諭知之。(高宗三〇四、一九)

(**乾隆一三、一一**) [是月] 陝西巡撫陳宏謀奏：陝省榆林、葭州、懷遠、神木、府谷、靖邊、定邊等七州縣沿邊農民，每遇春耕，出口種地，向於司庫歲撥銀內，借給牛具籽種，秋收復照時價收糧，抵補倉儲。嗣因捐監收本色，倉儲充實，每歲於常平出三糧內糶存糧價，為次年出借之需，不復動借帑項。查從前借銀還糧，原為倉儲未實之故，今倉儲已裕，沿邊糧價平賤，照時價還糧，不敷常平原數。請自乾隆十四年為始，即於常平出三糧內酌量借給糧石，秋後照原數還倉。得旨：覽奏俱悉。（高宗三二九、六七）

（乾隆四三、六、壬辰）又諭：前因甘省本年春夏缺雨，曾傳旨詢問勒爾謹，各屬是否得有透雨，如可趕種大田，即速酌借籽種，以資耕作。茲據勒爾謹奏稱，甘省春夏雖未得透雨，但近河下隰俱堪播種，即高阜山田，頻得微雨，亦無礙種植。惟因屢被偏災，小民缺乏籽種口糧者，十居五六，隨飭酌動官糧借給，俱已播種齊全。（高宗一〇五八、六）

（嘉慶一、五、辛亥）諭軍機大臣等：甘省地土瘠薄，前因小民口食維艱，恐借糶緩徵，亦未能周普。曾降旨以甘省距口外不遠，莫若勸令貧民出口覓食，如實在無力者，或地方官量為欵助，俾得就食豐區，亦豫為籌辦之一法。該督自己酌量情形，遵照辦理。如貧民俱情願出口，得以謀食營生，固屬甚善；儻累於室家妻子，安土重遷，亦應聽其自便，不可令地方官拘於遵旨，稍事驅迫，轉致失所，此為最要。將此諭令知之。（仁宗五、八）

（嘉慶四、一二、甲午）諭軍機大臣等：朕聞陝省地方，屢被賊匪往來滋事，漢中興安一帶，赤地千里，人戶蕭條，流移轉徙，情形不堪入目，豈可不速為綏輯，使難民各歸本業，及時耕種，以期漸復舊觀。松筠、台布係該省督撫，撫輯事宜，是其專責；現經降旨詢問，該督等務須將該處實在情形，詳悉奏聞，轉不必有所避飾，或慮及費用不支，稍涉含混。儻松筠、台布此時不行查辦，以致所管地方日久殘燬，民人流困，則玩視民瘼、廢弛地方之責，惟該督撫等是問。將此諭令知之。（仁宗五六、二〇）

（嘉慶七、八、丁未）諭軍機大臣等：據給事中宋澍奏，陝西延綏一帶，素號窮邊，自賊匪滋擾漢中等處，居民由漢南逃往者，不下二三萬人。北邊生植無多，難以存活，急宜安置等語。宋澍在學政任內，見聞的確，何以未據督撫具奏？延綏襟帶關陝，地方緊要，驟增流民數萬人，土地所產，不足以資養贍，地方官早應籌辦，著惠齡、陸有仁查明逃往民人究有若干，是否安靜，目下陝匪已漸次除盡，應廣為曉諭，令其各歸鄉土，復業安居，勿致遷流失所。其道府州縣各官，軍務將竣，如無經手要事，均即飭令回任，留心撫輯，以安民業而重邊陲。將此諭令知之。（仁宗一〇二、一六）

四、江蘇　安徽　浙江　江西

（順治一六、一二、丁亥）蘇松巡按馬騰陞遵旨回奏：兵火之後，臣目

擊地方殘破，人民流離。(世祖一三〇、一一)

（康熙三二、六、庚子）上諭大學士等曰：朕每見各省往來及請安之人，必問地方情形、雨水霑足與否。前問自江浙來者，俱言今歲甚旱，五月二十日尚未得雨。朕幸江南，深知彼處民生，家無二日之儲，所食之粟，每日糴買，若五月以後仍不得雨，則米價騰貴，貧民必至困苦，此不可不豫籌者。著遣戶部才能司官二員，一往江南，一往浙江，詳問督撫，觀看雨水形勢來奏。江浙地方，雨水雖大，若不沒禾穗，則水消後，禾即復舊，故澇不足慮，旱則所蓄之水盡涸，直無計可施。(聖祖一五九、一〇)

（康熙三八、四、辛丑）諭戶部、禮部：朕子育黎元，勤求治理，日孜孜以施德澤、厚民生爲急務，而江浙二省，尤東南要地，朕時切軫念。比歲以來，蠲豁田賦，賑濟凶荒，有請必行，無災不卹。雖漕項錢糧向未蠲免者，亦曾特旨蠲免。愛養之道，備極周詳，庶幾民生日益康阜。用是乘輿時邁，於視河事竣，巡歷江浙，咨訪民間情形。見淮揚一路，既困潦災，而他所過州縣，察其耕穫之盈虛、市廛之贏絀，視十年以前實爲不及。此皆由地方有司奉行不善，不能使實惠及民，所以小民雖懷愛戴之誠，而朝廷恩澤卒未下究。朕目擊廑懷，亟思拯卹，截留漕糧，寬免積欠，另有諭旨。(聖祖一九三、一)

（康熙三八、五、丙戌）諭大學士九卿詹事科道等：朕南巡至浙江，見百姓生計大不如前。年來已將舊欠錢糧盡行豁免，其被災地方概行賑濟，恩澤屢加，在百姓應比往年豐足，今反不及從前者，皆因府州縣官私派侵取，餽送上司，或有沽名不受，而因事借端索取。更甚者至微小易結案件，牽連多人，遲延索詐者甚多。此等情弊督撫無有不知，乃不釐剔察參，反將行賄官員薦舉，廉正官員糾劾，以致民生失所，殊失朕愛養元元至意。且畿輔近地，因朕不時巡察，故無私派侵取等弊，若各省督撫俱體朕愛民至意，實力奉行，自然吏治澂清，萬民樂業。科道不畏人、不徇情，能將不肖劣員察訪糾參，則有司亦知忌憚。今作何永革橫派、嚴禁賄賂，以察吏安民，爾等會同確議具奏。尋大學士等遵旨會議：請飭各該督撫洗心滌慮，正己率屬，凡有貪污害民官員，不時查參，地方應革積弊，盡行革除。如該督撫仍照前因循，專事虛文塞責，徇庇屬員，或被科道糾參，或被受害人首告，將該督撫等一併從重治罪。從之。(聖祖一九三、九)

（康熙四八、一〇、壬子）諭大學士九卿等：江南、浙江連歲災荒，地方困苦，今年兩省疾疫盛行，人民傷斃者甚衆。雖該省督撫未經奏聞，而朕訪知災病之狀，深用惻然。民命至重，朕宵旰孜孜，惟以矜全百姓爲念。一切刑獄奏讞，尤加矜卹。比年因江浙盜案疊見，凡犯盜劫者，悉依律坐罪。

今閱秋審情實各案，所議情罪，俱屬允協。但念災荒疾病之餘，復將數十罪犯一時正法，朕心殊爲不忍，江浙兩省應處決情實人犯，俱著停止一年。(聖祖二三九、一一)

（**康熙五〇、一〇、丙辰**）江蘇巡撫張伯行疏言：臣屬七府一州，比來年歲豐登，家給人足。嗣後臣更勸民積儲，教民節儉，厚民生以復民性，行見户慶豐盈，人敦禮讓，黄童白叟，共樂雍熙矣。得旨：自古人臣事君，必令民生疾苦具以上聞，勸善懲惡，屏絶私黨，以愛民弭盜、革除惡習、敦厚風俗爲務。前張伯行奏稱，務期家給人足，仰報君恩，今未及一年而遽云家給人足，毋乃文飾太過乎。聞江浙地方盜賊叢集，鄉紳兵民甚屬不安。又聞今歲錢糧未清，虧欠甚多，又糧船遲誤，米色不堪。昔朕南巡時，米價較前甚賤，且並無災祲，猶慮小民窮苦，屢頒諭旨。今盜賊滋蔓，該撫反稱家給人足者，無非掩飾前言耳，未必於小民實有利益也。嗣後毋得如此虚詞矜譽，凡事必速行完結，敦風厚俗，弭盜安民，催趲糧船，清理錢糧，以圖報効。該部其嚴飭之。(聖祖二四八、二)

（**雍正五、二、丙寅**）諭内閣：浙江杭、嘉、湖三府，上年秋冬之間，雨水稍多，收成略歉，今年青黄不接之時，已令地方官商酌平糶，以濟民食。但念米價雖不至昂貴，而無力窮苦之民，本無糶米之資，甚屬可憫，著動用庫銀四萬兩，令巡撫李衛會同將軍鄂彌連、觀風整俗使王國棟悉心商酌，於地方或開濬河道，或修理城垣隄岸，令小民就近傭工，藉以餬口。儻四萬金尚不敷用，著李衛等再行具奏請旨。(世宗五三、一八)

（**雍正九、一、庚寅**）諭内閣：上年江南邳宿等十八州縣遭值水患，窮民乏食，朕心深切軫念，特命大臣會同該督撫，動帑發粟，撫綏賑卹，增給口糧之數，加添散賑之期，並賞給修葺室廬之費，務使被水黎民，咸登衽席。今據該督撫等奏報，正月十五日已滿散賑之期，朕思江南麥熟在四月之杪，其間青黄不接之時，尚應爲之籌畫。雖本省鄰境皆有平糶之米穀，而赤貧之民無資糴買者，仍復艱於餬口，深可憫惻。查揚州鹽義倉有積穀數十萬石，原備賑濟之用，著勸支二十餘萬石，加賑窮民四十日口糧，以濟其困乏，資其耕作。該督撫會同欽差侍郎彭維新等，悉心奉行，並曉諭百姓，乘此春和，盡力南畝，勿再游手失業，有負朕痌瘝軫卹至意。(高宗一〇二、一九)

（**乾隆二、閏九**）[是月]安慶巡撫趙國麟奏：查鳳陽一府民俗卑污，每歲收穫之後，即挈妻孥，游行四出，沿門覓食，習爲固然。究厥根由，皆因耕織不勤之故。請嚴飭地方官，時加勸課，務令勤於耕織，衣食足則廉恥生，並以游民出境之有無，爲州縣考課之功過。奏入。得旨：此事殊應緩緩

爲之，而不可遽繩以法制禁令者也。（高宗五三、一八）

（**乾隆六、五**）［是月］吏部尚書署兩江總督楊超曾奏：鳳陽、徐州等屬州縣，沙土瘠薄，民情輕去其鄉，麥秋被水歉收，恐致流離失所，雖屬夏災，亦請破格賑卹。得旨：是。鳳陽一帶，屢年歉收，所當加意賑卹，勿致失所，尤不可以尋常夏災論也。（高宗一四三、二五）

（**乾隆七、二、丙午**）又諭：江南廬、鳳、宿州、淮、徐等處，上年遭值水災，黎民乏食，朕已屢降諭旨，多方賑濟，期蘇閭閻之困。近聞百姓餬口無資，仍不免於流離艱苦。蓋由該地方屢年疊遭饑饉，督撫等雖照例辦理，但不能淪洽普周，登之衽席。當此春耕之時，黎民苟失其所，秋成何望焉，用是深爲軫念。著刑部侍郎周學健馳驛前往，會同總督那蘇圖、巡撫陳大受、張楷實心體察，和衷籌畫，務使朝廷德意得以下逮，無致一夫矢所。至於此等地方屢被水患，必有致此之由，不可忽視，即如陂塘溝洫之類，亦當加意講求，使除其害而收其益。著周學健會同該督撫，一併悉心妥議具奏。（高宗一六一、二）

（**乾隆七、二**）［是月］江蘇巡撫陳大受奏：淮北各屬連年荒歉，十室九空，牛損七八。上年秋後，即飭屬發社倉，借給麥種牛價。有請寓賑於工者，須俟物料備具，緩不及事，且庫項未充，因一費十，似可不必。現飭趕辦平糶，并稽防奸匪搶奪爲害。得旨：所奏俱悉。已差周學健前往，汝等與彼悉心詳議，務使災黎毋致失所，以副朕己饑己溺之懷焉。（高宗一六一、一七）

（**乾隆七、二**）［是月，江蘇巡撫陳大受］又奏：查沛縣饑民採食野蒿草根，多致死亡，深堪憫惻。現飭司酌動減存餘平銀兩，除極貧現在加賑外，查實難存活者，照賑數折銀酌借口糧兩月。其災重未賑次貧之銅山、宿遷、清河、安東、桃源等處，有似此者，一體酌辦。得旨：自應如是辦理者。（高宗一六一、一八）

（**乾隆七、三、戊子**）諭軍機大臣等：江南淮、徐、鳳、潁等處，連年被災，民人困苦，目今流離載道，至有茹草傷生者。朕屢次降旨，加恩賑濟，而所賑之户口人數，遺漏甚多，百姓無以自存。此等情形，出之南北往來人之口，俱無異詞，並非一、二人之言也。頃覽周學健所奏徐州光景，亦大概相符。而從前那蘇圖等俱有諱匿之意，並未據實陳奏，預爲籌畫，……甚屬錯誤。因念平日居官，尚無過失，姑且從寬，若嗣後迴護前愆仍不盡心辦理，朕必照匿災之例加以嚴譴。爾等可即傳諭知之。（高宗一六三、一四）

（**乾隆一二、五、己未**）安徽巡撫潘思榘奏：鳳、潁、泗三屬，上年被水，蒙恩賑濟，有應調劑者數條。一、勸農桑以警游惰。鳳、潁一帶，男婦惰窳成習，鮮勤耕作，豐稔則仰食於天，災歉則待給於官。所賴地方官時時勸戒，或藝桑麻，或植蔬果，勤者獎之，不率者懲之，即以民情之勤惰，爲勸課之優劣。一、疏溝洫以備旱潦。鳳、潁一帶，地有三等，一爲崗地最高，一爲湖地稍低，一爲灣地最下。灣地接連大河，人力難施。湖地外高中低，如於下流疏渠導水，即可涸出栽種。崗地絕少溝池，惟傍山麓，爲陂塘以蓄水，夏秋缺雨，俾得引水灌田。一、稽流移以正風俗。鳳、潁民風，樂於遷移，稍遇災歉，攜老挈幼，潛往隣境。更有向係出外趁食之人，一聞本地災歉，即捏稱災民，濫邀賑給。嗣後請嚴飭州縣，悉心查察，除實在災民外，如有冒領口糧者，嚴行究懲。再資送流民至三十名口，即作一起，不許過多，庶不致沿途生事。得旨：此乃根本之務，歷來安省巡撫無言及此者，朕觀此奏，甚嘉悅焉，勉力妥爲之，以俟汝三年之成也。(高宗二九一、二八)

（乾隆一三、一〇）[是月，安徽巡撫納敏]又奏：安省鳳、潁、泗一帶，民俗好轉徙，農田每畢秋收，扶老攜幼，四出覓食，名爲逃荒，迨至次年二麥將熟始歸，豐年率以爲常。雖經勸導飭禁，錮習難返。向來鄰省或未深悉，但聞鳳、潁、泗等係積歉之區，遇有流民過境，即行照例留養貲送。本年鳳陽等州縣雖有偏災，而通邑原屬有收，農佃宜各安業，靜候查明給賑。誠恐積慣外出者，仍有覬覦之心，請將安省偏災各州縣情形，密移鄰省，留心查察，使游惰不得濫邀恩澤，而實在流民，得以全活。報聞。(高宗三二七、二九)

（乾隆一五、一二、己卯）諭軍機大臣等：衛哲治摺奏鳳、潁、泗各屬民人，借逃荒之名，攜攜婦挈子，紛紛外出，應飭地方官分別查明，必係老幼廢疾者，准其酌量收養，餘則概行押回等語。災民避荒遠出，地方官自應辦理。或刁民從中冒濫，及越境爲匪，固不得不設法整頓。但聞鳳陽等處民人，向有地不必被災，人不必老疾，而每歲農隙時挈眷出外，及至麥熟，仍回故居，竟以此爲謀生常計者。若概行資送安插，是教以輕去其鄉，然概行押還，恐於民情轉多未便。所謂有治人、無治法，惟在封疆大吏準時度勢，務飭地方有司，辦理合宜而已。定長現在陞任安撫，著將此摺鈔寄，令其按照摺內情形，據理妥協籌辦。可即傳諭知之。(高宗三七八、一五)

（乾隆一七、三、壬午）又諭：據江西巡撫鄂昌奏稱，南康、九江、廣信、饒州四府屬，上年收成既歉，經冬及春，雨雪嚴寒，糧價益貴，無業窮民，傭工無地，覓食無方等語。朕心深爲軫念，著交與該撫鄂昌，速行妥協籌畫，或就近動撥倉糧，大爲減價平糶，以資接濟，或即賜以一月賑卹。總不必拘定勘不成災常例，務俾窮黎得續饔飧，不致失所，以副朕痌瘝一體之

意。(高宗四一一、一〇)

（乾隆二一、三、庚辰） 又諭：浙江地方災民無食，有於市肆街衢，攘竊食物餅餌之事，被攘之人，恐經官拖累，不敢聲張，該管地方官，因係口食細事，不加懲禁。但此等販賣小民，貲本無多，僅私自謀朝夕，而橫被攘取，情亦可憫，且攘奪之風，尤不可長。著傳諭該督撫飭屬留心稽查，量加禁約，俾知儆畏。至米船經過之地，有遮留邀截等弊，即不至聚衆扒搶，亦當盡法重懲，俾商賈流通，不得稍爲寬縱。總之賑卹不可不周，而刁頑亦不可不懲。著一併傳諭知之。(高宗五〇八、二四)

（乾隆二二、四、乙丑） 諭：江南淮、徐、海等屬，受水患有年矣。朕翠華南苡，周覽土風，所過桃源、宿遷、邳州、睢寧諸州縣，鶉衣鵠面，相望於道，而徐屬較甚。所見如此，未見者亦復可知。著加恩將淮、徐、海三屬各州縣所有積年借欠籽種口糧，不分新舊，概予豁免，以紓痌瘝一體之念。(高宗五三六、五)

五、福建　兩廣　雲南

（康熙一、一一、乙未） 禮科給事中胡悉寧疏言：據福建撫臣許世昌疏報，海上新遷之民，死亡者八千五百餘人。臣思去年上諭，責成督撫安插得所，諄戒嚴切，年來未見督撫設法安置，以慰皇上卹民至意，乃輒云時疫流行，水土難調所致，則知此外未經册報者又不知凡幾。請敕部通行該督撫，嚴飭有司。務期多方撫育，不得聽其轉徙溝中，違者以不職治罪。得旨：著許世昌察明回奏。(聖祖七、一九)

（康熙七、一一、戊申） 兵部議覆：廣東廣西總督周有德疏言，廣省沿海遷民久失生業，今海口設兵防守，應速行安插，復其故業。得旨：著都統特晉等與該藩、總督、巡撫、提督會同，一面設兵防守，一面安插遷民，毋誤農時，致民生失所。(聖祖二七、一六)

（康熙四六、一一、己未） 諭大學士等曰：福建內地之民，住居臺灣者甚多，比來洊罹災祲，米穀不登，在土著之人，猶可採捕爲生，內地人民在彼者，糧食缺少，既難以自存，欲歸故土，又遠隔大洋，誠爲可憫。著行文該地方官，察明情願復歸本地者，或遇兵丁換班之船，或遇公務奉差之船，令其附載，帶回原籍。(聖祖二三一、一四)

（乾隆八、一〇、乙卯） 議政王大臣等議覆：署兩廣總督策楞奏稱，粵西南境，地接交夷，土苗錯處。各邊封禁隘口，時有夷匪漢奸，潛出竄入。屢經設法查禁，而奸民出入如故。蓋因商民出口貿易并傭工覓食，俱樂隘口出入近便,又多娶有番婦,留戀往來,是以偷度不能禁止。此等流落番境住家者,皆係遊蕩匪民,在內既無稽查,在外又不能約束,聚眾既多,於安南苗疆,均有大害。安南列在藩服,不敢設險自固,又未奉有驅逐解回之令,是以容留商販娶婦住家。今該國亦屢被流棍侵凌,應請特降勅旨,諭該國王,衂其屢被漢奸之擾,赦其從前容留之非。俟秋深瘴消,督撫遴委文武人員,督同該國陪臣夷目,在於交界處所,將嗣後民人出入作何稽查,商販到夷在何處交易,私行出口及無故逗遛者作何縛送解回,現在番境之民作何立限進口,私娶番婦永遠禁止,詳議規條,以期永靖。應如所請。從之。(高宗二〇二、二一)

(乾隆三四、一二、丁卯) 諭軍機大臣等:⋯⋯再如永昌邊外,茂隆廠銀礦,向有內地民人赴彼開挖之事。其地距關口窵遠,稽察有所難周。伊等恃無檢制,與擺夷等雜處牟利,奸弊潛生。緬地漢奸,大率不過奸商及礦丁兩種,自當設法嚴禁,以清其源。此等諒皆遊手無賴之徒,羈棲異域,止圖自贍其身,罔顧利害,甚且漏洩內地事情,實為沿邊蠹病。設邊內良善貧民,亦有資為生計之處,似又未便一例禁防。但滇省自用兵以來,邊禁既嚴,編氓自不能輕出,伊等連年日用之需,又何所賴。務須查明實在情形,如果滇民有必資贍給之處,則當另籌妥辦,否則竟宜永遠禁止,此庶凈葛藤。(高宗八四九、一〇)

(乾隆四〇、七、甲寅) 諭軍機大臣等:據熊學鵬奏,岢嶐隘有安南廠徒擁入,共三百二十名。稱係內地廣東民人,在送星廠傭工度日,今因廠眾星散,奔回逃生,形同乞丐。現在派委知府趙由俶,分起解送東省,聽李侍堯審辦等語。所辦尚好,已於摺內批示。此等游手無籍之徒,擅越外夷地界,日積日多,最易滋生釁端,為患邊境。前據李侍堯、熊學鵬先後奏報,安南送星廠,有內地民人張德裕等在彼械鬥,並有夷官帶兵之事。已屢諭該督撫等會同商辦,設法禁防,毋許再有竄越,並酌定貿易章程,明切曉諭該國,以期妥善。此次岢嶐隘逃回之人,俱係該處廠徒,多至三百餘人,實由從前辦理不善所致。既據熊學鵬委員押赴粵東審辦,著傳諭李侍堯即行切實查訊。此內如訊有張德裕、李喬光等起釁滋事之犯,另行按律辦理。若果係無處覓食奔回內地之人,訊無別項為匪情節,自當分別安插。但此等不安本分之人,若仍留於兩粵,日久故智復萌,仍難保其不再外竄生事,莫若分起發往烏嚕木齊等處,令其屯種營生,較為兩便。並著李侍堯曉諭各犯,以爾等原係游手無業貧民,難資餬口,今發往新疆種地,各有沃壤耕穫謀生,便得安居樂業,務須安靜守法,以副優衂之仁。儻中途及到配後,敢有脫逃等事，立即擒拏到案，照發遣新疆人犯在逃之例，於拏獲處即行正法，各宜凜遵，勿自取死，庶衆犯共知儆戒。仍即通知經由各省督撫，令其撥兵護送，勿致生事。將此由四百里諭李侍堯遵照辦理，並於辦畢時覆奏。熊學鵬摺，鈔寄李侍堯閱看，亦諭熊學鵬知之。（高宗九八六、一〇）

（**乾隆四〇、七、甲子**）諭軍機大臣等：前據熊學鵬奏，峎崚隘有自安南逃回廠徒三百餘名，已分起解東省，聽李侍堯審辦等語。辦理尚好。今復據熊學鵬奏，小鎮安、百色、歸順州三處，已至一千一百餘名之多。因率同署按察使周升桓親往南寧駐劄督辦，所辦亦好。昨據李侍堯奏，以人數衆多，長途押解恐有疏虞，令右江道黃邦寧馳赴鎮安查審，摘提要犯解東，亦屬簡便之法。今人犯至一千一百餘名，較前幾多三倍，解赴粤東，自更不易。該撫既親赴該處，且有署臬司、該道在彼就近查審，更覺省力。惟是人數愈多，愈不便存留本地，自必須分發烏嚕木齊等處種地，使不致復貽後患。……著傳諭熊學鵬，務須不動聲色，安妥辦理，切不可稍近矜張，但須通知沿途經過各督撫撥兵護送，並知照烏嚕木齊都統俟各犯解到時，分別烏嚕木齊各等處，安插種地，勿令聚于一處滋事。將此由五百里發往，傳諭李侍堯、熊學鵬知之。熊學鵬摺並鈔寄李侍堯閱看。仍各將辦理情形，即行奏聞。（高宗九八七、六）

（**乾隆四〇、七、發酉**）諭軍機大臣曰：李侍堯奏，安南陸續竄回廠徒共計千有餘名，已檄飭分起解至南寧，派委道員吳九齡、黃邦寧等悉心訊辦，如究出附和滋事主犯，迅即押解東省復鞫，餘俱訊明原籍住址，解交地方官管束等語。此等竄往安南各犯，原系不安本分游手無籍之人，若仍留本地，必致日久滋事。前已傳諭李侍堯及熊學鵬，令其於訊明後分起押解烏嚕木齊等處屯種營生，分地安插，並令不動聲色，妥爲經理，勿使各犯起解時知係外遣，方爲妥協。李侍堯尚未接奉前旨，故有此奏。所有應行押解粤東審訊之犯，諒亦無多，自可照所奏辦理；其餘衆犯，應仍照前旨妥辦，陸續解往烏嚕木齊，不可稍涉張皇，亦不可少有疎忽。將比由五百里傳諭李侍堯並熊學鵬知之。（高宗九八七、二三）

（**乾隆四〇、八、癸未**）諭軍機大臣等：前據熊學鵬續奏，小鎮安等處，自安南逃回廠徒，已至一千餘名，較初次所奏，幾多三倍，更不便存留本地，是以諭令該督撫，將此等廠徒，分發烏嚕木齊，仍曉諭以謀生之處，切弗稍露端倪，妥爲辦理。今據李侍堯奏，竄回民人，現已二千有奇。嚴究滋事要犯，從重定擬。如止係附近貿易傭工之人，訊明原籍住址，解交地方官嚴行管束等語。所辦未妥。計李侍堯拜發此摺時，尚未接奉前兩次所降諭旨，故爲此奏。此等匪徒，大都皆游手無賴不安本分之人，若使仍留本地，伊等於安南道路熟習，日久必潛越夷境，仍滋事端。惟是人數已至二千餘，爲數太多，非但烏嚕木齊一帶難容如許匪徒，即沿途遞解，人數太多，照料亦殊不易，自應分別妥辦。但其事頗有關係，恐非熊學鵬所能經理，著李侍堯迅即親赴粵西，細查此項竄回人衆內，如有在安南滋事不法之犯，即應照例另辦；其中如有蠢笨無能及有親族產業可依者，尚可飭發各本籍，交地方官嚴加管束，令在境內傭耕手藝營生，毋許再行出境滋事，日後如有違犯，加倍重治其罪。若隻身無籍之徒，斷不可仍留本地，致令日久復萌故智。李侍堯當詳加察勘，視其形迹稍覺獷悍者，即發往烏嚕木齊等處，令其屯田出力。其人尚馴懦者，酌量於內地省分安插，聽其各謀生理。但不可令在沿途及苗疆省分，并毗連兩廣地方，致使日後復得逃回滋事。（高宗九八八、一二）

（乾隆四〇、八、乙巳）又諭曰：熊學鵬奏審訊安南逃回厰犯供情已竣一摺。據稱，覈其情節較重者六十四人，分起委員押赴東省，其餘情輕各犯，札商督臣押解原籍管束等語。此等自外國逃回廠徒，自不便仍留本地再令滋事。是以屢經傳諭該督撫就各犯情節輕重分別酌留本籍，及令隔省安插，並分發伊犁、烏嚕木齊等處令其種地自贍。並因人數多至二千餘名，諭令李侍堯親赴粵西查明，分別妥辦。該督撫等接奉節次諭旨，自必遵照辦理。……又據稱，張德裕、李喬光、古宇湯三犯，經該夷弁誘獲，解赴安南國王駐劄之處。未識曾否將各犯送交內地，如尚未解到，應令李侍堯行文該國王，催令即速解送該督處審訊，從重辦理。又據稱張德裕擁貲甚厚，李喬光貲本力量不及張德裕等語。此案各犯，多係廣東嘉應州人，其張德裕、李喬光諒亦係該州人戶。著李侍堯即派妥員往查，如張德裕等曾將財物寄回本籍，家貲豐厚，此等越境謀利之徒，其財產自應查明照例入官。若其貲本雖多，俱留安南營運，即毋庸行文該國，向其查取。將此旨由五百里一併諭令知之。（高宗九八九、三〇）

（乾隆四〇、一〇、丙子）諭軍機大臣曰：李侍堯奏安南脫回厰徒一案，究出滋事悍黠者六十三名，應發往伊犁，給種地兵丁爲奴，俟審明分別辦理外，其在厰被逐、跡涉獷悍發往烏嚕木齊等處屯田出力者，計九百三名。其祇附近貿易及聞風逃避、隻身無籍者，酌發江蘇二百四十名，安徽一百八十名，浙江二百四十名，河南一百四十七名，知會各省撫臣，於所屬州縣地方，分散安插，聽其自行謀生。其有親族行業可依者二百八名，解回原籍，飭令地方官嚴加管束等語。所辦甚好，即應如此分別遣發。（高宗九九二、四）

（乾隆四〇、一一、庚辰）又諭：據李侍堯等奏，續獲私越安南滋事之李阿集案內劉阿眉、孫阿顯等九犯，並於莊阿奇犯屬莊阿冉處，搜出帶信號簿，計七十二人，俱籍隸潮州屬內，現在委員按名查拏，解省覆審，從重定擬等語。此等匪徒，敢於越境潛至安南，受其僞職，原屬不法，若其在洋搶奪財物時，或有逞兇戕命之事，自當嚴拏務獲，立寘重典。若止係逗留外國滋事，懼罪逃回，……猶可貸其一死。著傳諭李侍堯等于拏獲各犯時，除將所有家產貲財及搶奪順化金銀物件、查明入官外，仍將各犯分別研訊，如有搶奪殺人之犯，即行審明正法。餘俱細覈情罪，其較重者即發往伊犁厄魯特爲奴，次重者酌發烏嚕木齊等處給兵丁爲奴，即最輕者亦應分發各省安插，但不得仍留本地，致日久故智復萌。其有在遣脫逃，弋獲即于該處正法。將此由四百里傳諭知之。（高宗九九六、一二）

（乾隆四一、六、乙巳）又諭：據伊勒圖奏安插廠徒一摺，另單內開，發遣烏嚕木齊、巴里坤等處廠徒，九百零三名，除沿途患病留養、脫逃、已故一百四十二名等語。此等廠徒，私越邊境滋事，逃回內地，其罪本無可逭。因其人數太多，是以酌量情節輕重，發往新疆及各省安插。屢經降旨沿途督撫，嚴飭各屬小心管解，毋致疎虞。如有脫逃，即於就獲處所，照改遣人犯例，立時正法。乃自分起押解以來，經過各省地方甚多，惟湖廣、江西奏到三案，其餘各省，並未報有中途脫逃之事。即湖廣、江西已奏三案，除賴鵬萬、楊德萬業經拏獲正法，其巫朝龍一犯，迄今未報弋獲。可見各省督撫，於要犯脫逃，全然不以爲事，所謂派役嚴緝者，亦不過以空文塞責，毫無實際。此等陋習，牢不可破，其何以懲奸頑而肅吏治。俱著傳旨申飭。仍著將此案發遣新疆廠徒經由之各省督撫，查明各犯在何省脫逃幾名，因何不行具奏，並曾否弋獲之處，即行覆奏。（高宗一〇一〇、九）

（乾隆五四、二、辛丑）諭軍機大臣等：上年秋間，據孫士毅奏，風聞阮岳煽惑各處廠民，令其尋覓黎維祁，當有送星、福山兩廠民人，不肯從賊。經孫士毅檄諭該廠民江潮英等，令其出力殺賊，並奏稱江潮英等，從前俱係偷越出口，地方官例有處分，俟其事竣，再行查參等語。當經降旨，以彼時正資廠民幫同勦賊，從前偷越之事，亦可不必追問。今孫士毅回鎮南關，所有此等廠民，是否隨同退回，抑係去而從阮，抑仍居廠觀望及現有無陸續投出之處，孫士毅節次奏到摺內，均未提及。福康安到彼後，即應查明，迅速覆奏。至粵西與安南接壤，例禁民人偷越，而節年以來，地方官未能嚴密查察，以致偷越出口者甚多。今正當不准阮惠投降，嚴立邊防之際，凡有偷越民人，私往貿易者，俱應一概禁絕。（高宗一三二二、二九）

六、少數民族人民生活狀況

（**康熙二三、六、甲寅**）諭副都統巴圖、一等侍衛阿南達等：邊外八旗蒙古與在内八旗一體，朕未嘗分別内外，今朕巡行之次，見其衣食常乏，朕心深爲惻然。著通行曉諭所過地方蒙古人等，有鰥寡孤獨老病不得其所者，令其來見，加恩賞賚。且因其來見，朕亦可以悉其生計。嗣是每日諸蒙古人等各扶老攜幼至行宫前叩首，上命其中曉事者進見，詳問年齒生理。又降温旨，均賜壺飧，酌量給與銀兩布匹。（聖祖一一五、二五）

（**康熙二四、一〇、庚戌**）諭掌膳等官：天下之物力有限，當爲天下惜之，今酥油、乳酒供給有餘，爾等會同慶豐司酌量收取，足用則已，不可過多。蒙古甚窮乏，取者減少、則彼貧人日用可以恒足矣。（聖祖一二二、二五）

（**康熙三八、閏七、壬寅**）湖廣提督林本直疏報：鎮筸一協，逼近苗巢，而紅苗尤稱悍野，夾於蜀楚黔三省之中，出没不常，每潛聚伏草擒竊人畜，勒銀贖取。官兵巡防嚴緊，則抵死格鬥。本年六月初四等日，截陷護糧遊巡兵丁六十餘名，臣隨令中軍參將朱紱等統率漢土官兵追擒首惡，以靖邊疆。下部知之。（聖祖一九四、一〇）

（**康熙三八、九、戊申**）上諭大學士等曰：各省採買物件，科派累民，不若折色解京官買。總之累民之事，雖纖毫亦不可行。向日口外蒙古窮困，人不聊生，朕近年來任人經理，多方撫育培植之，今已家給人足，樂業安生，可見治民之道，全在乎休養也。（聖祖一九五、三）

（**康熙五四、三、己亥**）先是，上以蒙古地方大雪，命理藩院遣官閲勘牲畜倒斃、缺食窮困人等，至是，回奏。得旨：散賑之事，勢難速達。吴喇忒等旗，居近黄河，蒿齊忒、阿霸垓、阿霸哈納、蘇尼特等旗，有達爾諾爾、郭果蘇泰、察漢諾爾諸水，可先教其捕魚爲食。每處派新滿洲三十人，并造船人等，遣理藩院司官，帶網前去，教導蒙古人等。其作何運給米糧及給與牲畜養贍之處，理藩院速議具奏。（聖祖二六二、一三）

（**雍正二、一、丁丑**）諭理藩院：朕問貝勒博貝管轄之吴梁海人民，近時何以資生？據奏，在將軍祁里德處，借餉一萬八千五百六十兩，買牲分給，各得產業，今勝於昔。其所借餉銀，伊將俸銀逐年抵補等語。朕思博貝歷年宣力，勳績卓然，且吴梁海等衆均係朕之百姓，豈有養育朕之百姓而借餉於朕之理。所借銀兩，不必扣還，著行文將軍祁里德知之。（世宗一五、一）

（**雍正二、六、癸巳**）理藩院議覆：都統拉錫疏言，察哈爾右翼四旗，生計不足，請嚴捕積盜，以裕畜牧。應如所請。從之。（世宗二一、一七）

（雍正三、一、癸亥）理藩院議覆：阿霸垓貝子德木楚克呈稱，熱河之喀拉和屯、錫喇他拉、哈祁爾伊嘛圖、多倫腦兒等處之人民數千，俱在達爾腦兒地方捕魚，此腦兒周圍二百餘里，其外柳林叢密，人不可行，腦兒內陸地，長三十里，寬二十餘里，有人偷盜蒙古馬匹牲畜，柀載藏匿生事，應將捕魚人等一併驅逐。得旨：達爾腦兒處打魚人等，聚集至二三千人，若將伊等即行逐去，俱係無籍窮民，雖回原處，亦未必安分為生，此皆扎薩克等，希圖微利，縱容積漸所致。著馬爾薩帶銀三千兩前去，其有本商人，著即發回；其無力回籍者，酌給盤費，俾此窮民安居原處。著曉諭扎薩克等知之。（世宗二八、七）

（雍正一三、閏四、丁丑）諭辦理軍機大臣等：聞鄂爾多斯貧乏蒙古，有就食口內，典賣妻子人口者，著交該地方官查明，照原價賞給贖出，加意安插請旨。如有隱匿遺漏者，后經查出，定行從重治罪。（世宗一五五、四）

（雍正一三、七、丁巳）諭辦理軍機大臣等：朕軫念鄂爾多斯貧乏蒙古，有就食口內典賣妻子人口者，前已降旨，令該地方官查明，賞給原價贖出，照看安插。今據史貽直等奏稱，查出雍正十二、三年邊民，并延綏鎮及各將弁，共買蒙古子女二千四百餘口。其雍正十一年以前，尚有邊民娶買乞養者，今亦查出。先將上年今年凡有典買蒙古人口，細查贖回，應否俱發夷漢衙門，查明親屬，轉交完聚之處，相應請旨。再，米國正身為鎮臣，首先倡買五名，以致該將弁軍民人等效尤，共買二十七口，臣等不敢隱徇等語。蒙古乏食貧民典賣子女，共已經查贖人口，朕另降旨，詢問該扎薩克等，情願領回者，令其領回完聚。儻有不願領回者，再行商酌安插之法。其未經查報人口，務須清查辦理。至米國正及將弁等，因蒙古乏食，用價收買，俾得存養，與尋常典買蒙古人口有間。著將所買入口交出，不必參處。其雍正十一年以前，邊民娶買乞養人口，亦降旨詢問該扎薩克等，有情願領回者，賞給原價贖回。其中若有歷年既久，居處相安，不願領回者，即聽共存留，免其查究。嗣后該地方官務須嚴禁邊民，不得娶買乞養蒙古人口。儻有故違定例，私自典買者，一經查出，從重治罪，並將該地方官一併嚴加議處。（世宗一五八、一九）

（乾隆四、九）[是月，川陝總督鄂彌達]又會同甘肅巡撫元展成奏：西寧多壩、七石峽等處居住之回民蘇爾坦、胡里等三十人，自康熙五十四年以前，陸續由伊犁一路，來西寧貿易，自五十四年，大兵駐劄口外，難回本處。伊等年久，資本用盡，竟至有求乞者。自應仰體皇上一視同仁之意，酌議每人給土房二間，牛一隻，耕具一副，並一牛所種之地，一切籽種口糧，

第五章　農村人民的生活和反抗鬥爭　/ 1665

共需銀五十兩，計三十戶，共銀一千五百兩。得旨：此事尚當酌量。若如是，將來口外之窮番，日來日衆，汝等將何以待之？（高宗一〇一、二五）

（**乾隆四、一〇、乙亥**）戶部議准陝西巡撫張楷疏稱：延安、榆林、鄜州、綏德四府州屬，給贖鄂爾多斯蒙古因貧典賣子女大小三千一百六十一名口，按給身價銀六千八百四十兩零。應如所請。從之。（高宗一〇二、二）

（**乾隆八、八、丁巳**）又諭：朕聞博囉額爾吉守倉之蒙古人等，甚屬窮苦，殊爲可憫。著加恩每人賞給銀五兩。布爾哈圖守倉之蒙古人等，亦照此賞給。至看守兩倉之章京二名，驍騎校二名，著各賞官緞一疋。所有此項銀兩、緞疋，交貝勒羅卜藏賞給。（高宗一九八、九）

（**乾隆九、四**）〔是月，川陝總督公慶復〕又奏：三月初十日，自成都起程，道經郫縣、崇寧、灌縣、汶川、保縣、茂州等境，出疊溪、平番等堡，於十九日行至松潘。自灌縣之東，麥苗茂盛；自灌口而西，直溯岷源，萬山重疊，鳥道盤空，行數十里，山巖起伏處，地稍開拓，始有漢民數十家。兩崖陡峻之區，重巒疊嶂，俱係羌蠻窟穴。山頂建築碉房，就石墾荒，撒種青稞，生計艱苦。自汶川以西，雪山聳峙，半係瓦寺、金川、雜谷、沃日等，強大土司所轄，各有隘口守禦。自茂州以西，俱係西番，尊奉喇嘛。其熟番土司微弱，生番不服管轄，言語不通，形狀獰惡。（高宗二一五、三〇）

（**乾隆一一、五、甲子**）又諭：據鄂彌達奏稱，陝西西寧等處住居之喀什噶爾各處回民，於康熙五十四年以前，陸續來西寧貿易者，共有百十餘人。自五十四年大兵駐劄阻住，不能各回本處，俱留居內地。數十年來，除病故並往西藏貿易未回外，現在尚有三十人。臣在陝時，見其流離失所，竟有沿途求乞者，曾奏請每人給土房二間，耕具一副，並籽種口糧，共需銀五十兩，統計三十戶，需銀一千五百兩，於公項內勤給。嗣臣離任，未竟其事等語。此係鄂彌達任內之事，今已隔數年，不知該督撫如何安插辦理，現在所存者，尚有幾戶，爾等可傳諭詢問慶復，令其查明具奏。（高宗二六七、二〇）

（**乾隆二二、四、丁丑**）又諭：據車布登扎布奏，達什達瓦部落人衆生計稍艱等語。達什達瓦人衆，現在加恩撫綏。共部落內所有喇嘛等，著遷至熱河寺內居住；有願將伊父母兄弟同來者，悉聽其便。（高宗五三七、一）

（**乾隆二二、六、丁丑**）又諭曰：達什達瓦部落人等，現在生計稍艱，然能守分謀生，毫不滋事，甚屬可嘉。著查明每人各賞銀二兩，仍加恩賞口糧兩個月，以示體卹。（高宗五四一、五）

（**乾隆三七、三、丁未**）又諭：前年，阿爾泰恐有奸人至內地探聽信息，故禁絕番人進口。朕思所辦原未妥協。番民每歲下壩傭工，藉以餬口，幾視爲常業，若因征勦小金川禁止傭工，致失謀生恒業，實爲非計。朕意下壩一事，似應仍循其舊。……著溫福、桂林詢明阿爾泰妥議具奏。(高宗九〇四、三〇)

(乾隆四六、六、己卯) 諭軍機大臣：據陳輝祖奏安插歸化生番情形一摺，內稱鳳山縣山猪毛社生番直里產等四十一戶，因該社頭人率臘，招壻里吉老掌管社務，於該番收穫米石十分中抽分二斗之外，又欲多抽二斗，致直里產等不堪虐索，攜帶男婦老幼一百九名口來投。現酌定在鳳山縣離城六十里之塔樓、武洛二社埔地，分給該番等耕種，并各捐置舍寮，給與棲止等語。此等歸化番民，在臺灣邊地耕種，原設有頭人管束，與未歸化之生番不同。共管下番民，有投赴內地者，地方官本不應收留，即如蒙古各扎薩克屬下人等，若有背其本主，投入內地，自未便容留安頓。即哈薩克諸部落人衆，各有本主，如有投誠歸附者，朕亦不肯令其棄主來歸也。今直里產等，既據該督奏稱該番等業經薙髮更衣，樵採度日，且已給與地畝寮舍安居，自不必再行遣回，亦不慮其復行滋事。著傳諭陳輝祖嚴飭地方文武員弁曉諭該番等，令其各安耕牧外，至嗣後沿邊番衆其果係非歸化之番所屬者，收留自屬無妨；如有似此率衆投入內地者，係歸化之番所屬，則與國家統馭體制大有關係，切不可率行收留安插，當即奏明，請旨辦理。(高宗一二三四、八)

(乾隆五九、八、甲子) 諭：塔爾巴哈台之察哈爾等，無產業牲畜者甚多，今雖賴屯種資生，其生計究未能充裕。著加恩于該處房地租內，每年撥銀七百七十餘兩賞給，交伍彌烏遜妥爲查辦，務令無力察哈爾等均霑實惠，以示體卹。(高宗一四五八、三〇)

第二節　農村人民的反抗鬥爭

一、抗租

(乾隆六、九、辛卯) 署江蘇巡撫陳大受奏：靖江縣圑民徐永詳等，攜帶摘盡棉花枝幹，糾衆赴縣爭禀，藉詞報荒，希倖減租。又崇明縣亦有刁佃，因知縣調辦武闈，遂夥黨挾制該縣縣丞出示減租，當即飭拏審究。得旨：所見甚正，刁風不可長也。(高宗一五一、二〇)

(乾隆六、一〇) ［是月，吏部尚書署兩江總督楊超曾］又奏：崇明被災地方，多有土棍捏災爲名，結黨鼓衆，不許還租，刁風實不可長，現在切實嚴拏。得旨：是，告之新督臣，令其速催務獲可也。(高宗一五三、二三)

(乾隆一一、八、壬辰) 命督撫訓飭刁風。諭：據福建提督武進陞摺奏，汀州府上杭縣，因蠲免錢糧，鄉民欲將所納業户田租，四六均分。有土棍羅日光、羅日照等，聚衆械毆業主，及至地方官弁撥差兵役拘攝，復敢聚衆拒捕等語。朕普免天下錢糧，原期損上益下，與民休息。至佃户應交業主田租，惟令地方官勸諭有田之家，聽其酌減，以敦任卹之誼。初未嘗限以分數，使之寬減，即如朕之蠲租賜復，出自特恩，非民間所能自主。佃户之與業主，其減與不減，應聽業主酌量，即功令亦難繩以定程也，豈有任佃户自減額數，抗不交租之理。且輕徭薄賦，原以培養善良，使之常享樂利，庶習尚日漸淳龐。若莠民頑梗不馴，轉恃上恩，以逞其兇惡，此乃國法之所難宥，斷不可稍存寬縱者。從前御史等條奏，民風漸驕，不宜任其日熾，朕尚以此言爲太過。今閩省刁民，聚黨抗拒，而近日高斌亦奏報江南宿遷奸徒，欲報全災，希圖普賑，挾制罷市一事，可知民氣日驕，洵屬不誣，朕乃蹈所謂莫知其子之惡矣。羅日光等借減租起釁，逞兇不法，此風漸不可長。著嚴拏從重究處，以警刁頑，毋得疎縱。至於各省民情，固不無愚悍之處，亦緣各督撫謂朕保赤惠鮮，止知奉行德意，遂不覺漸流爲姑息。不知父母無不愛之子，而於子之賢者，自必恩勤撫育，若不肖之子，又須重加懲創，豈容任其驕縱，以長奸惡。應令各該督撫統率地方有司，留心化導，在淳良者，自應勤於撫字，如不逞之徒，必有以戢其桀驁之氣，則旌淑別慝，而稂莠悉除，風俗自可轉移，是父母斯民者之責也。并令各該督撫，遵奉此旨，通行出示曉諭知之。（高宗二七三、二六）

（乾隆一一、九、乙未）諭軍機大臣等：前據福建提督武進陞摺奏，上杭縣因蠲免錢糧，鄉民欲將業户田租四六均分，土棍羅日光等聚衆械毆業主，及地方官弁撥差兵役拘攝，復敢聚衆拒捕等語。朕已降旨通行曉諭。今武進陞又奏稱，鄉民俱投結自首，不敢附和爲匪，已經解散，首犯自必就擒，地方業經安帖等語。此案未見周學健奏聞，爾等可傳諭詢問之，令其將實情形，詳細具奏。至鄉民抗官拒捕，刁風亦不可長，今雖解散，其爲首重犯，毋得姑息完事，必當嚴處以警刁風。可一併傳諭知之。尋奏覆：此案首犯林大喬，於該縣擒獲羅日育等後，即驚逃潛匿。經該府下鄉，剴切開導，令各安生業，遵例交租，並親赴林大喬住所查察，該犯知難脱漏，自出投首。現在民情俱皆寧帖。至羅日光等，亦經陸續訪獲審明，從重究擬。至於抑勒隨行之鄉衆，已經畏法改悔，似宜從寬辦理。報聞。（高宗二七四、二）

（乾隆一一、九、戊戌）訓大臣實心行政。諭曰：……是以福建上杭刁佃，因蠲免正賦，自定田租，與業主四六均分，抗不交納，遂敢聚衆拒捕。而江南宿遷，奸徒鬧賑，挾制罷市，習俗浮囂，民風驕肆，地方官平素不能化導可知。此皆由虛飾成習，未嘗以至誠感人所致也。（高宗二七四、一〇）

（**乾隆一八、一、乙亥**）諭軍機大臣等：據喀爾吉善奏，拏獲平和等縣逆匪蔡榮祖等，謀為不軌，現在嚴審定擬一案。其查辦迅速，甚合機宜。……再海澄公黃仕簡，尚屬安靜謹飭之人，家人收租，亦屬常事。此不過匪黨藉口託詞，若因此查詢，恐長頑佃抗欠刁風，竟置之不問可也。著一併傳諭喀爾吉善知之。（高宗四三一、七）

（**乾隆二三、一一、戊戌**）諭軍機大臣等：據施廷專奏，崇明縣刁佃抗租，燒燬草房，經該縣及營弁等查拏，有鄉民聚衆拒捕，歐傷差役兵丁，先後拏獲茆六鬍子等犯，咨明督撫辦理等語。刁民藉詞抗租，已干嚴禁，乃於官弁查拏時，輒敢夥聚多人，執持竹篙拒捕，歐傷兵役，尤屬兇頑不法。尹繼善、陳宏謀何以均未奏到。著傳諭該督撫，將案內拒捕各犯，嚴行究治，以懲刁風，毋得稍存姑息，（高宗五七四、三一）

（**乾隆二三、一一、庚子**）諭：江省崇明縣刁佃姚八等抗租，燒燬業戶草房，并拒傷兵役一案。前據施廷專奏到，已降旨交該督撫等嚴行究治，以儆刁風。今閱陳宏謀摺內情節，未免有聽任州縣官掩飾迴護之意。地處邊海，鮮知禮法，既有扯毀縣丞轎衣并竿戳守備馬匹之事，人言藉藉，而該州縣尚稱未聞守備縣丞說及，是其有意徇隱，情弊顯然，即當嚴行參處。而陳宏謀亦但以殊難憑信，含糊其詞，豈整飭地方者所宜出此。試思此案如果並無毆官情事，則前此施廷專何以入奏，且陳宏謀亦何自而聞之乎？此種匿飾陋習，斷不可長。摺內雖會同尹繼善，看來不過循例會銜，未必出於尹繼善之意。此案著尹繼善會同該撫，仍遵前旨，嚴行查辦，毋得稍存姑息。其諱飾之州縣官，著查明嚴參議處，陳宏謀著一併交部察議。（高宗五七五、六）

（**乾隆二三、一二、癸丑**）諭軍機大臣等：崇明縣頑佃抗租一案，先據施廷專、王進泰前後摺奏，情節相同。及陳宏謀奏到，摺內將該佃等抗官之處含糊其詞，知其必有聽信州縣官諱飾迴護情事。當經傳諭確查，並將該撫交部察議。今據尹繼善摺奏，頑佃扯破縣丞轎圍及竿戳守備馬匹，一一確鑿，且將守備縣丞參奏，則前此陳宏謀所奏，謂非有心遷就，意在從輕完結可乎。崇明為邊海之區，遇有生事不法之徒，為大吏者，理應實力整頓，以挽澆風。此案已降旨交尹繼善，會同該撫逐一嚴審定擬，毋得稍存寬縱。其諱飾之州縣官，亦即查明指參。至守備曹文元、縣丞馮紹立二員，臨時畏葸不前，復將情節諱匿，亦應一併訊明參處。可將此傳諭陳宏謀，併諭尹繼善知之。尹繼善原摺，著鈔寄陳宏謀令其閱看，朕之處分，並非冤彼也。（高宗五七六、八）

（乾隆三四、四、壬申）又諭：據明德題參雲州知州陳衍一本，所辦未免過當。馬元功，以佃田捐不完租，被業主控告，乃恃老咆哮公堂，治以枷號之罪，原所應得。惟該州用豬腸釘枷，不過未協政體，不爲大惡，若以本管官因此小疵竟罹褫職，則刁頑轉視爲得計，牧民之官其何以爲政。陳衍，著免其革職，改爲罰俸一年，以示平允。（高宗八三三、九）

（乾隆三五、一二、癸未）諭軍機大臣等：昌平州佃户單二等拴縛吏目金彭年等一案，已經軍機大臣等審擬正法，並分別照例完結矣。金彭年身爲職官，當單二等逞兇拴縛時，何竟心存畏懼，甚且作揖央求，不堪已極。此時若即以本案斥革，恐長刁民頑悍之風，但似此懦怯無能之員，亦不可復令供職。著交楊廷璋等另行酌量辦理。除就近傳交裘曰修等外，將此傳諭知之。（高宗八七四、一八）

（乾隆三九、二、丙午）諭軍機大臣等：據熊學鵬奏，雒容縣獞人易法權聚衆斂錢、抗租不交一案，似有漢奸從中播弄，究出漢奸張若鵬做狀包告，暗中主持各情節，現在嚴審從重辦理等語。所辦甚是。獞人情性愚蠻，易於搖惑，若漢奸從中聳騙，往往釀成事端。今張若鵬等敢於逞訟把持，致獞人逞兇不法，情罪甚爲可惡。自應嚴行懲治，以儆奸徒。著傳諭熊學鵬即速審明，從重定擬具奏。其地方官如有偏袒不公，任意延緩情節，一併查明，嚴行參處。（高宗九五三、一二）

（乾隆四一、一二、丙辰）又諭：據鐘音奏，浙江永嘉縣佃民胡挺三糾衆抗租，經業户稟官飭禁不遵，典史往諭，被毆拘留，據温處道楊漌督率該縣傅永綽、都司侯國雄，帶同兵役查拏，擒獲嚴亞寶等九名，該犯等恃衆拒捕，復又追獲潘應富等三名，縣丞俞上運拏獲胡明玉、陳芳蘭二名，縣役緝獲陳紹華暨首先倡議減租之楊我兆，並據莊保拏獲首犯胡挺三解案，現在嚴拏餘黨，並馳札撫臣三寶督飭迅速究辦等語。此案胡挺三以佃民聚衆抗租，毆官拒捕，實屬大干法紀，且首犯業已就獲，其餘各犯，亦經拏獲多人，自應即行奏聞，迅速嚴訊，重治其罪。並查緝餘黨，俾無漏網，何以未據三寶奏及？此係浙省之事，鐘音遠在閩省，現經具奏，三寶近在本省，何轉遲延未奏耶？著傳諭三寶，將此事現在如何審辦，及案內逸犯有無全獲之處，迅即具奏。並將因何不即奏辦之處，據實覆奏。將此由四百里傳諭知之。（高宗一〇二三、六）

（**乾隆四一、一二、己未**）諭軍機大臣等：據三寶奏，永嘉縣佃民胡挺三糾衆抗租、毆官拒捕一案，現在嚴審究擬等語。此案逆犯所得甚速，地方官尚屬能事，有應送部引見者，即送部引見。前據鐘音奏到，已諭令該撫嚴行審辦矣。胡挺三等倡議減租，竟敢糾集多人，將典史毆打拘留，已屬目無法紀，迨至該道等會同查拏，猶復挺身抗拒，毆傷官役，似此梗頑不法，情罪實爲可惡。著傳諭三寶，將現獲各犯，嚴行審訊，從重定擬，多辦數人，一面奏聞，一面正法，庶刁民知所懲儆。並嚴訊案內逸犯，速緝務獲，毋使漏網。至溫州所屬，從前記曾有聚衆滋事之案，蓋其地瀕海，民風獷悍，遂至目無法紀，幾與福建漳泉等郡無異，不可不實力整飭。所有該處鎮道大員，必須明練强幹者，方足以資彈壓。現在總兵孟兆熊、溫處道楊潼，是否堪以勝任，並著鐘音會同三寶，即速查明，據實具奏。將此由四百里諭令知之。尋奏：溫處道、楊潼，一聞典史被毆，即親督知縣、都司前往查拏，頗能迅速。至總兵孟兆熊，由水師兵丁出身，補授今職，刁民滋事時，該鎮正在洋巡察，接都司稟報，即馳回督拏。現在案內多犯，止餘一名未獲，孟兆熊、楊潼尚堪勝任。報聞。（高宗一〇二三、一二）

（**乾隆四一、一二、辛酉**）諭軍機大臣等：據溫州鎮總兵孟兆熊奏，永嘉縣佃民胡挺三糾衆抗租、毆官拒捕一摺，已於摺內批示。孟兆熊之意，尚視爲尋常聚衆之案，實屬不知事體輕重。此案前經鐘音、三寶陸續具奏，業已諭令該撫，將現獲各犯，嚴行審訊，從重定擬，多辦數人，一面奏聞，一面正法矣。胡挺三等倡議減租，輒敢糾集人衆，將典史毆打拘留，迨該道等督同兵捕，前往擒拏，猶復倚恃人衆，益肆猖獗，竟敢持棍登橋抗拒，不法已極。自當盡行擒捕，將爲首及濟惡各犯，速示刑誅，以正人心而申國法。至拆壞橋邊坑屋，必非一人所能之事，情罪均屬可惡，其抛擲椽瓦者，固不可從輕，即係隨同拆屋之人，亦當審明問擬外遣，毋得稍存姑息。溫州地方瀕海，從前記曾有聚衆滋事之案，今胡挺三等復敢毆官拒捕，可見該處民風獷悍，該撫不可不嚴行辦理，俾刁民知所懲儆，稍加斂戢，方合辟以止辟之義。至佃戶交租，既有定額，若倡率議減，則業戶何以辦糧，此風亦不可長。並著該撫於辦完此案後，妥定章程，出示嚴禁。將此由四百里傳諭知之。（高宗一〇二三、一三）

（**乾隆四一、一二**）是月，浙江提督李杰龍奏：溫州佃户藐法毆官，差中軍參將先行馳赴該處辦理。批：此即應親往之事，何必差員，再如此推諉，必取罪矣。慎之。續奏：臣於二十八日輕騎前往督緝，現在首犯已獲，民情寧謐。得旨：覽。（高宗一〇二三、二三）

第五章　農村人民的生活和反抗鬥争　/ 1671

　　（乾隆四二、一〇、癸巳）諭：前據鐘音等奏，永嘉縣佃民胡挺三糾衆抗租拒捕一案，温州鎮總兵孟兆熊正值在洋巡察，聞信即親至該地方協力督拏，將本案首夥各犯，先後報獲等語。孟兆熊辦理此案，尚屬迅速妥協，著傳諭鐘音，即檄知該鎮，令其來京陛見，並著於通省各鎮協内，遴委妥員，前往署理。（高宗一〇四二、二）

　　（乾隆四八、一〇、癸亥）又諭：據劉峨奏稱宗室瑚克陞阿，前往寶坻縣收取地租，將莊頭王昭錫打傷等因一案，著交留京辦事王大臣審明定擬具奏外，從前因旗人前往莊屯取租，莊頭等不肯給與，曾經降旨傳諭，毋庸在該地方官處控告，著在户部具呈，官爲催辦。旗人告假前往莊屯取租，因有定限，莊頭等借此抗租不與，若在該地方控告，令其代爲催辦，該地方官及胥役人等往往護庇民人，並不妥協辦理，如此等滋生事端，不惟不能得租，反致逾限獲罪。著傳諭宗人府並八旗滿洲、蒙古、漢軍都統，嗣後如有宗室旗人收取地租，莊頭民人等抗租不與者，毋庸在該地方官處控告，即在户部呈明，自必秉公催辦，於旗人大有裨益。將此再行通諭知之。（高宗一一九〇、一五）

　　（乾隆四九、一一、甲戌）又諭：據李綬參奏，署竹谿縣知縣張其章，因武生陳夢隴包攬教唆，審訊時又恃衿咆哮，將該生杖責致斃，請將張其章革職一摺。細覈此案情節，陳夢隴名列膠庠，理應安分守法，乃因同族陳能申，佃種趙雲開山地，主使陳能申抗欠不完，及趙雲開赴縣具控，恃衿挺身具訴。又因李元吉欠方秀萬錢文，該生代作詞稿，教唆方秀萬告狀，牽控行户，經該署縣拘提審訊，竟敢倚恃生員，咆哮不服，種種恣肆。似此包攬教唆滋事抗欠之劣生，本有應得之罪，與尋常濫刑斃命者不同，惟該署縣不俟通詳褫革，遽行杖責，其咎實在於此，然亦不過交部議處，止於降留，尚可不至革職。儻該署縣於經手倉庫事件，或有虧那情弊，自當參革審擬。李綬原摺，著暫行存記。著傳諭特成額、李綬查明，據實奏到後，再行交部覈辦。（高宗一二一九、一六）

　　（乾隆五二、八、乙卯）諭軍機大臣曰：管理綿億阿哥府中事務德保奏，據護衛正柱呈稱，前因通州莊頭韓三元呈報，親丁盜典旗地五頃餘畝，正柱前往通州，查收地畝，業經佃户等指對過地一頃餘畝，將認票收存，後因州役傳唤佃户劉三指交地畝，劉三並未在家，無人指對，即有民人劉七帶領多人，到正柱寓所，毆傷莊頭，並所收旗地認呈，一併搶去等語。旗下護衛等官，出外收租查地，或藉端滋事，固所不免，而奸滑佃户，霸占旗地，又復抗違毆鬧，亦屬事之所有。此案該佃户等，若既將旗地盜典，而於該護衛前往清查時，復藏匿不出，率衆毆搶，此等刁風，斷不可長。著傳諭劉峩，即行查明此案，是否係該護衛藉端生事，抑實係佃户等抗違毆搶之處，秉公查辦，據實具奏。并將該知州因何遲延不辦，一併查明究處。劉峩不可因係德保所奏，略有偏向。（高宗一二八七、三）

（乾隆五二、九、丙寅）諭軍機大臣曰：護衛正柱呈控佃户盜典旗地、抗違毆搶一案，此事總由德保辦理不善所致。德保身爲尚書，又係都統，兼總管內務府大臣，其所屬司員甚多，阿哥府中此等查收地畝取租事件，何不於所屬之內務府等司員中，酌派一人，前往清查，乃派該府護衛等官出京查辦，此等護衛本係見小易於滋事之人，以致藉端擾累。德保係管理阿哥府中事務之人，何以並無分曉若此，著傳旨申飭。嗣後業經分家之阿哥府中事務，如京外地畝租息等事，著管理阿哥等府中事務之大臣，俱於所屬內務府等司員內，酌派一員前往，毋庸派護衛等官，以免滋擾。除就近諭知阿哥等，將此傳諭德保、金簡、伊齡阿知之。（高宗一二八八、五）

（乾隆五二、九、己巳）諭軍機大臣等：據劉峩奏酌定江廣糧船分別全撥卸貯一摺，內稱於拜摺後，即起身回署等語。前據該督覆奏，綿億之護衛正柱，呈控佃户霸占毆鬧一案，兩造各執一詞，是此案尚未完結。該督現在天津，距通州不遠，於酌籌漕糧事竣後，即應順赴通州，將此案確實審辦具奏。乃該督邃由天津回省，並未親往該處查辦。劉峩之意，不過因事關旗地，護衛係綿億府中之人，若將護衛所控情節審虛，恐有礙綿億府中，若以佃户等抗租毆搶爲實，則於地方官未便，又不免心存袒護，是以因循不辦。不知朕辦理庶務，一秉至公，虛實惟求其是，斷無袒護皇孫之意。況此事孰是孰非，一經研究，無難立辨，劉峩秖須秉公審辦。如係護衛藉端滋事，即將護衛照例懲治；若佃户等果有霸占毆鬧情節，亦即將佃户等按例辦理，以儆刁風，方爲正辦。乃劉峩身爲總督，於此等事件竟至畏首畏尾，疑難不決，並不即時辦結。爲大臣者，不應若此。劉峩，著傳旨申飭。仍著將此案即行秉公訊明，定擬具奏，毋得再事因循也。（高宗一二八八、八）

（乾隆五二、九、乙亥）諭軍機大臣等：據劉峩覆奏，查辦護衛正柱呈控佃户霸占毆鬧一案，因劉七在逃，必須緝獲到案，始可定擬，現飭屬嚴拿候審，並於十九日馳赴通州等語。劉七係案內要犯，乃逃逸后尚未拿獲。此案豈將懸宕不辦？看來劉峩查辦此事不免畏首畏尾，難以定讞。著傳諭該督即將案內各犯及通州知州雷應方一併送京，交軍機大臣會同刑部，秉公嚴審，以成信讞。其在逃之劉七，並著該督飭屬嚴緝，速獲解京，以憑歸案質訊。（高宗一二八八、一九）

二、反抗賦役徵派

(一) 直隸　山東　河南

(康熙五六、七、己卯) 諭大學士等曰：前河南巡撫張聖佐奏摺內，止稱宜陽縣賊亢珽等拒捕搶奪，派出官兵，攻破神后寨，殺賊數十，生擒二十二人；閿鄉縣賊尹喬、王更一等，令知府李廷臣領兵往拏等語。所奏殊未明晰。頃報奏米價摺內，閿鄉縣賊拏獲與否，亦未申奏。看來張聖佐無能。宜陽、閿鄉、澠池等縣，與懷慶府甚近，不過三百餘里，皆朕所經歷，此間並無峻山不可攻戰之處。河北總兵官馮君洗，並未將賊情奏聞，此案朕留心久矣。朕交山西巡撫蘇克濟、總兵官金國正從實訪問。今蘇克濟奏稱，賊王更一等拏獲，亢珽仍未拏獲。此盜案根源，因宜陽縣丁憂知縣，指稱軍需科派，預徵明歲錢糧，又以道官瘦馬，分給勒養情由激變。亢珽等將知縣拏去，官兵往戰，攻破賊寨，始將知縣取回，擒賊兵丁，貽累於民，又將村房放火，此皆原任巡撫李錫任內之事。聞賊亢珽等言，皇上因李錫居官甚劣，已取進京，若李錫伏誅，我等情願引頸受刑。李錫居官固屬不堪，但此賊不盡拏獲，斷乎不可。著刑部尚書張廷樞、內閣學士勒什布，乘驛急往，嚴加查獲詳審，一面於彼處正法，一面奏聞。(聖祖二七三、一二)

(康熙五六、七、辛巳) 河南巡撫張聖佐疏報：賊徒王更一等拏獲。上諭學士勒什布曰：爾等往審此事，將本帶去。前蘇克濟奏摺內事，爾已聞之，到彼處，將賊潛住地方，與河北總兵官馮君洗住處相近，伊為何並不奏聞，又不將賊黨即行拏獲之處察問。此事起端緣由，如何漸致滋蔓，於何處行掠，於何處潛藏，及放火殺傷民命等情，盡行詳察。指稱軍需科派、豫徵來年錢糧之知縣，若果情實，即行拏問。丁憂知縣被賊拏去，伊等為何隱瞞不奏，被賊拏去，今復得回之知縣，見在彼處，須一併詳察。爾等到時，此賊悉行拏獲則已，若仍拒捕逃避，爾等即領兵追拏。(聖祖二七三、一四)

(康熙五六、九、癸酉) 奉差河南審事刑部尚書張廷樞等疏言：審據河南府知府李廷臣供，去年河南府屬十四處，每地一畝，派銀四釐，係原任巡撫李錫傳八府知府面諭照派。又李錫發河南府瘦馬二百九十七匹，每匹交銀十二兩，糧驛道戴錦，轉發馬八十四匹，每匹交銀十二兩五錢。除提問布政使張伯琮、糧驛道戴錦外，請敕吏部問取李錫確供發臣，以便與張伯琮等所供覈對定議。得旨：李錫，著革職，速行發往質對。(聖祖二七四、一一)

(康熙五七、二、乙巳) 刑部等衙門議覆：刑部尚書張廷樞，察審河南閿鄉縣賊首王更一等一案，原任巡撫李錫，因科派激變，應行立斬。上諭大學士等曰：李錫據理應斬，第官員與賊盜合爲一本定擬，難以批發。此本發回，著分晰兩本具奏。（聖祖二七七、三一）

（**康熙五七、四、庚寅**）刑部等衙門議覆：刑部尚書張廷樞等，察審河南閿鄉等縣官員私行科派，以致賊首亢玭等拒敵官兵一案，閿鄉縣令白澄，以火耗等項借端取銀六萬五千兩，宜陽縣令張育徽，以馬價等項借端取銀四千零五十兩，俱應擬絞監候。河南府知府李廷臣，私派濫徵，同武弁緝賊并傷良民，應擬斬監候。原任巡撫李錫，激變地方，應斬立決。查李錫、李廷臣、白澄、張育徽俱發往甘肅效力，事完之日，另行請旨。布政使張伯琮，迎合李錫私動庫銀，又失察屬員科派；見任巡撫張聖佐，未將賊情奏聞，又不嚴加緝捕；總兵官馮君洗，不盡力緝賊；俱應革職。馮君洗所有拖沙喇哈番亦應革退。得旨：張伯琮、張聖佐俱著革職；馮君洗著革退總兵官，留伊拖沙喇哈番。餘依議。（聖祖二七八、二五）

（**乾隆一、二**）〔是月〕河南巡撫富德奏：上蔡縣王作孚聚衆鬧堂一案，民間鬨傳，實爲勒報地畝起見。今飭南汝道楊廷翼確查。得旨：此案務須查詢確實，秉公辦理。（高宗一三、三一）

（**乾隆一二、六、乙酉**）諭：據河南巡撫碩色摺奏，中牟縣九堡地方，估建月隄壩臺等工，例應僉雇人夫，給與工價，官民從無異議。今縣民潘作梅抗不應夫，於欽差經過時，具詞告免，奉發押候查訊。詎潘作梅黨羽脅聚多人，將知縣姚孔鋮圍在城外泰山廟內，不容進城。隨據開歸道沈青崖、開封府知府朱繡、中軍路峨等，陸續拏獲黨棍四十四人，究出張淑德、張二麻、張鉢、白老小四犯，俱係爲首號召，尚有要犯潘明亮等未獲，現在設法查拏審擬等語。近來屢有聚衆抗官之事，奸棍逞兇，殊干法紀。觀中牟此案，又與山西安邑、萬泉相類，如此相率效尤，刁風斷不可長。所有現經審出爲首之犯，應行正法者，該撫一面具題，一面即於本處正法，以儆刁頑。其未獲要犯，該撫即速嚴拏，無令奸徒漏網，拏獲之日審明，即照例辦理。（高宗二九三、一二）

（**乾隆一二、六、乙酉**）諭軍機大臣等：中牟縣聚衆之案，首犯應正法者，著即於本處正法，已有旨諭部。至所奏潘作梅一犯，原因爲首具呈，被拘押候，以致黨羽多人鬨鬧抗官。彼時曾否被其挾制要回，此係起釁之犯，應從重究擬，所云欽差，復係何人，曾作何處置其事，其知縣姚孔鋮，既被衆圍在城外，有無被凌辱毆打情節，摺內俱未聲明。著碩色詳悉確查，據實奏聞，無得稍有掩飾。并將所發諭旨，抄寄知之。尋奏：查此案，臣聞信之始，即委祥符縣知縣顧師仁前往查看。時刁民已至離城五里之郭家莊，顧師仁即會同姚孔鍼，往該莊曉諭，其時刁民聲稱，潘作梅爲衆人之事具呈，今獨被拘，必欲放出，紛紛鬨鬧。當經顧師仁曉以例禁，並加勸諭，衆人惟將姚孔鍼圍在泰山廟內，不容進城。彼時臣所委之開封府知府朱繡、中軍路峨等，帶兵役已至中牟，刁民旋即奔散，潘作梅並未被其要回。至知縣姚孔鍼，前據顧師仁稟覆，止被圍在泰山廟內，並無辱毆等情。再欽差係大學士臣高斌，由江南至豫省，經過中牟。潘作梅前往具呈，時河東總河臣完顏偉亦同在一處，潘作梅將呈誤投河臣處，當經河臣面交管河道沈青崖，發縣查訊。欽差大學士臣高斌，並未與聞處置其事。報聞。（高宗二九三、一三）

（**乾隆四四、三、丙申**）又諭：據國泰奏，拏獲恩縣聚衆抗官之左都、馬現等，審明正法，分別定擬，並聲明該縣知縣任鍾岳，查無派辦不均及短價侵漁情事等因一摺。國泰辦理此案，頗爲妥協。儀封堵築漫口，工程緊要，所需稭料，不得不令隣省協濟。山東承辦之各州縣及該縣各村莊，俱遵辦起運，惟左家莊劣監左都等，敢於抗違不辦，且把持隣近之小村莊，一體抗阻，屢催不理。及該縣親往督催，左都等敢於抗違如故，甚至聚衆奪犯傷差，並擲傷縣令，不法已極，其情罪甚爲可惡。首犯左都、馬現，實不可稍稽顯戮，自應立時正法示衆，以昭炯戒。其周普等各犯，並著三法司覈擬速奏。仍著該撫將未獲之三犯，嚴拏務獲，審明另結。至該縣任鍾岳，既無派辦短價情事，並無不合，而村民聚衆傷差，實係左都等抗違辦公所致，與現在直隸井陘縣知縣派累激變者不同。該縣任鍾岳，並無應得之咎，其因所帶人少，不能擒捕，即上省稟請拏犯審訊，亦無不合，應免置議。（高宗一〇七八、二三）

（**乾隆四四、三、戊戌**）諭：昨據福隆安等奏，查訊井陘縣民聚衆抗官一案，所控知縣周尚親科派款蹟，在所不免，必須徹底根究，已降旨將周元理解任，聽候查辦。今復據福隆安等奏，訊據該縣管門家人駱榮供稱，上年八月，採買倉穀三千石，官價原係九錢三分，彼時將銀換錢給發，適錢鋪短錢，該縣止照六錢銀數給發錢文，其餘三錢三分，若百姓無話，即不找給。今年正月間，聞金柱等莊有人要告，隨傳集本縣各莊鄉保，找發銀三錢三分。其二十八莊俱經領去，惟金柱等四莊，不肯補領，即赴府呈控。質之該縣周尚親，亦不能辯，其爲先侵後吐，已屬顯然，尚須逐案質證明確，方可定擬結案等語。是該縣周尚親侵扣穀價一款，業經審實，所侵數至盈千，且滋怨激變，其罪已難輕逭。著福隆安等即將各款審明，一併從重定擬具奏。至周元理于所屬知縣中有此等派累劣款，經縣民控告，並不切實查辦，遵朕向降諭旨，另摺奏明，於懲治奸民後，續將該縣劾究；且於審擬結案摺內，聲敘查明該縣均無不合，顯係有心開脫，冀以虛詞了事，實出情理之外，不意周元理竟至於此。……周元理本應革職發往軍臺效力，姑念其年老，著革職，仍加恩賞給三品銜，在正定隆興寺同劉浩管理廟工，効力贖罪。其司道府等應行議罪議處者，著福隆安等於審結此案時，一併參奏，再降諭旨。並將此通諭中外知之。（高宗一〇七八、二九）

（**乾隆四六、一〇、庚辰**）山東巡撫國泰奏：十月初六日，陽穀縣知縣鄭飛鳴稟報，派撥協濟豫省儀工挑河民夫，北鄉四都莊頭王偉、王太和等，以不應赴外省幫協延抗，飭役將王偉等差押催辦。該村多人，將王偉等刦去，又將糧書苗繼孔房屋拆毀。隨率同典史往拏，復將典史毆傷，當場拏獲呂付廷一名，究問餘黨，現會同武員拘拿。查儀封堵築漫口要工，前經臣會同河臣李奉翰奏請，於東省附近府公幫協人夫一萬名，並按照糧銀三十兩，派夫一名。今該縣刁民奪犯毆官，臣即親赴督拏，並訊起釁情由，按律定擬。（高宗一一四二、二四）

（**乾隆四六、一〇、辛卯**）山東巡撫國泰奏：遵旨審辦陽穀縣刁民聚眾一案，其情罪相等者，均請王命，先行正法。……至該縣派夫冊簿，原係遵照辦理，實無不均。薛滋等聚眾滋事，該縣當場拏獲呂付廷，究獲餘犯，詢屬能事，應遵旨送部引見。報聞。（高宗一一四三、一八）

（**乾隆四六、一〇、乙未**）又諭：據富勒渾奏新蔡縣監生李釗包侵河工夫價、聚眾抗官一案，實屬奇事。李釗係屬監生，膽敢將應徵夫價私自包收，抗不交納。李釗之姪李芳遠、李芳聲又敢糾約多人，執持器械，趕至城下，放鎗喧鬧，此非造反而何？且火器久經嚴禁，此從何處得來？肆行不法，可惡已極，非尋常抗官違誤者可比。富勒渾現在馳往該處，即督同臬司王站柱及文武員弁將案內人犯迅速查拏，毋使一名漏網。至此案首犯，即應凌遲處死，其隨從各犯，既經放槍，欲圖進城刦犯，情罪重大，亦應於拏獲審明後將應行正法者，即行正法示眾，不得稍存姑息。（高宗一一四三、二四）

（**乾隆四六、一一、甲寅**）諭曰：河南新蔡縣奸民李釗等抗官聚眾不法一案，富勒渾接據屬員稟報，即親往該處，協同南陽鎮總兵郭元凱，派委員弁，分路嚴緝。現將首夥各要犯陸續拏獲，並將李釗等二十一犯，分別凌遲斬決示眾。餘俟部議定罪。（高宗一一四五、一）

（**乾隆五八、一一、癸丑**）諭軍機大臣曰：吉慶奏拏獲鬧漕斃命之犯嚴究辦理一摺。此案該犯等倚眾挜交、毆斃多人，所有先經鎖押人犯，膽敢趁勢脫逃，成何事體。似此恃眾行兇、目無法紀，其情罪甚重，與日前畢沅所奏拏獲糾夥肆刦之楊應子等，尚拘泥請旨，曾降旨將該督申飭，并通諭各督撫，以此等人犯，即當立正典刑，以防在監滋事者，正屬相同。吉慶一接禀報，即親赴該處督辦。甚是。著傳諭該撫務將已獲之犯嚴切根究，未獲之犯，按名查拏。必須訊出正兇，一面正法，一面奏聞，不可稍事姑息。其實係無辜者，既予省釋，亦不可因案關重大，稍有株連。至該縣書役家人，如果有從中需索、激成事端者，自當嚴懲究辦。惟該縣陳鍾靈係本處地方官，若無辦理不善之處，原可不必苛求，即有縱容釀變情事亦宜俟究獲正兇，審明正法之後，再行續辦。若此時遽將該縣參革治罪，使奸民聞知，見伊等與地方官兩敗俱傷，轉致刁風益長。所謂民可使由之，不可使知之也。將此由六百里加緊諭令知之。仍將案犯是否全獲究辦之處，迅速覆奏。（高宗一四四一、八）

（二）山西　陝西　甘肅

（康熙三六、五、辛卯） 諭議政大臣等：溫保居官甚劣，苛虐百姓至於已極，前乃自奏其居官甚善，萬民頌美，欲爲樹碑。由今觀之，沿途衆庶，無不願食其肉而怨讟之者。況溫保不比他人，彼嘗爲學士，朕愛惜斯民之意，豈不知之。甘度居官亦最庸劣，今蒲州民變，逃入山中。若輩如能素勤撫卹，百姓豈遂抗匿至此。巡撫倭倫，往彼招撫，儻不順從，欲將溫保、甘度拏赴彼處正法，然後用兵。今思其服官汙濁，朘削小民，殊爲可恨，此等貪官不加誅戮，衆不知警。著議政大臣、部院堂官會同議奏。尋議覆：溫保、甘度，居官惡極，應皆正法，以警衆人。請將溫保、甘度革職，嚴拏赴京，交與刑部。從之。（聖祖一八三、二〇）

（康熙三七、七、己卯） 刑部等衙門議奏：原任山西巡撫溫保、布政使甘度，橫徵科派，激變蒲州百姓。溫保、甘度應擬立斬。……得旨，溫保、甘度已經革職，從寬免死。（聖祖一八九、二）

（雍正八、五、壬午） 諭户部：年來甘肅地方辦理軍需，雖一切動支公帑，絲毫不取於民，而輓運轉輸，不無資於民力，朕心軫念，特將雍正八年額徵錢糧，悉予蠲免，以示恩卹。今聞該撫許容以兵餉無抵，將歷年舊欠勒限一年全完，民間甚爲擾累，以致不法之徒，借端生事。許容才具短淺，識見鄙陋，辦理此事，甚屬錯誤。夫本年錢糧既經豁免，而仍嚴比舊欠，大非朕加恩沛澤之意。若云兵餉無抵，自可具題請撥，何得於蠲免之年而行催徵之舉。除生事民人，應秉公懲治外，著將徵比舊欠之處，即行停止。（世宗九四、一四）

(乾隆一二、三、壬寅) 又諭：據御史張孝捏奏稱，蒲州府屬萬泉縣，去冬因辦理以糧載丁一案，有刁徒聚集多人，圍城燬屋之事，至今未見邸抄，似未可希圖省事，在外完結等語。此事從前未據該撫奏報，朕思蒲郡乃晉省邊要之區，聚衆乃大干法紀之事，此等刁風，漸不可長。可傳諭愛必達，令其查明此事起釁根由，及現在作何完結之處，據實具摺奏聞。尋覆奏：此案丁攤地糧，緣該縣民籍多而鹽籍少，是以鹽戶勻攤之數較少於民。有該縣舉人張澳琳等，暗使縣民馮世禄等，捏稱門銀一項原係鹽戶應辦，赴省具控。前撫臣阿里衮飭令仍向民戶徵納，張澳琳等出具甘結。縣民嗔其反覆，將張澳琳等房屋焚燒，查案內並無圍城一事。此案始於上年九月，節奉前任撫臣嚴批，又拏獲馮世禄等解蒲審究。該守朱發一味姑息養奸，至今未覆，詢之兩司，僉稱該員在任數載，素日辦事，即無決斷，俟審明完結後，酌量具奏。得旨：覽。是何言耶？以無決斷之人，而令其在知府之任數載，布按皆知，何不告之巡撫？此足見伊等不實心矣。(高宗二八六、二〇)

(乾隆一二、四、壬戌) 諭軍機大臣等：近據愛必達奏，山西蒲州府屬之萬泉縣，去冬因辦以糧裁丁一案，有刁棍聚衆毀屋之事。解州安邑縣又於今年三月，有聚衆拆毀牌樓，塞門放火拒捕傷人之事。蒲州府永濟縣民，因與陝省之朝邑、華陰爭占地界，有拆毀草舍之事。山西民風，素稱淳樸，而比來動輒聚衆逞兇，皆由地方官平日不能約束整頓，以致刁民無所顧忌。(高宗二八八、三)

(乾隆一二、四、甲子) 又諭：前據愛必達奏，安邑縣村民聚衆多至七八百人，拆毀牌坊，塞門放火，拒捕傷人一事。因愛必達於此等重大案件，不過照常辦理，輕重失宜，隨經降旨申飭，並令嚴拏速辦。今據羅俊奏稱，三月二十日，安邑縣百姓，因追比錢糧，聚衆數百人圍城，臣即親赴該縣查拿，刁民俱已散去。據知縣佟濬口稟，拆毀東門外牌坊一架，火燎北門，臣驗看並未燒毀。本日申刻，又據知縣佟濬差人稟報，百姓聚衆復來圍城。……等語。刁民聚衆多至數百人，圍城放火，旋散旋聚，不法已極，自應立擒首事及附和逞兇之人，或即行杖斃，或審明速奏，令兇徒知所畏懼。愛必達前奏，辦理已屬寬縱，……該省提鎮，於此等刁悍惡習並不協力整頓，……可再傳諭申飭愛必達令將此案確查，務獲首惡，盡法速處，毋使奸徒漏網。並將現在辦理此案情形，即速奏聞。(高宗二八八、七)

(乾隆一二、四、丁卯) 諭：前據山西巡撫愛必達奏報，解州安邑縣刁徒聚衆，拆毀牌樓；又萬泉縣聚衆搶犯，現在查拏審擬等語。今復奏安邑致釁緣由，因該縣知縣佟濬，輕信衙役，鎖拏欠糧民人，將伊題參革職。不職知縣原不可姑容，然何不查察於平時，而糾參於刁民聚衆之後，使彼奸徒意必自謂得計。且當下拏獲之三人，兇黨竟敢挾勢要回，其查拏首從各犯，經今半月，並未據擒獲奏報。似此刁惡之風，若不迅速痛懲，何以警奸徒而禁兇暴，且何以安良善而靖閭閻。著侍郎雅爾圖馳驛速往，會同該撫愛必達前赴解州，將案內首從各犯查拏嚴審，分別定擬，應正法者即于彼處正法，以申國憲，以正民風。至所參安邑縣知縣佟濬各款，亦令雅爾圖會同愛必達審明具奏。其萬泉縣搶犯案內情節，一併會同查辦。（高宗二八八、一五）

（乾隆一二、四、丁卯）諭軍機大臣等：安邑民人聚衆一案，前已傳諭愛必達，令其嚴拏首惡，從重審結，以警刁風。昨據河東鹽政衆神保奏稱，因該縣催徵錢糧，將拖欠民人拘禁追比，以致刁民聚衆喧鬧。今據愛必達查明啟釁情由，因該縣知縣佟濬，輕信倚役家人，將糧民籤拏鎖押，衆民忿怒莫遏，將知縣題參革職等語。是起釁之由，實因拘押糧戶，即可從拘禁追比人等之家屬親黨內，蹤跡倡首奸徒，密拏跟究。即或稍有株連，而首惡不致漏網，亦可令衆人知所畏懼。乃半月以來，並未拏獲要犯，先將知縣參處，……不待查審聚衆本案明確，即行題參，意欲安百姓之心，而實示之以怯，殊爲不顧大體，輕重倒置。其萬泉聚衆搶回現禁之犯，大干法紀，亦不過飭該協及道府查拏務獲，加意巡邏。謂如此辦理，即可了此重大之案，甚屬糊塗。特再嚴行申飭。……已著雅爾圖前往，會同審理，可一一遵照諭旨，悉心查辦。（高宗二八八、一六）

（乾隆一二、四、己卯）諭軍機大臣等：據山西巡撫愛必達奏，萬泉縣鄉民千餘人，圍知府朱發，要索監犯，砍傷家人等語。該處現有道員，并遊擊、統兵在城，而刁民敢於聚衆挾官，持械傷人，不法已極。侍郎雅爾圖等，目今俱應已抵安邑，與萬縣相距不遠，自可就近調度。該處現在情形若何，如何辦理之處，著一面迅速嚴行查辦，一面奏聞。其總兵羅俊統兵至彼作何辦理，監犯馮世禄等曾否被衆人要回，著一併即速查明具奏。事已至此，惟有痛加剿洗，明正典刑，務得渠魁，以彰國法，斷不可復存姑息了事之見。其令雅爾圖、愛必達、羅俊皆知之。（高宗二八九、二三）

（乾隆一二、四、壬午）諭：前因山西萬泉、安邑有聚衆抗官之案，特差侍郎雅爾圖前往辦理。今據奏報，於中途患病，不能前進。又據巡撫愛必達奏稱，萬泉縣刁民屯聚多人，把守城門。看此情形，必有巨奸爲之謀主，煽惑愚民，逞兇肆惡。猖獗至此，非尋常聚衆可比。著大學士公訥親乘驛前往，給與欽差大臣關防，率同巡撫愛必達，嚴行查辦，以彰國法。（高宗二八九、二八）

（乾隆一二、五、甲午）諭軍機大臣等：安邑、萬泉二案，朕遣大學士訥親，率領該撫愛必達查辦。自起身之後，朕計日望其將辦理情形奏聞。即愛必達到彼，與烏爾登等先到彼處，亦應即行奏聞矣。乃遲至今日，始據奏萬泉一案，先後共獲人犯一百一十四名，要犯俱已全獲……等語。此案糾衆不法，兇惡已極。其辱官搶犯，把守城門，非尋常聚衆可比，或有蓄謀構釁，勾結奸匪，另有別圖。是以命大學士訥親前往查辦。其該處監獄有無疎虞，倉庫有無搶刼。即如固原兵丁糾衆時，有搶奪當舖等事。此次萬泉兇徒肆橫，一應當商店鋪，有無刼掠，良善有無擾害。彼蜂屯蟻聚之際，百姓若何光景，是否安堵如故。及羅俊帶兵前往，不能彈壓於前，今若何擒獲兇犯於後，此中情事，最是緊要。大學士訥親摺內並未敘及。……爾等可傳諭大學士訥親，令其詳悉速奏。再愛必達摺內，稱知府朱發因刁民簇擁出城，遂手書硃票，由蒲州府放還，現已全拏監禁。朱發爲一郡之表率，平日庸懦，釀成事端，乃臨事爲刁民迫脅，遂爾書票放犯，其罪不容於誅矣。應從重議罪。至於此案審結時，所有統轄專轄之文武員弁，應遵前旨，照苗疆失守例，從重辦理。……尋奏：查萬泉刁民，欲將蒲州人犯，提至本縣審結。因聞知府到來，恐人少不足挾制，是以糾集多人。又恐知府回去，人犯不能提回，派留徒黨把守城門，乃其起事本意。所有倉庫監獄，全未牽動；城內並無絲毫侵擾，百姓亦無驚惶。至羅俊，因查閱營伍，親至安邑，未經查拏人犯，即回平陽。后因萬泉有閧鬧之事，帶兵至萬泉。彼時知府業已旋府，知縣亦調赴臨晉，在後方回。該鎭到時，刁民已散，陸續於各處查拏，兇犯俯首就擒。百姓聞官兵一到，便都驚避。此等情節，臣概未敘入，實增慚悚。……報聞。（高宗二九○、一○）

（乾隆一二、五、甲辰）諭軍機大臣等：山西布政使朱一蜚奏，前月得有透雨後，兼旬以來，風日炎烈，本月初七、八日得雨一寸等語。看此則晉省雨澤，殊未霑足，已批令將一切政務，先事綢繆，加意辦理。巡撫愛必達，身任封疆，既以寬縱因循，致奸民恣爲不法，貽害地方，若知將來處分，必至離任，自以五日京兆益復懈怠偷安，諸事曠廢，則其罪更無可逭。況螟螣既除，稂莠既蕆，則嘉禾益當滋之雨澤。今既稍有旱象，即當豫籌撫卹，無致皇皇待哺。可傳諭大學士訥親，嚴飭愛必達，一日在任，即有一日之責，新撫一日未到，所有地方應辦事務，稍有疎忽，仍於愛必達是問。著悉心籌畫，詳晰奏聞。……再萬泉、安邑二案，情節孰重孰輕？安邑起事在先，何以萬泉猖獗更甚？所辦萬泉案內，據稱看守城門，恐怕府主走了，提不回人來，並不敢有別的意思等語。張世祿等不過數人，何以遂能看守城門,是否實情?其河邊追獲要犯二名,有無拒捕?把總如何擒獲,是否奮勇,作何獎賞?前所奏口供,俱未敘明,此事頗有關係,而兩次所奏諸摺,未能徹底明晰,著將案內情節,一一詳細奏聞。至各犯造謀附和,情形各別,今覽供詞,大率相類,想由敘錄繕摺,不過撮其太要,未能備載。可傳諭大學士訥親,將原畫供單,隨便帶來呈覽。尋奏:查安邑刁民,於三月二十日,至縣閧鬧三次,初次拆坊,繼則毀門,後又索回毀門之犯,皆係一日之事。萬泉辱官守城,雖係四月初十起事,較安邑在後,但該處自上年九月放火燒房以來,今年正月,則毆紳抗糧,三月則擁衆進城奪犯,積漸已非一日,情罪較安邑更重。至萬泉刁民奪城一節,查該邑甚小,兵丁連外委共止十名,又於搶犯後,衙役兵丁,畏其勢燄,俱散匿城內,在城官員,俱不免畏首畏尾,一任刁民恣橫,即每門撥一、二人看守,亦無敢與之理論。再把總王於賓,探知要犯史考娃、王滿倉二人逃匿陝西,往彼查拏,協同該處地方,於黎明未開門時,將二人拏獲,並未敢拒捕。查王於賓從前同都司胡璘,帶兵赴萬泉協拏人犯,聞有閧城之信,頓居不前,是以此處拏犯微勞,未便獎賞。得旨:所奏俱悉。(高宗二九〇、二六)

(乾隆一二、五、辛亥)欽差大學士公訥親奏:萬安兩邑刁民,現已訊供定案。萬泉首犯張世祿,始而斂錢告狀,繼又主謀糾衆,逼勒知府,擬斬立決梟示。張正惠等四名,毆官索犯,放火把門;安邑首犯張遠,親寫傳單,聚衆閧鬧;李林水鳴鑼糾黨,脅衆鬧城;並擬斬立決。餘犯各照律定擬。至閧省官弁,除巡撫愛必達、總兵羅俊另摺題參外,共蒲州府知府朱發、萬泉縣知縣李廷棟庸懦遺誤,釀成大舋,都司胡璘、河東道周紹儒奉調不前,並請從重治罪。安邑縣知縣佟濬,平日縱容家丁衙役作弊,致起舋端,參革審竣後,從重議結。得旨:三法司核擬速奏。所參官弁,俱著革職,拏交刑部治罪。(高宗二九一、一五)

(乾隆一二、五、癸丑)諭:朕宵旰勅幾,思所以惠鮮懷保之道,尤勵始勤終怠之戒,不敢因臨莅久而有泰心。近歲以來,科道官時有以民氣漸驕爲言,朕初不信,仍戒飭之。乃福建則有羅日光抗租拒捕之案,山東則有張懷敬聚衆毆差之案,江南則有王育英號召罷市之案,廣東則有韋秀貞拒捕傷人之案;而莫甚於山西安邑、萬泉聚衆抗官、守門索犯之肆爲猖獗也。夫以普免錢糧,而民不以爲恩。加賑厚卹,而民不生其感。偶或地方有司辦理少不如意,輒呼群咆哮,挾制官長。爲督撫者,或避卞急之名,或存省事之見,不詢根由,不顧大體,甚或參處官員,以圖結案。夫百姓之敢於恣肆妄爲,亦由平日不知尊親大義。而平日之不知大義,則由於朕厚加之以恩膏,而不先率之以教化，督撫亦惟知朕有愛民之心，而不思朕有教民之責。居恆煦嘔噢咻，惟恐咈百姓之意。百姓目無官長，竟若官長去留可操之其手。及群不逞，譁然而起，而官長則已掛名彈章，以致益煽，習爲故常。猶劣子之倚慈母，有所恃而無恐，且抗衡焉。不思守令者，朝廷之守令，敬守令所以尊朝廷，普免加賑，格外之矜卹也。假如不蠲免、不賑濟，譬之父母不顧其子耳。子不得生怨忿之心！乃既蠲既賑，而轉不安分奉法，即使有司奉行不善，胥吏夤緣爲奸，國有常經，民宜靜聽。夫父母愛子，亦愛其馴順者耳。使其子縱欲而不能節之以禮，爲非而不能裁之以義，至於扞法抵禍，議者必歸咎其父母，其父母亦必自悔過縱之失。則今日之頑民聚衆，干犯刑章，朕得不引爲己過，深自愧悔也歟！然朕雖失教於前，尚思勤懇誨迪於後，以爲衆黎庶勸。各省督撫，其倡率州縣，諄切化導，使愚民知敬畏官長，服從教令，勿復自蹈迷途，以益朕過，實厚望焉。各省督撫，其徧行曉諭，使遠所窮鄉之民，咸悉朕意。（高宗二九一、一七）

（乾隆一二、九、癸卯）諭軍機大臣等：據德沛自山西回奏稱，自萬泉、安邑之後，復有似此者四案，皆已從嚴辦理。朕詢以山西民風，既如此刁囂，何阿里袞在彼時，未聞有一案，而彼一離晉省，便有如此之多乎？德沛奏稱，阿里袞在彼時，已有九案，内六案皆外結存案，其三案則以大化小，以小化無，亦並未存案等語。朕聞之駭然，既有如此多案，阿里袞何無一言奏及，而到京見朕時，亦未面陳也。似此隱諱，……或因地方有此不法之事，隨宜外結，可以不煩朕心。彼愚民無知，豈喻此意，轉以憲章爲不足懼而輕犯走險，豈除奸去暴防微杜漸之意哉？即萬泉一案，未必非因此而起。（高宗二九九、一）

（乾隆一五、三、乙卯）陝甘總督尹繼善、陝西巡撫陳宏謀奏：渭南縣故市寨，有玩法屯民湯桂宗，唆衆抗糧，前充鄉約之張緒勳，以催糧總旗張洪銀聽比受責，起意抗官，令湯桂宗率衆壘塞縣門，迨知縣縣丞出署查拏，遂各奔逸。旋經西安府知府將張緒勳、湯桂宗等拏解到省，審實不諱，各依律正法懲治。未獲隨從各匪，勒緝另擬。並傳示城鄉，俾咸知儆惕。得旨：速行辦理，以懲刁風。但果如此而止，抑亦有別情乎，速行奏來。（高宗三六〇、二一）

（乾隆三四、九、甲辰）諭軍機大臣等：據明山奏，成縣毛嘴山民鐔壯等，因縣役催糧滋擾，糾衆報復，拆毀武時發等房屋一摺，已交三法司覈擬速奏矣。該督審擬此案，意存姑息，殊屬非是。差役藉催糧名色，凌虐鄉民，又復販鹽牟利，自有應得之罪。乃鐔壯等並不鳴官究治，輒敢聚衆，糾約至七十餘人之多，拆毀差役房屋，肆行恣横，實屬目無法紀，豈可不從重多辦數人，大示懲創。該督僅將爲首及濟惡二犯，擬以斬決，爲從擬絞監候者，止坐四犯，而於在場喊叫助勢之何秀等九人，竟照爲從減等外遣，何以儆兇頑而伸國法。似此有心輕縱，豈封疆大臣整飭地方之道。至鐔輿一犯，因欠糧拘比，敢於中途扎死差役楊英，並刀傷衆役，兇惡已極，既經弋獲，自應迅即審究，速正刑章。乃以上年十二月內之案，距今將及一載，尚稱現在候審，殊不知事理輕重。該督向來辦事，尚屬認眞，何以辦理此等大案，寬縱因循至此，豈以已得總督，心滿意足乎。明山著傳旨申飭，並將何秀等犯因何擬罪失當，及鐔輿一案因何審結遲延各緣由，明白回奏，毋得稍有掩飾，自干重戾。(高宗八四三、一四)

（三）江蘇　安徽　江西

（**雍正一三、一〇**）[是月]安慶巡撫趙國麟具奏，宣城縣民種軍田，不甘津貼，聚衆罷市，嚴拏究辦。得旨：聚衆罷市，大干法紀，應將爲首兇犯，嚴拏懲治，以儆刁風。若牽累無辜，使奸民漏網，則罪在督撫有司，朕必不寬貸也。(高宗五、四九)

（**乾隆一六、七、庚寅**）又諭軍機大臣等：據巡撫舒輅摺奏安仁縣民聚衆阻運倉穀一案，辦理又甚錯謬。劉丹聞該縣撥運倉穀，即邀鋪兵陳念章，寫給匿名傳單，率先起意滋釁，實乃此案渠魁。其因自係紳衿，藏匿不出，尤爲狡獪可惡。今該撫以劉丹始終並未出場，僅照光棍爲從例，擬以絞候，復援匿名文書之例加等，一人而有二罪，亦無此讞獄之體。至彭信托一犯，若因其糾衆趕船，兇橫尤甚，僅照爲從例，不足蔽辜。即聲明該犯情重緣由，與劉丹同科，一并從重定擬，有何不可。今乃以罪首歸之彭信托，而使造謀肇釁之劉丹，得從輕比，則案情顚倒，處置失宜。該撫遇此等刑名重案，不能詳察讞牘，歸於允當，將何以勝封疆之任。此案俟該撫題到日，即著刑部改正。舒輅著傳旨申飭。(高宗三九五、二三)

（**乾隆三三、一一、癸丑**）又諭：據彰寶奏，江陰縣丁墅、桃花等鎭保正沈添益等，欲將熟田一併緩徵，開寫傳單，糾衆突至縣署，將公案桌椅毀壞，甚屬兇悍不法，現在已究出一百二十餘名全獲審辦等語。地方遇有水旱偏災，朕念切民依，一經奏報，即飭該督撫悉心查勘，有應行撫卹之處，不惜多費帑金，期閭閻均霑實惠，不使一夫失所。今歲江陰縣西鄉，偶被偏災，業經有司查明，分別蠲緩。若成熟地畝，本非偏災可比，百姓既明知得被恩膏，何得更於例卹之外妄生徼倖，悍然藐法抗官，毫無忌憚。而保正等皆屬在官人役，乃敢借端斂錢，煽惑衆人，入署毀壞公案，實爲不法之尤，其罪無可復道。朕於良民偶遭災歉，加意拊循，惟恐不及，若受恩不知感激，甚至干犯縣官，則去莠鋤奸，國法不能曲貸。此案已降旨該撫，嚴審定擬。並將此通諭知之。（高宗八二三、二三）

（乾隆三三、一二、癸酉）諭：據彰寶奏審擬江陰縣保正沈添益等欲圖熟田緩徵聚衆閙堂一摺，已批三法司覈擬速奏矣。摺內有詢據該犯糾約四鎮保正，同衆挾制縣官，其丁墅、桃花、利城三鎮均已隨同赴縣，獨前周一鎮並無一人聽從入城等語。鄉民散處村落，良莠本屬不齊，犯法者必懲，安分者當獎，刑賞一秉大公，各隨其人所自取。此案不法奸民，已按律定擬，其並未隨行附和之前周鎮保正民人等，奉法不敢爲非，甚屬可嘉，著彰寶即行確查，將保正酌量加賞，該鎮民人所有本年應完漕米，加恩特予緩徵。仍將此出示曉諭，使知滋事匪徒不能倖逃憲典，此外能知大義，皆吾善良赤子，原不惜格外施恩，優加體卹，使衆人共知激勸。並將此通諭知之。（高宗八二五、四）

（四）浙江　福建

（乾隆五、六）〔是月〕德沛又奏：晉江縣所轄之衙口鄉，施姓丁壯一萬餘人，自恃族大丁多，嘯聚械鬬，拒捕抗糧，興販私鹽，刦奪貨船，靡惡不爲，有司畏事隱忍，莫敢誰何。竊思光天化日，豈容魑魅盤旋，若迫以兵威，又恐傷好生之德，隨嚴飭傳喚伊通族族長十餘人來省，面數其罪，皆俯首無辭，情願轉諭族衆，悛改自新，並出具領罪甘結。但恐一時雖覺安妥，終非永久之計，臣擬於附近衙口地方，移駐文武，以資彈壓。文員宣諭化導，就近理訟緝兇，武員多帶兵丁，梭織遊巡，嚴挐匪惡，仍不時委員稽察，以期漸至馴良。得旨：此見甚屬可嘉，向來督撫皆匿而不奏，殊非封疆大臣之度也。（高宗一一九、二六）

（乾隆六、七、乙丑）福州將軍署閩浙總督策楞奏：閩俗刁悍，毆官械鬭，相習成風。事由姑息，宜加懲創。得旨：知道了，有旨諭部。況今汝署總督，此即汝之責矣，勉力整飭之。諭：……今朕聞得數事，皆出于理法之外者。本年四月間，福州府屬之屛南縣典史下鄉徵糧，鄉民竟將典史毆打綑縛。又興化府屬之仙遊縣告病知縣邵成平赴省領咨，有縣民李姓因訟事未結嗔其即行離任，竟於中途截住肆行辱毆。至於漳泉等府民人，凡遇爭奪田土集場以及口角等事，輒率多人執持器械，以決勝負。大姓欺凌小姓，小姓不甘，又復糾集鄉人復仇報怨。又廣東之惠潮兩府，與閩之漳泉壤地相接，江西之寧都一縣，與汀州府亦屬毗連，悉皆薰染刁風，號稱難治。數處之人，犯罪發覺則互相竄匿，彼此爲逋逃之藪，奸宄叢生。州縣未免自顧考成，曲爲隱諱。而前任督撫又於屬員中稍欲振作者嗔爲多事，苟且玩愒，視爲固然。即如前任永春州汪廷英，於乾隆元年因鄉民兩姓争鬪，前往彈壓，竟被兇毆。其後不過以枷責完結。姑息養奸，莫此爲甚。此有關於人心風俗之要務，著閩、廣及江西督撫時刻留心，化導整頓，務令循理遷善，革其非心。儻有怙過不悛仍蹈故轍者，即分別輕重，置之於法，不少寬貸。如此，庶人心知所儆懼，而惡俗可以轉移矣。（高宗一四六、七）

（乾隆一八、一一）〔是月〕閩浙總督喀爾吉善、福建巡撫陳宏謀奏：據泉州府惠安縣知縣邵應龍詳稱，該縣糧户疲頑，每年秋成後，縣令赴鄉親徵方納。十月内循例赴鄉，玉山舖山尾村莊頑抗不理，嗣復親往催徵，詎糧户不服拘比，争持棍石，毆傷差役三名，並向轎内擲石，當場獲犯何獻、何篤，衆始分散等情。臣等即差弁飛諭泉州府知府，並城守參將，帶兵役搜拏，據報，續獲犯十八名，均係何姓。餘未獲奸民，并分路嚴緝。查抗糧拒捕，聚衆毆差，强悍已極。現飭將已獲各犯解省，并俟餘犯拏齊，逐一從重定擬。得旨：此風甚不可長，必應從重多處數人，庶令知畏。仍一面辦理，一面奏聞。（高宗四五一、三〇）

（乾隆一八、一二、丁未）又諭：福建惠安縣民何獻等抗糧拒捕一案，奸民聚衆，拒捕辱官，此種刁頑惡習，斷不可長。此案前於喀爾吉善奏到時，已經批諭，從重多處數人，令知儆畏。該省漳泉一帶，民情刁悍，屢有此等聚衆抗官之事，所當嚴示創懲，俾人人知惕，不致輕犯。可傳諭喀爾吉善、陳宏謀，令其遵照前旨，速行審明，從重歸結。仍一面辦理，一面奏聞。（高宗四五三、二一）

（乾隆四三、四、壬子）又諭曰：王亶望奏，嵊縣民人王開經等，拖欠錢糧，因典史何光曙帶同書役前往查催，該犯輒將差役毆打。知縣吳士映，聞信親往查拏，王開經復敢糾集多人，將該縣毆辱。現在將已獲各犯供出之人，按名拏獲等語。同日并據李杰龍奏報，帶同遊守等星往協拏，將陸續拏獲各犯，交司道查辦各等語。李杰龍聞有糾衆毆官之事，即帶同兵弁前往協拏，甚屬可嘉，已于摺内批示矣。（高宗一〇五五、二二）

（乾隆四三、五、戊辰）又諭：前據王亶望、李杰龍奏，嵊縣民人王開經等糾集多人抗糧毆官一案，已傳諭王亶望等將所獲首夥各犯，詳悉嚴訊，徹底根究，並令於定案時從重多辦數人，以示懲創矣。……至此案人犯解省時，該撫自即遵照前旨，逐一嚴訊，從重多辦數人，並著該撫迅速審明覆奏，將此由四百里傳諭王亶望并李杰龍知之。（高宗一〇五六、一六）

（乾隆四八、一、戊戌）又諭：據福崧奏，查拏糾衆鬧漕首從要犯審辦一摺。據稱，浙省近年辦理漕糧，上下視爲利藪。劣衿地棍，乘機挾制，包攬把持，竟成規例，甚至糾衆抗拏，喧鬧公堂。地方官或以素染貪汙，甘心隱忍；或以人數衆多，難以查拏，諱匿不報，以致釀成錮弊。並稱，上年辦漕，即有聚衆喧鬧之事，僅以枷責完結等語。浙省政務廢弛，各州縣經徵漕米，百弊叢生，實堪痛恨。劣衿把持公事，最爲地方之害，若稍事姑息，則伊等不知儆畏，益無忌憚，適足以長刁風。自應嚴拏究辦，盡法懲治，庶可以綏靖閭閻。至摺内所稱首惡監生錢徵書一犯，是否係已故尚書錢陳群之子孫？世家子弟，尤應安分守法，不可干與公事。若係錢陳群之子孫，即當於審明定案時，一面正法，一面奏聞。朕於舊臣之裔，其應行加恩者，無不加恩，而於應行懲治者，亦不稍爲寬假。著傳諭福崧，即行查明據實覆奏，毋得少存瞻徇之見。總之，浙省諸務廢弛，皆由陳輝祖在總督任内，全不以事爲事，以致釀成積弊。且以上年聚衆鬧漕之事，並不據實陳奏，深負委任。朕實不意其負恩昧良至於如此。福崧初到浙撫之任，實力整頓，所辦甚屬可嘉，但不可始勤終怠，庶克副朕委任之意。著將此由六百里諭令知之。（高宗一一七二、八）

（乾隆五八、一一、癸丑）諭軍機大臣曰：[浙撫]吉慶奏拏獲鬧漕斃命之犯，嚴究辦理一摺，此案該犯等倚衆摬交，毆斃多人，所有先經鎖押人犯，胆敢趁勢脱逃，成何事體？似此恃衆行兇，目無法紀，其情罪甚重。與日前畢沅所奏，拏獲糾夥肆刦之楊應子等，尚拘泥請旨，曾降旨將該督申飭，並通諭各督撫，以此等人犯，即當立正典刑，以防在監滋事者，正屬相同。吉慶一按稟報，即親赴該處督辦，甚是。著傳諭該撫務將已獲之犯，嚴切根究，未獲之犯，按名查拏，必須究出正兇，一面正法，一面奏聞，不可稍事姑息。其實係無辜者，即予省釋，亦不可因案關重大，稍有株連。至該縣書役家人，如果有從中需索、激成事端者，自當嚴懲究辦。惟該縣陳鍾靈係本處地方官，若無辦理不善之處，原可不必苛求。即有縱容釀變情事，亦宜俟究獲正犯、審明正法之後，再行續辦。若此時遽將該縣參革治罪，使奸民聞知，見伊等與地方官兩敗俱傷，轉致刁風益長，所謂民可使由之，不可使知之也。將此由六百里加緊諭令知之。仍將案犯是否全獲究辦之處，迅速覆奏。（高宗一四四一、八）

（乾隆五八、一二、戊辰）諭軍機大臣曰：[浙撫]吉慶奏審明鬧漕斃命各犯，分別辦理一摺，已交軍機大臣會同三法司覈議速奏矣。此案人數衆多，巡撫若不親往，地方官吏未免觀望遲延。今吉慶一接稟報，即親赴該處

督率查拏，將案內要犯究明，拏獲辦理，尚爲妥速。著賞給大荷包一對，小荷包四個，以示獎勵。(高宗一四四二、一〇)

(嘉慶八、七、壬戌) 是月，署福建布政使裘行簡奏：……閩省風氣，俗悍民刁，向稱難治。然臣察訪閭里小民，最畏官勢，亦甚有良心，官長如果清廉，即聽斷偶誤，亦皆心服，以爲官長未得錢也。自貪吏輩出，以詞訟爲取利之源，以械鬥爲斂財之藪，不但不能養之，並其所養者而奪之；不但不能教之，並其服教者而誣之，而民心始離矣。始而怨官，繼而仇官，遂至抗糧械鬥之風，日益滋甚。罪豈在民，實地方官有以啟之也。得旨：平心之論，即從前教匪之事，亦由官逼民反也。(仁宗一一七、一七)

(嘉慶一二、八、丙子) 行在刑部議覆浙江巡撫清安泰審擬平陽縣民莊以涖抗糧毆官分別治罪一案。得旨：此案莊以涖先因挾嫌糾搶陳步高洋錢衣物，飭緝未獲，繼復阻撓花戶自納錢糧，其平昔肆橫鄉里，已屬目無法紀。迨被獲解官，伊子莊正甸輒敢糾衆截奪，甚至毆傷官弁，搶劫糧銀，該犯乘機喊救，扭鎖脫逃。是莊以涖實爲此案罪魁，即案內問擬斬絞及監斃、鎗斃各犯致死根由，亦皆由彼起釁。此種刁民，必應嚴辦示懲。今起意爲首奪犯毆官重罪，已坐伊子莊正甸，將該犯照刁民抗糧聚衆逞兇毆官爲從例，擬絞監候，尚覺情浮於法。莊以涖著改爲絞決。其許君善一犯，執械打破該縣轎頂，致縣令落轎受傷，情節較爲兇橫，亦著改爲絞決。現距秋錄之期已近，莊以涖、許君善，均著即行正法。其餘阿商、林阿旦、陳玉祥三犯，係在場助毆，致傷兵役家丁，俱著照擬絞監候，入於明年秋審情實辦理。首犯莊正甸罪應斬梟，著嚴拏務獲，按律抵罪，餘俱照所擬完結。(仁宗一八四、六)

(嘉慶二四、五、乙酉) 又諭：董教增等奏，審明抗糧奪犯首從各犯分別定擬一摺。此案林彌高斂錢抗糧，復糾衆奪犯，煽惑鄉民，抗官喧鬧，實屬大干法紀。董教增等於審明後，即將該犯正法，所辦甚是。並著查明該犯之妻，發遣別省駐防，該犯之子發遣新疆，以示懲儆。(仁宗三五八、二六)

(嘉慶二五、一一、乙亥) 浙江巡撫陳若霖奏：歸安縣地棍吳名楊，勾結抗糧，糾衆拒捕，飭令藩司伊什札木素，會同署中軍參將吳世熉，酌帶弁兵前赴該處，解散脅從，嚴拏首從抗拒各犯。得旨：爲首者必應從重懲辦，以戢刁風，亦不可拖累平民，好爲之。(仁宗三六九、一〇)

(五) 其他省區

(乾隆五、六) [是月，廣西提督譚行義] 又奏：粵西各屬，多係土苗。猺獞素號難馴，然各有土官弁兵，管轄防禦，不致擾害。惟慶遠府宜山一縣，環列十八邨，悉屬土蠻。內有白土、邱索二邨，兇惡尤甚。抗糧拒捕，刦奪強姦，無所不有。弁員兵役，不能擒治。若不速行料理，必至各蠻效尤。臣等乘此時身在粵西，得以就近指麾，相機部署，隨撥漢土兵丁三千餘名，前往白土、邱索二邨，分路夾攻。又於各村寨大張曉諭，令其早獻首兇，以分良惡，勦撫兼行。旬日之內，已攻破賊巢，擒獲鉅惡藍明反，餘黨不日即可就擒。得旨：知道了。此等梗化頑民，斷不宜姑息，以致養癰之患也。（高宗一一九、三四）

（**乾隆**三五、二、**壬申**）欽差湖廣總督吳達善、刑部侍郎錢維城、內閣學士富察善奏：據遵義都司稟稱，桐梓縣刁民聚衆，帶兵往拏，已獲趙式璧等四犯，案情重大，現在兼程前往查辦。得旨：是。爾等審案已當完，此案即當盡法嚴處以示警，不可姑息。愚民太不知恩，然亦地方官有以致之耳。諭軍機大臣等：據吳達善等奏，桐梓縣民趙式璧等，因勒派軍需聚衆一案，已於摺內逐一批示矣。黔省地方，自良鄉敚法營私，一切漫無整頓，吏治敗壞已極。即如承辦兵差一事，並係發給公帑，不令絲毫擾及閭閻，何至有徵派軍需之事。即此可見地方官之辦理不善，而所委之貢生生員等，又復從中漁利，釀成釁端，皆所必有之事。但自辦理軍需以來，於支發經費以外，尚恐夫役運送等事，不能不稍資民力，復格外加恩賞賚，體卹不可爲不至。百姓等具有天良，當共知感激，即或地方官有違禁科派之弊，何難赴上司控理，乃竟公然聚衆屢次閧鬧，挾制官長，實乃目無法紀。此等刁民，若不盡法懲治，何以儆刁頑而安良善。著再傳諭吳達善等即上緊將案內首從各犯徹底根究嚴拏務獲，盡法重治，以示炯戒。至該犯等敢於糾衆抗官，未必不由風聞普安州控告派累一案，本管官緣此參革治罪，輒爾效尤滋事，此風實不可長。所有此案內辦理不善之文武各官，此時且不必參處，候本案審結，奸民正法以後，徐爲查辦，庶不致更啟刁風。仍將現在查訊案犯情節迅速審擬，具摺奏聞。尋吳達善等奏：刁民聚衆，已拏獲六十名，分別解省。現將頭起人犯趙式璧等嚴訊，俟得確情，盡法處治。得旨：覽。（高宗八五三、一二）

（**乾隆**三五、二、**壬申**）又諭：本日據吳達善等奏稱，桐梓縣民趙式璧等，因該縣派辦軍需，典史將總甲周文倫等枷號，輒敢聚衆百餘人，勒令典史開放，復打毀貢生等房屋器物，現令拏獲首犯，並經喀寧阿前往查辦等語。已於摺內批令吳達善等，盡法處治，以儆刁風。（高宗八五三、一三）

（**乾隆**三五、三、**甲申**）諭軍機大臣等：……該［黔］省現有桐梓縣奸民聚衆一事，前經奏到時，恐非喀寧阿一人所能審辦，業已傳諭吳達善等，會同盡法懲治。茲復閱喀寧阿所奏前往該處查辦情形一摺，案內首從各犯，現獲十八名,未獲者尚多,先將現獲各犯,押赴省城,嚴行究審,一面飭拏逃犯務獲,一併從重訊擬等語。此案奸民趙式璧等,聚衆百餘人,屢次鬨鬧,挾制官長,實乃目無法紀,不可不嚴行懲治。……尋吳達善等奏:此案已獲犯六十名,訊知起意為首,係李方榮、趙式璧等乃助惡之人,餘或被脅同行,或在場觀望,共百餘名。現刑訊根究,俟明確後具奏,即將起意為首各犯正法,分別梟示。又據供,二月初八日遞詞時,李副將諭令在典史衙門暫住,次日算賬,是都司李中隆既不即時鎖押,次日又不查拏,以致各犯免脫,實屬庸懦不職,請旨革職拏問。又據供,起釁由紳士蘇酉山經手數太多,伊等不平,不肯上納。是否官吏串通濫派,亦應查明治罪。現調桐梓縣連年辦理協濟馬匹案卷,及經收給發底簿,行提紳士書役等,赴省查辦。得旨:是。此處應嚴查實情,不可姑息。(高宗八五四、一九)

(**乾隆三五、四、戊申**)諭軍機大臣等:王士棻因桐梓縣刁民聚衆不法一案,有生員在內唆使,請將不能約束之教諭徐經、訓導甘型聖革職,並自請交部嚴加議處一摺。此案前於喀寧阿奏到,業經降旨,將該教官革職,此摺毋庸交部。至學政有董率教職、訓飭生徒之責,乃竟有生員合伙倡唆之事,該學政本有應得處分,並不係於到任之久暫。將來審明定案時,自當同失察之各上司分別按例議處,何必汲汲自行陳請?其所奏請嚴加議處之處,此時亦毋庸交部。將此傳諭知之。(高宗八五六、二)

(**乾隆三五、四、丙寅**)又諭:據吳達善等奏審擬桐梓縣刁民聚衆一摺,已批三法司覈擬速奏矣。此次承辦兵差,俱係官為發帑,不令絲毫擾及閭閻,且念經過地方,應用夫役,不無稍資民力,復格外加恩賞賚,並無勒派軍需之事。即或有司辦理不善,縱容胥役人等,藉端科斂,甚至不肖官吏,索索侵漁,該民人何難赴上司控告,一經勘訊得實,自必盡法嚴懲,以除民累。乃此案刁民,輒敢糾集多人,入城肆橫,拆毀民房,並至擁赴衙署,勒放枷犯,直是目無法紀。此等莠民之尤,孽由自作,於情理難以姑寬,業將首惡各犯,按律駢誅,用示炯戒。至摺內稱,該縣里民聚衆不法者,惟蘆溪、東芝、溱溪三處,其婁化、夜郎二里,並未約會等語。可見桐梓百姓,不盡奸頑。雖據首犯供,此二里地處窵遠,一時未及糾約,但匪衆因趕集入城滋事,三次號召多人,其事已鬨傳合縣,而婁化、夜郎二里,獨無一人隨同附和,是該二里民人,尚知守分奉法,具有天良,不可掩沒其善。……著該撫宮兆麟即行確查,將該二里里長民人,量加獎賞,仍出示曉諭,俾衆人知所激勸。並將此通諭知之。(高宗八五七、四)

(**乾隆三五、四**)[是月]貴州巡撫宮兆麟奏:桐梓縣糾衆刁民,已獲九十餘名，訊因兵差派馬，衆人疑董事侵漁，州縣不爲覈算，遂釀大案。通省州縣，大概皆然，已限各州縣將細賑傳紳士同閱，衆心自服，闒茸不即清算者查參。得旨：是，知道了。經此一番料理，百姓亦不敢復生事，正宜及此整頓。(高宗八五七、二一)

（**乾隆三五、五、壬辰**）諭曰：吳達善等奏，桐梓縣刁民聚衆一案，該縣胡守業，因有協濟派幫之事，知必吊查收支賑目，輒將原賑私行更換，並將從前各任收用賑簿，代爲改造，其中恐有囑託彌縫情弊。請將署縣胡守業，前署縣繆良棟，前署縣事經歷金德琳，一併革審。又金德琳發銀底簿內，載有典史任埰，支用赴站盤費銀三十兩，亦應請將該典史革職等語。胡守業、繆良棟、金德琳俱著革職，交與該撫，將歷任各員有無串通侵肥情事，嚴訊確情具奏。其典史任埰，並著革職。(高宗八五九、一)

（**乾隆四五、五、辛巳**）諭軍機大臣等：舒常參奏保山縣知縣李偉烈、典史湯繼業下鄉催追採買穀石，復將社倉鎖封，不容出借，并欲查訪民間藏穀，丈量記號，以致百姓齊至縣署，硬求緩比，逐散書役，毆辱親友，復求該縣親立筆據，經提督海祿親詣郡城，彈壓曉示，諭令散去等語。已降旨將該縣李偉烈、典史湯繼業革職嚴審矣。(高宗一一〇六、八)

（**乾隆四八、一二、乙亥**）諭軍機大臣等：據姚成烈奏，據荊門州知州蕭鳳詔稟稱，該州民人萬世印，散帖斂衆抗糧，該州帶役赴該處將該犯拏獲，帶往州城審究。行至中途，忽有多人奔赴搶犯，該州出轎迎擊，竟被毆戳致傷，並傷州役。經該州知會營員，會同搜捕，將萬世印及萬青山、杜應元等拏獲。該撫現在帶同臬司，前往督拏餘犯等語。萬世印誘衆滋事，固爲此案首惡，該犯雖已拏獲，其糾夥搶刼之各犯，竟敢鳴鑼持械，毆傷官役，目無法紀，尤爲可惡，不可不徹底究辦，以申國法而靖人心。該撫現已帶同臬司前往督拏，著傳諭該撫，一面督飭文武員弁，設法購線，按名緝拏，並究明起意奪犯，及持械毆官者，係屬何人，從重定擬具奏，毋使一名漏網。並查明該知州所辦是否得宜，一併具奏。將此由五百里傳諭知之。(高宗一一九五、六)

（**乾隆四八、一二、壬午**）諭軍機大臣曰：舒常奏荊門州刁民萬世印等抗糧聚衆，奪犯毆官，當經該知州蕭鳳詔將萬世印等二十一名拏獲到案，尚有逃逸之萬洪昌等未獲，現在親赴荊門督率查拏等語。萬世印等抗糧不交，輒敢唱戲歛錢，約會搆訟，迨經該知州訪拏，其夥黨復在途鳴鑼刼犯，毆傷官役，實屬目無法紀。此案前據姚成烈奏到，業經降旨令其迅速嚴拏，徹底究辦，並將該知州所辦是否得宜一併查奏。今舒常復自行前往督拏，自屬妥善。所有未獲在逃各犯，務須嚴飭文武員弁，設法購線，實力搜捕，尅期就獲，毋使一名漏網。其已獲各犯，即著舒常等嚴切審究，訊明情節，將情罪重大之犯，一面奏聞，一面即行正法，毋使稍稽顯戮。(高宗一一九五、一三)

(嘉慶五、閏四、戊辰) 嚴飭大吏因循迴護。又諭：朕前聞廣東博羅縣知縣丁大松，因下鄉催糧，該處百姓有與衙役爭鬧，强拉牛隻，致將婦女拖落河內，該縣庇護衙役，致被百姓打碎所坐之轎一事。又聞昌化縣知縣張聚奎，派役催糧，徵收過刻，經民人呈控本府，批縣將書役等枷責，該縣並不遵辦，仍派令催徵，致民人騰怨，聚集多人，拆毀書役住房，該縣聞信往拏，見人勢衆多，輒令兵役放鎗，打死民人四名一事。當經密諭吉慶，查明據實覆奏。今據該督奏到，此二事俱係屬實，可見朕所訪聞，均爲確實。……特此通諭各該督撫等，務須共知儆省，實心任事。遇有地方案件，惟當無隱無欺，據實入告。即辦理偶有錯誤，亦應於朕前直陳，轉可邀免處分，不得慮干部議，有心弊混，欲求救過，轉致自蹈重愆，負朕委任也。將此通諭知之。(仁宗六六、五)

三、搶米　遏糶　鬧賑

(一) 概述

(乾隆四、八、癸卯) 禁刁民斂錢告賑傳單脅官惡習。諭曰：自古帝王撫御寰區，惟以愛養斯民爲第一要務。朕即位以來，仰體皇祖皇考勤求保赤之聖心，宵衣旰食，偶遇水旱災傷，真視爲己饑己溺，百計經營，散賑蠲租，動輒數十百萬，期登斯民於衽席，此薄海內外所共知者。無奈蚩蚩之衆，頑樸不齊，外省官員，多言屢賑之後，民情漸驕。即如今年江南地方，初夏未雨，即紛紛具呈告賑，是不以賑爲拯災卹困之擧，而以賑爲博施濟衆之事矣。更有一種刁民，非農非商，游手坐食，境內小有水旱，輒倡先號召，指稱報災費用，挨戶斂錢，鄉愚希圖領賑蠲賦，聽其指揮，是愚民之脂膏，已飽奸民之囊橐矣。迨州縣踏勘成災，若輩又復串通鄉保胥役，捏造詭名，多開戶口，是國家之倉儲，又飽刁民之慾壑矣。迨勘不成災，或成災而分別應賑不應賑，若輩不能遂其所欲，則又布貼傳單，糾合鄉衆，擁塞街市，喧嚷公堂，甚且凌辱官長，目無法紀，以致懦弱之有司，隱忍曲從，而長吏之權，竟操於刁民之手，刁民既得濫邀，則貧民轉至遺漏，是不但無益於國，並大有害於民。言念及此，殊可痛恨。再者荒歲冬春之際，常有一班奸棍，召呼災民，擇本地饒裕之家，聲言借糧，百端迫脅，苟不如願，輒肆搶奪。迨報官差緝，累月經年，塵案莫結。在刁猾之徒，尚可支撐苟活，而被誘之愚民，多至身命不保。是災民不死於天時之水旱，而死於刁民之煽惑者，又往往然也。今年下江淮北一帶，及上江鳳穎等處，多被水患，河南水災較甚，山東、直隸亦有被水之州縣，著該省督撫董率有司，將朕諭旨，通行誥誡，如有犯者，決不姑貸，俾災民知有必邀之膏澤，帖然安釋，而不致惑於浮言。刁民知有難犯之憲章，凜然畏懼，而不敢蹈乎法網，則倉儲皆歸實用，而閭閻共沐恩施，庶不負朕早夜焦勞，愛養斯民之至意矣。將來地方旱潦，不能保其必無，該部可行文各省督撫，咸知此意，一體遵行。（高宗九九、二五）

（**乾隆八、閏四、壬午**）訓飭文武官約束刁民。諭：國家愛養斯民，惟恐一夫失所，爲百姓者，正當奉公守法，以受國家惠濟之恩。乃看近來情形，地方偶爾歉收，米糧不足，價值稍昂，督撫未嘗不籌畫辦理，而刁頑之民，遂乘機肆惡，招呼匪類，公行搶奪，目無法紀。如果係窮民乏食，自當赴州縣衙門告糶，若官員辦理不善，亦當赴上司衙門申訴，豈有藉穀少之名，遂擾害良善，挾制官長，逞其兇鋒，行同光棍。此則鄉邑之大蠹，不可不重加懲治，以儆頹風者。乃無識之督撫，間遇聚衆搶奪等事，欲自諱其平時化導之不力與臨時禁約之無方，止將州縣官參劾一二員，以卸己責，而於搶奪之案，矇混歸結，無怪乎刁風日長，而無有底止也。至於有司，或營私作弊，激成事端，或玩視民饑，困苦莫卹，該督撫自應據實嚴參。未有百姓罷市哄堂，恃強凌弱，而可以姑息養奸者。又如國家設立營制，原以彈壓地方，乃近日汛弁兵丁，遇有搶奪之事，類皆觀望淡漠視之，豈設兵衛民之本意。著督撫提鎮嚴飭所屬弁兵，協同文員實力查拏，若有推諉不前者，亦即嚴參，交部議處。（高宗一九一、一一）

（**乾隆八、五、己酉**）又諭：地方偶遇荒歉，小民乏食，富户家有餘糧，或躅助賑卹，或及時出糶，原屬有無相通之義。該地方有司，平時固宜化導，使知周卹鄉閭，及至米穀短少，市價昂貴，尤當加意勸諭，俾富户不至坐擁其餘積，漠視鄉人之困苦，於貧民自有裨益。但周急之道，出於義舉，百姓衆多，良頑不一，若出示曉諭，勒令躅糶，則奸民視爲官法所宜然，稍不如意，即存攘奪之心，其風斷不可長。近聞湖北、湖南、江西、福建、廣東等省，多有此等案件，夫擁倉庾以自利，固屬爲富不仁，而藉賙卹以行強，尤屬刁惡不法。爾等可寄信與各督撫，令其密飭各屬，嗣後地方需米孔亟之時，善爲化導，多方勸諭，令富户欣然樂從，不可守餘糧以勒重價。若有強暴之徒，罔知法紀，肆行搶奪者，則宜盡法嚴懲，以戢刁風。（高宗一九三、一三）

(**乾隆一〇、九、丁丑**）刑部議准禮部侍郎秦蕙田奏稱：民志之定，在於上下有辨。近日奸民慢抗官長，有因地方偏災，發賑稍遲，即搶奪村市，喧鬧公堂者，有因審斷詞訟，偶涉偏徇，即糾衆罷市，甚至凌辱長官者。而無識之州縣，恐地方滋事，曲意優容。又或頑佃抗租，欺慢田主，有司聽其刁脫。其士民涉訟事件，或不明究是非，故直鄉民而不直紳士。若此之類，皆足以長刁風。雖舊例載有明文，而窮鄉僻壤，或未共知。請勅令直省督撫，嚴飭所屬，遇此等情事，毋稍寬縱。並摘錄緊要條例刊諭。從之。（高宗二四八、一二）

（**乾隆一二、四、丙子**）命整飭刁悍民風。諭軍機大臣等：守令於民最親，教養之施，法紀之立，皆由此始。古之循吏，使人愛之如父母，敬之如神明，良由威信所孚，積於平日，閭巷銖兩之奸，無不洞燭，是以法立令行，心悦誠服。邇來吏治肅清，舉凡供應之需索，囊橐之誅求，向所習爲固然者，剔厘殆盡，百姓皆宜安分奉法，敬畏命官，以成淳厚之俗。而近據各省奏報奸民聚衆之案，如江南宿遷、山東蘭山皆因求賑，浙江臨海則因求雨，福建上杭則因抗租，山西安邑、萬泉則因丁糧豁免等事，遂至聚集多人，抗官塞署，放火罷市，肆爲不法。此皆愚無知之百姓，平日於地方官毫無敬畏之心，且見報災辦賑稍未妥協，督撫亦即據實題參，竟若州縣之短長，操之自己，因而望恩倖澤，無有饜足，稍有未遂，遇事生風，不遵勸諭，衆情洶湧。州縣即有胥役民壯，城守即有汛兵，而衆寡不敵，勢難擒捕。及至事過之後，聚者已散，無從查拏，訪得一二倡首之人，根究黨與，又恐查拏未確，濫及仇報，往往從輕歸結，附和之衆，益無顧忌。此民氣所由日驕，刁風所由日熾。所謂有一利即有一弊，扶起一邊，又倒一邊，水懦民玩，信不虛也。朕愛育羣黎，惟惠養是務，億兆善良者衆，豈肯因一二莠民，頓尚威克。但懷保不可不厚，而去惡不可不嚴，奸棍橫行，貽害地方，亟當整肅紀綱以杜其漸。督撫宜共體此意，留心化導。扶植州縣，強幹者嘉獎之，文弱者激勸之，使得奮勵展布，各盡職守。俾小民咸知國憲之當遵，命吏之當敬，斂戢其浮囂之氣，懾服其驕悍之心，禁於未然，較事發而復以法繩之者，所全多矣。可傳諭各督撫知之。（高宗二八九、九）

（二）直隸　山東　河南

（**乾隆九、五、甲辰**）直隸總督高斌參奏：灤州知州李鍾伾，不能體察民情及時出借口糧，遽赴延慶州交盤，致有刁民羅天才等，乘機糾衆，搶割麥田，強借糧食等事。臣現飛飭嚴拏首犯，按法重究，餘犯量加懲儆。李鍾伾玩

視民瘼，理應報參。得旨：是。不宜姑息以長刁風。(高宗二一七、二二)

(乾隆一二、一)[是月，署山東巡撫直隸布政使方觀承]又奏：據沂州府蘭山縣稟稱，該縣未被災之北鄉，因被災之南鄉准借倉糧，聚集多人，於正月初四日赴縣借領，又蜂擁至知府副將衙門，經該縣曉諭，始行解散。臣復訪聞，是日有壘塞縣署儀門之事。又該縣於十三日拏獲九人，有南莊民張懷敬豫伏多人，打傷差役，均未據該府縣報到，現在飭司道嚴查，速拏首從要犯審辦。其文武各官，不能彈壓，並有無諱飾之處，查明參處。得旨：覽奏俱悉。未據報到，非諱飾而何，交阿里衮嚴查辦理。(高宗二八三、二〇)

(乾隆一二、二、庚寅)[山東巡撫阿里衮]又奏：署撫臣方觀承移交奏摺一件，係蘭山縣民強借倉糧，壘塞縣署，並毆差拒捕，府縣未報，奏奉諭旨，交臣查辦，已飭充沂曹道吳同仁親往勘查。茲據該道查明，蘭山縣北鄉民人，赴縣求借倉糧，人多擁擠，將角門土牆擠塌一塊，并將磚鋪甬道躙翻，丁役喝阻，衆人疑爲擒捉，即拾磚拋擲。經知縣段玿面諭准借，旋即故出，赴知府副將衙門跪求，別無滋事。并勘明縣署亦無壘塞情事。至縣民張懷敬等，拒捕毆差，該縣於委查後始報，實係諱飾。又訪得蘭山縣知縣段玿差役妄拏無辜，拷打詐贓，以致王家樓等莊民驚避。知府色超，始則飭縣查拏，該縣薄責了事，匿不通詳，該府因有府役同詐，亦復徇縱。現已飭諭司道確查嚴辦。得旨：知道了。據方觀承奏稱，東省吏治廢弛，以撟飾文過爲能，汝其加意整飭。汝雖不習文，只如論語所謂不逆詐，不億不信，抑亦先覺三語，一生用不盡也。(高宗二八五、二五)

(乾隆一二、五、辛卯)又諭曰：河南巡撫碩色奏，偃師縣民因出借倉穀，棍徒擁至縣署，拾磚擲傷典史頭面一案，雖據拏獲首惡五犯，而已獲復逃之二人，竟未問及。又稱近城觀看，一時人多擁擠，將轎傘擠壞，且稱並未久聚抗固，與山陝光棍聚衆罷市、抗官塞署有間等語。此案鄉民聚衆，多至百有餘人，奸徒因得乘機煽誘，該撫乃謂觀看擁擠，明係存化大事爲小事之意，爲隨從附和之衆，借端漏網。且邇來各省屢有此事，若非痛爲懲創，則遠近聞風，奸徒何由知儆。山陝光棍之條，正爲此設，乃以並未久聚抗固曲爲開脱，成何政體？即其所稱將知縣暫緩糾劾之處，亦因見朕諭旨，爲此觀望之辭，非謂事理必當如是也。偃師並非歉收之地，借穀亦非求賑可比，而恃衆不法，鬧署毆官。……碩色身任封疆，不能加意整理，仍復爲兇徒開豁，殊屬寬縱。可傳諭嚴行申飭。(高宗二九〇、二)

(乾隆一二、六、庚午)諭軍機大臣等：前據河南巡撫碩色奏，偃師縣民，因出借倉穀，棍徒鬧署一案，雖已據拏獲首犯，而已獲復逃之二人，竟未問及。……朕因其有掩飾寬縱之意，降旨申飭。今碩色將審擬情由具奏，何以並未將諭旨敘入摺內？著傳諭詢問，令其作速具題。……尋奏：此案事關重刑，恐發部核議，是以未將諭旨敘入。至已獲復逃之二人，現經拏獲，係邱起文、王麻子。俱照律定擬。報聞。（高宗二九二、一七）

（乾隆一二、六、辛巳）諭軍機大臣等：據河南按察使舒輅奏，偃師縣刁民聚衆借糧、鬧署毆官之案，該縣朱續志不能彈壓撫卹，例有處分。比因特參，恐長刁風，經撫臣面商，原因兵役無多，不能即時擒獲，今首從要犯，俱已陸續報獲，情尚可原，已於案內聲明，應候部議等語。此案先經巡撫碩色及舒輅先後摺奏，舒輅摺中，有該縣如果有辦理未協之處，當另揭參之語。朕批示云，刁民鬧賑，而即參知縣，將來刁風益熾矣，尚當酌量。因而該撫摺中，即稱該縣平日居官尚屬黽勉，而具題本內，并爲聲明邀免。可見伊等辦理地方事務，全不論事理之當然，胸中茫無定志定見，惟以觀望爲懷。朕謂當處，則從而參劾之，朕謂當寬，則又從而聲請之。觀此，則不但後之聲請，因見朕酌量之語而然，即前此之參奏，已非出自至公，謂於理必應參劾矣。其首鼠兩端如此，何以克副封疆重寄耶？……嗣後督撫當秉公酌理。如果屬員辦理不善，或怠事而釀奸，或拂衆而激變，則其過在官，不必因恐長刁風，而稍爲姑息。或辦理本無不合，而刁民恃衆逞兇，違犯訓令，則其罪在民，又不可因地方有事，即謂其不善撫綏，遽掛彈章，轉使奸徒得計。是非舉錯，各當於理，庶足以服人心而正風氣，各督撫當共悉此意，俟伊等奏摺之便，傳諭知之。（高宗二九三、九）

（乾隆一三、七、癸卯）諭軍機大臣等：阿里袞奏，東省連年饑饉，窮民艱於口食，共謀搶奪，多係無知誤犯，援照乾隆五年前撫朱定元請減災黎誤犯案內，分別流徒枷責發落之例辦理等語。窮民遭遇災傷，撫綏賑卹，不惜多費帑金倉穀，原以養其良心，使不流爲匪類，以期安靖地方。在災民平日果屬良善，必不起意爲非，乃明知國家有賑卹之恩，而以饑餓難忍爲由，仍復肆行搶劫，若不嚴行懲究，將來必至群起效尤。此例起於朱定元，乃姑息之尤。伊在東撫任內，一切辦理未妥，何足爲法。試思伊當時僅莒州、郯城二案，今已有五十二案，未必非扒搶例寬，有以啟奸匪倖免之念，以致盜風愈熾。寬縱滋弊，已可概見。況東省負山瀕海，非旱則潦，屢致偏災，而民情兇悍，亦易於爲盜。現據該撫奏報，今年已有數處被水者。當此積歉之餘，收成又減分數，正須時時留心籌畫，若再將搶奪案件從寬辦理，奸民肆無忌憚，何所底止。阿里袞所奏，大概不過爲地方處分起見，所見甚小，且於該省情形未協。著傳諭阿里袞，現在所辦各案，俱著照伊應得之罪，按律分別定擬，不得概援饑民扒搶之例，率請減等。上年東省重災，若非特派高斌、劉統勳等前往協助，恐阿里袞一人辦理周章，未必能如此安帖。現在被水州縣，近日情形若何，將來應作何辦理，朕心深爲軫念，著傳諭阿里袞，時刻留心加意，妥協查辦，以安撫災黎，弭輯奸盜，不得稍有忽略。（高宗三一九、九）

（乾隆一七、五、癸酉）諭軍機大臣等：直隸總督方觀承具題審擬邢臺縣劣監王方平等聚衆抗官塞署一案，此等匪人，目無法紀，聚衆抗官，最爲風俗人心之害。王方平審係首惡，自應照例，一面將該犯押赴邢臺，先行正法，一面具題。俾頑梗之徒，知國法嚴明，有逞兇者必立寘重典，庶足挽回頹俗。乃該督仍循例具題，欲俟法司議覆，再行辦理，殊屬周章顧慮。且車志遠身爲貢生，罔知禮法，當王方平起初糾人借糧時，不行喝阻，乃復代寫傳單，爲之煽誘鄉愚，迫脅官長，自應按律治罪，豈得以年逾七旬，一律收贖。夫收贖之條，乃謂眚災肆赦，出于失誤，尚可無庸的決耳。若恃老而有心干犯，其情罪更爲可惡，不當拘以常制。儻該犯情罪，更有重於代寫傳單者，亦將謂其年老而不申國法乎？至王方平所犯，實爲亂民之首，其家貲饒裕，不應任其留貽享用，當按數查出，爲修葺學宮及該縣地方充公之用，庶爲允協。（高宗四一四、二一）

（乾隆二八、三、丁亥）又諭曰：觀音保奏，遵化州刁民因借倉糧率衆鬧堂，現在分頭查拏，俟訊明爲首主使及黨惡各犯，另行通詳律擬一摺：上年因直屬窪地曾被秋潦，降旨加恩撫卹，前後截漕七十萬，發帑一百六十萬，展賑直至今年四月，而借給秄種、緩徵錢糧，而破例徧逮五分災及不成災之地，籌畫不遺餘力。猶恐有司奉行不能盡善，屢諭該督等實力董率察勘，俾災民不致失所。凡屬編氓，苟有人心，自當循理安分，順受恩施。即因災重事繁，州縣官經理偶有未協，亦當赴該管上司，聲明飭辦。豈有藉借糧之名，糾衆鬧堂，推案擠柵，肆行無忌。且摺內所稱蜜户莊頭家人，皆內府所轄，如此不法橫行，憲典安在！爲大吏者遇此等抗頑重案，一獲要犯，訊明情由，即當一面通諭衆人，以歲事不齊乃閭閻氣數偶絀，國家如此沛澤頻仍，至再至三，若等即有委曲，何難據情控籲，至一經鬧堂鬧署，即屬不逞之尤，渠魁法在必行，脅從並不滋蔓，使小民無不洞悉；一面從權請出王命，將爲首數犯，立行正法，既可懲一儆百之義，且兇徒不致稍稽顯戮，庶爲妥協。著傳諭觀音保星速遵諭妥辦。其應治罪者，不得因循延案，應貸者亦不得輾轉株連。總在法信知懲，毋庸通詳具題，轉致有乖事體。亦不必俟方觀承審鞫定擬，將此並諭該督知之。（高宗六八三、一八）

(**乾隆二八、四、癸巳**)諭軍機大臣等：據觀音保奏，審辦遵化州刁民借糧鬨堂一案，辦理殊屬錯謬。朱履泰、翟三、吳大瞎子三犯，起意指使，固屬此案罪魁，其張九思等五十四人，俱屬脅從，予以滿杖發落，亦足示懲。惟崔四、王相、李五、王存仁、劉萬斗五犯，皆係摔碎公案、拆磚砌門夥黨，其刁頑兇橫情節，與朱履泰等無異，自應一併正法，使無知之徒，知所懲儆。(高宗六八四、六)

(**乾隆五〇、五、戊午**)諭軍機大臣等：據畢沅奏，據柘城縣知縣葉大奇稟報，拏獲盜犯劉振德一名，共黨羽無賴多人，希圖入城搶犯，該令率領兵役，在要路截拏。該犯等掠搶當鋪，聚集胡家莊地方，知府穆克登布，會同城守營參將，帶兵前往捕捉。該撫當即馳回省城，帶兵親赴該處查拏，並密咨安徽巡撫書麟飛飭州縣，一體嚴拏等語。所辦是，已於摺內批示矣。(高宗一二三〇、一九)

(**乾隆五〇、五、甲子**)諭軍機大臣曰：薩載……奏，臣於十六日抵亳，將該州先後拏獲首犯王立山、要犯李孟得及李克長等解豫審辦緣由具奏。查柘城匪犯及犯屬竄入亳州境內，已被拏獲者五十七名口，此外自必尚有逃匿，臣已咨詢河南撫臣查開逸犯姓名年貌，即督同文武員弁分途查緝，斷不使一名漏網。報聞。(高宗一二三一、一)

(**乾隆五〇、五、乙亥**)諭：據畢沅奏審明柘城縣奸民聚眾拒官一案，先將情重要犯審明正法一摺，已批交該部矣。此案王金、王立山等，起意奪犯，先糾眾一百二十餘人，嗣復焚劫村莊，逼脅入夥，聚集三百餘人，畢沅一聞該縣稟報，即馳赴該處督同勦捕，先後拏獲首夥要犯二百餘名，將為首各犯審明，先行正法，辦理甚為迅速。畢沅著交部議敘。至該犯等，於四月二十九日滋事之始，各攜帶刀棍，欲圖劫囚。因聞該縣葉大奇率領兵役，在要路截拏，不能入城，復退回胡家莊，糾眾多人，欲於五月初三日入城搶犯。適該府會同營員往捕，王金等持械抵拒，當被兵丁等鎗斃賊犯任鴻禮等十五名，拏獲張狗等六名。是此事畢沅未到之先，該府縣及營員等，辦理即屬妥協。除該府穆克登泰現已來京引見，該縣葉大奇前已批令查明送部，其營員實在出力可嘉者，亦著俟此案辦理全竣後，一併送部引見。……其餘在事出力之文武員弁，著該撫查明，分別等第奏聞，交部議敘，以示獎勵。(高宗一二三一、二五)

(**乾隆五〇、五、乙亥**)諭軍機大臣等：河南柘城縣奸民王金、王立山等起意糾眾奪犯，拒傷兵役，焚劫村莊一案，該撫等聞信帶兵前往查拏，先後鎗斃賊犯五十八名，拏獲首夥各犯王金等二百餘名，分別凌遲正法，辦理甚爲妥速,已有旨將畢沅交部議敘。並令查明在事出力之文武員弁送部議敘矣。此案王金等因借貸不遂,起意搶奪,並令楊鳳儀、李克長等分頭糾人,沿途搶掠,滋擾村莊四五處,糾衆至三百餘人,若地方文武擒拏稍遲,則日聚日多,必至蔓延釀成大案,尚復成何事體。(高宗一二三一、二七)

(乾隆五○、五、乙亥)又諭:據畢沅奏審辦柘城縣聚衆賊匪,分別先行正法一摺,內稱楊鳳儀與劉振德、王金等,先於四月初旬,向仵家集監生趙方來借貸吵鬧,疑其挾嫌通線,商同王金、王立山等起意搶奪趙方來家洩忿等語。是此案賊匪糾聚,由於借貸不遂,究因地方災歉所致。但該犯竟敢起意奪犯,拒傷兵役,焚劫村莊,肆行無忌,情罪實爲重大,不得不盡法嚴辦,以示創懲。朕批閱之下,尚爲之哀矜勿喜。至該省旱暵倍常,即是上天垂象示警,小民雖屬愚魯,亦各具有天良。該撫可密行剴切曉諭各地方富户,令其稍存賙卹,毋得囤集居奇,以至激而滋事。但不可使貧民知覺,反致長其刁風,借端索詐。著傳諭畢沅密爲留心,妥協辦理。(高宗一二三一、二九)

(乾隆五○、七、辛酉)大學士等會同刑部議覆:河南巡撫畢沅奏,柘城縣匪犯王金等,業經分別斬決梟示;其李二等六十七犯,被誘同行,持械助勢,又戴從仲一犯,雖未幫同搶刦,究係要犯戴文興之子,均屬黨惡,應照律擬斬立決,即行正法。得旨:此案王金等糾衆多人,拒傷兵役,焚劫村莊,情罪重大,非尋常聚衆抗差可比。李二等六十七犯,曾經分受王金等所搶財物,被誘同行,持械助勢,均係黨惡,本應依擬即行正法,但念豫省民風素稱淳樸,李二等俱係鄉曲愚民,被王金等誘逼入夥,於官兵前往查拏時,王金等給與器械喝令抵拒。該犯等畏懼,只在胡家莊助勢,並未拒傷官兵,較之王金等公然抗拒官兵者,尚屬有間。且此案先經官兵殲斃者五十八名,拏獲後凌遲斬梟者九十六名,今問擬斬決之李二等又有六十八名之多,若概令駢首就戮,雖屬該犯等孽由自作,而朕心究用惻然。除戴從仲一犯係要犯戴文興之子,應歸入緣坐案內覈辦外,其李二即李春泗、王合即王會、李克成、隨應書、蔣子貴、王得、李舟、張悦、張智、宋仁、李東洪、李東野、任豆、盧東柱、秦幅同、王幅如、石元臣、李宗泗、王天德、藍全、張連、韓幅成、朱台隆、孫可、李子燦、賈洪中、王明、張士賢、張同、張池、曹新發、陳緒先、秦玉、季寶德、劉發財、李有義、陳興、袁發祥、田四、李岳、王庚、王二、張禹順、唐四,俱著從寬免死,發往伊犁給厄魯特爲奴。王士秋、曹禄、邵貴、曹世良、劉勉、張四、張文治、索興、劉振、蔡增、李璜、劉玉、董天來、朱運、張思敬、張綱、李元貴、王重良、葛榮、韓文現、趙文仲、朱九德即朱明德、陳法孔,俱著從寬免死,發往黑龍江等處給素倫為奴。此係朕仰體天好生之德，於法外施仁，予以一綫生路，並著該撫畢沅遍示通衢，詳悉曉諭該省民人，不可因李二等之倖邀寬典，罔知儆惕，務宜安靜守分，共為良善，以副朕矜卹好生仁愛斯民之至意。（高宗一二三四、一八）

（乾隆五〇、一一、戊辰）諭軍機大臣等：據孫永清奏盤獲河南柘城縣糾衆搶奪案內逸犯李有等三名解豫審訊一摺。閱該犯等所供，俱於本年四月間，在新鄉、尉氏等縣，各自糾人搶奪糧食布匹後，聞柘城縣人搶王家集，纔趕去入夥等語。可見豫省本年夏初，因年歲荒歉，饑民糾約搶奪，不止柘城一案。後因王金、王立山等辦理迅速，正法多人，匪徒聞風畏懼，各自竄逃，地方寧靜。但各案俱係四月間之事，其時畢沅甫經到任，非該地方官隱匿不報，即係該撫未經奏聞。現在粵省盤獲之李有等三名，亦祇可歸柘城逸犯案內，審辦完結，已明降諭旨。但地方官於饑民搶奪之案，竟敢隱匿不報，恐長刁風。該撫即不以此事參劾，亦當另以別事將該員參處，以為玩事諱飾者戒。（高宗一二四三、六）

（乾隆五〇、一二、丁酉）諭軍機大臣等：據畢沅奏，廣西省盤獲柘城縣糾衆搶奪案內逸犯李有等三名，據供於本年四月間，曾在新鄉、尉氏等縣糾人搶奪，現委員密往該縣境內細訪，如李有等所供搶奪情事屬實，即遵旨劾參，統俟廣西省拏獲各犯解到，嚴訊得實，從重按擬等語。本日又據浦霖奏，拏獲張永一犯，據供於四月二十六日，在河南楊橋地方，與本處人楊先、山西陽城縣人王衛、高平縣人王福到柘城縣胡家莊，跟同王姓在扈家溜、王家集搶刼，五月初三日經官兵追拏，逃竄到湖南湘潭地方被拏。現飛咨河南省確查，以憑究辦等語。柘城案內逸犯，經鄰省先後拏獲，且張永又供有在扈家溜搶奪之事，亦未據畢沅奏及。可見豫省本年夏初因年歲荒歉，饑民糾約搶奪，不止柘城一處。此時廣西省所獲李有等犯，自已解到，著傳諭畢沅即歸於柘城案內審辦，速行完結。仍究明啟釁根由，據實覆奏。如新鄉、尉氏等縣果有匿報情弊，即遵前旨另以別事將該員參劾，毋稍迴護。至張永一犯，既經湖南省盤獲，此等惡犯業已供認搶奪屬實，自應速行定罪，何必輾轉詳查，以致躭延時日。著傳諭浦霖即將張永一犯迅速定擬具奏，止須行文豫省存案，毋庸再候該省咨復始行辦理也。至楊先、王衛、王福三犯，曾否就獲，作何審辦，並著畢沅一併查明具奏。將此由四百里諭令畢沅、浦霖知之。（高宗一二四五、六）

（乾隆五一、二、癸未）又諭：據孫永清奏續獲河南搶刼餘犯孔繼發、馬才二名，一併解豫質訊一摺。閱摺內孔繼發供，在柘城縣王家集搶奪之處,曾經畢沅奏及;而馬才又供有在族叔馬寅家及麻衣箱王姓家搶得高粱等語。可見豫省上年因被旱災,饑民搶奪不止柘城一處。今孔繼發等二犯,既經粵西挐獲解赴豫省,著傳諭畢沅即歸案迅速辦理,並轉飭各地方官善爲安頓,毋再使糾搶滋事。(高宗一二四八、一九)

(三)江蘇 安徽 江西

(乾隆四、六)[是月]安徽巡撫孫國璽奏:各屬得雨,并批飭預期報旱之懷寧等縣愚民,及審究鬨堂求賑之蕪湖縣劣衿等。得旨:覽奏,朕懷誠慰,汝所辦理亦覺得中,可嘉之至。(高宗九五、一八)

(乾隆六、一一)[是月,兩江總督那蘇圖]又奏:靖江、崇明二縣刁民,罷市脅官,妄希冒賑,已嚴諭地方官,務將首惡奸棍,盡法嚴處,以遏刁風。得旨:是,所見甚正。(高宗一五五、二三)

(乾隆六、一二)[是月,兩江總督那蘇圖]又奏:鎮江府丹徒縣洲民集衆告災,揚州府寶應縣民糾衆罷市。現在嚴挐重懲。得旨:辦理甚是。刁風不可長也。(高宗一五七、二六)

(乾隆六、一二)[是月]江蘇巡撫陳大受奏寶應罷市事。得旨:此在汝等大吏秉公持正爲之耳,非可以功令行之者也。(高宗一五七、二六)

(乾隆七、一)[是月,兩江總督那蘇圖]又奏:挐究崇明、靖江、丹徒、寶應捏災藉賑、賴租冒蠲、罷市抗官之犯,民風已肅,並分別上江蘇民饑民,恩法並施。得旨:所見甚正,妥協爲之。(高宗一五九、一三)

(乾隆八、六、己巳)又諭軍機大臣等:朕聞得今夏江西地方,因米價昂貴,奸民屢有聚衆搶奪之事。閏四月十二、三等日,則有南安府屬大庾、崇義兩縣鄉民朱佩月等之案。閏四月初旬,有南康、上猶兩縣鄉村居民被搶之案。又有贛州府城外虎喇橋、七里鎮、攸鎮搶米之案。閏四月十九、二十等日,有贛縣、萬安兩邑居民米穀被搶之案,隨經總兵會同府縣官,派兵查挐彈壓。以上各案,陳宏謀並未奏聞,其所奏者,止有二月內袁州府宜春縣之案、閏四月內吉安府永豐縣之案。看來江西刁民生事之處頗多,陳宏謀全無料理於事先,及至有事,又不據實陳奏,是誠何心,可速傳旨詢問,令其明白回奏。目下光景如何,伊作何料理之處,著一併速奏來。(高宗一九五、七)

(乾隆八、七)[是月]江西巡撫陳宏謀奏:南贛等府強借強搶各案,已經完結及料理接濟,地方寧謐緣由。得旨:所奏情節,知道了。……以後凡關民瘼之事,不可不留心速奏也。(高宗一九七、二三)

(乾隆一〇、四、丙午)諭:前據安徽巡撫準泰題參宣城縣知縣段雲翮

第五章　農村人民的生活和反抗鬥爭

聚衆闖堂一案，已降旨令該署督嚴審究擬。今御史張漢請特遣公忠大臣採訪審斷。……著刑部堂官遴選賢能官司一員，前往會同該督審擬具奏。（高宗二三八、七）

（**乾隆一二、三、戊午**）又諭：據安寧摺奏，徐州府屬宿遷縣革生王育英，因地方賑濟，希圖普賑，繕寫罷市知單，囑令窮民喊叫罷市。因天色尚早，各鋪原未開張，經知縣查拏，俱各奔逸，實屬罷市未成，應照刁徒直入衙門挾制官吏例，發邊外爲民等語。聚衆罷市，大干法紀，王育英既繕寫傳單，分貼縣城，乃謀事已行，何得以罷市未成，脫卸重罪。似此則刁風日長，大爲人心風俗之害，著傳諭安寧，改照光棍律定擬具題。（高宗二八七、一七）

（**乾隆一二、一二、壬戌**）諭軍機大臣等：宿遷縣革生王育英聚衆抗官一案，前據安寧僅問擬遣發，經朕寄諭訓飭。今據審擬改依刁惡頑梗之輩逼勒平民、聚衆抗官爲首例斬決，經三法司核擬具奏，已降旨依擬斬決矣。但安寧猶稱並無恃衿抗官不法情事，較實在刁惡頑梗逼勒平民、聚衆抗官者有間等語。王育英繕寫邀罷市知單，分貼縣東門，冀使該縣畏懼，又赴市以即得喫賑爲詞，引誘貧民，喊令閉市，明係強行出頭，逼勒聚衆，乃尚欲爲之開脫，姑息養奸，殊屬寬縱。可傳旨申飭之。再王育英前既有倡首引誘，窮民附和喊叫等事，將來行刑之時，或有前項窮民，糾聚啟釁，致滋事端，爾等可寄諭安寧，令其密爲防範，毋致疎虞。（高宗三〇四、一〇）

（**乾隆一三、四、丙子**）又諭：據安寧等奏報，沛縣夏鎮地方，有無籍之人與外來流民，搶取食物，以致正月十六日店鋪不敢開市。知縣武承運，不親往查拏，又不即時稟報，現在具疏題參。又正月內，蕭縣有婦女多人，聚集求賑，聲言欲塞縣署，經該縣勸諭，旋即散去，亦不即時查拏稟報，現在嚴行申飭等語。此等搶奪鬧賑之事，必應立時嚴拏，以警刁風。（高宗三一三、二四）

（**乾隆一三、五、己丑**）諭：據署江蘇巡撫安寧奏稱，蘇松產米州縣，因地方米價漸昂，私禁不許販米出境，因而阻截客船。至四月間，松江青浦縣，乃有刁民阻遏米客，打壞行家房屋器物。該縣及營汛往查，俱被拋石擲打，致傷縣役及把總頭顱之事，現經緝犯嚴究等語。刁民聚衆抗官，大干法紀，最爲地方惡習，不可不亟加整頓。前因山西有萬泉、安邑之案，及河南、安徽、福建等省或搶賑鬧官，或邪匪勾結，往往聚衆抗違，逞兇滋事，曾屢飭地方嚴究重處，並通行降旨曉諭。所期安靜奉法，而愚民動輒洶湧喧嘩，甚至毆官傷役，驕悍之風，竟成錮習。揆厥由來，總因朕保赤心殷，伊等有恃無恐；雖有嚴究重懲之諭，並未專設科條，是以無所畏憚。……此等直省刁民聚衆抗官要犯，作何令其警戒不敢干犯法紀之處，著該部另行嚴切定例具奏。……尋議：嗣後直省刁民，聚衆毆官，積至四五十人以上者，爲首照例擬斬立決，仍照強盜殺人例梟示。共有同謀聚衆，轉相糾約，下手毆官者係同惡相濟，亦應照光棍例，擬斬立決。其餘爲從之犯，照例擬絞監候。其被脅同行，審無別情者，照例各杖一百。並令該督撫遇此等案件，即據實先行奏聞，嚴飭所屬立拏正犯，速訊明確，分別定擬。如係實在首惡，即一面具奏，一面正法梟示，並將犯由及該犯姓名遍貼城鄉，使愚民咸知儆惕。如承審官不將實在首犯審出，混行指人爲首，因而斬決，及差役誣拏平人，株連無干，濫行問擬者，即將承審官分別革職，依律治罪。該督撫一併嚴加議處。從之。（高宗三一四、一二）

（**乾隆一三、五、癸巳**）諭軍機大臣等：據安寧奏稱蘇州府城百姓，因米價昂貴，刁民顧堯年倡首喧鬧，及交縣審訊，衆人復肆橫搶犯，署府姜順蛟直奔撫署，以致衆人追逐，擠破柵欄，經標兵拏獲三十九人，衆始四散，將知府題參一摺。近來屢有聚衆抗官之案，相習成風，必當嚴究痛懲。可傳諭安寧，令其審明實在主使及爲首要犯，立即杖斃，以儆刁徒，斷不可輕縱。其干連各犯，一併訊明，分別責懲省釋，勿致株累。至知府恇怯無能，因屬不職，然刁民尚未懲創，先將知府題參摘印，……將益長刁風，於政體大爲有礙。……但業經具題，事已無及，可傳諭安寧令其留心防範，善爲撫馭，勿致地方更滋事端。（高宗三一四、二五）

（**乾隆一三、五、丁酉**）又諭：署江蘇巡撫安寧，因四月間蘇城刁民聚衆鬨鬧，自陳鎮撫無術，請交部嚴加治罪一摺。近年各省屢有聚衆抗官之案，幾至效尤成習，而吳中民情，素屬澆漓浮動，性喜編造歌謠，譸張爲幻，謗讟繁興。即如米價騰貴，地方官既爲之勸諭，爲之籌畫平糶，而匪犯顧堯年仍復挺身而出，借端挾制，豈非光棍之尤。若不嚴行懲創，何以示警。該督尹繼善，現赴常州辦理秋審，著即赴蘇會該署撫，將此案徹底究明，務將主謀首惡，逐一確審，分別情罪，應正法者，一面具題，一面即行正法，以警奸徒。此案起事之初，安寧即行拏犯發審，匪黨立時四散，不過一時喧鬧，較之從前山西萬泉安邑之事，愛必達辦理失宜，以致釀成大案者，相去逕庭，安寧並無辦理不善之處，無庸交部議處。朕爲治一秉至公，法紀所在，不容假借，奸民敢於肆橫，則其咎在民而不在官，初非嚴於百姓而寬於安寧也。（高宗三一四、三一）

（**乾隆一三、五、丁酉**）諭軍機大臣等：蘇州刁民聚衆鬨鬧一案，現又據安寧奏稱，四月二十八日，街巷貼有無名揭帖，肆口相詆，並抄錄揭帖附奏。內有吉甫如來天有眼、禄山不去地無皮之語。所謂吉甫者，蓋指尹繼善而言。尹繼善現在常州秋審，刁民既望其來，即著尹繼善前往蘇州，一面彈壓地方，務令寧怗，一面會同安寧，查辦此案。必當同心協力，秉公執法，速行歸結，毋得沽名邀譽，違國家之憲典，博刁徒之感誦。……再據尹繼善奏稱，蘇州米價日貴。朕聞得安寧於上年冬月，曾傳諭城內紳士，勸其減價出糶，紳士畏懼，將所貯糧食，悉行私賣，以致棧米所存無幾，價值因而愈昂。此處，尹繼善又不可因此旨而爲安寧迴護，是否有此情形，著一併查明，據實奏聞。尋奏：奸民聚衆一案，臣奉旨後，即赴蘇會同安寧秉公嚴辦，作速歸結。至安寧傳諭紳士平糶，原有其事；但謂因此致紳士畏懼，將糧食私賣，棧米無存，則係傳言之過。報聞。（高宗三一四、三二）

（**乾隆一三、五、辛丑**）諭軍機大臣等：江蘇刁民，聚衆阻糶，近有數案，其中青浦縣朱家角鎮一案，尹繼善、安寧、譚行義俱經奏聞，吳江縣盛澤鎮一案，尹繼善奏聞，而安寧未奏，吳江縣徐方等咆哮縣堂一案，譚行義具奏而尹繼善、安寧尚未奏到。伊等同屬封疆大吏，……同在地方數百里內，何以陳奏參差若此？……今江蘇一省，因米價昂貴而奸民遏糶滋事之案，不一而足。如蘇郡顧堯年之自縛以煽惑衆心，其尤著者。將來輾轉效尤，何所底止。……可傳諭尹繼善、安寧、譚行義令其善體此意，並將此數案情節輕重，及現在如何辦理之處，具摺奏聞。尋據尹繼善、安寧會奏：蘇州顧堯年一案，已經發落。青浦朱家角鎮一案，審明踏沈米船、拆毀行面、并勒令罷市抗官，係秦補、王聖金爲首，應立即杖斃。爲從者分別充徒枷責。吳江縣盛澤鎮一案審明刁民萬友臣等借口出洋，鳴鑼誘衆，踏沈米船。該縣差役往拘，各犯反欲毆差，但尚無辱官鬧署及罷市等事，應照搶奪律擬徒。將首犯萬友臣先行枷責，爲從者分別發落。至吳江縣咆哮縣堂一案，查明實係訛傳，並無其事。得旨：覽奏俱悉。應時刻以懲奸安良存心，而辦理毋存欲寬欲嚴之念則得矣。又據譚行義奏，吳江縣咆哮縣堂一案，原不應即行瀆奏，因顧堯年一案，游手之民，目無功令，不可不急求懲治，故一併敍入，致與督撫陳奏參差，報聞。（高宗三一五、四）

（**乾隆一三、六、丁卯**）諭軍機大臣等：據安寧奏稱，蘇州府城顧堯年等鬨鬧一案，遵照諭旨，將首犯顧堯年等三犯，立斃杖下。其青浦縣朱家角地方罷市一案，亦照此辦理，將爲首秦補等二犯杖斃等語。刁民聚衆抗官，恣爲不法，立斃杖下，毫不足惜。但在起事之初，群情洶湧，或衆犯不服拘拏，强梁鬨鬧，則杖斃一二人可以挫其兇悍之氣，使早爲解散。至既經拏獲究審，自應按律定擬，若加以杖斃，必有議共法外用刑、草菅人命者，轉不足服衆心而懲兇暴。朕因近日聚衆之案甚多，特命刑部定議，照陝甘刁民聚衆之例，立即正法。安寧辦理此二案，尚未接到部議，是以遵寄信諭旨，將顧堯年等杖斃，其秦補等二犯，亦行杖斃，未免輕率，致滋謗議。嗣後辦理此等案件，拏獲到案後，應照新定之例，立置重典，方足以示儆。至爲從充徒之犯，易致脱逃，且恐多事。京城積匪，爲害地方者，有永遠枷號各城門示衆之例。此二案從犯内，如陸高棗子、壞棗子等，私立此等名字，必係無賴匪棍，皆應永遠枷號，以儆兇頑。其盛澤鎮遏糶鬨鬧、吳江縣咆哮縣堂二案，辦理又屬有意從寬，恐愚民不知感恩，轉謂官長爲所挾制，不敢深究。是以嚴於前而寬於後，因此益長刁悍，更不可爲訓。可傳諭安寧，令其遇事留心斟酌，妥協辦理。不必有意從嚴，亦不可有意從寬。務期綏靖地方，和輯衆志，以副委任。（高宗三一六、一九）

（乾隆一三、八、癸未）又諭：據安寧具奏，通州、如皋交界之白蒲鎮地方，奸棍吳偉度等糾衆遏糶搶當一案。内稱，首犯吳偉度自知情罪重大，緝拏嚴緊，無從遁逃，於七月二十四日潛逃回家，是夜即自縊身死等語。此等刁棍，奸詭百出，兼之家道頗裕，必將百計求生，其自縊之處，雖云當衆驗看，難保其無假捏身屍，或用術詐死，賄通吏仵人等扶同指認之弊，外省辦理重案，不得不加意詳審。可傳諭策楞，再行留心查驗，務得確實證據，毋稍疎忽，致墜奸術。其從犯李皮猴兒等，擬罪之處，悉照所奏辦理完結。（高宗三二二、七）

（乾隆一四、九、庚申）諭軍機大臣等：吳偉度糾衆遏糶搶當一案，吳偉度於事發後自縊，伊身家頗裕，恐不無假捏。從前曾降旨詢問，雖經該撫復稱縊死屬實，然該撫不過憑信保總及被告人等供稱認明，并未實心體訪。近有廣東省袁安煜之子捏報身死，該督撫查獲人犯及所隱匿贓私，將具詳之知府題參。可見譸張爲幻，無所不有。吳偉度一犯，著黃廷桂、雅爾哈善再行確訪有無虛捏，不得僅以行文取結，潦草了事。（高宗三四八、一七）

（乾隆一四、九、庚申）又諭：朕閱江蘇省秋審招册。該撫原擬緩決、經九卿改擬情實者六案。内如……胡連、吳佩元、皮大成三犯，乃吳偉度糾衆案内附和遏糶搶當首惡；李皮猴兒雖經伏法，而此等助亂逞兇餘犯，不處以立決，已屬寬典，今至秋後處決，實爲法所不宥。……雅爾哈善姑息邀名之習，屢加訓諭，看來毫未悛改。著傳旨嚴行申飭，如仍若罔聞知，必從重處分以儆廢弛。（高宗三四八、一八）

（乾隆一四、九、辛酉）諭軍機大臣等：乾隆十三年八月内安寧具奏，通州如皋交界之白蒲鎮，奸棍吳偉度等糾衆遏糶搶當，其首犯吳偉度自知情罪重大，緝拏嚴緊，潛逃回家，自縊身死一案。朕當即降旨，此等奸棍刁詭百出，兼之家道頗裕，必將百計求生，其自縊之處，雖云對衆驗看，難保其必無假捏身屍，或用術詐死，暗通吏仵人等，扶同指認之弊。諭令接任巡撫，再行留心查驗。……著傳諭吉慶、圖拉，令其將吳偉度果否身死之處，有無詐偽脫逃、藏匿踪跡，抑或另有情節，衆人輿論如何，密行查察，不必作官事承辦，惟務得實在情形。或從沈彬如、劉仁榮、孫本立三人探取確信，自可得其底裏。據實詳悉奏聞。尋奏：密查吳偉度實係自縊身死，并無詐偽。得旨：覽。（高宗三四九、一）

（**乾隆一六、閏五、乙未**）江西巡撫舒輅奏：據峽江縣具稟，該縣示期開糶，五月十五日，有劉賢士等，倡議平糶碾米須用市斗，向管倉人告求。經監生袁太衛勸阻，該犯等以袁太衛不卹人艱，即向其家分搶稻穀衣飾等物，經縣拏獲。又臨川縣具稟，五月十六日，有李近能、饒玉英及隨同之王紹俚等十餘人，向監生余飛龍家持物當穀，余飛龍答以無穀可當，即各進室量穀二三桶不等而散。又上頓渡地方，於五月十九日演戲，匪類洪褒俚，見有載糯船泊河干，輒稱米穀出境，倡言攔阻，隨率同萬佑俚等七八人上船，各搶米數斗而逸。其餘强買不合輒行搶去各案，按律止於杖徒，然偶因糧貴藉端，此風斷不容長。內峽江縣一案較重，臣即提省親訊，當各重責枷號，並將律例詳悉開導曉諭。現俱寧帖畏服。得旨：甚好。執法辦理，以靖刁風。（高宗三九一、二五）

（**乾隆一七、二、辛酉**）兩江總督尹繼善奏：……近因米貴地方，如江寧、通州等處，有向富户强借扒搶者，已飭嚴拏重處，以遏刁風。得旨：去歲江南雖有偏災，較浙省若何？而亦有扒搶之事，此必奸民鼓惑衆聽，應嚴處以靖閭閻。覽奏似有將就了事之意，甚不可也。何以重處，擬實奏聞。（高宗四〇九、一二）

（**乾隆二〇、九**）［是月，江蘇巡撫莊有恭］又奏：崑山縣自八月二十日以後蟲傷頗重。二十六日鄉衆赴縣報災，不知該縣許治先已公出，只疑在署不肯受理；擁入煖閣，掀翻書案。嗣知該縣實不在署，始一鬨而散。臣提各犯研審，將劉二、鄔六立予杖斃；餘分別枷杖發落。得旨：所辦尚屬過寬，何以警刁風耶？（高宗四九七、三二）

（**乾隆二〇、一二、庚戌**）諭軍機大臣等：據普福等奏稱，下江被災各屬，內崑山縣，有愚民告災，哄擠宅門之事。泰州、阜寧，亦有要挾求賑者。至通屬之金沙場，有無知婦女，因米貴求賑，該大使王弼，不即出堂曉諭，以致擁入衙署，經汛兵拏獲，始行解散等語。州縣偶遇偏災，果其撫卹得宜，民情自必安怗，若使辦理不善，以致百姓哄鬧，即應將該州縣嚴參。如現在已經散賑，並無官吏侵蝕情弊，而刁民乘機聚衆，要挾生釁，則當痛懲，以儆刁風。蓋要挾不已，必致搶刦，良善爲之不寧，地方因以滋事，該督撫等正不得稍爲容隱，啟姑息養奸之漸。乃莊有恭惟崑山一案，前曾奏聞，而金沙場及泰州、阜寧等屬鬧賑之處，尹繼善、莊有恭均未入告，伊等所司何事，著傳旨申飭。（高宗五〇二、三三）

（**乾隆二三、四、丙辰**）諭：前據尹繼善、高晉奏，宿松縣流丐數十人，執有器械搶奪傷人，將縱匿之典史等參革，並派委員弁，追至楚省，現經蘄州官役，將流丐何連等拏獲監禁。嗣據碩色、莊有恭奏到，則流丐百餘人，自江入楚，攜帶刀斧，攫物拒捕，格傷居民，先後拏獲九十四名口；訊係江南潁州人民，因本籍荒歉，出外求乞各等語。朕遇各省偶有偏災，不惜帑金，多方賑卹，惟恐一夫失所。自朕二十三年以來，常如一日，此中外臣民所共知共見者。上年豫省被災，地方大吏遵朕諭旨，竭力撫綏，其流出本境者，又酌量資遣回籍，俾各安本業。潁州雖屬被災，業已加恩給賑，若該地方官散賑得宜，何致百姓逃荒；然果係良民，亦自然守貧安分、重去其鄉，即就食他處，亦無私攜器械、糾約多人、沿途搶竊拒捕格鬥之理。則非因饑乞食、不得已而流離轉徙者可知。此等莠民，若不嚴加懲治，必致所至騷擾，釀成事端，所謂涓涓不塞，將成江河也。而該地方各官，既不能使賑卹之恩遍及，俾百姓不致逃荒；而於玩法莠民，又畏葸徘徊，甚有以驅出本境爲了事者。牧民之道，固如是耶？現在楚省拏獲之何連等，已交該督撫嚴審從重定擬。其江省潁州及經過各州縣，並著該督撫查明，逐一參處。（高宗五六〇、一）

（**乾隆四三、一〇、壬戌**）諭軍機大臣等：據閔鶚元奏，合肥縣民人夏瑤江等，因該縣撮城鎮地方，客販馱米下船，邀衆攔阻，巡檢汪立誠前往彈壓，夏瑤江毆傷弓兵。經縣役拏獲，旋被夏惟凡等奪去，復趕去汪巡檢寓所，毆及巡檢額顱手指，逼寫字據。現已拏獲夏惟凡等三犯，即星馳前往查拏審辦等語。地方偶遇偏災，即切諭地方官照例撫卹，妥協查辦，勿使失所；若刁民藉端生事，則必盡法處治。（高宗一〇六八、一八）

（**乾隆四三、一〇、丙子**）諭軍機大臣等：前因合肥縣民夏瑤江等阻截米販，拒捕傷差，及夏惟凡奪犯毆官一案，情罪甚爲可惡，隨諭令閔鶚元上緊嚴緝務獲，訊明案情，從重多辦數人，以示懲儆。嗣據閔鶚元將拏獲夏惟凡等十一名，分別斬絞發遣，定擬具奏，惟夏瑤江一犯，尚未就獲。本日據李奉堯奏，於蒙城途次聞報，即馳往督拏，並派委員弁，協同營縣嚴密購緝，已將案內首夥各犯拏獲十一名，惟夏瑤江一犯未獲等語。夏瑤江糾衆攔截米販，拒傷弓兵，實屬目無法紀，爲此案起意要犯，必當盡法懲治，斷不可任其久稽顯戮。何以至今尚未弋獲？著再傳諭周鶚元，迅速嚴飭所屬，實力購緝，並專派明幹大員，上緊督辦，務將該犯立時擒獲，審明從重定擬，毋使遠颺漏網。（高宗一○六九、一二）

（乾隆四四、三、乙酉）諭軍機大臣曰：郝碩等奏，樂安縣民婦二十餘人，擊鼓鬧堂，並有奸民二百餘人擁至，擲石傷官，搶去衣皿等因一案，情節甚爲可惡。丐婦先行，奸徒踵至，以乞借錢米爲名，甚至毆官鬧署，斷非事起邂逅，必有主使之人，不可不徹底根究，重示創懲。自應將現獲各犯，嚴訊起意糾衆及同惡相濟之犯，多辦數人，庶足以戢刁風而肅法紀。（高宗一○七八、一）

（四）浙江　福建

（康熙五〇、五、己酉）諭大學士等曰：聞福建百姓聚集數千，在泉州所屬地方，搶奪食物，奔入山中。提督藍理，三路率共進勦，一路兵少爲折挫，如果有所獲，藍理必早已題報矣。此事督撫提鎮等俱未奏聞，將軍祖良璧雖大略奏聞，亦不明白，朕乃得之傳聞者。其賊盜各處所貼揭帖，朕亦得之。揭帖內，稱皇上以我等閩省老幼，如同赤子恩養，屢次蠲免錢糧，又截漕由海運而至，欲令賑濟乏食之民，閩省老幼子女，無不感激歡躍。但地方官負皇上之恩，不曾施及百姓，故我等窮民窘於衣食，不得已而爲此，若各處富戶不將屯積米石糶賣，我等必搶奪等語。去年朕一聞福建饑荒，即命截漕三十萬石賑濟，差去大臣及地方官，以三十萬石太多，十五萬石即足，因止存留十五萬石。想此米俱散給兵丁，未必散給百姓，所以無甚裨益。若果截留三十萬石米運去，民食充足，於地方必大有裨益也。伊等原非賊盜，因年歲歉收乏食，不得已行之耳。若即出官兵征勦，未免又生一事，朕意遣部院大臣、侍衛，往行招安，即可平服。如此，則人民不傷，亦不至有害地方，著問九卿詹事科道具奏。（聖祖二四六、一一）

（康熙五〇、六、己未）差戶部左侍郎張世爵、一等侍衛巴亥、三等侍衛賴希等，前往福建招安泉州山寇。諭曰：此輩山寇，原係農民，今一旦爲寇，田畝無人耕種，必至荒蕪。如此，則米價益貴，無有生路矣。彼若來降，仍可耕田度日。將伊等不行治罪之處，使之通曉，爲首一二人，須加懲治。爾等到地方，可將朕諭旨盡行書出，大張告示，明白曉諭。（聖祖二四六、二十）

（康熙五〇、八、辛酉）福建陸路提督藍理摺奏：福建所屬永春、德化二縣交界地方，有盜首陳五顯等，逼勒愚民二千餘人人夥，搶奪百姓，拒敵官兵。臣令參將尚之瑨，統領官兵往緝，兩次遇敵，殺賊八十餘名，中傷脫逃者，不記其數。盜黨張辰、王富、蘇標俱已投到。其附近賊巢村民，仍不廢耕織，照常安業。惟陳五顯脫逃，俟拏獲正法。得旨：督撫提鎮等，平時不能撫卹百姓，訓練兵丁，及有事，又不能相機速行勦撫，縱容盜賊滋蔓，騷擾地方，肆行搶奪。且遲延日久，不將其事奏聞，乃稱百姓不廢耕織，照常安業。夫强盜、竊盜多至三四十人，百姓尚畏懼逃避，況數千民人爲盜搶奪，豈得謂百姓不廢耕織、安居樂業乎？此係伊等掩飾己過，希圖卸罪，巧行誑奏，著該部嚴察議奏。(聖祖二四七、八)

（雍正四、七、辛卯）諭内閣：凡各省地方，有缺米或米價昂貴者，必係其地上年荒歉所致。今楊文乾奏，廣東米貴，駐防兵丁有不許巡撫減糶之事。宜兆熊、毛文銓又奏福建缺米，有土棍搶米之事。此二省上年俱奏稱豐收，並未云荒歉也。(世宗四六、一)

（乾隆八、閏四、壬午）福建陸路提督武進陞奏報：南平縣奸民，抑勒官府開倉平糶，聚衆罷市，現在嚴緝各犯。得旨：所奏俱悉。其爲首奸民，必不可使漏網也。(高宗一九一、一四)

（乾隆八、六）[是月]閩浙總督那蘇圖奏報雨水情形，并拏獲搶米奸徒，現在各屬寧靜。得旨：欣慰覽之。又撥十萬漕糧接濟，可速出告示，以慰民心。(高宗一九五、三〇)

（乾隆九、七、癸卯）又諭：……今朕聞浙江西安地方缺雨，六月二十日，該縣知縣董宗孔，正赴各鄉查勘之際，有鄉民多人，各將被旱禾苗，棄置縣堂，人聲嘈雜，近縣市店，多有閉門、傳聞罷市者。此事常安並未奏聞，爾等可寄信詢問，或係該縣辦理不善，或係刁棍倡謀滋事，令其據實具奏。如刁民藐法妄行，則尤應嚴懲，而地方官或以罷市爲諱，則更不可也。尋奏：六月二十日，西安知縣董宗孔，查勘各處，鄉民不知該縣他出，遂將旱禾棄於堂上，非不行驗看所致。至罷市之說，乃係人衆訛傳，實無比事。嗣以其中爲首之人，未經查獲懲治，不敢遽行陳奏等語。得旨：汝雖不言，朕豈不知。此等鄙見，改之戒之。(高宗二二一、二五)

（乾隆九、九、丁亥）諭大學士等：今年浙江所屬被水之州縣頗多，常安具摺奏報時，朕恐其不無掩飾，屢次硃批，切切訓諭。今聞嚴衢所屬地方，有被水較重之處，而淳安縣爲尤甚。近城之水，竟長至二三丈，不獨田廬禾稼受淹，即民人亦多傷損，且貧民乏食，竟有搶奪鋪户食物，并强賖商米等事。常安俱未據實奏聞,止稱間有一二愚民,強行借貸,其被水之民,已委員給賑一月口糧。看來常安之奏報災傷,顯有粉飾,其辦理賑務,亦覺草率。可即傳諭申飭之,令其加意撫綏,毋使小民失所。(高宗二二四、二五)

(乾隆九、九)［是月,署閩浙總督、福建巡撫周學健］又奏;浙省各屬被災後,有紹興府屬上虞縣奸民金爲章等哄誘貧民,肆行勒借富戶穀米,該縣遣役拘拏,負固不服。伏思此等奸民,斷不容稍縱,致長刁風,當即嚴飭設法擒獲。得旨:告之馬爾泰,此事不可稍縱。將如何處分之處,摺奏以聞。(高宗二二五、二五)

(乾隆九、一〇、癸酉)［浙江巡撫常安］又奏:浙省紹興府民風每多好勇鬭狠,喜習拳棒。據該府周範蓮詳稱,上虞縣地方,地棍金爲章等,窩留胡尚公爲教師,集多人學習拳棒,逞強借穀,意在鼓惑窮民,將爲搶奪之舉。現經陸續拏獲到案,研訊定擬。得旨:亦應嚴究者也。(高宗二二七、一九)

(乾隆一三、一、壬辰)諭軍機大臣等:顧琮所奏餘姚縣鄉民硬糶擠開角毆一案。該縣僅拏獲四五人,從輕枷責發落。顧琮雖稱飭司查究,並未將滋事奸民,應如何嚴懲以儆刁風之處奏聞,殊屬寬縱。此案顧琮加意嚴加辦理,毋得稍有姑息。(高宗三〇六、一三)

(乾隆一三、五、己亥)諭軍機大臣等:朕聞福建廈門港仔尾地方,因今歲米價昂貴,刁民糾衆,搶掠米鋪五家,每鋪各搶去米二十餘石。該處爲水師提督駐劄之處,似此聚衆搶奪,該提督張天駿何以不行奏聞?可傳旨詢問。並令該督撫等,查明據實具奏。(高宗三一五、二)

(乾隆一三、五、壬寅)又諭:據喀爾吉善奏稱,浙江溫州府樂清縣貢生鄭奇斌存有餘粟,族衆向借不允,鄭圖南等即硬將穀石挑去,鄉愚即有效尤硬借富户穀石者。又據處州松陽縣徐陞寄貯租穀,不肯出借,佃户孟季祥等即自行開倉挑去,經該府縣嚴拏枷責究追,仍令究明倡首之人,重治以罪等語。此等強借米穀之案,刁風斷不可長。喀爾吉善即行嚴拏懲治,并究倡首之人,亦祇可如此辦理。(高宗三一五、七)

(乾隆一三、七、癸卯)諭:福建廈門港仔尾地方,因今歲米價昂貴,刁民營兵等,欲照平糶官價向米鋪買米,乘機搶擄鋪户米豆等物。水師提督張天駿駐劄該處并不據實陳奏,及經該督撫查拏匪犯,内有提標兵丁王贊等四名,現在究審定擬完結。張天駿以封疆大吏,不能約束提兵,目擊刁匪搶奪情形,瞻徇不奏,著交部察議。……尋議:張天駿應照徇庇例降三級調用。得旨:張天駿著照部議所降之級從寬留任。(高宗三一九、八)

(乾隆一六、五)［是月］署浙江巡撫永貴奏:……至前奏黄巖、瑞安、平陽等縣鄉氏，混向富户強借攫取各案，臣委護嘉湖道塔永寧前往，訪出爲首地棍，嚴拏重懲。隨有自行還贓者，亦有赴縣自首者，雖皆無知窮民，要係土棍流丐，從中倡始，每縣均已拏獲數名，分別審究。牙行米舖聞風，每石即減價二三錢不等。并據温州鎮札稱，漕米均於本月十九、二十等日，陸續遲到。現在民情欣躍，地方寧謐，並無效尤滋事之處。報聞。（高宗三八九、二九）

（**乾隆一六、六、甲寅**）諭軍機大臣等：……又聞衢州府屬之常山縣，米價稍昂，富民囤積米糧。道員鄭基，公言將來必致搶奪。奸民一聞此言，遂先搶奪一家，該道轉以爲不出所料等語。前據永貴查奏，惟温、台、處三府所屬，有因米價稍昂，以致搶奪數案，而衢屬常山，未經奏及。由此觀之，可見該省民風，不能安靜守法，一遇米貴，輒生事端。而地方監司大員，亦不知彈壓禁戢之方矣。現已降旨楚省，撥米赴浙，自可陸續接濟。著傳諭永貴務董率屬員一切平糶事宜，實心經理，曉諭窮黎，毋得借端滋釁。如有恃衆不法，即行嚴查究懲，不可因循姑息，以長刁風。（高宗三九三、四）

（**乾隆一六、六**）[是月] 浙江巡撫永貴奏：本年閏五月內，有金華府刁民方自新等，於初五日鬨閙公堂，挾制罷市一案。據該道府督同該縣，陸續拏獲人犯二十餘各，內有生員四人，已據解到嚴審。又太平縣鄉民請糶鬨閙一案，亦訪獲滋事刁徒吳阿宗十餘人。據府禀，訊係該縣役明知故縱屬實，不日亦可解至省。又前月二十五日，風聞處州府遂昌縣，亦有刁民鬨閙塞署罷市之事，隨委員前往查拏。據禀緝獲葉和生等二十四名，內亦有生員二名，監生一名，究出起意聚衆之武生毛嚴，一併拏獲，解省未到。又金華府湯溪縣、衢州府江山縣，皆有鬨閙米廠之事，獲有刁民劉三元及武生鄭一元等十數名。以上各案，雖情罪輕重不同，但開倉出糶，原爲寧謐地方，如果道府牧令實力奉行，何致劣衿奸棍屢屢滋事。此等玩法刁徒，必應嚴懲；而辦理不善之地方官，亦未便以恐長刁風稍存姑息。……得旨：是，應嚴處以警刁風。（高宗三九三、二〇）

（**乾隆一六、六**）[是月] 閩浙總督喀爾吉善等奏：浦城、江山二縣，爲閩浙連界要地，江邑棚民，常年口食，取給附近各村。本月初間，據楓嶺、浦城二處文武禀報，漁梁九牧，通衢村落，日有江邑棚民，向富户勒買米穀，兼索酒食挑運而去。臣等查衢郡米貴已甚，江山縣地當孔道，往來商賈，需食殷繁，以致各山場棚民無米可買，遠赴浦邑，紛紛購糶。衢郡雖撥有省米一萬石，僅可在城市分廠接濟，廿八都一帶，離縣窵遠，并無水路可通，若不設法調劑，恐異籍窮民，因而滋事。查浦城縣倉貯穀七萬餘石，現飭撥出一萬石，碾米平糶，以資各處棚民，并過往商賈人等需用。其糶出價銀，除運費并廠用

外，餘解回浦邑，於秋後買補還倉。報聞。（高宗三九三、二一）

（**乾隆一七、四、壬寅**）諭軍機大臣等：喀爾吉善奏到，温、台屬縣奸民強搶米石，現委道府究明為首之人，用大枷枷號，遍遊城鄉兩月，滿日仍行收禁，按律從重定擬等語。比等強搶為首之犯，鼓惑鄉愚，肆行不法，最為地方之害。必當示以重懲，方足禁遏刁風，即其罪不至死，亦不可拘泥常例，僅予枷號兩月。應令永遠枷號，俟一二年後，酌量省釋，奸民庶知儆惕。大凡搶奪之案，多由富民居奇閉糶而起，地方官遇有災傷，即當先期一面勸諭富民，出所有餘，通融平糶，一面密為彈壓保護，使兩得其平，則奸民無可乘之機，地方自必寧靜。迨搶奪已行，執法而繩其後，富者被劫，貧者受刑，所傷實多，已無及矣。至事後辦理過嚴，則以求生迫急之災黎，罹於刑憲，實可憫惻；遇寬，則強梁縱肆之徒，一呼百應，更慮釀成事端。該督撫辦災時，當一一豫向司道明示此意，使董率屬員，善為體悉，方合機宜。現在青黃不接之時，尤當時時留心。將此諭喀爾吉善知之。（高宗四一二、六）

（五）其他省區

（**雍正四、五、丁巳**）廣東巡撫楊文乾疏報：姦徒鼓衆打搶米廠，毆傷官弁，喧鬧公堂，內有旗標兵丁，請特差大臣審理。得旨：原任廣州將軍李杕，已令來京，著兵部左侍郎塞楞額馳驛速赴廣州，會同署廣州將軍阿克敦、巡撫楊文乾審究。（世宗四四、四七）

（**乾隆六、六**）[是月]左都御史管廣東巡撫事署理兩廣總督王安國奏報：各屬雨霑足。得旨：覽奏稍慰朕懷。但因前此缺雨，頗有刁民罷市搶糧，此風固不可長，亦見地方官料理不妥所致也。汝其加意調停可也。（高宗一四五、二八）

（**乾隆六、六**）[是月]廣東潮州鎮總兵官武繩謨奏報：閩省臺灣委員來潮，借運倉穀，潮陽縣民閉糶罷市，現經文武協同查拏審究。得旨：已有旨諭王安國矣。刁民因撥借臺穀而罷市，此風固不可長，然亦汝等平時不能彈壓地方、和輯兵民之所致耳。以後當諸事留心，奮勉改過。（高宗一四五、二九）

（**乾隆六、七、庚午**）又諭軍機大臣等：廣東潮陽等縣，今夏米價昂貴，曾經開倉平糶。後因五月初旬，遽行停止，愚民因而罷市。知縣左興公幹初回，男婦擁擠縣堂，懇求糶米。該縣已許開倉，尚有不法之徒，擁入典史衙署，毀碎轎椅等物。保祝所奏如此，該督撫何以竟不奏聞。可傳諭王安國，若果有司辦理不善，咎固難辭；至於百姓罷市，鬧入官署，此風斷不可長，必應嚴加懲治，以儆刁風，不可少為寬縱。（高宗一四六、一八）

(乾隆六、七)〔是月〕廣東潮州鎮總兵武繩謨奏嘉應州棍徒攔阻採糴情形。得旨：所奏俱悉。龐嶼辦理或有徇庇不妥之處，據實奏聞。(高宗一四七、三三)

(乾隆六、七、丙申) 諭軍機大臣等：前因廣東潮陽等縣辦理平糴不善，百姓罷市，鬧入官署，已屢降諭旨令王安國查辦。今又聞海陽縣民人買穀赴潮，船由嘉應州河下，竟有地棍結黨攔阻，不容放行。又廣州油欄等門，藉稱米行包攬米穀，賣販外商，將鋪面打碎。合朕前後所聞觀之，在潮陽於停止平糴之日，遽將倉穀撥付閩省，民因之而罷市。嘉應則本處米價每石賣至一兩五錢，海陽穀船路由河下，爲棍徒攔阻數日。有司竟未嘗一問。廣州省會之地，復敢疊肆搶奪，地方大吏所司何事。……尋據王安國覆奏，撥運閩穀，潮民阻撓罷市情形及辦理潮郡歉收之處，已經題奏一摺。得旨：知道了，以後有關民瘼之事，切不可輕視也。(高宗一四八、六)

(乾隆六、八、己未) 諭軍機大臣等：從前廣東潮陽縣停止平糴罷市一案，已降旨令王安國查辦。今又聞得六月十七日五仙門外，有好事之輩，捏稱粵米被閩省商販買運，米行射利擡價，傳貼白帖，將聶姓酒米店打搶。十八日，復遷怒於隆順行，糾眾打毀，且在沿河地方，擁擠雜沓，乘機搶去米糧貨物。又嘉應州地方，於六月初二、三日，亦有刁民生事。觀此情形，固屬民風刁悍，亦是地方官料理不善所致。可傳諭王安國，令其不時留心，毋得疎忽。(高宗一四九、一〇)

(乾隆六、九)〔是月〕左都御史管廣東巡撫王安國奏：辦理嘉應州攔阻米船，及省城五仙門外打搶米行二案情形。得旨：此等刁風，不可長也。宜嚴加處置，以警其餘。(高宗一五一、二三)

(乾隆八、七)〔是月〕貴州總督兼管巡撫事張廣泗奏：畢節縣鄉民索借米穀，以及銅仁縣街民罷市緣由。得旨：所奏俱悉。此等刁風近日頗熾，所應留心整飭者也。(高宗一九七、二九)

(乾隆一二、六、辛未) 諭軍機大臣等：據達勒當阿奏，奉天牛莊地方，因上年歉收，米價漸貴，經章京伊圖出示，不准米糧載往別城販賣，百姓因此攔阻過境糧草。後該章京伊圖忽又派兵將攔阻之車護送出城，以致石匠王君弼等在街鳴鑼，欲將出城之車輛，仍復攔回。巡檢洪魁，當聞信差拏，王君弼等誼鬧無忌，將巡檢並章京伊圖住宅一併堵塞。現在委員逐一查拏，嚴加彈壓，俱各畏罪帖服等語。刁民抗官圍宅，目無國憲，漸不可長。況奉天爲根本重地，大關緊要，非他省可比。可傳諭達勒當阿等，速行查審，嚴加究治，俾奸民知所畏懼，以懲刁風。(高宗二九二、一九)

第五章 農村人民的生活和反抗鬥爭

（乾隆一二、七、壬寅）諭軍機大臣等：據大同總兵官呂瀚奏，得勝口外鎮寧所地方，有生員李曰英等，在理事通判衙門喧鬧，先後拏解四人，交大同知府衙門審究等語。山西萬泉、安邑刁民，甫經懲創，遠近百姓，即有愚不逞之徒，亦當聞風斂跡，何得尚有喧鬧官署之事，可謂憨不畏死。著傳諭德沛，令其從重盡法嚴處，無得以其微而忽之。（高宗二九四、二〇）

（乾隆一七、六、戊午）又諭：據永常奏稱，湖南湘鄉縣知縣卓爾布遵奉撫檄，平糶倉穀。有刁民周二、朱姓等意欲多買，率衆搬石縣門，喝令罷市。藩司周人驥等委知府呂肅高前往，臣恐查辦未周，即委岳常道淑寶星赴該縣，率同查辦等語。此事在于六月初八日，時永常尚在黃州查審逆案，至十三日回署，接據該藩臬等稟報，即行奏聞。而范時綏近駐長沙，何以轉未奏及？即云欲待查明情節，再行入告，然此等刁民聚衆之事，獨不宜一面查辦一面奏聞耶？看來范時綬近日所辦事務頗不如從前之勇往奮勉，……傳旨申飭。（高宗四一七、二二）

（乾隆一七、七、辛巳）又諭：據范時綬所奏，湘鄉縣刁民周二等聚衆抗官一案，尚屬照例查辦，不致草率。至所稱知縣卓爾布激成事端，辦理不善，現在會疏題參等語，尚未見其妥協。若因刁民滋事，將地方官即登白簡，將來愚頑之徒，必且以比脅制官長，殊非整飭刁風之道。但既已具題，必已摘印，看來卓爾布亦非稱職之員。此後若遇此等案件，應於事後酌量改調，或再行參革，均未爲晚。可傳諭知之。（高宗四一九、一一）

（乾隆三一、二、庚戌）又諭曰：和其衷奏查審合水縣災民鬨堂罷市一案，及派往稚爾屯田兵丁事宜二摺，雖已批示，仍著將和其衷原摺寄舒赫德閱看，如有應行辦理之處，即行查辦。（高宗七五四、一九）

（乾隆三二、三）[是月]陝西巡撫明山奏：據長武縣知縣稟報，該縣里民夥衆百餘入城，以告借籽種爲詞，將書役七家房屋拆毀；現已會同營員，獲犯三十餘名。臣當即馳抵該縣，查勘被拆房屋屬實，隨將獲犯逐一研究，惟武肖等十一名，係夥同滋事之犯。又據陸續供出姓名，續獲三十五名，訊係尚景福起意指使，武肖首先糾約，胡良孝喊令拆房。但夥犯尚未拘齊，應俟全獲後，從重究懲。（高宗七八一、三五）

（乾隆三二、四、乙卯）諭軍機大臣等：明山奏尚景福等糾衆借糧、挾制縣官一案，止將爲首二犯，問擬斬決，其同謀糾衆之武肖、武應參則僅擬絞候；且將爲從之杜炳等六犯，比照被脅同行例，擬以枷杖完結，實屬輕縱。已經刑部改擬，照議准行矣。此等聚衆行兇之犯，目無法紀，其風斷不可長，非多辦數人，不足以示創懲。明山辦理此案，未免意存姑息，著傳旨

申飭。(高宗七八三、一〇)

(乾隆三二、五、丁亥) 諭曰：明山奏長武縣民尚景福糾衆借糧一案，知縣曹立基、都司趙廷棟昏憒無能，不能擒獲要犯，任其當場兔脫。知州韓成基，既漫無覺察，又不督率查拏等語。曹立基、趙廷棟俱著革職，韓成基著交部嚴加議處。其曹立基短發草價，并失察書辦需索各情節，著該撫一併嚴審，定擬具奏。(高宗七八五、一二)

(乾隆五一、一〇、辛丑) 諭：據李侍堯等察奏，前署孝感縣知縣秦樸任內有縣民劉務孝、劉金立、烏老么等因上年歉收乏食，各攜器皿向本處村民及伊等族姓借貸糧食，不遂，即將穀麥等物搬搶。旋有並未被搶之革生梅調元，慮及被累，令伊子梅應奇邀同楊維智及各村居民劉成烈等公立議單，派人防守，先捉獲劉大么等四人綑至僧寺拷問，逼令各報同夥姓名，即著多人分途捉獲張又咏等一十九人。梅調元父子起意，商同劉成烈等於本年三月初十日主使村民將兩次捉獲之劉大么、張又咏等二十三人，活埋於查家山地內，並將劉金立等房屋燒燬。經巡檢袁學澄稟報，該署縣秦樸並不查拏，亦不通報，請旨革職嚴審等語。此事大奇，殊出情理之外。上年湖北省被旱成災，朕軫念災黎，疊經降旨，蠲賑兼施。該督撫等於賑卹事宜，開銷帑銀至五百餘萬兩。朕因該督等查辦尚屬認眞，曾經降旨，交部議敘。乃督撫以及布按，不能實心督率各屬妥協料理，俾災氓均霑實惠，以致有貧民乏食，搶奪米糧之事。其被搶居民，理應呈報，官爲辦理。乃該處劣衿，竟敢糾衆逞兇，活埋生命至二十三人之多，似此兇殘不法，何事不可爲。乃該署縣秦樸經巡檢稟報，既不嚴速查拏，並不通行詳稟，有心諱匿。而該管道府及藩、臬、督、撫等亦置若罔聞，竟同聾聵。是該省吏治闒冗，廢弛已極。……且此外又有李谷祥等將堂兄李道亨等七命一併綑埋，而梅調元於埋斃多命之後，慮及官司查究，輒令劉金立捏造書寫白布名單，內開七十五人，有同心竭力誓同生死字樣，並滴灑雞血誣死者以歃血訂盟之據，其居心更屬狡險。如此兇徒，竟得漏網，地方大小官員所司何事？此而不嚴加懲創，督撫等無所儆畏，因循怠玩，其流弊伊於何底。將何以整官方而飭吏治耶？除湖北巡撫吳垣僥倖已經病故外，特成額在湖廣總督任內諸事廢弛，……著革職拏問，交刑部治罪。永慶、王廷變於此等重案不行查辦，亦難勝藩臬之任，俱著革職拏問，交刑部治罪。所有署孝感縣事漢川縣知縣秦樸著革職拏交刑部治罪。其該管道府交李侍堯查明，係何人任內之事，一併革職拏交刑部治罪。巡檢袁學澄既經稟報，著送部引見。(高宗一二六六、二)

(乾隆五一、一〇、癸卯) 諭曰：朕愛養黎元，勤求民瘼，各省偶遇地方偏災，一經禀報，即降旨蠲賑兼施，並屢諭該督撫實心實力督率各屬妥協辦理，不惜千百萬帑金，務俾災黎均霑實惠。此朕五十餘年如一日，亦天下臣民所共見共聞者。上年湖北荒歉，已發五百萬帑金賑卹，若地方官辦理得宜，何至復有貧民乏食搶奪糧食之事！乃劉金立等因借貸不遂，輒將穀麥搬搶，而劣衿梅調元父子，竟敢糾衆逞兇，活埋多命。此必該督撫司道並不認真查辦，一任貪官污吏浮冒侵漁，以致朕恩不得下逮閭閻，乃有饑民乏食，搶奪滋事，及釀成重案之後，大小各員恐從此究出弊端，遂爾通同諱匿，聯為一氣。吏治如此，實出情理之外。（高宗一二六六、一四）

（嘉慶一九、九、甲辰）又諭：御史陶澍奏湖南山田旱歉一摺。據稱該省澧州、慈利、桃源、安化及寶永所屬，歲旱歉收，沅陵、瀘谿、麻陽等處尤甚，米價騰踊，穀多之家不肯零糶，沿江無賴游民，阻守米船搶奪等語。地方偶遇歉收，全賴商販流通，俾小民得資日食；若囤積遏糶，甚至乘機攘奪，殊干例禁。著該撫即飭各該地方官查明，出示曉諭，積穀殷戶毋許居奇，嚴禁匪徒阻遏米販，如有搶奪情事，立拏重懲。（仁宗二九七、九）

四、其他反抗活動

（順治二、三、甲午）蔣家峪男婦聚集二百餘人，號稱善友。利民堡參將王守志乘機搜掠，遂致激變。宣大巡按張鳴駿以其事聞，鞫實，守志伏誅。（世祖一五、五）

（順治八、閏二、丙寅）又諭兵部：朕思各處土寇，本皆吾民，或為饑寒所迫，或為貪酷官吏所驅。年來屢經撲剿，蕩平無期，皆因管兵將領縱令所部，殺良冒功，因而利其婦女，貪其財帛，真賊未必勦殺，良民先受荼毒，朕甚痛之。嗣後各該督撫所屬境內，有賊寇依山伏莽、嘯聚焚劫者，即廣偵密探，責令領兵官星馳，相機勦撫，勿令滋蔓，其附近賊巢居民，不得借搜捕為名，一概殺搶。至從賊營逃出難民難婦，及真賊革心投順，即與訊明，安置完聚，不許仍前殺擄。如有零星賊黨竄伏村落者，責成道將有司設法掩捕，不得輕動大兵，使玉石俱焚。儻被人首告為賊者，該地方官須詳審實情，勿聽仇扳株累。近聞地方官一經首告，未辨真假，輒縱差役先行乘機抄掠，甚屬可惡。以後若有此等事，本官一體連坐。各督撫務嚴飭各該道將等官，實力遵行，稱朕除寇安民至意。如地方官仍蹈故轍，縱賊害良，著該督撫指名參奏，治以重罪；如該督撫徇情隱庇，經部臣參奏，定行一併治罪。（世祖五四、一五）

（康熙二九、一〇、壬戌）諭大學士等曰：吳爾泰自主事優陞郎中差往福建審理時，朕曾以所審事件明白訓諭。吳爾泰至彼，妄滋事端，將衆知府盡令解任，州縣各官概取供狀，聲言夾訊巡撫，恣意嚇詐，以致福建百姓驚惶，罷市數日。違朕諭旨而行，此等之人不加懲治，則後之奉差審理事務者罔知儆戒矣。吳爾泰著革去郎中，發往黑龍江効力。（聖祖一四九、五）

（康熙四一、一、乙酉）差往廣東剿撫猺人都統嵩祝、副都統達爾占、侍郎傅繼祖奏請訓旨，上諭曰：猺人所居之山，通連廣東、廣西、湖廣三省，林木叢密，山勢崇峻，向來恃此險僻頑梗不馴。近復突出搶奪村民、殺害官兵，今差爾等至彼，務體朕好生至意，不必遽行征剿，先曉示招撫，如其不悛，再行剿滅。爾等馳驛前去，須約束官兵毋得騷擾居民，并將猺人山寨形勢、三省官兵進征之路及立營之處繪圖呈覽，朕揣猺人受撫之事，五月內必成，如猺人歸順，查出殺害官兵之爲首者正法，餘俱寬宥。（聖祖二〇七、二）

（康熙五四、二、己巳）廣西提督張朝午疏參新太營參將王啟雲擅自領兵與猺人交戰，殊屬輕躁，請敕部議處。上諭大學士等曰：朕觀王啟雲不惟無罪，且似有功。猺人刼掠村莊，圍繞州署，知州曉諭不解。參將有防守地方之責，若以起釁是懼，設執縛有司，刼奪倉庫，亦坐視不救，可乎。猺性凶頑，豈得任其恣行，昔年陝西番人，擅過邊界，領兵官理諭不聽，遂領標兵五百人深入番地勦之，部議照例處分，朕從寬降級留任。今王啟雲情事略同，議處亦只降級罰俸而已。尋兵部議覆：王啟雲因猺賊猖狂，始行勦殺，非輕躁動兵之例可比，且續經題明傷亡，應無庸議。從之。（聖祖二六二、七）

（雍正四、九、己亥）湖廣提督趙坤奏報：沅州姦民謝禄正等，盤踞山谷爲盜，遣兵緝拏，謝禄正尚未擒獲，請將地方官議處。得旨：不法匪類，藏匿山谷，盜竊爲非，地方文武大吏遣兵緝拏，預先若有調度，何難即時擒獲。乃發兵千餘名，而賊徒竟敢抗拒，賊首公然逃脱，則大吏全無布置，委用非人，而弁兵之怠玩可知矣。且此案起於康熙六十一年，此數年來，地方文武大吏，何故因循疎忽，縱盜養姦，並不早行緝捕，著加查詢。（世宗四八、一二）

（雍正五、八、乙未）刑部等衙門議奏：湖南辰谿縣姦民謝禄正，聚衆傷官，持械拒敵，雖無陷城大逆，但負固八載，情罪重大，將謝禄正應凌遲處死，妻子給付功臣之家爲奴，同謀拒敵之陳彬臣等，應斬立決，脅從附和之張如茂等，應發三姓等處地方，給披甲人等爲奴。從之。（世宗六〇、一〇）

（雍正一〇、閏五、庚戌）福建巡撫趙國麟奏言：臺灣北路大甲西番不法，殘害官兵，經臺灣總兵官呂瑞麟同臺灣道倪象愷帶領兵壯勦撫兼行，已將脅從之朴仔籬等社先後就撫。續有鳳山縣南路姦民乘機聚衆，殺傷官兵。

經陞任陸路提督王郡親率弁兵剿追解散。今南路奸匪，陸續拏獲究審。現在嚴緝首犯吳福生到日即可定案。其大甲西番土官率領全社男女老幼四百十九名，造册就撫。現在查訊實情，究出首兇定擬。仍於各莊緊要之處，設兵防護，所有南北兩路安定情形，理應具奏。報聞。（世宗一一九、一三）

（乾隆三、五、壬戌）貴州總督張廣泗等奏報：貴陽府屬之定番州所屬姑盧寨，有苗頭老排者，突於本年正月內，藉稱有苗女阿埧，爲方番司屬谷粟寨民劉世昌等拐賣，索詐銀兩，拐去馬匹；於二月內復率衆往打，路經大樹寨，即强拉牛隻，殺死民人向登雲，嗣經該州將首犯老排拏獲。其子阿沙，不知畏懼，反以被獲在官，敢於二月十九糾合數百人，潛至雞場地方，綁擄漢民張具清、陳士林、楊君相三人回巢，以爲索換老排之計；又於二十四日，燒燬甲浪店房，擄刦財物，砍牛糾衆。臣等以苗疆初定，不便加兵，即派精細弁役，前往曉諭，以罪犯止在老排父子，與衆無涉，儻將阿沙擒獻，尚可姑寬進剿；乃該苗冥頑不靈，復於三月初二日，攻犯羡塘場，肆行搶刦。種種狂悖，誠恐更滋蔓延。臣等隨就近派撥標協各營官兵二千五百名，定番、都勻土兵九百五十名，由明通關一路進發。不謂該逆苗於大兵既到之後，尚敢與副將馬似龍、哈當德對陣；當被官兵擊退，復乘夜攻犯遊擊陳綸營盤，官兵奮勇，逆苗大創。茲據各將弁稟報：大兵於三月十二、三等日，自定番分路前進，於十九日同抵該處。沿途漢、夷各寨，俱各安堵，到後，隨有小石板等十三寨，赴營投首，自稱並未附逆；其附逆者，係大石板、下新、大樹、石頭、冗心花、江西、溝邊、路口八寨。該副將知府會商，若不先擒阿沙，其首從良頑，難以分別；嗣於二十五日，據定廣協外委吳洪業、白納司土官周釗、方番司土官方銑，將首犯阿沙以計擒獲。隨於二十六日，將老排所居之下新寨，阿沙所居之石頭寨，并附逆之大樹寨、冗心花寨、江西寨，俱經剿燬，所有餘孽，悉竄入大石板寨；於二十九日，三路會兵齊攻，逆苗敗竄入箐，當將逆巢焚燬。被擄漢民，俱已走回，各遣寧家。現在唯搜擒羽黨，其爲阿沙威脅者，尚可從寬；其從前附和老排，殺人刦牛，暨阿沙供出隨同燒刦場市，擄民犯營爲首各犯，斷不使一名漏網。再定廣協副將哈當德，係原任貴州提督哈元生之子，丁憂員缺，請以帶兵出力之都勻標右營遊擊陳綸接署。得旨：此事辦理得宜，成功迅速，固爲可嘉；然事起之時，即應奏聞。此雖非前年之苗，然亦苗也。其善後經久之規，終有未盡合宜，以致復有此事否耶？（高宗六八、一三）

（乾隆七、二、甲寅）刑部等衙門議覆：廣西巡撫楊錫紱奏稱，逆犯吳金銀，主使殺官，拒傷官兵，應凌遲處死。楊老襄手斃命官五員，逆惡已

極，雖伏冥誅，仍應戮屍梟示。應如所請。從之。（高宗一六一、一〇）

（乾隆八、四）［是月］貴州總督兼管巡撫張廣泗、提督韓勳奏：威寧夷奴者厦等，聚黨潛居，不服家主役使，並將歸主各奴家口，錮禁不放。經官兵搜獲夷奴，並將被禁家口，全行救出，現在嚴緝首犯。得旨：所奏俱悉。弁兵等相機成事，殊爲可嘉；至未獲之首犯，尤宜上緊緝捕也。（高宗一八九、二五）

（乾隆八、五）［是月］閩浙總督那蘇圖奏：閩省民俗刁悍，難以驟化，若不嚴加懲儆，其風難以驟革。如光澤、寧化等縣，挾制官府，鬧堂生事，雖已照律治罪，但由縣成招，解府、解司再行審題，聽候部覆，未免曠日持久，不足惕其天良。可否容臣提犯親審，將爲首者從重究擬示衆；爲從者分別輕重枷號，俾知畏懼。得旨：是。應如此懲一警百也。（高宗一九三、一八）

（乾隆一一、三）［是月］湖南巡撫楊錫紱奏：楚南民習刁頑，屢飭不悛。本年正月內，各屬漕糧，在岳州交兑，巴陵縣知縣薛澍恐以擠碰壞船濕米，諭令退讓，內有長沙船戶，將差役毆打，並恃衆辱官。三月內，安鄉縣民與武陵縣民，爭控洲地，安鄉縣知縣張綽，前往踏勘丈量，武陵縣民熊延士等，即糾衆將該縣擁跌，并毆傷衙役。又花園汛巡檢周元滋，因雇夫短價，牌頭不肯轉雇，差役催督，衆舖戶即關舖市。除周元滋業飭司查揭外，其餘各犯，均應盡法究處。得旨：不三月而愚民之玩法者凡三見，則汝湖南之吏治可知。（高宗二六一、三三）

（乾隆一一、六）［是月，浙江巡撫常安］又奏：台州府屬之臨海縣，民俗素稱强悍，本年六月，雨澤偶愆，竟有屠戶朱昭奇，用鎖穿通項內皮肉，藉名爲農取水，哄動城市。經該府將朱昭奇押發臨海縣取供，隨有夥黨葉阿環、朱應鰲、朱昭林等沿街喊嚷，强令罷市，觀看多人擁擠，舖戶等惟恐滋事，間有收閉舖面者。該犯等隨又擁入府縣衙門，擠塌門前照壁，經文武官查拏，始行散去。……得旨：此等事固屬官民皆有過失，然以警刁風爲先，必當嚴治首犯，寬其隨從，而徐以他事處其辦理不善之官吏，則得矣。然總而言之，汝督撫威令若行于平時，想亦不致屢屢有此事也。返躬尤爲要務。與馬爾泰共觀之。（高宗二六九、三八）

（乾隆一一、八、庚午）諭軍機大臣等：湖廣衡州府屬之安仁縣刁民聚衆鬧堂一事，從前未據楊錫紱奏報，今該撫將該縣知縣具本題參，朕已照該撫所請，將易源革職。但此等挾衆鬧堂之事，即將地方官參處，恐轉啟刁民目無官長聚衆生事之風，於地方深爲未便。可傳諭楊錫紱何未慮及耶？嗣後留心辦理。（高宗二七二、一二）

（乾隆一一、一〇、甲申）刑部議覆：浙江處州鎮總兵苗國琮奏稱，地方刁惡之徒，遇事生風，挾私鼓衆，甚至塞署、罷市、抗糧、毆官，同城文武，畏其勢燄，多隱忍不究，否則事定後，方敢查拏，首惡多致遠颺。請嗣後凡遇前項不法等事，許令文武即時帶領兵壯，持械往捕。如若輩即能俯首服罪，不敢抗拒，則分別末減，以爲畏法者勸。儻敢恃衆不服，或呼噪抵格，許即麾兵壯施放器械，照盜賊拒捕之條，殺死勿論等語。係爲懲奸除惡起見，應如該鎮所請行。惟持械往捕一節，查奸民執仗公行，原與盜賊無二，自難徒手擒拏，若止赤手群聚，隨衆呼號，尚與盜賊有間。果如該鎮所奏，恐地方官辦理不善，轉致奸民望風潛逃，或混行擒拏，或局外良民，被拘不服，或帶往兵壯，貪賞冒功，且一經施放器械，或將首惡捕格致死，案何由定？是則持械捕拏，必須相機而行，不得率意輕舉。請嗣後遇有奸民鼓衆之事，如該犯等持有兵仗，而文武不帶持械之兵壯擒拏，致令奸犯遠颺，及聚衆人犯並未執有器具，而文武輒帶兵壯，遽行殺傷，以致激成事端，俱按律分別究懲。從之。（高宗二七七、一一）

（乾隆一二、七、壬子）又諭：福建布政使員缺，朕已降旨令永寧前往署理，永寧即著在京起身赴任，不必前來請訓。著在京總理事務王大臣傳諭永寧，閩省民風，向未淳厚，如漳、泉俗悍民刁，最稱難治。前此彰化之賴石，戕害官長，近日上杭之羅日光抗租拒捕，其他如長泰之相驗抗官，南靖之爭地械鬥，種種不法，實多驕肆，各郡皆然，亟宜隨時整頓。至於紳衿武斷鄉曲，遇事風生，如近日查辦竿塘等島，即徧貼告條，霸佔漁利，此等弊俗，不可枚舉。其臺灣孤懸海外，閩粵流移，番民雜處，仇殺爭競，私載透漏等弊，俱宜實力革除，盡心化導，次第辦理，俾士庶革薄從忠，漸成敦厖之俗。布政司有旬宣之責，所任綦重，應與督撫同心協力，善爲經理，以挽頹風，庶無負朕簡用之意。（高宗二九五、一二）

（乾隆一五、六、丁丑）諭軍機大臣等：據黃有才摺奏，海陽縣鄉農，因水漫土隄，擅拆民房，毆辱千總一案，業經該督撫等節次奏聞，一面查拏究擬。朕思潮郡逼近海疆，民風素悍。今因隄岸被衝，輒相率伐樹毀房，甚至肆毆營弁，扯碎衣服；目無法紀，至此已極。著傳諭該督撫等嚴行究審，分別首從，從重辦理。固不得草率定案，致妄有干連；尤不得姑息養奸，致兇徒漏網。務期申明憲典，俾知懲創，以弭悍俗，以靖巖疆。（高宗三六六、五）

（乾隆一五、九、丁未）諭軍機大臣等：廣東海陽縣鄉農，因隄工水漫、聚衆拆房毆官一案，經朕降旨，令該督撫等嚴行究審，分別首從，從重辦理。今據該督陳大受等奏到，辦理殊多姑息。如所奏該邑菴埠上游，拆毀舖房一節，該犯沈達老等，雖已鳴鑼率眾釀成事端，然並無毆辱官長情事，摺內定擬，尚不至於過寬。至橫砂下游之案，該犯等既經鳩聚橫行，目無法紀，而千總陳雄奉委查提，鄭奏老等即喝令動手，楊阿保等隨聽從肆毆，兇惡至此已極，摺內乃稱肇釁有因，與約會抗官者有間，一一爲之比例遷就。似此意存寬貸，適使匪徒不知儆惕，因而輕蹈法網，怙惡養奸，非辟以止辟之義。且潮郡本屬海疆，頑梗尤宜懲創，乃謂非山陝刁惡之輩逼勒平民、抗官塞署可比。以今視之，山陝猶屬內地，邊海梗化之民，漸尤不可長，而陳大受尤不應如此存心也。除題本到日，已令駁回，令該督等妥擬具奏外，陳大受著飭行。（高宗三七二、一〇）

（**乾隆一八、五、戊午**）諭軍機大臣等：喀爾吉善等奏，據提臣李有用札稱，諸羅縣知縣徐德峻，親往鹽水港等處緝盜，被海豐莊民鳴鑼糾眾、執械圍逼，令該知縣寫立甘結，始得放回。又彰化縣巡檢張振勳捕賊起贓，該處民人執械搶犯一摺。喀爾吉善等所奏，僅據提臣札牘之詞，於此二案起釁根由，並實在情形，尚未詳悉。臺灣海疆要地，番夷雜處，民風素稱刁悍。今地方官員親拏賊盜，而奸民聚眾，竟至拘圍知縣，勒寫甘結，打傷差役，搶奪案犯。此等刁風，斷不可長。若非痛加懲治，何以讋伏莠頑、又安良善？著傳諭喀爾吉善、陳宏謀，令其查審確實，從嚴辦理。仍將實在情由，詳悉速奏。（高宗四三八、五）

（**乾隆一八、六、戊申**）諭軍機大臣等：喀爾吉善等奏，拏獲海豐莊糾眾抗官之吳典，及鹿仔港糾眾搶犯之施篤，供出倡首之施天賜一名。現在勒捕務獲後，飭屬一併嚴審定擬，解省審明辦理等語。臺灣海疆要地，奸民聚眾，圍官搶犯，不法已極。若解赴省城正法，彼地無由而知，不足示儆。著於該道府審訊確實之後，即於該處地方正法，俾伊等目覩奸頑就戮，深知畏懼，方足以懲刁俗而挽頹風。將此傳諭喀爾吉善等知之。（高宗四四一、一一）

（**乾隆二一、二、丁未**）又諭曰：碩色等奏京山縣縣丞陳遵禮因查拏人犯被地棍吳崑南等聚眾毆傷一案，已於摺內批諭矣。地棍聚眾搶犯毆官，不法已極；楚省民風獷悍，漸不可長，務宜嚴速辦理，以儆刁頑。著傳諭碩色、張若震等，務將案內首從各犯，逐一按名拏獲，迅行審結。並宜多處數人，不得但以張福西一犯當其重罪，而餘犯概從未減。且吳崑南係此案罪首，其平日既稱教唆詞訟，演習拳棒，橫行鄉曲，則其畏罪自縊之處恐尚未實，更宜嚴加查察，毋俾漏網。……尋奏：張福西已正法，吳崑南雖自縊，仍梟示。……報聞。（高宗五〇六、二二）

（**乾隆二九、九、丁巳**）諭曰：提督李勳奏，新寧縣民劉周祐等，控告書役舞弊,經府發縣鎖禁,致街民散帖罷市一摺。此等投散匿名揭帖,糾衆罷市,實屬莠民刁悍之尤,爲從來所僅見,非按律重懲,何以靖人心而肅法紀。……此案所有投帖罷市各情節,著該督撫即行確究首從,按法定擬。(高宗七一八、六)

(乾隆二九、一二、戊子)諭軍機大臣等:圖勒炳阿奏清鎮縣劉天爵等聚衆搶犯一事,最爲地方不法重大之案。該撫具摺,即應請交法司治罪,乃僅照尋常案牘,敘事入告。且將案内報遲逸犯之沈元龍、孟興祖不即嚴參拏問,祇附摺聲明革職,則是平日罷軟痼疾,依然竟未悛改。圖勒炳阿前此屢經獲罪,經朕加恩,棄瑕録用。又自黔省調任湖南,事繁責重,更非前任可比。若仍委靡姑息,并不知感愧奮勵,安望其能勝封疆之寄?恐自干罪譴,朕更不能爲該撫曲貸矣。將此傳諭知之(高宗七二四、一七)

(乾隆三一、六、庚子)諭:據舒赫德奏,玉門縣刁民糾衆塞署一案。該縣知縣張繩武畏葸不敢出署,都司韓雲並不擒拏,轉爲講説息事,署靖逆營參將僧保聞知刁民鬨鬧,前往查勘,僅止勸令各歸,並不拏究,俱屬庸懦無能,照溺職例均予革職……等語。張繩武已於另案革職,交部治罪,韓雲、僧保俱著革職。(高宗七六二、一)

(乾隆四六、三、戊寅)諭軍機大臣等:據巴延三奏,正月一十四日,崖州官坊村黎人,糾集抱碟、糞洗、只酉、湳辦、只浩等村黎匪,持弓執刀,放火刼殺民人。署瓊州府知府丁亭,已兼程前往督拏,查究起釁根由并搶刼情事。并據瓊州鎮具稟,派遊擊海慶帶兵一百名,先往督拏,巴延三即起程速往,相機督辦。一面飛飭該鎮,酌帶弁兵,星急馳往,會同妥辦等語。黎人敢於糾集人衆搶掠村莊,殺害民人,實屬不法。即使該處村民平時或有欺壓黎人之事,以致受侮不甘,亦當向地方官控告辦理,何得擅自仇殺。此等野性難馴之匪徒,不可不從嚴究辦,著傳諭巴延三督同文武員弁上緊搜捕,并究出起意爲首及附從匪犯,逐一根究。如有竄匿五指山内者,務須搜查净盡,以示懲創。至該處地方官儻有擾累黎民,或該處村民平時欺壓黎衆,以致激成事端,該督亦須徹底根究,據實嚴參。該處起釁滋事村民,亦應一律嚴辦,不可稍存袒護。再該鎮總兵瑃衡,遇有此等匪徒刼殺重案,即應親往督捕,乃僅派遊擊海慶前往,殊屬怠玩。著巴延三,傳旨嚴行申飭。將此旨由五百里發往,仍將現在查辦情形迅速俱奏。(高宗一一二六、五)

(乾隆四六、三、辛巳)又諭:據巴延三奏親身馳赴崖州,督辦黎人搶刼村莊、殺傷民人一案,途次接據瓊州府稟稱,把總曾啟位、外委胡秀芳,會同巡檢黄彬查拏黎匪,在紅頭坎地方被匪將黄巡檢射傷身死,現在雷瓊鎮總兵督帶標兵一百名，於初八日前往彈壓，就近相機辦理等語。此案前據巴延三奏到，業經傳諭該督上緊搜捕，從嚴究辦，以示懲創。及此次奏到之摺，匪犯逞兇拒捕，竟敢傷斃巡檢，其兇橫不法，尤非尋常抗拒可比，自應迅速剿捕。該督既稱擒獲列命等七犯，即應從此根究匪黨，嚴行擒捕，區別首從，從重辦理，未便僅照尋常案件，即多辦數人俾知畏懼，亦不爲過。至該鎮瑞衡前此并未親往，僅令遊擊帶兵百名往捕，業經傳旨申飭，今雖續帶兵百名親往，但恐兵數尚少，不足以資搜剿。著巴延三再行酌量，如有應需就近續調弁兵之處，一面辦理，一面奏聞。將此由六百里傳諭知之。（高宗一一二六、九）

（乾隆四六、三、丙申）諭軍機大臣等：據巴延三等奏，三月初六日到瓊州，接據該府等稟稱，於落牙嶺內搜獲抱由村黎匪一名尖鼻仔，即那若，供出射傷巡檢之正兇那岸。該州等即帶兵捕獲，併獲那肯、那秤等犯。但起意之那回尚未就獲，實在黨惡人犯尚無姓名。現飭嚴審，設法搜剿。至各處黎情俱極安靜，爲匪者不過數村，從前地方官所稟，未免過于矜張等語。已於摺內批示矣。黎匪敢於聚衆抗拒、殺傷巡檢，不法已極，不可不痛加懲治，以儆兇頑。該督等摺內稱，地方官所稟過於矜張，未免有化大爲小以圖了事之意，斷不可稍存此念。著傳諭巴延三等，務即督同文武員弁上緊查出黨惡人犯姓名，逐一盡力搜捕，遵照前旨，從重辦理，毋得稍存姑息之見。仍將辦理情形迅速由驛覆奏。（高宗一一二七、一一）

（乾隆四七、一〇、庚辰）又諭：據福長安奏，接准雅德咨會，有泉州府盜犯林先和，經管汛千總陳景泰於九月十五日拏獲解送，被夥盜林耀、林隱、林允得等執持刀械，將犯搶奪，砍傷兵丁，并將千總及親丁等扭回禁錮。現在飛咨提督，並委臬司譚尚忠星夜馳往，督同搜捕等語。本日又據王進泰奏，八月二十九日，有漳浦縣民黃茂，拒捕鎗傷兵役，經汀漳龍道姚棻聞信往拏，該犯情急自焚身死一案。閩省漳泉一帶，習俗素稱獷悍，拒捕抗官，種種不法，最爲可惡。提督李奉堯駐劄泉州，接據營汛稟報，自應帶兵親往，協同地方官實力查拏方是。況九月內，有泉州府童生尤黃雲抗官閧堂一案，李奉堯僅委員彈壓，曾降旨申飭，乃不數日間，又有此等抗官傷差之案，該提督所司何事。至雅德身任巡撫，查辦此等案件，是其專責，豈得以總督遠在浙省，武備之事非其專司，遂意存觀望。此二案，著即交雅德會同李奉堯，迅速親身前往查拏，毋使一名漏網。獲犯之後，從重定擬，即多辦數名，亦不爲過。著將此由六百里各諭令知之。（高宗一一六七、四）

（乾隆四七、一〇、辛卯）諭軍機大臣等：前據王進泰奏閩省漳浦縣民黃茂拒捕，鎗傷兵役，經汀漳龍道姚棻聞信往拏，該犯情急自焚身死一案。此等奸民敢於拒捕傷兵，甚爲可惡，皆由閩省武備廢弛所致。摺内所稱該犯聞拏，情急自焚身死各情節，尚難憑信。該犯既敢傷兵，目無法紀，焉知不裝點焚死情形，潛自逃脱，希圖漏網？著傳諭雅德親自前往該犯住處，詳悉查勘，取有焚死確實證據。所有該犯之弟黃壬、黃目子、黃滿濕，今就獲否？當嚴緝務獲，究審確情，定擬速奏。儻兇犯黃茂並未焚死，該撫稍存將就了事之見，將來別經發覺，惟該撫是問。恐不能當此重戾也。將此由六百里加緊傳諭雅德，並諭富勒渾知之。（高宗一一六七、二三）

（**乾隆四七、一一、壬子**）諭軍機大臣等：福建泉州府林耀等奪犯傷差一案，先後拏獲林耀等二十八犯，已據該撫審明，定擬具奏，交部覈覆，按律治罪。但此案，林先和係行刦盜首，實爲通案渠魁，至今猶未就獲。林允得、林買等，均係緊要案犯，亦復在逃。不可不嚴行搜緝，務獲正法，以警兇頑。……著傳諭富勒渾、雅德嚴飭所屬文武，實力搜緝，毋使遠颺漏網。……獲犯之後即迅速審辦，從重定擬。將此由六百里諭令知之。（高宗一一六九、五）

（**乾隆五一、閏七、甲戌**）諭軍機大臣等：……本日畢沅奏，審明伊陽縣奸民拒捕戕官，將起意謀害之常二等七犯照謀叛律，分別斬決、凌遲一摺，已批交三法司覈擬具奏矣。其未獲之秦國棟係此案要犯，情罪最爲可惡，並案内在逃未獲之各餘犯，著該督飭委員弁，分路追拏，務期即行全獲，毋令稍稽顯戮。（高宗一二六○、一○）

（**乾隆五一、一二、辛丑**）諭軍機大臣等：據任承恩奏，漳州所屬南靖縣獅頭山，與龍溪、平和兩縣連界，有匪徒陳薦等，糾夥聚集山中，屢出行刦傷人。隨委鎮、道親率兵役，上山拏獲賊匪二十餘名，搜獲器械多件。又，游擊馬應璧等，在平和縣琯溪地方，拏獲首犯陳薦等七名，連日又搜獲賊匪歐敢等十餘名。現在嚴究確情，録供連犯解省審辦等語。所辦好，已於摺内批示矣。漳泉一帶，民俗素稱刁悍。今匪犯陳薦等竟敢糾集夥黨，藏匿山中，且有寮洞器械，屢次行刦傷人，出没無定。其行蹤詭秘，恐有蓄謀爲匪、聚衆不法之事，非尋常刦盜可比。現在首夥各犯，已拏獲多人，著傳諭常青等即提集各犯，嚴切審訊，究明聚衆滋事實在情節，從嚴辦理，盡法懲治，並將在逃未獲各犯，速飭文武員弁，上緊查拏，按名弋獲，毋使稍留餘孽，以儆刁悍而靖地方。將此由五百里各諭令知之。仍將現在審辦情形，迅速由驛覆奏。（高宗一二七○、三）

（**乾隆五一、一二、壬寅**）諭軍機大臣等：漳泉一帶，民俗刁悍。匪犯陳薦等，行蹤詭密，必有蓄謀爲匪、聚衆不法之事，非尋常刦盜可比。此案已拏獲首夥四十餘犯，監禁候質，若因案犯供吐贓證不實，輾轉行查，稽延時日，恐致別滋事端。著傳諭常青等，即速提犯嚴審，將聚衆不法各情節，究訊明確，一面定擬具奏，一面先請王命，即將首要各犯正法，毋稍延緩稽誅。仍查明在逃未獲各犯，速飭文武員弁，上緊查拏，按名弋獲，歸案審辦。（高宗一二七〇、五）

（嘉慶一、八、丁丑）又諭：滇省威遠廳所屬猓黑，糾搶拒捕，該鎮道等辦理不善，著勒保即速同珠隆阿馳回滇省，相機妥辦，并將湖南軍營前調滇兵酌量徹帶二三千名，以資彈壓。將此諭令知之。（仁宗八、五）

（嘉慶一、九、辛亥）諭軍機大臣等：昨據馮光熊等奏，青溪縣有聚衆戕官之案。此等教匪，倉猝糾合，人數諒屬無多，易於辦理。該縣王戀德係屬漢員，未察虛實，冒昧前往，致被戕害。現在花連布帶兵往捕，伊係本省提督，且久歷戎行，而馮光熊又調撥附近兵勇，親往查辦，想無難剋期撲滅。但必須將戕官之犯嚴拏務獲，詳悉問明，從重辦理，方足以儆兇頑而伸國憲。將此諭令知之。（仁宗九、三）

（嘉慶三、七、庚辰）諭軍機大臣等：景安奏，鎮筸黑苗糾衆數千，將三角巖等處營卡攻破。苗性本多反覆，此次搶割民田，不過欲圖掠食。現在勦捕教匪喫緊之際，不值因此興兵。姜晟、王柄此時惟當飭令苗弁自行曉諭解散，將爲首苗匪縛獻，其事即可完竣。儻怙惡不悛，姜晟、王柄亦惟當督率官兵於要隘分布，懾以軍威，不使四出滋擾。俟川省勦辦完竣，再酌移勝兵搜勦，不可輕率舉動，又致激成事端。將此傳諭知之。（仁宗三二、七）

第三節　結社設教等秘密活動

一、概述

（順治一三、一一、辛亥）諭禮部：朕惟治天下必先正人心，正人心必先黜邪術。儒釋道三教並垂，皆使人爲善去惡，反邪歸正，遵王法而免禍患。此外乃有左道惑衆，如無爲、白蓮、聞香等教名色，邀集結黨，夜聚曉散，小者貪圖財利，恣爲姦淫，大者招納亡命，陰謀不軌。無知小民，被其引誘，迷罔顛狂，至死不悟。歷考往代，覆轍昭然，深可痛恨。向來屢行禁飭，不意餘風未殄，墮其邪術者，實繁有徒。京師輦轂重地，借口進香，張幟鳴鑼，男女雜遝，喧填衢巷，公然肆行無忌。若不立法嚴禁，必爲治道大盡。雖倡首姦民，罪皆自取，而愚蒙陷網罹辟，不無可憫。爾部大揭榜示，今後再有踵行邪教，仍前聚會燒香，斂錢號佛等事，在京著五城御史及該地方官，在外著督撫按道、有司等官，設法緝拏，窮究姦狀，於定律外，加等治罪。如或徇縱養亂，爾部即指參處治。（世祖一〇四、一二）

（雍正二、六、庚子）又諭：朕惟除莠所以安良，黜邪乃以崇正，自古爲國家者，綏戢人心，整齊風俗，未有不以詰姦爲首務也。聞江西地方，頗有邪教，大抵妄立名號，誑誘愚民，或巧作勾術，夜聚曉散，此等之人，黨類繁多，踪跡詭祕，苟不絕其根株，必致蔓延日甚。地方各官，儻務姑息，不行訪拏，是養姦也。澄清風俗之謂何？該督撫亟當嚴飭各屬，密訪爲首之人，嚴加懲治，能去邪歸正者，則予以從寬，如有出首者，即酌量獎賞，務令萌蘗盡除，奸民屛跡，風俗人心，咸歸醇正。儻或仍前因循，不能查禁，事發之後，該管官一併從重議處。此等查禁之事，亦不必張大聲勢，以駭衆聽。惟當留心密訪，設法緝獲，祇將爲首者重懲，其餘被誘惑者，概不深究，如此方合朕意。假若不肖有司，借此恐嚇平民，波及無辜，則不特無益，而反有害矣。須飭諭屬員知悉。（世宗二一、二二）

（雍正五、一一、庚辰）又諭：向來常有演習拳棒之人，自號教師，召誘徒衆，鼓惑愚民。此等多係遊手好閑，不務本業之流。而强悍少年從之學習，廢弛營生之道，群居終日，尚氣角勝。以致賭博酗酒打降之類，往往由此而起。甚且有以行教爲名，勾引劫盜竊賊，擾累地方者。若言民間學習拳棒，可以防身禦侮，不知人果謹遵國法，爲善良，尚廉恥，則盜賊之風盡息，而鬥訟之累自消。又何須拳棒以防身乎？若使實有膂力，勇健過人，何不學習弓馬，或就武科考試，或投營伍食糧，爲國家效力，以圖榮身上進。豈可私行教習，誘惑小民耶！著各省督撫轉飭地方官，將拳棒一事，嚴行禁止。如有仍前自號教師及投師學習者，即行拏究。庶遊手浮蕩之徒，知所儆懼，好勇鬥狠之習，不致漸染，而民俗可歸於謹厚矣。（世宗六三、三〇）

（乾隆四、一二、壬辰）禮部會議：兵部侍郎今授河南巡撫雅爾圖奏，湖廣、山東、河南等省，常有邪教之事，豫民尤愚而易誘。每有遊棍僧道，假挾治病符咒諸邪術，以行醫爲名，或指燒香禮鬥、拜懺念經、求福免災爲詞，哄動鄉民，歸依其教，展轉糾集多人，奸宄百出。且大河以南，山谷深邃，奸徒便於藏匿，山居百姓，本有防身刀械，少壯又習悍俗，如少林寺僧徒，素以教習拳棒爲名，聚集無賴，邪教之人專意煽惑此等人入夥。與其發覺後四出擒拏，盡寘諸法，何如豫先防察曉諭，設法潛消等語。查禁止師巫邪術，律有明條。雍正五年十一月內，欽奉世宗憲皇帝特諭，嚴禁學習拳棒。應如所奏，行令河南撫臣，轉飭各該地方官，密行稽查。儻有前項邪術匪徒，誘騙無賴入夥，嚴拏究治。被誘之人，分別照例治罪。其遊方僧道，除驗明照票，蹤述詭譎者，雖無煽惑情事，遮籍收管。儻邪教有據，嚴拏究辦，務盡根株。至少林寺僧徒，向習拳棒，恐少壯無賴學習滋事，亦應嚴禁，違者究治。共深山邃谷，飭文武官會遣兵役搜查，仍約束毋得滋擾。至現辦梁朝鳳案，黨類尚多，或有似此邪教未發者，亦應如所奏出示開諭，凡習教者，不拘本犯首從及家屬隣佑自首，概免治罪。兼於每月朔望，宣講聖諭時，地方官將律載邪教妖言各條，分晰講解，並將雍正五年嚴禁學習拳棒諭旨宣讀，俾知警惕。又奏稱，汝州伏牛山，界連伊陽、嵩、魯、南召等縣，山岡邃密，最易藏奸，聞撫臣已請設巡檢一員。取閱山圖，四面寬廣，形勢實屬險要，必宜安設營兵。請勅撫臣會同鎮臣，妥議安設文武官弁，添撥兵丁。其餘屬境似此者，一併查勘酌議等語。查伏牛山業經九卿議准前巡撫尹會一題奏案內，准添巡檢一員，弓兵三十名，并令該管道員、各縣印官、武職，按季入山巡查，並非專責巡檢彈壓。應將所奏毋庸議。從之。（高宗一〇七、一一）

（乾隆一〇、九）[是月]陝西巡撫陳宏謀奏：臣接到四川巡撫紀山密札，內稱成都奸民，混貼僞示，詞語狂悖。並開有河南、江南、江西、貴州、山東、山西、陝西、四川等省夥黨姓名，寄臣查照察訪。臣思此等僞示，不過奸徒隨意捏造，煽惑里民，並非各省實有此等人、此等事也。若將僞示姓名轉諭各屬查緝，是因一荒誕無稽之帖，而各省互相傳播，以假作真，展轉煽惑。臣止將僞示與司道閱看，令其留心訪察，未便轉諭各屬，以滋紛擾。……得旨：所見是，應實力行之。（高宗二四九、三一）

（乾隆一〇、一二）[是月，江蘇巡撫陳大受]又奏：接准四川巡撫紀山密寄一件，內開查有奸徒在川省混貼僞示，文義不通，詞語狂悖。且稱河南等省，俱有稱王稱公者，駐劄招兵，示尾蓋僞印一顆，不成篆文，似係道家符上之木印。現在密拏，尚無蹤跡等語。臣查川省現有夏逆一案，此僞示或即其逆黨所爲，妄稱各省有人，以爲聳動煽惑之計，若一張揚窮究，正墮其術；因密諭各屬，留心查察，勿得聲張漏洩，亦不得藉鎮靜爲名，致奸匪潛匿地方，轉滋日後隱害。得旨：是，應如此辦理。（高宗二五五、二九）

（乾隆一一、四、甲申）又諭曰：張廣泗奏白蓮教招引徒衆一摺，可鈔錄密寄與四川、雲南督撫閱看，留心辦理。此等邪教惑人，乃地方不應有之事，何以近日屢見之。務須辦理得宜，毋縱毋濫，以除後患。殲厥渠魁，脅從罔治，而又在神速不露爲妙也。（高宗二六五、一三）

（**乾隆一三、三、甲辰**）諭軍機大臣等：自來妖言左道，最爲人心風俗之蠹，地方大吏，理應嚴行禁遏。上年雲南張保太案内之大乘教，蔓延及於數省，邪黨多至數百，皆由平日地方官員，不能覺察事先，以致私相煽誘，潛謀不法。經朕降旨查拏根究，始將逆犯明正典刑，餘黨分別問擬。并飭諭各省督撫，務須時刻留心，早爲查察，事發之後，不可稍存寬縱。今又有福建老官齋會官月照等，因其黨被府縣拘禁，恐致敗露，輒敢糾衆焚刼，旋經官兵撲滅。山西亦有收元教内之韓德榮等，私立教名，轉相勾引。看來各省督撫，於上年奉到諭旨之後，不過將大乘教内一二人犯遵奉查拏，其他邪教，並未留心訪察可知。即如福建老官齋一案，據喀爾吉善奏稱，閱其經卷内三世因由一書，起自羅祖，乃羅教之別名。從前雍正七年奉文查拏，直隸、江南、山東、浙江、福建、江西皆有其教，流傳甚廣等語。如果當日實心查拏，何致十餘年後，餘孽滋蔓，復有甌寧聚衆之事。且此案閩省官員，若於起先查拏之時，迅速掩捕，使餘黨盡擒，亦不至於釀成事端。近來各處匪徒，借燒香喫齋爲名，陰行勾結者頗多。朕前降旨，原不專爲大乘一教，可再傳諭各督撫等，羅教一案，務須加意查辦，杜絕根株。嗣後凡有干涉燒香聚匪之處，俱當留心查察，一有訪聞，即行擒捕，不可稍存怠忽。更不可因閩省辦理未能迅速，以致滋事，遂謂此案由於查拏起釁，轉存息事之心，一味姑容，則貽患更大矣。將此一併傳諭。於伊等奏事之便寄去。（高宗三一一、九）

（**嘉慶一八、一一、庚寅**）又諭：各省邪教之起，其始止於燒香拜會、聚衆斂錢，或由數人至數十人，多亦不過百餘人，地方官一經訪聞，隨時拏獲，按律懲辦，邪説自可漸熄。無如州縣因循怠玩，於所屬村鎮，匪徒夜聚晝散，傳教授徒等事，俱視爲故常，不加究詰，久之奸民徒黨衆多，潛懷悖亂，養癰滋蔓，貽害至不可勝言。前特降旨，寬免地方官失察處分，以除諱匿之弊。仍恐伊等存畏事之見，不認真查辦，著再通行申諭，嗣後各直省州縣官到任後，先周歷村莊，稽查保甲，將境内有無邪教申報該管上司。如訪有萌蘖，立即查拏究辦，毋稍玩泄，儻飾有爲無，化大爲小，經上司訪聞，將該州縣從重參處。若州縣詳報而上司諱匿消弭，准該州縣直揭部科，代爲陳奏，將該管上司嚴懲不貸。（仁宗二七九、二三）

（**嘉慶一八、一二、庚戌**）定傳習邪教治罪條例。諭内閣：刑部奏酌議傳習白陽等教分別治罪條例一摺。嗣後審辦白陽、白蓮、八卦等邪教，凡傳徒爲首者，著定擬絞決；其紅陽等教及各項教會名目即照刑部所議辦理。至此等愚民，平日惑於邪説，罔識禁令，現在大加懲創，許以自新，唯在地方各官詳爲化導，使小民共知學習不經符咒斷難獲福，而國憲森嚴，禍將不測。雖至愚之人，亦當惕於利害，勉爲善良。著步軍統領、五城及直省督撫、將軍、都統、府尹等，各出簡明告示，將新定罪名及自首限期剴切曉諭，庶家喻户曉，自首者多，不至有名無實。（仁宗二八一、五）

（**嘉慶二四、一一、戊辰**）又諭：御史黄大名條陳粤東積弊一摺。據稱，粤東有三合會名目，即從前之添弟會，招黨呼群，多在廣州府屬之清遠、從化、韶州府屬之英德及廣西之梧州、北流、遷江、百色等處，且有入會之在官人役豫爲通信包庇，擾害閭閻。著該督隨地隨時留心察訪，並飭屬認真緝拏，從嚴懲辦，以靖地方。……將此諭令知之。（仁宗三六四、一五）

二、老瓜或卦子

（**雍正四、一一、癸丑**）刑部等衙門議奏：老瓜賊任小山等，請解往河南正法。得旨：此等賊犯，若越省解送，恐沿途疎脱，又生事端，既干連地方官員，而差解人役亦屬苦累，嗣後著即於現在監禁地方正法，仍於原行劫之處，張掛告示，諭衆知之，永著爲例。（世宗五〇、一八）

（**雍正五、閏三、辛未**）諭河南巡撫田文鏡：向來河南有老瓜賊，爲害行旅，近見該省屢有圖財害命不知兇犯姓名之案，或係老瓜賊潛匿傷人，亦未可定，著該撫設法緝拏，務除匪類，毋致拖累無辜。（世宗五五、一三）

（**雍正六、九、乙亥**）川陝總督岳鍾琪疏言：涇陽縣竊賊黨奇等，於永壽縣拏獲，忽被卦子數十人持械拒捕，以致黨奇等脱逃。永壽縣知縣周之彝，庸惰疎忽，應請革職。得旨：周之彝嚴加議處具奏。聞卦子匪類，隸籍於江南之廬鳳及河南、山東、直隸、山、陝地方，其男婦皆習拳棒技藝，攜帶馬騾，遨遊各省。每遇人烟稠密之地，則以技藝博取錢米，及至孤村獨舍，行旅單身，則恣意搶奪，與盜賊無異。如陝西永壽縣一案，公然持械拒捕，搶奪賊犯，其肆行不法可知。又聞漢中府盤獲拏家游蕩之男女數十口，現在審訊。嗣後著各該地方官悉心稽查，儻有此等匪類潛匿境内，即著查出，押解回籍，收入保甲。如在外別有夥盜不法事情，仍按律治罪。儻容留之地方不行查出，或已經解回之後，縱令再出者，將該管官嚴加處分。（世宗七三、二三）

（**乾隆四、一〇、辛丑**）諭軍機大臣等：朕聞河南陳許一帶，有老瓜賊，汝寧地方，有卦子賊，多係鳳陽等處往來大盜。而卦子賊，則出自汝寧府及光州等處，由豫省直至湖廣、山、陝，出没無常，男女同行，騾馬資裝甚盛，專藉婦女假扮醫巫，入人家室，盜物潛逃，無由捕緝。此等匪類，汝寧等處每至冬間，則回本籍。所當密爲嚴拏，勿使漏網，以安良善者也。又聞山東與豫省接壤之桃源鎮，特設同知一員，專司捕盜。其地積盜甚多，每歲春間，出外行刦，冬底歸家，地方官未嘗不知，而行蹤詭秘，欲拏無據。若於冬月歲暮之時，密行伺察，方可弋獲。應令豫撫密咨東省，飭令該同知，預行確訪，及時搜捕，以清盜藪。以上三項，皆朕得之訪聞者，爾等可字寄尹會一，令其用心料理，不可疎忽。至於應行知會隣省之處，即著尹會一傳朕諭旨，密密寄去，勿令漏洩，以致遠颺，更不可以介在鄰封，互相推諉。凡爲地方大吏者，不能除盜安民，何能辭曠職之咎耶？（高宗一〇三、一七）

（**乾隆四、一二、壬寅**）河南按察使沈起元奏：本年拏獲新舊盜案七十餘起，十一月中，前撫臣尹會一密傳諭旨，飭緝老瓜、卦子等賊。查老瓜賊最狡黠，劫殺更爲慘毒，但必伺孤客夜行，方始下手。其法惟責之旅店，嚴禁夜行，并著捕役盤詰查拏，不許容留詭秘。至卦子賊，本江南壽州人，男婦同行，騾馬連騎。從前自信陽州正陽縣等地方，流入湖廣江南爲匪。經前督臣王士俊飭拏究處，遞回安插，近亦斂迹。現在責成保甲，舉首查拏。其外來鳳陽等處走索、賣解等人，亦飭令盡行驅逐。豫省本年被水，誠慮飢寒所迫，盜案日滋，仰賴蠲賑疊施，民皆安堵。夏秋以後，報案止有十起，比上半年較少。現今撫臣雅爾圖到任，申嚴先事消弭、臨時擒緝之法，益當竭力督率查緝，以靖地方。得旨：得毋因諱而不報耶？且現有劫驛送本章人之衣服一事，汝豈無所聞見乎？若因新撫臣到任，而自占地步爲此奏，則此見誤汝終身矣。（高宗一〇七、二七）

（**乾隆五、二、壬申**）諭：擦河南巡撫雅爾圖奏稱，豫省盜賊繁多，涖任以來，遵旨訪拏，不惜重賞，以獎勤勞，并立嚴罰，以懲積玩。現獲裕州卦子賊劉子成等男婦多人，又拏獲山東桃源鎮積盜田小豬子、郭二狗販子等，俱係歷年行刦害民之大盜。又梁朝鳳案內逸犯孫牛兒等，及邪教案內玉蘭老母郝成兒等，亦已就擒，現在飭審等語。雅爾圖到任不過兩月，即將豫省積盜多人，設法捕緝，不使漏網，具見經理有方，實心任事。從前尹會一之因循玩愒，於此益見。雅爾圖著交部議敘，以示嘉獎。（高宗一一〇、一）

（**乾隆六、一二、癸巳**）諭：直隸、山東、河南三省，有老瓜賊一種，狠毒異常，大爲行旅之害。雖現在有司官設法查拏，而匪黨甚衆，行蹤詭秘，究竟不能凈其根株，况今節屆嚴冬，正宵小竊發之際，尤當加意防範。著三省督撫，各飭所屬員弁稽查捕緝，嚴密周詳，不使兇惡之徒一名漏網，俾途次永遠寧靜，遇客可以坦行。如再有疎虞，該督撫先行嚴參，毋得寬縱。（高宗一五六、一）

(乾隆七、一、壬午) 諭：朕前因直隸、山東、河南三省有老瓜賊一種，狠毒異常，大爲行李之害，是以特頒諭旨，令地方官設法查拏。近又聞得此種老瓜賊，北五省皆有，而陝省固原州等處尤多。每於春月空身而出，俱走潼關，分散各處謀刦，及至秋冬，各挾贓物而回。恐被捕役盤獲，多於山僻小徑，遶回本籍，行蹤詭秘，變遷百端，必須該地方官齊心協力，不分疆界，互相查拏，庶可净厥根株。著尹繼善、岱奇、黃廷桂等，檄飭委員，將老瓜賊出入取道之處，躧訪查捕，務期嚴密周詳，毋使漏網。(高宗一五九、三)

(乾隆七、二、丙午) 又諭：近因直隸、山東、河南等省，老瓜惡賊，甚爲害於地方，屢諭各省設法嚴拏，以除兇暴，而安良善。今有人奏稱，陽信縣拏獲老瓜賊馬佩天、楊開等二十一名，供稱行刦方法，俱係馬佩天一人傳授，而馬佩天又得之於河南祥符縣人朱繩武。又有李名旺、吳三毛等二人，均籍隸祥符，與朱繩武同夥。又有山西陽曲縣人趙崇武，並伊姪趙三，俱係積慣老瓜賊等語。朕思此等兇徒，既已流毒於隣省，則本地自必更甚，著雅爾圖、喀爾吉善密行查拏務獲，審明從前謀刦各案，從重治罪。如事隔多年，朱繩武等本犯已故，即查其有無子孫，是否爲匪，黨羽何人，藏匿何處，必須一一究出，務净根株，毋使一名漏網。(高宗一六一、三)

(乾隆七、四、丙午) 刑部等部議准：原任山東巡撫朱定元疏請，酌定查緝老瓜賊各款。一、各汛兵務於每日黃昏迄天明，自本汛上下，至隣汛適中之地，輪替巡查。該州、縣、衛、所，按汛撥壯快一名，印給號單二紙，載明更次，持至兩汛適中處所，俟上下汛兵巡到，即令自帶姓名小戳，於號單更次下印蓋。如兵役偷安，扶同矇混，照例責懲。該管官弁，或有徇縱，均照徇縱老瓜賊定例參處。一、老瓜賊行蹤雖詭，居家之時，斷難逃牌甲里隣之查察。應行令各省督撫，飭所屬地方官，遍諭隣佑地保人等，不時稽查。如有蹤跡，即密稟嚴拏，不必指出首人姓名。俟起有屍贓，將首報人分別首從犯，按名賞給。其兵役平民，有能偵知首報審實者，亦照例給賞。一、老瓜賊刦殺之案，既無上盜情形，又無事主贓單，懸空躧緝，殊非易事。但捕役人等，獨無議賞之條，恐無以示鼓勵。嗣後有能緝獲隣境及本境老瓜賊者，不論首從，皆按名給賞。一、老瓜賊蹤跡無定，非專員查捕，未易奏效。請勅下直隸等北五省督撫，及此五省之接壤隣封，照例通飭州縣查拏外，再於所屬捕盜同知、通判、遴員帶役四散查拏，獲有老瓜賊，照例議敘，捕役賞賫。誣良邀賞，參處治罪。從之。(高宗一六五、五)

(乾隆七、七) [是月]山東巡撫晏斯盛奏：查拏老瓜賊，從前撫臣奏請,於大道通衢,令汛守兵目,徹夜遊巡,並令州縣派撥民壯,按更印取巡兵姓名,呈報該管文武,以稽勤惰,誠為立法嚴密。但老瓜賊狡獪,乘虛竊發,保無將其故智,移於僻路,以害途人,更或扮為僧道技流,以伏村落。臣請於偏區僻壤,查有墩汛者,亦照前例一體遊巡,如無墩汛之地,應令各該州縣派委佐雜,帶領民壯鄉保,分地巡查,似更整密。再緝盜之法,前撫臣於通省州縣內選委八員,名曰分統,分拏盜賊,又委巡道三員,以為總統,考覈勤惰,復委知府數員,以為兼統,稽查捕役,又於捕盜同知通判內遴選才能之員,分帶幹役,四散查拏。臣思府州縣官,均有地方之責,庶務紛繁,至於詰奸禁暴,職分當為,所部內自不容其稍諉,若所部外併責之,實屬鞭長莫及。臣請將所委州縣分統之任,歸併委巡之同知通判,將知府兼統之任,歸併總統之道員,庶事權不致分歧,而府縣等官,仍令專任巡緝。如知有匪徒潛匿別境,即差捕密拏,如委巡官役,生事擾民,立即揭參。再察緝而外,尤莫重於保甲,應尊責州縣嚴查,並知府督率,務使比戶有稽,逐保無隱,匪徒一入,即行舉首,一切宵小,可期盡絕。得旨:所奏頗妥,但須實力行之。(高宗一七一、三一)

(乾隆九、二、丁卯)諭軍機大臣等:前因直隸、山東、河南等省老瓜賊為害地方,屢經降旨,該督撫設法嚴拏,并諭令密行跴緝,不得張掛告示,以致奸徒聞風遠颺。乃近聞山東、河南通衢大路,仍有瓜賊出沒,早晚刦奪行李。……爾等可寄信與喀爾吉善、碩色,令其督率文武員弁,密加訪緝,實力查拏,務使宵小絕跡,以安行旅。(高宗二一一、一〇)

(乾隆九、一〇)[是月]川陝總督公慶復奏:陝甘地方,有卦子一項,男婦成群,攜帶騾馬,借戲法乞食為名,乘機竊盜,大為民害,聚散無常。現飭文武員弁,稽查盤詰,如有匪跡敗露,即行拏究。得旨:好。知道了。(高宗二二七、二三)

三、大乘教

(乾隆四、四、戊子)諭軍機大臣等:那蘇圖奏稱,據常州府屬之江陰縣稟報,訪得本縣東鄉長涇鎮一帶,有民人夏天佑等五名,為首設立邪教,誘引愚民茹素誦經,男女混雜。當將夏天佑等查拏審訊,據供所奉西來教,其教頭名張寶泰[或作保太],居住雲南大理府蒼山,年已八十餘歲,自稱達摩四十八代嫡派。江陰在教者,有二百人,伊曾於乾隆三年正月,親往雲南,面見張寶泰,傳授經卷。又每人取銀一二錢,給授記一張,不過吃素念經,並無別情等語。臣查伊等雖無不法之處,但遠赴雲南,受教傳播,恐行之日久，將爲風俗之害，不可不加懲禁，以杜將來。已批飭兩司，轉飭該縣，將爲首五人，枷責示眾，勒令改教，經卷悉行焚燬。其轉相授受之人，立限自首，並咨會滇省督撫查禁，以絕根株等語。從來邪教煽惑愚民，敗壞風俗，初起之時，不行禁約，迨蔓延日久，必致累及多人。覽那蘇圖所奏，西來教首張寶泰，既在雲南，可密寄信與慶復，令其轉飭有司，查訪根柢，懲治首犯，散其黨羽，但無得牽累無辜。（高宗九〇、一七）

（乾隆五、九）［是月］河南巡撫雅爾圖奏：現因豫省小民崇尚邪教，遍加體訪，聞江南蘇、松、常三府、太倉一州并浙江之嘉興府濱海地方，人多出洋捕魚，內有潛通海島強徒，歸入內地，煽惑聚黨，立爲燃燈教，又名燈郎教，傳徒禮拜，甚爲詭秘。請令各該督撫確查妥辦，庶地方可以寧謐。得旨：此奏甚是，知道了。（高宗一二七、三二）

（乾隆一一、四、癸未）貴州總督兼管巡撫事張廣泗奏：雍正年間，有雲南大理府妖人張保太，倡習白蓮邪教，後流入貴州、四川，傳及各省。近聞貴州省城有魏姓齋婆，招引徒眾習教，黨類甚多。並聞四川涪州有劉權，雲南有張二郎，皆係爲首之人。現已將黔省魏齋婆拏獲審辦，并密咨川、滇二省，一併嚴拏劉、張二犯，從嚴究治。得旨：此等事，惟應殲厥渠魁，脅從罔治爲得之，而又在神速不露爲妙也。（高宗二六五、一一）

（乾隆一一、五）［是月］江蘇巡撫陳大受奏：蘇、太所屬愚民，傳習燃燈教，現據拏獲寶山、太倉等處民人王徐氏男婦各犯，審訊屬實。除將供出傳教之凝山道人等嚴拏務獲外，查各犯目下雖止託名燒香禮懺，經文亦不過尋常勸世之語，然防微杜漸，誠不可忽，且江蘇濱海地方，防範尤宜嚴密。得旨：所見是，亦不止是。當時常留心，除此惡習，以靖閭閻。（高宗二六七、二三）

（乾隆一一、五）［是月］貴州總管兼管巡撫事張廣泗奏：拏獲大乘教逆犯魏王氏、唐世勳等男婦一百四十餘名口。（高宗二六七、三一）

（乾隆一一、六、辛未）諭軍機大臣等：據張允隨拏獲不軌要犯，搜查字跡，究出謀逆情由奏聞一摺。朕已細閱，可抄錄密寄各該省督撫，令其將摺內供出各省人犯速行嚴審，按律定擬。（高宗二六八、一二）

（乾隆一一、六、辛未）又諭：據雲南總督張允隨奏，據匪犯劉鈞供稱，掌教是保定唐登芳，請令直隸督臣就近查拏等語。張允隨此摺，著抄錄寄與那蘇圖閱看，令其留心密訪，即行查拏，務在緝獲，毋致漏網。仍將辦理情由，速行奏聞。（高宗二六八、一三）

（乾隆一一、六、辛未）又諭：從來左道惑眾，最爲人心風俗之害，理應嚴加懲創，庶足儆頑悖而安善良。今紀山摺內奏稱，從前辦理邪教數案內，有劉奇一名，止以充徒枷責完結。今據張允隨奏稱，劉奇乃大乘教爲首重犯，圖爲不軌，情節顯然，此乃斷斷不可輕縱者。爾等可速傳諭紀山，令其將劉奇一案務必嚴行根究，依律正法，以快人心。（高宗二六八、一四）

（**乾隆一一、六、辛未**）又諭：據張允隨奏稱，接准貴督張廣泗咨稱，四月十五日，係火官會期，在教之人，聚集必多，密咨將張保太之弟張二郎拏獲研訊，隨於四月十一日拏獲。並訪得自張保太拏禁之後，鄉民咸知畏法，即四月十五日火官會，亦未有人舉行等語。又前據張廣泗奏稱，四月十五日，係邪教人等做火官會期，在教之人，必多齊集，一面飛咨雲南、四川督撫，各選差弁，務於四月望日前後，將涪州爲首之劉權、滇省之張二郎以及兩處妖人，相機擒獲。臣即於四月十五日，乘該犯等會聚之期，將黔省爲首之魏齋婆勒拏到案等語。看來火官會乃滇、黔、四川等省常時舉行之事，即滇省據稱自張保太拏禁之後，亦未有人舉行，則從前竟係公然聚集，蓋此即聚衆生事之漸也。張允隨等身任封疆，似此聚衆結會，理應嚴行禁遏，何以平日漫無查察，一任妖民借端滋事，其火官會獨非邪教，可以聽其私相糾集乎？爾等可傳旨詢問之。（高宗二六八、一四）

（**乾隆一一、六、辛未**）又諭：據張允隨摺內奏稱，准江蘇撫臣陳大受來咨，有宜興縣兇僧吳時濟倡立龍華會，供指伊師張保太在雲南，希將張保太現在存歿有無，查明移覆，當將張保太久經監斃緣由，咨明江蘇等語。從前陳大受具奏匪僧吳時濟之案，因未根究張保太，經部駁令查審，至今尚未覆到，可速傳諭詢問之。再伊審理此案時，曾否問及時濟，伊師張保太傳授徒弟，尚有何人，時濟又再傳何人。著陳大受將從前辦過情由，一一詳明摺奏。又本年五月十八日，據陳大受奏稱，有燃燈教一案，傳自雲南犯案之張保太，習其教者，有震澤縣、寶山縣、嘉定縣等處之民人，現在拏獲，已飭按察使分別情罪，嚴加懲治等語。是張保太之教，附從之人甚多，其意亦非止誘人入教，騙財淫亂而已。今據張允隨將張保太邪黨緝獲審理，陳大受所審，亦係此案之黨羽，可將張允隨原摺鈔寄陳大受，令其留心查審，勿得寬縱，使奸徒漏網。（高宗二六八、一五）

（**乾隆一一、六、癸酉**）又諭：據直隸總督那蘇圖奏稱，准雲南督臣張允隨札開，滇省拏獲匪犯劉鈞，供出四川妖賊劉奇倡立邪教一案，內有唐登芳一名，係保定人，尚未訊明年貌住址。查劉鈞供出首犯劉奇現在四川，該犯唐登芳住址年貌，劉奇定皆熟悉，必應確訊等語。前據紀山奏報，劉奇已經拏獲，唐登芳既係劉奇同夥，其蹤跡定劉奇之所素知，可速行傳諭紀山，令其提訊劉奇，將唐登芳居住保定，係何州縣鄉村，是何年貌，家中尚有親屬何人，離家赴川，有無同行夥伴，現今是否尚在四川，曾否回籍之處，逐一嚴究，毋許狡詞庇黨，希圖隱漏，務取確供，即速奏聞。尋紀山奏：嚴訊劉奇等犯，供内有曾瑞芳一名，係親見唐登芳身故之犯，現在上緊緝拏。並准貴州督臣張廣泗咨，魏王氏、唐世勳供，俱稱唐登芳於乾隆三年，在同風店身故等語。查唐登芳之子唐世勳，係魏王氏招贅在家，則唐登芳存殁，伊等自必深知，或前供尚有狡飾，復飛咨貴州督臣確訊具奏。得旨：覽。（高宗二六八、一八）

（乾隆一一、六、癸酉）又諭：朕覽張廣泗所奏會緝邪教一摺，因雲南故犯張保太繼子張曉，接法開堂，其黨魏王氏、劉奇等，傳播妖言，招人入教，連結貴州、四川、雲南、湖廣、江南、江西、山西等省，不法已極，應通行嚴緝。可將此摺抄錄，密寄各該督撫，令其速行躧緝查拏，將布散羽黨跟蹤弋獲，不得稍有洩漏，以致匪徒聞風兔脱，亦不得張揚驚擾，貽累善良。但此教流傳已久，失察官員甚多，若按照定例處分，恐各官自顧考成，反致諱飾。其各省失察之員，暫緩處分，令其實力查緝。或現在供出人犯，不行跟追，以致漏網者，倍治其罪。總期盡絕根株，毋致漏網，拏獲到案，即訊取口供，一面奏聞。其應關會之他省督撫，即行關會。各督撫皆有封疆之責，似此邪教盛行，包藏禍心之人，平日既不能查察，以靖地方，若奉旨之後，復辦理不善，以致滋事，或忌人之功，而欲將就了事，苟且塞責，自問於心，能無愧乎？（高宗二六八、一九）

（乾隆一一、六、戊子）諭軍機大臣等：據陳大受奏稱，太倉州王徐氏等倡行邪教一案，已飭臬司翁藻，將左允文收禁候訊，並摘提數名杖懲。其餘人犯，飭令府縣差押解回本籍安插，毋許出外又生事端。又據太倉知州高廷獻稟稱，聞王徐氏本非正經，入其教者，多係浮蕩無賴之人。查從前乾隆五年，查辦燃燈教一案，止爲愚民被誘，妄希獲福消災，今其流弊，愚頑者陷溺既深，執迷不悟，而刁黠者藉爲奸利，勾誘主謀。近之則爲人心風俗之害，遠之恐有奸宄不測之虞，未可概信爲喫齋念佛而已。其徐士節等，先經懲創，乃敢怙惡不悛，若仍留於該處，將來故智復萌，必致又行煽惑。現飭兩司速將該犯並提徐周二氏究審，按律分别定擬，另奏等語。覽其所奏，前後辦理情節，失之寬縱。張保太倡立邪教，被惑之人，各省有之，此事甚有關係，不止於誘人入教、騙財淫亂而已。聞江南行教之人頗多，即係張保太之黨羽。從前陳大受辦理此案時，即未曾究出根底，今伊出郊勸農，即有如許人攔伊健訴，顯係聚衆有所别圖，想伊不知如何文飾，以掩其事耳。將誰欺耶？今雖奏稱，飭令兩司拘提審訊，看來陳大受之意，又欲就案分別懲治，所爲滋事不如省事耳。此等緊要之件，草率辦理，甚非朕委任之意。前此張允隨、張廣泗二人奏摺，已抄錄寄諭陳大受，想伊尚未接到。爾等可再傳諭嚴行申飭之，令其遵照前旨，會同尹繼善親提速訊，盡法嚴治，毋使奸民漏網，又生將來事端。（高宗二六九、一三）

（**乾隆一一、六、戊子**）又諭：陳大受摺奏太倉王徐氏等一案，辦理寬縱，朕降旨嚴行申飭，並令尹繼善會同審理，可將朕批諭之旨，抄錄寄與尹繼善閱看。雲南張保太設立邪教，招集多人，竟有謀爲不軌之意。前張廣泗奏摺，敘述頗詳，朕已令抄錄寄與尹繼善矣。今王徐氏案內人犯，即係張保太傳教之黨羽，公然於巡撫前聚衆健訴，不知畏懼，誠爲法所難宥。尹繼善身任總督，封疆攸繫，此等案件，正當留心查緝，不應專聽巡撫辦理，以爲於己無與也。今審理此案，當徹底究訊，毋得稍有寬縱，又似陳大受之文飾欺隱，草率竣事，負朕寄任之意。張允隨前奏張保太之案，可一併抄寄尹繼善知之。（高宗二六九、一五）

（**乾隆一一、六、己丑**）諭軍機大臣等：據陳大受奏稱，署太倉州事高廷獻，查捕邪教之王徐氏，及伊甥女周氏等，尚未飭結，突有數十人，持香齊至州堂，聲言周氏係觀音轉世，王徐氏係活佛臨凡，我輩來迎接供養。適高廷獻往鄉相驗未回，各犯即赴蘇。於臣下鄉勸農時，有太倉、嘉定、寶山、崑山、新陽、青浦等處民人一百數十名，焚香跪稱，伊等皆賣産入教之人，今活佛被拏，不可得見，求提來一見，死亦甘心，因此並追出張保太所傳經帖等件。現飭兩司提究，按律定擬等語。張保太在雲南設立邪教，招集多人，竟有謀爲不軌之意。王徐氏等即係張保太傳教之黨羽，今在江南肆行勾結，煽惑人心，竟敢倡率百有餘人，健訴於巡撫之前，或係欲保王徐氏等釋放，或別有強橫之狀，必不止如陳大受所奏，求提收禁之人一見也。奏摺中顯有粉飾，非係實情。安寧身在地方，知之必悉，可傳旨密行詢問，令其據實具奏。尋安寧奏：太倉邪教一案，經撫臣委臬司嚴審，王徐氏及徐樹續等，實係劉奇黨羽，並又究出多人，現仍研訊。至衆人到蘇，求見周氏，皆王徐氏及左允文等商謀號召，意在徼倖求寬，並無別故。其跡雖似挾衆要請，然於撫臣前實是執香懇求，並無強保王徐氏之言，亦別無強橫之狀。但人多嘈雜，有似喊鬧，是以外間有邪教多人，鬨鬧撫臣之訛傳，其實撫臣所奏，並無粉飾。此案關係極重，臣斷不敢稍涉瞻徇。報聞。（高宗二六九、二一）

（**乾隆一一、六、甲午**）諭軍機大臣等：據鄂彌達、開泰所奏拏獲襄陽居民王榮崇奉邪教、捏造謠言一摺，朕已批諭。前據張廣泗奏報，雲南張保太、貴州魏齋婆、四川劉奇等，彼此勾結爲奸一案，朕已降旨抄錄，寄與鄂彌達、開泰閱看，留心辦理。今覽鄂彌達等搜出邪書，内中所載，與張廣泗所奏邪書相同。看來此等匪犯，顯係彼此連結，聲息相通，蔓延各省，非一鄉一邑之邪教誘人錢財者可比。著鄂彌達等嚴加審訊定擬，不可稍有寬縱。並將單内所開姓名，抄錄寄去，務將實情究出，若有他省之人，即行關會該督撫緝拏審理，勿令兔脱。（高宗二六九、三〇）

（**乾隆一一、六**）［是月］直隸總督那蘇圖覆奏：唐登芳一犯，臣密飭司府等官，設法偵緝在案。查大乘教係大成教改名，大成教又係空子教改名，從前天、河等府被旱時，臣曾徧訪得各邪教，如聞香、橋梁、伏魔、抹抹等名色，嚴行示禁。臣現在飭令密查，如唐登芳實係保定人，斷不令漏網。得旨：又聞此人已死，但根究其有無室家妻子，並傳受伊教之人可也。（高宗二六九、三三）

（**乾隆一一、六**）［是月］湖廣總督鄂彌達等奏：准貴州督臣張廣泗咨拏大乘邪教夥犯莫少康、劉選昇、孫其天三名，隨密飭各州縣嚴拏，已將莫少康、劉選昇二犯拏獲審明，解黔歸案辦理。查此等邪教，流傳已久，黔楚毗連，入教者必多。現就莫少康之父漢先取供，受有名號夥犯，復拏獲彭貴江、陳南明二名。此外如尚有開堂接衆，傳播妖言者，自當嚴行拏究。其無知被誘，止於念經喫齋者，令其自首免罪。得旨：此案情頗大，不可以尋常邪教視之。屢有旨向大學士等處頒發，想汝尚未接到耳。所云無知被誘，亦必其實係無知被誘者可耳，凡係爲從，概不可寬。（高宗二六九、四一）

（**乾隆一一、六**）［是月］四川巡撫紀山奏：拏獲白蓮教案内，冒稱李開花之蘇君賢一犯，俟解到，與劉奇等犯審訊明確，並將窩戶劉珍處搜出邪經簡帖，一併查明，再行續奏。得旨：覽奏俱悉。此案當速行辦理，以正典刑。若遲待獄中，恐生他故。豈可與尋常命盜案一例論限乎？（高宗二六九、四五）

（**乾隆一一、六**）［是月，四川巡撫紀山］又奏：白蓮教煽徒甚衆，現又續獲邪犯周鳳翶、郭廷璧等五十餘名。其中有知情而倡爲齋頭，給人授記，展轉相招者；有聽從邪説，喫齋入夥者，飛飭分別解省。並據涪州等屬，將前獲劉奇等六犯，陸續解到。臣率同布按兩司逐一研訊，究出陰謀不軌、大逆不道確情，並冒稱李開花之蘇君賢，現在巴縣墾種，當即專差往拏，蘇君賢有母吳氏，兄蘇君澤，在金堂地方，現已拏獲，另行審究。臣一面將搜出邪書，有隱藏悖逆語者，另錄呈覽，一面將劉奇供出在川之王清真、王之璧、張學萬等十四名，飛速密拏。雲南、貴州、直隸、江南、江西、湖廣、山西之胡大思、朱牛八、昌齋婆等十九名，密咨該省查拏，分別辦理。得旨：覽。此豈汝等所能究出，想接張廣泗之咨會耳。攘人功而爲己有，甚屬無恥，不謂汝竟如此，朕自愧無知人之明。（高宗二六九、四六）

（乾隆一一、七、庚子）諭軍機大臣等：據紀山具奏查審川省邪教二摺，朕已詳覽批發。看紀山始初辦理此案之時，甚屬寬縱，經朕降旨訓諭，今覽所奏，仍存開脫之意。即現在訊明各犯口供，亦因接到張廣泗等知會，始究出匪黨根由耳。而奏摺內，又將朕從前批諭之處，隱匿不錄，顯有前後回護、含糊取巧之意。輕視重案若此，有負封疆之寄。可傳旨嚴行申飭。此等奸民，廣通聲氣，勾結各省匪類，肆行無忌，非誘騙財物、煽惑一鄉一邑者可比。此時若不留心辦理，以净根株，則首惡雖除，而爲從者仍可繼起爲害。如雲南之張保太，因從前遇赦釋放，今日遂至蔓延，豈非前車之鑒乎。又紀山奏內，吳守忠堅供，鐵船教不與大乘教同派，並非通達聲氣等語。查張廣泗奏稱，大乘教內，僧人得文供，教有三船，一名法船，二名瘟船，三名鐵船，觀此則鐵船教未必非大乘教之黨也。將此一併寄與知之。此案甚有關係，大學士慶復此時正在四川，可傳旨諭之，令其暫留川省，與紀山會商辦理。其中或有鄉曲愚民，實在被誘，尚無妄亂情事者，或稍可原，其他則法所難宥，不當以案內人衆，存靜鎮姑息之見，貽風俗人心之患也。蓋乘此敗露之時，自應徹底澄清，不留餘孽，庶幾地方可以永寧，良民可以受福，否則兇頑不知徵惕，將來之蹈法網者轉多，是寬之適所以害之也。可令伊等體會此意，悉心查審定擬。此旨即隨紀山摺發去，伊齎摺之人，未免稽遲時日，爾等仍從兵部飛遞，俾慶復在成都接到，以便辦理。（高宗二七〇、九）

（乾隆一一、七、庚子）[紀山]又奏：續據蘇常各府先後緝獲邪教王徐氏黨羽姚君茂等十四名，又究獲吳時濟名下黨羽杜玉梁等十一名，起有授記封號。一切妖書，概令解蘇，以便會核提訊，分別定議。得旨：所見是矣。照此實力辦理可也。仍宜速行定案，以彰國法，而免意外之滋事也。（高宗二七〇、一一）

（乾隆一一、七、壬寅）諭軍機大臣等：前據紀山奏稱，大乘教首犯劉奇供內，有呂齋婆、王志仁，俱係直隸掌教齋頭，並開明王志仁在京城報國寺住，常與魏王氏往來。朕已降旨查拏，尚無蹤跡。可傳諭紀山，詢問劉奇，將呂齋婆、王志仁籍貫年貌，實在住址何處，係何年月，並有無同夥之人，一切情形，詳細究問明確，速行奏聞。尋奏覆：呂齋婆、王志仁下落，訊鞫劉奇等犯，俱堅供不知，必須弋獲張天序、曾瑞芳，始知蹤跡，容臣等密飭訪拏。報聞。（高宗二七〇、一一）

（乾隆一一、七、壬寅）又諭：前據紀山奏稱，審訊大乘教内首犯劉奇，供出各省齋頭，有呂齋婆、王志仁係直隸掌教，已將姓名寄與那蘇圖，令伊嚴拏。内王志仁一名，據劉奇供稱，住在報國寺，常與魏王氏往來，朕降旨查拏，尚無蹤跡。王志仁等係直隸掌教，自必在直隸地方藏匿，可再傳諭與那蘇圖，令其速選妥協之人，將呂齋婆、王志仁留心密訪，嚴拏務獲，速行奏報。尋那蘇圖奏覆：王志仁一犯，注有在京城報國寺，常與魏王氏往來字樣，魏王氏係女流，諒必近在報國寺。除另選妥人，分頭跴訪外，一面密札順天府尹，就近訪拏，一面移咨川撫紀山，將首犯劉奇訊明各犯住址年貌，俟有確蹤，到日另摺具奏。得旨：若在京者，何待汝等查拏，以言其在外者耳。應於所屬留心密訪嚴緝，亦不必張皇滋事。（高宗二七〇、一二）

（乾隆一一、七、丙午）諭軍機大臣等：大乘教一案，據各督撫審出人犯姓名，已密諭查拏究訊，務盡根株。但此時未經發覺者，固不可使之聞風遠遁，即現在供出姓名可指者，亦不得任其匿跡潛逃。如雲貴省所供出四川之人，而四川本省轉未究出，四川省所供出雲貴之人，而雲貴本省每多遺漏，可見奸匪易於漏網，則辦理之法，須得其頭緒，方可根究。前四川巡撫紀山摺奏，現在投首者紛紛，又據楊錫紱亦奏稱入教之人，令其自首。此等自首之人，搜緝有線，盤詰有根，正可於此根尋蹤跡。再其中情罪不一，惟實在無知被誘，覺而自悔者，方准其自首，量爲末減。仍須交與地方官，不時稽查。其始事之兇，爲從之黨，自當分別按律治罪，即情罪似乎稍輕，而有附助之形跡者，亦當充發，以散黨羽。朕看此案各省辦理不同，可傳諭各該督撫，令其遵照此旨查辦，使邪黨盡除，而定擬亦得畫一。尋據川陝總督公慶復、四川巡撫紀山奏覆：查黔滇兩省，移咨川省，應拏教匪共五十六名，已獲三十五名。川省審出應拏一百二十四名，已獲九十四名，餘犯現飭各屬上緊查拏。至三船邪教，名雖有三，其實則一，皆奉大乘教之邪術。今法船之劉奇，先獲審擬；瘟船之雪峰，已獲，旋斃；而鐵船首惡朱牛八，現據邪黨胡衡供出，移咨滇省會緝，未准回覆。現在根尋黨羽，不使漏網。至緝奸之方，定罪之法，臣等遵諭分別妥辦。報可。（高宗二七〇、二〇）

（乾隆一一、七）〔是月〕大學士川陝總督公慶復、四川巡撫紀山奏稱：大乘教首犯劉奇，造作逆詞，陰謀不軌，實屬大逆不道，應從重照謀大逆律，凌遲處死。蘇君賢冒認李開花，狂悖惑人，妄圖非分，譙元魁、周鳳翩附逆誘衆，散布邪言，亦非尋常從犯可比，均照妄布邪言，煽惑人心爲首例，斬立決，仍請梟示。四犯家屬，查明解部，賞給功臣家爲奴。下部如所議行。（高宗二七一、三九）

(乾隆一一、七)［是月］四川巡撫紀山遵旨奏覆：川省五方雜處，商賈每以聚會聯絡鄉情，會名亦多，不僅有火官名色，其中不無藏匿匪類。臣莅任後，即飭屬禁止，但於劉奇等渠魁，未能查出究治，疎忽難辭。嗣後惟有時刻留心，以期鋤奸除弊。得旨：一之爲甚，豈可再乎。以後遇此等事，當留心慎籌，此正汝封疆大臣之要務也。(高宗二七一、三九)

(乾隆一一、七)［是月］貴州總督兼管巡撫事張廣泗奏覆：臣查邪教根源，多緣假托做會名色，招徒惑衆。臣密飭察訪，前於四月十五日，適值火官會期，遂將魏王氏乘機擒獲。訊供張保太大乘教內，於天官、地官、水官三會外，又添一火官會。每逢會期，齊集建醮，自張保太問罪後，衆人漸散。臣恐餘黨竊發，仍飭各員弁查訪，如借做會名色，糾集徒衆者，即行嚴拏究治。得旨：覽奏俱悉。此悉重處示警之後，想邪教自當稍斂，然總應時常留心防範者。(高宗二七一、四〇)

(乾隆一一、八、戊辰) 又諭：據四川巡撫紀山奏稱，鐵船教之夥犯胡恒供出鐵船掌教之朱牛八，在貴州羅貢生家，招爲女壻。羅貢生家佃户甚多，都是苗子等語。朱牛八明係鐵船掌教之首逆，羅貢生招伊爲壻，以主呼之，且佃户俱係苗子，甚有關係，爾等可傳諭張廣泗嚴緝務獲，一一究出夥黨，速奏以聞，並將胡恒供詞，鈔錄寄去。尋據張廣泗奏覆：鐵船教主朱牛八，臣疊次差弁，會同川省委員，於仁懷黔西一帶，細訪無蹤。至仁懷縣安羅里，雖有羅姓，並非貢生，原係衣食充裕之家，佃户計有六七十户，多係苗人。該處歸化數百年，風俗安靜，並無一人入教。報聞。(高宗二七二、九)

(乾隆一一、八、辛巳) 諭曰：逆犯張保太倡爲邪教，煽惑愚民，分布黨羽，連結奸徒，潛謀不軌。如雲南之張曉，四川之劉奇，貴州之魏齋婆等，皆罪大惡極，逆跡顯然，現在拏獲正法，脅從之犯，亦分別治罪。……兹特再降諭旨，除實在要犯外，其餘一概不必復行查拏，令該督撫遵照辦理。並飭地方官明白剴切通行曉示，俾小民感恩悔悟，悉改前非，各安本業，永享昇平之福。(高宗二七三、三)

(乾隆一一、八、辛巳) 諭軍機大臣等：前據張廣泗奏稱，妖人張保太，係雲南景東府貢生，於康熙二十餘年間，即在大理府雞足山開堂倡教，法號道岸，釋名洪裕，妄稱此教是陝西涇陽縣八寶山無生高老祖開派，流傳到四十八代祖師楊鵬翼，係雲南騰越州已故生員，張保太得受其教，遂自稱爲四十九代收圓祖師等語。可傳諭張允隨，楊鵬翼乃始倡邪教之首逆，遺害至今，罪大惡極，應行戮屍毀墓，以滅其跡，免使後來匪犯得以藉口又復生事。即伊之子孫，亦著該地方官嚴加管束。仍將辦理情由，具摺奏聞。(高

宗二七三、四)

(乾隆一一、九)[是月]兩江總督尹繼善等奏：審明江省王徐氏等，傳習滇省故犯張保太所倡邪教，附和川省逆犯劉奇等，妖言惑衆，並先後拏獲各要犯一案。緣該氏夫王巖，素宗張保太之教，故後，該氏接教開堂。乾隆九年，有江省犯案逃入雲南之陸元祥，寄書至江，轉告王徐氏，詭稱張保太已借四川劉奇之竅，臨凡度衆。王徐氏隨令同教左允文等，赴川探聽；陸續回家，備言劉奇確係張保太轉世。現在雪山梁浩，聚集多人，幫李開花與劉奇往來。又有保太繼子張曉，在滇設教。將來興龍華大會，推劉奇爲教主，聞王徐氏有德行，欲令入川。該氏將香金紗衣，復令左允文等赴川致送劉奇等。本年正月間，該氏將過繼周彥章女周氏，教令坐功，捏造乩語，指爲活佛。周彥章附從其說，即在家內聽該氏開堂惑衆。經地方官訪知，臣等嚴飭拏究，該氏希圖脫罪，與左允文等商謀，令其黨費效靈等集衆赴蘇，具呈求寬。當經飭拏發審，究出前情，應將王徐氏擬斬立決。至往來滇蜀，傳播妖言之左允文等，分路開堂，互相煽惑之黃明理等，分別斬絞監候。其隨同附和各犯，亦分別杖流完結。得旨：所奏俱悉。(高宗二七五、一六)

(乾隆一一、九)[是月]湖南巡撫楊錫紱奏：查大乘邪教各犯，莫少康在楚招徒最多，其次陳南明等，亦俱要犯。瀏陽、湘陰、武陵、茶陵等數州縣，被惑從教者不下一千餘人。(高宗二七五、二一)

(乾隆一一、九)[是月]貴州按察使孫紹武奏：先經督臣張廣泗審訊逆犯魏王氏等一案，緣該氏假以開堂喫齋爲名，其實廣爲招匪，潛藏逆志。張保太謀爲大逆，魏王氏與伊夫魏明璉先後承領左右中宮授記，及明璉故後，公然接教開堂。又與伊子魏之瑗前往四川，投見劉奇，共謀舉事。唐世勳受張保太承中授記，呂仕聘受上繞授記，皆與劉奇通同謀逆。魏之璧等曾授張保太督果位護道金剛授記，魏明章等各授上繞下繞授記。雷大鳴係年滿千總，受張保太上繞執事，附和魏王氏作會，身係職官，非愚民可比。李清前於張保太案內擬流，遇赦放回，仍與逆首書信往來，傳播妖言，實爲怙惡不悛。督臣當將各犯情罪妥擬，送交欽差刑部員外即德福核明；同侍衛達青阿率臣等將魏王氏、魏之瑗、唐世勳、呂仕聘四名，凌遲處死；魏之璧等六名，斬決。至魏明璉雖伏冥誅，曾受張保太封號，領有格簿，代爲招匪，致使伊妻接替開堂，實爲倡亂之首；查明該犯屍塚，發掘戮裂。其案內餘犯，均分別定擬完結。得旨：覽。(高宗二七五、二五)

(乾隆一一、一〇、甲戌)諭曰：逆犯魏王氏、劉奇等襲張保太大乘邪教，煽惑愚民，陰謀不軌，罪不容誅。今首惡俱正典刑，逆黨分別懲治，雖

第五章 農村人民的生活和反抗鬥爭

係各省查拏，而發奸摘伏，則自張廣泗始之，甚屬可嘉。著交部議敘。（高宗二七六、一九）

（乾隆三三、九、丁亥）諭軍機大臣等：昨據吳壇奏，於蘇州城外，訪出久經奉禁之大乘、無爲二教經堂，拏獲各堂師徒七十餘人一摺，業經降旨彰寶，悉心根究，嚴切定擬。今據彰寶奏稱，教中之人，非僧非道，慣與各處水手暗地往來，招接存頓等語。此等邪教，久經嚴禁，該犯等尚敢潛設經堂，聚徒傳教，已屬不法。且蘇州遠通海洋，而所屬又跨連數郡，該犯等竟敢與無籍水手，往來牟利，更恐滋生事端。即潛謀割辮之正犯，或隱竄其中，或交通勾結，均未可知。彰寶務宜逐一研鞫，毋得稍有含糊。（高宗八一八、四）

（乾隆四四、二、甲戌）又諭：前據文綬奏……再原奏內有該犯［熊子龍］捏造朱天順，繼改名天龍一犯，稱其現在雲南，年僅十二，係張祖扶助等語。所稱自即指滇省邪教首犯張保泰而言，雖當時已將該逆犯戮屍示衆，但此等妖言惑衆之案，……仍然假托名目，煽惑人心……尋李侍堯等奏：滇省自十一年張保泰子張曉謀爲不軌正法並將張保泰戮屍，迄今嚴禁邪教。（高宗一〇七七、六）

（乾隆五九、八、甲戌）又諭曰：福康安奏拏獲傳習邪教各犯提省嚴訊一摺。此案大寧縣民人謝添繡等，與湖北竹谿縣之王占魁、陳金玉往來，經陳金玉傳授靈文並觀音祖師等咒。謝添繡等又收陳秀元等爲徒，共傳過十五人。又有馮貴、唐國泰等九名，係謝添朋等轉授之徒，亦俱供認不諱。現經福康安先後拏獲，訊據謝添繡供，該犯於五十七年，拜陳金玉爲師，先令過願，傳給靈文，後與升丹。謝添繡曾同陳金玉至王大烈家升丹一次，陳金玉因說現在彌勒佛轉世，已生在河南無影山張家，要保扶牛八起事，牛八即係朱字。如今河南、陝西多有學習此教之人。又據王友學供，河南無影山上掌事之人，聞係漆姓、宋姓，謝添繡供，河南有張、高、薛、梅、梁、孟、丁、蕭八姓，稱爲八大功祖，並有龍華三會名目各等語。該犯等膽敢於光天化日之下，倡立邪教，輾轉授徒，牽連四川、陝西、湖北、河南數省，所傳靈文經咒，詞語不經，暗藏姓氏，已有悖逆形述，實屬罪大惡極。又據福康安夾片稱，謝添繡所供要犯胡胖子即胡仲元，已於湖北竹谿縣拏獲。其要犯陳金玉，亦於湖北所屬地方，經夔州府差役擒住，回至中途，忽有多人趕攏，將陳金玉搶回，並毆傷差役王陞身死等語，尤爲怪事。是該犯等傳教惑衆，非止爲騙錢起見，各處俱有夥黨煽布，同惡相濟，其爲悖逆，已屬顯然，實爲可惡。至該犯等所供牛八，現據福康安嚴訊王友學等供稱，名教朱紅桃，其河南無影山，聞在登封縣等語。看來此案邪教，竟係倡自河南，不可不嚴密搜拏，切實根究，務盡根株。穆和藺平日辦事，本屬無能，現在查辦災賑，多有舛錯，此事非其才具所能辦理，已另降諭旨，將福寧調補河南巡撫，所有山東巡撫，即著穆和藺調補。現在東省，被水地方撫卹事宜大局，福寧皆已辦定，江南豐北廳拆展壩埝，業經福寧會同蘭第錫等商辦，已可完竣，並無緊要之事。福寧接奉此旨，著即馳赴河南，查明無影山地方，親赴該處，督率文武員弁，將該犯等供出之牛八又名朱紅桃一犯，及所稱彌勒佛轉世，現生登封縣無影山張家等情節，即親身至彼，徹底跟緝，按名拏獲。並飭將謝添繡所供河南張、高、薛、梅、梁、孟、丁、蕭八姓，稱爲八大功祖，及龍華三會名目，一體分投嚴密查拏，勿使漏網。（高宗一四五九、一七）

（嘉慶二一、一二、乙酉）又諭：孫玉庭等奏傳習牛八邪教案犯，先後赴官投具悔結，懇請免罪一摺，湖北省傳習牛八教之邵元勝等，經地方官宣諭開導、具結改悔投案者，共有三百六十四名，湖北一省如此，可見各省傳習邪教者尚復不少。鄉民妄聽邪說，信從入教，本應治罪，但人數過多，愚民無知，一時被誘，若不予以自新之路，朕心實所不忍。惟是此內真心改悔者，固不乏人，恐亦有希圖免罪，暫時投首者，閱時既久，難保其不故智復萌，應酌定條例，以示警戒。著阮元、張映漢飭令地方官，將此次具結改悔之人，再行曉諭，以該犯等本係有罪之人，現奉恩旨准予自新，係屬法外施仁，若改悔之後又復習教，則是怙惡不悛，定當加等治罪，責令各出具再犯習教情願加等治罪甘結，方准免罪。該地方官仍將具結之人開造名冊，申送臬司衙門存案。儻將來冊內之人再有傳習邪教者，一經訪獲，即將該犯按律加一等治罪。各直省俱照此一律辦理。將此通諭知之。（仁宗三二五、四）

四、四川嘓嚕子

（乾隆八、一〇）［是月］四川巡撫紀山奏：川省數年來，有湖廣、江西、陝西、廣東等省外來無業之人，學習拳棒，並能符水架刑，勾引本省不肖奸棍，三五成群，身佩兇刀，肆行鄉鎮，號曰嘓嚕子。奸淫刦掠，無所不爲。其聚集多在州縣交界處所，出沒沒有記認，羽黨日多，捕役鄉保，或一禀報查拏，必致遭其慘毒，爲害實甚。現在多張告示，許其自首減罪，以散黨與。並令自首之人，開呈同類姓名，記檔存案，一面相機查拏究處。至此等嘓嚕，兇惡異常，應請將著名巨魁，拏獲到案，即照光棍例治罪，或枷杖立斃，以其罪名揭示鄉鎮集場，其脅從者照律飭審。如係外來流棍，遞回原籍，永遠不許出境。如係本省奸民，責令鄉保管束，朔望點名稽查。鄉地齊心協拏者，加以重賞，坐視放縱者，示以重懲。地方官設法擒拏者，特疏保薦，優柔不振者，據實糾參。（高宗二〇三、二四）

（乾隆一〇、六、丙辰）［署四川提督李質粹］又奏：川省五方雜處，奸良莫辨，外來流匪及本地無業流民，凌虐良善，名曰嘓嚕，散處驟難肅清，已嚴飭弁兵，上緊查拏，再飭文員一體嚴緝。得旨：所奏俱悉。此等事，汝總宜且置之，盡心料理瞻對，以期速底蕩平可也。（高宗二四二、三〇）

（乾隆一二、二、辛酉）吏部等部議准：大學士管川陝總督公慶復奏稱，川省嘓嚕一項，實爲作惡之根，其地山水交錯，到處可通，各省匪類，最易潛藏，非立賞罰，地方官必不盡心緝捕。請嗣後文武各官，有能拏獲一起，查明在半年以內，照拏獲賭具例加二級，半年外功過相抵，不准議敘。如在該地方容留，已過半年，並不實力查拏，或鄰境拏獲，或別案發覺，將失察之地方官，照失察賭具例革職。文職拏獲，免同城武職處分，武職拏獲，亦免同城文職處分。從之。（高宗二八四、一）

（乾隆一二、四）［是月，新調川陝總督張廣泗］又奏陳各路稟報：川省自瀘州以下，嘓嚕搶奪之案甚多。又有邪教遺孽，奔竄各路，恣行刦掠。及大金川土酋兇惡不法，侵蝕鄰封，拒傷官兵各情形。得旨：覽。川省既有此等不靖之事，今皆爲卿職分內應辦之責矣。然目下總以大金川爲首圖，俟大金川之功成，以次及之可也。（高宗二八九、四六）

（乾隆一四、一〇、戊戌）諭曰：軍機大臣議覆岳鍾琪奏請安插懲創擾害川民之嘓嚕子一摺，朕已降旨依議。嘓嚕最爲川民之害，若徒事姑息，勢必釀成後患。該督提於此等不法之徒，自應從嚴辦理，庶幾屏跡潛蹤。且現令自首免罪，分別安插回籍，已屬寬典，如再怙惡不悛，即應盡法重懲，儻或公然拒捕，該督提立即擒拏，一面正法，一面奏聞，俾知國法所在，凜然難犯，自必聞風斂戢。總在督提等酌量匪犯情罪重輕，妥協辦理，亦不得因有從嚴諭旨，有意苛求。朕已面諭提督岳鍾琪，可一併傳諭策楞知之。（高宗三五一、一〇）

（乾隆一五、七）［是月，四川總督策楞、提督岳鍾琪］又奏：前奉諭旨查辦嘓嚕，許以自首免罪，當即出示曉諭，並責成各該鎮、道實力督辦。又專派佐雜，協同將備，各於山村僻處，輪流密察，半月一報。數月來陸續據報，自行投首者一百五十餘名。量其才技，並查係平日有名嘓嚕，即分別飭令入伍充壯管束者，五十餘名，隨從流蕩，有父兄親族可依，取保約束者，一百餘名。又續報拏獲八十餘名。內有惡跡昭著者數人，即提至省城，用重枷長遠枷號。其餘或於盜竊案內牽連，及傷人賭博等事，分別究擬。目下嘓嚕斂跡，地方安靜，但恐一有疎懈，又必出而肆橫。是以一兩月之後，即嚴檄飭查一次，總期認真到底。一二年後，自可剗除其根株。得旨：覽奏俱悉。要之以久之言尤當。(高宗三六九、二七)

(乾隆一五、七)[是月，四川總督策楞、提督岳鍾琪] 又奏：前經廷臣議准歸化城都統卓鼐奏，請將川省私墾山田之嘓嚕奸民，行令查出，使無地容身。共地畝作何酌量納糧，一並定議。查嘓嚕惟不樂於墾田安業，是以流爲奸匪；而良民實無私墾之事，應毋庸清查地畝，以免擾累。仍飭原派各員，於深山密箐，輪流搜捕。儻有奸匪依聚山中私墾者，嚴拏究處。所墾之田，即給附近居民耕種。報聞。(高宗三六九、二八)

(乾隆二三、一〇、乙亥) 又諭：川省向有嘓嚕子一種，擾害良民，爲害最甚，所以定例綦嚴，屢經有旨查禁。其在不法生事、致傷人命及強行刦奪者，固按律治罪；至於平常鼠竊之案，不過枷責發落，或又復出爲匪，殊於懲創之法未盡。嗣後此等案犯，亦須計其次數，分別辦理。若爲匪至三四次者，與積匪猾賊無異，應照例發往黑龍江等處，或即照新例，發往巴里坤。慎勿姑息從事，以致若輩肆行無忌，而安分良民轉受其累也。可將此傳諭開泰知之。(高宗五七三、一四)

(乾隆二五、二)[是月] 四川總督開泰議覆：按察使顧濟美奏稱，川省嘓嚕匪類，爲害閭閻，性慣流蕩，其事犯充徒者，每乘間逃脫，或在配滋事。應令解至配所，即以應徒年限，繫帶鐵桿示衆，限滿果能悛改，由地方官具結詳請釋放，如限內仍有不法之處，即徒滿亦不准釋放，統俟革心斂跡，再行停止，毋庸豫計三年。得旨：如所議行。(高宗六〇七、二二)

(乾隆二八、一〇、癸卯) 欽差刑科給事中副都統銜七十五奏：嘓匪侵擾青海蒙古等，來路甚多，其出沒要區共計五處。請派兵一千名，分守五卡游牧，探賊動靜，合力追勦。奮勉者報部議敘，怠惰者嚴加懲治。扎薩克有不遵行者，指名題參治罪。再查王素諾木丹津、袞楚克達什、貝勒丹巴策凌、貝子那木扎勒策凌、沙克都爾扎布，皆熟識嘓匪情形，尚能辦事。請即令伊等總管五卡兵，臣面飭王索諾木丹津等率屬勤習武藝，明年在會盟處親閱勇惰，以定賞罰。從之。(高宗六九七、八)

(乾隆二八、一一)[是月] 四川總督阿爾泰奏：……又川東界連黔楚，嘓匪出漫無時，即飭沿江文武各就水陸形勢設法查拏。即以獲犯多寡，分別功過。(高宗六九九、二三)

(乾隆三八、三、甲辰) 又諭：現在官兵分路進勦金川，……運糧人夫

一事,最爲緊要。……川省向有嘓匪一種,最爲不法,設或經理失當,使此輩乘隙妄爲,尚復成何事體。(高宗九二八、二五)

(**乾隆三九、三、乙亥**)諭軍機大臣等:據文綬奏挐獲拒捕嘓嚕匪犯匡貴等現在審擬一摺,稱該犯等二十餘人,在雷波廳屬中山溪地方滋擾,經該通判王興謨訪聞,會同營員親往擒挐,匪犯各持刀械,奔出抗拒,當經放鎗傷斃三犯,挐獲十九犯,究審定擬,有應即時正法者,辦理具奏等語。所辦尚未允協。嘓匪不法滋事,定例綦嚴,今匡貴等聚衆擾民,其罪已無可貸,乃當官兵前往查挐,膽敢持械拒捕,眞與叛逆無異,自應盡法創懲,豈可僅照尋常盜賊拒捕之案,分別首從定擬。此等嘓匪,最爲可惡,常時有犯,尚不可稍存姑息;況該省現在用兵,尤不可不痛加懲治,俾奸匪聞風斂戢,庶足稍靖邊圍。著傳諭文綬,將在場行兇助勢各犯,務即究明,一面正法,一面奏聞,毋得稍存寬縱。其通判王興謨,於境內匪犯,留心訪查,即行具報,親往立時挐獲,尚屬能事。如平日居官才具尚好,並著該署督,一併據實具奏,送部引見。(高宗九五五、六)

(**乾隆四六、六、己丑**)又諭:舒常等奏,據副將陳大恩稟報四川太平等縣移挐川省嘓匪一案,隨會同利川縣奮力擒挐。嘓匪百餘人,持械抗拒,兵役放鎗擒捕,生擒受傷嘓匪一人,餘悉逃散。當經利川縣訊據該犯供名蔡友應,同夥有棚頭劉鬍子、金小二、羅和尚、周獸子、楊滿兒、王小六、楊大老滿、袁老八,其外亦各有附和之人,欲到貴州去。並供在太平縣地面行刼過客之物。現在將該犯提解來省嚴審,並將同夥姓名年貌住址,飭文武各屬,分路嚴挐。並分咨四川、貴州、湖南等省,一體嚴緝等語。川省嘓匪向來不過三五成群,聞挐斂跡。今乃約夥至百餘人同逃,膽敢拒捕傷人,甚屬可惡。著傳諭舒常、鄭大進、劉墉、李本、文綬等各飭所屬,選派妥幹兵役,上緊躧捕。務期盡數弋獲,毋使一名漏網。至挐獲審辦時,斷不可稍存姑息,止辦爲首要犯數人。凡案內同夥黨惡之人,既經同行,均應分別情罪,從嚴辦理。即至輕者,亦應發新疆厄魯特爲奴。庶足以示懲儆。(高宗一一三五、七)

(**乾隆四六、六、乙未**)諭軍機大臣:據劉墉奏,接准舒常、鄭大進來咨,派員於扼要處所截挐嘓匪一摺。此案嘓匪糾約多人,滋事不法。前據舒常等奏報,業經傳諭該督等,及四川貴州各督撫,嚴飭所屬,上緊躧捕,務期弋獲,從嚴辦理,不可稍存姑息。此時各該省想已將嘓匪陸續捕獲,著再傳諭舒常等,將前獲嘓匪蔡友應並續獲匪犯,嚴審根究。伊等於何時何處結夥同逃,並欲逃往貴州何處,且意欲何爲,詳悉研審定擬具奏。並傳諭文

綬，將此等嘓匪如何在川省爲匪脫逃緣由，一併詳悉查明具奏。（高宗一一三五、一五）

（**乾隆四六、六、庚子**）又諭：據李本奏，婺川縣稟報，拏獲川省嘓匪彭昌文，訊供首匪係劉老十、毛老九等共七八十人，因川省查拏，假裝行旅，由四門彭水縣入婺川境，現赴正安州一帶逃竄。隨即追至正安之小溪溝，與該州兵役會合截拏，當經拏獲鍾鳳鳴等二犯，殺傷匪徒甚多，賊匪亦持械抗拒，被傷兵役二名，現在併力窮追等語。此案前據舒常、劉墉先後奏到時，已屢經諭令該督撫等上緊查拏，盡法處治。匪徒敢於聚集多人，隨處搶刦，抗拒兵役，情罪甚爲可惡，必當搜獲無遺，迅速審辦。凡屬同行之人，不分首從，概行正法，不可稍存姑息。至貴州、湖廣現在查拏緊急，恐其仍竄回川境，並著諭文綬，務即督飭各屬，嚴密擒拏，毋任一名免脫。至此等匪犯，蹤跡詭秘，到處成群結黨，究係起於何處，意欲何爲，前此舒常等所奏，既未詳悉，即本日李本所奏，亦仍不明白，並著傳諭各該督撫，即行查明具奏。（高宗一一三五、二四）

（**乾隆四六、七、丙午**）諭軍機大臣等：據文綬奏，合州界連太平、東鄉、開縣等處，中有雪泡山。據報有嘓匪三十餘人，持仗拒捕，當即飭委鎮道等，督同營員州縣，嚴行搜捕，果有百餘人，聞拏竄逸。經官弁兵役分路追擒，先後共獲首夥匪犯胡範年等五十一名，現飭提省嚴辦等語。此案先據舒常奏報，嗣經劉墉、李本亦陸續具奏，已節次傳諭該督撫等，迅速搜擒。文綬係本省總督，乃直至目下始行奏到，何遲緩若此。文綬，著傳旨申飭。至此等嘓匪，竟敢百十成群，到處滋事，逞兇拒捕，殺傷兵役，實爲不法已極，不可不嚴加懲治。應嚴刑問其因何聚集，所謀何事。所有案內幫同拒捕之人，必須區分首從，一面正法，一面奏聞。即並未拒捕，而隨行爲匪者，亦當發伊犂給厄魯特爲奴，方足以示懲儆，斷不可稍存姑息之見。將此傳諭知之。仍著將如何擒捕審辦緣由馳奏。（高宗一一三六、一二）

（**乾隆四六、七、丁未**）諭軍機大臣等：本日據李國梁奏查拏川省嘓匪一案，匪徒敢於百十成群，到處搶刦拒捕，若不即行擒獲，盡絕根株，即可釀成王倫、蘇四十三之事。川省向有此等嘓匪，文綬早應飭屬查拏，何致任其聚集多人，竄入黔楚等省。且舒常、李本等已早經具奏，而文綬遲至於今，始行奏到，甚屬不合。文綬，著傳旨嚴行申飭。至成德，現已降旨陞授四川提督，通省緝匪安良等事，尤係提督之責，著傳諭成德，務即協同文綬，實力查辦，務俾匪犯盡數擒獲，遵旨從重懲治，毋得稍有疎懈。李國梁摺，並著鈔寄閱看。（高宗一一三六、一三）

第五章　農村人民的生活和反抗鬥爭　/ 1747

（乾隆四六、七、庚戌）諭：據畢沅奏平利縣拏獲川省太平縣搶奪輪姦之兇淫嘓匪艾隆即艾小二等十一名，先行按律定擬一摺，已批交軍機大臣，會同行在法司覈擬速奏矣。川省嘓匪，最爲地方之害，此案聚集多人，持械拒捕，淫兇肆擾，實爲不法已極。前據舒常、劉墉、李本、李國梁等先後奏報，屢經傳諭迅速查拏，毋令兔脱散逸。至此等匪徒，本起於川省之太平等縣，文綬以本省總督兼署提督，乃不及早飭屬嚴行緝捕，致令竄往黔楚陝西等省。且其具奏，轉較舒常等爲遲，而匪犯百餘人，所獲亦未及其半。地方大吏，遇此等匪徒聚集之案，尚不實力查辦，所司更屬何事。文綬，著交部嚴加議處。其太平等縣之防汛武職，並兼轄之總兵等官爲誰，平日不行防範，致令成群結黨，蔓延滋事，均屬疎玩，著文綬查明參奏。至此案詳覈各省奏報，惟竄入陝西平利縣之嘓匪十六名，已據畢沅拏獲十一名，並另案拏獲黄自禮等六犯，所辦較爲認真。至湖廣僅止拏獲一名，貴州亦止拏獲七名，餘犯已俱逃脱，督緝亦俱不力，並著傳旨申飭。將此通諭知之。（高宗一一三六、二〇）

（乾隆四六、七、辛亥）又諭：向來川省嘓匪，不過三五成群，在偏僻地方強討生事，前督提黄廷桂、岳鍾琪等，隨時督飭查辦，盡法懲治，從來未有似此聚集多人者，何以此時搶掠不法，輒至聚黨百餘人，竄逸各省，文綬久任川省總督，所司何事。著再傳諭該督，務即嚴飭員弁，多派兵役，四處搜捕，務期盡絶根株。將來本案查辦完結後，仍須督飭所屬，隨時留心訪查，稍有萌蘖，即爲盡法窮治，庶幾戢暴安良，地方可以永靖。（高宗一一三六、二二）

（乾隆四六、七、癸丑）又諭：據福康安奏，先後接據貴州各屬稟報，有嘓匪多人，在途搶奪，戕傷事主，現已陸續拏獲彭昌文、鍾鳳鳴等各犯，業經飛飭兩司，嚴提取供馳報，並飛札署提督保成等，酌量情形，如須親往，即起程馳赴，會同查捕等語。此案嘓匪聚集多人，肆刦不法，總由川省查緝不嚴，致令竄逃別省，而舒常、鄭大進等所獲嘓匪，不過一二人，又不將該犯等如何聚衆肆刦情形，詳晰審明確供具奏，辦理均屬疎玩。至文綬身爲總督，平日既不能盡心查緝，及至事發，又不親往太平嚴行督辦，竟爾安坐省城，所辦何事。文綬，著傳旨嚴行申飭。此案惟畢沅及其屬員，所辦尚屬認真，而舒常、鄭大進、劉墉、李本等，均未能實力查拏。覺上下官員，不過一奏一報了事，甚屬不認真。著傳諭該督撫等，各責成該地方文武，於交界處所堵截嚴緝，務令全獲，毋使一名兔脱。仍將現獲各犯，迅速訊取確供，從重定擬具奏。將此並諭文綬、福康安等知之。（高宗一一三六、三二）

（乾隆四六、七、丙辰）諭：據李本奏拏獲啯匪夥犯陳正山、鍾鳳鳴等，審明分別定擬，請勅法司覈復一摺，甚不解事，已於摺內批示矣。此案啯匪聚集多人，由川省潛竄楚黔，持械拒捕，滋擾地方，情罪甚爲重大。前已降旨，諭令四川、湖廣、雲、貴各督撫，於拏獲啯匪審明時，凡幫同拒捕之人，俱一面正法、一面奏聞；其餘隨行未經拒捕者，亦應發伊犁，給厄魯特爲奴，毋得存姑息將就之見。今李本既經拏獲拒捕啯匪，審得實情，自應即請王命，立正典刑，其餘各犯，即行從重分別定擬，一併俱奏，何待法一司覈復，致要犯久稽顯戮耶？李本著交部嚴加議處，其啯匪陳正山、鍾鳳鳴、劉貴三犯，俱著處斬，餘仍著該部議奏。(高宗一一三七、一)

（乾隆四六、七、丙辰）諭軍機大臣等：川省啯匪結夥搶刦，竄逸各省一案，已諭令文綬親往太平督辦外，朕思此事，湖廣、貴州各省，若不特派大員專司擒捕，不足以專責成。著即派李國梁挑選本標精壯兵丁三百名，令奮勇將備帶領，親身督率前往，先由湖北至貴州、湖南一帶，會同各該省督撫實力搜捕净盡，毋使一名漏網。如三省已無賊匪，即往四川交界處所，會同文綬將州省啯匪一體搜捕，以副朕戢暴安良之至意。將此傳諭李國梁並諭文綬等知之。(高宗一一三七、二)

（乾隆四六、七、戊午）諭軍機大臣等：本日據劉墉覆奏飭屬嚴拏啯匪一摺。內稱本年四月，川省重慶府之合州暨忠州之梁山等縣，啯匪聚至百餘，滋擾傷人，官兵追捕，逃入川北太平縣等處。又稱湖南省與川黔接壤，各處並無啯匪蹤跡，仍嚴密防範截拏等語。此等匪犯結黨成群，去來蹤跡，原無一定，若一省緝拏嚴緊，則該匪犯等又復竄入別省，劉墉何得遽稱湖南並無啯匪蹤跡。著傳諭仍嚴飭各屬文武員弁，上緊緝捕，不可稍涉大意。至所稱四月內，該匪等於川省重慶之合州及梁山等縣，聚集匪黨百餘滋擾之處，可見該匪等於四月內，已有搶刦滋事之案，彼時文綬何以未見具摺奏聞，顯係有心諱飾不辦，以致竄入別省，皆文綬辦理遲延所致。文綬，著再傳旨嚴行申飭。(高宗一一三七、六)

（乾隆四六、七、辛酉）諭軍機大臣等：本日據李本奏，續獲啯匪楊清、葉長紅、陳老五、李思貴、李朝等五犯，併案審辦。又准川督文綬札稱，各匪已至合江、瀘州等境，現在撥兵擒拏，並提訊陳正山等供稱，皆係本年三月以後入夥。聞劉老十等從前在川犯過搶刦之案，今年四月，因在川北地方搶奪傷人，被拏嚴緊，始行潛逃，欲由湖廣貴州往雲南廠地等語。此等匪犯，自三、四月間在川省聚黨搶刦傷人，已非一日，彼時文綬如果實力查拏，盡數搜獲，從重辦理，該匪等何至紛紛逃逸，竄入別省。乃文綬並不親往嚴行查辦，又未具摺奏聞，此皆該督辦理延緩所致。文綬，著再傳旨嚴行申飭，仍著將現在親身前往督率擒捕情形迅速具奏。至李國梁，前經諭令帶兵先由湖北至湖南、貴州一帶搜捕，如三省已無賊匪，即往四川交界處所，將川省啯匪搜捕淨盡。今據李本所奏是貴州現無賊匪蹤跡，並著傳諭李國梁不必前往貴州，並令酌量現在情形，如湖南亦無須往捕，即行迅速赴四川，會同文綬將啯匪一體搜拏淨盡，毋使一名漏網。仍著速行覆奏，並李本原摺，著鈔寄文綬、李國梁閱看。（高宗一一三七、一九）

（乾隆四六、七、癸亥）諭軍機大臣等：據舒常等奏，續獲啯匪傅開太、吳榮即吳芳賢二犯，現在提省嚴訊；並查詢得啯匪結夥搶劫情形，實系蔡友應爲首，該犯因傷監斃，現飭戮屍梟示等語。啯匪滋擾不法，屢經傳諭各該督撫從重辦理，所有湖北省拏獲各犯，除蔡友應業經梟示外，其現獲之傅開太、吳榮即吳芳賢二犯及前獲之皮麻子一犯，著傳諭舒常等，迅速嚴加刑訊結夥搶劫各緣由，即遵照前旨，一面正法，一面奏聞，毋使匪犯久稽顯戮。再，據舒常等奏：於湖北巴東縣地方盤獲悖逆妖妄之張武遷一犯，已批令該督等速審定案具奏。本日據劉墉奏：查搜該犯原籍，並稱該犯妻子及伊弟遠欽等，應聽督臣及湖北撫臣查辦等語。此等要犯，自應速審定案具奏。何以劉墉已經奏及，而舒常等猶未將審訊定案之處據實具奏。並著傳諭舒常等，即遵前諭嚴審定擬，迅速覆奏。將此並諭劉墉知之。（高宗一一三七、二八）

（乾隆四六、七、癸亥）又諭：本日據劉墉奏查辦啯匪一摺。其夾片內稱川省重慶、夔州二府，與湖廣等省毗連，結黨爲匪者，每起或二三十人，或四五十人不等，每起必有頭人，名爲掌年兒的，帶有兇器，沿途搶奪拒捕等語。此等啯匪，起自川省之重慶、夔州所屬，成群結黨，每起多至數十人，並有掌年兒頭目，可見匪黨結聚已久。設令合各起爲一起，而其中又有大頭人爲之統率，更復何所不爲，尤覺不成事體。文綬在川年久，平日於此事漫不經心，並未隨時嚴飭所屬，早爲查辦，以致滋蔓如此。伊試捫心自問，將何以自解耶？著再傳諭文綬，將劉墉奏到摺片，令伊閱看。仍將近日續獲匪犯若干名，現在李國梁曾否到川會捕之處，迅速詳晰覆奏。（高宗一一三七、二九）

（乾隆四六、七、乙丑）又諭：據福康安奏分別擒捕辦理啯匪情形一摺，據稱啯匪竄入黔省，疊飭文武各員上緊追捕，續據稟報，拏獲楊清、葉長紅、陳老五、李思貴、李朝等五名，餘匪又赴四川合江一帶地方逃逸，現仍檄飭前委文武大員盡力追擒，不得以驅逐出境便圖了事等語。所見甚是。（高宗一一三七、三五）

（乾隆四六、七、丙寅）諭軍機大臣等：據文綬奏復前後拏獲嘓匪審辦一摺。內稱川省無籍遊民搶刼，歷年拏獲拒捕傷人等案，隨時題奏辦理。近以梁山、墊江等縣各報有搶刼刃傷事主、鄉保之案，嚴飭各屬盡力查拏，獲犯胡範年等五十一名，已正法者九名。該匪等聞風竄匿，逃往合州太平縣，並竄入湖北、黔省，仍復逃回八九十人。現在四處截捕，續獲二十一名，又追至廣安，殺斃八名，生擒十七名，餘黨俱即逃故等語。所奏甚屬糊塗，已於摺內詳悉批示。此等匪犯，文綬既經拏獲，即當嚴審辦理，一面正法，一面錄取各犯供詞，詳悉奏聞，乃文綬前此奏到摺內，只稱將現獲各犯從重定擬，速正典刑，並未錄供具奏，而本日摺內又稱將首犯胡範年等九名先行正法等語，其如何訊取供詞，各犯如何搶刼拒捕，共有幾案，在何處地方，何時審明正法之處，究無一語敘及。文綬久任督撫，所辦何事，不應糊塗至此。況匪徒聚集川省，該督果能隨時嚴飭文武各員實力擒捕，四處派員堵截，於邊界有防，何至逃逸別省？乃文綬平日漫不經心，一任地方官疎縱釀成，致該匪等蹤跡往來，如入無人之境。其所謂邊防者何在？及匪徒竄入湖廣、貴州等省，結黨成群，搶掠滋事，該督仍復安坐省城，並不於要隘處所，親往督率查辦，乃此次摺內尚腆顏稱經楚黔等省官兵截拏，仍復竄回等語，一似置身局外者然。文綬於此事不是甚大，伊豈欲學勒爾謹乎？文綬辦理此案，種種錯謬，不可枚舉，著傳旨嚴行申飭。至摺內所稱匪犯由川東綦江一帶逃回，續經兩次拏獲三十八名，著即審明，遵照前旨分別應正法者，即行正法，即逼勒同行並未拒捕之犯，亦應發伊犁給厄魯特為奴。務即速行辦理奏聞。其逃散各犯，並著該督飭屬擒捕，毋使一名漏網。共現在已經正法及拏獲審訊各犯，均著詳悉錄取確供，迅速馳奏。再，提督李國梁，前經降旨派令帶兵三百名，竟赴川省，會同該督設法搜捕。此時想已到川境。如該處嘓匪業經捕獲凈盡，無須李國梁在彼帶兵督辦，亦即一面奏聞，一面令其將所帶楚兵先行徹回。此處在文綬相度機宜酌量辦理。至此事文綬既因循貽誤於前，不可不實力懲創於後。此番拏獲凈盡之後，若川省復有嘓匪滋事，無論人數多寡，必須飭令地方文武設立章程，隨時查辦，毋致該匪等復滋萌蘖，並著於年終匯奏一次。將此傳諭文綬，併諭李國梁知之。（高宗一一三七、三七）

（乾隆四六、八、乙亥）諭軍機大臣等：據文綬奏審明續獲嘓匪正法，並遵旨親往川東一帶督拏餘匪一摺，此等嘓匪不法已極，文綬早應親身前赴該處，督率屬員嚴行搜捕，若非朕諭令親往，此時尚靜坐省城，以圖安逸。封疆大臣豈有如此辦事之理。現在既據陸續拏獲匪犯八十餘名，何以前後正法者不過二十餘名。此等拒捕傷人要犯，自應審訊明確，多辦數人，方足以示懲警。著傳諭文綬速將所獲啯匪嚴行審訊，應正法者，即行正法，其中情罪稍輕，問擬監候者，亦應趕入本年秋審情實辦理。即隨脅同行未經拒捕之犯，亦應遵照前旨，發往伊犁給厄魯特為奴，不可留一人於內地。並著嚴飭所屬實力搜捕淨盡，毋如前此之疎玩也。（高宗一一三八、一三）

（**乾隆四六、八、丙子**）諭軍機大臣等：據舒常、鄭大進等奏，續獲啯匪彭家桂一名，訊據夥黨有黃大年、黃大富等十人，此外尚有不知姓名者二十八人，並有頭人陳昇、羅恒二名，俱係忠州人，曾搶劫梁山馬家堰場及高峰山場等語。此等啯匪有頭人掌年兒名目，呼群蟻聚，四處搶劫，若不及早設法搜捕淨盡，將來或更合數黨為一黨，如逆回蘇四十三在甘省之事，亦復何所不為！此案皆緣文綬平日疏縱，及至事發，又不督飭文武各屬實力擒捕，致令竄出楚黔，文綬又安坐省城，及獲犯審訊，又不能如舒常等將緊要情節確訊供詞呈覽辦理，種種錯謬，全無條理，喪心昧良，天奪其魄。著再傳旨嚴行申飭。又本日據福康安奏續獲啯匪名數及現飭嚴捕情形一摺。所辦亦為周密。其所獲之吳大漢等各犯，前據李本奏，審係均非啯匪黨羽，當經傳諭該撫，既係形跡可疑，亦當嚴訊，務得實情。茲據福康安奏，訊據吳大漢供認前在婺川有搶奪商民之事，並有夥犯十餘人，是吳大漢各犯不可不嚴行查辦。著再傳諭李本即提犯嚴訊確供，究出實情定擬。共從前因何未審出實情之處，亦著李本明白回奏。再，畢沅奏審明啯匪王士花等，定擬斬決一摺，現飭軍機大臣會同行在法司核擬，將首犯王士花等從重照叛逆例分別問擬。其首犯家屬亦照叛逆緣坐。嗣後四川各該省拏獲此等啯匪首犯，審明定擬時，俱著照此辦理。至李國梁現赴川省，所有湖廣提督印務，即著劉墉暫行兼署，已於舒常等奏到夾片內批示。將此傳諭文綬、福康安、舒常、鄭大進、劉墉、李本、李國梁知之。所有軍機大臣行在法司議奏摺並舒常等摺，並著抄寄文綬閱看，問其知愧知懼否。（高宗一一三八、一五）

（**乾隆四六、八、壬午**）諭曰：文綬於辦理啯匪一案，平日並不督率文武各屬實力緝捕，隨時嚴辦，以致養癰貽害，肆行不法，竄入鄰境。屢經傳旨嚴行申飭，並交部嚴加議處，從寬降為三品頂帶留任，令其督緝自效。茲據周煌奏，川省啯匪，近年每邑俱多至百十餘人，常川騷擾，並有棚頭名號，戴頂坐轎乘馬，白晝搶奪淫兇，如入無人之境。通省官吏罔聞，兵民不問，甚至州縣吏役，身充啯匪，如大竹縣役之子，有號一只虎者。啯匪肆行不法，已非一日，朕覽此奏，甚為駭異。文綬身任總督有年，乃漫不經心，致令匪賊公然無忌，至于如此。若不及早嚴辦，將來黨羽日多，安知不又釀成蘇四十三之事，如勒爾謹耶。此事若交文綬辦理，伊不過仍行諱飾姑息，復致養癰。文綬，著革任，發往伊犁，令其自備資斧，効力贖罪。四川總督員缺，著福康安調補。其雲貴總督員缺，著富綱補授，富綱未到任之前，著劉秉恬署理。楊魁即著署理福建巡撫。督撫等身任封疆，戢暴安良，是其專責，乃文綬於啯匪一案，因循貽誤，至於此極，不得不亟爲整頓，嚴示懲儆，至周煌以本省之人奏本省之事，如有挾嫌虛誣，或欲示威地方官，則斷難逃朕洞鑒，必治其罪。今所奏屬實，故將文綬罷黜，然未致釀成事端，若甘省之勒爾謹，斯在文綬尚爲厚倖。朕于內外大小諸臣，進退黜陟，一秉至公，何嘗不欲久用其人，故屢致革任而留之者，如高晉等，其爲過可恕也。若至不可恕，則朕亦無可如何，此用人之苦衷也。各督撫等，其各實心實力，整飭地方，不可因迴護處分，一味姑容，自貽伊戚，以副朕簡任之至意。將此通諭中外知之。（高宗一一三八、二三）

（**乾隆四六、八、辛卯**）諭軍機大臣等：本日據文綬奏查拏啯匪一案，內稱拏獲首夥各犯，已經正法及解省審辦，並當場殺死者，通計一百二十一名，已獲十分之九。此時情形，已無須李國梁帶兵協捕，現在咨會李國梁，令其酌量各於本境邊界，嚴密搜截等語。所奏大似勒爾謹之阻川兵及京兵，大奇。此案啯匪，全係文綬姑容所致，又不實力擒拏，因傳諭李國梁，令其帶兵前往四川，會同剿捕，以期淨盡。乃文綬摺內，竟稱此時情形，已無須該提督會辦，看來文綬之意已亂，殊不足信。即其所稱已獲十分之九，亦止就現在破案之啯匪而言。現已降旨，令福康安前赴四川辦理此案，李國梁此時若接據文綬咨會，竟不必即回本境，仍往四川太平一帶，實力擒捕餘匪，務令盡絕根株。並凡有應辦事件，俱不必與文綬會商，亦不必聽其知照。且俟福康安到四川後，查看實在啯匪淨盡，若福康安無須李國梁在彼協捕，即可一面奏聞，一面即回本境堵截也。並諭福康安知之。（高宗一一三九、一七）

（**乾隆四六、八、辛卯**）又諭：本日據文綬將前後拏獲啯匪正法並解審及捕殺各犯姓名開單俱奏一摺，已於摺單內詳悉批示。文綬辦理此案，既貽誤於前，屢經傳旨嚴行申飭，此時又主意虻亂，手足無措。即奏到摺片內，有無枉無縱之語，此係辦理尋常案件中套語，文綬亦摭拾入奏，殊不知事理輕重。蓋川省啯匪爲患已久，其平日頭人戴頂坐轎騎馬，到處令百姓逢迎，索酒食夫馬，稍不如意，則大肆刦掠，且大竹縣衙役之子，有爲啯匪號一只虎者，早已有人奏出，文綬豈尚在夢中乎？乃屢次摺內，並無一語敘及，顯係迴護諱飾。再此案先由楚省發覺，及降旨詢問，文綬始行人告，而所獲各要犯，又並未訊錄供詞具奏，尤屬草率。總之此等匪類，惟有嚴拏痛懲，俾根株盡絕，庶幾可以綏靖閭閻。至姑息之政，於平民尚且不可，何況此等嘓匪。若此時不辦，將來日聚日多，又復何所不至。此文綬釀成此案之病根，不能再為之曲貸也。著再傳諭文綬，將所詢各情節，令其據實即行明白回奏。再文綬此次奏到擒獲嘓匪姓名單內，其解省審辦嘓匪朱大漢等六十六名，何前次摺內並未據文綬將各犯姓名詳晰聲敘，又未將如何定罪奏明，並著一併復奏。（高宗一一三九、一八）

（乾隆四六、八、甲午） 諭軍機大臣等：據舒常等奏拏獲搶刦嘓匪審明正法一摺。此等嘓匪於拏獲審明後，凡係搶刦之犯，即按名立即正法，俾匪類聞風知警，庶可以綏靖地方。舒常等所辦極是。至摺片內所稱拏獲鄒開太一犯，訊係四川綦江縣人，本年六月往青陽石賣糖，有八個人拏刀恐嚇，令與背負包袱，就將該犯辮子割去，背包隨行，一路搶刦等語。嘓匪到處逼脅平人入夥，背負行李，此其常技，何以獨將鄒開太一犯辮子割去？若以脅從歸附，以割辮為標誌，則嘓匪等必皆無辮髮可知，若果如此，則是伊等行徑顯有背叛之意。從前外省所獲匪犯供詞內，何以未經供出，是否割辮者僅止鄒開太一犯，抑或餘匪俱係割辮。現在鄒開太供出匪犯多人，目下嚴行擒捕，此八人中，當自有就獲者。著該督等即親提各犯嚴訊，其割辮是何主意，並查從前有無似此割辮者，據實復奏。再，摺內硃筆點出未獲之匪犯黃大年、羅一、陳昇、楊老大、張老大，又窩家金小二等六名，田洪鳳一名，著該督等一併飭屬嚴拏，務絕根株，不可稍存姑息。福康安即日將次到川，著一體於獲犯訊供時，將此等情節嚴行根究。將此傳諭舒常、鄭大進，並諭福康安知之。（高宗一一三九、二六）

（乾隆四六、八、丁酉） 諭軍機大臣等：前據周煌奏川省嘓匪肆行搶刦事，業交福康安嚴飭通省文武員弁實力查拏，務使盡絕根株，不得稍留餘孽。但此等亡命之徒，百十成群，又其黨與有身充衙役者，聲息相通，知係本地縉紳陳奏，因而查辦嚴密，遂思逞其私忿，糾集黨徒至周煌原籍村莊住址肆行搶毀，以洩忿恨，尤屬不成事體，不可不先事防範。著傳諭福康安即嚴飭該地方文武各官，於周煌原籍住居地方，預為留心防護，毋令匪徒得逞其伎倆，復致事中生事。（高宗一一三九、三一）

（乾隆四六、九、壬寅） 又諭：據李國梁奏，遵旨赴川，會同搜捕嘓匪，途次墊江地方，接據督臣文綬咨會，無須協捕，隨於八月十六日，自四川重慶起程回楚等語。川省嘓匪一案，李國梁接據文綬咨會，業由重慶回楚，即令在本境督率兵弁，嚴密搜截，可不必再往川省。至此次文綬所辦，不過就合州、太平一、二處而言，其實川省各州縣，何處無此等匪徒。總由文綬平日姑息養奸，置之不辨，是以嘓匪等得以肆行無忌。即以秋審案件而論，此次川省情實人犯至二百餘名，視他省爲最多，可見該省刑政廢弛，由來已久。福康安抵任後，務須竭力整頓，使小民咸知畏法，不敢作奸犯科。至地方嘓匪，其業經拏獲者，固當從重嚴辦，即各州縣地方，亦須督飭屬員隨時留心，嚴行搜訪，有犯必懲。總使嘓匪斷絕根株，不遺餘孽，方爲盡善。將此諭令福康安並李國梁知之。（高宗一一四〇、七）

（乾隆四六、九、甲辰）諭軍機大臣曰：劉墉奏拏獲嘓匪夥犯，審明正法，及訪獲潛回原籍嘓匪，遵旨辦理各摺。所辦甚好。至其所獲羅添富、劉老十等，訊係成都府金堂縣等處人，成都爲省會之地，已有此等匪徒，糾約夥黨，肆行搶刦，其餘各州縣，自不問可知。文綬前此名爲查辦，不過就墊江、太平等處已經破案者而言，其餘通省各州縣，何以未見辦及。況詳閱所訊各案犯，糾夥起意，商同搶刦，俱在乾隆四十三、四等年，何以遲至本年，始行搜捕？可見文綬從前竟未辦理，實爲姑息養奸，因循玩誤，今予以革職，發往伊犁効力，實屬罪所應得。至各省擒拏嘓匪，如湖廣、貴州等省辦理俱屬認真，其所獲正夥各犯亦多，惟川省尚未見實力嚴辦。福康安抵任後，務須督飭闔屬各員弁，嚴密訪緝。其已經盤獲者，必逐名訊究夥黨，躧拏務獲，斷絕根株。即未經破案者，亦須時刻留心，嚴密查搜，毋使一名漏網。將來總無嘓匪名色，方爲辦理盡善。至劉墉摺內所訊各犯，除胡範年等業經拏獲審辦外，其劉老十、朱玉等，著訊明現在竄匿地方，及各省分，即飛咨各該督撫，協同嚴緝，以期按名弋獲。將此諭令福康安、劉墉知之。（高宗一一四〇、一三）

（乾隆四六、九、乙巳）又諭：據李本奏查拏嘓匪審辦緣由一摺，內稱前後報獲陳正山、鍾鳳鳴等共二十一名，業將陳正山等三犯審明正法，其彭昌文、王元周趕入本年秋審等語。此等嘓匪肆行不法，屢經降旨，令各督撫從重辦理，以懲兇頑。今李本既經拏獲嘓匪二十一名，自應嚴切審訊實情，遵照前降諭旨，分別辦理，詳悉奏明，何以摺內所稱業經正法及趕入本年秋審者，僅止五名，其餘各犯，該撫均未將如何審辦問擬緣由明晰聲敘，殊屬含混。著傳諭李本，即將其餘現獲各犯審訊得實，作何定擬緣由，詳悉具奏，毋再牽混疎漏。尋奏：陳正山等五名，實係同夥爲惡，並被逼隨行之犯，故即分別趕辦。其餘吳大漢等，審明實非嘓匪，罪止枷杖，是以未經詳細聲敘。報聞。（高宗一一四〇、一八）

（乾隆四六、九、乙卯）又諭：本日據舒常奏，拏獲嘓匪楊潮臣一犯，訊有張起隴夥內頭目四人有辮，其餘六十二人皆無髮辮，該犯亦被勒割辮等語。昨據舒常奏，拏獲夥犯鄒開太，供係被張添飛等逼脅不從，持刀恐嚇，是以將伊髮辮割去，並非嘓匪以割辮爲標記，確鑿可據。何此次拏獲之楊潮臣供惟頭目四人有辮，其餘六十二人皆無髮辮，如此則凡入嘓匪之黨者，盡以割辮爲識認，顯與國家制度相違。若不及早嚴辦，將來竟如王倫、蘇四十三之率衆抗拒，亦何不可。著傳諭福康安，即查明四川省所獲嘓匪，是否俱無髮辮，並確訊割辮之由，究竟是何主意，即據實復奏。所有舒常奏到原摺，及本日文綬復奏之摺，一併鈔寄閱看。其湖廣所獲之楊潮臣，供出頭目夥黨及現經緝獲喻維海一犯，著舒常督飭所屬，上緊緝拏，一併嚴訊確情具奏。（高宗一一四一、四）

（乾隆四六、九、丙寅）諭軍機大臣等：據福康安奏現在設法緝捕嘓匪一摺，內稱零星結夥，三五成群，搶竊滋事之犯，俱應嚴拏究辦，不便稍留餘孽，再貽後患等語。自應如此辦理。至所稱三五成群，零星結夥，係屬員相沿陋習，欺飾之詞，不可信用。且其所謂三五成群者，止就一處嘓匪結黨而言，若地方官不能隨時嚴辦，必至合數黨爲一黨，人數漸多，百十成群，安得復以三五限之。總之此事責成福康安辦理，務飭通省各屬，嚴密查拏，净絕根株，即鼠竊匪黨，三五人尚未入夥者，亦當留心查辦。自此番痛加懲創後，川省不得有嘓匪之跡，並不得有嘓匪之名，庶幾地方可以永靖。若聽信川省劣員存一化大爲小之見，稍爲姑息，將來不十數年，餘孽復滋，又復成此番故事。著傳諭福康安，即悉心設法妥辦，以副朕委任之意。至摺內所稱，得有大員協同督辦，於事更爲有裨等語，現在李國梁已復赴川，如需該提督協同辦理，即暫留李國梁籌辦協捕事務，俟事竣奏明，再行令其回任。並將此諭令李國梁知之。（高宗一一四一、一八）

（乾隆四六、九、己巳）諭軍機大臣等：劉墉奏拏獲嘓匪究訊割辮情由一摺，據稱拏獲匪犯黃勝才、王景文、劉榮華、顏自遠、顏應超、陳添喜等六名，到案查驗，皆係割去髮辮一段，作爲記認等供，且棚頭自留髮辮，餘人勒割，別有奸謀邪術，別有營爲。現在暫留活口，再爲設法研訊，究出實情等語。所辦是。匪徒聚黨，俱以割去髮辮標誌色認，其情甚爲可惡。現在湖廣地方所獲割辮之犯頗多，嘓匪起自川省，總由文綬不能飭屬查拏，以致養癰貽患，而於割辮一節，尤無一字提及。其從前該省所獲各犯及現獲匪黨內，必有似此割辮者，著再傳諭福康安，令其將從前拏獲各犯內，其中割辮者共若干名，曾否訊取供詞，逐一查明，據實復奏。如有現獲割辮之犯，即嚴訊其是何主意，從重究擬，不得稍爲姑息了事。將此並諭舒常、劉墉知之。（高宗一一四一、三一）

（乾隆四六、一〇、丙子）又諭曰：李國梁奏，據遠安營報，獲嘓匪張元保、李老七即李延昌、胡魁即胡龍三名；宜都營報，獲嘓匪陳世達、劉文年二名；宜昌鎮後營報，獲嘓匪匡陽泰、朱玉孫、達包子三名，又盤獲葉天才、張宗榮、朱國才、張朝選、曾鳳、劉世模、黃漢清、王登榜、余應倫九名，又盤獲劉天貴一名；遠安營又盤獲湖南之劉成一名，現在移咨解省審辦等語。此等嘓匪結黨成群，行踪詭秘，不法已極。今又據李國梁奏拏獲多人，可見文綬辦理不善，疏縱釀成，以致該犯等竄逸各處，至今尚未盡就弋獲。著傳諭舒常、鄭大進、劉墉等，即將現獲各犯，嚴訊實情，遵照前旨辦理。至此外逃逸外省及潛蹤川省者，尤須嚴切督飭文武，上緊搜捕，務令盡絕根株。並著傳諭福康安實力查辦，不但不應有嘓匪之跡，並不可有嘓匪之名。將此由六百里發往，並將李國梁摺鈔寄閱看，並諭李國梁知之。（高宗一一四二、一二）

（乾隆四六、一〇、丁丑）又諭：本日據舒常等奏，續獲嘓匪匡陽泰、王文鳳、王大富、徐永進、劉金成、陳世達、劉文年、張元保等八犯，現飭各該處押解到省，訊取確供辦理。並將所供逸匪，開單飭屬緝捕，並咨四川及鄰省一體查拏等語。匡陽泰等八犯，既經拏獲，解省時必須嚴行審究，從重辦理。至該犯等所供逸匪，並未據訊明實在係何年貌籍貫，此等匪徒，行踪詭秘，逃竄無常，必須上緊嚴緝，庶不致遠颺漏網。著傳諭舒常等，再行提犯嚴訊，所供逸匪，係何年貌籍貫，令逐一供明，一面飛咨各該省督撫，嚴切搜拏，一面據實具奏。將此由六百里傳諭知之。（高宗一一四二、一六）

（乾隆四六、一〇、戊寅）諭軍機大臣曰：李本復奏審辦嘓匪一摺，據稱，前拏獲匪犯二十一名內，陳正山、鍾鳳鳴、劉貴三犯，已審明遵旨正法。彭昌文、王元周、蕭方旦三犯，除蕭方旦病故外，餘二犯擬絞，趕入本年秋審。其吳大漢等十五名，又續獲李老八、周老五二名，屢經嚴究提質，復行查原籍，實非嘓匪，已就現犯情節，錄取供單，分別辦理等語。嘓匪肆行不法，就獲後審訊明確，即當照前旨嚴辦。至吳大漢等十七名，雖據該撫訊明實非嘓匪，但此等匪徒均因形跡可疑被獲，其所供情節，或不無避重就輕，希圖漏網，李本於拏獲匪犯時，務須徹底研究，詳晰錄取供詞，一面分別辦理，一面即行具奏。如遇四川、湖廣等省拏獲別犯，供出夥黨，咨查該省時，該撫務須詳晰質對，方成信讞，毋使狡飾。並諭福康安知之。（高宗一一四二、二〇）

（乾隆四六、一〇、庚寅）又諭：據李國梁奏，查獲嘓匪李老三一名，又盤獲陳添喜、彭宏富、李元得三名，又獲嘓匪何文龍、郭輔臣、石正貴三名，現在移交文員審訊，解交該督撫辦理，並將各犯所供逸匪，逐案移咨該省，一體飭緝務獲等語。此等不法匪徒，成群結黨，行蹤詭秘，甚屬可惡。屢經降旨嚴密查拏，至今尚未盡獲，皆由文綬平日疏蹤釀成，以致紛紛竄入他省。著傳諭舒常、鄭大進、劉墉即將各犯嚴行審訊，遵照前旨辦理。至各犯所供逸匪，有經由四川、貴州等處，並著福康安、李本迅飭各屬，一體嚴緝，務期盡獲，毋使一名漏網，必須盡絕根株。不但不可有嘓匪之迹，並不可有嘓匪之名。將此由六百里各諭令知之。李國梁摺，並著鈔寄閱看。（高宗一一四三、一五）

（乾隆四六、一〇、乙未）諭軍機大臣等：據黃模奏，拏獲嘓匪曾老巖、曾老二二犯。審訊供詞，該犯等糾集多人，屢次搶刼，內並有頭目名色。現咨明撫臣劉墉，將獲犯曾老二等審辦等語。該犯等夥結匪黨，搶奪多案，自應從重辦理，以懲兇頑。著傳諭舒常、劉墉，即行嚴訊實情，根究夥黨踪跡，一面遵照前降諭旨辦理，一面具奏。其供出夥匪，務即嚴飭各屬，實力查拏。並咨明鄰近各省，將該犯所供各犯逃逸之處，一體飭屬嚴緝務獲，毋使漏網。將此由六百里傳諭舒常、劉墉並諭黃模知之。所有黃模奏到原摺，並著鈔寄舒常等閱看。（高宗一一四三、二三）

（乾隆四六、一一、乙巳）刑部議奏：向例川省嘓匪，在場市搶刼，五人以上，不論得財與否，為首斬決，為從絞監候。拒捕奪犯傷人，斬決梟示。在場加功者，絞決；未在場者，絞監候。曠野攔搶，止二三人者，除實犯死罪外，未經傷人之犯，該徒罪以上，不分首從，俱發煙瘴充軍。近年川省嘓匪，結黨延蔓，多至百十餘人，經部議，將在場市搶刼之犯，為首均改擬凌遲，家屬緣坐，從犯俱擬斬決。惟在野攔搶，舊例止載二三人未經傷人該徒罪者，發煙瘴充軍；其自四五人至八九人、十餘人者，並無治罪明文。是以川省辦理曠野攔搶之案，遇有多名，但不傷人，亦均照二三人例問擬，未免法輕易犯。請嗣後將在野攔搶、未經傷人之案，除數在三四人下者，照舊辦理外，如四五人以上至九人者，不分首從，改發伊犁給厄魯特為奴，均面刺外遣。逃脫，拏獲即行正法；傷人，即擬絞監候，入秋審情實。若十人以上，無論傷人與否，為首斬立決，為從絞監候，仍入秋審情實。被脅同行者，發遣為奴。儻有奪犯殺人等事，即照場市之例，將首夥各犯，分別斬梟、絞決、監候。從之。（高宗一一四四、二〇）

（乾隆四六、一一、戊午）諭軍機大臣等：據劉墉奏，究出割辮嘓匪黃勝才等。供稱，川省匪類，各有記號。其割辮夥內，成群結拜，割下之髮，燒灰入酒共飲，各護各黨。其棚頭因欲出頭露面，故不割辮等語。此等匪徒，竟敢割去髮辮，作爲記號，甚屬可惡。看來川省逸出湖廣境內之賊匪，竟有此記認。今黃勝才等犯，已據劉墉審明正法。恐川省各州縣似此割辮逃出者，亦復不少，雖從前據福康安奏，川省嘓匪從無割辮之事，但楚省獲犯既有此事，則川省亦應嚴密查察。著傳諭福康安，密飭各屬，於山谷深僻地方，再行嚴加搜緝，務令此類根株净絶，毋使稍留餘孽或致遠颺，方爲盡善。將此由六百里傳諭知之。劉墉摺並著鈔寄閱看。（高宗一一四五、九）

（乾隆四七、三、辛亥）諭軍機大臣等：據李世傑奏審明嘓匪各犯，分別定擬一摺，內稱周德、劉理壽、向群才、符明一、藍士清等供出夥黨各犯姓名，現在分咨通飭嚴緝等語。嘓匪糾衆搶奪，肆行無忌，雖現在拏獲已多，其黨類遠颺四散，不可不嚴緝審辦。著傳諭福康安、舒常、姚成烈、李本等將單內所開該犯供出夥黨姓名、籍貫逐一查對明確，除已經就獲者嚴訊確供分別辦理外，其未獲者，仍即通飭各屬實力上緊躧緝弋獲，審明定擬具奏，務使嘓匪根株盡净，斷不可少存姑息完事之見，致有漏網，復留餘孽。所有名單，一併鈔錄查對，並諭李世傑知之。（高宗一一五二、九）

（乾隆四八、四、乙酉）諭軍機大臣等：向來川省地方嘓匪爲害最甚，曾經屢降諭旨嚴飭查辦。福康安調任川督董率員弁實力訪拏多犯，大加懲創，近始稍爲歛迹，今又有大足縣貝開富用藥迷人之案，而前日滇省用藥迷人之王奉，亦係川省民人在彼發覺，可見該省五方雜處，易藏奸宄，不可不嚴行懲究。已降旨將貝開富一案交部另行定擬。著傳諭李世傑即飭屬將大足縣用藥迷人之貝老四嚴緝務獲。並通飭各屬嚴密訪查，如有學習藥術匪徒，立即拏究，務使搜捕净盡，以靖地方。（高宗一一七九、一二）

（乾隆五三、五、戊寅）又諭：川省向有無籍棍徒糾夥搶刼，名曰嘓嚕，歷經降旨嚴拏究辦。該省奏摺，率寫嘓匪字樣。但嘓字音聲與國字相近，嗣後有此等案件，俱著改爲啯嚕匪犯。除交軍機大臣存記遵辦外，將此諭令李世傑知之。（高宗一三〇五、一二）

五、其他結社設教活動

（一）奉天　直隸

（順治四、八、丁亥）直隸淶水縣民狄文通等二十六人，妖言惑衆，糾黨謀叛，巡按黃徽允訊實以聞，斬之。（世祖三三、二〇）

（乾隆二、一二）[是月]直隸總督李衛奏：直隸所屬任縣地方，與山東邱縣接界，有張卿、蘇澤長、蘇國英等，創立邪教，任縣民人焦普等，投拜爲徒。現將焦普等查拏,並會同山東文武,將張卿等三犯一併全獲,歸併審擬。得旨:知道了。卿所辦理甚善。至於或摺奏,或具題,俟卿審明時,視其案情,以爲輕重可也。(高宗五九、二二)

(乾隆一一、六、癸未)諭軍機大臣等;據步軍統領拏獲宏陽教人犯供稱,其教,先係河南衛輝府道人傳與右安門外居住趙姓旗人,授持茶葉,與人治病,各處散香作會,託名靜養工夫,教人右手扣著左手,右腳扣著左腳,舌頭抵著上牙根,可以療疾延年,其道人姓趙姓恁,記不清了等語。此等邪教,例應查禁。可傳諭巡撫碩色,令其訪拏此人。再豫省現在興行此教與否,著伊嚴飭該地方官,實力查察,妥協辦理,不得被屬員掩飾,以貽蠱惑人心之患。仍將查辦情形,具摺奏聞。尋奏:嚴飭衛輝府密拏去後,據稟,徧訪所屬八縣地方,並無傳授宏陽教之趙姓道人,亦並無此教名目與信從附和之人。並行按察使嚴飭各府州查訪,亦無其教其人。查豫省從前曾有書符治病、哄騙鄉愚匪徒,經臣緝獲懲辦。今宏陽一教,雖據各屬查無影響,誠恐稽察或有未周,仍飭各屬再爲嚴查。即此外別有邪教,亦應實力查辦。得旨:此奏甚屬草率了事,汝向來即不肯留心整飭地方,此亦無怪耳。(高宗二六九、六)

(乾隆一一、六、癸未)又諭:據步軍統領拏獲宏陽教人犯供稱,伊等作會時,有別教道人來喫齋,問及,說是永平府屬石佛口地方無爲教道人,其會首何人及何如行事之處,不能知悉等語。無爲名色,與張保太所傳教名相同。畿輔近地,非他省可比,可密傳諭與總督那蘇圖,令其差妥協之人,密行訪查,是否即係張保太流傳之教,現在該處掌教之人,係何姓名,其如何開堂作會,招引徒衆之處,務須根究明確,據實奏聞,不可聲張滋擾。尋奏:遵旨選派妥人,赴永平密訪,並於保屬四路偵緝。凡有聚集誦經之處,即細加盤詰。近於通州地方,訪有宏陽教名色,拏獲誦經歸教民人張三道,供出傳教即係步軍統領拏獲之犯,並錄供詞呈覽。報聞。(高宗二六九、七)

(乾隆一一、七、庚戌)大學士等議覆:順天府尹蔣炳奏拏獲宏陽教董應科等一摺,内稱,此教傳習百餘年,牽引十四州縣。據大興縣訪得京南紫各莊三教堂爲宏陽教聚集之處,塑有邪教神像。宛平縣訪得宏陽教會頭,即垡村係連玉惠,坎壇村係任一魁,大井村係劉氏等。並據拏獲各犯訊供稟報,除將董應科按律治罪外,所塑邪教神像,應行毀棄,改爲寺院,田產即爲該寺香火。至各村會頭連玉惠等,供認祖父以來,傳習此教,當即重責枷示,將所藏經卷圖像銷燬等語。應如所奏辦理。惟查三教堂係邪教聚會之所,若僅改爲僧寺,恐日後結連香會,積久復萌。請勅該府尹,會同直隸總

督，就該地情形，酌量撥爲公所，隨時稽查，其田產亦酌量充撥。從之。(高宗二七一、一)

(**乾隆一一、七、癸亥**) 刑部議覆：大學士公訥親等奏稱，旗婦趙王氏，因伊夫趙宗普在日，曾行宏陽教惑衆；夫故，趙王氏即傳其教，招引民人孔芝華等，作會散香持咒，以治病爲名，蠱惑誆騙，殊屬不法。請將趙王氏擬絞，孔芝華等擬流等語。查左道聚衆，煽惑人民，爲首者絞監候。應如所請，照例分別辦理。至近畿州縣，此教已行數年之久，應將失察之地方官，交吏、兵二部議處。從之。(高宗二七一、三〇)

(**乾隆一八、七、己巳**) 直隸總督方觀承奏：據邢臺縣稟報，拏獲邪教李起奉、史珍、高榮等，訊供李起奉所藏經卷，係師韓士英所給，史珍係王會引誘入教，高榮係南和縣郗成業之徒，皆馮進京黨羽。並供出縣民胡學詩等，均與王會往來。是此案各犯，必須嚴究交通，併案細鞫。得旨：所辦非是。(高宗四四三、五)

(**乾隆一八、七、己巳**) [直隸總督方觀承] 又奏：續拏邪教王文臣、郗成業、孟加明等，訊係王會夥黨，而王會糾合爲逆，指稱馮進京佛力幫助。今據邢臺縣將王會緝獲，訊供王文臣等黃紙合同，皆伊親寫散給，其所供馮進京言詞，似挾有妖術，現已移咨晉撫，將馮進京解直質審。再武安縣獲馮進京黨羽劉夫榮，並續究收受王會合同之郗春子、王勤學，現拘究審。其餘各犯黃紙合同、經卷歌謠，臣擬於本月十八日親赴順德詳鞫。得旨：所辦好。(高宗四四三、五)

(**乾隆一八、七、庚午**) 諭軍機大臣等：方觀承奏報邢臺縣訪獲邪教李起奉等二摺。其第一摺內，有必須嚴究交通、借名入教、謀爲不軌情節之語，是以批諭所奏非是。蓋謂邪教不能保其必無，必逐案皆究以不軌，是教之反叛也。及閱第二摺內，顯有依附經典，編造歌謠，謀爲不軌實跡，故又批以所辦是，而准其前往。足見朕之處分一切，原無成見。及閱各犯供情，及王文成等所收字跡，雖有悖逆之詞，然不過造作妖言，傳播煽惑，與僅騙財物者不同，惟應嚴密查拏究治，以正風俗，而究非謀叛大案可比也。可傳諭方觀承，令其訊取確情，按律速行定擬可耳。(高宗四四三、六)

(**乾隆三三、八、甲子**) 諭軍機大臣等：方觀承奏，保安州盤獲匪犯梁萬明，供出孫嘉謀等造作逆詞，意欲重興邪教，現飭周元理前往查拏餘孽等語。此等邪教，久經重懲嚴禁，今孫嘉謀等復敢倡爲逆詞，煽惑愚民，甚屬可惡。著周元理即將案內應行訊究各犯，迅速嚴拏，親行押赴行在，聽候審訊。沿途小心防範，毋致稍有疎虞。並將此傳諭方觀承知之。(高宗八一六、一八)

(**乾隆四〇、二、庚子**）諭：據直隸總督周元理奏稱，拏獲紅陽邪教人李瑚，訊供係奉天正白旗莊頭所屬夫役，隨武清縣民張樊山入教等語。盛京乃根本之地，何得亦有邪匪，該處聚集民人甚多，著傳諭將軍弘晌，務須留心密訪，如果有邪匪，即行拏獲，從重治罪，毋得姑容。(高宗九七七、一五)

(**乾隆四〇、四、庚寅**）又諭：據德風等奏，海城縣訪獲旗人劉得智等，私立混元、紅陽會邪教；又錦縣、承德縣及牛莊巡檢，訪獲一炷香、如意會及天主等教，拏獲案犯，送交盛京刑部審擬等語。所辦甚好。邪教煽惑愚民，最爲世道人心之害，不可不嚴切根查。況盛京根本重地，風素淳樸，尤不宜聽其蔓延滋事。該侍郎、府尹等，當徹底研求，逐一嚴究，務絕根株。至劉得智身係旗人，不知守法，膽敢私立邪教，更非事理所應有，情節甚爲可惡。著傳諭喀爾崇義，將該犯審明，從重究治，不得僅照民人倡教之例問擬。(高宗九八〇、一五)

(**乾隆四二、八、壬寅**）諭軍機大臣等：據仁和奏，查獲匿名揭帖內，有民人朱四、林大、常二、孫國璽等四人，與賊匪往來通信，兼有邪術等因。當飭令遊擊舒展前往，將各犯拏獲，並於孫國璽家內，搜出不法字跡。現將人犯押管，一面禀明督臣提審等語。匿名揭帖，每多挾仇圖害，必須先行訪察明確，再行查辦。若將帖內所有姓名，遽行查拏，不無拖累，轉得遂匿名者之願。仁和所辦，未免過急，但孫國璽家內，又查有不法字跡，或非盡出於誣陷，亦未可知，而匿名之人，亦不可不根究重治。著傳諭周元理，即速馳赴天津，將此案詳悉鞫訊，俾無枉縱。(高宗一〇三八、一五)

(**乾隆四八、一一、壬寅**）諭軍機大臣等：本日福長安奏，有直隸南宮縣人魏玉凱喊禀，訊據供稱，在本縣魏家莊居住，該莊有鄉約李存仁及魏學宗、簡七、王三、嚴齡等，與山東王倫，都是高口地方之李姓徒弟，從前原係白蓮邪教，演習拳腳，四十六年後，又改爲義和拳，各人俱藏有繩鞭等語。經軍機大臣會同刑部嚴加審訊，據魏玉凱供，伊向當鄉約，上年正月告退，即係李存仁充當，李存仁又將伊毆打過一次等供。是魏玉凱與李存仁顯有仇隙，但既據控李存仁等，有演習拳腳之事，自應徹底查辦，未便因其挾有微嫌，將就完事。(高宗一一九二、二一)

(**乾隆五一、閏七、丁酉**）又諭：據劉峨奏于二十二日馳抵大名，據革職副將舒明額差弁前赴肥鄉，會同該縣王步瀛，拏獲素與段文經、徐克展等來往人犯十名，又續獲人犯五名，連前獲七名共已獲二十二名，審訊大概情形，並搜獲許三家所藏字紙咒語進呈一摺。該犯等邪教餘孽，借焚香念咒爲由，竟敢編造逆詞，煽惑鄉愚，公然糾衆殺官，搶刼監庫，看來竟有謀爲不軌情事，實

屬罪大惡極，不可不徹底根究，翦滅根株。（高宗一二六一、三三）

（乾隆五一、九、丁丑） 又諭：河南省解到郝潤成一犯，經軍機大臣復加研訊。據供，係震字號教，由王廷引進，尚有同縣邢有富、李朝棟、張均德、王成功、陳時中、梁學文、梁學中、梁爾傑、梁有義、梁趲生、張耀顯、張昆等，俱是王廷引進入教。又有震字教頭目焦鳳德，住大名縣祝兒莊，伊在教年深，若問段文經、徐克展下落，自然知道等語。段文經等傳佈邪教，由王廷引誘入夥，據郝潤成供出者，已有十餘人，可見轉相煽惑，黨類必多。現供陳時中等八犯，該督等節次奏摺內，俱未有該犯名姓，既經王廷引入邪教，其為黨惡可知。但若於此時即行查拏，恐輾轉扳引，人數較多，且大名等府連值歉收，地方百姓，不無驚擾。所有陳時中等八犯，著傳諭劉峨暗中訪察，密行存記，且勿露端倪。俟此案辦竣，民情大定，於明歲再行留心緝拏究治，亦不為晚。至山東冠縣、單縣一帶，伊等同教亦復不少，並著明興一體察訪。總須不動聲色，嚴密查拏，勿令民情疑畏，轉致匪犯聞風速颺。至郝潤成供，焦鳳德一犯，在教年深，係震字教頭目，能知段文經、徐克展下落，伊有一子名焦成旺等語。焦鳳德實為案內要犯，不可不即行查拏。劉峨已離大名，著交龍舜琴迅速密緝，務將該犯父子一併拏獲，即遴員解赴行在候訊，毋任兔脫。……再，本日據明興奏，覆訊徐克展家屬，據供，伊等于閏七月十九日，逃至舘陶縣伊姨母陳衛氏家。是日，徐克展亦到，向陳衛氏借薙刀薙去鬍鬚，並有陳衛氏房主王振齊，見其向東北逃去等語。是該犯等事起大名，復得逃脫，竟係劉峨疏緩所致，實不能辭其罪。若使彼時早行緝拏，又安能逃往舘陶。今據王振齊供稱，向舘陶東北逸去，自必竄往登、萊、青一帶，由海道逃往盛京。除飭諭永瑋等查拏外，著傳諭劉峨，照明興所開薙改面貌，速行查緝。並著明興，於舘陶東北及登、萊、青一帶，通往海口之處，嚴飭各屬，密速偵緝，以期弋獲。（高宗一二六四、一五）

（乾隆五一、九、丁丑） 又諭：據劉峨奏，現獲王成功一犯，係與段文經等入署動手殺官案內要犯。即著該督，遴員迅解行在候訊。（高宗一二六四、一八）

（二）山東　河南　江蘇

（乾隆五、一）［是月，河南巡撫雅爾圖］又奏：臣前奉命審理伊陽縣梁朝鳳一案，留心訪察，尚有伏牛山內未經破露之女教主一枝花，妖言惑眾，隨即遴員誘拏。茲據陝州知州劉謙，擒獲該犯到案，俟將夥黨拏獲，當按照

邪教之例審結。得旨：辦理甚屬可嘉之至。（高宗一〇九、一八）

（**乾隆五、一**）［是月，河南巡撫雅爾圖］又奏：陝州知州劉謙，拏獲梁朝鳳之姪梁周到案。劉謙於一月內，連獲要犯一枝花、梁周二名，且據各司道咸稱該員幹練有爲。現在先將該員記功，容再加試看，如果才能出衆，另懇恩擢用。得旨：劉謙若果去得，與以應陞之路，亦所以鼓舞屬員之道也。（高宗一〇九、一九）

（**乾隆五、四**）［是月，河南巡撫雅爾圖］又奏：豫省民俗，崇尚邪教，爲人心風俗之害，現經嚴行查禁。茲據鹿邑縣訪獲天一會邪教黨羽數名，並繳到天主教書一本，名曰睿鑒錄，鐫鏤龍文，硃字黃面，係西洋人戴進賢奏摺，並欽奉諭旨。伏思西洋之天主教，最易惑人，是以定例不許民人擅入。乃竟纂成書籍傳播，愚民見有如許恩榮，勢必群相崇奉，尤恐別項邪教，亦借此書影射，更多未便。且戴進賢擅將所奉諭旨奏摺，刊布流傳，亦屬不合，應令繳銷。得旨：著海望查奏。（高宗一一五、三八）

（**乾隆七、七**）［是月，山東巡撫晏斯盛］又奏：邪教惑人，最爲世道人心之害。欲正人心，必先息邪說，而邪說之最易煽惑鄉愚者，莫如創立教會，佯修善事，此倡彼和，蔓延日廣，大爲風教之害。臣抵任後，詳查各案，多屬鄉愚誤被惑誘，若盡法深求，則株連延蔓，恐生事端。請將創教授徒及爲首斂錢之犯，嚴拏究擬；其被誘入教，僅止拜佛持齋者，量予責懲，令其歸正自新；自行出首者，照律免究。仍令地方官不時查察，勤加化誨。得旨：自應如是辦理者。（高宗一七一、三二）

（**乾隆九、二、癸丑**）諭軍機大臣等：張若霱一摺，……密寄與喀爾吉善，令其留心訪察。……尋據山東巡撫喀爾吉善奏，奉到密寄原摺，有登州府屬海陽縣私立央央教名色。得自傳聞，現在留心密訪，一得確實，即行拏究。得旨：覽。（高宗二一〇、七）

（**乾隆九、八**）［是月］山東巡撫喀爾吉善奏：拏獲空子教匪人朱廷謙等，據供河南、湖廣多有傳授，誠恐株連三省，請將現獲首從，分別定擬。其餘業咨豫楚兩撫，密訪有無，再行酌辦。得旨：甚妥。應如此辦理者。（高宗二二三、二九）

（**乾隆一〇、四**）［是月，山東巡撫喀爾吉善］又奏：東省愚民，惑於邪教，積習使然。雖經拏獲秦之道、朱廷謙等，民人稍知儆惕，而習俗移人，革心難必。嚴飭各屬，儻有設立教會，惑衆斂錢者，即查拏按律治罪。地方官以失察參處。如僅舉一佛會，持誦經咒，並無糾衆斂錢等事，地方官善爲勸導，勿令借端煽惑。得旨：是。只應如此辦理者。（高宗二三九、三八）

（乾隆一五、八）［是月，兩江總督黃廷桂］又奏：奉賢縣人李如崗等，聚衆結盟，名爲猛將會。因角毆捉辱民人，爲害地方。現在緝獲究審，供出在會共有一百二三十人，俱係奉賢、南滙、上海、松江、嘉定等處之人。爲首係李如崗、徐鴻表、余三，現獲到案嚴審，併緝拏餘黨究辦各緣由。得旨：知道了。重處示警，毋姑息也。（高宗三七一、一五）

（乾隆一八、四、丁亥）又諭：據楊應琚奏稱，泰安縣民王盡性等，揑造歌詞，刻印貨賣，照妄布邪言例，分別擬以斬決流徒等語。此等匪徒，自應嚴行查禁，但案擬交部，竟若成一大案，似亦不足如此辦理，且恐轉駭愚民聽聞。可傳諭楊應琚，將爲首之人，立予杖斃，其餘各犯，酌量枷責發落。所撰歌詞板片，既經追燬，惟嚴禁民間不得再行傳播可耳。楊應琚摺亦無可批示，亦不必存案，可一併傳諭知之。（高宗四三六、四）

（乾隆二○、四、壬戌）諭軍機大臣等：據富勒赫奏稱，徐州蕭縣地方，有順刀會名色，每逢廟會集場，壓寶打架，酗酒誘賭。臣前在河南布政使任內，永城縣有此會名，嚴行查禁。今徐州與永城接壤，又有此會名，明係豫省竄入等語。徐屬民情强悍，匪情素多，又與豫省接壤，犬牙相錯之處，尤易藏奸。如富勒赫所奏，順刀會一案，雖經該縣拏獲，審無結黨聚衆實跡，然非嚴行查禁，則棍徒結衆日多，深足爲地方之害。而地方官奉行故事，以爲出境即可卸責，遂至此省嚴禁，即潛匿隣疆，輾轉蔓延，豈能杜絕淨盡。語云，萌芽不折，將尋斧柯。奸匪潛滋，慎毋輕忽。可傳諭江蘇、安徽、河南各省督撫，嚴飭所屬，將順刀會匪犯，兩省關會，協力查緝，務盡根株，不得稍存彼此。嗣後有此等案犯，均如此辦理。儻仍分畛域，任匪犯出境藏匿，以致漏網，後在他省生事發覺者，朕必於該督撫是問。（高宗四八七、五）

（乾隆二二、四、丁卯）諭軍機大臣等：近來河南、江南、山東連界地方，有順刀會名色。前經富勒赫奏聞，曾降旨詢問，令各該撫等查辦，僉以久經禁絕奏覆。近聞該處奸徒，結會聚衆，但有順刀一柄，便許入夥，呼朋引類，十百成群，或逞兇打降，或使刀迫脅，或强姦婦女，或搶掠財物，種種不法，深爲蠹害。蓋因平時地方官畏干處分，朦朧具覆，而各上司又皆喜於無事，不復再加查察，此輩遂以官莫敢發，恣行無忌。著再傳諭各督撫等，嚴飭各屬，設法擒捕。爲首者即行杖斃，其黨羽充發黑龍江當苦差，俾奸惡知所警戒。儻該地方官，仍復因循怠玩，以圖省事，即或查出，第以尋常薄懲了局，一經別案發覺，定將該地方官嚴加懲處。（高宗五三六、一三）

（乾隆二二、一一）［是月］河南巡撫胡寶瑔奏：據許州臨潁縣知縣王煥士禀報，訪有奸民勾引鄉愚，立會騙錢，隨往拏獲賈敏一犯，稱因伊姊夫訾有明引入榮華會，推張仁爲頭領，同會有王章、李存智、崔大經、朱大海諸人，隨拏獲王章、朱大海，搜有鼓兒詞、歌詞等情。查張仁係上年犯案，本年秋審情實，已經正法，是否另有其人，抑係餘黨未盡，尤關緊要。臣即星夜馳至洧川，續獲各犯，輾轉根究，其崔大經、李存智、王章等，皆無知窮民，不安本分，應大加懲治。再有洧川之閻玉、柳興林，係張仁親戚夥計。據供，張仁令其徒王五鈞付銀千兩，令伊等送至山西長治縣之李老人、周清水，託直隸沙河縣之鄭全，尋覓胡文保，並伊母一同赴京，在胡文保家居住，轉託提督衙門當差之朱魁，打點減罪等語。臣即飛咨九門提督、順天府尹、直隸、山西督撫密拏，並抄查藏匿，嚴究確供。如應歸案辦理，速解來豫，審擬具奏。得旨：甚好。（高宗五五一、三三）

（乾隆二二、一二、辛酉）諭軍機大臣等：胡寶瑔所奏拏獲邪教餘黨一案，現據步軍統領衙門將胡二引進拏獲。其胡文保一犯，已往沙河地方，亦飭直督方觀承飛差緝拿矣。但據胡二引進所供，張仁在日，有缺角金鑲印信，並有悖逆言語，兼造有黑紙紅字合同，曾帶五百張進京。其印信雖未看見，若問閻玉，必知其情等語。看來此案顯有悖逆情節，不但邪教而已。從前圖勒炳阿從輕完結，甚屬糊塗。幸張仁已於秋審勾決，而現在餘黨，又經敗露拏獲，尚俱不致漏網。可傳諭胡寶瑔，令其徹底窮究，務得實情。（高宗五五二、二）

（乾隆三四、一○、庚午）又諭：本日勾到河南省情實招册内，有徐庚一犯，因伊子徐國泰興立邪教，照大逆緣坐律問擬斬決，改爲監候。覈之原案，該犯本不知情，特緣伊子坐罪，是以停其予勾。但思向來辦理逆案内，凡緣坐各犯，秋審時經九卿法司均照例列入情實，而朕悉准罪人不拏之義，並予從寬免勾。固屬法外施仁，其中酌理准情，亦當有所區別。如逆犯家屬内所有弟兄、妻子，自當按律緣坐。至本犯之父，則更較別項親屬不同，設使於伊子肆行悖逆之事，原係知情，是該犯之父教子不軌，即屬逆案正犯，不得謂之緣坐。儻伊子所犯，平時實不知情，及並未同居，無從覺察者，事發之日，遽行因子及親，一概坐以大辟，於情既覺可憫，於義尤屬未協。嗣後遇有此等逆案家屬，應照大逆緣坐律治罪，而該犯之父，實不知情者，應如何酌量定擬明著爲令，俾可永遠遵循，著大學士九卿會同該部悉心詳議具奏。尋議：比照大逆定罪之犯，本與實犯正案不同，其親屬緣坐，自應分別辦理。查律載謀叛未成者，父母祖父母俱流二千里，嗣後比照大逆緣坐之案，如該犯之父實不知情，應照謀叛之犯父母擬流律，改爲流三千里。其祖父伯叔亦分晰減流。從之。（高宗八四五、二六）

（乾隆三七、一、己酉）諭軍機大臣等：裴宗錫奏，霍邱縣曾犯邪教之陶金玉家內，搜得鈔寫採茶歌一本，又在李國棟家搜獲十字歌一紙，均有悖逆荒誕字樣。其採茶歌後，載有伯溫問答，內有大逆不道之語。供係河南現擬絞犯楊在天傳給，應確究逆書來歷，現咨豫省嚴行查搜確訊等語。此等匪徒，收藏悖逆邪書，輾轉流傳，屢犯不知悛改，實爲法所難宥。但既訊據陶金玉供，與李文振邪教案內問擬絞候楊在天，向有親誼，楊在天到伊家，勸令入教，留給伯溫問答一紙，言係伊師李文振傳給，是該犯楊在天家中，必更有鈔傳不法字跡，應行逐細搜查，並提該犯嚴訊。如係該犯造作傳布，及搜有別項悖逆字據，則楊在天之罪不容誅，又不當僅以絞候完結。著傳諭何煟，即速選派幹員，協同安省委員，密赴楊在天家，將一切經書字跡，嚴查速究，務得逆書確實來歷，並此外有無傳鈔別犯情由。一經訊明，即將楊在天等應得之罪，另行更正定擬具奏。可將此由三百里傳諭知之。尋奏：楊在天原籍江南，寄居河南，係已正法李文振徒弟。乾隆三十五年，至原籍，勸表姪陶金玉歸教，次年，復同張成功至陶金玉家，回豫聞拏自首。經臣搜獲不法道經，將爲首之李文振、張成功分別正法，楊在天不准自首，擬絞監候，陶金玉亦經安撫擬杖完結在案。茲准安撫裴宗錫咨，陶金玉在籍，復興邪教，經搜獲採茶歌，載有伯溫問答悖逆語，訊由楊在天赴江南時所給。臣隨委員搜查該犯家中，據稟別無存留不法字跡。提訊該犯，據供採茶歌係上年至江南給陶金玉鈔寫，從前忘供，其書得自李文振，此外並無傳匿。查歌詞雖非該犯造作，但敢傳布，即屬罪大，擬絞不足蔽辜，俟訊明從重更正。仍一面委員於曾犯邪教各家，搜查字跡，並嚴訊各犯屬，有無傳匿逆書餘黨。報聞。（高宗九〇〇、二七）

（乾隆三九、九、辛未）諭軍機大臣等：英廉奏，正陽門外盤獲扛木牌人賀廷榜一名，訊係河南祥符縣籍，同縣民段珩、李天成、王士平等共十二人爲會首，以募修黃龍廟爲名，設立成功會，妄稱曾死見閻王，令其還陽募化。並稱會中共男人一百二十三名，尚有女會，共四百八十七名。除祥符一縣是聚會之所，還有黃龍寺和尚原志的師父忠義，在陳留縣，也起了一會等語。該犯行李內，並搜出大乘經二本，咒語一本，並稱尚有同行僧人原志，因祖母病重回豫各等語。邪教誘惑鄉愚，本應嚴查究治，況東省現有白蓮教糾衆滋擾之事，安知不暗地勾連，尤不可不實力訪察。但何煟正督兵在山東境上防剿，此時省城查拏邪教之事，不宜即辦，轉恐打草驚蛇。著將英廉原摺鈔寄何煟，……俟何煟事竣回省再行徹底查辦，務净根株。（高宗九六七、二五）

（乾隆四〇、四、丁亥）又諭：據徐績奏，訪獲鹿邑縣民樊明德邪教騙錢一案，又究出案犯三十餘人，名混元教等語。混元教即收元教，又名無爲，與白蓮同係一教。雖各編立名目，其誘惑愚民，招引徒衆，實無二致。儻聽其日久蔓延，實爲世道人心之害。……故此等案犯，一經訪得，不可不上緊根尋。著傳諭徐績即飭屬迅速查拏首夥各犯，嚴究根由，盡法懲治，務絕根株，不得稍有寬縱，致留餘孽。（高宗九八〇、一〇）

（**乾隆四〇、五**）［是月］河南巡撫徐績奏，鹿邑縣拏獲樊明德邪教一案，各屬先後獲解人犯九十三名，逐一嚴訊。據供，樊明德本係農人，因病延楊集醫治，自此往來甚密。楊集傳給樊明德混元點化書，並大小問道經，囑勿宣露。楊集故，樊明德遂倡立混元教名目，誘人學習，圖騙錢財，令胞兄樊成德、姪樊世甫等一併入教。嗣是辛永祿、胡添文歸教，送錢者紛紛。遂議定，每年清明、五月十五、九月初十、十二月初一等日，聚會樊明德家念經。又編出波彌斟、波彌天日訣，令辛永祿、秦玉樓等各自收徒數十人，或數人不等。本年三月內，經鹿邑縣知縣沈佐清訪聞，當將樊明德等密拏，取出全書到案，語多悖逆。嚴訊樊明德係何人編造，該犯堅供，實係楊集所傳，其中語句，率多豫防荒亂、嚇人修善之意，並無謀爲不法情事。復嚴訊各犯，供並相符，但樊明德倡立邪教惑衆斂錢，實屬罪大惡極，應照大逆律定罪，餘犯各分首從定擬，下三法司覈擬。尋奏入。得旨：樊明德著即凌遲處死，楊集著戮屍，俱著梟示。辛永祿、樊成德、樊世甫、樊世貴、樊世正、樊世祥、樊世太，均著即處斬。胡添文、王廷亮，著即處絞。樊宗年、秦玉樓、劉文炳，俱依擬應絞，著監候，秋後處決。（高宗九八三、二六）

（**乾隆四〇、閏一〇、乙卯**）諭軍機大臣等：據高樸、楊景素奏，查審范縣民人孟興璧首告劉昌吉等邪教惑衆一案，親赴范縣，將所控人犯按名拏獲，搜查各犯家內，並無經卷圖像及違禁不法物件。惟劉昌吉之妻陳氏供伊母曾學真空家鄉等歌句，現在隔別研審，務期徹底澄清等語。學習歌句，固邪教之所由起，若無誦經設像、糾衆騙錢諸款證，難遽坐以邪教之罪，自不値從重辦理。而此案緊要關鍵，全在孟興璧所控之割取髮辮，及被割雞翅牛舌等物，應從此嚴切根究。若訊明割辮等事確有憑據，即當將被控之犯，重治其罪，不可輕宥；並從前割辮之事，亦當向彼根求，盡獲匪黨，以申法紀。若訊明毫無影響，自係孟興璧捏詞妄控，即當訊其因何挾嫌緣由，將孟興璧擬以誣告反坐，使奸頑知所儆戒。其曾經傳習歌句之犯，止須加責示懲，勿使株連拖累。將此由四百里傳諭高樸、楊景素知之。（高宗九九四、一六）

（**乾隆四三、一二、乙丑**）又諭：據國泰奏，派按察使于易簡等，前赴冠縣，嚴拏義和拳邪教楊姓一案，拏獲楊四海。據供，伊父在日會拳，借此防夜，伊自小未學；張九錫並元城童姓，都不認得等語。楊四海之父，既經會拳，其人必非安分之徒，或曾經招人學習，以致有義和拳名色，亦未可定。伊子亦斷無不隨同學習之理，所供未必可信，恐係畏罪支飾。即所稱並不認得張九錫之語，亦難憑信。如果該犯與張九錫素未謀面，則張九錫又何所見聞，遽行控告。種種情節，殊屬支離。著傳諭國泰即提集該犯嚴加確究，務得實情，毋使遁飾。（高宗一〇七二、二八）

（乾隆四五、五、庚辰）諭軍機大臣等：昨迴蹕至山東途次，有河南光州民人李偉叩閽，控告孫繼賢等邪教一案，業經傳諭楊魁，將該省有無邪教，嚴行查究矣。本日復據胡季堂等奏，據光州民人張純祖呈稱，伊移住光山縣，見有李偉出首孫繼賢邪教惑眾，縣官僅行責釋，逆黨得志猖狂，演習不一而足。又有商城等縣民趙士智、陳璜、黃儁等，出首邪教，及自首邪教圓光等案，州官並不詳究等語。邪教惑眾滋事，最為地方之害，不可不徹底根究。……著傳諭楊魁于到任後即行提集案內有名人犯詳悉研究，如果實有邪教惑眾等事，即行按律定擬，務俾根株淨盡，毋得稍事姑息。（高宗一一〇六、五）

（乾隆四七、五、戊午）諭軍機大臣曰：明興奏拏獲傳習白蓮邪教之崔廷珍、危志嘉等一干人犯，現在審辦一摺。此等白蓮邪教名色，流傳已久。從前屢次拏獲入教人犯究辦，何以東省尚有餘孽崔廷珍等一干人犯。且閱供單內，據該犯等所供，上頭安置戶口，有事纔不怕。又稱有曹縣民李大智家裏傳教，有入了教，有官做，有飯吃，就不怕亂，並有賜與大事職分等供。顯有煽惑愚民，謀為不軌之意，非尋常持咒念經、斂錢惑眾者可比。……或竟似王倫之藉名聚眾，不可不迅速搜捕，盡絕根株。（高宗一一五七、六）

（乾隆四七、六、甲戌）又諭：據明興奏前後拏獲單縣、曹縣邪教匪犯六十三名，訊供覆奏一摺，內稱：將各該犯等親提，逐加嚴究，堅供止冀誆騙銀錢餬口，並不敢有謀為不軌等情。……搜查該犯等家內，亦實無不法違悖字跡等語。看來此案尚無倡謀首逆之人，不至如王倫之糾聚匪徒，滋擾地方；但入教人數既多，案內要犯既經拏獲，自應將該犯等迅即定案辦理，若久行羈禁，恐致別生事端。著傳諭明興即將該犯等嚴訊確供，迅速定擬具奏。（高宗一一五八、七）

（乾隆四七、六）［是月］山東巡撫明興奏：曹、單等縣邪教一案，先後緝獲首從匪犯六十三名，並已故首犯布偉之子布文起等三犯，續獲豫省楊恒德等九名，共七十五名。嚴行訊究，現俱供認或妄布邪言，或傳習歌咒，俱分首從問擬。為首吳克己等三犯擬斬立決，為從位榮、布文起、李忠、黃存義等七十二犯分別伊犂、黑龍江、發遣爲奴。至豫省所獲之陳中禮係該省混元教案犯應聽豫省歸案辦理。下部議行。(高宗一一五九、二四)

(乾隆五〇、四、戊戌) 又諭：據明興奏訪獲邪教人犯、審明定擬一摺，已批三法司覈擬速奏矣。内稱王坦兄弟叔侄，近有燒香傳道之事，並聞藏有五女傳道經本，伊等是否天主教内之人，無從識辨等語。燒香傳道與天主教不同，此另是一種邪教，不可不詳細嚴查。豫、東境壤毗連，本日據特成額等奏審擬棗陽縣民孫貴遠等私習邪教一案，内有已正法之李從呼原入豫省徐國東收元邪教，孫貴遠又從李從呼入教，李從呼將徐國東原給五女傳道邪經一本給與等供。是豫省人民多有此惑衆斂錢之事，東省所獲五女教，自亦係豫省傳習到彼。現在河南各屬被旱，且不必急于查辦；但左道惑人，最爲風俗人心之害，必當嚴絶根株。著傳諭畢沅密爲留心，俟該省得有透雨，民情寧貼，酌量可以查辦時，即飭所屬嚴密查訪，如有私傳收元、五女等教者，即速查拏究辦，毋任轉相傳習，致滋煽惑。(高宗一二二九、一八)

(三) 山西 陝西

(乾隆一二、二、甲戌) 山西巡撫愛必達奏：正月二十八日據司道密稟，有文水縣民杜良珍，赴汾陽縣民卞懷錦家，投遞逆書二紙。當據卞懷錦出首，獲犯呈書。臣展閱書詞，荒誕狂悖，提犯來省審訊。該犯供稱，素有瘋疾，因饑寒無奈，造寫逆書，計圖詒騙。搜該犯家，有紙糊舊爛鞋樣一紙，上書妖言及機密字樣，訊據供稱，妖言即謠言，係人傳説伊子不妥之意，機密係寄字伊子，家窮勿被人見笑之意。臣按該犯投書之日，並未疾作，即設謀圖騙，豈無他術。似此大逆手札，遽敢投於素不相識之人，雖親屬鄰里，衆供僉同，情理殊難深信。查伊子杜肇星，現在喀喇河屯，已咨直隷提解到案，訊擬具奏。得旨：此等惡民，所謂兇頑可憎者也。然發覺甚速，亦足以警愚民，按律嚴審究擬。(高宗二八四、二一)

(乾隆一三、二) ［是月］山西提督準泰奏：拏獲邪教韓德榮等。……查所稱收元教，與從前滇省已故逆犯張保太所稱收圓二字同音，是否逆黨，容再嚴審。現密咨山東、河南兩省嚴拏究辦。得旨：好。知道了。(高宗三〇九、四二)

(乾隆一三、三、庚寅) 諭軍機大臣等：據準泰奏，山西定襄縣民人韓德榮，倡立邪教。……現在拏獲韓德榮，供稱雍正十年，命其徒張印、田大元往山東，同劉起鳳之子劉二長兒，引至河南虞城縣同教之王之卿家面商。已密咨河南巡撫，將王之卿查拏追究等語。此犯既係同教之人，其邪術之由來,及分置之黨羽,俱應緝獲嚴訊。可傳諭碩色,令其將王之卿即行密拏務獲,並將匪黨一一根究。此係邪教重情,應悉心作速辦理,毋致稍有疎脱。(高宗三一○、一五)

(乾隆二三、五) [是月,山西巡撫塔永寧]又奏:晉省自雍正年間至今,發覺邪教案件,已有十餘起。詳閲舊案,如澤州奸民張進斗,長治縣民李彥穩、周清水等,轉招煽惑,流毒無窮,究其萌孽復生,皆由根株未盡。請嗣後凡邪教内首犯及傳播徒衆,除本犯明正典刑外,妻子人等,比照左道惑衆從犯,俱發邊外爲民,收入城堡,嚴行管束。其從前邪教惑民之犯如張進斗等,臣現在嚴查。如伊子孫徒衆,仍有傳習邪教,亦請一體發遣,以浄根株。得旨:此時不便交議,俟有此等案件,再奏請覈議可也。(高宗五六三、二一)

(乾隆五三、七、戊寅) 又諭:據勒保等奏拏獲邪教人犯,搜出悖逆經卷。摺内稱,有鳳翔縣民韋茂禀首,有寶雞縣民雷得本,自稱神仙,設立悄悄會名目,誘人出錢入會等情。隨即知會巴延三,密飭司道等,帶同明幹員弁,前赴鳳翔、寶雞、扶風、汧陽、隴州、岐山等屬,逐一查拏首夥雷得本、李如璽、侯榮、侯受廷等,起出數珠經卷,經内語句,均有悖逆,並究出傳鈔經卷之馬本、李文、王喜、譚四、胡迎瑞及出錢入會之蘇孝儒等男婦大小三百餘名口等語。所辦甚好。雷得本妄立悄悄會名目,倡言煽惑,令馬本鈔録數珠等經,分給李文、譚四等,以念經避難爲詞,哄人出錢入會,輾轉招引,男婦至有三百餘名之多。勒保等督飭司道幹員,將該犯等立行拏獲,尚爲認真。著傳諭勒保等,即將該犯等嚴切根究,審明後即一面正法,一面奏聞,不得輾轉稽延,致令免脱。再,另行傳教之楊忠、吕良棟二犯,曾否拏獲之處,未據該署督於摺内聲明,並著詳悉查明。如尚未拏獲及此外是否尚有未經緝獲之犯,並著一併嚴拏務獲,歸案辦理,以期浄絶根株,勿使遺孽得有漏網。(高宗一三○九、八)

(嘉慶二一、一二、丁丑) 諭内閣:衡齡奏審明邪匪王寧、葉生寬等,分別定擬一摺。王寧倡立先天教名目,斂錢做會,傳徒多人,葉生寬慫恿王寧分字惑人,圖利教誘。經該撫審明,將該二犯俱照傳習邪教惑衆爲首絞立決例,問擬絞立決。惟葉生寬曾供,有從傅濟傳授老子歌,並經傅濟給與龍華經一部,前經孫玉庭等提訊傅濟,祗認曾傳葉生寬點香治病,並未給與經卷,與葉生寬原供不符。王寧、葉生寬俱著暫行監禁,俟傅濟解至晉省,當面質對。如傅濟實有傳教並給與經卷情事,質證明確,即將王寧、葉生寬先行處決,並將傅濟一犯,亦照邪教爲首例問擬絞決具奏,俟奉到諭旨,再行處決。其餘各犯，俱著照所擬完結。廩生衛君選，僞投入教，探聽得實，到官呈首，甚屬可嘉，著加恩賞給舉人，准其一體會試。教諭張珵，帶同衛君選呈報，著加恩交部議敘。(仁宗三二五、一)

(四) 江西　浙江　福建

(乾隆二、九、) [是月，閩浙總督銜專管福建事郝玉麟] 又奏：泉、漳地方，民風強悍。查有奸徒，假神糾夥，造作謠言，謀爲搶刼，現經拏獲審究，總期毋縱毋枉，以安良善。得旨：此等事，若聽其蔓延，則爲害非小；若嚴究首惡，則餘類自散，毋縱毋枉之言得之矣。然地方中不可屢有此事也。(高宗五一、二七)

(乾隆二、一一) [是月] 福建漳州鎮總兵官譚行義奏：查拏長泰、同安二縣，結拜鐵鞭會要犯全獲。得旨：拏獲要犯，甚爲迅速，可嘉之至。(高宗五七、二二)

(乾隆七、七、乙酉) 諭大學士等：福建士民，素稱刁悍，通省習氣相同，而漳泉爲尤甚。向來罷考罷市，喧鬧公堂，種種不法，所在多有，近竟有漳浦民人，持刀刺死縣令之事。似此藐法逞兇，爲從來所罕見。此固該犯之賦性暴橫，然亦閩省官員溺職素餐，既不能化導以感發其天良，又不能董戒以通其愚昧，及見民俗囂陵，干犯法紀，則又爲之蒙蔽掩藏，希圖省事，以致姑息養奸，積成惡習，遂大出乎人情國法之外矣。著該督撫嚴飭有司力爲整頓。(高宗一七一、一九)

(乾隆七、七、乙酉) 又諭軍機大臣等：朕聞本年六月初旬，有漳浦縣民賴石將該縣知縣朱以誠持刀刺割咽喉斃命，該管上司現將賴石嚴拏看守一事。部民殺死本管官，事關風化，該督等自必按律究擬，具題完結。但其起釁之由未能深悉，……可令該督……即速查明奏聞。尋據奏覆：漳浦縣地方，奸惡兵民，結有小刀、子龍二會，糾黨滋擾。該故令朱以誠拏獲數人，正在審究，有會首蔡懷、李珠等，恐一併被拏，同謀指使賴石，將朱以誠殺死，臣已拏獲兇犯，嚴審究擬。詔安縣又有奸民陳作，謠言聚衆，亦即擒獲訊辦。(高宗一七一、二〇)

(乾隆八、三) [是月] 閩浙總督那蘇圖、調任福建巡撫劉於義奏：三月初四日，據古田縣訪獲奸匪黃天瑞、黃元貴、陳文、鄭簡、羅惠能等，各有綾符戳印，語涉悖逆。現在臣等審明具奏，將爲首者，當衆予誅，俾咸知警惕，共被惑自首者，照例減等發落。得旨：覽。應如是辦理。被惑自首者固應寬，而亦不可失於縱，此等惟應盡法處之，不可姑息，庶可懲一警百耳。

(高宗一八七、二二)

（乾隆八、四）[是月]福建陸路提督武進陞奏報：古田縣民黃天瑞、首告黃元貴等分散白綾僞劄，謠言惑衆，現已拏獲各犯。得旨：知道了。此等刁風，所宜亟爲嚴查者也。(高宗一八九、二三)

（乾隆一三、三）[是月]浙江巡撫顧琮奏：訪聞紹興府屬，有子孫敎，又名長生道。……又有一等無爲邪敎，現在各查拏辦理。得旨：覽奏俱悉。(高宗三一一、三一)

（乾隆一三、七、乙巳）諭軍機大臣等：江西巡撫開泰奏稱，建昌府南豐縣奸民饒令德，糾夥饒三超，及宜黃、廣昌二縣奸民蕭其能、唐維瑞、曾元章、易魯璠等，於本年四月內，同往宜黃縣作關帝會，將焚表之灰同雞血和入酒內共飮，是日在唐榮發家，宰牛一隻、猎三隻，飮酒而散。又訊據饒三超供稱，三月內，饒令德與唐維瑞同往寧都縣，有受劄之事。現因各犯供吐游移，指報之人，多非的確，嚴押解省窮究底裏等語。奸匪糾衆揷血散劄，謀爲不軌，深足爲患地方。辦理此等事件，必赴機速而見事明，奸民無一漏網，無辜不致株連。若存息事之見，亦成釀禍之由，權其輕重，酌以寬嚴，始爲妥治。(高宗三一九、一七)

（乾隆一三、一〇、丁未）諭軍機大臣等：總督喀爾吉善、巡撫潘思榘奏稱，有已故羅敎邪黨姚煥一之徒嚴友輝、黃永喬，因江西石城縣關拏，黃永喬已經就獲，嚴友輝住寧化縣龍上里地方，知縣周天福帶領民壯往緝，業經擒獲，並於該犯家內搜出經像符印。乃伊同敎嚴玉等，糾衆百餘人，持械圍房放火，拒捕搶犯，現委候補守備康信、千總王軒馳往督緝等語。……著傳諭喀爾吉善等，此案首從各犯，皆係愍不畏法之徒，應照魏現一案，速行嚴拏務獲，從重案擬，以警刁風。(高宗三二七、二〇)

（乾隆一三、一一、甲寅）諭大學士等：據浙閩總督喀爾吉善奏稱，汀州府屬之寧化縣，有羅敎餘黨嚴友輝等經江西石城縣關拏，寧化知縣周天福，帶役親往緝獲嚴友輝。其同敎嚴玉等，糾衆拒捕，圍屋焚燒，搶奪人犯經像。該縣倉皇回署，稟稱撥役查拏等語。閩省民風，素稱獷悍。建寧老官齋一案，甫將首惡魏現等正法完結，而嚴玉等輒敢圍屋搶犯，目無法紀，實爲國憲所不容。且近年以來，各省聚衆生事之案，不一而足。總因地方官平日威信不足服衆，以致釀成事端，臨事又復措置周張，望風退怯，刁徒無所畏憚，肆意妄行。即如此案，嚴友輝已經弋獲，知縣周天福現有隨往民壯百餘人，當刁徒搶犯之時，惟當奮不顧身，勇往直前。嚴玉等烏合之衆，自不至于猖獗。即或事出意外，國家寧不爲地方官剪除兇逆以慰忠憤乎？乃該縣以親身擒獲之人犯經像，拱手而授之兇徒，轉稱撥役緝拏，豈捕役數人力轉勝于一邑之長耶？此不過以空言塞責，自掩其貪生畏死之實耳。該知縣著喀爾吉善查參。（高宗三二八、九）

（乾隆一三、一一、己卯） 又諭：據御史陸秩奏稱，福建汀州、興化等府，民風刁悍，寧化縣地方，有所謂鐵尺會，又有十三太保。鐵尺會者，自寧化、上杭、清流等縣以至汀州府治，所在多有，一味行兇爲事，欺侮善良，藐視王法等語。閩省民俗刁悍，屢經降旨，飭諭督撫，加意整飭。今此等惡徒，藐法抗官，專以行兇爲事，尤宜大加懲儆。著將此摺抄寄喀爾吉善，令其留心實力稽查嚴拏，盡法處治，務令斷絕根株，毋事姑息，釀惡長奸，以爲民害。（高宗三二九、五六）

（乾隆一八、六）［是月］閩浙總督喀爾吉善等奏：廷建邵道稟報，邵武縣訪得縣屬禾坪里，有杜國祥、杜奇、羅家球等，倡立鐵尺會，當將杜國祥拿獲。建寧縣訪有民人江茂等，與邵邑杜奇等結連鐵尺會，當將江茂等拏獲。訊據供出會夥羅家球等九名，亦已拏獲，並起出鐵尺二根，僞劄稿一紙。內杜奇一名在逃，現在嚴緝務獲。報聞。（高宗四四一、一九）

（乾隆一八、七）［是月］閩浙總督喀爾吉善、福建巡撫陳宏謀等奏：鐵尺會奸民誘衆一案，嗣據文武官先後稟報，拏獲要犯杜正連、僧道三等，并會夥劉陞等四十餘名，臣委員遂加訊究。緣邵武縣奸民羅家球與杜國祥、杜奇等結會盟好。杜國祥因貧起意，僞造劄付，……并刊刻木印一顆，……令杜奇各鄉散賣，尚無承受之人。杜國祥旋恐事破，將僞劄木印即行燒燬。嗣在杜國祥家搜取會簿並僞劄底稿嚴訊，杜國祥始將情由供出。茲首犯杜國祥已獲，爲從之杜正連、杜奇、張繼美、知情散劄之羅家球等七人，內除杜奇、張繼美逃匿未獲外，餘犯俱經緝獲。臣即飭令延建邵道委員解省，嚴訊情罪，分別定擬，得旨：看來非大事，惟爲首者重處，餘不致蔓延可耳。不必具題，具奏摺聞。（高宗四四三、三四）

（乾隆四〇、三、乙卯） 諭軍機大臣等：三寶奏訪獲無爲邪教之蔡立賢、魯聖先等一摺，已批交該部覈議具奏矣。摺內據稱蔡立賢、魯聖先二犯，俱向在松陽、遂昌傭工耕種。嗣因魯聖先在仙巖寺充當廟祝，於乾隆十一年，有福建上杭縣故民鄭統遷至遂昌，自稱係已故無爲教首張普天即張玉桂之徒，勸人持齋念佛，可以祈福消災。每年正月二十九、二月二十八、八月初四、十二月初一日，凡同教之人，各出銀六分，在鄭統家擺設蔬果，并空椅一把，指爲無爲教主羅祖，懸掛天地君親師畫像，祭獻誦經。於乾隆十六、七年間，誘令蔡立賢、魯聖先等入教。嗣該二犯，復行陸續收徒，希圖騙積錢文等語。邪教傳播惑衆，最爲風俗人心之害，不可不盡力根求。鄭統既由福建至浙傳教，所稱教首張普天即張玉桂，又係閩人，是閩省邪教流傳，已非一日。鄭統未到浙省以前，必有在閩傳授徒衆之事，而張玉桂既係無，爲教首，亦斷無止傳鄭統一人，不及他人之理，均當徹底嚴查。著傳諭鐘音等，即派委妥幹之員，在閩省各屬，嚴密察訪張玉桂傳教蹤跡。並飭於鄭統原籍之上杭一帶，詳細確查，有無邪教支派，妥速嚴辦，毋使餘黨蔓延漏網，亦不得稍涉張皇滋擾。仍即據實覆奏。將此由四百里傳諭知之。（高宗九七八、一一）

（**乾隆四五、一二、庚申**）諭軍機大臣等：據富勒渾奏拏獲福建建寧縣邪教人犯沈本源等，現飭究擬一摺。奸民倡立邪教，轉相傳習，煽惑鄉愚，最爲人心風俗之患，自應嚴速查辦，以净根株。（高宗一一二一、二）

（**乾隆四六、二、乙巳**）諭軍機大臣等：據郝碩覆奏，查辦寧都州邪教一案，江西省現獲人犯共二十九名，而閩省要犯，止有沈本源一人。已遵旨飛咨福建撫臣，委員速將沈本源押解來江質審，歸案辦理等語。此案江西省獲犯既多，自應遵照前降諭旨，就近辦理。（高宗一一二四、六）

（**乾隆四六、九、戊申**）刑部等衙門奏：江西信豐縣故民蕭維富等，創爲邪教，轉相傳惑，請依大逆例問擬。得旨：蕭維富、廖秀林、廖景淳，著即戮屍。至廖景泮之父廖秀科一犯，該部擬以緣坐，固屬照例辦理。但向來緣坐之犯，無不加恩改爲監候，以示罪人不拏之義，況其父祖尤非兄弟子孫可比。此案廖秀科訊非知情縱容，著加恩免其治罪。嗣後如有逆犯祖父應行緣坐者，除訊明知情故縱，仍照例問擬外，其訊非知情者，即概予省釋，不必緣坐。著爲令。其餘應行緣坐之廖昌禮、廖明富、邱德化、邱仁禮、邱七元仔、邱仁禄、邱仁組、廖明光、廖明貴，俱著從寬改爲應斬監候，秋後處決。餘依議。（高宗一一四〇、二一）

（**乾隆四八、六、丙戌**）諭軍機大臣等：據黃仕簡等奏拏獲小刀會匪犯林文韜等，審究定擬一摺，已批交留京王大臣會同三法司覈擬速奏矣。至兵丁楊祐、曾篤，屢次糾人挾嫌爭毆，並用刀剜瞎林文韜右眼，實屬兇橫不法，未便照尋常爭毆折傷人肢體者，一律科斷。著傳諭留京王大臣等，另行從重定擬。彰化兵丁，如此逞兇滋事，專轄營弁，平日既漫無約束，及至犯案，又不查明具報，廢弛已極，應從重究處。並著查取職名，嚴懲示儆。將此諭令知之。（高宗一一八三、一五）

（**乾隆五六、三、庚子**）又諭曰：姚棻奏拏獲臨川縣民張必發等十二犯，結黨誘賭滋事，審明定擬一摺。內稱，張必發等借墟會酬神爲名，結拜兄弟，糾黨誘賭，并有強當強買之事。民間因其兇惡，指爲天罡地煞名目。該犯等即以天罡爲會名，每借廟會斂錢打架，擾害地方等語。此案張必發等立會斂錢，強梁滋事，殊屬不法。乃該撫摺内稱天罡地煞，實是鄉間詬罵惡人之語，爲之聲敘，以冀化大爲小，甚屬非是。試思天罡地煞係水滸傳奇所造名目，設爲誇大之詞，以肆其橫行搶奪，姚棻豈未之見？非若川省呼匪徒爲嘓嚕，語涉詈罵者可比，安得以天罡爲詈罵之言，曲爲解免耶？況該犯等既聚集多人，而鄉民以天罡會指爲詬罵，該犯等豈肯直居其名？外省地方官辦理案件，往往規避處分，化大爲小，積習相沿，牢不可破。即如閩省天地會改爲添弟會，有心隱飾，即其明證。姚棻曾任閩粵，豈不聞知？雖張必發等糾黨滋事，不過意在斂錢，訊無別項不法情事，然該地方官有意消弭，以天罡係詈罵之詞，代爲開脫，該撫不行詳察，遽爾入告，轉致案情不實。姚棻，著傳旨嚴行申飭。至此案雖非糾衆搶刼滋事，但既聚有十二人之多，爲首之犯，亦應加重問擬絞罪，方足示懲。著傳諭姚棻，再行提犯嚴鞫，務得確情，另行定擬具奏，以成信讞。尋奏：提到各犯率同兩司悉心推鞫。據供，天罡會名目係外人所指，後即借此恐嚇鄉愚，供認明確，實與自立無異。批：若是罵語，何以借名恐嚇人，此即足見汝不明白矣。又奏：聚會結盟，罪無可逭，已將首犯張必發從重擬絞。餘犯亦俱加重定擬。得旨：覽。（高宗一三七五、二七）

（乾隆五六、四）［是月］福建水師提督奎林覆奏：臺灣匪徒，糾衆結會，多在收成以後，青黄不接之時常有搶案。擬於每年秋仲，赴臺灣駐剳，春盡冬初，回廈門辦理水師事務。得旨：好，勉爲之。毋高興自滿。（高宗一三七七、三〇）

（乾隆五九、六、己未）又諭曰：吉慶奏金華府屬之義烏縣，有奸徒何世來等散布邪言，糾衆起意搶奪，該撫率同署臬司親往查拏一摺。此案何世來捏稱樓德新曾得天書，指爲教主，散布邪言，傳習拳棒，糾約多人，轉相煽惑。經該撫馳往該處，將案犯陸續緝獲三十餘名，並經委員拏獲爲首之樓德新、何世來二犯，所辦甚好。著賞給吉慶大荷包一對，小荷包四個，以示優獎。至該犯等妄稱得有天書，糾衆人夥，或另有違禁器械及悖逆字蹟，雖經吉慶率同署臬司，分赴各犯家内，止搜出紅色令字小旗四面，此外並無別項經懺圖像及器械等項，安知該犯等不隨身藏匿。此不過莠民玩法，惑衆奪財，如有別項不法器械經圖，務須搜查净盡，轉不必意存掩飾。並將現獲各犯，嚴訊供情，速行定擬具奏。其在宣平、武義地方拏獲首犯二名之委員，亦著吉慶獎賞示勸。其餘未獲各犯，並著該撫飭屬速緝務獲，毋任漏網。

(高宗一四五四、九)

(嘉慶九、四、甲戌) 諭軍機大臣等：秦承恩奏續獲逆匪審擬具奏一摺，覽奏俱悉。此案素習老母教之王添組即王瑞忠，捏稱彌勒佛轉世，煽惑鄉愚。上年廖幹周起事之時，懇其幫助，許爲上清官教主，該犯輒自稱瑞忠法中皇，寫入旗內，號召衆人，實爲罪大惡極。若日久潛逃，必致養癰貽患。秦承恩於訊出之後，能不動聲色，設法鉤致，密將該犯及助惡之曾啟三、周仲祥、王添保一併拏獲，搜出旗式底稿，究訊得實，將該犯等分別首從，問擬凌遲斬決，即請王命正法，傳首示衆，俾地方匪徒，知有儆戒。所辦甚好。其各教內安靜守法未經滋事之人，秦承恩並不紛紛查拏，免致驚擾，所見亦是。該撫仍當出示曉諭，以王添組係教內爲首之犯，伊自稱彌勒佛轉世，能知過去未來，人有災難皆可藉伊解救，今伊已經地方官拏獲正法，是該犯本身即不能自免災難，又何能解救人之災難乎？可見邪説斷不可聽，徒自罹法網耳。爾等鄉愚無知，受其哄騙，紛紛斂錢施捨，隨同入教，今亦不加深究，但爾等見該首犯如此被拏伏法，亦當共知猛省，悔悟前非，從此安靜家居，勿再從教滋事，庶可免罹重罪。儻尚執迷不悟，廣招醜類，播造謠言，則憲章具在，不能稍爲曲貸。如此詳明曉諭，示以利害，民人等自必畏懼警省，勉爲善良。將此諭令知之。(仁宗一二八、一二)

(嘉慶二○、三、甲子) 諭軍機大臣等：本日王紹蘭奏審明結會首從各犯，分別定擬一摺，已降旨將爲首之歐狼即行正法，餘俱依議行矣。此案歐狼創立父母會名目，糾衆斂錢，傳授口訣暗號，誑惑鄉愚，實爲可惡。現在案內從犯有三十餘名之多，可見小民貿貿無知，受愚罔覺。著該督撫會同學政汪潤之，即倣照御製邪教説酌擬簡明告示，將現在辦理此案緣由，廣爲示諭：以爾等聽信邪言，甘心入教，以爲一經拜會，即可傳授秘訣。殊不知所謂口號者，問以從那裏來那裏去，則答以從東邊來西邊去，問從那裏過，則答以橋下過，此等胡言亂道，毫無情理，雖三尺童子不至受其欺哄，而爾等出錢傳授，信之不疑，實屬愚蠢已極。迨至破案發覺，身犯重罪，不能倖逃，追悔業已無及。嗣後爾等務當各知警省，自保身家，勿爲奸徒誘惑，被其陷害。似此徧加曉諭，庶鄉曲愚民，共知覺悟，不致陷於邪僻，觸犯刑網。將此諭令知之。(仁宗三○四、二四)

(嘉慶二○、一二、丙子) 又諭：汪志伊奏，福建尤溪、古田二縣，有匪徒興復雙刀會，糾夥橫行，經知縣諭令鄉民，偵知首犯下落，親帶兵役馳往拏獲等語。此案匪徒侯二八雄，膽敢興復雙刀會，糾人入夥，拆毀民房，強取食物，並搜有悖逆簿據，現已捕獲，著即審明，按律定擬具奏。建安縣知縣李孔均,平素認真編查保甲,茲緝獲首犯,實屬勤能。著加恩於事後送部引見。里長謝雲臺、練鐘英偵緝出力,俱著賞給八品頂帶,如情願入伍,著隨營差委,酌量補用,如不願入伍,即以頂帶榮身。(仁宗三一四、一九)

(五) 湖北

(乾隆四、一二、壬寅)湖廣總督班第奏:湖廣素多邪教之名,究其實,皆無賴哄惑鄉愚,科斂香錢,以資衣食。現有孝感民嚴維臣,自稱白蓮教,業據縣稟密拏,飭司查究外,因思果係邪教,自當嚴拏黨羽按擬。如僅借名誆騙香錢,似應分別首從,酌量枷責完結,交保約束。或係外來之人,遞籍收管。被誘人等,免其深求,庶杜擾累。得旨:所見甚妥,嘉悅覽之。(高宗一〇七、二五)

(乾隆七、八)[是月]湖廣總督孫嘉淦奏:據襄陽府知府孟炤稟稱,馬快張文德等,在府城四牌樓地方,拾有小紅封,內裝偽示二張,書寫總理七十二鎮都督大將軍李梅字樣,又另單開寫頭等大將軍李勇、次等小將軍陳龍等項名目。語多悖逆,明係無賴奸徒,妄思煽惑,借現在通緝之逆犯李梅為名,造作妖言。若行文查捕,則傳布愈廣,正墜奸人術中。且單內開有張么、白般等詭名,確係楚人聲口,奸匪必非外來。當即嚴飭訪拏,並密札撫臣提鎮,留心查緝,務須鎮之以靜,不得輕易聲張。得旨:所見頗是。不聲張而密辦,以靖根株則可;若忽視之或致釀成事端,則不可。俟緝獲之後,即行奏聞。(高宗一七三、三八)

(乾隆八、三)[是月]調任湖北巡撫范璨奏:上年九月,具奏襄陽郡城有不法奸徒,捏造李梅等姓名,妄寫悖逆偽示,當即飭屬嚴緝。今聞鄖陽府屬房縣地方,有一道士,招集多人,襄陽人亦有入其黨者。且上年襄城,檢獲偽示之時,該犯亦在襄郡。臣查奸徒誘惑,羽黨必多,現飭該地文武嚴密訪查,并差臣標弁兵,協力辦理。俟訪明獲犯,當再據實奏聞。得旨:此等事,斷不宜存姑息了事之見也。(高宗一八七、二三)

(乾隆一一、九)[是月]湖廣總督鄂彌達等奏:審明江夏縣民曠雲章,在襄陽倡教造言一案。查該犯前經投拜已故穀城縣鍾廣國為師,後居襄邑,倡為彌勒邪教,誘人喫齋,招徒聚眾。其束明邪書,據稱係鍾廣國留貽,然現在無憑追究。又妄捏不經之說,主令傳用惑人,寅屬不法。合依造妖書妖言律,擬斬監候。至王榮入教招徒,尚無左道不軌別情,但將曠雲章所造謠言妄行傳說,而黃志海等更轉相告語,即所傳無幾,法亦難寬。合依傳用不及眾律,分別定擬完結。報聞。(高宗二七五、二〇)

（**乾隆二三、一〇、乙亥**）諭軍機大臣等：據胡寶瑔奏，汝寧府地方，拏獲湖廣孝感縣逆犯朱尚柄，搜出所藏逆書，詞語狂悖……等語。著傳語碩色、莊有恭，……此等逆徒，情罪重大，一經嚴訊明確，按律定擬，即於楚省正法，以彰國憲。（高宗五七三、一三）

（**乾隆三三、九、壬子**）又諭：據定長等奏，拏獲傳貼謠詞一案，係黃佑均在黃佑均之甥王輔翼家，見伊妹夫楊大章攜有此詞，因取帶在身，轉給李天佑等語。此案造作謠詞，編寫異字，既經逐節追尋，黃國中得自楊大章，則楊大章正係案內緊要之犯，是否首先編造，抑或另有轉相傳述之人，俱不可不嚴切根究，務得確情。現在曾否拏獲楊大章及黃佑均、王輔翼到案，訊取實在情節，俱著該督等即行據實具奏。尋奏：楊大章、黃佑均、王輔翼等業經拏獲嚴訊，均係轉相傳鈔，並非首先編造要犯，應照例分別杖責發落。其正犯再行訪緝。報聞。（高宗八一九、二五）

（**乾隆三六、一一、乙丑**）湖廣總督富明安奏：據襄陽、應城、漢陽等縣稟稱，拏獲邪教夥犯黃秀文、余仲元、楊蘭芳、熊從龍、陳萬年等，解省嚴訊。諭軍機大臣等：據富明安奏，盤獲邪教夥犯黃秀文等。供稱，俱喫白陽齋，奉直隸昌黎縣石佛口人王忠順爲教主，布施銀錢，俱送河南杞縣監生王漢九收受轉交。該犯等曾於王漢九家，拜見王忠順。業經飛咨直隸、河南督撫查拏等語。王忠順敢於創立邪教，惑衆斂錢，實爲奸民滋事之尤。王漢九身係監生，乃與黨同勾結，亦屬不法。均應即速緝拏，從重究治，以肅法紀而正人心。（高宗八九七、五二）

（**乾隆三八、三、甲午**）諭軍機大臣等：何煟奏，據署信陽州知州吳翼行拏獲湖北人李元義，在該境奉行邪教，並究出教首朱洪，係湖北應山縣人，現在楚省行白陽教，該犯均係湖北人蔡西若、夏孟烈、吳老四等轉招入教等語，並據將所傳太陽經及對聯歌詞，鈔錄呈覽。該犯朱洪等，膽敢妄立教名，傳經惑衆，隔省招誘，殊爲不法，必須全行拏獲，毋致漏網；且閱其起獲對聯天換世界人之句，甚爲悖誕，尤宜從嚴訊究。著傳諭陳輝祖，即將朱洪、蔡西若等嚴飭各屬迅速查拏務獲，並嚴訊對聯語意，務得確供，毋任絲毫遁飾，即由楚省審擬具奏。並著將何煟原摺，錄出一分，及原奏對聯歌詞太陽經摺片，一併寄閱。（高宗九二八、五）

（**乾隆四九、五、庚申**）又諭：據姚成烈奏，拏獲天門縣邀夥結拜弟兄之周谷安、阮森等二十五犯，並搜起木棍鐵尺等項，及各犯姓名年歲清單，現在提犯嚴訊等語。該犯周谷安等，膽敢邀約異姓多人，斂錢結拜弟兄，且有異籍民人，及糾約在配軍犯，並開寫年歲名單，私藏木棍鐵尺等項，實屬目無法紀。雖現據該犯供稱，並無歃血盟誓焚表及別項不法情事，但該犯等輾轉糾約多人，入夥結拜，私藏器械，恐夥犯尚不止二十餘人，並另有擾害為匪情事，必須嚴拏從重辦理，以示懲儆。（高宗一二〇六、一二）

（乾隆五〇、三、辛未）諭軍機大臣等：據特成額等奏，襄陽縣訪拏傳習邪教、收徒斂錢之孫貴遠等，並搜出邪經，現在提犯嚴審究辦等語。孫貴遠膽敢踵行邪教，且查出咒內有十口合同西江月、開弓射箭到長安之語，尤為悖逆。著特成額等，即將現獲之犯，嚴行審辦，定擬具奏。其逸犯曹守隴等，並著該督撫督飭地方文武各員弁，上緊緝拏，務期按名弋獲，毋任遠颺漏網。將此傳諭特成額等知之。（高宗一二二七、七）

（六）廣東　廣西

（乾隆六、四）［是月］署廣西巡撫楊錫紱、提督譚行義奏：於鬱林州興業縣地方，拏獲挖窖书符、妖言煽惑、斂錢從逆之譚煥禹等。得旨：此案汝等查拏於未發覺之先，殊屬可嘉也。諸如此類，所當時刻留心。（高宗一四一、二三）

（乾隆六、六）［是月］署廣西巡撫楊錫紱、提督譚行義奏報，思恩府屬遷江縣，有李彩、李梅等，統衆攻刦。隨星夜撥賓州兵一百名，提標兵一百五十名，委守備一員，前往應援。又酌撥左江鎮慶遠協、忻城土縣，共漢土兵一千名，齊赴遷江，令賓州營參將李發解統領勦捕，務期盡净，毋使蔓延。得旨：所奏俱悉。必使實在奸匪盡獲，毋致蔓延方可。若假捏姓名以圖了局，則將來何所底止耶？（高宗一四五、二九）

（乾隆六、七）［是月，左都御史署兩廣總督管廣東巡撫王安國］又奏上林縣拏獲逆匪李彩，訊供即係遷江縣為首之李五一摺。得旨：知道了。外省多有捏名之弊，殊不足取信于朕也。（高宗一四七、三二）

（乾隆六、七）［是月］左都御史署兩廣總督管廣東巡撫王安國奏：廣西遷江縣聚匪謀逆，准提督譚行義咨稱，已撥兵前往勦擒。又據遷江縣報，拏獲逆黨歐起通。來賓縣報，拏獲黃老二、石法總等。得旨：知道了。駐劄不遠，不過奏報稍遲耳。至督令緝獲正犯，毋致捏名并案之弊，則督臣之專責也。（高宗一四七、三二）

（乾隆六、七）［是月］署廣西巡撫楊錫紱、提督譚行義奏：興業縣拏獲奸匪譚煥禹等，以挖窖妖言，煽惑愚民，潛謀不軌，並供出首犯李國章。茲於北流縣地方，將李國章拏獲到案，訊供即係李梅。得旨：所奏俱悉。但外省頗有此捏名併案之弊。在尋常盜犯，尚然不可，況此等為逆之人，一有漏

網，必致蔓延，汝等宜詳查也。（高宗一四七、三三）

（**乾隆七、五、癸未**）諭：粤西地處遥邊，漢土交錯，村寨最易藏奸。而文武官弁，稽察廢弛，相沿成習，以故逆首李梅，自雍正八年，在廣東散刼事發，逃入粤西，十年有餘，復同李彩等往來北流、播州、容、貴、鬱、博等處，勾結匪徒，爲地方之害，幸得發覺，次第就擒。然已蔓延多時，兵民勞頓，此皆平日各州縣文武不能查察防範之所致也。似此怠忽養奸，不可無以示懲。著將李梅自某年月逃過粤西，某年月住在何處，又某年月轉移何處，夥同李彩等往來各州縣輾轉聯結起止日期，分別多寡，該督撫一一核明，分別題參議處，以儆怠玩。至於李梅、李彩兩案内文武官弁，出力獲賊，著有勞績者，亦著查明題請議敘。該部即遵諭行。（高宗一六七、一五）

（**乾隆七、一〇**）[是月，廣西巡撫楊錫紱] 又奏：緝獲桂平縣奸民施廣盛等，煽惑愚民，斂銀給刼，已加嚴訊，務獲餘黨。得旨：是。此等惡風，所宜嚴禁。（高宗一七七、三一）

（**乾隆八、三、乙亥**）刑部議覆：廣西巡撫楊錫紱疏稱，來賓縣逆匪李彩等，結黨挖窖，圖刼城池，請分別正法治罪如律。應如所題。從之。（高宗一八七、一〇）

（**乾隆八、三**）[是月，廣西巡撫楊錫紱] 又奏：粤、楚、滇、黔地處邊荒，苗猺土獞，種類錯處。自雍正八年，廣東逆匪李梅逃匿西省之後，每有挖窖取銀之説，造説愈妄，結夥愈多，即湖南、滇、黔，在在有之。應請密敕粤、楚、滇、黔數省文武大吏，嚴飭地方官員，將挖窖妖言一事，留心嚴察，共相整飭，久之或可望此風漸息。得旨：所奏是，知道了。（高宗一八七、二六）

（**乾隆八、三**）[是月，廣西巡撫楊錫紱] 又奏報：泗城府屬之西林縣，訪有王姓岑姓二人，與李梅案内之李捷三、廖士美年貌相似，由西林而過滇省之土富州，隨飭屬前往追緝。旋據西隆州報，貴州永豐州，拏獲妖言惑衆之黃三、岑顯亮等犯，供有西隆州夥黨，旋於西隆獲王文甲、王文魁二犯，訊與李梅案合。或李捷三等易名藏匿，正可從此跟究，當即飭屬赴西隆地方，上緊辦理查拏。俟緝獲後，再行奏聞。得旨：上緊妥辦，不可使奸匪漏網，並不可有并案完結之意。審有確實，即速行奏聞。（高宗一八七、二六）

（**乾隆八、三**）[是月] 貴州安籠鎮總兵宋愛奏：永豐州地方，緝獲李梅案内逆匪黃三、韋阿三、羅阿韋、羅龍四名，搜出悖逆符紙；並續獲之王祖先等，即訊供咨報督提二臣查核。復將供出未獲各犯，於本省上緊嚴緝。其在滇、粤各省者，亦即飛咨各督撫提鎮，轉飭查拏。得旨：所奏俱悉。斷不

可存此疆彼界之心,一切查拏,惟應上緊,以靖根株。(高宗一八七、二七)

(乾隆八、四)[是月]提督廣西總兵官譚行義奏:黔省匪犯黃三、王祖先等,散符挖窖,供出粤民王文甲等謀逆,併拏獲王文甲等解黔質審各情形。得旨:此等事斷不可分此疆彼界,當思總係國家之事,上緊辦理而不推諉,則得矣。(高宗一八九、二五)

(乾隆八、閏四、壬午)[廣西右江鎮總兵官畢暎]又奏報:拏獲書符挖窖之黃三、王祖先等犯,俱供出李開花同案,現在上緊追究。得旨:李開花至今未獲,汝等均應留心也。(高宗一九一、二〇)

(乾隆一四、六、壬辰)諭軍機大臣等:據碩色等奏稱,乳源縣地方,有已故羅教劉可嘉徒弟杜清謨、余成學等,現在餘犯俱獲,惟杜清謨遠出,不知去向;又鄧觀連、余成學供,有同教之葉法靈及江西之蕭姓等,亦未拏獲。一面嚴拏逸犯杜清謨、葉法靈等,務獲確審;一面移咨江西查拏蕭姓另究等語。從前湖督新柱,曾奏於省城拏獲測字人杜清謨,訊有信奉羅教開設經堂等事,現咨廣東、湖南巡撫確查,即將杜清謨解歸廣東原籍。經朕傳諭署督瑚寶,此等人犯,如果係邪教黨羽,自應歸案質訊;若查無實據,不如即於武昌省城監禁為妥。今據碩色奏稱,伊等既有開堂設教招徒煽惑情形,可傳諭廣東及湖廣各該督撫,將此案詳悉審明。如設教為匪屬實,應即會同商辦,按例定擬;人犯應否移解,亦宜妥酌行止,毋致歧誤。其葉法靈及江西之蕭姓,嚴拏務獲,歸案審擬完結。向因邪匪煽惑愚民,是以降旨,令地方官嚴行查禁;經堂悉行拆毀,各督撫若能實心奉行,早應斷絕根株。今據奏韶州等處,尚有樂成仙經堂等名號,則督撫平時並不留心查察可知。現在此案,著該督撫速行查審結案,至辦理此等事件,要在寬嚴得中,輕重合宜。如邪教黨羽有糾合匪類圖謀不軌,自當嚴行懲究,毋令漏網。若不過鄉曲小民,持素奉佛,念經禮懺,所在有之。伊等既非形踪詭祕,藉端誘衆,祇宜隨其習俗,又未可概繩以法。惟在該督撫督率屬員,隨時留心查察,毋執法以長奸,毋張皇以滋事,斯為寧謐地方之道,著一併傳諭知之。(高宗三四三、一)

(乾隆二八、四)是月,署廣東巡撫明山奏:廣、潮二府有聚衆械鬥、結黨拜盟、盜牛勒贖諸惡習,實為地方蟊賊。現遴員拏究,從重辦理,期改舊俗。得旨:但實力為之,日久自當有效。勉之。(高宗六八五、二三)

(乾隆三九、一、乙亥)諭軍機大臣等:據李侍堯查奏揭陽縣賊匪爬城起釁緣由一摺,稱該縣先有陳阿高等聚衆結盟一案,經巡撫覈審擬以絞候,發回監禁。匪徒林阿裕等與陳阿高交好,探知罪名已定,起意糾匪,潛謀刧獄縱放。遂乘該署縣交卸之際，約期舉事，潛匿城外，殺死幼孩，夤夜爬城。聞地保聲喊，始行逃逸等語。已于摺內批示。此案皆由陳阿高定擬過輕，致匪徒藉以滋事，舊時律文原覺未協，現交刑部另行酌定矣。至匪徒林阿裕等，因與陳阿高素相交好，聞其定罪在獄，輒敢糾約匪類，潛謀刼獄縱放，竟敢夤夜爬城，實屬目無法紀，情罪甚為可惡。著李侍堯即速嚴行審究，將倡首濟惡各犯，立時正法示衆，以儆兇頑。其陳阿高既為林阿裕等欲救之人，即與匪黨首惡無異，定罪亦應同科。並著該督一面辦理，一面奏聞。其餘各犯，均須按其情罪，從重定擬具奏。其查明另案之馬阿魯捏造歌謠，藉母煽惑各情節，亦屬不法，並著按律定擬具奏。至地保林喜原報爬城之賊，為馬王氏徒黨，雖非確實，但馬王氏亦有吃齋騙錢、男女雜沓形跡，事屬有因，且林喜一聞犬吠，見有多人爬城，即鳴鑼叫喊，匪犯始各驚逸，尚知實力奉公，該督即飭縣予以獎賞，俾衆皆勸勉。將此由四百里傳諭知之。（高宗九五一、七）

（乾隆三九、一、丙子）又諭曰：李侍堯查奏揭陽縣賊匪爬城起釁緣由一案，據稱該縣先有陳阿高等聚衆結盟，經巡撫德保覆審，擬以絞候，發回監禁。匪徒林阿裕等與陳阿高交好，探知罪名已定，起意糾匪潛謀刼獄縱放。遂乘該署縣交卸之際，約期舉事，潛匿城外。適遇民人洪阿四攜眷探親，見而驚散，幼子落後，遂被殺死。匪衆夤夜爬城，聞地保聲喊，始行逃逸等語。林阿裕等敢于潛謀刼獄，情罪實為可惡；已交李侍堯即速嚴審、從重定擬矣。此案皆由陳阿高擬罪過輕，匪徒見其久繫囹圄，遂爾潛謀滋事，致皆身罹重典。使陳阿高犯案時，即行正法，林阿裕等無隙可乘，轉得杜其奸謀，亦即可全其軀命。所謂辟以止辟，用意正復如此。及查覈原案，則陳阿高之問擬絞候，尚係德保比例加重，是此條舊定之例原未見協。夫以歃血訂盟，謂不分人數多寡，殊覺顢頇失當。豈以十人內外，與多至四五十人者漫無區別乎？即如陳阿高一案，結盟至四十餘人之多，又係該犯起意聚衆。且陳阿高年僅二十二歲，案犯較其年長者尚多，而衆皆推之為首，即屬匪黨巨魁更非序齒結拜弟兄者可比，自當另定條例，以示創懲。所有陳阿高罪名，已諭令李侍堯歸於林阿裕等案內，從重定擬。至嗣後遇有此等案件，如何另行定例之處，著刑部詳細妥議具奏。尋奏：凡異姓人但有歃血訂盟，焚表結拜弟兄者，照謀叛未行律，為首者擬絞監候，為從減一等，若聚衆至二十人以上，為首者擬絞立決，為從發雲貴兩廣極邊烟瘴充軍。其無歃血盟誓焚表事情，止序齒結拜弟兄，聚衆至四十人之多，為首者擬絞監候，為從減一等。若年少居首，並非依齒序列，即屬匪黨巨魁，首犯擬絞立決，為從發極邊烟瘴充軍。如序齒結拜，數在四十人以下，二十人以上，爲首者杖一百流三千里，不及二十人，杖一百，枷號兩个月，爲從各減一等。從之。（高宗九五一、九）

（乾隆四四、四、甲子）又諭：據吳虎炳奏，桂平縣奸民李萬春、李逢春邀結匪類，假扮天師，妄言禍福，哄騙愚民，各出銀錢，建醮免災。該縣知縣楊聯榜前往查拏搜檢，李萬春已挈眷逃往貴縣，李逢春先期外出，現在分委幹員，上緊嚴拏等語。奸民李萬春等，敢于聚集匪類，妄言禍福，哄騙愚民，斂取銀錢，情節甚屬可惡，不可不嚴拏務獲，盡法懲治。（高一〇八〇、一九）

（乾隆四八、六、甲申）諭軍機大臣等：據朱椿奏，接准安徽巡撫富躬咨緝混元邪教案内逸犯劉禿子等四名年貌，當經飭屬一體嚴緝。茲於龍勝城外拏獲許明德等四人，行李内搜有混元派牒文一張，訊係平樂府武生吳姓鈔給，現在提犯至省，逐一研審等語。邪教煽惑愚民，最爲風俗人心之害。該犯等行李内，搜出混元派牒文，自係混元邪教餘黨，或即係安省逸犯劉禿子詭變名姓，亦未可定。至武生吳姓鈔給牒文，並敢藏鐵印，尤干法紀，不可不徹底根究，嚴審辦理，以示懲創。著傳諭朱椿即提集案犯，嚴審實情，按律定擬具奏。（高宗一一八三、一四）

（七）四川　貴州　雲南

（乾隆四、四、丁酉）貴州總督兼管巡撫事務張廣泗奏：施秉縣地方，有江西正一真人張昭麟，差知事余紹周，執抄白部咨，赴黔傳度，是否虛實。滇、黔苗猓雜處，不法之徒，藉滋煽惑，應請敕部嚴禁。得旨：此奏甚是。該部議奏。尋議：應如該督所請，永行禁止。儻有龍虎山人等違禁潛行，事覺，嚴加治罪，該真人一并議處。從之。（高宗九一、七）

（乾隆一一、九、庚戌）刑部議復：川陝總督公慶復奏稱，邪教惑衆一案，查吳珍、李老么，始而妖言惑衆，繼則附逆隨行；李綸、孫奎、雷廷秀捏造邪言，開堂誘衆，實爲風俗民心之害。駱東昇等九名或造作妖書，或抄傳簡帖，轉相煽惑；均合依妄布邪言，煽惑人心，爲首斬立決。劉月貴等三名合依爲從斬監候，餘犯分別辦理。應如所請。從之。（高宗二七五、五）

（乾隆一八、七、庚辰）刑部議復：雲南總督碩色疏稱，查何聖烈等猓匪，散劄招人，謀爲不軌，業經訪獲確訊，即請正法。何聖烈，依律凌遲處死；楊起秀、李士明、馬老四、權廷貴，斬決；盤金諒，絞立決。餘犯照例分別辦理。應如所請。從之。（高宗四四三、二六）

（乾隆一九、二、辛卯）又諭曰：黃廷桂奏，拏獲逆犯陳琨等倡立邪會、散布逆帖一案。該犯等造爲圖帖，糾集多人，兇頑已極，急當嚴究黨羽，速示創懲，以爲悖逆作奸者警。著傳諭黃廷桂令將逃竄各犯上緊緝拏，務期弋獲。其現在已獲者，作速訊取確供，不分首從，立正典刑，一面辦理，一面奏聞。（高宗四五六、一三）

（乾隆一九、閏四、癸酉）四川總督黃廷桂奏：拏獲捏造妖言爲首之陳子學，即行正法，餘犯分別定擬。得旨：……黃廷桂於此案一經發覺，督率所屬迅速查拏，嚴密辦理，甚屬可嘉。……著交部議敘，以爲實心任事者勸。（高宗四六三、一二）

（乾隆二五、八、己亥）又諭：據開泰奏，川省奸民宋朝倫、沈在伯、羅文秀等，邪教惑衆，並造作狂悖字帖，肆行流傳，現在嚴行查辦等語。該省僻處偏隅，一切邪説惑人之事，最易流播。況該犯宋朝倫等所造字帖，尤爲狂悖。其所稱岸前琉瓶等字樣，必皆隱有所指，所當逐一根究，嚴加懲治，以儆奸頑。……務得實在主謀者，以靖根株，勿得稍有輕縱。尋奏：將先經拏獲各犯，隔別研審，宋朝倫等以已故匪犯張保太爲道岸，其行教爲首者稱岸前。此案初係羅文仕稱岸前，繼以孫學海爲教主，即指孫學海爲岸前。而宋朝倫則自稱爲代岸前。至字帖内琉瓶等項字樣，皆屬隱語，訊之各犯琉瓶係取流平同音。川省惟成都一帶平坦，即暗指成都。……此案主謀煽惑實係宋朝倫，自應從重究擬。餘更設東西南北四盤，各有首領，俱次第拏獲，俟訊明按律辦理，報聞。（高宗六一九、一五）

（乾隆二五、一一）［是月］四川總督開泰奏：邪教流傳，爲地方大害，川省民鮮土著，風氣不齊，尤易煽惑。奸民宋朝倫等，踵行無爲教，誘騙更夥，且謬指從前劉奇案内早經正法之孫奎，謂其並未身死，以聳衆聽。總緣孫奎正法時，見之者少，故得妄行捏造。茲宋朝倫一案，現在案内拏至省城拘禁、擬以監候遣徒以下等罪人犯共百餘名，若不使共覩宋朝倫等之死，未必知邪教作孽之深。隨飭行按察使，會同督提標員、滿城協領派撥兵役，將案犯先押赴行刑處所，令其跪視，商民往觀者，聽其近立，始將宋朝倫等分別凌遲處斬，並將奸邪惡跡及犯嚴刑之處，通行出示。得旨：甚是。（高宗六二五、二二）

（乾隆三一、五、辛巳）諭軍機大臣等：方世儁奏麻哈州屬民人擅入苗硐散賣布照一案，辦理迅速，甚屬可嘉。……但苗人生性愚蠢，非有漢奸引誘，決不敢滋生事端。此案捏造逆詞，散佈惑衆，既訊係樂平司民人楊國臣、貴定縣民人韋學文等起意，此輩實漢奸之尤，不可不從重治罪。至買照苗人，皆係昏昧無知，被其愚誘，止須杖責以示儆，不必按律擬罪，並於發落時曉諭苗人等，比乃朕法外之仁，特從寬典，使伊等知所感畏。著將此傳諭該撫知之。令將所獲各犯即酌量情罪分別定擬具奏。（高宗七六〇、一七）

（乾隆三三、七、庚寅）諭：據良卿奏審辦安化縣奸民朱維上等倡立邪教、妖言惑眾、分別定擬一摺，已交三法司覈擬速奏矣。（高宗八一四、八）

（乾隆三四、六、戊辰）諭軍機大臣等：據喀寧阿奏，浪穹縣知縣歐陽照查獲武生丁元甲傳貼紅紙符詞一摺，所辦甚好，已於摺內批示矣。丁元甲將誕妄符詞鈔寫傳貼，而所藏應刼經內語句，尤屬不經，於光天化日之中，敢以此等狂悖之詞，收藏鈔錄，不法已極。現據該犯所供之郭炘及張泥匠，係鄧川、賓川二處居住，可見此等邪詞傳播非止一地。其輾轉鈔給之處，自有蹤線可尋，必當徹底根查，究出首先造作之人，按律處治，以彰國憲。著喀寧阿即速將案內人犯逐一提齊，悉心推勘，務得實情。（高宗八三七、五）

（乾隆三四、八、壬申）又諭曰：喀寧阿奏審擬丁元甲傳貼符詞並搜獲應刼經一案，已交三法司覈擬速奏矣。據稱，經內有南京應天府張汝應鈔寫散給之語。江寧府在前明時稱為應天，恐匪犯等傳布悖妄經詞，或假托舊日名稱，以掩飾現在傳鈔之跡，或果係舊時編造，至今尚有存留，均未可定。著傳諭高晉留心密行查察，如果訪有蹤跡，一面辦理，一面奏聞。至所據符詞，有湖廣荊州府咸寧縣董姓字樣，現據湖廣總督覆稱，上年湖南巡撫方世儁奏，拏獲謠詞案犯李彩玉一名，稱係荊州府江陵縣童姓。童董字音相仿，是否即係造作首犯，業經飛飭查訪等語。湖廣督撫准滇撫咨文後，曾否追出符字來歷，著傳諭吳達善即行切實查明，繕摺覆奏。（高宗八四一、一一）

（嘉慶一二、六、壬午）又諭：昨據勒保奏，長壽縣魏家壩地方，有匪徒黃和尚等，糾約多人，倡立糍粑會名目，惑眾騙錢，大肆焚掠，沿途分股裹脅，已有二三百人，不法已極。正在降旨辦理間，本日據勒保奏，該匪等糾聚多人，在石炭寨坡下屯紮，經該縣率領練壯，會同守備黃化治，帶兵親往查拏，當時殺斃魏思愨等二十餘名。又分投捕獲黃和尚、但玉相等男婦大小一百六十八名口，尚有餘匪數十名，由涪州境內竄逸。復經該州營捕獲三十餘名，其餘零星散匪不及十分之一，現飭地方文武認真搜捕淨盡等語。該匪等糾眾立會，藉端斂錢，雖訊非蓄意謀逆，而因挾寨民首告之嫌，輒乘機焚掠勾結，甚至抗禦官兵，實已罪無可赦。該省文武能即時殲擒殆盡，辦理實屬妥速。（仁宗一八一、二〇）

第四節　武裝起義鬥爭

一、順治四年山西鄉寧楊春暢起義

(順治四、六、乙酉) 山西巡撫申朝紀奏報，鄉寧縣民楊春暢左道聚衆，據寨倡亂，平陽營副將范承宗等剿平之。(世祖三二、二〇)

二、順治五年直隸農民起義

(順治五、一、丁丑) 命梅勒章京羅璧往勦霸州一路土寇。(世祖三六、九)

三、康熙四年廣東蜑民起義

(康熙四、四、丙子) 廣東總督盧崇峻疏報：香山縣知縣姚啓聖招撫蜑寇黃起德等共四千餘人，下部察敘。(聖祖一五、六)

(康熙四、八、丁卯) 平南王尚可喜疏報：蜑逆夥黨，竄據東涌海島。遊擊佟養譪等調兵奮剿，生擒賊魁譚琳高，殺賊一百五十三人，招撫男婦八十五名口。又疏報：蜑戶黃明初等駕船聯黨，在馬流門一帶接濟蜑逆粮米，遣拖沙喇哈番舒雲護等領兵搜剿，擒斬賊黨四百三十餘名。俱下所司。(聖祖一六、一一)

四、康熙三七年湖南茶陵黃明、陳丹書、吳旦先起義

(康熙三七、八、辛未) 湖廣總督李輝祖疏報：湖南界連黔粵，苗猺雜處。本年七月十五日，賊首黃明，率黨吳旦先等百餘人，突至靖州城外，執旗放鎗，暗傷把總李成功等。靖五協副將楊雄追擊，賊衆旋潰。又湖南茶陵州與酃縣萬陽山連界，本年七月二十四日，有萬陽山賊首陳丹書，率衆擁入州城，署州事永州府同知史在鑛等被傷刦印。得旨：賊徒倡亂，傷官刦印，該管文武各官，著嚴加察議具奏。并敕湖廣、貴州、廣西等三省督撫提鎮，速行剿滅，務浮根株，毋致滋蔓。仍嚴束弁兵，不得借端擾害良民。(聖祖一八九、二〇)

(康熙三七、九、乙未) 湖廣總督李輝祖疏報：茶陵州叛賊陳丹書等，於本年八月初六日，被官兵擊敗，逃奔安仁縣，至衡州府城外，放火攻門，

被衡州協官兵追殺至常寧縣城，擒獲賊首陳丹書等。下部知之。（聖祖一九〇、五）

（康熙三八、閏七、癸丑）刑部等衙門會議：户部郎中剛五達等，審擬湖廣茶陵州叛賊黃明、陳丹書、吳旦先等一案。查黃明係叛逆吳三桂下僞將軍，康熙十九年，大兵取柳州時，遁入苗峒。後經查拏，苗子韋朝相假獻首級，黃明因潛住產峒多年。於康熙三十七年七月間，糾結陳丹書、吳旦先等，侵擾湖廣茶陵州，攻圍衡州府，俱被官兵殺敗。黃明、陳丹書、吳旦先等一百三十四名，先後拏獲，俱應照律，不分首從，擬斬立決。原任茶陵州知州趙國瑄，因私派激變，應照律擬斬監候。失察總督李輝祖，應降三級調用。巡撫楊鳳起，已經別案革職，無庸議。得旨：黃明、陳丹書、吳旦先等三十八名，俱著即處斬。華虞臣等九十六名，從寬免死，照例減等，發與黑龍江新滿洲披甲之人爲奴，趙國瑄私派激變之處，著行文湖廣總督郭琇查明再議。李輝祖等處分尚輕，著一併再議具奏。（聖祖一九四、一三）

（康熙三八、一〇、辛卯）大學士等，以湖廣總督郭琇遵旨查明私派激變知州趙國瑄等事入奏。上曰：郭琇止將趙國瑄等事查出，並未敘及往審之剛五達等公與不公之處，著移文郭琇，將剛五達等所審公與不公，及伊等途中曾否亂行，令其一并查明具奏。（聖祖一九五、二〇）

五、康熙五六年河南蘭陽李雪臣密謀起事

（康熙五六、一一、己未）河南巡撫張聖佐疏報：蘭陽縣奸民李雪臣子李興邦，在生員李山義家，以白蓮教爲名，聚徒惑衆，今已拏獲。得旨：交審事刑部尚書張廷樞等嚴審定擬具奏。（聖祖二七五、三）

（康熙五七、四、戊戌）刑部等衙門議覆：刑部尚書張廷樞等，察審河南蘭陽縣白蓮教賊首李雪臣等聚衆謀爲不軌一案，除李雪臣已經蘭陽縣拏獲杖斃外，爲首之袁進即朱復業，應照謀反律凌遲處死。郭英撫袁進爲子，應照謀反之祖父律，擬斬立決。爲從之李興邦等二十二人，俱照謀反律擬斬立決。孫丙等十四人俱擬斬監候。洪知所等俱發三姓等處給披甲人爲奴。其各處白蓮等邪教之人，行令地方官嚴查治罪。從之。（聖祖二七八、二八）

六、康熙六〇年臺灣朱一貴起義

（康熙六〇、六、癸巳）福建浙江總督覺羅滿保等摺奏：五月初六日，臺灣奸民朱一貴等聚衆倡亂，總兵官歐陽凱率兵往捕，爲賊殺害。地方有司官俱奔赴澎湖，惟淡水營守備陳策，率領兵民，堅守淡水營地方，以待救

援。臣聞報，即自福州前赴廈門，辦理軍務。提督施臣驥，前赴澎湖，臣隨令南澳總兵官藍廷珍、參將林政等，率領官兵赴澎，聽候提臣調遣。下部知之。(聖祖二九三、一)

（**康熙六〇、六、癸巳**）上發硃筆諭旨，命兵部發往福建，交總督滿保傳諭臺灣百姓。諭曰：據督臣滿保等所奏，并伊等進摺家人所言，臺灣百姓，似有變動。又奏稱滿保於五月初十日，領兵起程等語。朕思爾等俱係內地之民，非同賊寇，或爲饑寒所迫，或因不肖官員刻剝，遂致一二匪類倡誘衆人，殺害官兵，情知罪不能免，乃妄行强抗，其實與衆何涉。今若遽行征勦，朕心大有不忍，故諭總督滿保，令其暫停進兵。爾等若即就撫，自原諒爾等之罪，儻執迷不悟，則遣大兵圍勦，俱成灰燼矣。臺灣只一海島，四面貨物，俱不能到，本地所產，不敷所用，祇賴閩省錢糧養贍耳。前海賊占據六十餘年，猶且勦服，不遺餘孽，今匪類數人，亦何能爲耶？諭旨到時，即將困迫情由訴明，改惡歸正，仍皆朕之赤子。朕知此事，非爾等本願，必有不得已苦情。意謂與其坐以待斃，不如苟且偸生，因而肆行擄掠，原其致此之罪，俱在不肖官員。爾等俱係朕歷年豢養良民，朕不忍勦除，故暫停進兵。若總督、提督、總兵官統領大兵前往圍勦，爾等安能支持？此旨一到，諒必就撫，毋得執迷不悟，妄自取死。特諭。(聖祖二九三、二)

（**康熙六〇、七、甲寅**）福建水師提督施世驃疏言：臺灣所屬南北兩路地方，距府治遙遠。臣抵臺灣之後，隨調參將林政等帶兵進征南路，遊擊林秀等帶兵進征北路，再遣遊擊朱文等直趨北路諸羅山後，追捕賊黨。今據林政等報，南路賊衆，與臺灣耕種粵民搆難，於六月十九日在漫漫莊地方，被粵民殺敗。迨官軍繼至，乘勢追捕，賊目鄭廷瑞等，已被千總阮欽、把總李興盛等擒殺，餘夥盡皆逃散。據林秀等報，北路賊衆，於六月二十八日在大穆降地方，被官兵截殺，死傷甚多，餘衆悉降。報聞。(聖祖二九三、二一)

（**康熙六〇、七、甲寅**）諭兵部：臺灣賊首朱一貴等，俱已擒獲。著行文該督，將朱一貴等押解來京，審明之後，正法示衆。(聖祖二九三、二一)

（**康熙六〇、八、庚辰**）福建浙江總督覺羅滿保疏言：臣查臺灣起釁情由，本年三月內，因賊首朱一貴在鳳山縣地方結黨聚衆，知府王珍遣人往捕，混將旁人株連需索，朱一貴等乘機於四月十九日豎旗倡亂。遊擊周應龍帶領營兵及土番赴勦，土番殺無辜數人，焚毀道旁廬舍，賊遂逼脅莊民隨從拒敵。至二十七日，周應龍敗回，賊陷臺灣府治。朱一貴等蓄謀爲惡，知府王珍匿情不報，縱役生事，遊擊周應龍縱番妄殺，又戰敗逃回，罪俱重大。台廈道梁文煊、同知王禮事前通同隱匿，臨時一無備禦，退回澎湖，罪均難道。臺灣縣知縣吳觀域、諸羅縣知縣朱夔、水師遊擊張彥賢等，俱請一并發審，分別定擬。得旨：臺灣府文職官員平日並不愛民，但知圖利苛索，及盜賊一發，又首先帶領家口棄城退回澎湖，殊屬可惡。道員以下文職官員，俱著提拏，交總督滿保、提督施世驃會同審明，即發往臺灣正法，并查伊等家產，給賞効力有功之人。所參遊擊張彥賢等，亦俱著解任，交該提督總督，合同審明定擬具奏。(聖祖二九四、三)

七、乾隆七年臺灣彰化吳永泰等準備起事

(乾隆七、八)[是月，福建巡撫劉於義]又奏：据臺灣道劉良璧報稱，彰化縣有奸徒豎旗一面，上寫順天二字，又寫十一人姓名；内七人，訊係良民，諭令各回安業。隨經拏獲為首之吳永泰、林察兒二名，並匪犯莊烈等二十二名。查臺地五方雜處，遊手無賴之徒，挾嫌圖陷，常有豎旗之事，居民不以為怪；現在地方安堵如故等語。臣已檄飭該道府，將現獲各犯，細訊究擬，其未獲各犯，設法查拏。得旨：知道了。雖屬常有之事，然不可聽其常有此等事也。(高宗一七三、三七)

(乾隆七、一一)[是月]福建巡撫劉於義奏：臺灣彰化縣突有奸民二十餘人，聚衆豎旗，散劄為匪，誘脅愚民，而劄內又載有功封官字樣，情罪重大，已經先後拏獲，嚴行審辦。得旨：所奏俱悉。此等風气，閩省往往有之，汝等最宜留心，又不可掩飾以圖無事也。(高宗一七九、二八)

八、乾隆七年福建詔安陳作起事

(乾隆七、八、癸丑)閩浙總督那蘇圖、福建巡撫劉於義奏：据詔安營遊擊聞上達稟稱，詔安縣白葉村陳作、溪東村許尾、水湖河村何屘等，謠言惑衆，隨即查拏。据千總林三拏獲何屘，起出籐牌、紅頭布、大刀、牌刀，又獲許尾並同夥，解縣收審。嗣據聞上建報稱，陳作住處，與廣東饒平交界，彼處奸匪四五百人，欲來白葉村會齊，刦取詔安縣城，聚集離城十三里之考湖地方。當即帶兵勦捕，即有紳士耆民，率領各鄉義民千餘人，願隨進勦。及至考湖，賊衆先已驚潰，先後拏獲賊犯，並紅頭布、紅衣褲，連人解縣。林三在峰頭嶺，會擒賊首陳作，並續獲匪夥。又據陳作供出同謀詔安營兵丁關格等，已革糧移縣審辦。現在民情寧謐，安堵如故。得旨：知道了。此案甫經聚衆，旋即擒獲，實汝等調度有方也，已有旨交部議敘矣。諭部

曰：據福建總督那蘇圖、巡撫劉於義摺奏，漳州府詔安縣，有匪類聚衆爲盜，未經舉發，即偵探擒獲，不致漏網等語。匪類聚衆爲盜，大干法紀，那蘇圖、劉於義即時訪聞，按名拏獲，甚屬可嘉。著交部議敘。提督蘇明良、總兵官龍有印，亦著議敘。所有訪察緝捕用力之文武官弁，著該督撫分別具奏，交部議敘。其先期出首及率領義民擒賊之衿士耆民，著該督撫查明，嘉獎賞賚。（高宗一七三、二三）

（**乾隆七、八**）[是月]福建巡撫劉於義奏：詔安縣陳作，聚衆爲匪，經遊擊聞上達、千把總林三等擒獲首犯，並續拏餘匪七十餘人。臣恐此外尚有主持之人，檄泉州府知府王廷諍、署漳州府知府張廷球前往查勘。今據該府等報稱，細查此案起事根由，陳作以本年三、四月間詔安缺雨米貴，即欲借此爲名，招集匪徒，計圖搶奪縣城。後因人心不齊，又兼官兵搜捕甚急，餘黨逃散。其主謀之人，訪係是陳作之兒女親家生員官亦陽代造逆示，希冀煽惑愚民，以爲搶縣之計。現已獲審供認等語。除飭漳、泉二府，究完餘黨，解省鞫擬，現在所調協防兵弁，俱已撤回，百姓樂業。得旨：所奏俱悉。王廷諍人甚去得，漳州宜調彼爲妥。（高宗一七三、三七）

（**乾隆七、八**）[是月]潮州鎮總兵武繩謨奏詔安縣匪犯陳作聚衆不法。臣屬黃岡饒平，界連閩省，當飭將備，帶兵接應，拏獲夥匪九名，解縣審訊，並堵緝餘黨情形。得旨：所奏俱悉。至汝如此策應有方，殊屬可嘉也。（高宗一七三、四四）

九、乾隆八年廣東潮陽李阿科等圖謀起事

（**乾隆八、閏四**）[是月，廣州將軍署兩廣總督策楞]又奏報：廣東潮陽縣貴峙地方奸民李阿科等，聚衆爲匪，現已查拏到案。總在嚴懲首惡之罪，稍寬脅從之條。得旨：好。（高宗一九一、一九）

（**乾隆八、八**）[是月，廣州將軍暫署兩廣總督印務策楞]又奏：審明普寧縣散布飛條、刊刻匪印之首犯李阿科，照謀叛未行律，擬絞立決。其餘同謀糾夥諸人，分別定擬。得旨：覽。（高宗一九九、一六）

一○、乾隆一○年貴州夏長榮等組織起事

（**乾隆一○、五、乙未**）諭軍機大臣等：貴州總督張廣泗等奏報黔省匪類謀爲不軌一案，供出夥黨甚多，四川、雲南二省皆有之。可將張廣泗等奏摺，節錄寄與張允隨、紀山閱看，令其嚴密查拏，毋使匪黨漏網，亦不可拖累無辜，務飭屬員妥速辦理，拏獲何人，即時具奏。（高宗二四一、一○）

（乾隆一〇、六、丙寅）諭軍機大臣等：據四川巡撫紀山奏稱，逆匪夏長榮等衆犯，已經拏獲，解往黔省研審。所有搜出書信四封，賑簿一本，一併咨送黔省查審；其書信另錄進呈等語。朕看逆夥劉金榜私書内，有斯天降之於海，立於朝，掌於國，故油油然與之偕而不自失焉，不可以意取，且在緩圖等語。此數語意甚含蓄，似有所指之人，可寄信與張廣泗，令其將真情審出，具摺奏聞，勿聽其支吾朦混。其他書信中，有應行審訊之處，亦一併確取口供。(高宗二四三、一六)

（乾隆一〇、八）[是月] 貴州總督兼管巡撫事張廣泗奏：逆匪夏如春，供出在川夥犯八十餘名。據川省咨稱，先後緝獲多人，然互相狡賴，多不承認。臣查事關逆案，固不可拖累無辜，亦未便任其漏網，應將該犯等移解來黔，以憑質審。得旨：所見甚是，亦應速結，以快人心而靖惡習。(高宗二四七、二三)

一一、乾隆一三年福建老官齋起事

（乾隆一三、二、壬申）福建陸路提督武進陞奏：據護建寧鎮總兵劉啟宗、建寧府知府徐士俊報稱，正月十五日，塘兵探報，甌寧縣屬豐樂、吉陽、尤墩等里，老官齋會衆，聚集千人竪旗，意欲沿途搶米穀，脅鄉民隨行向府城。即派把總吳雄、卓士起，各帶兵四十名，甌寧縣縣丞等帶民壯四十名往捕。至單嶺頭，遇奸民手執旗號，上書勸富濟貧字樣，當獲六名，續獲二名。把總吳雄被刀傷手腕，現令守備任琦、把總黃大捷帶兵一百名前往接應等情。即差遊擊解遂帶千總朱文顯往探協拏，一面暗選火器兵二百名備用，並飭延平城守副將徐夢熊選撥弁兵查拏防範，隣近營汛密令防堵，俱札咨督臣喀爾吉善。二十一日接督臣札已飭鎮道府查報確實情形，並差署中軍副將傅祿帶兵三百名前往彈壓等語。二十二日復接劉啟宗報稱十五日酉刻單士起率兵對敵三次奸匪傷斃甚多，獲犯一名。……人衆俱打退解散。……又任琦等自單嶺頭入山查看，……山内獲犯三名。……行至西滌又獲匪犯……四名。又據劉啟宗、徐士俊報稱：十七日任琦等於真武嶺等處督塘兵鄉民獲犯十二名。……又至黃泥堆等村獲犯六名。又南窠地方，官兵未到之先，鄉民與奸徒互鬥，打死匪婦五口，傷男匪一名，……獲犯十四名。又兵役獲犯十三名各等情。建甌二縣訊據初次獲犯所供，齋壇四處，會首林普澤、林普文、魏普騰、范普勝、王大倫、黃朝尊等六名，嚴飭搜緝。傅祿所帶兵俱于二十日撤回。奏入。諭軍機大臣等曰：據福建提督武進陞奏報，建寧府甌寧縣各村老官齋會、聚衆竪旗，意欲沿途搶取米穀一事。此案奸徒竟敢竪旗號召，肆橫拒捕，傷及兵役，與尋常搶劫不同，即係謀叛，乃國体所關，豈容稍縱。況閩省民風素稱刁悍，動輒聚衆，地方擒緝彈壓之事，最關緊要。……現在常安一案，事已顯露，易于審理，喀爾吉善可以不必復駐浙省，應令即速回至閩中，會同將軍新柱酌帶兵弁前往該處，將此案各犯逐一嚴拏務獲，無使一名兎脫。此種逆匪既稱聚集千人，即誅戮五六十人亦不爲多。但得實情，即應正法，寧從懲創，以褫奸惡之魄而警愚民之心，斷不可稍存姑息，使藐視國法又生事端。雖現據武進陞奏稱，居民現已安堵，將副將傅祿及兵丁等俱經撤回。但起事之時，武進陞即應帶兵親往，乃僅委員弁擒拏，已不免于輕忽；即現獲監禁之六十餘人，保無劫獄搶犯之事，此等俱未籌及。喀爾吉善回閩時，應一一留心查辦，……將未獲之犯逐名緝拏，已獲之犯逐名嚴究，以彰國憲，以戢刁風。再各處經堂，前因邪教惑衆，曾降旨俱令拆毀。何以建安、甌寧二縣尚有齋壇四處，會首六人？其平時之不實心訪緝查辦可知。著喀爾吉善一併查明參奏。（高宗三〇九、四）

（**乾隆一三、二、壬申**）又諭：據提督武進陞奏報，甌寧縣奸民聚衆傷兵縱火一案。此事武進陞聞報之時，應即帶兵星赴彈壓，乃以虛實難憑，僅委遊擊探聽協拏，未免失于輕視。即現在首惡尚未擒獲，遽將兵弁徹回，甌寧小縣，役少兵單，其已經拏獲多犯，萬一更生事端，劫牢反獄，實於地方大有關係，此等處武進陞亦未慮及。奸匪嘯衆，至於傷及兵民，不法已極，實非尋常聚衆可比。已令喀爾吉善會同新柱前往查辦。其喀爾吉善未到之先，令武進陞以巡邊查汛爲名，帶兵二三百名，親往彈壓，以防意外之虞。俟喀爾吉善到彼之日，再行回署。但不可因徹兵之後，稍露形跡，轉致驚擾，別生事端。（高宗三〇九、七）

（**乾隆一三、二、癸酉**）閩浙總督喀爾吉善奏：老官齋奸民，陸續搜擒首從共一百名。現委道府密訊究出何人爲首倡謀，何人糾約入夥，何處聚謀，散過剳付若干，究明實係正犯，牢固監禁，其未獲要犯，跟究搜捕。此案賊犯既衆，盡於本處收禁，恐有未便，一俟訊實，即行解省，將爲首巨惡，先行正法。奏入。諭軍機大臣等曰：昨据武進陞奏報甌寧老官齋會衆謀爲不軌一案，已有旨傳諭大學士訥親、總督喀爾吉善矣。今喀爾吉善亦經奏到，各犯多已就擒，鄉民現在安帖。……此事係謀逆重情，非比尋常聚匪之案，現喀爾吉善所奏，其辦理之處，尚近於寬。若存此見，不過名爲首惡，正法數人，便可了事。不知光天化日之下，竟敢謀爲不軌，賊衆殃民，似此罪大惡極誅不容緩之犯，豈可稍蓄姑容之心，俾長刁風而藐國法。其現獲多人及將來續獲各犯，斷宜遵朕前旨從嚴辦理。（高宗三〇九、一〇）

（**乾隆一三、二、丁丑**）福建陸路提督武進陞奏：續據劉啓宗報稱，守備任琦等在南窠帶兵進山，於潦村等九村，獲賊三十八名，各有印記包頭布爲號。十五日午後，賊毀邱嶺民房四十餘家，王孫牆民房二十餘家，鄉民殺死賊首二名。又房村街鄉民打死賊首一名。……又接劉啓宗報稱，守備任琦等捕獲官月照等五十六名，俱有包頭號記。内藍綢包頭者係官月照、楊生、林文學、鍾質明四名，並查得藍綢包頭爲賊首，藍布者爲戰賊，綠布者爲新夥。賊首魏現、王大倫、葛竟仔俱被鄉民打死。（高宗三〇九、二〇）

（**乾隆一三、二、甲申**）福州將軍新柱、閩浙總督喀爾吉善奏：老官齋一教，傳自浙江處州府慶元縣姚姓。託言其遠祖普善，初世姓羅，二世姓殷，三世姓姚，現爲天上彌勒，號爲無極聖祖。凡入會男婦，俱以普字爲法派命名。入會喫齋之人，鄉里皆稱爲老官，各處皆有聚會齋堂。閩省建、甌二縣初止遺立村會首陳光耀即普照齋明堂一處。後周地村立千興齋堂、江華章即普才爲會首。芝田村得遇堂、魏華勝即普騰爲會首。七道橋興發堂黄朝尊爲會首。埠尾村純仁堂王大倫爲會首。各堂入會男婦朔望聚會一次，或數十人、百餘人不等。慶元姚姓後裔姚普益同姚正益，每年來閩一次，各堂入教命名者，每名收香火銀三錢三分。上年冬底，七道橋埠尾村聚衆喫齋，有會衆葛竟仔係順昌縣馮應漢匪案内現緝之犯，同伊妻舅魏現與黄朝尊最密，又與王大倫並七道橋會内朱錦標之妻、女巫嚴氏即老官娘互相結聯。言及：遺立村會首陳光耀等五人上年十一月間因聚會多人搭廠誦經，被縣府訪拏，收禁甌寧縣監，恐開印後審出，各堂獲罪，遂密邀會首，日夜聚謀。女巫嚴氏素能降神，又能舞劍召魔，遂以神道蠱惑愚民，入夥爲匪，偽立元帥、總帥、總兵、副將、遊擊、守備、千總各名目，造劄付兵簿旗幟，搜括舊存鳥槍順刀鋼叉火藥硝磺，製造包頭紬布，各用無極聖祖圖記，人給一塊爲記。正月十二日女巫嚴氏降神，假託神懺，彌勒佛欲入府城，葛竟仔等各以神言煽惑同會，約定十四日齊集各堂，十五日託抬迎菩薩，各持刀槍器械，……入城劫獄，縱陳光耀等出獄。又恐人少預謀沿途迫脅鄉民入夥，不從，即焚舍掠財。……十五日於芝田村祭旗，女巫嚴氏乘轎張蓋，率衆先驅，扛抬神像跳躍而行，扮作迎神。賊衆分起前進。沿途村民，愚怯者給與包頭布，令其随行。不從者，焚掠。……賊經高窟、瓊溪、張墩、後山、朱藍、塔下坪、房村、牆峽口、邱嶺九村，共燒百九十餘家。……經兵壯往捕，賊衆不能前至郡城，當晚奔散。……此當日奸民肆逆、官兵撲捕之情形也。現在追捕夥黨，分別辦理。得旨：另有旨諭。（高宗三〇九、三八）

（**乾隆一三、三、乙酉**）諭軍機大臣等：據喀爾吉善等奏，建安、甌寧二縣奸民謀逆根由。……至稱老官賊邪教起於浙江，其蠱惑鄉愚以潛謀不軌已非一日，及至流傳閩省，齋壇數處，豈無形跡可稽，何以聽其奸謀聚衆至於如此。從前辦理邪教，屢次嚴諭查拏；今待其竊發不可掩蓋始行辦理，其平日之因循縱忽可知。且群醜倡逆之始，即謀縱火劫獄，今拏獲二百數十人，現在監禁，若餘黨不能净盡，焉保其不復滋事。據奏浙省姚普益等三人既經拏獲，則閩浙鈎連之處正可徹底嚴究；凡各壇會首及糾夥受札拒捕焚劫之犯俱應明正典刑，斷不可使一人漏網。其喫齋男婦並未豫謀者，准其首明，予以自新，固應如此辦理。但地方官尚應不時查察，其有暫時悔過不久復蹈前轍者，應即行懲治，不可使之蔓延。可傳諭喀爾吉善等，令其實力緝拏，嚴行究訊，毋得稍有寬縱。仍不時留心督率屬員查察，俾惡黨盡殄不致復萌，庶足以安良善而靖海疆。(高宗三一〇、一)

(乾隆一三、三) [是月] 閩浙總督喀爾吉善奏覆：奸民滋事，罪大惡極，兩旬內獲犯三百餘名，打死、自縊、自溺九名，現已解省四十餘名，擬分六等辦理。一、造謀爲逆之首惡，照大逆凌遲。一、助謀爲縱，糾夥招兵，散劄受職，焚劫傷兵，助銀竪旗，與大逆緣坐親屬，照謀叛已行立斬。一、並未謀逆，但以邪教誘惑愚民，絞候。一、喫齋有包頭，未受劄，被脅同行，與謀叛緣坐親屬，充發烏喇。一、知情不首，聞拏自首，并首出要犯者，分別流徙。一、僅止喫齋，並未同行，及不知謀逆情由，代爲寄信者，枷責。至喫齋而實未知情，概緩查拏。現解省審訊，要犯甚衆，若解往本地明正典刑，水陸路雜，慮有疏虞，可否就省正法，傳首建寧梟示，報聞。(高宗三一一、三二)

(乾隆一三、四、壬戌) 又諭：據大學士公訥親奏稱，福建老官齋賊衆起事信息，先因布客路遇賊衆搶劫，至府稟報，知府尚不肯信，經布客出具如虛願甘治罪認狀，方同護鎮會商，派撥弁兵，前往搜捕。而該護鎮等所報，則以先據塘兵探知賊情，未免係地方官掩飾之處。已將所聞札致該督，令其查察辦理等語。今覽喀爾吉善所奏之摺，但云塘兵布客之風聞，未將勒出甘狀之處敘明。地方有此等事件，必待稟報而後聞知，其平時之疎縱廢弛，已不堪問。及至布客奔訴之時，尚不聽信，必責令出結，始肯會商，是其視地方事務全不爲意。看此情形，明係不能覺察於前，又復掩飾於後。可傳諭喀爾吉善，令其將從前稟報時實在情節，查明奏聞。(高宗三一二、一二)

(乾隆一三、四、壬戌) 又諭：據喀爾吉善奏稱，甌、建二縣老官齋奸民聚衆謀逆一案，已經陸續擒捕審結。乃又有匪犯謝隆、梁元法等，僞造總督委牌，雕刻假印，陰謀煽惑，希圖復熾。觀此，則奸徒之固結，憝不畏死，實乃德不能感，威不能制，何閩省人心風俗，敗壞一至於此。可傳諭喀爾吉善，此案務須嚴行訪緝，竭力擒捕，痛絕根株，以絕後患。不但首惡不可漏網，但奸匪餘孽，有一二人存留，即如遺蝗螟種，深爲地方之害。(高宗三一二、一三)

（乾隆一三、六、丁巳）閩浙總督喀爾吉善奏准大學士訥親剿開老官齋一案，聞該地方官先因布客遇賊奪布，逃至府署稟報，知府不信，布客出具如虛甘罪認狀，方會同護鎮搜捕。臣查當日布客稟報，知府徐士俊以爲平常搶奪之案，令開被搶地名、失去布匹，以憑緝拏，並未訊及奸徒謀爲不軌情形，亦未勒令出具認狀。嗣塘兵赴護鎮劉啓宗衙門稟知，劉啓宗即親赴知府衙門密商，徐士俊猶狐疑未定。劉啓宗即派兵往禦，徐士俊亦委員帶領民壯同往。情形實是如此。報聞。(高宗三一六、四)

（乾隆一三、六）[是月] 閩浙總督喀爾吉善、福建巡撫潘思榘奏：籌辦邪教善後事宜。……一、閩省州縣，多崇山疊嶂，其中棚民雜處，易藏奸匪。本年匪案要犯，多竄山場寮廠。而首逆魏現，更潛伏空寮。現將接引知情之犯治罪，已飭司道各官，將境內山場清查，并議責成連坐之法。俟秋成後，委妥員切實查点棚民保甲，再嚴定章程。一、建、甌二縣，所轄之遺立、芝田、周地、七道橋、埂尾等村，悉邪匪聚所。而南窠嶺等處，爲出没要隘，路徑紆險，既無文員彈壓，亦無營汛防守，已飭文武親加察勘。其如何扼要控制巡防，俟酌定題咨辦理。得旨：雖如此定議，而行之則在汝等實力稽察，因時酌宜耳。(高宗三一七、二九)

一二、乾隆一三年廣東海陽李阿保等準備起事

（乾隆一三、六、癸酉）諭軍機大臣等：據福州將軍新柱奏稱，廣東潮州府海陽縣菴埠地方，五月初二日定更時分，有賊夥李阿保、謝阿定身帶兇器，在水吼橋門外，被縣丞差役盤獲。供係欲謀劫菴埠寨，尚有同夥周阿孝一名，當即差拏，於其家搜出火藥、棉甲、棉緊身、鎗、刀、火鞭、令旗並大旗五面，發縣追究夥黨，又供出夥匪三十餘名。內陳阿芳一犯，父子三人，不服拘拏，殺傷縣役，菴埠居民，驚惶搬避，經潮州府出示安撫，根拏首從等語。……策楞現請陛見，接到此旨時，應自行酌量，若須留粵經理，俟此案查辦竣後，再行來京，若已行至中途，即知會巡撫岳濬，令其認真嚴究，務期匪黨盡獲，以靖海疆。(高宗三一七、八)

（乾隆一三、九、壬子）又諭：據胡貴陳奏營伍地方一摺，內稱海陽縣菴埠匪徒一案，先經拏獲李阿保、謝阿定二名，又拏獲周阿孝一名，隨於該

犯家中起出布滾身一件，棉衲帽一頂；并水吼橋有五六人，聞拏赴水逃走，遺下火把油捻，五色布大旗五面，混寫李天真大國字樣，又五色布小旗六枝。隨拏獲要犯李阿萬，并羽黨林阿賽等二十餘名。此係不軌之徒，屢經督撫二臣嚴檄拏獲，解省究審。尚有拒捕之匪犯陳班峰一名，又伊子二人，及餘犯張阿瑞、周阿朝未獲，現在嚴飭各營密布上緊查拏，務盡根株等語。此等聚衆犯法之案，情罪可惡，必須嚴拏究擬，盡法虛治，方能使刁惡之徒，知所儆懼。……尋奏：潮州奄埠匪徒一案，經臣審得實情，照例定擬，將李阿萬等即行正法，餘犯分別遣發杖徒，業于七月底具奏。其陳班峰父子，亦於八月中拏獲，飭司嚴究上緊完結。得旨：知道了。（高宗三二四、三）

一三、乾隆一七年湖北、安徽馬朝柱等圖謀起事

（乾隆一七、四、己酉）兩江總督尹繼善奏：准湖廣督臣永常咨開，據蘄州知州李秘稟稱，訪得江南之英山、霍山與湖廣羅田連界之深山內有奸匪馬朝柱等，借開山燒炭爲由，立名天堂寨，聚衆糾夥，謀爲不法，除行總統武漢黃德道、黃州協查捕，密咨江省協捕，嗣又准永常咨稱拏獲要犯，供出匪黨散布英山之石頭嘴、大凹溝、五顯廟及桐城、太湖等處。又馬朝柱等緣楚省搜拏，潛匿英山天馬寨等因。隨飛飭安徽道王勅及安慶營副將馬乾宜調六安一帶兵丁，協力搜捕。并令各委員拏獲要犯，即行嚴訊，務究根株。旋據壽春鎮總兵改光宗呈報，亦領將弁赴英山勦捕，如果有負固抗拒等情，臣即親往調度，不使要犯一名漏網。得旨：是。看來起於楚省而歸結於江南，正宜卿勉力辦理，以靖地方者也。（高宗四一三、五）

（乾隆一七、四、庚戌）諭軍機大臣等：羅田縣奸匪馬朝柱勾衆爲匪一案，昨據尹繼善奏到，隨已傳諭永常。今批覽永常四月初三、初八兩次奏摺，備悉情形，且經親赴羅田督辦，甚合機宜。深屬可嘉，想已應時搜捕，不致遠颺滋蔓。其最先訪聞之知州李秘昨已令該督傳旨嘉獎。典史沈學周拏獲馬朝柱母妻子姪，亦屬急公。……此等奸匪，雖無足論，然星星之火，可以燎原，正當竭力查辦；其知縣馮孫龍希圖粉飾了事，此正貽害地方，賊良民之甚者，俟此案辦理完結，必當置之重辟，以申國法。俟案犯獲齊，即降諭旨，此時令永常密之，不可洩露。（高宗四一三、九）

（乾隆一七、四、庚戌）湖廣總督永常奏：羅田縣奸民馬朝柱等勾衆爲匪，經臣撥兵搜緝，匪黨即潛居江省英山縣之天馬寨。當即兼程親赴交界，恐各居民不免驚擾。因揭示徧發羅田、蘄州、廣濟、黃梅等州縣，並諭被誘入夥者，許首出自新，能擒首從要犯，從重獎賞。嗣據蘄、廣、羅、英各處

稟報，獲犯已一百餘名，單提要犯與馬朝柱之母妻子姪研訊，據供：尚有頭目張錫玉、朱元成、吳承雲、李永爵即李開化等，在四川峨嵋山西洋寨，餘黨散布江南桐城、太湖亳州、河南汴梁等處。查馬朝柱假捏神符，勾結匪黨，散劄招軍，積糧製械，種種悖逆，罪不容誅。幸及早敗露，現已多半就獲。臣嚴飭所屬分路窮搜，務期速竣。並咨四川、江南、河南各督撫，嚴密訪拏，無使滋蔓。即日前赴天堂、天馬二寨，相度善後之計。得旨：覽奏甚屬可嘉。但正犯尚未就擒，卿宜盡心搜捕。尹繼善亦奏稱前往。汝二人若得會面，將兩省交界藏奸之處，悉心詳議，以杜後患，更爲周備也。又諭曰：永常奏到，羅田縣奸匪馬朝柱勾衆爲逆一案，已將該犯家口拏獲，且經親赴羅田縣督辦等語。江南搜山兵役曾否捕獲匪黨，並所稱山寨情狀若何？改光宗親至其地必有確見。此案發覺由蘄州知州李珌，已傳旨嘉獎。其羅田縣知縣馮孫龍乃謂：馬朝柱等開荒燒炭，獲利近居，好事之徒，揑稱伊等聚衆，垂涎爭占，冀以此消弭重案，免地方失察之咎。此等奸匪，雖不足道，而星星之火，可以燎原，若不於未發之先，急爲查辦，迨其後有所舉動，則貽害地方，良民之受荼毒者必多矣。州縣中於所屬地方稽查奸宄，發於未行，保境安良，即當加恩顯擢。其畏葸避事，粉飾養奸，實足貽害地方，必當置之重典，不可姑容。爲上司者樂聞恬熙無事之言，未有不爲所愚惑者。將此傳諭尹繼善，令其督率該地方官竭力速行辦理，但此時尚宜密之，不可洩漏。（高宗四一三、一〇）

（**乾隆一七、四、甲寅**）諭軍機大臣等：據永常所奏搜獲羅田縣逆匪情形一摺。此等匪徒，賦性頑逆，原非人類所宜有，方今海隅嚮化，諒亦不致被其煽惑，但不及早擒獲，將來妄行劫掠，附近良民，必多受其擾害。永常此番辦理，甚屬妥協可嘉；但馬朝柱一犯，乃此案渠魁，尚未就獲，終恐滋事。查胡南山供詞，內有約往貴州逃生之語，而今日尹繼善所奏，又稱逃往川省。總之伊等同屬逆黨，形跡詭秘，是否實供，殊不可信，尤應確加研究，務得實在下落，一面星飛追捕，一面奏聞，不可令其兔脫。再永常奏稱，移咨江省，將現獲各犯解楚審結等語。尹繼善已於四月十八日前往英山，著傳諭永常，伊二人可即就近會同勘問，不必輾轉提解，以致疎虞。其逆書內所稱張錫玉、方珍等犯，亦即遂一追究，務得其人，毋使漏網。又僞稿一事，雖與此案無涉，但恐即係伊等僞撰，或亦曾經傳鈔，並宜就此推求，或因之得其原委，亦未可定。惟不可草率附會，併案了事耳。至羅田、英山事涉兩省，尹繼善摺內，朕已明切批示，令其和衷商辦矣。永常亦不可稍存此疆彼界之意。所有天堂、天馬等寨，地處險隘，易於藏奸，應作何設

法稽查以杜後患之處,伊二人亦即就便定議具奏。並將此傳諭尹繼善知之。(高宗四一三、一四)

(乾隆一七、四、庚申)諭軍機大臣等:恒文今日奏到天堂寨奸民爲匪一案,謂解楚人犯,不下數百人。現在秋審,重囚叢集,加以叛案監犯,恐人心惶惑,請特降諭旨,除首犯俟審結正法外,其脅從煽惑人衆,先行發落等語。所見甚爲劣弱張皇,已降旨嚴行申飭。著鈔寄尹繼善、永常令其觀看。……連日未得奏報,不知辦理若何,兩督曾否面會,或尚有不可即各回省者,著即據實具奏,並將前後所奉諭旨及查辦情形即速詳悉奏聞。尋尹繼善奏:臣於四月十九日起程,赴英、霍一帶,督率嚴拏,嗣據各員禀報,雖獲多人,而首犯未獲,且即所獲之犯,因各員四出搜查,有未及訊者,有既訊而所供未晰者,抵霍後正在嚴訊,並懸賞偵緝。奉諭令臣就近會同湖督審勘,不必輾轉移解。查江楚獲犯不下數百,英山難容羈禁。且楚省各犯已解省城,未便轉解英羅交界。而湖督永常於未奉諭旨之先已回武昌,不及面會,隨彼此札商,於適中之黃州府城會審,即日由英山前赴,和衷商辦,將已獲人犯先行定案。至僞稿一案,悉心推求,尚無端緒,報聞。又批:竟無查出者,想與此案無涉。(高宗四一三、一九)

(乾隆一七、四、庚申)又諭曰:恒文所奏天堂寨奸民爲匪一案,恐牽連人衆,監犯叢集,請頒諭旨,分別先行發落等語。恒文所見,殊屬怯懦張皇。……且其造謀起於乾隆十五年,恒文身任巡撫,不能覺察。至永常苊楚后,始行發露,現在勇往辦理,恒文當知惶悚,竭力相助,自贖前咎,黽勉鎮静爲是;乃率意妄奏,甚屬不合,著嚴行申飭。(高宗四一三、二一)

(乾隆一七、五、癸亥)諭:據湖廣總督永常、巡撫恒文摺奏,黃州府屬之羅田縣,與江南英、霍二邑山谷毗連,有奸民馬朝柱等,藉名開山燒炭,住居深嶺,假捏神符,勾連匪黨,製械積糧,陰圖不軌。該督等密飭文武員弁,前往查拏。並咨行江省,於所屬山境,派撥弁兵,協同搜捕。永常、尹繼善俱親往該處,督率辦理,先後拏獲奸匪家屬及羽黨人等,起出軍械硝磺等物。永常勇往辦理,甚合機宜,得封疆大臣之體。尹繼善同心協力,深屬可嘉。方今國家全盛之時,海隅日出,咸樂享昇平,此等匪民,潛謀叛逆,貽禍良善。身任地方之責者,一有所聞,即應迅速查辦,務絕根株,庶不致蔓延滋事。儻有畏難姑息之見,俾得煽誘鄉愚,恣行屯聚,即不難用以兵力,盡舉而殲旃,而閭閻之受其擾累者,已不可言矣。羅田縣知縣馮孫龍,初奉該督撫檄飭查勘,意在粉飾了事,輒以開山獲利,均屬勞苦農民,並無可疑形跡等情,草率禀覆。夫馬朝柱等,自乾隆十五年潛住該境,結黨聚衆，伊既漫無覺察，及上司訪聞檄飭，竟不親身赴寨確查，轉以詭稟掩飾，至已經敗露之際，又不親往搜捕，以致首逆遠颺。縱惡養奸，莫此爲甚。朝廷賞罰，必在嚴明，此等劣員，若不立置重辟，將來守土之吏，亦何以責其捍災禦患而爲百姓除害乎？且設使更有大於此案者，其貽禍尚可問乎？馮孫龍著拏交該處，即行正法。……馬朝柱等，著各該地方嚴緝務獲。已獲逆黨人犯，除應俟逆首質訊定擬者，仍牢固監禁外，餘即研確實，分別情罪重輕，按例定擬。應正法者，即行正法，應發落者，即予發落完结。（高宗四一四、四）

（乾隆一七、五、己巳） 諭軍機大臣等：永常奏到拏獲逆犯王朝瑞，供出僞詔僞檄及逆首馬朝柱序表各逆詞，狂悖惡逆，得罪祖宗。我大清百餘年，深仁厚澤，不意尚有此等覆載不容之梟獍虺蝮，懷酖潛毒，一至於此。審鞫之時，當令備極嚴刑，存其命取供足矣。若不過照例夾訊，不足盡之，即寸磔亦未蔽其辜也。首惡之馬朝柱，必當嚴緝，早令弋獲，寘之極典，以伸國法。供內馬朝柱，薙去鬚髮，勢面毀齒一節，殊不足信。馬朝柱聞拏，即已遠颺，該犯何由聽聞此信？當由本相易於蹤跡，故謬其詞以惑亂查拏者之觀聽，不可據以爲實。所稱西洋，當即前供四川峨嵋山之西洋寨，而非海外國土，已傳諭策楞，令其迅速查拏矣。再細閱逆詞，其文氣心思，頗與偽稿文法相類。雲南發覺，即謂從漢口傳鈔，地亦相近，或即群逆所爲，竟未可定，宜加意嚴訊。此等匪逆，別具肺腸，總非常情所能料及。將此諭永常知之。（高宗四一四、一四）

（乾隆一七、六、甲辰） 湖廣總督永常會同兩江總督尹繼善奏：訊明羅田縣逆案，首逆馬朝柱即馬太朝，籍隸蘄州，移居江南霍山，與白雲庵奸僧正修往來。朝柱以貧難度日，設法騙銀。乾隆十二年四月內，商諸正修，遂造言朝柱十六歲時，夢神告知伊師在護國寺，醒後尋至霍山縣火星堂，見廟內像與夢中所見無異，詢之廟僧，知此廟原名護國寺。廟僧以朝柱非凡，指赴金山，見楊五和尚肉身，又與夢中所見無異。年二十，復夢神告知桐城萬山九龍洞，有兵書寶劍。往取，得之。又言朝柱於乾隆十二十三等年，在霍山鐵鑪地方，得法劍一，鎭天、先兆、喜兆、恩兆、發令、展魂旗六。並謂西洋出有幼主，名朱洪錦，係明后裔。有大學士張錫玉，大將吳乘雲，係吳三桂子孫，李榮爵即李開化等，統兵三萬七千爲輔，朝柱改名太朝，係其軍師。正修復以詭言彙成一書，串通張朝選、宋魁元等傳播，即有李懷仁、李太凡等，各出銀二三兩不等，上名入夥。正修又代編逆示。朝柱於十四年二月內移居英山之大坳溝，復商同正修，製銅劍一，鑴太朝軍令四字，欲圖占曾通姦李文先妻吳氏，並謀娶張上元未婚妻夏氏，令正修於劍上鐫前世吳氏，今世夏氏，並鐫張氏、孫氏、韓氏展魄魂靈字樣，買包頭一幅，並劍藏於樓子石山洞內，詭言約期往取。隨集楊秉成、夏恒三並該犯之兄朝仕，弟朝貴、朝群等，於十四年十月十五日夜，赴山取出，謬稱金劍羅帕，衆信之，各出銀上名。遂指劍上所刻，將吳氏、夏氏爲己妻。旋朝柱移居羅田縣天堂寨，開山燒炭，誘人入夥。製銅鎗一，銅笏一，鎗上仍鐫太朝軍令，並金鎗等字，笏上鐫紅羅記三字，背鐫丹鳳朝陽。又旗二，銅鏡一，先藏於鐵櫃溝山洞，於乾隆十五年十一月二十六日夜，約衆游觀。朝柱入洞取之。宣言金鏡旗笏，乃戰具，鏡能照耀天下，見人三世。復有遮天繖，撐天扇，能行雲霧中，三時可抵西洋。並稱西洋不日起事，興復明朝，索衆出銀入夥，各歃血吞符，結盟上名。收甯以能爲心腹，一時被誘上名者遂衆。乾隆十六年五月內，朝柱兄朝佐，又引行醫之胡濟修入夥，倚爲謀士，一切僞捏情事悉主之，作敬神囤糧等文。又爲朝柱稱揚作讚，作檄文一篇，捏稱西洋大都督吳乘雲所頒。是年秋冬間，令劉廷佐等在羅田之僧塔寺、英山之大坳溝、茅草畈、石頭過路灘、五顯廟等處，開店招人，以髮辮外圈蓄髮爲記。有道士王朝瑞入夥，濟修即將所作僞檄僞令讚表等文，令其鈔錄傳揚。朝柱族弟馬邦念之妹，實高景從未婚妻，朝柱誘騙上山，僞爲西洋朱洪錦聘妻，呼娘娘，令人叩頭。旋暗製蟒袍、補褂、頂帽，託言西洋頒賜。衆見蟒袍係戲班行頭，補褂、頂帽是本朝服色，疑之。因與濟修密商，乃作僞詔一道，交孫林萬私刊，宣言西洋從雲霧中頒詔來楚，應到黃鶴樓迎接。十一月二十五日，令濟修赴黃鶴樓見林萬，將僞詔百張取回，對衆開讀，衆果不疑。乾隆十七年正月內，朝柱將僞詔作劄，先后散給胡南山、王朝瑞、吳方美、吳方曙、熊得勝等，每張索銀一二十兩至百二十兩不等。濟修又撰擬印文，描寫統掌山河、普安社稷、既受天命、福祿永昌十六字。鐵匠王廷賜、徐文略，爲造兵器，孫繼舜購買硝磺，以致流言四起。參革正法之羅田縣知縣馮孫龍，風聞差查，乃僅以挖山燒炭，勤苦農民稟報。臣永常暨撫臣恒文，據稟嚴查，經蘄州知州李珌訪悉前情，於三月二十四日，親赴王廷賜家，起獲刀片白布。復據州民吳兆丹首告，吳梁氏等被誘上名，訊明差拏。詎吳方遠、李仁宗情急拒捕，當將李仁宗拏獲。南山知事發，欲將朝柱拏首，濟修詭言無妨，已令朱連芳前往湖南景陵縣請兵，於四月十六日午時準抵武昌，令南山親往接應。朝柱又令許萬兒刻太朝軍令四字印旗傳人，並寫傳單多張，分路糾合。嗣經蘄州、英山等州縣會關查拏，朝柱情急，於四月初三日同馬朝仕、馬朝貴，攜馬氏、夏氏，偪脅附近居民男女共一百餘人，齊登天馬寨山，令黃國臣執旗糾黨，意在抗拒。四月初五、初六等日，被脅上山者漸散，朝柱窮促，即棄馬氏、夏氏，並背劍之皮文遠等逃遁。江楚兩省文武各官，先後拏獲馬氏、夏氏、胡濟修、僧正修、從逆黨羽及被脅各犯，共二百餘名口，搜獲逆書僞詔。至詰其西洋究係何地，朱洪錦、張錫玉等果否在彼屯軍，湖南景陵縣確在何處，並有無軍馬在彼，據供均係捏造。查首犯馬朝柱，逆蹟顯著，將來緝獲，法應寸磔。其已獲之妻子，發功臣家爲奴。其餘各犯，現已分別凌遲處斬，即行正法。應枷責者，發落完結，應發遣者，俟部覆到日辦理。奏入，報聞。(高宗四一六、二五)

(乾隆一八、二、壬辰) 又諭：永常等具奏覆訊粵省所解逆黨吳晟相、楊興樓二犯一摺。據稱該犯等實係苗人，其僧人福慧，俗名羅晟相，於乾隆十四年間披剃。上年七月內，楊興樓往廣西買鹽被拏，實不知有天堂寨情事。詰其在粵何以供認，據供初因疊夾，又被用燒紅鐵鍊，放之地下，使之赤膝，令人扯耳跪於其上，受刑不起，即照詰混供。逐一質訊提到之鄰族人等，咸各極力代辯等語。該二犯經粵省兩次質審，謂其實係逆黨，毫無疑義。今觀永常等所奏，則粵省所辦，全屬子虛。定長前奏稱並未刑求，供吐鑿鑿者，看來不過一任屬員錄供詳報，即據以定案。此等要件，豈可稍涉疑似，且堅執意見，始終迴護耶？著傳諭定長，令其將從前審訊情形，是否並未刑求，抑實有嚴刑取供之處，一一據實覆奏。(高宗四三二、一一)

(乾隆一八、三、戊寅) 又諭：據定長覆奏審訊吳晟相等情形一摺，內稱初次審出該犯自認爲吳方曙，從逆天堂寨，事發逃竄等情，不過扯耳端跪，並未嚴刑。續准楚咨解回復行確訊，據該犯將引進燒炭、逼脅從逆及事發披剃各情，一一供吐，併自繪寨圖，親書口供。亦僅將該犯刑夾一次，並未嚴刑疊夾、使赤膝跪於燒紅鐵鍊之上等語。……今觀該撫所奏審訊情節，未必盡屬刑求，而所委承審此案之平樂府知府顧珊，看來亦非酷刑枉法者。吳方曙一犯，已經永常拏獲，審明正法，該犯在粵就捕，又行自認，則永常前奏未免有迴護之見。著將吳晟相、李興樓二犯，即行解京，交軍機大臣等訊問，並傳諭永常、定長知之。(高宗四三五、一一)

(乾隆一八、八、庚寅) 諭軍機大臣等：莊有恭奏上元縣查獲僧人段中賢、研審勘擬一摺。觀該犯供詞及搜獲木牌木盤字句，悖逆不道，但類瘋人所爲。至羅田首逆遠颺未獲，屢飭各督撫嚴密偵緝，尚無著落。此案雖由蹤跡馬朝柱，經盤詰而得，其是否即係馬朝柱，究未可定。該犯現有嫂姪及該寺僧人等，均可提訊質對，諒亦無從掩飾。該撫應虛衷研究，務得實情，如豫存成見，以爲必係馬朝柱，因而附會鍛鍊，希圖完此大案，則斷不可。若

審明並無黨羽，不過瘋狂之人，即按其情罪，酌量在外完结，亦不必題達也。即傳諭莊有恭知之。（高宗四四四、一七）

（**乾隆**三六、一〇、**庚午**）又諭：各督撫每年有題報並無逆犯馬朝柱一疏，具文相沿，殊非覈實之道。馬朝柱於犯案時，雖倖逃法網，未得明正典刑，但該逆犯罪大惡極，爲覆載所不容，其事又閱二十餘年之久，自已早伏冥誅。且方今法紀肅清，所在督撫訪察奸匪，亦頗爲實力，使逆犯或果匿跡偷生，亦必久經弋獲，斷無尚容其潛竄之理。是各省之所爲躧緝，原亦不過循海捕虛名，而歲煩奏牘，遂成故套，甚無謂也。況愚民無知，每有假逆犯爲名，捏詞誣告，轉自罹法者；而不肖胥役，或借稽察之名，勒索里下，亦所不免。是存此無益空名、轉滋流弊，尤非所以崇簡易務實要也。光天化日之下，魑魅必無從遁形。嗣后各省每歲題奏並無逆犯馬朝柱之例，即著停止。（高宗八九四、三）

一四、乾隆一七年江西上猶何亞四圖謀起事

（**乾隆**一七、一〇、**癸巳**）江西巡撫鄂昌奏：南安府上猶縣石溪隘粟米坑，有匪犯何亞四，謀爲不法。得信即帶兵往拏，當獲匪犯李聖昌一名。訊供尚有李開花、李德先、李萬先、朱红宗帶兵前來，又獲李行萬一名，即李萬先，訊供相同。臣即飛飭文武官弁多帶兵役，凡深山密箐，加意搜緝，勿致脱逃，並親赴查辦。諭軍機大臣等：鄂昌奏到南安府上猶縣匪犯何亞四等謀爲不軌一案，……著傳諭該撫速行實力查拏，無令逃竄。所有拏獲人犯務當親自鞫訊。……又諭：鄂昌摺著抄寄鄂容安，令其速行前往接辦。此等重案非鄂昌所能辦理。鄂容安到日，如首犯尚未就擒，餘黨尚未淨盡，應即親往查辦。現在交辦僞稿一事，應提人犯，自可專差妥員查緝，此案必應親履其地。……看來或係捏造僞稿之人，自知法不容誅，竄伏山林，煽惑嘯聚；或係馬朝柱夥黨別營窟穴；此二案逭誅已久，或天網難逃，由此敗露，得獲渠魁，以正國法，亦未可定。著傳諭鄂容安令其詳悉體察，務得根株，據實具奏。斷不可委之屬員，草率了事也。（高宗四二四、九）

（**乾隆**一七、一〇、**庚子**）又諭：鄂昌奏到，上猶縣匪犯何亞四等謀爲不法一案，初意不過三四奸宄私爲邪説。地方文武，不無因楚省辦理馬朝柱之案，有意張大。今覽奏内報獲匪黨人犯及逆書旗械等物，則逆跡已著，幸而及早發覺，不致貽害地方，該撫正應身往查辦。但首犯並當迅速嚴緝，稍遲則恐其漏網，又爲馬朝柱之續矣。首犯未獲，一切奸匪聞風，往往託名惑衆。如李開花事隔多年，而馬朝柱及此案，俱託其名。此皆因當時未獲明正

典刑故耳。何亞四一犯，必當設法務獲，以伸國法。其附逆夥黨，當如今年辦理馬朝柱之例，審明，即於該處一面題報，一面正法，毋得曲爲開脫，使愚頑知所警惺。看來此案，知縣高顯宗首發奸匪，早破詭謀，尚爲實心辦事之員。著傳旨嘉獎。俟此案完結之日，交部議敘。其現在應行查辦之處，該撫悉心奮勉，嚴密辦理，務令根株淨盡，俾地方永遠寧謐。將此諭鄂昌知之，併諭鄂容安。（高宗四二四、二三）

（乾隆一七、一〇、乙卯）諭軍機大臣等：據尹繼善奏覆上猶縣奸民何亞四邪說惑衆一摺，內稱知縣高顯宗，不早查辦，現令該道嚴查詳揭會參等語。此案前據鄂昌所奏，知縣高顯宗一聞逆信，即親自帶兵擒捕，掃其巢穴，雖首犯未經就獲，看來尚屬勇往辦事之人，是以曾經降旨，諭令嘉獎。今尹繼善又以該縣具禀日期不符，並不及早查辦，飭令查揭會參。但彼時或因何亞四等逆跡未著，未便張大其事，此中情節，尚宜詳悉體察。固不必因有嘉獎之旨，有意開脫，亦不得以地方有事，惟諉之知縣一人，立登白簡以塞責，更不可令善於規避之人，反得濫邀嘉獎。已傳諭鄂容安，令其再行查察，據實奏聞。莊有恭暫署督篆，可一併傳諭知之。至何亞四一犯，年未及壯，非馬朝柱之蒼猾詭秘者可比，若上緊搜捕，斷無不獲之理。尹繼善現在暫令來京，莊有恭接辦此案，務宜作速嚴飭查拏，毋令遷延時日，轉致遠颺，又成羅田話柄也。尋鄂容安奏：上猶縣知縣高顯宗於何亞四等不法一案，初因巡檢張仕具禀，止稱該犯等形迹可疑，隨拘何亞四父叔到案，令其立限送官，未即差拏，其辦理原屬不善。及一聞實在爲匪情跡，即親往追捕，雖未即時擒獲，而最要人犯，先後拏到。核其功過，尚足相抵。報聞。（高宗四二五、一二）

（乾隆一七、一一、辛酉）又諭：據鄂昌奏到，何亞四謀爲不法一案，已於十月二十三日夜間，在曲潭灣深山內，拏獲首犯何亞四，俟親提審訊明確，另行奏報等語。何亞四謀爲不軌，情罪重大，既經拏獲，於審明後，即加之極刑，亦所應得，至其餘從逆之犯，亦不必以爲從及其次爲從，分別末減，著傳諭鄂容安從重辦理，一面奏聞，一面即行正法，使遠近愚民共知儆惕。（高宗四二六、三）

（乾隆一七、一一、辛酉）又諭：江西上猶縣逆犯何亞四謀爲不法一案，據鄂昌奏報，已於十月二十三日夜間，在曲潭灣深山內拏獲等語。同一逆首，馬朝柱情形更爲狡獪。該督撫自應設法上緊查拏，何以至今久未擒獲。恐專向四外尋求，轉迷蹤跡。著傳諭永常，令其仍於近境詳悉嚴拏，務期速獲，毋以久而愈懈。（高宗四二六、四）

（乾隆一七、一一、壬申）署江西巡撫鄂容安奏：訊得匪犯何亞四，住居上猶縣之粟米坑。種地時，刨獲銀三百七十兩。有閩人李德先聞知，起意誆騙。遂託言算命，稱爲大貴人，於風頭插豎紙旗，言若拜得旗開，即是大貴之驗。又令該犯疊桌高坐。李德先連拜三日，端受不跌，該犯益信以爲實。又用錫塊刻山河二字，熨於該犯手上，詭稱天生異相，並自言即李開花，能書符召將。夥犯何文宗等領受僞劄，輾轉糾結多人，於下信地祭旗起事。以上逆情，各供不諱。業將定擬凌遲之何亞四、李德先並擬斬之何文宗等八犯，決不待時。得旨：覽奏俱悉。該部知道。（高宗四二六、二〇）

一五、乾隆一八年廣東莫信豐、王亮臣圖謀起事

（乾隆一八、一、乙丑）兩廣總督阿里袞奏：據廣州協稟報，東莞縣匪人莫信豐等散布僞劄，欲奔增城縣藍汾山内聚衆，旋准撫臣蘇昌札稱該縣居民安分守法，惟近有無賴棍徒用花邊白布寫永保平安四字，中書一周字，給與鄉愚，詐騙銀米，已飭營縣查拏等語。復據增城、博羅一一縣訊報，華峰山及長平地方奸匪，均有東莞人倡率，似與該縣之莫信豐一黨，除飛委將弁分頭堵截，臣仍帶兵親赴增城搜查有無巢穴，務全擒獲。得旨：如所奏，則實有不軌形跡，蘇昌何乃如此欲化有事爲無事耶？既親身前往，一切妥速爲之。（高宗四三〇、一〇）

（乾隆一八、一、丙寅）諭軍機大臣等：據阿里袞奏，廣東之東莞等縣奸民莫信豐等聚衆爲匪一案，已於摺内批示，令其妥速辦理。粵東嶺海交錯，奸匪易於潛蹤。此案逆匪，既有樹旗號召情事，復經搜獲器械，且互相勾結，甚至界連數邑，若不嚴行查拏搜捕，痛斷根株，必大爲良民之害。阿里袞聞信親往，自屬辦理得宜。蘇昌身任巡撫，該省有此等謀爲不軌之事，乃札覆該督，稱係不過無賴棍徒，乘機詐騙鄉愚之伎，看來不免有大事化小小事化無之見，何以綏靖地方？著傳旨詢問阿里袞、蘇昌，此案，究係是何情形，據實速行奏聞。至於阿里袞承辦此事，用法宜嚴，完結宜速，宜照江南英山之例，嚴加處治，庶足安靖海疆，俾愚民知所懲儆，一併傳諭知之。（高宗四三〇、一〇）

（乾隆一八、一、甲申）諭軍機大臣等：據蘇昌奏稱，增城縣匪徒王亮臣等，糾衆結盟，欲圖搶掠村莊。現獲史恒玉、黄見剛、陳亞福、田開裕等一百餘人，並起出白布僞照及刀械旗槍等物。因督臣駐劄距增稍遠，臣隨親帶兵弁抵增，督率搜捕，嚴行究治，不敢稍有寬縱等語。……此案究竟是何情形，其首犯曾否就擒，餘黨曾否就獲，著傳諭阿里袞、蘇昌會同妥辦，據

實奏聞。仍遵前旨,用法宜嚴,完結宜速,庶濱海愚頑,知所儆戒。(高宗四三一、二〇)

(乾隆一八、一)[是月]兩廣總督阿里衮奏:據東莞各屬稟報,拏獲匪犯一百七十餘名,惟王亮臣、湛佐一、梁德、徐嘉俸在逃未獲。臣仍帶領官兵搜查華峰、藍汾等山,尚無屯聚巢穴。現在嚴飭地方,設法堵緝。得旨:覽奏俱悉。未獲要犯,上緊緝拏,班第到時將情形告彼知之。(高宗四三一、二四)

(乾隆一八、二、壬辰)又諭:蘇昌摺奏,增城等縣逆匪王亮臣等謀爲不軌一案,據稱匪黨多人,頭目黃上言等,俱經就擒。惟首逆王亮臣竄匿未獲,現在嚴拏。其現獲各犯,率間司道等先行上緊審究等語。……此案首犯,必須上緊緝拏,尅期就獲。外省陋習,一入通緝,即屬虛應故事。如羅田之馬朝柱,至今遠竄無蹤,斷不可復蹈其轍。其現獲各犯,宜嚴行確訊,窮究黨羽。一切從嚴辦理,以儆刁風,不得稍涉姑息。將此一併傳諭知之。(高宗四三二、一〇)

(乾隆一八、四、壬寅)署兩廣總督班第奏:訊得王亮臣起意圖謀不軌,與梁德、黃宗漢、湛佐一輾轉糾黨,寫刻僞劄印,絪兵搶犯各情節,與已正法之莫信豐等前招相符。其前獲之鄧文煥,供有劉子美曾稱王亮臣王侯貴相,並言有朱紅卓即李開花可以借名起事等語。今訊王亮臣,並無劉子美看相之事?且不知有朱紅卓其人。質之鄧文煥,稱轉糾蘇卓東入夥謀逆,唯恐供明罪重,因將實無其人之朱紅卓及不知蹤蹟之劉子美捏供,以圖人不到案,得以旦夕苟延。查蘇卓東,業經高明縣拏獲,並訊伊又有轉糾梁瑞貴一人。又前獲陳見思一犯,質之王亮臣,稱係與聞謀逆,因年老不令入夥;但曾勸王亮臣赴華封山舉事。又肩任代管家務,勸其遠逃,均屬要犯。現經分別定擬,即行正法。下部知之。(高宗四三七、二)

(乾隆一八、一一、丁卯)諭軍機大臣等:據班第奏,增城逆犯王亮臣等,家產估變銀四千餘兩,爲善後案內俬署兵房之用一摺。叛產入官,即以充善後公用,自應如此辦理。但叛逆重罪,大抵皆無藉之徒,借此哄誘愚民,誆騙財物,或因饑寒切身,迫於萬不得已,乃鋌而走險。今逆犯等家田產,既有四千餘金,以中人之產計之,尚可爲溫飽之家,何至相率作賊耶?此案辦理固無可疑,而案犯挾仇誣扳,承審官以事關重大,不敢遽爲昭雪,因而波及無辜,亦事之所有,惟在該督撫等詳細體察耳。封疆大吏,除暴安良,是其專責,儻有叛案,斷不可不辦。朕非惡聞其事,特以案情既重,承辦官員,尤宜加意詳慎,若意在根求,而或不免於株纍,則於整頓地方之

道，失之遠矣。近年江、廣、閩、粵皆有此等案件，閱班第摺，因念及此，可通行傳諭各督撫知之。（高宗四五一、一）

一六、乾隆一八年福建南靖、平和蔡榮祖等密謀起事

（乾隆一八、一、丙寅）又諭：據陳宏謀摺奏，漳州南靖地方，盤獲匪船、軍械、僞劄、僞印等項。訊據匪犯蔡明烈等，同供夥黨甚多。現據供出有名匪犯四十名，其首逆蔡卓然、軍師馮珩，已經拏獲。現在遂加根究，務必按名嚴拏弋獲等語。此等重案，正宜迅速辦理，方可永絕奸宄，綏輯地方。該督喀爾吉善，親往泉州一帶，董率查辦，甚合機宜。現在首犯業已就擒，其餘從逆黨羽，自可按名緝獲，不難搜絕根株。此案統宜按照江南英山之例，從重處治，庶足懲儆匪逆，安靖海疆。該督現在查辦一切，用法宜嚴，完結宜速，務俾愚民知所畏懼，而亦不致擾累無辜，方爲妥協。著傳諭喀爾吉善知之。（高宗四三〇、一二）

（乾隆一八、一、甲戌）諭軍機大臣等：新柱奏到，上年十二月，漳州盤獲匪船，搜出軍械、僞劄、僞印，親自帶兵前往防禦查拏一摺。前據該督喀爾吉善摺奏，亦稱訊據匪犯蔡明烈等供，係自韶安縣白葉林湖來，欲挑往廈門大擔海船裏去等語。此等匪逆糾衆製械，潛謀不軌，自必究訊確實，逐名搜捕，清除巢穴，斷絕羽黨，一切從嚴辦理，方足安靖海疆。（高宗四三一、三）

（乾隆一八、一、乙亥）諭：據閩浙總督喀爾吉善奏稱，福建漳州府屬之平和、南靖二縣地方，匪犯蔡榮祖、馮珩等謀爲不軌，業經擒獲首從各犯，現在逐加嚴訊，按律定擬。其失察之督撫及文武各官，統於正案內一併附參，請旨交部嚴加議處等語。閩省山海交錯，民風刁悍。今逆匪蔡榮祖等，糾衆造謀，雖黨羽不過數十人，而搜獲僞劄中，竟敢擅稱名號，且有訂期攻城之語，是其妄肆逆萌，大干法紀。該督喀爾吉善馳赴漳郡，督率屬員，遂名搜捕，使逆黨不致漏網，良民不致驚擾，辦理甚爲妥協。所有案內首從各犯，審明按律定擬，以昭炯戒。（高宗四三一、六）

（乾隆一八、一、乙亥）諭軍機大臣等：據喀爾吉善奏拏獲平和等縣逆匪蔡榮祖等，謀爲不軌，現在嚴審定擬一案。其查辦迅速，甚合機宜。至濱海巖疆，民風向稱習悍，似此聚衆滋事之案，原不能保其必無，但須及時摘發奸伏，不致滋蔓爲害，即見其能留心地方，實力整頓。所有該督請旨交部查議之處，已著加恩寬免，仍交部議敘矣。案內現獲首從各犯，及供出有名

逆黨，務宜速為審究，上緊搜捕，一切從嚴辦理，不可稍存姑息。此等不逞之徒，即多戮數人，亦何足惜耶？其署知府奇靈阿、知縣許齊卓，雖於審訊時，將馮珩一犯，疊夾致斃。但此等重案，自當嚴行夾訊，且首逆已獲，而馮珩同謀情節，亦俱明確，無可究質。但恐其偽死耳，仍應詳查戮屍。該署府等，將來不必再行查參。再海澄公黃仕簡，尚屬安靜謹飭之人，家人收租，亦屬常事，此不過匪黨藉口託詞，若因此查詢，恐長頑佃抗欠習風，竟置之不問可也。著一併傳諭喀爾吉善知之。（高宗四三一、七）

（乾隆一八、一）[是月]閩浙總督喀爾吉善奏：訊據續獲平和匪黨李振榮，供出已經入夥之李改、吳天鳳，俱係漳州府汛三營兵。失察將備均免參革。惟各營現在分撥弁兵，查拏餘匪，防範地方，非暫時代庖之員所能料理，兵丁尚在訊究，將備驟行全徹，恐致惶惑；且各將備自知罪愆，猶冀奮勉自效，請暫寬參處，俟通案定擬後分別題參。得旨：所見甚是，足慰朕懷。（高宗四三一、二三）

（乾隆一八、二、丙申）又諭曰：喀爾吉善奏到平和縣逆匪蔡榮祖謀為不軌案內，究出兵丁李改、吳天鳳等聽從入夥，現在切實追究，逐名拏獲質訊。管兵將備，非尋常失察可比，應立時嚴參；但漳郡現在情形，若驟行全徹，恐兵心即致惶惑無措，懇暫寬參處，俟鎮臣馬大用回任，督率有人，詳悉分別題參等語。設兵正以緝拏奸匪，乃至身為逆黨，其罪自浮於齊民。但若輾轉根究，恐愈究愈多，其中儻有誣扳株纍情弊，則兵情惶懼，人懷不安，非綏靖地方之道。此旨到日，其已供出者，自當緝拏，其餘竟不必再行追究，以致蔓延多人。其已究出從逆各兵，雖係為從，必當即行斬決，以儆戎行，不可稍為姑息。再拏獲匪徒，既有二百餘名，此時已覺為時稍久，若再遲時日，恐致意外別生事端，殊為可慮。所有供證明確之犯應處以極刑，及決不待時者，此旨到日即可一面即行正法，一面奏聞。餘犯照例題達，不妨先後完結，總以迅速辦理為要。至將備管轄營伍，不能先事覺察，咎無可辭；但此等匪犯詭秘多端，斷不肯於本管官耳目所及稍露形跡，該將弁罪止失察，尚不至於罹重譴。此時暫緩參處，該督所見甚為合宜。即其聞風盤獲，飛速撲捕奮勇出力之處，功罪各不相掩。該督題結此案時，亦應據實敘入，方為公當。並將此旨曉諭各將弁等，以安其心。一併傳諭知之。（高宗四三二、一四）

（乾隆一八、四、丙申）刑部等衙門議奏：閩浙總督喀爾吉善奏，逆犯蔡榮祖，係平和縣文生，素與南坪山道士馮珩交好。在馮珩處，與平和縣民楊藕等相識，談及馮珩素曉法術，何不邀同舉事。十七年二月，眾議以蔡榮祖通曉文理，推爲盟主，馮珩爲軍師，在馮珩家結盟，倡議捐銀招夥，眾各允從。蔡榮祖以堂弟蔡明烈係道役蔡湄之子，囑其打造軍器，練保等自不敢過問。蔡湄經伊子告知，亦極口慫慂。蔡榮祖又以首出庶物、萬國咸寧八字，令匠刻一僞印，並擬僞號大寧國字樣，造僞劄九十張，填給分頭招人。營兵李改、林玉標、吳天鳳等三名，相繼入夥，遂與馮珩定期十二月二十七日，打搶漳州府城，於南門外道廟會齊，以白布纏頭、白粉塗胸爲記。至期，蔡明烈往河下雇船，裝載火藥軍械，路經南坪山，邀馮珩同行，馮珩隨邀楊藕等駕船前進。蔡榮祖之船，先已開行。時漳郡文武，已有風聲。守備葉相德，帶兵赴南靖巡查，適遇蔡榮祖之船行至湘山地方，當經盤住，於該犯身上搜出石印並令旗、僞劄、軍械等件。訊供時，蔡榮祖畏罪，捏名林雄，妄稱武生蔡卓然是總頭目。及續拏蔡卓然，並獲馮珩，並蔡明烈之父蔡湄等，到案互質，始供認真實姓名，並謀反各情不諱。蔡榮祖應擬凌遲，決不待時。馮珩業經監斃，仍應戮屍。夥犯及入黨營兵，按律定擬斬絞，即行正法。均應如該督所擬定案。從之。（高宗四三六、一三）

一七、乾隆三一年浙江鄞縣吳卜元圖謀起事

（**乾隆三一、二、庚戌**）諭軍機大臣等：熊學鵬奏查拏逆犯吳卜元等一摺，已於摺內批示矣。該犯等居住深山，膽敢聚匪製旗，書寫悖逆字句。及兵役往拏，復敢持械拒捕傷差，實屬法所難貸，自應嚴行窮究以示懲儆。該犯演拳抗法，不過憨不畏死之徒，觀其符書，裒積成帙，似非若輩所能爲，必有略識文字之人，爲之主張，蓄謀爲匪，諒非一朝一夕之事。其黨羽傳播，恐亦不止此數人，該撫務悉心查究，盡絶根株，雖不可干纍無辜，亦斷不可使逆黨漏網。閱旗內有李元霸之名，何以摺內並未言及。是否實有其人，抑係託名捏造，正當詳悉確查，使案情無稍遁飾，豈可竟置之不問？至吳行三首報之逆犯係吳卜元爲首，摺內復有逆犯吳有功等之稱，此案究係何人爲首，亦未備細聲敘。其現獲各犯，又未將首從名姓分別臚列。種種情節，均未明晰。著傳諭熊學鵬將已獲之犯，速行審擬正法。如此外尚有應行查辦之處，務須詳加根究，毋得草率了事。並將摺內未經聲明各情節，遂一查明，據實具奏。（高宗七五四、一八）

（**乾隆三一、二、丙辰**）浙江巡撫熊學鵬奏：寧波府鄞縣吳家山逆犯吳卜元等，製旗習拳，拒捕殺人一案，將各犯刑訊，並於幼孩女子中，設法哄誘質證，始據供所鈔邪書，得自吳爾康處，所演神拳，學自石廷揚處。逆旗係吳允明等所造，旗上字樣，係吳成楨所書，成楨即卜元之子。所寫六水趙

保天兵扶黑四將等語，俱不能供出原委。其符書，惟吳卜元能背誦五公之符一段十二句，餘犯堅供俱未誦習。其起意謀逆者，係已死之吳有功、吳成楨、吳允明並現獲之吳卜元；随從入夥者，係已死之吳德裕、吳兆美、吳德一、蔡子成並現獲之吳國孝、吳加福、張本基、張本三、吳阿耀、吳德章、吳成忠，此外別無羽黨，亦無散劄情事。各供已得大概，而該地情形及謀逆根株，仍須親往吳家山查察訪究。俟辦畢回省，另奏。得旨：所辦好。餘有旨諭。諭軍機大臣等：熊學鵬奏，查拏逆犯吳卜元等一摺，所辦頗是。吳爾康傳播邪書，石廷揚教演打拳，實爲此案緊要人犯，現在既委按察使圖桑阿就近查拏，二犯自可即就弋獲，或該犯等豫行聞風避匿，必須實力留心躧緝，毋任兔脫遠颺。吳爾康係吳卜元同族，石廷揚又係其姐夫，二犯蹤跡，吳卜元知之，必確，正可向其推問，自不致倖逃法網，……符書衆積成帙，必非鄉野愚民所能辦，其中必有略識文字之人爲之主張。吳爾康拏獲到案時，務須嚴訊確情，逐一根究，以絕根株。……至附近居民，聞逆犯拒捕之聲，陸續聚集，幫同兵役往拏，其爲平日守分良民可知，而此次之踴躍急公向義，尤可嘉尚。著該撫查明與首報之人，被害之家，一體傳旨，從優獎賞。所有地方文武員弁……一聞首報之信，即督率兵役親赴該處，將現在逆犯拏獲，尚屬黽勉。仍著查明請旨交部議敘。其在事受傷兵役，亦著查明獎賞。可將此傳諭熊學鵬知之。尋奏：吳爾康、石廷揚等已經拏獲，查究符書來歷，據吳爾康供係伊故伯吳進寶遺留鈔本，因見吳德裕演習神拳，供設五公牌位，即以伊家存有五公經告知。吳德裕随向其取去。吳允明、吳有功各行鈔寫，恐另有正兇藏匿。復細查吳家山共有七十餘家，皆習耕種，並無讀書教學之人，惟吳允明、吳有功略知文義，而允明稍勝，似無另人主張謀逆。看來此書藏留已久，而鈔録間有不同字句，係吳允明添改，則二人起意謀逆無疑。又神拳香灰據吳卜元等供，得自石廷揚家，已各有根源可追，供認明確，即將逆犯吳卜元等分別首從辦理。至附近居民陸續聚集，幫同兵役往拏，誠爲踴躍急公，遵即查明與首報之人，被害之家，一體從優獎賞。其應議敘之文武員弁，查明另奏。得旨：覽奏俱悉。（高宗七五五、一）

（**乾隆三一、三、壬申**）諭軍機大臣等：圖桑阿奏逆犯吳卜元等一摺，有各犯陸續供出吳孔懷等二十五名等語。檢閱熊學鵬昨日奏到審擬摺內，及所録供詞，俱無吳孔懷姓名。是否另有一犯，而該撫具奏時遺漏未經敘入，抑係一犯二名，以致彼此互異之處，著傳諭熊學鵬查明具奏。尋奏：吳孔懷即吳聖全。因吳卜元等豎旗之日，吳孔懷即率家屬逃避在外，故未敘列。得旨：覽。（高宗七五六、三）

一八、乾隆三一、三八年廣西小鎮安、上林縣等地農民準備起事

（**乾隆三一、八、甲辰**）刑部等部會議：廣西小鎮安逆犯農付搖、莫英、劉德輝等造劄授官，圖爲不軌，分別首從定擬。得旨：農付搖、莫英、劉德輝俱著凌遲處死。劉德輝已經斃命，仍著剉屍示衆。農付蟒、農亞耀……〔等五十三人〕俱著即處斬，仍分別梟示，餘依議。（高宗七六六、九）

（**乾隆三八、八、己酉**）諭軍機大臣等：熊學鵬奏，據思恩府知府邢璵稟稱，上林縣唐米村，有匪徒陸李能等聚衆不法，差王明顯、陸特添二人至土巡檢處，索撥夫役。經該巡檢將二犯盤獲，並搜出逆文一封解府，該府縣即往查拏。並據提督解遜札稱，一經聞信，即派兵親往擒捕，該撫亦帶同臬司朱椿，馳赴該處查辦等語。奸民敢於糾衆不法，實乃自速殲誅，自應迅速擒拏務獲，無任一名漏網。今該提督既親身領兵前往，匪犯自必立即就擒。該撫惟當於獲犯後，即將起意謀逆及同惡相濟各犯，迅速嚴訊實情，一面奏聞，一面即於該處立行誅磔示衆，以昭炯戒。其黨惡之犯，有情節可惡者，亦當訊明，從重多辦數人，使衆知儆懼，不得稍存姑息。僅照爲從例輕減。（高宗九四一、二七）

一九、乾隆三三年臺灣黃教起事

（**乾隆三三、一〇、辛酉**）諭軍機大臣等：據崔應階等奏到臺灣竊賊黃教糾衆豎旗拒捕滋事，隨經官兵追拏，賊衆四散逃竄，首匪尚未弋獲等語。奸徒糾衆不法，情罪可惡，一經拏獲，本應立正刑誅；況臺灣遠隔重洋，更非內地可比，尤不當羈禁延緩，致有疏虞。至鄂寧所稱，會解廈門質審，未免拘泥成例。此等匪惡渡海，管解防範，稍有未周，或恐疏脫滋事，著派余文儀前往臺灣，將就獲各犯隨時審明，即在該處正法示衆。惟首犯黃教於獲到後，多派妥幹員弁，沿途小心押解，交鄂寧嚴行審訊，照例凌遲處死。至現據奏到情節，不但黃教未經弋獲，餘黨之竄逸者尚多，著傳諭鄂寧等即速嚴飭該處文武官弁，於番界海口，加緊防守，無使兔脫遠颺，務將各犯盡數就擒，無使一人漏網。（高宗八二〇、一五）

（**乾隆三三、一一、壬辰**）又諭：昨據崔應階、鄂寧奏，臺灣岡山地方，有匪犯黃教，糾夥拒捕之事，並聲明該犯從前因行竊擬徒，援赦安插等語。因令刑部檢查原案。則黃教因夥竊牛隻，聞捕潛逃，及馬快朱進等往拏，輒敢執刀拒捕，架格傷人，情罪實爲兇惡。當日審轉各員僅

照尋常拒捕例擬以杖徒，刑部亦不復加駁改，均屬非是。……著將審擬此案之縣府道司，據詳咨結之該撫及原辦之刑部堂司各官，俱著交部查明議處。（高宗八二二、一一）

（**乾隆三三、一一、辛丑**）諭軍機大臣等：鄂寧奏臺灣賊匪黃教聚衆一案。地方遇有逆匪糾衆不法之案，文武大員，果能辦理得宜，立時擒治，自斷不致蔓延猖獗。今據稱，賊匪等於十月十七等日，尚有在北路一帶，焚燒營房，拒傷官兵之事。則前此所報賊已四散竄匿，及匪夥止有百餘之說，俱非確情。……所有臺郡文武員弁稟報不實之處，俟事竣後查明參處數人以示警戒。目今情形，隨便速奏，將此傳諭鄂寧知之。（高宗八二三、三）

（**乾隆三四、四、癸酉**）諭曰：崔應階等奏，臺灣匪賊黃教被賊夥砍傷，竄入諸羅山內。三月二十九日經官兵分路合圍，將黃教及匪弟黃芳砍傷擒獲，並生擒賊黨七人，殺死十三人等語。黃教以么麼小竊，竄跡荒山，本屬不成事體。特因文武員弁於發覺之始，不能及時悉力追捕，以致遷延數月，尚爾稽誅。及降旨屢經督策，方就弋獲。是此案身司統領之吳必達等，已爲功不掩過，毋庸交部議敘。道員張珽，自革職後猶知感奮自効，屢經設法追勦，此次又擒獲匪首，其人尚有天良；守備蒲大經首先刀砍黃教，頗爲奮勇，俱著送部引見。其餘在事文武員弁及兵丁等有實在出力應行分別獎賞者，並著崔應階查明具奏，候朕再降諭旨。（高宗八三三、二一）

（**乾隆三四、四、癸酉**）諭軍機大臣等：據崔應階等奏報，擒殺賊首黃教一摺，業經降旨令崔應階將在事出力員弁查明具奏。此案附從賊匪各犯，前後擒獲審明正法者已有一百三十餘人，但俱在臺灣就近辦結，而賊首黃教亦於受傷就擒之後，旋伏冥誅，內地人民無由知辦理此案原委。閩省瀕海，民情素不安靜，且自去年黃教聚衆不法以來，多有匪徒聞風滋事，不可不將黨惡重犯在省會誅磔數人，並將從重懲創緣由明白宣示，使衆共知曉，觸目警心。至黃教從前因何起意，糾衆多人，蔓延肆惡，爲伊主謀助逆者何人，容留轉匿者何地，及何以能持久數月，仍行搶掠村汛，隨處脅從竄逸，賊衆口食得自何處，並爲案內緊要關鍵，皆不可不逐一訊明。現在獲犯七名，俱係緊隨黃教之人，自尤爲賊黨中之桀惡者。賊匪滋事情由，各犯知之必詳。著傳諭余文儀即速將各犯嚴切審訊，務得確供，速行奏聞，除將尋常附從之犯仍在臺灣正法外，其始事從賊要犯，審明後即嚴加鎖杻，並著余文儀即速親身管押解交崔應階覆審定擬，一面奏聞，一面將要犯碎磔市曹示衆，一以結此案之局。（高宗八三三、二二）

（**乾隆三四、六、壬申**）諭軍機大臣等：余文儀覆奏查訊逆匪黃教謀逆起事緣由一摺，內稱，黃教上年在岡山謀爲不軌，皆係朱天麟即朱一德與之夥謀同惡，招集多人，現在尚未就獲。又風聞該犯割髮逃竄，業派弁兵協拏等語。朱天麟一犯，爲案內始終助逆之巨惡，斷不可容其漏網，致得煽誘餘燼，復滋事端。著傳諭崔應階，即行飭交臺灣總兵林國彩，令其實力密躧嚴拏，務期必獲，毋任遠颺，倖逃顯戮。其餘黨之零星逃散者，並遵前諭，悉心設法搜擒。倘不上緊督辦，或致根株不能淨盡，將來如有發覺，惟於該督等是問。（高宗八三七、一三）

二〇、乾隆三三年湖北荆門孫大有、何佩玉等醞釀起事

（**乾隆**三三、三、己酉）諭：據定長奏，拏獲荆門州逆犯孫大有、何佩玉嚴行究治一摺，逆犯等兇悖性成，敢於製械造謀，圖爲不軌，實屬極惡不法之尤。地方員弁一經聞信，即能協力迅往，全數擒獲，甚屬能事。著定長即將出力之文武員弁詳悉查明，咨部議敘，其尤出衆者並著送部引見。（高宗八〇七、八）

（**乾隆**三三、三、己酉）又諭曰：定長奏，逆犯孫大有、何佩玉等，制造器械旗幟，謀爲不軌，抗拒官兵，業經拏獲各犯究審等語。已有旨令將妥速獲犯之地方文武員弁查明咨部議敘矣。至此等奸民，原爲戾氣所生，比之惡獸毒蛇，宇宙間不能無此種類。其天良滅絕，自外生成，實爲覆載之所不容。一經破案，即當盡法嚴究，大示創懲。若僅將首犯數人正法，餘黨概從寬典，則匪犯罔知警戒，何以儆奸宄而靖地方？著傳諭該督，務將現獲各犯，嚴加審鞫；其黨逆助惡者，均當按律駢誅，不可稍存姑息。此外或有餘孽未獲，並當實力根究，毋使稍有漏網。可將此傳諭定長知之。（高宗八〇七、九）

二一、乾隆三三至三五年福建漳浦、古田、平和、安溪等縣農民準備起事

（**乾隆**三三、四、壬戌）閩浙總督崔應階奏：漳浦縣杜潯地方，有奸匪盧茂，編造詭名悖逆詩詞，並分散花藍號布，煽誘各村莊愚民，聚匪百餘人，欲圖搶劫縣城。適該縣知縣徐觀孫往鄉相驗，途次聞知，連夜回縣，與把總曾大猷等並力堵截。該鎮、道、府一時俱到漳浦，四路追緝，提臣黃仕簡亦到，督率員弁，先後拏獲逆匪二百餘名。要犯均已拏獲，一面究審，一面查拏餘黨，務净根株。得旨：好。餘有旨諭。諭軍機大臣等：崔應階奏漳浦縣奸匪聚衆圖謀搶劫，經該管員弁等拏獲多人一案，已於摺內批示。……

第五章　農村人民的生活和反抗鬥爭

著該督將現在未獲各犯悉力擒捕，毋令一人漏網，不但首兇宜正顯戮，即助逆各犯，亦當按律駢誅，不得稍存姑息之見。將此傳諭該督知之。（高宗八〇八、九）

（乾隆三四、四、癸丑）諭軍機大臣等：據鄂寧奏，古田縣奸民蕭日安製賣布旗，聚匪惑眾，及匪黨彭朱山、張長等誆誘民人入夥一案，已於摺內批示。此等奸民，敢於潛匿鄉村，製旗造印，糾眾入夥，不軌顯然。此皆聞有黃教之案，敢於造謀滋事，其情罪甚爲可惡。所有現在就獲各犯，自應迅速嚴審，盡法處治，不應拘泥成例，分別首從辦理，致奸民無所警畏。著傳諭鄂寧，即行審明正法。仍查明鄉民所割首級，是否實係蕭日安，並飭該地方官嚴緝餘黨，務盡根株，毋使稍留餘孽。（高宗八三二、一）

（乾隆三四、四、丁卯）又諭：福建古田縣奸民聚眾一案，……現獲奸匪，多至九十餘名，同繫囹圄，防範非易。前已諭令迅即審明，速行從重辦理。著再傳諭崔應階，仍遵前旨，一面辦理，一面奏聞結案。（高宗八三二、二二）

（乾隆三五、一、丁未）福建陸路提督黃仕簡奏：漳浦匪犯李阿閔與平和人朱振興夥謀不法，現督同文武官前赴查拏。得旨：好，知道了。已調汝水師。此次水師雲南出兵者竟不堪。已有旨諭崔應階及汝，汝宜勉力整飭。（高宗八五一、一七）

（乾隆三五、二、辛亥）諭軍機大臣等：據崔應階奏，拏獲漳浦縣民蔡烏強，搜出紅綾劄付，並供出李阿閔與平和朱姓謀爲不軌，糾伊入夥情形。現已拏獲吳玉等十八犯，一面批飭總兵何思和，將餘犯督緝務獲等語。所辦甚好，已於折內批示。務飭該屬嚴速查拏，無令竄逸，即同已獲各犯，嚴加審訊實情，從重究治，毋得稍存寬縱。……尋奏：據道鎮稟報，已將李阿閔拏獲，現在提訊，嚴究首夥，務使一名不得漏網。得旨：好，知道了。出力之文武官弁，應行引見者送部。（高宗八五二、八）

（乾隆三五、二、辛亥）又諭曰：溫福奏，拏獲漳浦逆犯蔡烏強，究出漳浦李阿閔與平和朱姓謀爲不軌。現在飭屬嚴拏等語。已傳諭崔應階將未獲要犯即行嚴緝務獲，從重究擬矣。所有詔安縣知縣方鼎，於鄰境逆犯能上緊搜捕，獲犯多人，看來甚屬能事，著出具考語，送部引見。其訪稟遊擊劉維藩及會同緝犯之詔安、雲霄二營各將弁內，果有實在出力者，並著據實查明，一併送部引見。將此傳諭崔應階等知之。（高宗八五二、九）

（乾隆三五、三、戊子）諭軍機大臣等：福建漳浦逆犯蔡烏強謀爲不軌一案，前據崔應階奏，親往查辦，並據續奏，將要犯李阿閔拏獲，尚有未獲之犯，現在嚴拏究擬等語。迄今又隔半月，尚未據將如何審辦之處奏聞。此案散劄糾衆，係李阿閔主謀，而蔡烏強則係代爲糾夥之犯，二人既已就獲，即可從此究問黨羽，窮治根株。其蔡烏強所供朱姓，亦當急訊蹤線，嚴拏務獲，毋使漏網。此等不法要犯，一經審得實情，即可嚴行從重辦理。若久羈候質，恐防範或有疏虞，轉非事體。著傳諭崔應階即就已獲各犯速行審明定擬，將應行正法之犯，一面辦理，一面奏聞。其未獲各犯，仍飭屬迅速查拏，毋令遠颺兔脱。（高宗八五四、二九）

（乾隆三五、三、壬辰）閩浙總督署福建巡撫崔應階奏：所獲匪犯，隔別研訊，確由李阿閔因貧起意搶奪，糾蔡烏強等入夥，欲俟人衆起事。捏造朱姓，實無其人。據平和縣解送兩朱振興，俱係安分良民，人所共知。除將各首犯分別磔斬梟示，餘二十八犯照律治罪。又據報獲楊山一犯，尚有張石貴未獲，勒限嚴緝。得旨：有旨諭部。諭曰：崔應階奏，審辦詔安縣逆犯李阿閔、蔡烏強等捏造僞劄一案，按律將該犯等定擬正法，請將此案失察之督撫藩臬等交部議處等語。地方遇有糾夥爲匪案犯，文武各官原有應得處分，但伊等於此案未經發覺之先，即已訪知，將首夥各犯，拏獲治罪。所有督撫提鎮司府等員，俱著免其議處。漳浦縣知縣杜琮親率兵役，弋獲首犯，頗屬能事。著同詔安縣知縣方鼎一併送部引見。其在事出力佐雜人員，並著該督撫等查明辦理。至案內所有問擬餘犯罪名，及監斃遣犯應議職名，著交各該部覈議具奏。（高宗八五四、三五）

（乾隆三五、四）[是月] 暫署閩浙總督署福建巡撫鐘音奏：據汀漳龍道蔣允焄稟報，署龍溪縣、華封縣丞魏嗣業，訪聞珍山宜招二堡與安溪縣覆鼎山交界之處，有安邑匪人滋事，即帶差役率鄉衆圍捕，獲紅衣匪首王天送及餘匪十二人，搜獲旗幟器械銃礮土印等。現在查點解府即率同臬司張鎮馳赴該地審辦，必須盡抉根株。得旨：好，知道了。……又批：是，不可姑息了事。（高宗八八三、二一）

（乾隆三六、五、丁巳）又諭：據鐘音奏，拏獲安溪縣奸民王天送等分別定擬一摺，已批交該部議奏矣。（高宗八八五、三）

二二、乾隆三五年廣東豐順朱阿姜、池亨會等準備起事

（乾隆三五、九、甲申）諭軍機大臣等：據李侍堯等奏，豐順、海陽二縣匪犯朱阿姜等，聚衆不法。並據揭陽縣知縣蕭應植緝獲與匪徒交結之監生池亨會，現在督拏案犯嚴審一摺。匪徒聚衆持械殺傷倚役多人，不法已極，

而池亨會身係監生，輒敢與匪犯交結；家藏兵書符咒及描畫參軍帥印並鎗劍等物，尤爲不軌之尤。該縣蕭應植風聞奸民聚衆之案，即留心訪緝，親往拏獲，頗屬能事。應俟定案后，將該員送部引見，已於摺内批示矣。其豐順、海陽二縣起事之地，地方官所辦善否，並著據實查奏，地方有此等重案，不可不根究黨惡，盡法懲創，以申憲典。所有未獲逸犯，務即上緊迅速捕獲，毋任一人竄匿，稍稽顯戮。該督等不得先存恐致蔓延之見，因而姑息從事，使逆匪罔知警懼，徒貽地方之害。一經緝獲審明，即將該犯等立時正法，以昭炯戒，一面再行具摺奏聞。又該犯等皆内地民人，何以頭纏白布，自爲記號；或係近日聞有緬匪習俗，均係白布纏頭，因而效尤。如此，其情尤屬可惡。此一節並著交該督等於審辦時悉心嚴訊得實，一併具奏。尋奏：查豐順縣知縣吳蘭澂八月内押解人犯來省，及回縣，事已發覺。該縣親赴山崗，設法搜捕，先后拏獲案犯十五名。其咎在於不能早爲察緝，事後辦理，尚合機宜。至朱阿姜等，用白布纏頭，據供，係藉此爲糾黨記號，便於認識，並無效尤緬匪之意。報聞。（高宗八七〇、二九）

　　（乾隆三五、一〇、己亥）又諭：據崔應階奏，廣東潮州府屬地方，有奸民聚衆滋事。該處與福建詔安連界，現已派撥弁兵，四面堵截，協力查拏等語。所辦甚是。此案現已諭令李侍堯等迅速查拏，從重辦理。但該處匪犯，雖據李侍堯等具奏，已拏獲百餘人，而首犯朱阿姜尚未弋獲。閩粤地界毗接，該犯一聞官兵勦捕，勢必四散逃竄，或潛入閩境藏匿，如臺灣遠隔海洋，奸徒易於遁迹。其漳泉一帶，民情素稱刁悍，逆犯朱阿姜或詭託故明支裔，希圖煽誘，均未可定。應即悉心飭屬搜捕，如有蹤跡可疑之人，私行渡臺，及往漳泉一帶者，務須密訪嚴拏，毋任稽誅漏網。崔應階現已諭令來京陛見，著傳諭鐘音，即選撥勤幹弁員，剋日搜捕，務使首犯迅速就擒，明正顯戮。其黨羽内，如尚有要犯竄入閩省者，並即協力擒拏，嚴審辦理，不得稍事姑息，亦不必輾轉移查，致延時日。將此傳諭知之。（高宗八七一、二八）

　　（乾隆三五、一〇、庚子）諭軍機大臣等：據李侍堯等奏，潮州府奸民池亨會等聚衆不法一案，已據獲犯一百九名，現在設法查拏首逆朱阿姜等語。匪徒糾衆持械殺傷衙役多人，且敢妄書年號，白布纏頭，描畫符印，狂悖已極。前諭該督等迅速搜捕，現在雖已陸續拏獲夥黨，而首犯尚未就擒。該犯係朱姓，敢於造謀肆逆，必有詭託故明支裔，希冀煽惑匪徒情事，若不剋日就獲，速正典刑，何以申明法紀。現已傳諭鐘音，就連界各處，一體嚴緝，著傳諭李侍堯等務須加緊設法擒拏，毋令兔脱稽誅。此外如有依草附木之黨羽人等，亦應盡力捕治，勿使一名漏網。所有現獲各犯，即行審訊明確，從重定擬。此等重案，即多辦數人令濱海刁民知所警懼，正所謂辟以止辟，不得稍存姑息之見。……仍將首犯曾否拏獲之處，即速由驛馳奏。（高宗八七一、三〇）

（**乾隆三五、一一、己未**）諭軍機大臣等：李侍堯奏審擬逆犯朱阿姜等一案，已批交三法司覆擬速奏，並將失察各員分別拏問議處，李侍堯等降旨從寬免議矣。至摺內所稱海陽縣知縣楊士璣得有風聞，帶役往查，是以正犯朱阿姜未及遠颺，迅速就獲，頗屬勇往能事。著傳諭李侍堯、德保將該員出具考語，送部引見。（高宗八七三、二）

二三、乾隆三六年湖北京山嚴金龍圖謀起事

（**乾隆三六、一〇、乙未**）湖廣總督富明安等奏：據京山縣知縣舒勒赫稟稱，訪有縣民陳倫盛等，聽從嚴金龍學習拳勇，欲圖糾衆搶劫居民。當經拏獲陳倫盛等二十名，搜出私製衣帽等物，其嚴金龍一犯，逃往隨州地方，現在尾追嚴拏等語。臣等即飛飭幹員，四路密緝，續獲陳曰宗等七名。復在嚴金龍家，搜獲姓名簿，內開載廖文起等十六名，註有僞官千總、副總等字樣，又有僞印空白四紙，其僞印篆文，係匡復中原四字，空白紙尾，書天運辛卯年十月十四日等字。臣等於二十日抵京山縣，復據稟報，拏獲簿內僞官王君德等八名，並各夥犯四十九名，連前獲犯共八十四名。連日隔別嚴訊，據供稱，嚴金龍自稱鬼谷轉世，能知過去未來，得有神劍印信，能遣神兵。伊等爲其所愚，先後出錢入夥。嚴金龍於十月初八日黑夜，聚集廖文起等二十餘人，飲酒結盟，擬於十月十四日，搶劫京山倉庫，不料初九日已被查拏等語。現在各犯雖陸續擒獲，但首逆嚴金龍並濟惡之何士榮，尚未拏到，即飛咨鄰省，一體查拏。並令襄陽鎮臣馬虎，前往隨州、棗陽與河南接壤各地方，上緊督同搜捕。得旨：另有旨諭。諭軍機大臣等：據富明安等奏，湖北京山縣民嚴金龍等，糾衆結盟，私制衣帽爲號，圖劫倉庫。經縣營訪聞稟報，現已獲犯八十四名，仍將首逆及濟惡各要犯，四路追擒等語。此等奸徒，敢於光天化日之中，聚衆滋事，甚至假捏僞號僞官，計圖搶劫倉庫，悖惡已極。自當盡法處治，務絕根株，斷不容其稍留遺孽。其擅受僞官各犯，自屬逆犯黨羽，罪無可寬。至於邀人斂錢之犯，明知叛逆密謀，輒敢代爲煽惑，法難輕宥。而出錢入夥之人，亦屬隨同附和，不得概云爲其所愚，少有寬縱。該督現既馳往該處，擒獲多人，即當就現有之犯，嚴訊確情，從重究治，多辦數人，使頑民各知炯戒，不可稍存姑息。其有應行正法及應發遣各犯，審明後，擇其必應質訊之一二人，嚴密監禁，以待首犯對質外，餘俱確

覈情罪，分別定擬，即速奏聞發落，不必俟首犯就獲後，方行結案，致有疎虞，而要犯久稽顯戮，亦不足以示懲儆。其首犯嚴金龍及濟惡之何士榮等，現已傳諭何煟，一體嚴緝務獲，該督仍當嚴飭所屬文武，上緊搜捕弋獲，毋任漏網。所有訪聞稟報之知縣舒勒赫，尚屬能事，著該督於此案辦結後，將該員送部引見。將此傳諭知之。(高宗八九五、二六)

(乾隆三六、一二、戊辰) 諭軍機大臣等：據何煟奏，楚省訊供逆犯嚴金龍逃往鄖陽之竹山房縣等處，該地西通川陝，北界豫省，更恐竄入伏牛山，已委員於路通川陝之處，及附近隨州東南一路，分往搜拏等語。嚴金龍一犯，罪大惡極，必須上緊擒拏，早正刑誅。前曾諭河南、貴州、廣西、四川等省一體嚴拏務獲。嗣據河南省將濟惡要犯何士榮等盤獲正法，而首犯嚴金龍尚未弋獲。今既知其逃匿鄖陽一帶之信，恐該犯聞官捕緊急，竄入川陝等省，以冀苟延殘喘，不可不並力速捕，毋任稽誅。除四川省已交李本督緝，應令該布政使，再飭屬迅速查拏，並著傳諭勒爾謹即速選派妥幹員弁，於陝楚交界處所，設法購捕，務使逆犯迅速就擒，勿致遠颺漏網。仍各將作何協緝情形，即行覆奏。(高宗八九八、二)

(乾隆三七、三、癸丑) 諭：據富明安等奏，拏獲京山縣謀逆首犯嚴金龍父子業經寸磔斬梟餘犯分別定擬一摺，已交部覈議矣。所有弋獲正兇及前後緝拏多犯之奮勉文武員弁，著該部查明，分別議敘。(高宗九〇五、五)

(乾隆四二、三、庚寅) 諭軍機大臣等：據陳輝祖奏，護安襄鄖道姚棻，率同知府沈樹聲、知縣馬乾怡、史湛等，將逆犯嚴金龍案內應行緣坐之嚴韓氏、何李氏等，及應遣之張志高等，共七十二名，拏獲分別定擬等因一摺，已批交該部議奏矣。(高宗一〇二九、一三)

二四、乾隆三九年山東王倫起義

(乾隆三九、九、乙卯) 諭軍機大臣等：徐績奏，據署臨清州知州秦震鈞等稟報，八月二十八日起更時，堂邑縣張四孤莊，有奸民王經隆等率領多人，手持兇械，放火傷人，該署知州即同副將，親往查拏等情。又據壽張營守備王廷佐稟稱，八月二十八日四更時，有賊人聚衆，白布纏頭，各帶器械，爬入壽張縣城內，圍住文武衙門，搶劫倉庫，占據城池。守備正在催漕，聞信星夜馳回，飛調各汛弁兵，並移知梁山、范縣、東昌三營，同力協拏等情。閱稟即率同布政使國泰、中軍參將海明，帶兵由東昌一路進發，並飛咨兗州鎮臣惟一，帶兵由東阿一路進發，督同擒拏各等語。此等奸民，實為罪大惡極，然么麼烏合，不過自速其死。計徐績、惟一到彼會勦，自可迅即就擒。但各犯敢於圍官署、劫倉庫、據城池，其情罪甚爲重大，即當按叛逆辦理，非尋常糾衆抗官可比。一經擒獲到案，即應迅速審明，將爲首者立時凌遲，其同惡相濟之逆黨，亦即應斬決。必須多辦數人，俾衆共知儆戒，不得僅照常例區別首從，稍存姑息。但祇可就在事人犯，從重究辦，不得有心輕縱，亦不得節外株連。徐績等並宜將要犯一面正法，一面奏聞，不可監繫滋事。又據奏，堂邑張四孤莊放火傷人一案，已據該州協等拏獲犯人十九名，犯婦二口，均交堂邑縣收禁等語。所辦殊未妥協。此等奸民，既經拏獲，即應嚴解省城，聽候查審。堂邑正當匪犯滋事之時，豈宜復將其黨與解回，萬一別有搶奪情節，成何事體。此時徐績現赴壽張，勦擒逆犯，所有堂邑已獲之案，自應即令國泰由彼馳往，嚴審明確，將應正法者，一面即行辦理，一面奏聞。其餘應行問罪者，俱選派妥幹員弁，嚴行押解省城監禁，毋仍留於堂邑方妥。再壽張逆犯，均係爬城而入，其爲附近奸匪可知，即各犯姓名居址，亦無難蹤跡而得。若徐績到壽張，立即攻開城門，拏獲各犯，固爲最善，設或略有觚延，則應選派勇幹兵役，將各犯家屬，先收捕解省，嚴密監禁。俟全案辦結時，分別緣坐定罪，且使各犯聞知其家屬已獲，心中驚懼，自更易於就擒。至該撫同該鎮帶往之兵，自必不少，應將壽張縣城密行圍住，恐該犯情急，有跳城逭脫等事，立即掩捕，勿使一名漏網。該撫務須妥速辦理，仍即據實覆奏。將此由六百里加緊傳諭知之。（高宗九六六、一四）

（**乾隆三九、九、丙辰**）諭軍機大臣等：壽張、堂邑俱係八月二十八夜舉事，其中必有爲首之人，糾合約會，不可不徹底根究。其壽張知縣沈齊義，當賊匪往劫時，能否督率丁役，拒擊賊衆，抑或愚懦無能，賊至即窘迫自盡，又或爲賊傷戕，並其眷屬亦爲賊害，均當查明分別辦理。至賊匪搶劫縣城，必非無因而起；或該縣平昔貪虐不堪，民情怨望，致釀事端，又或辦理不善，激生變故。該撫若據實奏明，不過失察處分，設或稍有迴護彌縫之見，則是心存欺罔，一經敗露，恐該撫不能當其罪愆。若果係白蓮邪教滋事，即當先從倡教之處，迅速查拏辦理。至壽張當水路之衝，且爲回空糧艘所必經，該撫須將此案，迅速妥辦，勿使南下漕艘，稍有阻礙。再向來糧船經行，隨處雇覓水手，徐績應飭相近壽張之沿河文武官，曉諭各幫船於壽張一帶，不得添覓水手，致賊匪得以冒名遠逸。現在嘉謨督押回空船隻，尚在直隸境內，恐於東省不及照應，即著徐績遍諭押運員弁，嚴行查察，勿稍容賊黨匿跡遠颺。如或視爲具文，一經發

覺，將該員弁重治其罪。並著嘉謨即從陸路趲赴壽張水次，親自查察飭諭，毋任奸徒漏網。（高宗九六六、一八）

（乾隆三九、九、戊午）又諭：據徐績、姚立德奏逆賊肆擾，現在勦捕情形。稱逆匪首犯王倫，係壽張人，本屬白蓮邪教，煽惑愚民，擅敢劫掠壽張、堂邑、陽穀三縣，殺害官員，劫掠庫銀。徐績等現駐東昌總滙之地，分調官兵，四面截勦等語。此等邪教匪徒，輒敢煽誘鴟張，實爲可惡。但侵擾一處，即棄城而逸，究屬烏合之衆，不難即日擒拏正法。第思東昌一帶與河南、直隸俱屬接壤，恐賊衆見官兵剿捕窘迫，或致竄入豫、直二境潛匿，甚或轉爲滋擾，更屬不成事體。著周元理、何煟各於毗連東省地方一體嚴飭文武妥密巡防。如遇此等賊匪遁竄到彼，即督同悉力邀截擒拏。（高宗九六六、三〇）

（乾隆三九、九、戊午）山東巡撫徐績奏：臣於初四日行至銅城驛，知逆匪於初二日夜間，已棄壽張城攻擾陽穀，復於初三日騷擾東昌府。臣於初四日與河臣姚立德，帶兵馳赴東昌，即於東門外拏獲奸細二名。訊供賊黨隨地潛伏，約定入城之人放火爲號，城外賊匪即聚集攻城。爲首係壽張人王倫，身穿黃馬褂，實有謀爲不軌形跡。賊夥千餘人隨地脅從。即將該二犯先行正法。又據探報，賊匪於初四日傍晚，攻破堂邑縣而逸。臣與河臣商酌，賊匪竄伏無定，東追西逸，必須四面合攻，斷其去路，方可勦滅。現調德州、高唐兩營官兵，由西北截其去路；飭臨清營拒住正北一路；並令兗鎮帶領河鎮兩標官兵，截住東路；臣親率泰安及本標官兵，從南路直攻；四面調度策應，剋期會勦。至逆匪所擾壽張、陽穀、堂邑三城，俱將庫銀搜劫、監犯釋放。現又棄城而逸，並不屯踞，官兵會合，自可指日勦平。諭軍機大臣等：逆賊敢於劫掠三縣，殺害官員，不法已極，不可不迅速擒治，以申國憲。現在匪犯侵擾一處，即棄城而遁，其勢尚易勦洗。但賊人無有定所，一聞官兵勦殺，即四散奔竄，徐績所奏分兵合攻、斷其去路，所辦甚是。至首犯王倫及同惡相濟之逆黨，傳播邪教之巨匪，其眷屬亦必有住落村莊。著徐績等一面選派明幹將弁，帶兵搜捕起教窩藏地方，將各眷口掩擒務獲，按律重懲。再逆匪滋事甫經數日，而夥黨已有千餘人，或即係賊人侵擾所過城邑，其中頑劣無知之徒，爲其迫脅。徐績應廣爲宣諭，以逆賊敢借邪教名目，煽惑鄉愚搶城劫庫，殺害官民，實爲法所不宥，其隨行之人，如本係良民，心知畏法，即速解棄刀仗、纏頭，赴所在地方官首明，准照脅從援減；如或迷而不悟，一經就獲，玉石俱焚，各宜深明順逆，毋自貽戚。如此明白曉示，自當解散。（高宗九六六、三三）

（乾隆三九、九、辛酉）又諭：此次挑派健銳、火器二營滿兵，令拉旺多爾濟、阿思哈帶領前往山東，又有大學士舒赫德挑帶滄州、德州等處之兵，至彼督辦，聲勢甚大，諒此么麼烏合，自可立就殲擒。但恐賊匪聞知畏懼，豫施狡譎之計，散播流言，蠱惑衆聽，以京城特派滿兵來東，必因痛惡山東民人，現有盜劫擾害之事，皆不可留，故不用綠旗兵，專派滿兵前來，將所過城村勦洗，必至良莠不分，概行屠戮。佈此流言，使無知愚氓，聞而驚怖，或於滿兵到時，望風畏避，轉使賊人得以誘脅入夥，甚有關係，不可不妥爲籌辦。著傳諭舒赫德於到山東時，即會同徐績在進兵之前，先行大張曉諭。以光天化日之下，賊匪膽敢肆虐，侵掠城池，戕官害民，甚爲可惡。該省奏到時，皇上軫念各處城村良善，恐爲賊匪所屠害，深切矜憐。又恐本地綠營兵軟弱，不甚得力，未能及早竣事，使閭閻速就安堵，懸注尤殷。特選健銳、火器兩營常勝精兵千名，揀派勇敢諳習將領分管隊伍，以期速殲賊衆，保護居民，本欽差閣部堂暨本部院仰承聖主委任，惟有督率官兵，痛勦逆賊，爲民除害，使閭閻共慶安恬，不復驚擾，以冀仰副德意，下慰群黎。至此次派來滿兵，皆係官給飯食，自騎營馬，一絲一粟，不以纍民。並嚴飭各兵皆謹慎守法，不許借端滋事，擾及閭閻。違者即以軍法從事。務使兵行之處，秋毫無犯，市肆安居。爾百姓等均當仰體皇上保民勦賊之盛心，交相感慶，急盼成功。至此等么麼逆匪，敢於妄作不靖，自外生成，實爲人神所共憤，必然立就滅亡，無能爲患。爾等當知歷來盜賊嘯聚，或由其時有格外徵歛，科派纍民；或係貪官汙吏，虐害閭閻，人不堪命。考之前代往事，大率不越乎此。我皇上自臨御以來，愛民之心，常如一日，遇有災祲，不下數百萬帑金，多方賑卹。至於蠲貸展緩者，更難數計，正供而外，並無絲粟加徵，又非若前朝縱容貪殘之吏，剥民脂膏也。即間或不肖官員，略有派纍百姓之事，無不立寘重典，此實從來未有而愚賤所共知者。小民當感戴國家休養生息之恩，共安樂利。實不解此等亂民，因何喪心昧良，甘蹈法網，實係戾氣所鍾，自速其死，非但法無可貸，亦屬情無可原。至爾等良善居民，久臻熙暤，忽遭逆賊擾害，鮮有輯寧，甚至無知愚蠢之徒，爲賊迫脅入夥。今當官兵征勦逆賊，必推此等被脅之人在前，先攖鋒鏑，是既爲賊奪其安居，今復爲賊陷之死地，實爲可憫。爲此明白曉諭各城村居民人等，知官兵此來，意在保衛善良，勿稍疑畏。本欽差閣部堂同額駙等，統率八旗勁旅，勦擊逆賊，惟思尅期集事。至我滿兵鎗箭，從無虛發，當之者無不洞胸貫脇，立即殲誅。此内如實係逆賊正黨，自屬罪在不赦。若係被賊脅從之人，於官兵未到之先，各釋刀仗，赴官投首。此等雖迷誤在先，今知悔罪歸正，仍可從寬罔治，俾復安居樂業，永享太平。如有能設計擒縛首逆及黨惡呈獻者，必當奏聞，分別優賞。儻或怙惡不悛，官兵所到，尚敢袒賊抗拒，則雷轟霆擊之下，不能復爲分別，玉石俱焚，毋自貽悔，禍福所關，爾等當審擇之。如此明白告誡，於賊曾擾害處所及官兵經過之地，不論城市村鄉，多張粘貼，俾共知曉。恐愚民中不能識字者多，著徐績諭令各該學教官，轉諭該學生員等，於所在城鄉，各就其居近處所，遍爲講解，使良民皆知用兵本意，賊智自無從施展，方爲妥善。至京兵由京赴東，其在直隸境內，所有官兵口食及飼餧馬匹之處，已諭令楊景素妥爲經理，至抵德州以後，前往勦賊經過處所，兵丁等即不便向民間市買食物，致有滋擾。自應照軍營用兵之例，辦給各兵口糧鹽菜並爨汲之具，以資食用，必須大員善爲籌辦。今國泰亦隨徐績在外，勦賊之事非其專責，著國泰即馳至德州，將應付官兵事宜悉心熟籌，妥協辦理，總不可使絲毫有干涉民間之事。仍即具摺奏聞。……拉旺多爾濟、阿思哈等帶兵而行，亦當留心管轄，至東省後更宜認真。必須申嚴號令，有犯無赦，方不致居民驚擾，毋稍忽略。再，徐績奏賊衆至二千人，此等鼠輩，蟻聚如許之多，口食所需，來自何處？或如徐績所言，到處俱有邪教夥黨接應，供其口食；或竟搶掠殷實村莊，以資果腹，均未見徐績奏及。此旨到后，亦著即行查明，據實具奏，毋得稍有隱諱。將此由六百里加緊一併傳諭知之。（高宗九六六、四七）

（**乾隆三九、九、辛酉**）山東巡撫徐績等奏：臣接據調赴臨清州協防之德州參將烏大經、臨清協副將葉信、署臨清州知州秦震鈞稟報，初七日夜間，賊來攻城，先攻西門，後攻南門，於城外縱火。復用牛車拉秫稭焚燒城門，被官兵將趕車賊殺死。賊人蜂擁城下，城上槍礮並施，打死賊三百餘名。賊又潛來城下，刨挖地洞，被撫標兵丁縋城而下，殺死數人。拏獲穆逮甫、李現二名，訊係堂邑縣賊匪。已將該二犯斬首，賊隨分散，現在追勦。其有往梁家淺一帶逃竄者，又被撫標千總孟大勇殺死十餘名，拏獲九名。河標官兵張武廣等，殺死賊匪四名。現在四路徹巡，定地會勦。諭軍機大臣等：此次守禦臨清之文武官員及在事兵丁等均各奮勉出力，甚屬可嘉。（高宗九六六、五二）

（**乾隆三九、九、癸亥**）諭軍機大臣等：據姚立德等奏，賊匪屯聚臨清城外，在閘口搭橋渡河，其回空漕船，已過臨清者計六十八幫，未過者俱在臨清以北，不敢前進，並有糧船短縴亦爲迫脅隨行等語。賊匪鴟張滋擾，甚爲可惡。現在令大學士舒赫德選帶天津等處兵前往，並調京兵一千，派拉旺多爾濟等帶往勦捕。官兵一至，么麼小醜，無難剋日擒滅，肅清水路，以利遄行。但每年回空漕船，俱有限期，總期於年内各抵水次，冬間收兑。今已過臨清各幫，自可催趲如期南下，其未進閘幫船尚多，雖指日掃清賊氛，即可銜尾前進，而現在回空船隻，阻滯稽行，設前途或值凍阻，抵次稍遲，有誤冬兑，所關非細。著傳諭嘉謨，速將臨清以北各幫船，查明係何省何幫，其船若干隻，某省約需於何時抵次，尚可無誤，其未進閘之船，有無貽誤兑期之處，一併詳悉熟籌，迅速具奏。現諭姚立德、徐績速將閘口賊衆剿净，使河路早得肅清，漕艘遄行無阻。其已過臨清各幫，著嘉謨速飭運員，上緊催押，並令姚立德、徐績嚴飭地方河汛文武各員，儘力催趲南下，勿稍稽誤。將此由六百里加緊發往。仍著嘉謨迅速由驛覆奏。尋奏：各省幫船，例係冬兑冬開，其回空雖間有遲滯，沿途加緊趲行，均無貽誤。今賊匪雖聚臨清，阻隔運道，官兵會集，剋日即可剿除。河道肅清，晝夜嚴催南下，諒不致有凍阻遲誤。現又差委員弁，將在後未到各幫船，趕緊趲押，不使稽延。得旨：已有旨了。（高宗九六六、五九）

（乾隆三九、九、丁卯）山東巡撫徐績奏：⋯⋯又於十四日據館陶縣禀稱，有林潘寨武生王建基、張灝首報，本月初九日，見有賊夥到莊，手執槍棍，紅白藍布裹頭，令生等去帽跟隨，生等率同鄉民田孝等，一齊擁上，將逆匪十七人盡行殺死。諭軍機大臣等：⋯⋯又武生王建基、張灝率衆殺賊，甚屬可嘉，著各賞給千總銜，如再能出力，奏明量加録用。其随同殺賊之鄉民，並著查明酌賞銀錁，傳旨嘉奬。徐績當出示曉諭，俾百姓觀感奮勉，善良者各自保全，愚迷者早悔悟。若能如王建基等之殺賊報官，一體奏聞録敘。至鄉愚被脅，其情固有可原。但既經曉諭之後，百姓當更知大義，若尚敢随賊持械，抗拒官兵，即與賊黨無異。雖其初或係迫脅，而既已從逆，即難輕宥。嗣後如已破賊營，獲有賊犯眷屬，查係首犯及濟惡逆犯者，即當全家處斬，餘亦照律緣坐。或賊營内有被脅拘留之老幼男婦，訊無從賊實跡，即予釋放。若臨陣拏獲抗拒之犯，於所在地方，審明正法。如係首惡及濟惡要犯，當並其家屬駢誅，毋稍姑息。至賊人車輛多至三百餘，圍繞作城，其夜間住宿，必係卸套連結，正當用火攻燒。若官兵四面圍拏斷其去路，賊必無從竄逸。舒赫德等當留心經理。（高宗九六七、三）

（乾隆三九、九、丁卯）大學士舒赫德奏：河間協副將雅爾哈面禀，本月十三日差赴臨清探信之馬兵夏榮回稱，十二日至桑林地方，有兗州鎮惟一、德州城守尉格圖肯各帶兵二百五十名，自未時開鎗不斷，打至戌時，忽見跑回兵丁甚急。夏榮回至夏津縣店内，至三更時，忽有跑回滿兵八十餘

第五章 農村人民的生活和反抗鬥爭

名，綠營兵七八名。惟一與格圖肯亦回東昌等語。是十二日與賊接仗官兵不能取勝，臣已訪查屬實。又據守備魏三台探稱，逆匪黨羽，不過三四百人，餘俱係隨地迫脅之衆。每打仗時，先以附近平民來擋頭陣。俟官兵鎗炮將盡，眞黨即奔前攻撲。臣等帶兵進勦時，擬先分撥一二隊，引出賊人餘黨，俟正匪見面時，然後鎗箭並施，痛加殲戮，則賊計自窮。諭軍機大臣等：惟一、格圖肯……一經兵挫竟爾退往東昌，實出情理之外，臨陣退避，爲國法所不宥。惟一雖係五福之子，格圖肯雖係宗室，而既經干犯軍紀，若復曲爲寬貸，則此時進勦，何以勵衆？將來命討，何以用人？著舒赫德……傳朕此旨，將惟一、格圖肯革職拏問，當衆……訊問，録取供詞奏聞，一面將伊二人在彼正法示衆。……又德州駐防兵內跑回者八十餘名，此雖非京城勁旅可比，亦不應不顧顏面若此。著舒赫德查明首先倡逃之人即行正法，餘發烏嚕木齊充當苦差。……其惟一所帶之兵當照此查明辦理。……至賊人驅迫愚民在前，擋受官民槍炮，其情尤爲可恨。舒赫德等於進勦打仗時，當令人揚聲傳示，使百姓即速避開，聽我兵用槍炮擊賊。若復迷而不悟，我健銳營鳥槍從無虛發；轟擊所及，玉石俱焚，毋自貽戚。如此剴切宣諭，必當感激聽命。（高宗九六七、四）

（乾隆三九、九、己巳）又諭曰：給事中李漱芳奏壽張奸民聚衆滋擾，大半皆無告饑民激成等因一摺。所見大不是。奸民敢於聚衆叛逆，劫庫殺官，此等倡亂逆匪，豈可不及早勦平？無論其非饑民，即饑民而敢於謀叛，亦爲國法所不宥。李漱芳此摺，轉代奸民飾詞誘罪，止圖爲一己沽名，而置順逆大義於不問，是誠何心？至所稱山東被災之説，殊不足信。今歲東省，夏初雖有短雨之慮，入伏以後，均以次霑足，且係禹城、平原、德州一帶，與奸民滋事之壽張等縣無涉。況賊匪所至，需索村民米豆，若果歉收，各村莊何從得有糧食應賊？又賊匪搶奪壽張、陽穀、堂邑三縣，止劫庫銀，不動倉穀，若係饑民，豈有見糧食不取之理？此皆足爲並非災歉饑民之據。又稱，聞西南近京一帶，扶老攜幼，遷徙逃亡，地方官著人於盧溝橋攔住，不令過橋北上等語，亦屬荒唐。河間天津所屬，被有偏災之州縣，周元理早經奏聞，請撥通倉米十萬石，備賑借之用。若地方官諱匿災傷，又豈肯請發倉米。其旨已頒發十餘日，李漱芳必係見朕前旨，始爲此奏。至歉收地方，男婦出外求食，乃北省之常。如直隸山東貧民，赴口外種地覓食，藉以滋生者甚多。昨差福隆安進京挑兵時，往來俱見有男婦扶攜出口者。問之，知係河間百姓，因該處歉收，聞知口外年豐穀賤，欲往什巴里台等處覓親就食者。方今中外一家，間有貧民出口謀食者，乃自然裒益之道，地方官非惟不必攔，亦不必諱。如李漱芳所稱，地方官著人於盧溝橋攔住、不令北上之語，若果有之，又何有北往之民，被福隆安遇見乎？著周元理查明該地方官，是否果有此事，即據實覆奏。並飭有司，毋許攔阻貧民出口，即各州縣留養局，原以贍無資糊口之人，若係欲赴口外就親覓食者，應各從其便，不必強爲阻留。著周元理即爲妥辦。李漱芳摺，此時斷不可辦。且將伊原摺封存，俟事定後，再行另辦。舒赫德聞之，諒亦必以朕所辦爲是也。將此隨報發往，諭令知之。（高宗九六七、一五）

（乾隆三九、九、庚午）諭：前據徐績奏，館陶縣武生王建基、張灝率領鄉民殺死逆匪十七人，即傳諭該撫將該二生賞給千總銜，仍俟其出力錄用。其隨同殺賊之鄉民，查明賞銀，並傳旨嘉獎。今又據姚立德等奏，館陶縣稟稱，九月十五日有賊匪至李官莊喊助車輛，即督令文生趙之枚、鄉民趙培元等二百餘人，各執鎗刀棍鋤，上前圍敵，砍死逆匪一十八人等語。該生等深明大義，保村殺賊甚屬可嘉，趙之枚，著加恩賞給教諭銜，如再有出力之處，另行奏聞錄用。其鄉民趙培元等並令徐績即速查明，賞給銀錁，以示獎勵。兩次摉殺賊匪之事，俱係館陶縣士民，而此次併係該縣督率，該知縣自屬能事。著該撫即查明館陶縣知縣現係何人，先將姓名奏聞，仍於事竣後送部引見。至該學文武生員，俱能奮勉殺賊，亦由該教職督課有方，所有館陶縣教諭、訓導，著交該撫查明，於事竣後咨部議敘。東省雖有奸民煽惑邪教，糾衆逞逆之事，而衿士細民尚能合力拒殲賊衆，可見閭閻良善，俱有天良，是爲嘉慰。著徐績等徧行曉諭，以現今選派京兵，發往勦賊，自可即日掃除逆黨，以靖地方。儻賊勢窮蹙，或有一二竄匿村莊，冀逃顯戮者，斷不可輕宥。百姓等如能捕殺賊匪，赴該地方呈報驗明，轉稟該撫具奏，量其殲獲賊匪多少酌予分別優加賞錄，俾鄉曲士庶益知觀感奮勉，將此通行宣諭知之。（高宗九六七、一八）

（乾隆三九、九、甲戌）諭：據周元理昨奏，直隸官兵在臨清河西堵勦賊匪，賊衆三千餘猝至，擾劫我兵營盤，用鎗炮轟擊，雖斃賊甚多，然尚在相持未散。……將至酉刻，賊尚堅力抵拒。瑪爾清阿直前衝擊，賊衆始行退走。瑪爾清阿又率兵砍死十餘賊，其衆始奔回賊巢，不敢復出等語。此次堵殺賊匪，使其不能西逸，將領弁兵，俱奮勇出力，甚爲可嘉。（高宗九六七、三七）

（乾隆三九、九、乙亥）諭軍機大臣等：今日復詢據杜安邦稱，逆賊沿途搶劫村莊，擄掠婦女，及用牛車斷繞，賊人居住其中等情節，與該撫等節次奏到之摺，大略相同。又稱，賊在杏園莊，與官兵打仗時，賊首仍係王倫，其所言面貌，亦與徐績訪聞無異。至徐績昨奏賊首朱兆龍之語，杜安邦在賊營時，未聞此説。是必係王倫自揣罪大惡極，爲神人所共憤，故爾嫁禍他人，託言明季之後，藉名煽誘愚民。舒赫德等須嚴切查訊，勿使遁飾。又稱，賊上村内平房拒敵時，並有女賊數人在彼，紅綢纏腰，有一年老者，在前执刀喊叫，又有一和尚，手執紅旗，騎馬來往，隨意指揮，衆皆稱爲梵元帥，此外又有稱孟元帥者等語。此輩俱係何人，自係賊黨中之尤黠惡者。捕獲賊犯時，必當嚴訊速辦，務須徹底根究，勿容漏網。至牛車所載婦女，據云係擄掠者多。舒赫德等應將此等婦女，查係逆犯眷屬，即行分別從重辦理，其實係被擄者，交地方官查其居址，釋放還家。（高宗九六七、四二）

（**乾隆三九、一〇、辛巳**）又諭：山東奸民王倫、王聖如等糾衆不法一案，其滋擾壽張等處，雖事起倉猝，而倡興白蓮邪教，煽誘多人，已自今春始，非一二日也。……又據舒赫德奏，審訊賊黨孟璨等起事之由，據供因年歲歉收，地方官妄行額外加徵，以致激變等語。……至李漱芳於壽張奸民一事外，並稱聞得近京一帶，亦有饑民扶老攜幼，遷徙逃亡，地方官著人於盧溝橋攔住，不令過橋北上之語。彼時即曾查詢，並無其事。且此等貧民，多有紛紛出口、覓親就食者，若盧溝橋果有攔阻之事，伊等何由得出古北口？況前日周元理奏辦偏災賑借之事，論撥通倉米十萬石備用，是直隸地方，並未匿災也。乃范宜賓復踵其説，謂黃村、東壩、盧溝橋等處，窮民挈眷覓食者甚多，皆因橋上不令放過，以致散處乞食等語。果爾，殊不成事，而周元理亦當有罪矣。因特派侍郎高樸、袁守侗，帶同范宜賓、李漱芳前往各處查看。據覆奏，並未見一乞食流民，該御史等所言，全無憑據。詰之李漱芳、范宜賓，咋稱原屬風聞等語。科道風聞言事原所不禁，但既聞之後，亦須覆加體訪得實，再行入告，豈可肆意妄言？范宜賓妄請加廠，專爲沽名取悦之事，已屬不堪，而李漱芳之代奸民解説，其心術尤不可問，本應各治其罪，但念其所言關係民事，朕豈肯以此責備言官，轉令無識之徒，藉爲口實。設各省遇有水旱，督撫諱災，而言官又不以告，則所繫者甚大，朕不肯爲也。范宜賓、李漱芳摺俱著發還。將此通諭中外知之。（高宗九六八、三）

（**乾隆三九、一〇、壬午**）又諭：明季山東徐鴻儒興白蓮教擾害城邑居民，蔓延至二十年之久。今王倫之亂，經朕發京兵，命舒赫德往勦，彌月即將群賊盡行殄滅。舒赫德本當議敘；但王倫罪大惡極，不能生擒伏法，致令焚樓自斃，倖逃寸磔之誅，不足以快人心而申國法。舒赫德以調度無能自陳請罪固可不必，然伊辦理實有不能盡善者。即如音濟圖訪知王倫實在住處，欲往擒拏，彼時舒赫德自應選派勇幹百人同往，乃竟聽其帶人無多，輕率前往，致逆犯於被擒就獲之時，匪黨復從兩廂突出向奪。音濟圖猝不及備，同綳阿爾圖等八人均各受傷，逆匪復為搶去。……舒赫德不能豫派多人往捕實屬疏略。又如游擊剛塔見王倫在汪宅小樓正坐，忽然樓屋火起被焚，王倫亦斃其內，雖訊取衆犯供詞證驗，尚有可據，而所辦實未周詳。……舒赫德於此等節目，實不能辭咎。念其已將同案逆賊王聖如及逆黨孟璨、梵偉等七犯俱已擒獲，姑從寬免其交部，及著傳旨申飭。所有王聖如等各要犯，俟解到日審明嚴辦，再降諭旨，將此通諭中外知之。(高宗九六八、一〇)

（**乾隆三九、一〇、癸未**）諭：此次逆賊王倫攻攝臨清，其新城居民，隨同地方文武盡力守禦，得以保護無恙，甚屬可嘉，且攖城固守半月餘，作息經營，不無荒廢，生計未免拮据。前已傳諭該撫查明入告，酌量加恩。今逆匪現已勦除，自應即敷惠澤。所有臨清新城居民，本年應徵錢糧已納若干，未納若干，從前有無借欠未完之項，並著楊景素查明奏聞，再降諭旨。至舊城居民，有甘心從賊、抗拒官兵者，自應同賊駢誅。甘為賊供役之人，即未拒敵，亦當分遣新疆烟瘴，以示懲儆。其與賊混處日久，見官兵一到即行投歸者，准照脅從罔治，已屬寬典，自未便復令邀恩。惟據楊景素奏：現在居民紛紛攜眷回鄉，此等自係舊城百姓，聞賊至即攜家逃避者，皆係守分善良，事平後復還故土，而舊居閭閻，或為賊匪焚燒，或因攻城殘燬，生業蕭條，室廬蕩析，殊堪憫惻，自應一體加恩，量為蠲復。又壽張、堂邑、陽穀三縣，經賊擾害，除現仍安居之户，無庸查卹外，其賊匪入城，或人被賊戕，或屋被賊燬，及家計為賊搶掠者，亦為可憫。其應如何分別撫綏之處，並著楊景素妥速查明具奏，候朕另降恩旨，以示軫卹，該部即遵諭行。(高宗九六八、一六)

（**乾隆三九、一〇、癸未**）又諭：楊景素奏稱居民紛紛挈眷還鄉，是即臨清舊城避賊逃出者，其情殊覺可憫，已有旨交楊景素查明酌量賞卹。此等還鄉之人是否全係舊城居住，抑尚有他處百姓在內，亦著楊景素確實查辦。至姚立德、徐績奏陸續拏獲解到人犯共一百二十二名，分別正法及宣諭釋放，所辦甚妥。姚立德現在東昌，該處所獲之賊，自與徐績無涉，但逸賊既至東昌，其為南竄可知。恐尚有未盡弋獲者，著楊景素留心截擒，勿使一犯漏網。或有竄入河南境者，何煟並當一體偵捕。(高宗九六八、一九)

（**乾隆三九、一〇、甲申**）諭軍機大臣曰：徐績奏前後勦捕情形，頗為詳晰……逆匪王倫敢作不靖，煽惑滋擾，戕害多人，而官兵勦殺時，節次殲戮者更復不少。此皆梟獍逆犯所害，而賊首轉得倖逃寸磔，實堪切齒。該犯王倫之子，共有幾人，自應即速查拏，代其重罪。前已諭令舒赫德查明馳奏，今尚未奏到。現在獲解之逆黨王經隆等，即日可到，自可訊得其詳。仍著舒赫德速即確查奏覆。至各處所殺賊衆，確數雖難盡知，亦可約計而得。著舒赫德同楊景素即速查明，覈數奏覆。此等被殲匪犯，通計雖不免太多，然其死皆由自取，亦無足惜。至現在審訊之一千三百七十二犯，其中如尚有曾受賊人僞官及其頭目，並随賊拒捕傷人者，仍當訊明正法，不可姑息。其曾經供賊役使及打仗時徒手隨行者，雖無抗拒情形，亦當嚴切訊明，仍量其輕重，分發伊犁及吉林、黑龍江等處，給兵丁爲奴，並烟瘴地方安插。若訊明此内，或有被脅愚民，未能投出，事後同賊跑走，及年幼無知、被賊掠去者，自可量爲審釋，或視其情節較重者，予以責懲。再就徐績所奏各路陸續獲犯計之，數頗不少，是逸出之賊，雖不能免，而亦未必多，如查訊已獲賊犯内供明有曾受賊元帥總兵等僞職之犯，必須嚴緝務獲，從重治罪，不可聽其漏網。至堂邑跪迎賊衆之入教男婦，固屬可惡，但事竣查辦，亦殊不易，只可確查實在爲首倡迎之人，正法示衆，其餘有可查考者，分別發遣，亦不必悉行窮究。至東省白蓮邪教，其傳甚久，王樸所供王倫之師，係陽穀張既成，雖已身死，其塚亦應發掘。至張既成之師，東阿袁公溥必須查拏嚴究，而張既成妻弟張克印現在行道，亦應拏獲重究。其餘邪教流傳支派，實有可稽及行教已久者，不可不遂一查明，勿使復留餘孽。但邪教固當查禁，而入教者未必盡皆謀叛，若被誘之人，畏懼知改，及未經供出者，亦不必過於蔓延。總之搜查餘賊邪教二事，不可不期盡絕根株，然亦不能太盡。朕後殿自書有仲尼不必已甚之句，舒赫德深知之，惟當善體朕心，毋縱勿濫。（高宗九六八、二三）

（乾隆三九、一〇、甲申）大學士舒赫德等條奏臨清善後事宜。一、賊匪屯聚臨清舊城，居民率多逃避，今賊已剿平，其遠避別屬口食缺乏者，應令地方官酌量咨送。一、賊匪經過之處，民屋多被燒燬，難民回籍、除商賈及有力之户無庸賞給房價外，其貧乏者應酌給修費銀兩。一、難民回籍家無儲蓄，應照被災十分極貧例給口糧四月，請即動支倉穀及薊米，飭妥員分散。一、臨清城内居民，隨同文武官弁保護城池，業經蠲免正供。城外村莊被賊搶掠者應令地方官確查，將本年錢糧漕米等項緩至明秋後起徵。其附近臨清各州縣，因採辦軍需米麵豆草，民間蓋藏無多，漕米等項，應請一併緩徵。一、壽張、陽穀、堂邑、臨清等處首逆及有名賊目，並律應緣坐親族與入教從賊人等，均經正法發遣，所遣房屋地土應查明入官。一、賊匪屯聚臨清，搶掠民間牛馬甚多，或被宰殺，或經焚燒倒斃，勦賊後所存無幾，兼多饑瘦，明春農民耕作無資，請動支司庫銀飭發別處買牛，解赴臨清，令農民

領用，一年后，將牛價交官歸款。下軍機大臣會同該部議行。（高宗九六八、二八）

（乾隆三九、一〇、乙酉）諭軍機大臣等：東省解送逆匪王經隆等七犯到京，朕親加刑訊，並令軍機大臣會同刑部覆加訊問。據供，王倫義兒共十八人，除王經隆即王聖如已經解到，李世傑一犯前據舒赫德奏被火焚死，其餘如已獲之閻吉祥、李桐如尚未正法，即行解京。此外十四犯，著舒赫德查明已獲若干，未獲若干，其未獲者，並令周元理、何煟、楊景素一體嚴輯。又林哲係王倫義弟，李貴係王倫乾婿，李貴並與王倫相隨三年；代爲傳話，必須解京嚴訊。又據逆犯供有臨清城內開藥鋪人，王倫封爲御醫，著舒赫德查明，果有其人，即行查拏究治。再據供，國太一犯，帶領七八百人先往北門逃去，其人作何着落，並著查明覆奏。又據供惟一、格圖肯於十二日打仗經賊向前直衝，官兵就跑回等語。此等怯懦官兵，實爲可恨。……官兵如此潰逃，亦豈可不查明嚴辦？著舒赫德、楊景素即速訊出爲首倡逃者十餘人，正法示衆。其餘随同奔潰者，發伊犁等處，給兵丁爲奴，以示懲儆。（高宗九六八、二九）

（乾隆三九、一〇、丁亥）諭軍機大臣等：本日將逆犯王經隆等，命大學士九卿科道審訊。據王經隆及梵偉供，攻打臨清時，有臨清武生吳兆隆，曾設計用車裝載秫稭火藥，焚燒南門。梵偉並供，聞得搶船搭橋，亦有吳兆隆在內。訊之李旺，據供吳兆隆年約五十餘歲，在舊城小市居住，常趕集上店賣藥，其子吳士偉約三十歲等語。吳兆隆身係武生，甘心從賊，且爲之設計焚燒城門，搶船搭橋，實係罪不容誅。著舒赫德、楊景素迅即嚴拏，並其子一併派員飛速解京，毋任竄逸漏網。仍嚴飭解員，沿途小心押解，勿令自戕。（高宗九六八、三四）

（乾隆三九、一〇、己亥）諭：前因舒赫德奏，審訊賊黨孟璨在東省供有今歲歉收，地方官額外加徵，以致激變之語。賊供本無足據，但既有此言，不可不徹底查究。特降旨令舒赫德同新任巡撫楊景素，即行詳晰確查，如其言果實，並欲重治徐績之罪。今據舒赫德等覆稱，賊匪王倫起事之由，實係邪教謀爲不軌。前孟璨所供歲歉加徵激變之説，詳悉訪問毫無影響，且別犯亦從無供及此者，實係孟璨深恨地方官查拏嚴切，欲加禍以洩私忿，故爾混供。至今夏德州以北，雖略有短雨之處，與壽張等縣之收成八九分者無涉。前此逆賊搶掠各鄉米豆糧食，所在多有，是饑民釀釁之説，實屬荒唐等語。舒赫德、阿思哈俱欽差大臣，楊景素又係新任巡撫，與東省有無荒歉橫徵之事，初無所用其迴護。況徐績已經解任，復有何情面可徇。舒赫德等曾

第五章　農村人民的生活和反抗鬥爭 / 1829

經查訪，已有責成，又豈肯稍爲粉飾，代其受過乎？朕臨御三十九年，遇有水旱偏災，不惜多費帑金，廣爲賙賑，期不使一夫失所。且因海寓久安，人民繁庶，思欲藏富於民，俾益臻饒裕，特普免天下錢糧者再，普蠲各省漕糧者一，幾不啻數千萬計。朕愛民懷保之心，數十年如一日，此天下臣庶所共知者。若地方雨暘，稍或不時，朕宵旰殷懷，必多方詢問，以通民隱。若各省旱潦不齊之事，督撫奏報稍遲，經朕訪察得實，輕則申飭，重則議處，歷皆有案可稽，從未有因督撫諱匿災傷，謂其能爲國家惜費，特加任用之人，此亦天下臣庶所共知者。即如今夏山東得雨較遲，屢曾傳旨詢問，經徐績將得雨州縣時日，節次奏報，至各處霑透而止。且其報雨之候，或驗之鄰省報章，或證之總河奏牘，悉皆脗合，亦斷無能僞飾。則舒赫德等今日此奏，謂山東並非荒歉，益復可信。又如豫省秋成豐稔，而何煟以信陽、光山二州縣内水田獨被旱災，奏請確勘妥辦，此真不過一隅偏災，何煟尚不敢壅於上聞，朕亦即爲之溫旨批答。又如秋間，江南外河老壩口，黄水漲潰隄工，山陽等四縣田廬被水，即飭該督撫迅速堵築，加意撫卹，冀瀕水受災黎庶，早就安恬。曾因伊齡阿奏報被水情形，硃筆批詢，地方官辦賑卹事宜妥協否，蠹役有因而牟利者否，目下窮黎光景又如何，詳悉速奏來。今日伊齡阿奏覆適至，其摺具在，不妨與衆共閲者，而謂朕以民事爲重乎，不以民事爲重乎？朕欲督撫稍爲諱飾災傷乎，抑不許其諱飾乎？諸摺具在，與衆共閲之，公道自難掩没也。乃給事中李漱芳聞王倫叛逆之事，即妄云饑民聚衆滋事，是轉予亂民以藉口之端，實不知其是何肺腸。彼時若早爲宣示，適足以長逆匪之智，且恐因而誘惑良民，其誤更不知伊於何底。及賊黨要犯，就獲解京，命軍機大臣會同九卿科道，在刑部公鞫。聞有御史蔣良騏就訊賊犯，是否因災起事，並無有以災爲對者。朕復於紫光閣集衆親鞫，命李漱芳自問賊匪，亦無以災對者。是李漱芳前日之妄奏，衆心應共釋然。至所云直省亦有饑民，地方官在盧溝橋攔截，勿令他往，范宜賓尋襲其説入告。今年天津河間等處，原有偏災，經周元理奏聞，朕即諭撥通倉米十萬石，備賑借之用，此可謂之諱災乎？若云盧溝橋攔截饑民，朕即遣侍郎高樸、袁守侗，帶同李漱芳、范宜賓，前往良鄉及黄村、東壩各處查看，並未見成群乞食流民。乃李漱芳等所目擊，又有誰爲之隱飾乎？設果有其事，朕亦豈肯庇周元理而不治其罪乎？朕愛養斯民，實時凛如傷之念，不特饑饉災沴，常瘣於懷。如近日逆賊王倫敢作不靖，戕害良民，所傷不少，而被脅之人，招諭未出首告者，勦賊時亦不免玉石俱焚之事，朕每爲之惻然，已屢飭加恩優卹。而閭閻具有天良，如清河縣士民，至舒赫德軍營以牛羊等物犒師，其臨清舊城百姓，避賊復歸者四千餘戶數萬餘口，聞有撫卹之詔，無不感激涕零。是草野愚民，尚知仰體朕誠求保愛之至意，而李漱芳當逆賊倡亂之初，造作無稽之談，轉欲為賊飾詞卸過，實不得復比於人類，即治以阻賊惑眾之罪，亦所應得，但朕從不肯因言民隱之事，加罪科道。惟是李漱芳識見如此，心術如此，若令其復居言路，實足為世道人心之害。李漱芳著以部屬改用。並著將朕今日之旨，及自五月以來詢問徐績諭旨，及其覆奏各摺，並舒赫德等奏摺，周元理、何煟等查辦偏災並伊齡阿覆奏各摺，一併令九卿科道等閱看。並將此通諭中外知之。(高宗九六九、一〇)

(乾隆三九、一〇、丙午) 又諭曰：徐績在山東巡撫任內，因逆匪王倫等滋擾一案，辦理未能妥協，特將伊解任，令其緝捕逸犯，勉圖自効。並據舒赫德奏，逆犯孟璨供詞，有地方災歉、官吏額外加徵、釀成事釁之語。若所供果確，即應將徐績重治其罪，因諭令舒赫德、楊景素等，密訪嚴查。嗣據舒赫德查奏，壽張年歲有收，該縣亦無橫徵加派之事。今日並據楊景素奏，東省秋成，通計八分有餘，其非匿災可知。是徐績之咎，祇在失察邪教，尚非大過，念其平日辦事頗能黽勉，著加恩補授河南巡撫，並管提督，仍革職留任，俟八年無過，方准開復。所有從前賞給孔雀翎，亦不准戴用，以示懲儆。河南巡撫員缺緊要，徐績即速前往接辦，其未到任之前，巡撫印務，著榮柱暫行護理。(高宗九六九、三〇)

二五、乾隆四二年甘肅河州王伏林圖謀起事

(乾隆四二、一一、辛巳) 又諭曰：勒爾謹奏，河州民黃國其家，聚集多人，豎旛念經，並勒令居民供應糧食，且敢抗拒傷差等因一摺，殊堪駭異。按察使李本與勒爾謹先後馳往查拏，自應如此辦理。內地民人，敢於設教聚眾，並立有教主，豎旛占聚一村，入教者皆以白布為號，即與前此山東叛逆王倫無異，其情罪實為可惡。所有首夥各要犯，必須上緊弋獲，盡法重治其罪，以示嚴懲。但陝甘兩省，回民最多而易滋事，此案若係回民，或恐恃其勇悍，敢於抗拒，不可不用官兵勦捕。今勒爾謹前往，自必帶有兵役，第恐為數無多，或不敷應用。提督法靈阿，近在該省，應即選帶精兵，星夜馳往協勦。如各犯業就全獲則已，若尚有抵拒情形，法靈阿即在彼調度，加之以兵，或勦或擒，相機妥辦，勿使一犯漏網。就獲後，勒爾謹即將案內各要犯，嚴訊起意聚眾、煽惑糾約各實情，分別凌遲斬決，一面於該處正法梟示，一面奏聞。(高宗一〇四五、九)

（乾隆四二、一一、癸未）陝甘總督勒爾謹奏：河州民黃國其家，聚衆拒捕，臣親往查辦。該州已拏獲從匪石忠信等七名，訊明倡教首匪，名王伏林，自稱彌勒佛轉世，聚集二千餘人，擬攻河州，先令石忠信等赴州探信，即被拏獲。現在調兵一千，併力擒拏。諭軍機大臣等：據勒爾謹奏，於十一日抵河州，已據該州拏獲匪犯石忠信等七名，審訊錄供，現在調兵併力擒拏等因一摺，所辦尚好。（高宗一〇四五、一四）

（乾隆四二、一一、乙酉）又諭：昨據勒爾謹奏，河州邪教匪犯王伏林等聚衆念經，署牧前往查拏，該犯拒捕傷差，當即督率司道等，帶領官兵，前往勦捕，隨將其四教主石忠信、教師郝天祥等拏獲。本日又據奏稱，官兵並力勦捕，生擒匪犯五百二十二名，其為首教主王伏林、張志明、王九兒均經殲斃。現將生擒各犯，帶赴省城嚴審，分別定擬等語。此案匪犯等設立邪教，豎旛念經，聚集多人，敢於顯抗兵役，實為不法已極。該督一聞該署州稟報，即親往該處，帶同文武，飛調官兵，直抵該犯巢穴奮力勦戮。一日之內，已將逆衆就擒，渠魁殲殄，所辦甚為妥速。勒爾謹及李本、蔣全迪、西德布等，俱著交部議敍。其餘在事員弁，或尚有出力者，著該督查明具奏，一併交部議敍。至摺內所稱把總楊化祿，勇往被傷，殊堪嘉尚，俟其調理痊愈時，即行送部引見，或因傷重身故，亦奏明交部，照陣亡例議卹。（高宗一〇四五、二三）

二六、乾隆四四年四川榮縣羅朝臣等準備起事

（乾隆四四、二、己未）諭曰：文綬奏，榮縣、富順地方，訪有奸民惑衆之事，分飭司、道前往各該處，率同該府縣等，嚴速查拏，並親赴督辦。已將收受僞照之畢登臣及造謀為首之羅朝臣拏獲，並續獲要犯龔海、吳懷應、鄧朝玉及供出夥犯共五十一名，又起獲綾片執照，及黃布小旗共五十九件。現在根究嚴緝，研訊確情，從重辦理等語。奸民胆敢假造旗記執照，捏寫僞職，傳布邪言，招人入夥，不法已極。該督一聞稟報，立即親往該處，督同道府等嚴速查拏，於數日內，將首夥各要犯緝獲，並究明造謀糾夥惑衆各情節，所辦甚為妥速。文綬及該道德克進布、陳奉茲、陳爕等，俱著交部，照勒爾謹辦理河州王伏林一案之例議敍。所有榮縣知縣符兆熊，首先訪拏破案，甚屬可嘉，著於事竣時，送部引見。（高宗一〇七六、一五）

（乾隆四四、二、庚申）諭軍機大臣等：據文綬奏，榮縣、富順縣，有奸民畢登臣等，傳布邪言，捏造僞印，招人入夥，即自省起程，馳赴該處，

督同該司道等,嚴速查拏,已將首夥各犯緝獲究審等語。所辦甚好,已另降諭旨,將該督等交部議敘矣。奸民敢於光天化日之下,傳布邪言,捏造印照,散給多人,糾夥不法,其情罪實爲可惡,不可不盡數拏獲,從重治罪。至所稱朱天龍,其里居蹤跡,尤宜根究明確,嚴緝速獲,毋使首惡得以漏網。著傳諭文綬務將匪夥各犯,嚴加審訊,務得確情。並於定案時,多辦數人,大示懲創,俾共知儆畏。仍當一面奏聞,一面即行正法,勿使兇徒稍稽顯戮。將此由五百里諭令知之。(高宗一〇七六、一七)

(乾隆四四、二、甲戌) 又諭:前據文綬奏審辦榮縣奸民韓培元等散照惑衆一案,朕以該督既將韓培元等六犯,先行審明正法,其餘黨夥各犯,自即質訊明確,續行定擬具奏,是以諭交該部覆議。今據刑部將案内例應緣坐之犯,先行議奏,此外原無可覆議之人。由於文綬辦理此事,未能周到之故,此案夥犯如張應、畢登臣等一百一十餘人,其中豈無情節較重、應行正法之犯?文綬自應將既獲者上緊審辦。未獲者速飭嚴拏。乃前摺奏到以來,至今已逾旬日,尚未續奏,殊屬疏懈。……著傳旨申飭。至熊子龍一犯,當韓培元密散狂言時,代爲作證,分受誆騙錢文,實爲此案要犯,尤不可任其漏網。著傳諭文綬即速設法嚴拏務獲,審明從重究擬,毋致兔脱稽誅。再原奏内,有該犯捏造朱天順繼改名天龍一犯,稱其現在雲南,年僅十二,係張祖扶助等語。所稱自即指滇省邪教首犯張保泰而言。雖當時已將該逆犯戮屍示衆,但此等妖言惑衆之案,往往本犯已經伏法,而其餘孽,仍然假託名目,煽惑人心,最爲可惡。現在滇省必尚有指稱張保泰之教,流傳煽惑。即朱天龍或亦竟有其人,不可不嚴密緝訪,徹底查辦,以净根株。至熊子龍或因川省查拏甚急,竄入滇省潛匿,亦未可定。著傳諭李侍堯、裴宗錫,即飭各屬嚴行訪拏,實力查究,不得僅以虚文塞責。仍將作何查辦情形,即行覆奏。將此由六百里傳諭知之。尋李侍堯等奏:滇省自乾隆十一年,張保泰子張曉謀爲不軌正法,並將張保泰戮屍,迄今嚴禁邪教,雖無流傳煽惑、破案到官,但邊民易愚,恐仍有指名作奸之人,應飭屬實力查拏。至朱天龍,是否實有其人,熊子龍有無竄入滇境,均應嚴查務獲,以絶根株。報聞。(高宗一〇七七、六)

二七、乾隆四八年臺灣鳳山縣農民豎旗起事

(乾隆四八、二、甲申) 諭軍機大臣等:據黄仕簡等奏,鳳山縣小岡山地方,有匪徒豎旗,詞甚悖逆,隨在山中徧加搜查,並無蹤跡。嗣報盤獲形跡可疑之林弄、陳虎二名,押解前來,詳加研鞫,毫無證據等語。已於摺内

批示矣。諸羅、彰化二縣，奸民不法，聚衆械鬥，甫經嚴拏重治，乃又有奸匪豎旗，書寫進兵交鎮字樣。可知臺灣諸事廢弛，刁風未息，不可不嚴拏究辦，從重懲治，以靖海疆而安良善。（高宗一一七五、七）

（乾隆四八、三、己酉）又諭：據黃仕簡等拏獲鳳山縣編造逆詞、豎旗圖搶之首夥各犯，分別辦理一摺，著交三法司覈擬速奏。至此案首犯陳虎等，經鳳山縣知縣徐英因該犯等形迹可疑，即行拏獲，嗣復訪知夥黨柯達及代爲寫旗之沈竈等亦俱弋獲，尚屬能事。現在該處正在查辦之事，未便令其離本任，送部引見，著加恩加一級以示優獎。俟該縣任滿調回內地咨部時，著該部奏聞請旨。（高宗一一七七、九）

二八、乾隆五一至五三年天地會臺灣林爽文起義

（乾隆五一、一二、丙寅）閩浙總督常青奏：臺灣彰化縣賊匪林爽文，結黨擾害地方，十一月二十七日，知縣俞峻，在大墩拏賊遇害，縣城失陷。臣聞信，飛咨水師提臣黃仕簡領兵二千名，由鹿耳門飛渡進勦，並派副將、參將、都司等，帶兵分路夾攻。臣駐泉州，與陸路提臣任承恩居中調度，委金門鎮總兵羅英笈，赴廈門彈壓，飭沿海州縣防範，咨廣東、浙江督撫，嚴查海口堵拏。得旨：即有旨諭。諭軍機大臣等：臺灣地隔重洋，民習俗悍，屢次滋事。今有彰化縣賊匪林爽文等，糾衆騷擾，殺害官長，攻陷城池，尤爲罪大惡極，不可不痛加殲戮，以示懲創。彰化知縣拏匪被害，該縣不能嚴密防範，雖失之疏懈，但帶兵緝犯，事屬因公，並著該督撫查明該縣，如平日並無別項劣蹟，及激變情事，即據實奏聞，候朕降旨交部議卹。至黃仕簡甫經病愈，一聞匪犯滋事之信，即帶兵渡臺，殊屬奮勉可嘉。……至賊匪么麼烏合，黃仕簡到彼，督率該鎮道盡力堵勦，無難立就撲滅。但恐餘黨四散竄逸，或偷越內渡，常青、任承恩現住蚶江一帶，著嚴飭沿海口岸地方文武員弁實力巡防，最爲緊要。常青、徐嗣曾等總須不動聲色，妥協辦理。若因外洋遇有此等案件，該督撫紛紛調遣，跡涉張皇，轉至內地民人心生疑駭，殊有關係，該督撫不可不處以鎮定也。（高宗一二七一、二二）

（乾隆五二、一、己丑）閩浙總督調任湖廣總督常青奏：臺地將賊目楊振國、高文麟解到。據供逆犯林爽文住彰化大里杙莊，平日窩賊搶竊，樹黨結會，經該縣俞峻訪聞，差役楊咏即楊振國往拘，嗣知從前林爽文犯竊被獲，係該役賣放，遂將該役收禁。又聞別案逸犯張烈等，亦逃避林爽文處，該縣即稟知鎮道，帶兵搜捕。林爽文起意戕官，占據縣城，即於十一月二十

九日攻破彰化，自稱盟主大元帥，楊振國爲副元帥，分攻諸羅、淡水。楊振國等，旋經陳邦光募集鄉勇擒獲。又供：天地會，係平和縣人莊烟即嚴烟於五十二年過臺起會，云係廣東後溪鳳花亭和尚洪二房同一十五六歲朱姓人倡立等語。該犯等膽敢從逆戕官，占據城池，實屬罪大惡極，應請解京究辦，一面派員密訪嚴烟下落，一面飛咨粵省躧緝洪二房及朱姓人蹤跡，期於必獲，以便歸案辦理。諭曰：常青辦理此事，初時未免稍涉矜張，嗣據該督等節次奏到調度進勦各事宜，辦理漸有主見。至所獲匪犯，朕意本欲令其解京，今該督於獲犯審明后，即請解京審辦，並鎮静辦理各事宜，皆與朕意適合，不意常青竟能如此，甚屬可嘉。至嚴烟籍隸漳州，不難即時擒獲，並著常青於拏獲該犯後，一併妥速解京。前因該處善後事宜緊要，恐常青究係初任，因思李侍堯外任有年，較爲諳練，是以降旨調任，令其前往辦理，此時該督惟應督率弁兵，於應行辦理之事，悉心調度，以期迅速蕆事，朕必加恩嘉獎，更不必以調任縈心，稍存疑畏，轉於勦捕無益。現在黄仕簡、任承恩自必已到臺灣，厚集兵勢，合力勦捕，賊匪自無難立就殲滅。一得捷音，迅速馳奏。（高宗一二七三、一四）

（**乾隆五二、二、甲辰**）廣東巡撫孫士毅奏：拏獲天地會匪犯許阿協等四名，供在漳州地方，被賴阿邊等糾引入會，其會起於乾隆三十二年，凡入其教者，以三指按心爲號，便可免於搶奪。諭軍機大臣等：天地會名色，起自三十二年，爲時已久，且該犯等輒敢轉相糾約，暗用記號，奪取財物，毫無忌憚。而許阿協等俱在漳州地方，被誘入夥，並未渡臺，可見此等邪教，閩省内地已有，尚不止臺灣一處。從來倡教立會，最易煽惑人心，爲地方之害。上年大名糾衆戕官一案，段文經亦借立八卦會爲名，互相勾引，遂成逆案。而閩省匪徒，公然立天地會名色，肆行搶奪，較之大名邪教，其案更久。此總由地方官平時不肯實力查察，及遇有犯事者，又不能徹底根究，以致姑息養奸。即如上年臺灣楊光勳一案，所立會名，即係現經查出之天地會，乃地方官改作添弟二字，明屬化大爲小，希圖規避處分。此次林爽文等滋事不法，即由從前養癰貽患所致，不可不嚴切究辦，以净根株。著該督等於事定後，密訪嚴拏，痛予懲創，勿再稍留餘孽。並將三十二年以後，失察邪教之督撫及文武大小員弁，徹底查明，據實參奏。其辦理楊光勳一案，將天地二字改作添弟字樣之臺灣地方官，其咎更重，並著確查嚴參，以示懲儆。至許阿協供出勾引入教之賴阿邊等犯，俱籍隸漳州，該督等俟臺匪辦完後，即飭屬嚴緝務獲，訊明黨羽，按名究辦，毋任奸徒漏網。（高宗一二七四、一八）

第五章　農村人民的生活和反抗鬥爭

（乾隆五二、二、丁巳）諭軍機大臣等：現在臺灣勦捕官兵，節經常青奏報，先後調派共計一萬二千餘名，軍威已極壯盛，任承恩等並不親臨行陣，僅派委將弁零星打仗，致首惡潛匿稽誅，轉以賊勢蔓延必須派兵進勦爲辭，可見任承恩儒怯無能，不過藉此以掩飾其遷延觀望之咎。昨已降旨嚴行申飭，著再傳諭常青，於到臺灣時，遵照前旨，留心查察，據實嚴參，毋得稍有瞻徇。計此時兵力已足，更無庸再議添兵。至現在大兵四路會勦，賊人勢在危急，其有擒獲賊目割取首級呈獻及臨陣乞降者，已諭令常青分別查辦，果係被賊脅從，尚可寬其一線，分別發遣新疆等處，給厄魯特兵丁爲奴。但此時賊黨尚多，此等匪徒，目前冀緩誅戮，恐有挾詐僞降情事，尤應嚴密防範，並著常青察看確情，愼重辦理，毋得稍有疎忽，所謂受降如受敵，不可不知也。（高宗一二七五、一一）

（乾隆五二、三、癸未）兩廣總督孫士毅奏：續獲天地會匪犯林功裕供出之朱洪德、洪李桃二犯，與閩省從前供出之洪二和尚及朱姓形跡相同，已移咨閩省嚴緝。諭：此案倡會結盟煽惑人心首犯，不可不嚴緝務獲，跟究黨羽，以盡根株。現據所供姓名、住址，俱在閩省，且有記號歌訣，轉相糾約，搶奪財物，是該犯等在閩省結會滋事，竟係明目張膽，毫無忌憚，其黨羽必多，無難跟蹤緝獲，徹底究辦。……徐嗣曾在漳泉一帶海口督查，尚無緊要事件，著該撫即親赴各該處將朱洪德、洪李桃二犯嚴緝務獲，訊明夥黨，一面按名查拏，一面即派委幹員將二犯迅速解京歸案審辦。該撫務須不動聲色，嚴密妥速辦理，毋任奸徒漏網。（高宗一二七六、二七）

（乾隆五二、四、己酉）又諭：現在福建臺灣地方，賊匪林爽文膽敢聚衆煽亂，抗拒官兵，殊屬可恨。日已就近派兵往勦，須派曾於軍營閱歷之巴圖魯、侍衛、章京等，令其分領打仗，始得勦滅賊匪，迅速蕆事。著派健銳營副翼長烏什哈達，護軍參領岱三保、副護軍參領官保、德成額、果勒敏色、三等侍衛雅爾江阿、富克精額，委署護軍參領塔斯哈，著每人各賞銀一百兩，作速束裝馳驛前往，晝夜加緊，赴福建臺灣府，交常青等，令其分管兵丁，奮勉出力。於沿途驛站，不可騷擾遲緩。（高宗一二七八、二五）

（乾隆五二、四、丙寅）諭軍機大臣等：臺灣向來一歲三熟，是以產米甚饒，足敷內地民食。今林爽文滋事不法，民皆失業，農未歸耕，以致米無所出。常青於所過地方，務須督令該道府等，妥爲安輯，詳悉曉諭該處百姓，於收復處所，即令其先行儘力補種，仍可有收。即不能接濟內地，於本處民食，亦屬有益。（高宗一二七九、二七）

（乾隆五二、五、庚寅）湖廣總督仍辦臺灣軍務將軍常青奏：臺灣賊匪醜類衆多，自府姚十里之外村莊已被盤踞。又，署福建陸路提督柴大紀奏：四月十六日，賊匪萬餘來攻諸羅各情形。諭軍機大臣等：看來南路賊匪蜂屯蟻聚，勢尚蔓延，常青發摺時只有粵兵四千名，於進剿事宜似不敷用，計此時恒瑞所帶滿兵一千名及李侍堯奏撥浙江兵一千名，早抵臺灣。兵力益厚，軍威愈壯。常青、恒瑞親督率前赴南路，跟蹤搜剿，廓清後路，並揀派得力將備，於賊匪出沒各要隘，駐兵守御，防其繞出來犯鳳山郡城之路，最爲緊要。至賊匪日積日多，蔓延滋擾，皆無藉貧民迫脅從賊，一將林爽文擒獲，自必紛紛潰散。至鄉勇義民隨同官兵晝夜防範，奮勇殺賊，實屬可嘉，其陣亡受傷者，前經降旨，照兵丁之例加倍卹賞。（高宗一二八一、一九）

　　（乾隆五二、五、甲午）諭軍機大臣等：……天地會名目，上年系林爽文倡起，由臺灣而至內地。現據藍元枚訪知，會匪多係漳屬之平和、長泰等縣人，是林爽文不但窺伺臺灣，並欲勾結漳、泉一帶，蔓延滋擾，顯有先得臺灣便可漸入內地之意，甚爲奸險可惡。但此時不可遽行查辦，以致人心驚擾，將來剿賊事竣後，常青、李侍堯務將結會根由及附從入教者詳悉查明，痛加懲創，不可稍留餘孽。（高宗一二八一、二七）

　　（乾隆五二、五、丙申）又諭：朕披閱藍鼎元所著東征集，係康熙年間臺灣逆匪朱一貴滋事官兵攻勦時，伊在其兄藍廷珍幕中所論臺灣形勢及經理事宜。其言大有可採。如……與提督施世驃書，內稱：賊衆至三十萬，其中畏死脅從，非盡出於本願，或有掛名賊黨以保身家者，若盡誅之，多殺生靈，亦屬無益，似應止殲巨魁，反側皆令自新等語。現在林爽文糾合匪衆，所到村莊，以勢迫脅，如有不從者，即行焚殺。小民畏死偷生，出於不得已，勉強附從，以致日積日多，前後自出一轍。朕於此事初起時即經降旨，諭令該督等惟將渠魁首逆及實在黨惡不法者，殲戮無遺；其被賊迫脅聽從者，准其悔罪自新以解賊黨。藍鼎元之語，適與朕意相合。常青於整齊兵力進勦時，不妨先將此意出示曉諭，使被脅良民及從賊夥黨，得以畏罪投誠，亦解散賊黨，先聲奪人之一法。（高宗一二八一、三〇）

　　（乾隆五二、六、乙卯）又諭曰：常青等統兵進勦，遇賊蠭湧前來抗拒，乍見兵少賊多，未免驚惶，但調兵動經數省，又隔重洋，未免緩不濟急。臺灣更覺炎瘴，尤恐水土不服，若簡派京兵，又須大員帶往，未免駭人觀聽，已另降諭旨，派廣州、杭州駐防滿兵及李侍堯先行調備本省兵，合之常青等現在咨調粵省兵及孫士毅挑備兵，已足該將軍所奏一萬一千之數；以九千名前赴常青處聽候調撥，其餘二千名，著往鹿仔港，以助藍元枚之力，自足敷南北兩路攻勦之用。再藍元枚進到圖說，內有岸裏社熟番三千餘人不肯從賊等語。此等熟番被賊誘脅，不肯附從，即與義民無異，藍元枚應速爲慰撫，給與馬兵糧餉，令随同官兵打仗，於聲勢益覺壯盛。若不給與養瞻，該番等莊社既爲賊匪焚燬，無以資生，豈不去而從賊！並著傳諭常青等，南路如有似此不肯從賊之番社民壯，皆應招集獎撫，或令入伍，以壯聲威，而分賊勢。但須詳愼查察，恐其中有賊匪混入，希圖内應之事，不可不加意嚴防也。再現在大里杙、水沙連等處賊巢内，有民人十餘萬，因衣食缺乏，多有從賊入夥者，若因其從賊打仗，即不准其悔罪投誠，此等脅從民人永無自新之路，轉堅其從賊負固之心，所關匪細。著常青、藍元枚等一面出示曉諭，無論從賊打仗及被賊驅使者，一經棄械投誠，即爲良民，或諭令歸耕各安本業，或有随營自効勦賊立功，如莊錫舍者，即酌量獎拔，以解散賊黨，尤爲此時要務。至林爽文不但上干國法，而且纍及父母，實屬罪大惡極，覆載不容，斷無不速就殲滅。即使藉詞地方官平日擾纍，以致伊等激成事端；但地方文武俱爲所戕害，已足相抵，更復何所藉口？且朕惠愛黎元，休養生息，雖臺灣遠隔重洋，撫綏軫卹，從無歧視。現在被脅民人，俱有天良，斷無始終附逆，甘心從賊之理。況賊匪雖猖獗，皆爲烏合，究易潰散。此時脅從者，將來徒受其纍，同歸殲戮，亦何所貪戀，而不速行悔罪自新耶？著常青、藍元枚將此傳旨詳悉出示曉諭，俾脅從百姓及早投出歸耕，賊黨自見離散，漸就窮蹙。（高宗一二八三、六）

（乾隆五二、六、庚申）諭曰：臺灣逆匪林爽文等糾衆不法，刼縣戕官，該處知府、同知、知縣等，同時被害。前經常青等查明具奏，朕因各該員究係守御城池，猝被戕害，尚屬因公，是以降旨交部從優議卹。今細思徐訪，知逆匪林爽文等起事之由，皆因該地方官平日廢弛貪黷，視臺灣缺分爲利藪，不以冒險渡海爲畏途，轉以得調美缺爲喜，督撫之無能者，又或徇情保薦，明知不察，曖昧牟利，皆不可知，而劣員等並不整頓地方，撫綏安戢，於作奸犯科者又不及早查辦，惟知任意侵漁肥橐，以致斂怨殃民，擾纍地方，遂使桀驁奸民有所藉口。即如上年楊光勳等結黨倡會、拒捕戕官一案，該地方官並不徹底嚴究，痛示懲創，轉將所立天地會名目改爲添弟字樣，希圖化大爲小，將就了事，此即明證也。以致會匪奸民等，由此益無忌憚，肆意妄行。是林爽文等滋事不法，實由該地方官養癰貽患，釀成事端。且林爽文恃其險阻，將所住大里杙巢穴繕完布置，竟成負固之勢；又私造旗幟器械，是其蓄謀已非一日，該地方官平日惟利是圖，漫無覺察，形同木偶，以致逆匪等乘機竊發，猖獗蔓延，至今勦捕尚未蕆事。除近年歷任督撫已令爵賠軍餉，及現在文武各員令常青、李侍堯等於事竣後，嚴行查參辦理外，至此次被害各員，身任地方，全無整頓，致使民怨滋事，賊匪縱橫，使其身若在，尚當治以重罪，今雖身被戕害，已爲僥倖，非釁起倉猝，仗節抱忠，歿於王事者可比。今不加追究將伊等家屬治罪，已屬格外從寬，而伊等種種廢弛激變，縱惡養奸，貽害地方，該處民人受其荼毒，若此等劣員，仍得復邀恩卹之榮於身後，又何以警貪劣而肅官方，不可託之善善欲長，惡惡欲短也。所有已經具題議給卹典者，著暫停辦給；其未經咨部具題者，概從緩辦。此等被害各員內，或有平日居官尚稱廉謹，當被賊戕害時，實能抗節罵賊而死，及到任未久，在倡會以後者，該省官民自有公論。著交常青、李侍堯詳確訪查，據實具奏，到日另行分別降旨，以示彰善癉惡，微勞必錄至意。（高宗一二八三、一二）

　　（乾隆五二、七、庚辰）福建水師提督參贊藍元枚奏：現在鹿仔港四面受敵，又彰化、淡水交界之大甲溪、岸裏社等處，亦被賊滋擾。官兵分路堵勦，不敷調用，請添撥閩兵二千、粵兵三千。再查鹿仔港至斗六門六十餘里，至諸羅九十餘里，沿途皆有賊匪屯聚，臣即日帶兵由東螺、西螺等處直攻斗六門，並與柴大紀訂期會勦。諭軍機大臣等：前已有旨，令李侍堯將添調兵一萬一千名內，撥粵兵二千名與藍元枚；又據李侍堯奏豫備漳州有眷屬兵二千，亦有旨令派赴鹿仔港。今該參贊既請添兵五千，著孫士毅再於廣東挑撥兵一千名速赴閩省，並著李侍堯於漳、泉等處速行召募兵一千，接濟調撥。若漳、泉召募之兵，於粵兵未到之前業經召募齊集，即將募兵一千撥往鹿仔港應用，以足所請添兵五千之數。其餘一千，著李侍堯即由五虎門配渡，竟赴淡水接濟徐鼎士。（高宗一二八四、二五）

　　（乾隆五二、八、甲子）閩浙總督李侍堯奏：臺匪勢雖鴟張，其實多係脅從，若來投者加以安撫，或就各村莊煮賑，或散給銀米，亦足散賊黨而省兵力。請將浙江、江南、江西等處現在運到閩省米石，多解臺灣南北兩路，以供支應兵民及招撫脅從之用；其續行解到者，分運漳、泉一帶平糶，接濟民食。得旨：如此經理甚愜朕懷。（高宗一二八七、二五）

　　（乾隆五二、一〇、戊戌）諭：現在臺灣勦捕逆匪尚未竣事，所有軍需等項，動用較多，著該部於隣近福建各省分酌撥銀三百萬兩，令各該督撫派委妥員迅速解往閩省備用。（高宗一二九〇、七）

　　（乾隆五二、一〇、丁巳）又諭曰：普吉保奏，九月初六日帶領官兵，由大突溪前往笨港援應諸羅。十三日行抵麥仔寮有賊數千，苛派良民銀米，不能應付，賊匪欲焚燬村莊，百姓正驚惶無措，適官踵至，賊衆奔逸，百姓歡聲動地。隨密探賊匪均集笨港。是夜賊匪暗放火號，並聞諸羅礮聲徹夜不絕，當飭將弁分作三隊，直前沖殺，賊衆蜂擁迎拒，普吉保督率官兵，奮勇攻殺，鎗礮並施，打死賊匪數百人，生擒賊夥楊意、蘇媽、張固三犯，奪獲器械三十餘件，鞭礮一門，耳記十八個，米穀薯乾百餘石，並焚燒坂頭厝等賊莊七處。是日又有賊匪數百人攻犯大營，官兵奮力堵禦，殺賊十餘人，燒熯賊莊，賊衆退散。現在與恒瑞、柴大紀訂期三路會合併力夾攻，賊匪可剋期殄滅等語。臺灣逆匪林爽文等糾衆不法，肆行滋擾，搶佔村莊，實爲罪大惡極。今普吉保督率將弁兵丁由大突溪一路偵探賊蹤，奮勇勦殺，焚燬賊寮，生擒賊夥，奪獲器械銀米甚多，收復笨港，實爲出力可嘉。……數旬以來，因海洋風色不順，臺灣府城及諸羅、鹽水港三處，俱被賊擾，文報不能常通，朕心正深廑注；今普吉保已將笨港收復，殺散賊匪。該處距諸羅止二十里，距鹽水港止三十里，聲息密邇，普吉保乘勝直前，諸羅、鹽水港兩路形勢聯絡，恒瑞、柴大紀自可接應會合。而常青處前此曾有被賊滋擾之信，今據李侍堯奏，據臺灣地方官稟報，常青因恒瑞在鹽水港被賊攔阻，未能前進，即派委總兵梁朝桂、副將謝廷選帶兵一千，前往策應。恒瑞處原有兵三千，今復得此一千兵接濟，自更可統領勦賊。而常青處既能分兵援應恒瑞，則府城兵力充足，自守有餘，可知無虞賊擾。是諸羅、鹽水港及臺灣郡城三路，均可自爲保護，乘機攻勦。且賊匪在麥仔寮苛派良民銀米，焚燬村莊，可見賊衆糧食將次就盡，已有潰散之勢，而百姓一見官兵踵至，歡聲動地，更可見民心效順，不肯從賊。即日福康安、海蘭察等統領大兵，分路進勦，諒此么麽草寇，無難一鼓成擒。福康安現據李侍堯奏，尚在大擔門候風渡洋，而新調廣西兵三千，已抵厦門，四川屯練，早入閩境，不日可到，而貴州、湖南兵，亦接踵而至。福康安正可帶領勁兵，揚帆同渡，徑抵鹿仔港，督率進勦。且臺灣府城及諸羅、鹽水港三處，於福康安未到之前，俱各保守無虞。今福康安又帶領鋭勇新兵，並總兵鄭國卿所帶之閩省兵丁，共計生力官兵又有萬餘，且有海蘭察及巴圖魯侍衛章京等分隊統領，軍威振作，士氣百倍。即日與常青、恒瑞、柴大紀、普吉保等，南北會合，直擣賊巢，似可掃穴擒渠，膚功迅奏，竚待捷音之至。將此通諭知之。(高宗一二九一、二〇)

（乾隆五二、一〇、丙辰）諭軍機大臣等：賊匪經過地方其附近民人，本非甘心從賊，特因賊匪逼迫，無奈聽從。即如麥仔寮地方，幸官兵前往，該處民人，得所倚仗，否則，必致被賊脅從。是前此業經從賊民人，其中爲賊所迫，勉强附從者，自復不少。福康安此時尤應將安分良民，妥爲撫慰安戢。即已經從賊者，亦應設法招徠，分別辦理，不可因已經從賊，概予殲

除，轉致阻其自新之路，堅其助逆之心，此爲最要。（高宗一二九一、二三）

（乾隆五二、一一、己巳）又諭：從前平定金川前後派調之兵共有十萬，而此次勦捕臺灣賊匪，福建本省前後所調滿漢官兵已二萬有餘，粵省節次派調官兵又有一萬三四千名，加以浙江、川、黔、粵西、湖廣等省陸續添調之兵，又不下萬四五千，合之臺灣原有額設兵萬餘，統計已幾及六萬，兵力實爲厚集。況金川係土司地方，番衆久經生聚，且其地勢險隘，碉卡林立；而官兵深入攻勦，直擣巢穴，展拓疆宇，隸我版圖。彼時不過需兵十萬，即克奏膚功。今臺灣本屬內地，逆匪林爽文等不過編戶細民，糾衆倡亂，一時蟻聚；況泉州廣東義民，皆屬急公效義，較之平定金川，難易奚啻倍蓰。勦賊制勝之道，全在主將之一心，如能立志堅定，胸有成算，則運籌決勝，自當所向無前，將士等亦俱勇氣百倍；若將兵之人，先不免心存猶豫，中無把握，即使增益多兵，亦難望其勇往得力。福康安當堅持定見。（高宗一二九二、一八）

（乾隆五二、一二、庚戌）諭：福建臺灣府孤懸海外，遠隔重洋，地方遼闊，民情刁悍，無籍奸徒，往往借端滋事，皆由地方官吏任意侵婪，累民歛怨。而督撫遇有臺灣道府廳縣缺出，又以該處地土豐饒，不問屬員能勝任與否，每用其私人，率請調補，俾得侵漁肥橐。所調各員不以涉險爲虞，轉以調美缺爲喜，到任後利其津益，貪黷無厭，而於地方案件惟知將就完結，希圖了事，以致奸民無所畏憚，始而作奸犯科，互相械鬬，甚至倡立會名，糾衆不法，遂爾釀成巨案。總因歷任督撫闒冗廢弛，地方官吏竟不可問。從前歷任督撫業經身故者，今不復追治其罪，此外如富勒渾、富綱、雅德等亦姑免其深究。但經此次大加懲創之後，海疆重地，不可不力爲整頓，以期綏靖地方。向來三年一次出派巡臺御史，……不過虛應故事，仍屬有名無實。嗣後著照四川巡查侵儹拉之例，令該督撫及水師陸路兩提督每年輪值一人，前往臺灣嚴行稽查。該處道府廳縣本皆督撫所屬，其賢否自易知悉，如有黷法營私，擾累小民之事，即可就近查明，據實參奏。至營伍弁兵係由內地換班派往防守爲水陸兩提督素所管轄，其操防一切孰勤孰惰及有無擾累生事之處，尤易隨時查察，既足以資彈壓，又可以整飭吏治戎行，於海疆實爲有裨。再臺灣道府向有缺出，俱由該督奏請調補，易啟夤緣瞻徇之弊，嗣後該處道府缺出，俱著請旨簡放。……所有請派巡查臺灣御史之例，竟行停止，著爲令。（高宗一二九五、八）

（乾隆五二、一二、庚戌）又諭：現在臺灣勦捕逆匪大功指日告竣，一切善後事宜，需用較多，自當寬爲豫備，以資接濟。著戶部於附近鄰省內，

再酌撥銀二百萬兩，令該督撫派員迅速解往閩省，交該督等收貯備用。(高宗一二九五、一一)

（**乾隆五二、一二、己未**）諭軍機大臣曰：柴大紀前任臺灣總兵時，廢弛營伍，縱令兵丁渡海貿易，是以有林爽文等跳梁滋事。(高宗一二九五、三七)

（**乾隆五三、二、甲午**）欽差協辦大學士陝甘總督辦理將軍事務福康安，領侍衛內大臣參贊公海蘭察，成都將軍參贊鄂輝奏：賊首逃入內山，經臣等節次分派官兵堵截要隘，於正月……初四日在老衢崎地方，將逆首林爽文、賊目陳傳、何有志、林琴、吳萬宗、賴其曭等一同擒獲。現在搜查餘匪，並令入山各兵休息數日，即行統率大兵，肅清南路。……諭曰：福康安等，自鹿仔港進兵後，督率將弁奮勇攻勦，連次克捷。前於嘉義縣破賊解圍，業經降旨，將福康安、海蘭察晉封公爵，賞給紅寶石頂、四團龍褂以示優獎。今逆首林爽文經福康安等設法生擒，辦理周妥，實屬可嘉，特親解御用佩囊二個，分賜福康安、海蘭察用昭恩眷，所有在事出力之將弁等，並著福康安查明，咨部議敘，其隨征兵丁，並著福康安分別獎賞。(高宗一二九八、二)

（**乾隆五三、三、壬申**）大學士等奏：臺灣解到賊匪，除何有志、林澆等業經因病先行正法，其逆首林爽文，糾衆倡亂，戕官攻城，復編造年號，私封偽職；賊目陳傳，從賊戕官，受封偽職，與官兵義民打仗多次，均應按律凌遲處死梟示。至何有志、陳傳等家屬，例應緣坐。應令該督撫嚴查辦理。得旨：林爽文、陳傳著即凌遲處死梟示。餘依議。(高宗一三〇〇、二〇)

（**乾隆五三、四、丙午**）欽差協辦大學士、陝甘總督辦理將軍事務公福康安奏：拏獲傳授林爽文入天地會之嚴烟一犯，據供天地會名目，聞起自川省朱鼎元及李姓人不知名字兩家，留下一個洪字暗號，呼爲洪二房。在廣東傳會者，是萬和尚，俗名涂喜，又有趙明德、陳丕、陳彪三人，從廣東到福建漳州詔安縣雲霄地方，在張姓綽號破臉狗家居住，於四十一年到平和縣勸令入會等語。除札會李侍堯、孫士毅嚴密查拏外，查臺灣天地會名目，起自內地，輾轉相傳；又有一種游手匪徒，名爲羅漢脚，附從搶竊，南北兩路莊民義民中，多有曾經入會者。若於人心甫定之後，復行追究，易滋疑懼，惟有密查首先傳會之人，以杜其流，並責成地方官，嗣後凡有拜盟結會，即非天地會名目，必嚴懲示警。諭軍機大臣曰：會匪結盟滋事，自應確查嚴禁。臺灣現當人心甫定之時，且據福康安奏，義民中即有曾經入會者，若再追究從前，紛紛查辦，實未免易滋疑懼。至所供萬和尚、趙明德等犯，爲粤閩二省首先傳教之犯，必當嚴拏務獲。但內地輾轉根查，又恐啟告訐訛詐之端。李侍堯、孫士毅惟當不動聲色，飭屬密訪嚴查，以期就獲，不必過甚，致有誅連。然亦不得視為尋常緝捕具文，致要犯潛蹤漏網。（高宗一三〇二、二五）

（**乾隆五三、六、丁未**）諭軍機大臣等：從前川省啯嚕匪犯，經大加懲治，始行安靜畏法。彼時查辦啯嚕時，並未聞該處有天地會名目，然既有此供，且指出系朱姓、李姓所傳，未可因年分久遠，且無實在下落，遂置之不問。自應一體嚴密查辦，以絕根株。但川省自啯嚕畏法後，地方久經寧謐，著李世傑查辦此案，不動聲色飭屬密加查訪，如有蹤跡，即行嚴拏務獲究辦。但不可遍貼告示，及派胥役人等到處搜訪，俾胥役得借端需索，良民驚擾不安，以致別生事端，則是欲净根株，而又滋萌蘖也。李世傑係曉事之人，自能善體朕意，嚴密留心。（高宗一三〇七、一）

（**乾隆五三、八、壬辰**）諭軍機大臣等：前據福康安奏，拏獲首先至臺灣傳天地會之嚴烟供稱，此會是朱姓、李姓傳自四川，因年分久遠，不能指實川省是何縣分。該犯系從廣東人陳彪傳教，伊四十八年到臺灣時，陳彪尚在彰州等語；並經解至熱河，交軍機大臣復訊，供詞亦屬相符。節經諭令該督撫等飭屬嚴密緝拏。嗣據孫士毅奏，粵省查無陳彪下落，而李侍堯續獲張破臉狗一犯，訊據供稱，有廣東大埔縣人趙明德、陳丕、陳棟三人，曾到該犯家內勸令入會，至陳彪實不知其人，或即系陳棟等語。復降旨交孫士毅飭屬緝拏，亦未據將趙明德等按名緝獲。本日又據李世傑復奏，四川省到處訪查，實無天地會之名，現飭將歷年所造户口清册復查，有無朱鼎元其人等語。嚴烟所供天地會來歷並傳教人犯，鑿鑿有據，且前後訊供如一，必非無因。粵東與閩省毗連，況嚴烟與張破臉狗所供，學習天地會時，皆得自廣東人所傳。張破臉狗計此時已早解至粵，更無難就近確切根究。至朱姓雖年分久遠，該省既有户口清册，亦可調取確查。著傳諭李世傑、圖薩布即嚴密訪查，如有嚴烟等供出各犯蹤跡，即速躧獲究辦。仍隨時密為留心，為之以實，不可以現查無獲，遂迴護前非，不肯認真緝獲，致要犯遠颺漏網。其陳彪各犯，俱曾在閩省傳教，或目下仍在閩省藏匿，亦未可定。並著傳諭李侍堯，再飭屬一體嚴緝，亦不可因前此查無該犯等下落，遂存迴護。（高宗一三一〇、六）

二九、乾隆五三年福建漳浦張媽求為首的起事

（**乾隆五三、一、己丑**）又諭：據李侍堯奏，拏獲漳浦縣匪徒糾夥焚搶首犯張媽求等審明辦理一摺，已交該部覈議速奏矣。至此案據李侍堯訊據各犯供，原訂於十二月十二日夜，齊赴漳浦縣城外商定舉事，乘勢搶劫倉庫，

復糾夥內應。詎初三、四等日,有夥匪張從、張轄等,強搶扈頭地方民人陳富等家牛猪等物。經事主喊稱報官,該犯張轄,即聲言搶取牛猪算甚麼事,將來縣城內倉庫也俱是我們的。事主驚駭,報知營汛,知會該縣羅澤坤,會同遊擊許騰蛟、王萬春、岳新泰,帶兵截拏。署提督常泰、汀漳龍道伊轍布,亦即星馳前往督捕,即將該犯等拏獲等語。該犯等糾集匪徒,乘臺灣逆匪滋事之時,豫謀竊發,搶劫倉庫,並冒稱林爽文夥黨,恐嚇居民,不法已極。常泰等一經事主稟報,即帶兵前往截拏,當將案內首夥各犯,即時拏獲,辦理尚爲迅速。不但伊等失察疏防之咎可以寬免,並應均予甄敘,用昭獎勵。常泰、伊轍布、許騰蛟、王萬春、岳新泰、羅澤坤俱著交部議敘。至事主陳富、林矛、陳祿三名,一聞賊匪聲言,即行稟報,該地方官得以帶兵迅即擒拏,亦屬可嘉,並著李侍堯酌量賞給頂帶銀兩,以示獎勵。(高宗一二九七、二八)

三〇、乾隆五六年天地會臺灣彰化張標等圖謀起事

(**乾隆五六、二、壬子**)諭曰:奎林等奏,風聞彰化縣南投地方,有匪徒結會之事。臺灣府知府楊廷理,已派妥人前往訪查。隨即密飭該營縣一體查拏,陸續拏獲張標等三十六名。訊明張標籍隸彰州,與泉人不睦,思欲結會防備泉人,與謝志等糾人復興天地會,相約有難大家幫助。應請將張標等二十八犯,照謀叛例擬斬,已經正法。林三元等八犯,從重發黑龍江爲奴。逸犯謝志等十三犯,現飭嚴拏等語。天地會名目,係逆匪林爽文糾約拜盟,聚衆滋事,自勦平逆匪後,嚴行查禁,甫及數年,張標、謝志膽敢潛謀糾結,以復興天地會爲名,鑽刀設誓,暗立記號,不法已極。閩省民俗,最爲剽悍,而臺灣遠隔海洋,結會械鬪之風尤甚。今張標等復興逆匪會名,實堪痛恨,若不嚴加懲辦,何以安良善而靖地方?所有此案聽從糾邀未經結會之林三元八犯,亦未便僅擬發遣,致滋輕縱。著該部從重定以絞候。其另摺所奏,盜犯翁希案內,知情買贓之陳隆盛一犯,又縣吏蕭秀私雕假印一案,均著該部從重定擬具奏。嗣後並交刑部存記,遇有臺灣地方結會拜盟等案,似此情節重大者,均著加等治罪。……所有逸犯謝志等十三名,尚未就獲,謝志與張標商同結會,起意興復天地會名目,尤爲可惡,斷不可任其漏網。著奎林等督同楊廷理將各犯嚴密查拏務獲,從重辦理,以示懲儆。(高宗一三七二、一四)

三一、乾隆五七年天地會福建晉江陳蘇老等圖謀起事

（乾隆五七、八、庚寅）又諭曰：伍拉納等奏，據泉州道府營縣稟報，訪得晉江縣屬，有匪徒陳滋、陳池等，聽從同安洪塘鄉陳蘇老、蘇葉暗設靝䨺會，派令夥黨，潛往各鄉招人入會，欲圖搶掠。伍拉納即帶同臬司戚蓼生等親赴泉州，會同瑪爾洪阿分路圍拏，將陳蘇老等一百三十二名；並搜出刊刷及墨書各號紙等物，現在研審確情，分別定擬等語。漳、泉等屬，從前天地會匪糾衆械鬥，以致臺灣地方亦相傳習，有林爽文等滋事之案，節經嚴拏究治，近稍斂戢。乃陳滋等仍敢復興會名，以靝䨺二字暗代天地，並稱順國等字，實爲愍不畏死，大干法紀。該地方及營汛文武各員，一經訪聞，即迅速查拏稟報，尚屬留心；伍拉納復親自帶同司道前往督拏，獲犯一百三十二名，所辦亦好。伍拉納、浦霖、瑪爾洪阿著交部議敘，所有隨同前往之司道及查拏稟報之文武員弁，並著伍拉納等查明咨部議敘。（高宗一四一一、一九）

（乾隆五七、八、庚寅）諭軍機大臣等：此案陳蘇老、蘇葉起意興會，糾衆搶掠，皆係爲首之犯，陳蘇老業經拏獲，而蘇葉尚屬在逃。著傳諭伍拉納等即董飭所屬，務將蘇葉一犯及其餘未獲之犯，嚴拏務獲，從重辦理，勿任漏網。其已獲各犯，亦即迅速定擬，一面盡行正法，即行具奏。又陳蘇老等供内，聞廣東石城縣高溪地方，洪三房即朱九桃亦有起會之事等語。閩粵境壤毗連，前此天地會匪内，即有粤省洪姓，未經拏獲，或即係陳蘇老供出之洪三房，亦未可定，不可不嚴拏究辦。著傳諭郭世勳即飛飭所屬，嚴密查拏，務令會匪根株净盡，以靖地方。（高宗一四一一、二〇）

（乾隆五九、九、壬子）又諭：據伍拉納奏拏獲續糾天地會匪首夥各犯審明分別辦理一摺，已交軍機大臣會同法司覈擬，照該督所奏辦理矣。此案先據該督奏，拏獲陳蘇老等一百三十二名，今又據續獲首夥各犯九十五名，共獲犯二百二十七名。經伍拉納於審明後，恭請王命，分別凌遲、斬、梟首者一百一十九犯，請即行正法者三十九犯，其餘六十九犯，均請發黑龍江給索倫達呼爾爲奴。細閱案内各犯，陳蘇老、蘇葉二犯係臺灣案内漏網餘匪，膽敢改設會名，糾黨搶掠，甚至截奪文報，戕害驛夫，實屬不法已極。伍拉納督飭所屬，究出首夥各犯，審明分別辦理，所辦尚是。（高宗一四一三、二）

三二、乾隆六〇年臺灣陳周全起事

（**乾隆六〇、四、辛卯**）又諭：昨據伍拉納、哈當阿等奏，臺灣賊匪陳周全等糾衆滋事，已有旨令該提督等速往查拏。茲又據伍拉納等奏，該處漳泉、廣東各村莊，俱起義民，賊匪多被搶獲，餘黨紛紛竄散。陳周全等三月十五日攻擾民莊，有義民首楊仲舍、許暢舍、施邁舍、金鋪觀等，招集義民二千餘名，假意投入賊夥，與賊飲酒，出其不意，殺死賊匪百餘人，將賊首陳周全拏獲，裝入木籠等語。覽奏欣悅。臺灣自林爽文滋事之後，大加懲創，乃爲時未久，陳周全等復敢聚衆戕官，不法已極，實屬罪不容誅。該處義民幫同殺賊，而義民首楊仲舍等能招集多人，誘獲賊首，實屬可嘉之至。除楊仲舍等四人交伍拉納等查明照從前義民黃奠邦、郭廷筠等之例，超擢官職，優加賞賚，俟事後送部引見外，所有義民首及義民等，查明廣東是何村莊，福建是何村莊，將本年應納錢糧，均著該督撫詳查，分晰住址，概予寬免，以示朕嘉惠善良，恩施逾格至意。（高宗一四七六、一六）

（**乾隆六〇、五、丙辰**）又諭：據哈當阿奏，拏獲附和賊匪首夥各犯審明一摺，內稱陳光愛等聚衆滋擾，時有匪犯李聰明，糾人附和，經該處人民李登元、李必魁等並不袒護族人，將該犯設法拏獲，始得究出餘犯。並據魁倫奏，義民幫同官兵收復城池，拏獲首逆，甚爲得力各等語。此次臺灣賊匪陳周全等，糾衆滋事，經義民等招集多人，誘獲賊首，業經降旨，將該義民首查明，加賞官職，並將本年應納錢糧，概予寬免。李登元等於誘獲李聰明等犯，並不迴護本族，按名拏獲，不致漏網，實屬出力可嘉。所有該義民等明年應納錢糧，著再加恩，查明住址，一體豁免。至貢生李登元、武生李必魁，俱著賞給六品職銜，以示朕獎勵良善，恩施無已至意。（高宗一四七八、一一）

三三、嘉慶一至九年四川、湖北、陝西、甘肅、河南等省白蓮教起義

（**嘉慶一、一、壬申**）戶部侍郎署湖北巡撫惠齡奏枝江、宜都二縣民人聶傑人、劉盛鳴等，密謀不軌、帶兵搜拏情形。奏入，諭軍機大臣等：惠齡駐劄荊州，本爲策應湖南軍務，今枝江等處，適有逆民聚衆搶劫之事，惠齡得以就近查拏，事機實爲順利。但該犯等以防範苗匪爲名，見鄉民願從者多，遂密謀不軌，未必不因荊州、宜昌等處文武官員，大半派往軍營，兵丁等亦多有徵調，存城兵少，以致心生窺伺，乘閒滋擾，延及四縣。雖現在拏

獲多名，而聶傑人等尚未就獲，其餘夥黨尚多，若不探明該犯等實在藏匿所在，悉數圍拏，盡法處治，何以戢奸宄而净根株。但荆州亦屬緊要，德福未便遠離，可不必帶兵同往。惠齡務將首從各犯搜拏净盡，嚴行懲治，俾奸民共知儆懼，不可將就了事。將此傳諭知之。(仁宗一、二七)

(嘉慶一、二、丁酉) 諭軍機大臣等：南陽、興漢與襄陽、鄖陽毗連，該督等所調兵二千名，順流而下，行程便捷。現已傳諭景安、秦承恩照料巡行，並派總兵阿克東阿、德光帶兵前往，兵威壯盛。畢沅、惠齡惟當併力前進，專辦枝江、宜都之賊，急將聶傑人、劉盛鳴二犯擒獲。渠魁既得，餘黨自必紛紛解散。不可因匪徒分路滋擾，將官兵零星派撥，轉致疲於奔命。至湖廣地方，上年雖屬豐收，但枝江、宜都、長樂、長陽、東湖、當陽、遠安七縣，現經匪徒四出滋擾，未便照舊開徵。除就近諭知户部外，並著畢沅、惠齡即行謄黄出示，將此七縣應徵錢糧，俱先予緩徵，俟平定後，再降諭旨。其被賊焚搶之處，並妥爲綏輯，勿任少有失所。使知肆逆者法所必誅，安分者恩所必逮，以副朕廑念災黎、嘉惠善良至意。(仁宗二、一二)

(嘉慶一、二、丙午) 諭軍機大臣等：惠齡生擒首逆聶傑人，並連奪賊卡，所辦俱好。但現據聶傑人供，尚有傳習白蓮邪教之張正謨，係此案爲首之犯，未經就獲，而餘黨亦未搜查净盡，未便遽行降旨議敍。將此諭令知之。(仁宗二、二〇)

(嘉慶一、四、乙酉) 惠齡奏：長陽縣地方，有逆匪林之華糾衆滋事，已飛咨恒瑞，令文圖帶兵往勦。奏入，諭軍機大臣等：長陽一帶賊匪，乘虛蟻聚，不可不速行撲滅。恐文圖一人，尚不足以資董率，著傳諭恒瑞、永保二人，酌分一人帶兵速赴襄陽，一人即赴長陽一帶，督率勦辦。此時惠齡軍營已得勝勢，長樂、長陽之賊，俱係張正謨黨與，思往接應。惠齡惟當倍加奮勉，將賊首張正謨拏獲，其餘匪黨自必紛紛瓦解。將此傳諭知之。(仁宗四、七)

(嘉慶一、六、乙酉) 諭軍機大臣等：現在審訊解到賊犯曾世興等，據供劉之協、姚之富、張富國爲邪教首犯，都在襄陽彭家疃左近居住，爲賊匪主謀。看來首逆竟在襄陽一帶勾結屯聚，不可不速爲擒捕。永保等須將供出有名賊首，悉數擒獲，則渠魁已得，其夥黨自必瓦解，可以不攻而潰。至棗陽賊匪勦散後，首逆劉之協等，或聞湖北查拏緊急，潛入豫境，亦未可定。著景安督率所屬，留心偵緝爲要。再昨已降旨，專交永保總統督辦，以期事權歸一，今恒瑞、景安懇留永保督辦，適與朕旨相合，而永保並不拘泥，亦能知事體緩急，均堪嘉獎。行軍之道，全在和衷，今永保等能以公事爲重，同心併力，自可剋期集事。但勦捕賊匪，總以擒獲首逆爲要。雖據奏鎗箭斃賊，不計其數，究有若干？如劉之協等曾否殲斃，若徒將被裹平民殺戮，雖多何益。且賊首竄往他處，仍可勾連煽聚，豈能一鼓撲滅。此次因彼此和衷，加之獎賚，並非因殺賊之功也。將此各傳諭知之。(仁宗六、六)

(嘉慶一、八、己亥)惠齡等奏報勦平灌灣腦賊匪，並擒首逆張正謨、劉洪鐸等。得旨：嘉獎。(仁宗八、一八)

(嘉慶一、一〇、丁丑)諭軍機大臣等：英善奏，達州亭子鋪地方，有教匪熊泳霞等，邀集千餘人在彼屯聚。先派川北將弁帶兵協捕，英善即親帶兵五百名前往勦辦。又據秦承恩奏，前往漢中一帶巡防，另挑鄉勇同弁兵分撥堵禦等語。所辦俱好。惟英善所帶兵五百名，爲數較少，著傳諭福寧、觀成自行斟酌，如該處勦捕事宜完竣，無須伊二人在彼督辦，即一同速回川省，帶領各標營及屯土兵丁，迅赴達州，與英善會商進勦。該省兵丁，回至本籍勦捕賊匪，自必倍加踴躍，尤爲得力。儻滋邱賊匪，一時尚未能净盡，福寧應暫留該處，會同成德、惠齡等辦理。觀成係成都將軍，久歷戎行，應先酌帶兵丁，迅赴達州，會同英善實力速辦。如達州教匪，業經英善、秦承恩會勦完竣，福寧、觀成又不妨暫緩回蜀，以期將榔坪賊匪迅速勦净蕆功。至襄陽一帶，現在雖無賊匪，但該處爲全楚要路，今川省達州地方，又有教匪勾結滋擾等事，畢沅駐劄襄陽，仍當加意留心，毋得稍有懈弛。(仁宗一〇、五)

(嘉慶一、一〇、甲申)諭軍機大臣等：宜綿此時已由西寧回省，現在川省達州有教匪滋事，秦承恩業經馳赴漢中防堵，宜綿當探聽信息，如川陝毗連地方有應須添兵防堵之處，即酌量情形，或派撥將弁帶兵前往協助或親赴邊界督率彈壓，自更得力。如秦承恩在彼足資防範，甘肅地方亦屬緊要，宜綿自當在省静鎮彈壓，不必遠赴邊界。將此傳諭知之。(仁宗一〇、二)

(嘉慶二、一、庚午)成都將軍觀成等奏：逆首徐添德自焚掠東鄉後，近又密行勾結巴州所屬之方山坪、王家寨等處賊匪，將達州至太平大路阻塞。奏入。諭軍機大臣等：現在索費英阿帶兵由太平前至達州，城池糧道，均可無虞。前據宜綿等已將太平等處賊匪勦净，前赴東鄉，正可沿途勦殺，肅清大路。而興漢鎮艾如文又已到營，朱射斗所帶川兵，計日亦到，軍威壯盛。想宜綿、觀成等現已會商夾攻，收復東鄉縣治。徐添德既爲首惡，著宜綿等留心擒獲，儻能生擒解京，盡法處死，尤足快人心而抒衆憤。(仁宗一三、一七)

(嘉慶二、四、甲申)諭軍機大臣等：上年邪教起自長陽、當陽，未幾鄖、襄一帶相繼滋擾。雖經以次撲滅，而巴東、歸州之賊，竄入黃柏山，近又匿芭葉山。其達州教匪延及興安、紫陽等處者，亦已肅清。而金莪寺、清溪場賊巢迄今尚未勦滅。至襄陽之賊，先在鍾、宜、棗、隨一帶屯聚，近又由盧氏竄入陝境商、雒一帶，東奔西竄，往來無定。所過邨莊，焚掠爲害，若不亟籌掃蕩，僅事尾追，使未經蹂躪之區，復遭擾累，日復一日，伊於何底？各路領兵大臣，俱係朕特派前往，寧不知賊匪多過一處即多擾一處，多一日搶掠，則百姓多一日顛連，而糜費帑金，尚爲餘事。伊等身列行閒，目擊情形，何以漫無籌畫。若云軍營事權不能歸一，則襄陽一路原責成惠齡；達州一路責成宜綿；黃柏山一路，責成額勒登保、福寧。若云兵力不敷，已節次派調隣省各兵，京營勁旅，並湖南撤回勝兵，共至數萬，軍威不爲不壯。即軍餉一項，各省撥解以及特發部帑，不下三千餘萬，豈尚不敷支給。即此外尚有礙難情形，伊等亦應據實奏聞，或自揣才力不能辦賊，更當奏明，使朕另派大臣前往督勦，乃諸處大員，並無一字奏及。況明季流寇橫行，皆緣其時紀綱不整，朋黨爲奸，文恬武嬉，置民於不問，以致壞事。方今吏治肅清，勤求民隱，每遇水旱偏災，不惜多費帑金，蠲賑兼施，百姓具有天良，均應知感。此次邪匪煽誘，不過烏合亂民，國家威棱遠播，凡在荒徼，無不賓服。若以内地亂民，糾衆滋擾，不能立時殄滅，其何以奠九寓而服四夷耶？伊等若再不知激發天良，速擒首逆，掃除餘匪，以致流毒蔓延，多玩時日，自思應得何罪！再湖北賊匪，前在荊、宜、施、襄、鄖一帶，其焚掠處所，在各府縣中統計若干處，合之湖北一省，約有十分之幾，又襄陽之賊竄入豫境，由桐柏至嵩縣、盧氏、内鄉、淅川一帶，被搶邨莊若干，現復竄至陝西商雒，及達州教匪闌入興安紫陽一帶，被賊蹂躪處所若干，及達州之賊在該州境内，焚掠邨莊若干，川陝二省各有十分之幾，並著查明覆奏。至被擾各該省州縣難民復業者已有若干，現在如何安輯，並著各督撫妥爲撫綏，勿使失所去而從賊，方爲妥善。朕以有功自加懋賞，有罪亦予嚴懲，信賞必罰，惟在各路領兵大員自擇耳，勿謂言之不豫也。慎之！勉之！（仁宗一六、九）

（嘉慶二、九、己巳）諭軍機大臣等：秦承恩奏，賊匪由竹山竹谿竄至白河一摺，現在陝省兵力無多，雖有鄉勇一二萬人，總須大員帶領，……該處帶兵大員有惠齡、慶成等多人，莫若令恒瑞帶兵馳赴白河，秦承恩與恒瑞併力迎擊，扼其北竄漢江之路，防護白河洵陽。將此諭令知之。（仁宗二二、三）

（嘉慶二、九、壬申）諭軍機大臣等：宜綿奏，攻克方山坪，初閱似已得手,及閱至首逆俱向通巴一路奔逸,仍未就獲,所奏多係空言。此次打仗陣亡員弁多人,兵勇亦有傷亡,徒損兵力,著傳旨嚴行申飭。此時賊首既向通巴一路,思與徐添德合夥,宜綿惟當緊躡賊蹤,設法圍擒,勿令會合。……至額勒登保攻破帽子山,實不過因賊去後占據空山,而首逆在逃,賊匪四竄,轉須處處派兵堵截,又致百姓遭其蹂躪,實堪憤懣。(仁宗二二、五)

(嘉慶二、九、癸巳)又諭:聞近日賊匪每至一村莊,先將年壯平民逼令入夥,一遇官兵,輒令入夥之人當先抗拒,賊匪隨後接應。若當先者被兵勦敗,賊匪即乘間先竄,官兵則隨後殺掠報功。節次摺內所稱殺賊無數者,大抵皆係逼脅平民,而真正教匪,早已遠颺,所以日久不能成功,而新起入夥之賊,未必不由官兵驅迫所致,於事大有關繫。著傳諭帶兵各大員,或於一賊之前,遍行示諭,臨陣時再傳朕旨。諭以爾等被賊逼脅,本係無罪平民,與其為賊先驅,致遭殲戮,何不拋棄兵械,投順官軍,即得生路,或再能反戈勦賊,並可仰邀恩賞。庶被賊逼脅者,自不肯仍前為賊前驅,臨陣時亦必多有解散,方可痛殲賊眾。仍當嚴束士卒,秋毫無犯,方無忝將帥之任。儻經此次開導後,仍有前項情弊,伊等不但無功,並當重治其罪。凜之,慎之。(仁宗二二、一七)

(嘉慶二、九、甲午)諭內閣:此次川省奉節賊匪,竄入楚北利川境內,經汪新派令副將樊繼祖統兵堵勦,並令恩施、利川二縣約會川省奉節縣曉諭居民,同心併力,會合奮勦,旋經各該縣尹英圖、陳春波、周景福會同千總等共相激勸,督率三縣士民,殺死賊匪一千數百餘名,生擒賊目四十餘名。又因賊分兩股奔竄,兵勇亦分兩路追勦,復殺賊兩千餘名,生擒二百二十餘名,所辦實屬可嘉。除汪新等已另加優賚外,該省錢糧,前已有旨普行寬免;此次恩施、利川二縣及川省奉節縣鄉勇士民均能齊心奮勇,同深敵愾,著加恩將該三縣應徵錢糧,再行蠲免一年,以示獎義推恩至意。(仁宗二二、一八)

(嘉慶二、一二、丙辰)諭軍機大臣等:川省竄匪,由烏林埡折入南江,而沔縣寧羌一帶賊匪,先從南鄭奔入南江境內滋擾,宜綿處兵力無多,尚能派兵堵勦。至明亮一路,統領勁兵數千,又有各項官兵數萬,何難將賊匪截住。乃復予賊以暇,任其竄至通江。此次滋擾南江賊匪,即係陝境竄往之賊。明亮、德楞泰著傳旨嚴行申飭。(仁宗二五、一〇)

(嘉慶二、一二、癸亥)湖廣總督總統勒保奏:訪察各路軍情,審度賊勢,所以不能得手者,蓋緣賊匪隨處焚掠,即隨處勾脅,是以日久愈多。而川陝楚三省，犬牙相錯，綿亘數千里，崇山峻嶺，處處有險可恃，有路可逃。及官兵擇隘堵禦，賊又向無兵處滋擾，以致有賊之地無兵，有兵之地無賊，並有賊過而兵猶未來，有兵到而賊已先去者。東勦西竄，南擊北馳。以言兜勦，即數十路難以圈圍，以言堵禦，雖數十萬兵亦不敷分布。再四思維，現在陝楚兵多賊少，川省則兵少賊多，若陝楚各路，截勦嚴密，使賊匪不能北竄歸入川境，誘令散者漸聚，則官兵層層逼勦，轉覺易於爲力。通盤籌劃，惟有從川東進勦，清一路再進一路，以期與各路領兵大員及早會合，一鼓掃蕩。奏入，諭軍機大臣等：勒保所稱勦辦情形，切中向來各路帶兵諸人之弊。勒保既能周知暢論，自當力除積習，大加振作，況總統責成較重，儻帶兵大員，從前實有因循怠玩，此時仍不聽指示調遣，即當據實嚴參，不可稍徇情面，庶可迅勉成功。所有明亮處欽差關防，著即迅速送交勒保接收蓋用，以專責成。（仁宗二五、一二）

（嘉慶三、一、壬辰）諭軍機大臣等：勒保甫抵川境，初次攻勦，即殺賊一千四五百名，生擒賊目三名，將新起賊匪，全數洗蕩，此入川第一功，可嘉之至。此時勒保統領勝兵，迅赴開縣一帶進勦，乘此威勢，將王三槐等速行擒獲，殲盡餘黨，廓清全境。將此傳諭知之。（仁宗二六、一六）

（嘉慶三、二、己酉）諭軍機大臣等：西鄉礶子山賊匪，在城固地方竄過漢江，賊首李全、張添文又分出一股，西竄南鄭之南壩等處。齊王氏、高均德兩股又俱竄至漢陰地方，此皆由明亮、德楞泰勦捕不力所致。……至李全一股，逼近北棧及五郎，秦承恩當確探何路緊要，即與王文雄趕赴截勦。（仁宗二七、一〇）

（嘉慶三、三、癸酉）諭軍機大臣等：高杞奏川省竄匪，由巴東逸入楚境之遠安。湖北甫當戡定之後，豈可又遭蹂躪，汪新接到高杞稟報，自己一面分兵留防鄖陽，一面趕回襄陽；但汪新究係書生，景安現在盧氏駐劄，距楚甚近，著即馳驛趕赴襄陽，其陝西交界防堵事宜，即交張文奇暫行帶兵駐守。（仁宗二八、六）

（嘉慶三、三、丁丑）諭軍機大臣等：德楞泰奏殲除首逆齊王氏、姚之富並將此股全行勦蕩，覽奏欣悅。但兩首逆均係情急投崖垂斃，雖經臠割示衆，究未能生擒解京，盡法處治，不爲滿意。計此時陝省竄匪中緊要首逆，係高均德、李全，其次即張添文、阮正通，務須按名設法生擒，不可再令情急自斃，倖逃顯戮。將此傳諭知之。（仁宗二八、八）

（嘉慶三、三、辛巳）諭軍機大臣等：王三槐、徐添德、冉文儔等合夥屯聚達州渠縣境內，經勒保等沿途截勦、殺賊二千餘名，所辦尚好。該匪雖人數較多,現在雲貴兵一萬名不日即到,兵威極壯,且齊、姚二首逆業經殲斃,賊匪聞信,自形震懾,勒保務趁此機會,將各首逆速行擒獲,不可專待雲貴兵到,始行進勦。(仁宗二八、九)

(嘉慶三、三、戊子)諭軍機大臣等:張漢潮一股賊匪,經宜綿沿途迎擊,殲斃一千二百餘名。賊仍折向通、巴屯聚,現宜綿已飭田有成等在峽口屯紮,扼其入陝要路。(仁宗二八、一三)

(嘉慶三、三、辛卯)諭軍機大臣等:高均德一股賊匪經德楞泰、額勒登保分路兜擊,而明亮行至二峪河探知賊蹤,不赴興安,即與德楞泰等合勦,殺斃二千餘名,又殲其頭目多人。現在該逆逃入秦嶺深林,德楞泰等兩路兜勦,務尅期生獲解京。至劉成棟一股在遠安南漳一帶奔竄無定,景安帶兵無多,派撥堵截尚能鎮靜。現在文圖由南漳截擊,海興阿自遠安追勦,景安一俟兵齊,即當督率兜勦,肅清楚境,將此傳諭知之。(仁宗二八、一五)

(嘉慶三、四、乙未)諭軍機大臣等:秦承恩奏李全與阮正通合夥折回鎮安,西竄漢陰石泉,若再任折竄五郎,乘間北逸,惟宜綿、興肇、柯藩是問!至高均德一股,屢經德楞泰等痛加勦殺,何以又任其由渭南華州分投北竄?德楞泰並不繞赴賊前攔截,復蹈從前尾追積習,德楞泰、明亮、額勒登保著嚴行申飭。其庫峪口勦敗餘匪,經臬司台斐音勦洗淨盡,所辦尚好。秦承恩現在北路駐紮,並著台斐音幫同防堵。(仁宗二九、一)

(嘉慶三、四、辛丑)諭軍機大臣等:羅其清一股,雖經恒瑞截殺,折回孫家梁,而賊首仍未拏獲,且王三槐、冉文儔等夥,又竄至巴州邊界,欲與羅其清竄合,勒保、恒瑞正可會合夾攻,將首逆一併擒獲,不可再有稽延。(仁宗二九、三)

(嘉慶三、四、乙卯)諭軍機大臣等:此次德楞泰等分股勦賊,復任高均德與另股賊匪李全、張添倫合夥,折回漢陰一帶,宜綿、德楞泰、明亮、額勒登保俱著嚴行申飭。其阮正通一股,由石泉洋縣西竄,興肇、柯藩、秦承恩等未將首逆拏獲,亦著嚴行申飭。至景安等在九宮山等處勦殺賊匪,以少勝多,深爲可嘉。(仁宗二九、一〇)

(嘉慶三、六、癸丑)諭軍機大臣等:英善等奏,陝省賊匪竄至兩當、略陽一帶,所有甘省運川麥石暫行停運。其撥川餉銀四百萬兩,因棧道賊氛未靖,未經轉運。是棧道尚未疏通,軍需糧餉,最關緊要,豈可稍有阻滯?宜綿、秦承恩係該省督撫,務須實力搜勦,肅清道路,俾得通行無阻。至糧餉入南棧後,勒保亦應派兵迎護。將此傳諭知之。(仁宗三一、九)

(嘉慶三、六、丁巳)諭軍機大臣等:景安等追勦竹溪一股賊匪已除三分之二，而賊匪仍由竹溪竄入陝省平利縣境，豈非驅入隣境，所辦何事？景安、額勒登保、興肇，著傳旨嚴行申飭。……現在額勒登保、興肇已帶兵三千餘名由鎮坪入陝追勦，當與宜綿兩面夾攻，若再任蔓延陝境，伊等自思當得何罪！至川匪王三槐等夥黨一股現已竄入大寧，難保不闌入房縣、歸巴一帶，景安已帶兵馳往攔截，並令文圖等分路嚴防，務須實力堵截，勿再任竄入楚界，慎之！至勒保勦辦川東賊匪，仍任王三槐、徐添德等竄合一處，今又任賊匪由大寧一帶分竄，似此往來竄擾，何日始能勦竣？勒保亦著嚴行申飭！現在勒保已赴開縣督兵進勦，並令觀成等於大寧、奉節一帶迎截，務須策勵雲貴新兵鼓勇直前，將各股竄匪一律殲除，勿任復竄楚陝。勒保係總統大員，所有陝楚各股賊匪，皆應通盤籌畫，悉心調度，豈得專管川省一路，而各省竄匪，聽各省自行勦辦，以致彼此各不相顧，東擊西奔，迄無成功。如此又安用總統爲耶？今將各路帶兵大員，爲之分定責成：陝省令宜綿與額勒登保、興肇爲一路，專勦現竄平利之劉成棟等一股。楚省令景安與王凱、文圖爲一路，專堵現欲竄入楚境之川東賊匪。惠齡、德楞泰等，勦辦李全、高均德、阮正通等賊匪。如已與冉文儔、羅其清合夥，則惠齡、恒瑞、明亮、德楞泰作爲一路，併力兜勦，若賊首等尚在分竄，則惠齡、恒瑞專勦冉文儔等一股，明亮、德楞泰專勦李全、高均德等一股。如此，則各勦各股，庶責有攸歸，無可諉卸，而勒保勦辦王三槐等一股賊匪，仍當察探各路賊情，相機布置，爲之聲援策應。不拘何路，能將賊首拏獲，俱係總統之功。若賊匪由何路竄逸，不特此一路領兵大員責有攸歸，即總統亦無可諉罪。而各路領兵大員，仍不得推卸總統，稍存觀望，必須各加策勵，合力堵勦，賊匪方不致往來奔竄。若各股賊匪於何路逸出，即惟該路領兵大員是問。經此番訓諭之後，若仍前觀望，不知同心協力，奮勉圖功，必將伊等從重治罪，再不能曲爲寬貸也。將此各傳諭知之。(仁宗三一、一四)

（嘉慶三、八、癸巳）諭軍機大臣等：勒保初抵川境，尚能振作，自專勦王三槐以來，迄未擒獲首逆，至大神山賊匪雖經惠齡等勦散，而首逆高均德又向龍鳳坪大包山奔逸，明亮等追勦多日，總未成擒，尤屬遲玩。……勒保、惠齡、恒瑞、明亮、德楞泰、興肇俱著傳旨嚴行申飭，儻不能於八月一律辦竣，軍律綦嚴，勿謂可以倖免。(仁宗三三、三)

（嘉慶三、八、庚子）勒保奏報攻克安樂坪賊巢，生擒賊首王三槐，得旨嘉獎。晉勒保及軍機大臣大學士伯和珅公爵，封戶部尚書福長安侯爵，大學士王杰、董誥，戶部尚書沈初，戶部右侍郎戴衢亨，工部右侍郎那彥成，均下部優敘。(仁宗三三、七)

（嘉慶三、八、己未）諭軍機大臣等：現在各股賊匪，仍折竄郭家溝一帶，與羅其清株守之箕山相近，而羅其清又分遣夥黨攻撲營山縣城，徐添德一股又奔逃舟口，可見賊匪來去自如，毫無攔阻。惠齡等務須親率官兵嚴密攻圍，按名擒獲。若一時不能將各股賊首全數擒縛，與其東西馳擊，兵無定向，莫若併力攻勦羅其清一股。此股賊衆較多，各賊藉其聲勢，如將羅其清擒獲，餘賊自必瓦解。至勒保所勦冷添祿、林亮功兩股賊匪，儻略需時日，該處賊匪無多，何不於得力提鎮將領內酌留數人，帶兵在彼勦辦，勒保當統領勝兵速赴箕山，督同惠齡等將大股賊匪勦凈，更爲得力，仍在勒保酌量而行。將此傳諭知之。（仁宗三三、二三）

（嘉慶三、一○、乙卯）諭軍機大臣等：川省賊匪，因被勦緊急，分投奔竄寧羌城一帶，俱經宜綿等擊退，未令竄近漢江，所辦尚好。漢江一帶，仍應嚴密防堵，勿使乘間闌入。惠齡等既未能將緊要賊首羅其清等速行拏獲，又任各股賊匪四處分竄，所辦何事？明亮等勦辦張漢潮一股，亦未擒獲賊首。惠齡、恒瑞、明亮、興肇等，均著再傳旨嚴行申飭。至明亮等一路所帶兵丁，祗三千餘名，在川祗二十餘日，何至需銀十四萬餘兩，所帶長驟長夫，亦何須用至一二千之多。若非任意多索，即係藉端開銷。但帶兵大臣，俱係欽差，違例多索，糧員等自不敢不行應付，是濫應固所不免，而濫支之弊爲多。著勒保、福寧會同據實嚴查，將任意浮支各員即行嚴參。如係糧員濫應冒銷，亦即查明劾奏，毋得稍有瞻徇。（仁宗三五、一四）

（嘉慶三、一一、乙巳）諭軍機大臣等：惠齡等奏，生擒首逆羅其清等，痛殲匪衆，覽奏稍慰。惠齡等辦此股賊匪，久稽時日，直至此時，始將羅其清等擒獲，原屬有過無功；但念各路帶兵大臣老師糜餉，無毫末之功足紀，今惠齡等尚能愧奮自勵，擒獲賊首，較之勒保、明亮等，差強人意。惠齡、額勒登保、德楞泰著賞戴花翎，以示鼓勵。（仁宗三六、九）

（嘉慶四、一、壬申）領隊大臣惠齡等以元日攻克麻壩寨生擒逆首冉文儔掃蕩賊巢情形入奏，諭軍機大臣等：川北賊首冉文儔與羅其清同時起事，到處焚掠，擾害良民，實屬罪大惡極。羅其清前已生縛解京，此次擒獲冉文儔，掃蕩賊巢。……此時兵威已振，事機順利，尤當鼓勇直前，探明何路緊要，即向何路勦辦，以次肅清餘孽，綏靖地方。近來各路領兵大員皆以專擒首逆爲事，竟置餘匪於不問，是以王三槐、羅其清拏獲後，餘黨仍四出焚掠，未見廓清，今首逆冉文儔又經擒獲，必當將各股竄匪一律勦盡方爲著有成效。（仁宗三七、四一）

（嘉慶四、一、己卯）又諭：教匪滋事以來，今已三載，尚未蕩平，揆厥所由，總因和珅壓擱軍報，諸事擅專，於軍務每多掣肘，以致各路軍營不敢以實入奏，觀望遷延，日久不能蕆事。今和珅業經伏法，此後斷無從中牽制之人，朕可力保。帶兵大臣等，自當咸知奮勵，勉贖前愆。但恐勢不相下，無所統屬，各懷自私自利之心，易啟爭功諉過之弊。勒保初到川省時，尚能振作，近來號令不行，惟以專勦冷添祿一股為詞，稽延數月，迄未擒渠。其餘各路軍營，更難兼顧。此即事權不一之明證。今特申明軍紀，勒保著授為經略大臣，賜以印信，所有各路帶兵大臣及總督宜綿、景安、巡撫倭什布、秦承恩、高杞等悉受節制。明亮、額勒登保素諳軍旅，且辦理川楚邪匪以來，明亮勦平孝感賊匪，額勒登保擒獲首逆覃加耀，均曾著有勞績，俱著實授副都統、授為參贊大臣。伊二人應否與勒保同在一路，抑或別領一軍，分布要路之處，著勒保酌量情形辦理。其餘將領，俱著勒保酌派具奏。同知劉清聞其平日官聲尚好，著勒保奏明量予升擢，以從民望。勒保接奉此旨，不得以專勦冷添祿藉口，應將此股賊匪交提鎮大員督兵勦辦，伊即帶領重兵或於川省，或於陝省，擇扼要適中之地，居中調度，統攝各路，其有不遵軍令者，即行指名參奏。若貽誤重大軍情，准其一面拏究，一面具奏，以重事權。勒保身當重任，尤應倍加感奮，迅勉成功。若能殲厥渠魁，掃除餘孽，必當加之懋賞，優獎勳勞。儻或仍前怠玩，則受任專者受罰亦重，軍律具在，勒保不能當此重戾也。永保前在軍營獲咎，業經釋放，著加恩賞給藍翎侍衛，賚送經略印信前往軍營，在領隊侍衛上行走。至近日臣工等多有條奏軍務者，若僅懸揣覼議，不過紙上談兵，無裨實用，著將各摺發交勒保閱看，可行則行，可止則止，毋庸一一議奏。(仁宗三八、一四)

（**嘉慶四、一、己卯**）又諭：教匪聚衆滋事，皆以官逼民反為詞，昨冬賊首王三槐解到審訊時，供詞內亦有此語，朕聞之殊為惻然，是以暫停正法。我國家百數十年來，原澤深仁，周洽寰宇。皇考臨御六十年，無時不廑念民生，痌瘝在抱，普免天下錢糧漕糧以及蠲緩賑貸，不啻億萬萬，凡所以惠愛閭閻者至優極渥。朕仰承付托之重，夙夜兢兢，視民如傷，一夫不獲，宵旰殷懷，豈忍令數省蒼生罹於鋒鏑哉？百姓幸際昌期，安土樂業，若非迫於萬不得已，焉肯不顧身家，鋌而走險？總緣親民之吏，不能奉宣朝廷德意，多方婪索，竭其脂膏，因而激變至此。然州縣之所以剝削小民者，不盡自肥己橐，大半趨奉上司；而督撫大吏之所以勒索屬員者，不盡安心貪黷，無非交結和珅；是層層朘削，皆為和珅一人，而無窮之苦累，則我百姓當之。言念及此，能不痛心！是以將和珅立正典刑，以申國法而快人心。現在大憝已去，綱紀肅清，下情無不上達，各省官吏自當大法小廉，湔除積習，民間無所擾累，亦可各遂其生。且教匪起事之初，醜類原屬無多，到處迫脅良民，供其役使，及賊勢方張之際，突入村莊，任意焚掠，不從則立加殘害，從之則冀緩須臾，愚氓畏死貪生，被其裹掠，此小民不得已之苦情，朕知之詳而聞之熟矣。夫教匪起於楚北，沿及河南川陝地方，往來奔竄，肆其荼毒，村落爲墟，吾民遭其蹂躪者不知凡幾。而賊匪每遇官兵，又使裹脅之人在前抗拒，經官兵殲戮者又不知凡幾。或父兄叔侄被其戕殺，或妻妾子女被其擄掠，苟有人心，能無切齒，不過畏賊兇焰，莫敢先發。此時軍紀整肅，鼓行而前，著名首惡，即日成擒，所可憫者，脅從之人，皆朕赤子，不忍駢誅耳。從來命將出師，祇有征討不庭，斷無用兵誅戮良民之理。特此剴切宣諭，各路賊隊中之良民，如有能縛獻賊首悔罪立功者，不但宥其前罪，尚可如前年湖南投出之苗匪吳隴登等格外邀恩。否則或潛行散去，或臨陣投降，亦必釋回鄉里，俾安生業。儻執迷不悟，軍行所至，玉石俱焚，悔將何及。著勒保將此旨遍行曉諭川陝楚豫各地方，咸知朕意。(仁宗三八、一六)

（**嘉慶四、一、丙戌**）諭內閣：宜綿自帶兵勦賊以來，並不能親臨行陣，堵勦竄匪，且年老多病，恐其貽誤軍務，宜綿著即解任來京候旨，所有陝甘總督印務，著恒瑞署理。秦承恩聞亦多病，精神不能振作，……陝西軍務緊要，秦承恩不必署理巡撫，著即回籍守制。永保……署理巡撫事務，俟賚經略印信到川面交勒保後，著即馳回陝西接印任事。(仁宗三八、二五)

（**嘉慶四、二、辛卯**）諭內閣：自川楚邪教逆匪滋事以來，所過地方劫掠良民，焚燒村落，迫脅萬狀，輾轉煽惑，良民不得已從賊，日以寖多，奔驅三載不能自拔者數逾十萬。室廬焚蕩，田畝拋荒，欲返則無所歸，即歸亦無所食，其勢不得不託賊巢爲棲身之所，藉盜糧爲糊口之資。此非徒作招撫之空談所能收解散之實效者也。國家哀憐赤子，累歲流離，敷脅從罔治之仁，播咸與維新之治，前經降旨勦撫兼施。大約謂自古惟聞用兵於敵國，不聞用兵於吾民，自相攻擊，屠戮生靈，朕日夜哀憐，幾至寢食俱廢。百姓極困思安，久勞思息，諒必一見恩旨，翕然來歸。第思既歸之後，目前則何以食之，將來則何以居之，務使此番安集，即成永遠規模，設非慮及他時，恐倍難於今日。凡從各股賊匪中受撫來歸者，應如何綏輯之處，令勒保就近傳喚同知劉清及川省有清名之州縣，俾其悉心妥議具奏。(仁宗三九、三)

（**嘉慶四、二、甲午**）諭軍機大臣等：教匪不過烏合之眾，乃自勦辦以來，時日則已閱三年，經費則數逾七千萬，總緣伊等各路軍營，全不認真勦辦，惟知苟延歲月，軍中宴樂。……國家經費，惟期實用實銷，如果軍營情形，實有難照常例報銷之處，原不惜多費帑金，無如各路軍營以正項錢糧供

娛樂之費，試令清夜捫心，天良何在？（仁宗三九、六）

（**嘉慶四、二、甲辰**）刑部議奏：川楚教匪緣坐犯屬，男年十六以上者，照例發黑龍江爲奴，其婦女及男年十歲以下者，給有力之滿洲、蒙古大臣家爲奴，其十一以上十五以下者，仍監禁俟成丁時發新疆安插。從之。（仁宗三九、一九）

（**嘉慶四、二、癸丑**）諭軍機大臣等：朕聞武昌府同知常丹葵前歲因奉文查緝劉之協，任意嚇詐村民，連累無辜至數千人，非刑拷打，極爲慘酷，及聶傑人約謀拒捕，常丹葵尚不知收斂安慰，以致激成事端，是邪匪所稱官逼民反，皆由該同知起釁，實爲罪首，不可不確切審訊，嚴行懲治。著傳諭景安，即將常丹葵革職拏問，派委妥員迅速解京，交刑部嚴審定擬具奏。（仁宗三九、二八）

（**嘉慶四、二、癸丑**）陝甘總督宜綿奏：請添四川守兵一萬名，陝西、甘肅兵一萬名，湖北、河南兵各五千名。從之。（仁宗三九、二九）

（**嘉慶四、三、庚午**）諭軍機大臣等：川省賊匪徐添德、冷添祿等分股奔竄，……勒保駐劄達州，務須悉心調度，將二逆逼歸一處，以期聚而殲旃。其張映祥一股，由廣元竄至寧羌，阻塞棧道，該處係文報往來之地，尤當及早疏通，肅清驛路。此時賊匪已竄近文縣，務須奮力堵勦，毋任蔓延甘境。其夔州一路分竄之賊，勒保派令七十五等繞前截勦，未經闌入楚境，而各股賊匪，仍未能歸併一處，勒保尤當通盤籌畫，不可顧此失彼爲要。又據奏安撫難民一摺，所辦俱爲周到。各路軍營藉端花費，浮支濫用，自應嚴行飭禁；至此等撫卹難民，給資安插，使民生既獲安全，賊黨又可解散，爲一勞永逸之計，是用所當用，朕原不靳此費。此時撫綏安集，最爲緊要，勒保慎勿視爲具文，徒形章奏也。至川楚陝各省流寓之民甚多，占籍已久，各有產業，自應就近安插，不必勒令回籍，轉滋紛擾。朕以此事委汝，必不遙制。總之，邪匪不可不誅，良民不可不撫，而受撫者必使之畏威懷德出於至誠，方爲盡善。將此諭令知之。（仁宗四〇、二七）

（**嘉慶四、三、丙子**）又諭：據勒保奏，官兵勦捕蕭占國、張長更兩股賊衆，全數殲獲凈盡一摺，此皆仰賴上蒼默佑，皇考威靈，覽奏，曷勝欽慰。……此次打仗得勝情形，實爲認真勦辦。即如所奏殺賊實有六千餘名，並聲明臨陣投首訊明釋放外，其被脅之人，因其從逆抗拒，臨時無從分別，並非濫及無辜。可見所奏，實非從前之虛報首功粉飾具奏者可比。……額勒登保著加恩賞給二等男爵世職。至勒保係經略大臣，此次勦賊著效，雖未親在行間，亦由其調度得宜，而於投出被脅良民，酌給銀米，遞籍安插，所辦尤爲妥協,著加恩賞。其打仗受傷之總兵銜穆克登布,著交部從優議敍。隨同帶兵出力之總兵朱射斗、揚遇春、參將劉瑞、遊擊喜明……俱著交部議敍。陣亡之副將孫大猷,守備陳凡、丁洪俱著交部議卹。……此時各路領兵大小諸臣經力加整頓之後,看來皆有起色。勒保身膺軍務重任,惟當倍加感奮。即如伊弟永保從前在鍾祥縱賊,罪無可辭,經朕破格錄用,復令署理陝西巡撫,所以施恩於伊兄弟者,原不過爲國家公事,勒保等若能迅勉成功,則軍營從前諸弊,不但一概從寬,仍可加之懋賞。儻伊等無福承受,則國憲具在,致朕不得不爲已甚,亦伊等自取,朕亦無所容心於其間也。(仁宗四一、七)

(嘉慶四、三、癸未)諭內閣:據勒保奏官兵勦捕冷添祿一股賊匪首夥全行掃蕩一摺,仰賴上蒼默佑,皇考威靈,將此股賊匪首夥全行掃蕩,覽奏曷勝欽感。……勒保調度得宜,能得人心,以致將弁等皆知感恩報効,實不負經略大臣之任,深堪嘉獎。至額勒登保……旬日之內,殲除三股賊匪,實爲奮勇可嘉。……前已加恩賞給二等男爵世職,著再晉加一等男爵。其從前恩賞銀一萬兩未經完繳者,免其著追。其隨額勒登保打仗之吉林索倫、滿洲綠營兵丁,著勒保查明普賞一月錢糧,以示鼓勵。(仁宗四一、二五)

(嘉慶四、三、癸未)諭軍機大臣等:此次教匪蔓延日久,裹脅日多,不得不議勦撫兼施之法,但必將首惡逆黨痛加殲戮,使之知所震慴,方足堅其畏罪遷善之心。今勒保奏稱,祇應撫其脅從,其意以勦辦爲重,所見甚是。……又據稱打仗情形,將賊眾全數逼至河沿,痛加殲戮,及撲河淹斃者不計其數。在將士等奮勇爭先,自不得不乘勝痛勦,但邪匪逼脅良民,人數衆多,以致臨陣被殲,玉石俱焚,難分順逆,閱之彌覺惻然。勒保身膺重任,惟當仰體朕心,視國事如家事。昨復降旨將永保長子英志賞給藍翎侍衛,次子英華賞給親軍校,係朕格外施恩,勒保、永保兄弟二人應如何良心發現,迅速成功也。將此諭令知之。(仁宗四一、二七)

(嘉慶四、五、己巳)又諭:前次勒保奏川省各股賊匪,俱已驅歸一處,在開縣東鄉邊境,機會甚好,正可聚而殲旃。乃本日奏到徐添德、龔建、樊人傑、包正洪、張子聰等股,又經官兵勦散,紛紛四竄。額勒登保、德楞泰等復分投追勦,兵力見單,勒保不趁賊匪聚集之時,爲一鼓殲擒之計,又致稽延月日,咎實難辭。著傳旨申飭。廣西兵丁已據勒保奏明,留交楚省防堵,其抽換之貴州兵丁,計近日已可到川,若尚不敷分派,自當酌量情形,再行添調。又據奏,現在新餉將到,請於餉銀二百五十萬兩撥出五十萬兩,爲賑濟之用。川東川北難民甚多,自應隨時撫卹。將此諭令知之。(仁宗四

四、二六）

（嘉慶四、六、癸丑）諭軍機大臣等：福寧奏川省賊勢除舊有賊目徐添德等外，復新添譙城等十名，其黃號、藍號、白號、黑號零星股匪尚多，較之上年實屬有增無減。朕前屢經降旨，諭令勒保察看情形，將應否添兵之處，據實具奏；據勒保奏稱賊勢漸窮，儘此兵力勦賊，毋須再請添兵。……今福寧所奏，匪徒愈勦愈熾，賊衆兵單，與勒保前摺大相逕庭。摺內羅列賊目，俱係確指姓名，斷無憑空捏造之理。勒保與福寧俱駐達州，若賊股日漸增多，福寧知之，而勒保毫無聞見，則是昏憒糊塗，大負委任。……勒保於行軍大事，竟爾粉飾入告，是誠何心？著傳旨申飭。此時黃號、藍號、白號、黑號及各股賊匪約計究有若干，勒保曾派何人勦辦，何時可以尅期完竣，又前摺何以並未將此增添賊股奏明，有何把握，輒稱賊勢漸窮，無須添兵，著勒保遂一據實明白覆奏。（仁宗四七、二四）

（嘉慶四、七、壬申）諭軍機大臣等：勒保自任經略以來，已及半載，於勦辦賊匪機宜，總未通盤籌畫。……前據倭什布奏川省賊匪闌入楚省邊界。……茲又據倭什布奏，李淑等股賊匪，屯聚竹山、竹溪、房縣交界處所。倭什布督率將弁悉力堵禦。……而李淑後股賊匪，尚屯泉河一帶。又有羅半年一股亦接踵入楚，爲數不下二萬，現經倭什布飛咨勒保速派官兵赴楚協勦，可見楚省並無川省派往之兵。勒保于事先既未能豫爲防範，縱令群賊擾及楚境，迨賊已入楚，又不星速派兵前往會擊，並未將如何籌辦，派何人前往會勦之處，先行馳奏，竟置楚省之賊于不問，又安用此經略爲耶？且現在藍號白號賊匪俱已竄入川北地界，亦未聞勒保派兵堵截。是勒保竟係擇一無賊處所縶營株守，直與木偶無異，不料勒保辜負委任一至於此。前因官軍勦捕日久，恐致疲乏，節經詢問勒保，應否添調官兵。勒保以無庸添兵覆奏。復經降旨詳悉開導，諭以不可迴護前奏，致誤事機。勒保仍堅執前說，不必添兵。朕早料其不足倚仗，已豫調山西兵三千，盛京兵二千前往接濟。今楚省之賊多至二萬，而倭什布一路官兵不過三千有餘，則勒保節次所奏不必添兵之說，是誠何心？種種玩誤，上負皇考及朕簡用之恩，此而不加懲治，軍紀安在？勒保著革職拏問，所有經略事務，著明亮接辦，並授爲正紅旗漢軍都統，其四川總督員缺，著魁倫署理。（仁宗四九、二）

（嘉慶四、七、辛巳）又諭：自教匪滋事以來，三載有餘，輾轉奔逃，沿及川、陝、楚、豫等省，迄今尚未蕆事。或因官兵祇知勦捕，未曾出示招撫，賊匪等自知罪大，不敢解散投誠。又以各處村莊散漫，不能堅守，賊匪遂得肆其擄掠，而帶兵各員，向無經略爲之統轄，彼此遷延，事權不能畫

第五章　農村人民的生活和反抗鬥爭

一。賊匪日久未平，未必不由于此。朕于正月親政之後，即下詔明白宣示，宥其脅從，並爲賊中投出者謀及身家之計。是勦撫兼施之策已行，又令川陝楚豫各督撫，諭令各村民守堡結寨，刨挖溝濠，悉力保護。是堅壁清野之策已行。特授勒保爲經略大臣，居中調度節制各路，以重事權，與前此之漫無統率者迥不相同。乃數月于茲，投出之人甚覺寥寥，而各路帶兵大員，亦皆惟事尾追，未曾殲凈一股賊匪，實不可解。難民等畏賊一時兇暴，冀免須臾之死，不得已受其束縛，豈肯甘心從賊，始終不渝。即此日賊匪黨與，亦無非從前被誘村民。天良具在，目覩朝廷寬大之詔，自必亟思改悔，脫身賊中。何以經此番謄黃宣示之後，賊黨仍固結如前？朕宵旰焦思，反復推求其故，必因連年地方官朘削脂膏，激成事變，小民等困于誅求，遂爲賊所誘脅。今見貪墨之員，尚未盡黜，恐投歸後仍遭侵虐，不能各遂其生。且當室廬焚燬，蕩析離居之時，無良吏爲之撫綏，仍難安業，是以觀望逡巡，未敢即行投出。著松筠、魁倫、倭什布、吳熊光、高杞、永保即行查明所屬州縣，有如戴如煌之貪縱虐民者，不妨嚴參數人，以洩公憤。如一時乏員補用，即由京揀選發往。其素得民心之員，如劉清、諸以謙、方積、林嵐等，即行奏請升擢，用示風勵。庶被脅之人，聞知貪墨屏退，吏盡循良，自必幡然來歸，紛紛就撫。如有自賊中投出者，不但脅從罔治，即爲首者，亦當施浩蕩之恩，概予赦宥。即如從前湖南苗匪吳隴登原與石三保、吳半生等一同滋事，投誠後免其一死，仍賞給五品頂帶，約束苗民，數年來甚屬安靜。今敎匪之罪，與苗匪相等，但能及早歸誠，吳隴登前事具在，朕必特加寬宥。如此剴切曉諭，俾賊匪知叛則必誅，降則必赦，予以自新之路，釋其死守之心，未必非解散賊黨之一法。將此由五百里分寄陝甘四川楚豫各督撫等，並通行曉諭知之。（仁宗四九、二一）

（嘉慶四、八、癸卯）密諭四川總督魁倫知悉：川省之賊起於達州，而王三槐、徐添德早經知州戴如煌緝獲，婪索無厭，始行激變。宜綿、英善復因循貽誤。勒保始尚有爲，今又委靡不振。川省東北困於兵，疲於賊，西南又苦派累轉輸。若本年之內，不能全平，再拖延至明年，則四川一省不可問矣。朕日夜焦思，訪得川省清官貪官數名，今特列名于後，卿應留心訪求實績，清官即行越格保薦，貪官立予降革。若得貪婪實蹟，奏請拏問，破其積奸，伸民之怨，大功可計日而定，卿其勉諸！（仁宗五○、一二）

（嘉慶四、九、壬申）諭軍機大臣等：前因李淑等股竄入二竹，急需勦辦，諭令額勒登保赴湖北會同倭什布協勦。今李淑、徐添德竄回川境，而王登廷與鮮大川、苟文明、冉添元合夥肆擾，又有張世隴、阮正滌二股竄至廣元，以現在而論，川省尤重。今額勒登保酌量緩急，即在川省督兵攔截，深合機宜。現已授額勒登保爲經略，各路皆其統領。……此後當將伊一路勦賊情形隨時速奏，其餘各路，可無需代爲奏報。當以勒保爲鑒，不可如彼之安坐軍營，惟知彙報塞責也。將此傳諭知之。(仁宗五二、三)

(嘉慶四、一一、癸酉) 以殲獲賊首張漢潮、李潮功賞侍衛桑吉斯塔爾、副都統銜參將傅雲、遊擊羅全亮、守備王成傑花翎，千總李國杰等藍翎、餘升擢有差。(仁宗五五、一五)

(嘉慶四、一二、甲午) 諭內閣：前因福寧在旗鼓寨勦賊時，曾殺降人三千，謬報平賊一股，因降旨令該督等據實查奏。茲據魁倫奏：前此福寧辦理此案，係副將呂朝龍經手，當即調到面加詢問。據稱，嘉慶元年七月間官兵攻破旗鼓寨，餘匪竄至謝家營，無路奔逃，俱跪地乞降，福寧允准。該匪等即行投出，男婦老幼約有三千餘人，一併帶至龍山縣城外分紮。福寧以該犯等係臨陣窮蹙始降，非豫先投出者可比。因將女犯及老幼釋放外，假意受降，將其餘男犯誘以帶同打仗進城給與號掛、口糧，於夜間陸續殺死，約計共有二千餘人等語。是福寧前此勦辦旗鼓寨，竟係殺戮降人至二千餘名之多，殘忍已極。……似此既降復殺賊匪紛紛傳播，則被賊裹脅之人，自知投出仍不免於一死，又焉敢束身歸命。是驅之從賊，無怪乎安心不降。賊匪亦人，何殘忍若斯之甚。……現在訊據拏獲之賊首高均德，亦供稱賊匪夥黨總懼投降後仍遭誅戮，是以觀望不前。可見福寧前此所辦，錯謬已極，適以堅賊黨從逆之心。試思賊匪抗拒官兵，其臨陣殲戮者原難細爲區別。設投誠後，果有心懷反側，復思蠢動之徒，亦應嚴辦示懲。若已畏罪乞命，允彼投降，無論本係被脅民人，情原可憫，即實係邪教，而能棄械投出，亦當貸其一死，量爲安插……如從前之張彪、李發枝等；……多係內地民人，在洋疊劫之犯，尚且念其能知改悔，加之恩宥；至于學習邪教，雖有干明禁，然苟不至勾結作亂，亦何嘗即予嚴辦。況臨陣投出之人，既知去逆效順，即與平民無異，豈有無分玉石、概予駢誅，並用言哄誘入城，濫戕生命。既示人以不信，復阻其來歸。是賊匪至今投出者少，皆由福寧辦理此事，失人心而傷天理所致，其罪甚重。福寧業經革職，著魁倫即將伊拏問，令與呂朝龍質證明確，按殺降律定擬具奏。並著通諭各路領兵大臣，嗣後勦辦賊匪，如有臨陣乞降，及從賊營自行投出者，即屬畏法之人，總不必究其既往之罪，皆當准其自新，交地方官妥爲安頓。俾脅從附和之徒皆知得有生路相率投誠，于勦撫大局庶有裨益。至呂朝龍係福寧使令，殺降非伊之罪，於質訊明確後，即令速回本營効用。(仁宗五六、一五)

（嘉慶五、一、戊午）諭軍機大臣等：此次高姓等四股賊匪，竄入城固南鄭等處，祇因川省無糧可掠，希圖由漢江上游，搶入甘境覓食。陝省兵力較單，不能堵禦，額勒登保酌量緩急機宜，帶領兵勇，即由保寧、廣元一帶取道入陝，不辭勞瘁，力疾遠涉，實堪嘉慰。前因川匪竄入寧陝一帶，德楞泰相距不遠，是以令其速赴陝境堵勦。今額勒登保親自前往，更爲得力。川省各股賊匪，即責成德楞泰、魁倫勦辦。魁倫係本省總督，川境賊匪，係伊分內應辦之事，伊二人務當督率將弁分投截擊，將冉添元、徐添德等股，以次殲除。至川東賊匪，專交七十五勦辦，勿任東竄楚境。其川北之通江一路賊匪，專交朱射斗勦辦。將此傳諭知之。（仁宗五七、三）

（嘉慶五、一、丁卯）諭軍機大臣等：此時川省賊匪，既由寧羌奔竄略陽，已入徽縣。那彥成分派吉林官兵並帶貴州固原等兵同札克塔爾、綸布春等取道五郎洋縣探明賊蹤，取捷追勦，此行甚是。現在額勒登保已離川省，那彥成由陝入甘，彼此同在一處勦賊，無分畛域，那彥成務與額勒登保同心協力，繞出賊前，迎頭堵截，不可徒事尾追。此時川省竄匪爲數不下二萬，甘省地係曾經賊匪滋擾之處，賊匪未必能多有搶掠，斷不可任其深入，致未經被賊地方又遭蹂躪也。將此諭令知之。（仁宗五七、一一）

（嘉慶五、一、辛未）諭內閣：自川楚教匪滋事以來，所過地方，焚燒搶掠，迫脅萬狀，民人不得已而從賊，日以寖多。經朕節次降旨，令領兵大員剴切曉示，如賊匪中果能有歸命投誠者，仍係朕之良民，令地方官妥爲收卹。自降旨以後，據川陝各督撫先後奏到，被脅之人，悔罪投出者甚多。但伊等俱已早失生業，室家田土，蕩然一包，名曰回籍，仍受流離顛沛之苦。每一念及，朕心爲之惻然。雖撫卹之旨屢下，特恐地方官未能妥爲安置，而胥役人等，又不免因其曾經從賊加以陵虐，任意索詐，是伊等雖脫身賊中，冀求生路，而仍不能各遂其生。所謂安撫者，皆有名無實。即實在傳授邪教之徒，若能去逆效順，即屬良民，皆許其自新，一體收卹，斷不以其曾經入教，又復罪其既往。儻地方官經此次傳諭之後，不能仰體朕心，妥爲辦理，以致伊等稍有失所，或任胥役從中訛詐，一經查出，必當重治其罪，決不寬貸。現在戶部侍郎周興岱赴川祭告嶽瀆，著于所過川陝曾經被賊處所，將此旨宣布謄黃，並面告地方官遵照妥辦，以副朕矜卹愚氓，脅從罔治至意。（仁宗五八、二）

（嘉慶五、二、乙未）又諭：嘉陵江西岸繁庶之區，賊匪久經窺伺，自額勒登保、德楞泰俱離川省，以致賊匪搶渡西竄。魁倫行走遲緩，又未妥爲調度，在蓬溪屯劄，僅派朱射斗等往文井塲追勦，衆寡不敵，陣亡官兵如此之多。是額勒登保、德楞泰率行赴甘，俱有應得之罪。現在甘省竄匪，有額勒登保、那彥成在彼督勦，又有廣厚、吉蘭泰、慶成等帶領甘涼兵數千協勦，德楞泰應即迅速由階、文一帶過白水江徑赴川西，幫同魁倫勦辦。所有川西之賊，責成德楞泰、魁倫、勒保三人併力同心迅速截勦。將此各傳諭知之。(仁宗五九、三一)

（嘉慶五、二、丁未）諭內閣：教匪滋事，起于湖北，沿及河南、陝、甘、四川地方，往來逃竄，迄今四載有餘，尚未蕩平，朕心日深焦廑。推其蔓延之故，總緣領兵大員及各督撫等未發天良，既不能即在本境將賊匪勦滅，任其奔逸，而鄰省又未能實力堵禦，縱賊入境。即有能拏獲一二賊首者，輒思藉此邀功，仍置餘黨于不問，以致輾轉滋蔓，復行勾結，所至之處，荼毒生靈，勞師糜餉，不可勝計，伊等貽誤之咎，實屬百喙難辭。今當列其罪狀，再行明白宣諭，俾衆知之。如湖北教匪在枝江宜都起事時，惠齡係湖北巡撫，在彼勦辦並未設有總統，嗣因永保由烏嚕木齊回京，在西安地方具摺請赴湖北軍營，而福康安又保奏其人尚可用，是以授爲總統，專勦湖北賊匪。乃永保坐擁多兵，毫無調度，賊匪在鍾祥屯聚時，明亮駐劄鍾祥之正南，合之東南西南三路，祇有兵三千餘名，不敷防堵。永保在鍾祥之北面，帶兵九千餘名，多寡懸殊，明亮與永保以此遂生嫌隙。詎知賊匪不由明亮一路兵少處竄逸，轉向永保北面兵多處奔逃。自此由鍾祥北竄，焚掠濬河鎮，竄至黃龍壋。皇考因明亮與永保彼此齟齬，恐誤軍務，令明亮前赴湖南，專辦苗匪。而永保仍前怠玩，不將賊匪在湖北境內殄滅，縱令偷渡滾河，闌入豫境。此永保首先縱賊之罪。其時景安若能在豫省各要隘督率堵禦，則賊前有攔截，後有追兵，亦不致肆力衝突。乃景安畏葸怯懦，有心避賊，僅在南陽株守，不發一兵，賊匪遂從武關竄往陝西，毫無阻擋。雖有慶成在河南盧氏一帶打仗，稍挫賊鋒，而已不能遏其西竄。此景安縱賊入豫，又復擾及陝境之罪。迨賊匪已竄至陝，秦承恩並未督率文武扼要堵截，聽其由商州、鎮安逃往石泉、紫陽，而漢江船隻，又未盡泊南岸，使賊匪得以搶船徑渡漢江，從漢中直竄川境。此又秦承恩縱賊入陝又復擾及川省之罪。至四川教匪，其始不過王三槐、徐添德二人，在東鄉、達州滋擾，爲數無多。彼時係英善、勒禮善勦辦，若即能奮力攻擊，原不難立時撲滅乃，亦因循遲緩，致賊匪四出勾結，日聚日多，勒禮善旋在東鄉被賊戕害。英善雖帶兵未久，尚未縱賊出境，辦理遲誤之罪，亦無可辭。至宜綿以陝甘總督總統軍務，自到川省後，惟知在大城寨蓋房居住，一年有餘，並未與賊接仗，使賊匪得以從容裹掠，肆擾頻年，至今未能勦盡。伊即年老多病，亦應及早切實奏懇解任，乃貪戀因循致滋貽誤，其罪實不可恕。至惠齡係接辦永保總統之事，帶兵總不出力。因其在湖北時，曾將聶傑人、張正謨、劉啟榮生擒，在四川時，曾將羅其清、冉文儔拏獲，尚有微勞可錄，且在軍營尚無婪索贓私之據，前已降爲侍郎，姑免追問。此外貽誤諸人，除永保業經定擬應斬監候外，景安現已拏問，俟解京時，交軍機大臣會同刑部審訊定擬具奏。秦承恩前已革職，……著費淳傳旨，將秦承恩發往伊犁効力贖罪，押令即由籍起程。英善著革去吏部侍郎，加恩掌四品頂帶，隨同和寧仍在西藏辦事。宜綿若仍令以三等侍衛辦理烏里雅蘇臺參贊事務，不足示儆，著綿佐傳旨，將宜綿革職，發往伊犁効力贖罪，即由該處發往。以上各員經朕此次分別懲辦，罪狀昭著，嗣後各路領兵大員督撫等，任勦賊之責者，總須在本境將賊匪殲盡，不得縱令他竄，任堵御之責者，亦須在本境嚴密防守，不得任賊闌入。當以永保、景安、秦承恩、宜綿等爲戒，以期共知儆惕，奮勉成功，無負諄諄告誡至意。將此通諭知之。（仁宗六〇、一五）

（嘉慶五、二、丁未）諭軍機大臣等：此時陝甘川楚賊匪分投奔竄，來往靡常，著責成各路領兵大員，自奉到諭旨之日爲始，各將專辦賊匪即於本境勦盡。如甘省賊匪專交額勒登保、那彥成勦辦，陝省賊匪專交台布勦辦。四川賊匪專交德楞泰、魁倫、勒保勦辦。湖北賊匪專交松筠、明亮、倭什布勦辦。務將本境專辦之賊設法兜截，殲滅無遺，儻因勦捕緊急，竄逸出境，遂爲了事，不但不能邀功，必當治以縱賊之罪。若各該省邊界堵禦不嚴，致賊竄入，亦必當重治疏防之咎，並著經略額勒登保查明堵勦不力之員，即行據實參奏，總之堵勦各有專司，則賊匪所到之地，即不能復行竄越，而領兵大員責成既專，亦無從推卸諉咎，庶各齊心併力，以期剋日竣事。儻仍延玩，賊匪遲完一日，不特朕心引咎，刻難自寬，內而軍機大臣，外而帶兵大員之罪，亦日重一日，諸臣務當凜遵訓諭，勉之又勉，當以從前貽誤諸人，作前車之鑒也。將此傳諭知之。（仁宗六〇、一九）

（嘉慶五、三、辛酉）又諭：陝境漢江南北有鮮大川、苟文明、楊開甲、辛聰等股，分竄滋擾，而鳳、寶一帶亦有賊匪奔竄，棧道梗阻。目前陝省賊勢鴟張，較甘省自爲著重。……前因陝省領兵乏人，降旨令恒瑞帶兵來陝，幫同台布勦辦。……一俟其到陝後，即當會同籌辦，先將棧內賊匪悉數殲除，廓清道路爲要。將此傳諭知之。（仁宗六一、一七）

（嘉慶五、三、壬午）又諭：自辦理軍務，數年以來，各路撥發部庫銀兩已不下七千餘萬，上年朕親政以後，又撥給銀一千餘萬，通計不下萬萬，而各路帶兵大員等，惟事東追西逐。帶兵者既不認真勦殺，守土者又不實力防堵，一任賊匪輾轉奔竄，日久稽誅。似此因循玩誤，即再有六七千萬餉銀發給，伊等亦不過坐食虛糜，賊匪何日得平。朕近聞由甘竄回陝境之賊，時往時來，肆行滋擾。東則黃牛舖、草涼驛、五星臺等處，屋宇被焚，居民戕害者，相望於道。西則九子溝、瓦房壩、陳倉溝等處，亦多焚掠，賊匪均有五、六、七千人，每日報馬數十，搜山捉人，裹糧搶商，山中居民，分投奔散，傷心慘目，有不忍言。而各路官兵，並未遏捕，一任賊匪盤據山岔險要，餉運文報，以及商旅，皆有梗阻。其帶兵官員，惟以兵勇俱係湊集，不便以少擊衆，藉詞推諉，以致有賊處無兵，有兵處無賊。額勒登保身爲經略，陝甘川楚勦賊之事，皆伊統轄，著額勒登保將各路防守大員如王文雄、柯藩、額勒亨額、愛星額、劉之仁、觀祥、索費英阿、札勒杭阿、長春、慶溥等查明現係防守何處，如地當要隘，不能分身，自當仍留防守。如並非必不可離之地，即將該鎮將等調赴經略大營，派令勦賊。如有虛言推卸，不聽調度者，即令傳旨鎖拏，解京正法。……若軍營帶兵大員，皆能體朕之勞心焦思，認真籌畫，豈有不能將賊匪辦竣之理。茲特再行明白申諭經略額勒登保、參贊那彥成、總督長麟、巡撫台布等，將陝西勦賊之事，通盤籌畫，必須如何布置，何時始能辦竣，爲一擧成功之計。辦賊無過兵餉二端，此時各省所調官兵，爲數不少，若有須添兵力，遠省則緩不濟急，自不如即在本省多募鄉勇，以資協助。伊等若以添募鄉勇必須多添餉項，亦無可吝惜，與其遷延時日而費多，不如併力一擧而費省。著額勒登保、那彥成等接奉此旨，自定限期，並將每日在何處勦辦何股賊匪及在途日行若干里，因何事停住，開具節略，隨報具奏。（仁宗六二、二七）

（嘉慶五、四、乙酉）諭內閣：……昨據魁倫奏，賊匪在太和鎮上游之王家嘴地方，搶渡潼河，朕因此深刻焦廬，幸德楞泰帶兵踵至，無分晝夜，盡力追擊，擒殄首逆要犯及大小頭目，共殲賊匪一千三四百名，生擒匪犯一千三百餘名，並救出被圍四寨難民萬數千人。川西竄匪指日即可肅清，而魁倫前此即縱賊渡適嘉陵江，今又縱賊竄渡潼河，不特川西繁庶之區，遭賊蹂躪，而荼毒生靈，又不知凡幾。若不將魁倫治罪，則貽誤封疆者何以示儆？魁倫前已有旨革職拏問，其四川總督已令勒保暫行署理，魁倫即著交勒保審明，按律定擬具奏，在成都監禁候旨。……至阿迪斯……在大寧株守，迄今半載有餘，並未移動。……阿迪斯著革職拏問，交與勒保按律嚴審定擬具奏，候朕再降諭旨，其成都將軍缺，已著德楞泰補授。（仁宗六三、二）

（嘉慶五、七、甲午）諭軍機大臣等：前據馬慧裕奏寶郟地方有匪徒焚掠之事。旋據葉縣稟報，盤獲首犯劉之協。本日馬慧裕馳奏，已將寶豐等處匪徒千餘名悉數殲除，並提到眼目，認明劉之協屬實。劉之協爲教匪首逆，勾連蔓衍，荼毒生靈。乃該犯仍敢在豫省糾結，潛謀起事，並欲爲陝楚教匪接應，實堪痛恨。仰賴昊穹垂慈，皇考默佑，俾豫省新起教匪一千餘人，立時勦捕净盡，擒獲首逆，明正刑誅。可見教匪劫數已盡，從此各路大兵定可剋期蕆事。（仁宗七一、一四）

（嘉慶五、七、甲辰）德楞泰奏報：督勦樊人傑等四股賊匪，殺賊四千餘人，得旨獎賫，實授勒保四川總督，賞二品頂帶。（仁宗七一、二四）

（嘉慶五、七、己酉）諭軍機大臣等：陳傑一股賊匪雖爲數無多，但越過棧道，若竄入南山，不特搜捕費力，恐致牽綴官兵。今額勒登保將陳傑生擒，掃除餘黨，所辦甚好。現在陝甘東北一帶，賊匪已盡。止餘伍金柱、張世龍、冉學勝等股向西和、成縣西南一帶奔逃，額勒登保自東而西，長麟等自西而東，兩面夾擊，務將陝甘兩省賊匪，一律肅清，朕惟計日以待捷音之至。（仁宗七一、二八）

（嘉慶五、一○、辛亥）諭軍機大臣等：此次德楞泰、勒保分勦劉朝選、湯思蛟等股賊匪多有斬獲，復會勦趙麻花等將該逆戮斃，並殲净餘匪，實爲奮勇可嘉。前據姜晟奏，楚省藍、黃、白線賊匪，俱將折回川境，已令明亮跟蹤緊勦。此時德楞泰、勒保在雲陽一帶，正係折川來路，可與明亮兩面夾擊，一鼓殲擒，轉不必將賊匪截回楚境。再，徐添德一股，已竄赴安康、平利一帶，今摺內又稱王珊等欲赴太平接取，可見該首逆亦有入川之勢，並將派委得力鎮將前往迎截，漸次逼往川境。雖川、陝、楚均關緊要，但賊匪竄至陝、楚，必致散漫，不如聚集川境殲除較易。德榜泰、勒保不可不知此意。將此諭令知之。（仁宗七五、二）

（嘉慶五、一○、戊午）諭軍機大臣等：王珊一股匪衆，經德楞泰、勒保督率將領分路兜截，殲擒净盡，川東腹地肅清，所辦甚屬可嘉。且據稱與額勒登保彼此札商，欲將陝省之賊全數逼入四川，以便併力圍攻，覽奏更爲深慰。……籌慮大局，可謂無分畛域，不愧大臣任事之道。現在嘉陵江一帶，防守最關緊要，各股竄匪，因通、巴境內寨峒嚴密，欲圖竄越，若嘉陵江防堵不嚴，又致偷渡，擾及川西完善地方，更復成何事體？德楞泰等務須加意防範，不可稍有疏虞。……將此諭令知之。（仁宗七五、六）

（嘉慶五、一○、庚申）諭軍機大臣等：高二、馬五二逆，狡詐異常，奔越數省，今長齡探得該匪屯聚洵陽之王家坪一帶，分派滿漢官兵同時並進，奮勇衝殺，殲擒賊匪七百餘名，所辦可嘉之至。……此時賊鋒大挫，正當乘勢搜捕。現已諭知額勒登保，毋庸令長齡前赴大營，所有高二、馬五一股賊匪，即責成長齡協同勦辦，務將此股逆匪，在洵陽地方速行勦淨；如不能即時勦滅，亦應逼向西面，以便額勒登保迎頭截擊，或向西南逼入川境，斷不可令其折竄楚省二竹一帶，亦不可令其越過漢江西北，逸入商雒等處，致搜捕又稽時日，總須將此股迅速勦除。若賊已垂敗，不可又棄而之他，如那彥成前此不將高、馬餘孽勦竣，貽纍至今也。將此傳諭知之。（仁宗七五、八）

（嘉慶五、一〇、辛未）諭軍機大臣等：現在各股賊首，徐添德、曾芝秀，並先經奔竄之張添倫、辛聰、魏棒棒、顏勝可、戴家營等，俱已逸入川境；祇有龍紹周、高二、馬五、王廷詔及冉、張等逆，尚在陝楚交界之竹山、白河一帶游奕。高二、馬五係賊中最兇悍者。王廷詔亦屬教匪要犯，額勒登保務當督催慶溥等趁賊窮蹙之時，奮力截擊，悉數殲除，總以去疾務盡爲要。此事已遲至五年之久，早完一日，百姓早受福一日，此朕所昕夕企望者。至漢江以北，祇有伍懷志一股，竄入南山老林，不過四五百人，務當趕緊搜勦，斷不可令其竄匿。若各匪俱能勦盡，額勒登保自當振旅入川，會合德楞泰、勒保等將川省各匪於年內一律蕩平。將此諭令知之。（仁宗七五、二七）

（嘉慶五、一二、庚戌）諭軍機大臣等：自邪匪滋事以來，勦辦已及五載，總無蕆事之日。近據各路奏報，……各股賊匪統計不過萬餘。……現在各路征兵不下十萬，軍威不爲不盛，而所需餉銀，朕不待伊等奏請，無不豫爲籌撥，源源接濟。……此時東面有倭什布、長齡，西面有長麟、慶成，南面有德楞泰、勒保，北面有額勒登保、楊遇春等，總須四面嚴堵，彼此通盤籌畫，聯絡聲勢，協力以堵爲勦，即在川陝楚邊界將各股竄匪悉數殲擒，方爲不負委任。……即萬不得已，亦祇許將陝楚之賊逼歸四川，勦辦易於得手，斷不許令四川之賊竄往陝楚。……伊等接奉此旨後若再不同心合力，速將各路賊匪悉數掃除，延至明春，青苗在地，賊匪仍得掠食飽颺，又稽蕆事，軍法俱在，朕亦惟有將伊等按律治罪。此亦伊等自貽伊戚，實不願國家有此事，惟在伊等勉圖贖罪，迅奏膚功，勿負朕諄諄教誡也。將此傳諭各路軍營帶兵大員、四川、陝、甘、湖北各督撫知之。（仁宗七七、二）

（嘉慶六、一、己丑）諭軍機大臣等：本日據額勒登保奏，督師截勦新過江北大股賊衆，節次痛加斬戮，並楊遇春等連日趕勦股匪各情形，殺賊共一千五百餘名，生擒一千餘名。經略等督兵打仗，竟至露處，辛苦備嘗，可謂不遺餘力；但首逆如高三、馬五究未擒獲，不能辦淨一股。且洵陽地方，又有竄過漢江北岸之賊，奔竄稽誅。推原其故，總由於防堵不力，必須有兵勇加意防範，俾匪無處竄逸，勦辦方可得力。長麟、陸有仁身爲督撫大員，堵禦是其專責，自應將各處防守兵勇詳細查覈，如實有殘廢無用者，兵則另行抽換，勇則招募添補。現在陝省兵餉，每月需用五十萬兩，與其曠日持久，零星多費而不能集事，莫若厚集募勇，一舉成功，所費咸獲實效。將此傳諭知之。（仁宗七八、一一）

（嘉慶六、二、丙子）諭軍機大臣等：川陝楚大功將次告竣，善後事宜，以撫輯難民飢民、安置鄉勇爲最要。湖北省饑民不下數萬，川、陝亦所不免，其裹脅之人，紛紛投出，不可勝計，除查明叛產分別賞給外，或另有安撫之法，著該督撫通盤籌畫，詳議具奏。至鄉勇常與賊匪接仗，技藝素嫺，若不妥爲安插，更易流而爲匪，當收其器械，或令入伍，充當民壯，妥爲散遣。（仁宗七九、三○）

（嘉慶六、四、己未）額勒登保等奏報：生擒首逆高三、馬五及馬五之子，並將賊夥全數掃蕩，得旨獎賚。（仁宗八二、一四）

（嘉慶六、五、癸巳）德楞泰奏：連日追勦徐、樊等股賊匪逼過漢江南岸，現在趕勦各情形一摺，所辦甚好。此次徐、樊二逆經德楞泰督率賽冲阿等分投追勦，即奔高冠峪，有入南山之勢。經劉之仁、雛昂帶領兵勇由高冠峪內突出截殺，不能入山，折竄兩河。復經慶成帶兵前來接應，多有斬獲，賊勢極爲狼狽，遂由大洋灘踹淺渡過漢江南岸，慶成亦過江追勦，前後殲擒賊匪一千五百餘名，現所存馬步賊匪，不過千餘人，俱極疲乏，德楞泰緊躡前往，與慶成分路夾擊，定可剋日悉數殲擒，實深欣慰。（仁宗八三、二○）

（嘉慶六、六、癸丑）額勒登保奏：勦辦陝省各股竄匪，楊遇春、札克塔爾等殺賊二千餘名，生擒一千餘名。得旨獎賚，下部議敘。（仁宗八四、五）

（嘉慶六、六、癸丑）德楞泰奏：賽冲阿、溫春等追勦青號賊匪，掩獲首逆徐添德。得旨獎賚，下部議敘。（仁宗八四、五）

（嘉慶六、六、丁巳）額勒登保奏：督勦冉逆等股賊匪，並生擒首逆張添倫。得旨獎賚。（仁宗八四、一三）

（嘉慶六、六、癸亥）額勒登保奏：穆克登布、豐紳等督率官兵生擒首逆伍懷志，餘匪肅清。得旨獎賚。（仁宗八四、一六）

（嘉慶六、六、壬申）勒保奏報：勦辦東鄉青藍兩號賊匪，悉數殲除。得旨嘉獎。（仁宗八四、三六）

（嘉慶六、七、丙子）吳熊光等奏報：殲斃白號賊首王鎮賢。得旨嘉獎，提督七十五，下部議敘。（仁宗八五、二）

（嘉慶六、七、甲申）勒保奏報：督同阿哈保、薛大烈痛勦徐逆各股，

生擒徐添壽、王登高等，得旨嘉獎。（仁宗八五、九）

（嘉慶六、八、丁巳）額勒登保奏報：生擒首逆王士虎、冉添泗等，並查明連次出力員弁。勒保奏報：七十五一路官兵在桑樹坪地方擒獲劉朝選三弟劉清選、湯思蛟之弟湯步武，並查明疊次出力員弁。均得旨獎賚。（仁宗八六、二〇）

（嘉慶六、八、甲子）勒保奏報：分派鎮將殲勦高魏二股賊匪，生擒首逆冉學勝等，得旨獎賚。（仁宗八六、二四）

（嘉慶六、一〇、丁巳）德楞泰奏報：殲斃首逆龍紹周，全股掃蕩，並設法翦除零星散匪。得旨獎賚。（仁宗八八、三）

（嘉慶六、一一、庚寅）諭軍機大臣等：現在賊匪情形，以西北爲重，川陝連界西北一帶，上游江水淺涸，恐零匪乘間竄越，關繫匪輕。此時張魏兩股，並楊逆餘匪，所剩不過二百餘人，慶成務當督飭吳亨衍等上緊搜捕，如能在該處殲除淨盡，即屬慶成等之功。儻一時未能辦竣，總須將該逆截向川境，以便經略等合兵勦辦，斷不可令其闌入陝界。將此傳諭知之。（仁宗九一、四）

（嘉慶六、一一、癸巳）諭軍機大臣等：現在軍務即日告蕆，其善後事宜內，惟安插鄉勇一事最爲緊要，屢次諭令該督撫或酌給叛產絕產，或令充伍食糧，原爲伊等豫籌生計。但聞叛產一項爲數無多，蓋各省匪黨，皆係無籍之徒，鋌而走險，其甘心從賊，如龐洪勝之家產饒裕者寧有幾人？至被賊裹脅各村民，其本有田產者，一經散出，自必歸家各認己業。且各處尚有散出難民，均須安插。是叛產絕產亦豈能徧給無遺。況自賊中投出者，即屬良民。此等多係無業之徒，若不妥爲安撫，仍令流離失所，亦恐滋生事端。因思川陝楚地方遼闊，盡有官山未經開墾荒地，與其爲客民占據，何如撥給鄉勇令其自安耕作。此外若有可興之利，不妨奏明辦理。如川省銅鹽等項，或有可以資借謀生，無礙於官而有便於民者，各就該省現在情形，量爲措置。至鄉勇隨同官兵勦賊日久，其中傷病者諒亦不少，現在各省所調官兵，其因傷病未癒及隨征日久者，均以次徹歸原伍，而鄉勇之傷病者轉未議及，是官兵之裁撤者多，而鄉勇之冗食者不少，殊非覈實之道。且有由省調派隨征者，此時即應先行裁徹，以節糜費。將此傳諭知之。（仁宗九一、一〇）

（嘉慶六、一一、乙未）額勒登保奏報：官兵殲擒首逆高見奇，並僞帥周萬友等，得旨嘉獎。（仁宗九一、一三）

（嘉慶六、一一、戊戌）諭軍機大臣等：昨據慶成奏稱，苟逆渡江奔竄，仍係廣元地方，逼近寧羌、略陽、階文等處，今苟逆已竄至階州屬之梅子

園，是已闖入甘肅境內。此皆七十五玩縱之罪。……七十五，著革職拏問交額勒登保、德楞泰、長麟嚴加審訊。(仁宗九一、一七)

（嘉慶六、一二、丙午） 諭軍機大臣等：此次賽沖阿、溫春、格布舍、楊芳、薛大烈等分勦李彬、湯、劉等股，沿途俱有斬獲，並將黃號餘孽葛士寬等首夥數百人全行殲盡，所辦尚好。(仁宗九二、三)

（嘉慶六、一二、丙辰） 諭軍機大臣等：前此各股賊匪，經官兵疊次勦殺，勢極殘敗，不敢與官兵接仗。馬騾皆少，衣服凋零，惟到處逃避，苟延殘喘。今苟文明一股，糾合張士龍餘黨及各股老賊遺孽大小男婦，約有三千餘人，馬騾四五百頭匹，衣帽整齊，並有鳥槍弓箭撒袋等物。德楞泰所帶俱係屢次得勝勁旅，極爲趫健，素爲賊匪所畏懼。乃此次苟文明等匪，竟敢搶占山梁，併力抗拒，並兩次下壓，勢極兇悍，官兵僅殲賊一百餘名，未能得手，實爲可恨。……苟逆在李家壩地方，攻破大寨，擄掠七八百人，並衣服鎗箭等物。其寨中百姓，遭賊慘殺者，更不知凡幾，此皆七十五縱賊殃民之罪。額勒登保……已將七十五革職拏問。德楞泰於兩三日內即可與額勒登保會合，伊二人當遵照節降諭旨嚴審定擬具奏。此時大股兇悍賊匪，祇有苟文明一股，額勒登保、德楞泰務當督率將弁等，併力合擊，以期滅此朝食。(仁宗九二、二〇)

（嘉慶七、一、甲午） 額勒登保奏報：生擒首逆辛聰，殄除餘黨。得旨獎賚。(仁宗九三、二〇)

（嘉慶七、一、丁酉） 諭軍機大臣等：此次德楞泰將苟逆截回西南，勢已窮蹙，現飭薛大烈帶兵狠追。德楞泰因川東零匪滋事，前赴大寧之通城一帶，督飭搜捕，自應如此辦理。川東零匪，專交德楞泰就近勦辦，斷不可任其竄入楚境。苟逆一股，雖有薛大烈等分路追擊，但德楞泰既不克兼顧，著額勒登保督同薛大烈等奮力殲洗。陝省竄匪宋應伏、李貴成、劉永受等爲數不過四五百人，額勒登保務須上緊轉催楊遇春、慶溥等尅日勦净。將此傳諭知之。(仁宗九三、二三)

（嘉慶七、一、己亥） 諭軍機大臣等：額勒登保奏報，苟逆由西鄉向七星壩搶船偷渡，殊出意料之外。七星壩一帶本設有防兵，額勒登保前因賊氛已遠，遽行徹去，是以苟逆探知無兵備禦，遂肆無顧忌，搶船偷渡。額勒登保……革去伯爵，降爲一等男，並拔去雙眼花翎，著換戴單眼花翎，以示薄懲。所有此股過江之賊，即責成額勒登保專勦，務於石泉等處就地殲除。萬一賊匪潛入南山，額勒登保必當飭催鎮將入山搜捕，斷不可僅在山外株守，稽延時日。將此傳諭知之。(仁宗九三、二七)

（嘉慶七、二、癸卯）又諭：各路軍營奏報，皆稱賊匪窮蹙，不成股數，指日即可蕩平。乃近日節據額勒登保、德楞泰、勒保等奏報，苟逆竄過漢江，其餘巫山、大寧、奉節、雲陽、梁山、新寧及興山、巴東等處賊匪，四出滋擾，賊數較前頓增數倍。此等賊匪，皆係從前勦剩各股餘孽，如陳朝觀之兩子及宋應伏等，向來本未著名，今忽湊聚成股，隨處竄擾，若不亟為撲滅，必致又成大股。……此時各處賊匪，既已出山紛竄，雖係餘孽，皆當隨時隨地，上緊截勦，掃除淨盡。六年以來，勦賊之法，總係跟蹤追勦，……迄無成效，自宜亟籌變計，各專責成，勉圖奏績。此時陝境苟逆及各處零匪，專交額勒登保督同楊遇春等辦理。川東一帶之賊，專交德楞泰辦理。川北之賊，專交勒保、賽沖阿等辦理。楚省興山等處各匪，專交吳熊光、全保、長齡等辦理。務將各人專辦之賊，即在本境內就地殲除，不得以驅逼出境了事，如有他省竄至之賊，亦即當隨時截殺。俾賊匪所到之地，皆有兵截勦，無從逃逸，可期以次肅清。並各於要隘處所添撥兵勇，嚴密防範，務使聲勢聯絡，互相接應，於勦捕方為有益。再統計各處竄匪不過萬餘，而額勒登保所帶征兵數倍於賊，諒敷勦辦；但恐官兵日久疲勞，應須酌換，或分則見單，不敷撥遣，不妨量為添調，不得以前此奏請徹兵意存迴護。特此傳諭各路領兵大員及各督撫知之。（仁宗九四、一）

（嘉慶七、三、癸酉）勒保奏報：截勦張、魏等股賊匪，殲斃首逆張添倫、魏學盛及偽元帥陳國珠等，得旨嘉獎，下部議敘。（仁宗九五、二）

（嘉慶七、三、辛卯）諭軍機大臣等：白號張姓股賊匪敗殘奔竄，此次復經德楞泰、勒保分投截擊，殲擒數百名，所辦皆好。現在川省餘匪不過二千餘人，德楞泰與勒保會商，將川省應辦事宜交付勒保，德楞泰即赴楚協勦，所見甚是。……現在湖北冉、井二逆尚在興山、歸州一帶游奕。德楞泰自川赴楚，必由該處經過，即當順道先將二逆勦淨，再赴竹谿一帶，協勦樊、崔、王、曾等逆。楚省賊匪中，樊人傑為積年老教，最為狡惡，務須上緊設法，將該匪速就殲除，餘匪自可漸次廓清，可消伏而未起之患。……至川省搜捕事宜，俱係勒保專責，毋論川東川北何處有賊，皆當上緊殲除。將此傳諭知之。（仁宗九六、一一）

（嘉慶七、三、己亥）諭軍機大臣等：歸、巴、巫山等處有黃白青等號賊股約三千餘人，又有藍號一股，約二千餘人，相距江岸均不甚遠。川楚邊界，犬牙相錯，在在毗連。賊匪朝川暮楚，原無定向，在川即為川匪，在楚即為楚匪。德楞泰身為參贊，斷不可心存畛域。現在既由水路順流而下，抄出賊東，自應遇賊即勦，先清江岸，帶領勝兵赴楚協勦，俾楚境一律肅清。

䇎膺懋賞。將此傳諭知之。(仁宗九六、二五)

　　(嘉慶七、五、壬午)勒保奏報：生擒首逆庹向瑤並老教掌櫃徐添培、張思從及賊目多名。得旨獎賚，達斯呼勒岱等下部議敘，賞兵丁等銀牌。(仁宗九八、一二)

　　(嘉慶七、六、己酉)德楞泰奏報：冒雨趕勦樊、曾賊股，淹斃首逆樊人傑等，並將樊人傑妻子弟姪全行殲斃，餘匪掃蕩。得旨獎賚，晉封德楞泰三等侯，將軍賽沖阿等下部議敘，賞提督長齡雲騎尉世職。(仁宗九九、一一)

　　(嘉慶七、六、己酉)勒保奏報：殲斃賊首楊步青，得旨嘉獎，賞鄉勇冉貴等頂帶藍翎。(仁宗九九、一一)

　　(嘉慶七、七、辛未)勒保奏報：殲除黃白青藍四號賊匪，生擒首逆劉朝選，得旨獎賚，晉一等男，賞把總楊裕等藍翎，起已革副將褚大榮為參將，遊擊羅思舉等敘賞有差。(仁宗一〇〇、二)

　　(嘉慶七、七、癸未)諭軍機大臣等：前曾降旨令額勒登保赴平利一帶，扼要防堵，此時，陝省靳士黃、陳文海等股匪為數較多，而宋應伏尚在寧羌，有竄入廣元之勢，額勒登保應即在彼督飭札克塔爾等將陝境各匪一律廓清，籌定善後大局，再赴平利一帶策應。至楚省賊股，惟蒲添寶最關緊要，德楞泰須督兵趕勦，於八月內一律殄平。其孫清元、德昌勦辦熊姓賊股，吉林泰勦辦崔胡戴四等賊股，李天林勦辦歸州龔家橋賊股，均應嚴飭趕緊勦除，不可稍留餘孽。將此諭令知之。(仁宗一〇〇、一二)

　　(嘉慶七、七、壬辰)以疏防賊匪宋應伏奔竄回川，降巴里坤總兵官永明為都司，留營効力。(仁宗一〇一、七)

　　(嘉慶七、七、甲午)諭內閣：本日至避暑山莊，甫經下馬，適遞到額勒登保等六百里加緊奏報，官兵殲斃首逆苟文明並擒斬餘黨大喜捷音。此皆上天垂恩皇考賜佑，欣慰之餘，翻增感涕。……苟文明為積久著名首逆，與羅其清、冉文儔等一同起事，頻年以來，在川陝楚三省地方，輾轉奔逃，肆意擄掠，實為罪大惡極。經額勒登保督率官兵屢次勦殺，勢極窮蹙，而尚於大小密林內潛逆四竄，希圖兔脫。又復數月，今在花石巖地方，經官兵四路搜逼，立時戳斃，斬級梟示，並將餘匪盡數殲除，皆由額勒登保調度得宜所致。雖辦理稍覺遲延，而首逆終就殄滅，實不愧經略之任，殊屬可嘉。邪教起事各首逆，俱已陸續辦淨，祇餘苟文明一犯，今該逆復經殲斃，是積年著名巨憝，業已悉數掃蕩。其零星奔竄之蒲添寶等，祇係近日攢聚殘匪為首之犯，且為數無多，現有參贊德楞泰等督兵搜捕，蕆功大局已得十之九。額勒登保著加恩晉封一等伯賞還雙眼花翎。俟陝省零匪全數肅清，再加恩賚。提督楊遇春雖係事後趕到，而督率搜捕亦屬勤奮，著交部議敘。其奮勇出力硃筆圈出之李應貴、張廷楷……等或應加升一等或應交部議敘，或應賞戴翎枝，著額勒登保等分別等第，開單保奏。其餘如尚有出力人員，亦著一併查明具奏，候旨加恩。並發去青玉搬指十個、鼻烟壺十個、大荷包五對、小荷包十對，分賞出力員弁，一兩重銀牌二百面、五錢重銀牌二百面，分賞出力兵勇，以示獎勵。將此通諭知之。(仁宗一〇一、一〇)

（嘉慶七、七、乙未）諭軍機大臣等：此時川陝軍務，均可尅期告竣，惟楚省蒲逆等匪，尚延殘喘。德楞泰或用勦撫兼施之法。諭以教匪起事七年以來，所有著名首逆俱經官兵擒斬，老教匪徒，已無噍類，爾等伎倆，斷不能如老教之兇狡，更難倖免；且俱係近來後起，罪亦較輕，我皇上如天好生，憐爾等愚頑，誤投陷阱，是以屢降恩旨，凡有悔罪自新者，概予寬宥，爾等應及早投出。若經曉諭之後，仍不改悔，即當殲戮無遺，生死所關，急宜猛省。如此剴切曉諭，庶賊匪等相率來投。但此篇一時權宜，一面出示，一面仍當搜捕，於八月内速蕆大功。將此諭令知之。(仁宗一〇一、一六)

（嘉慶七、七、丙申）勒保奏報：迎勦楚省竄匪，殲斃首逆賴先鋒，撲滅全股，並兜截張長青一股，得旨獎賚，副都統達斯呼勒岱等升敘有差。(仁宗一〇一、一七)

（嘉慶七、八、甲辰）諭軍機大臣等：此時陝省所剩不過零星勦散之賊，額勒登保現分兵三路自東向西，聯絡搜捕，所辦甚是。但現在楚省較為緊要，額勒登保應移兵前往。其陝省搜捕事宜，著責成楊遇春、楊芳接辦，並知會總督惠齡、巡撫陸有仁、將軍興奎督率兵勇併力搜擒。額勒登保即統領大兵，取道平利，並令穆克登布帶領湖南、湖北之兵隨赴楚省，會同德楞泰將餘匪一鼓殲除。彼時餘孽淨盡，三省奠安，即聯銜具奏，由六百里加緊馳遞，俟捷報到時，朕以之宣示中外，勉之、望之。(仁宗一〇二、七)

（嘉慶七、八、辛酉）德楞泰奏報：掃除蒲添寶大股賊匪，並擒斬藍、黃、白三號賊目多名。得旨：獎賚。命副都統色爾袞、達勒精阿、武隆阿、總兵官蒲尚佐在乾清門侍衛上行走，把總張應鼎等升賞有差。(仁宗一〇二、三〇)

（嘉慶七、九、己丑）諭軍機大臣等：熊、戴、崔、胡股匪，經孫元等追勦，均有斬獲，賊勢日蹙。額勒登保現又到楚，與德楞泰會合，分路搜擒，如熊翠、熊方青、戴四、崔宗和、胡明遠五逆，概行殲戮，其零匪不過百人，即可馳奏大喜黃摺。倘統計盈千，斷不可稍存迎合，務須上緊督勦，

尅日奏功。(仁宗一〇三、一九)

（嘉慶七、九、乙未）諭軍機大臣等：額勒登保奏，王姓股匪並彭光俊帶領六七百人，經富翰、孫清元追入陝境，喜明、穆克登布分路截勦，連接五仗，將該匪擒斬過半，餘向川省逃遁。額勒登保以刻下賊匪窺伺陝境，擬暫紮安、紫一帶，東顧楚境，西策川界。自應如此辦理。惠齡於帶兵打仗，竟不足恃，可將南山零匪交伊搜捕，所有陝境事宜，仍專交額勒登保督辦，湖北專交德楞泰督辦，川省專交勒保督辦，額勒登保等當遇賊即勦，嚴防邊境，務於十月內蕆功。然不可因朕萬壽慶節有心迎合草率竣事。總應於迅速之中，辦理完善，以期一勞永逸。將此各傳諭知之。(仁宗一〇三、二二)

（嘉慶七、九、丙申）吳熊光奏報：興山縣寨勇殲斃黃號首逆唐明萬，得旨嘉獎，賞寨目陳允安等頂帶並藍翎。(仁宗一〇三、二三)

（嘉慶七、一〇、乙卯）勒保奏報：殲除白號餘匪，擒獲藍號賊首湯思蛟，得旨嘉獎，副都統銜達斯呼勒岱等升敍有差。(仁宗一〇四、一一)

（嘉慶七、一〇、丁巳）德楞泰奏報：殲斃白號賊首戴四，生擒賊目趙鑑。得旨獎賚，與總兵官馬瑜，副將呢瑪善均下部議敍。並賞呢瑪善花翎，把總楊和等藍翎，餘升賞有差。(仁宗一〇四、一四)

（嘉慶七、一〇、丙寅）諭軍機大臣等：黃藍線字等號餘匪尚有千餘人，向川陝交界之官壩地方竄走。此起餘匪從前由楚入川，皆由該處官弁不能實力堵截，以致闌入，又不能迅速殲除，僅將該匪等轟出川境，實屬督勦不力，勒保著傳旨申飭。……茲該匪已有入陝之勢，額勒登保自當迎頭截擊，即或未能勦淨，亦當截回川省，跟蹤追捕，斷不可令其竄往南山，又致稽滯。至惠齡係該省總督，節據奏稱陝省緊要各隘口，俱已派兵嚴禦，若令闌入，甚至竄匿南山，必將惠齡及防堵之員一併治罪，凜之，勉之。(仁宗一〇四、二二)

（嘉慶七、一一、丙子）勒保奏報：生擒黃號賊首唐明萬，得旨獎賚，遊擊羅思舉、陳弼下部議敍，餘賞賚有差。(仁宗一〇五、六)

（嘉慶七、一一、己卯）額勒登保奏報：截勦川界竄匪，生擒首逆葉二。得旨嘉獎，侍衛穆克登布下部議敍。(仁宗一〇五、九)

（嘉慶七、一一、丙戌）額勒登保奏報：追勦黃藍線等號賊匪，生擒首逆景英等。得旨獎賚，晉封額勒登保爲三等侯，擢乾清門侍衛穆克登布爲御前侍衛，賞騎都尉世職，千總李榮樺等賞藍翎，餘升賞有差。(仁宗一〇五、一三)

（嘉慶七、一二、辛亥）湖廣總督吳熊光奏報：拏獲在逃首逆崔宗和，

得旨嘉獎。(仁宗一〇六、八)

（嘉慶七、一二、癸丑）以三省邪匪悉平，論功行賞。諭內閣：本日申刻據額勒登保、德楞泰、勒保、惠齡、吳熊光等聯銜遞到六百里加緊奏報，川陝楚勦捕逆匪大功戡定一摺，朕與天下臣民，同深欣慰。……此事係勦捕內地亂民，雖非平定外域拓土開疆可比，然辦理已及七載，領兵大臣等沐雨櫛風，馳驅險阻，艱苦備嘗，以及征兵轉餉團勇安塞之各督撫等，並在廷參與機謀、趨承密勿之王大臣等，均能各殫心力，用蒇鉅功，允宜普沛恩綸，酬庸懋賞。成親王……已列親藩，著施恩加賞一貝勒，令其子綿懃受封。儀親王……著施恩加封一貝子，令伊子綿志受封。慶郡王永璘、定親王綿恩……亦宜一體加恩，著再將永璘之子綿慜、綿恩之子奕紹，俱封爲八分公，以昭恩渥。額勒登保……自膺經略重任，運籌決勝，悉中機宜，躬親行陣，與士卒同勞苦，用能屢獲渠魁，掃除苞蘖，業經節次加恩，晉封三等侯爵。茲三省全奏底定，厥功殊偉，額勒登保著晉封一等侯，世襲罔替，並授爲御前大臣，加太子太保銜，賞用紫韁，以彰殊錫。德楞泰……自授爲參贊後，督率將士，奮勇超倫，所向克捷，前後殲賊最多，勳績炳然，節經封至三等侯爵，著加恩晉封一等侯，加太子太保銜，賞用紫韁。伊子蘇沖阿並賞給副都統職銜。即著齎送賞件前赴軍營，看視額勒登保及伊父德楞泰，用示眷念。……勒保自復任以來，倍加奮勉，督兵連獲首逆，協同德楞泰將川省全境廓清，已加封一等男爵，現當大功戡定，……亦當加以褒封，著加恩晉爲一等伯，並加太子少保銜。明亮爲多年宿將，前……，因南山賊匪未能迅速殄除，降旨逮問，念其久歷戎行，仍畀以勦捕之寄。伊自復用後，亦尚能奮勉立功。惟因年老不能衝鋒接仗，諭令回京，洊擢都統。茲功竣載念前勞，著加恩賞封一等男。西安將軍賽沖阿、固原提督楊遇春自隨征以來，在諸將領中勇略尤著，節次殲擒首夥各逆，爲數較多，伊二人俱經賞給騎都尉世職，著加賞輕車都尉世職。惠齡由湖北巡撫……接辦總統事務，疊獲首逆張正謨等，歷升尚書、都統並給予官銜及輕車都尉世職。嗣……因聞其在軍營亦有延誤之處，……曾經降黜示懲。此次在陝甘總督任內勦辦南山餘匪，辦理遲延，復革去花翎、降爲二品頂帶。今大功底定，念其從前著有微勞，惠齡著加恩賞還頭品頂帶花翎。吳熊光自簡任湖廣總督以來，於一切糧運團堡事宜，實心經理，著加恩賞給太子少保銜，仍交部從優議敘。姜晟前在湖北辦理軍糈並無貽誤，……以四品頂帶擢任侍郎，著加恩賞給二品頂帶。倭什布前……以三品頂帶補授巡撫，茲著加恩賞給二品頂帶。福寧……因在軍營節次獲罪，罷職遣戍，旋經釋宥，以侍衛前往西藏辦事。茲著加恩賞給都統職銜。英善……亦著加恩賞給頭等侍衛。溫承惠、楊揆、文霈、劉清或帶兵堵勦，或籌辦軍儲，勤勞數載，均著加恩交部議敘。至軍機處行走之大學士慶桂、董誥……著賞給騎都尉世職，[尚書]戴衢亨著加太子少保銜，仍賞給雲騎尉世職。尚書劉權之、德瑛……協辦大學士朱珪、尚書彭元瑞……均著加恩交部議敘。大理寺少卿章煦……交部從優議敘。宜綿前……因總統軍務，安坐大成寨，任賊匪往來奔竄，革職發往伊犁，念其年老釋放回京。伊究曾出力，亦著加恩以六部員外郎用。景安前任河南巡撫不能堵御賊匪，致令延及川陝，其罪甚重，業經問擬重辟，念其平日居官廉潔，從寬監禁。茲軍務告蕆，著加恩釋放，……發往熱河充當披甲。以示朕覃敷惠鬯，嘉賞成功至意，通諭中外，咸使聞知。(仁宗一〇六、八)

(嘉慶八、四、乙丑)諭軍機大臣等：額勒登保奏截勦合夥股匪，雖稍有斬獲，尚未辦竣一股，額勒登保當嚴飭帶兵將領，務將勦敗所剩零匪確探窮追，不留餘孽。如能於四月內一律蕆事，則不但復還御前大臣、賞還紫韁，並當再予加恩，功過惟汝自取，朕從無成見。況據覆奏，現在帶兵將領足敷分派，陝省征防官弁兵勇，尚有三萬餘名，較之千餘賊數，幾二十餘倍，以多擊少，有何難辦？(仁宗一一一、二)

(嘉慶八、四、壬午)諭軍機大臣等：此次臬司劉清派令軍功臧青雲探賊追勦，有藍號張塲、黃號何悠然、白號吳青揚三起賊匪共九十三名，一見兵勇，棄械投誠。匪徒等從賊日久，均屬罪無可赦，今念其悔罪來投，貸其一死，原屬格外施恩，仍當隨時留心防範，勿涉大意。(仁宗一一二、五)

(嘉慶八、五、己未)諭軍機大臣等：近日各處零匪勢極殘破，多者不過百餘人，少或數十人，十數人為一起，而官兵分路追勦，尚派至千餘名六七百名，……多而無益。著額勒登保、德楞泰、勒保酌量情形分投掩擊，庶兵皆得用，迅掃餘氛，於六月內早奏肅清。(仁宗一一三、二五)

(嘉慶八、六、辛未)諭軍機大臣等：川省零匪不過四百人，此時若仍以數萬兵勇，稽時糜帑，誠屬不值。……朕思現在官兵儘敷派撥，且鄉勇所得分例較多，莫若先將各處鄉勇裁徹，則節費已屬不少。額勒登保惟儘現有之兵，分派鎮將，將餘匪搜勦淨盡，然後再議徹兵。……額勒登保等總當將成群合夥之賊，全數辦竣，所剩不過一二竄匿之徒，彼時自應責成地方官緝捕。將此諭令知之。(仁宗一一四、一〇)

(嘉慶八、六、戊子)諭軍機大臣等：額勒登保等督率將領分路搜勦，多有斬獲，共計殲擒賊匪百十人，並將偽帥趙金友拏獲。額勒登保、勒保於拜摺後即分東西兩路進發，分投督辦，俟川匪排搜淨盡，額勒登保親至湖北周歷巡查，所見亦是。……至另摺奏籌商裁徹客兵及酌擬留防搜捕章程，所議悉合機宜。鄉勇一項隨征日久，半係無業可歸之人，朕節次降旨總以安頓鄉勇爲亟，額勒登保現咨商德楞泰請將現無家業情願歸營之人，准照川省所設新兵之例，各給守糧一分，俟有制兵缺出，隨時撥補，所見甚是。……此外，如先徹外省及東三省馬隊之兵，請留本省官兵分路防勦，每月所費餉銀，不過十四五萬，並於川陝楚三省分駐大員，以資統率各款，均照所議。將此諭令知之。（仁宗一一五、一二）

（嘉慶八、七、己亥）諭軍機大臣等：額勒登保由七里坪向大寧山内進發，派令將弁分道排搜，斬獲一百數十名，並招出零匪多名。現在大寧開太等處，達斯呼爾岱追勦之匪，尚有三四十人。田朝貴、羅思舉所勦之匪，各有數十人。此外零匪或數名，或數十名，統計不過一百餘人。惟應督飭鎮將，剋日悉數殄除。據摺内稱俟與德楞泰、勒保等會晤，察看情形，當會同馳奏六百里喜摺。當此全局將蕆之際，額勒登保自不得不持以慎重，但馳遞喜摺後，亦難保無一二殘孽，在深山老林潛藏，乘間逸出，不可信地方文武官禀報，不加嚴察。總之，勦辦教匪已延至八年，務須實在勦除净盡，方不至遺孽復萌，儻稍有草率，或致別生事端，則欲速轉遲，成何事體？如此次發遞六百里奏摺之後，設有一二餘匪，不妨據實聲明，上緊辦净。若以馳報蕆績在前，稍有粉飾，一經發覺，額勒登保等轉不能辭咎矣。至太白山内既有竄出零匪，雖經楊芳等緊躡搜勦，究恐不足深恃。楊遇春在陝帶兵多年，素稱奮勇，且係該省提督，著額勒登保即飭令楊遇春迅速前往，督同楊芳、吴廷剛等將南山内排搜數次，勿憚勤苦，以期早就廓清爲要。將此諭令知之。（仁宗一一六、一四）

（嘉慶八、七、辛丑）諭軍機大臣等：楚省餘匪，惟歸州地方五十餘人一起，爲數稍多，業經毛秉剛帶兵緊躡。該處與川境接壤，該匪等或復思竄川，追截恐稽時日。該督添調李東宣等馳赴幫捕，尚恐不足深恃。著吴熊光於慶溥、李天林、吉林泰數人内酌派一員，迅往督辦。（仁宗一一六、一六）

（嘉慶八、七、丁未）以三省餘匪净盡加恩行賞諭内閣：本日由六百里遞到額勒登保、德楞泰、勒保會奏勦捕餘匪全竣，三省地方肅清喜摺，覽奏實深欣慰。邪教匪徒，雖不過内地莠民聚衆倡亂，然勦辦已閱八年之久。溯自嘉慶元年命將出師，……上年冬間業已三省蕆定，馳告蕆功。祇因大山老林不無餘孽竄匿偷生，復諭令經略、參贊等遴派官兵四出窮搜。今又閱八月始能全境肅清。……帶兵大員等懋著勤勞，允宜再加甄敘。經略額勒登保、參贊德楞泰……勦捕餘匪……不遺餘力，前後復誅斬著名遺孽十有餘名，此外偽先鋒、偽總兵等又殲擒數十名，其餘賊夥殲擒招撫者，共以千計。現在更無遺孽，三省地方寧謐，辦理實爲完善。額勒登保、德楞泰著加恩賞。俱仍交部從優議敘。……四川總督勒保、湖廣總督吳熊光、陝甘總督惠齡督率地方文武及堡寨人民幫同搜捕，勤勉出力，均著交部議敘。再發去白玉扳指三個，翡翠扳指二個，瑪瑙扳指五個，磁扳指十個，磁帶頭十個，磁鼻烟壺十個，大荷包五對，小荷包十個，著加恩賞給出力將領官員。又發去一兩重銀牌一百面，五錢重銀牌二百面，著加恩賞給出力兵勇。均交經略額勒登保分給。並著查明實在超衆出力人員，據實保奏，候朕施恩，以示鼓勵。（仁宗一一六、三五）

（嘉慶八、七、庚戌）諭軍機大臣等：楚境餘匪，統計不過八十餘人，吳熊光當上緊搜盡，剷絕根株。著責成慶成、慶溥、吉林泰、李天林等奮力追捕，尅期完竣。（仁宗一一七、八）

（嘉慶八、八、甲子）諭軍機大臣等：川楚陝三省賊數不滿二百人，無難尅期殲盡，從前川省幗匪動輒數百爲群，較之此時勦剩零匪尚多，今餘氛業將凈盡，仍應力爲掃蕩，即啯匪餘孽，亦可趁此辦凈。至三省地勢，犬牙相錯，深山窮谷，誠恐有散匪零星藏匿。額勒登保等將三省應留兵勇均匀散撥，責成各將領分投梭巡會哨，並繪圖貼說進呈，自應如此辦理。該處地方情形，伊等經歷數年，最爲熟悉，果能逐段嚴搜，自不虞再有餘匪潛匿。其所留兵勇則全在伊等酌量情形，以次裁撤。（仁宗一一八、九）

（嘉慶八、九、戊戌）諭軍機大臣等：方維甸奏，賊匪於八月二十一日由辛口峪、黑水峪内竄出景峪，經堡長李進才集勇進勦，殺賊數名。二十二日，賊匪由崂峪入山，徑趨八里坪瓦子溝，過嶺南竄。楊芳現在帶兵跟追。並據鄠縣訊據逃出難民李更法供稱，此股零匪，約共男婦二百餘人，且有騾馬等語。南山零匪，從前祇剩二三十人，節經諭令楊芳督兵追擊，乃遲延日久，以致該匪復有裹脅，凑聚二百餘人，皆由楊芳勦辦不力所致。著先拔去花翎，仍責令帶兵速勦，以觀後效。……額勒登保在西鄉安置兵勇尚非緊要，著即馳赴南山，將此股零匪上緊辦凈。德楞泰於初九日啓程回任，已諭令於過陝時前赴南山。……將此傳諭知之。（仁宗一二〇、九）

（嘉慶八、九、壬子）諭軍機大臣等：南山餘匪裹脅至二百餘人，公然竄至鎮安，焚燬兵房，肆行無忌，已有遺灰復燃之勢。看來馳奏肅清以後，不特帶兵人員心存懈弛，即額勒登保亦未免急思凱旋，稍有松勁。且所稱零匪二百餘人，係得自方維甸來信，而楊遇春、楊芳竟未將賊數據實具禀。即川楚二省，均尚有零匪數十人。額勒登保此時尚係經略，各路搜捕情形，摺内並未提及，似未經得有信息。可見各路鎮將並不上緊追捕，即其明驗。……現在楊遇春已抵鎮安，額勒登保亦已親往督辦，著即嚴飭該提鎮等合力兜圍，務於十月内將此股零匪殲盡。……此時額勒登保尚有搜捕事宜，即德楞泰到陝，亦不准即行來京，俟辦竣此股零匪，即當由五百里馳奏，候朕諭令進京，再行起程。若再有怠忽，不特將楊遇春、楊芳、吳廷剛等嚴行懲治，即額勒登保亦不能辭罪矣。凛之，勉之。（仁宗一二一、一〇）

（嘉慶八、一〇、癸亥）又諭：上次吳熊光奏稱，首逆王世輝等帶領刀矛手二十四人往竹山奔竄。此次摺内又稱，陸續湊合，共四十多人。數日又復增添。看來軍營所報賊數，總不確實。此時該逆既分兩起奔竄，其竄往川省者，吳熊光當嚴飭麻光裕等上緊尾追，與川兵夾擊。其逃往順水溪一帶者，即飭李東宣等迅速搜捕，務於十月一律蕆事。將此諭令知之。（仁宗一二二、三）

（嘉慶八、一〇、乙丑）又諭：額勒登保奏三省蕩平以來已逾三月，而南山零匪今復有二三百人，且到處掠食，搶船渡江，肆行無忌。現在竄至西鄉，已與川省毗連。額勒登保當速行知會勒保、札令田朝貴帶兵迎勦，兩面夾擊。若能在陝境就地殲淨，更爲妥善。額勒登保當知愧知奮，毋再因循，致干重譴。將此諭令知之。（仁宗一二二、六）

（嘉慶八、一一、丙辰）諭軍機大臣等：川省零匪，全數肅清，勒保由綏定起程回省，經過渠縣、營山、蓬州、南部閬中一帶地方，極爲寧貼，且年歲豐稔，糧價平減，勒保惟當督飭該處地方官加意撫綏，俾元氣早復爲要，現在陝境零匪未清，嘉陵江防兵關係緊要，此次防兵，著俟德楞泰到川巡查後，實無一名餘匪，回至成都，方可會商徹回原營，此時切勿輕散，將此諭令知之。（仁宗一二三、三一）

（嘉慶八、一一、己未）諭軍機大臣等：額勒登保等自督兵勦辦以來，前後各股賊匪數十萬，俱以次殲除。額勒登保身係經略，全功告蕆後，餘匪可歸入善後事宜，交本省官兵搜捕。况此時統計所剩僅及百餘零匪，又現有德楞泰可以接辦，經略自不必日久帶兵於外，著額勒登保於接奉此旨之日，即帶印起程，所有未經辦淨賊匪，著交德楞泰督率搜緝。德楞泰俟明歲春融實在肅清，再回本任。其竄入川境之零匪四五十人，著交楊遇春專辦。（仁宗一二三、三二）

（嘉慶八、一二、丁亥）諭軍機大臣等：德楞泰追賊至橫山大梁，雪夜襲勦，冲鋒前進，忽前敵鄉勇，袖手不動，賊匪距巖下壓，以致張應貴、彭家棟身受矛傷陣亡。旋據前營三旗鄉勇來稟，接仗時，看見多是同當過鄉勇的弟兄親友，説是受了冤屈，是以不肯動手，願求諭帖，叫他們出來伸冤。德楞泰因鄉勇人多，恐激變釀事，從權辦理，頒給諭帖，令鄉勇魏忠才等持往招諭。看此情形，實爲可恨。鄉勇現在竟有挾制官兵之意。魏忠才往諭，即使竟從招撫，而此等桀驁狡黠之徒，亦難保其不再生反側。且不獨此數百人未可盡信，即現在隨征之鄉勇四五千人，散之亦難，尤須豫籌萬全，以資控制。著方維甸體察情形，應如何設法安置鈐束，如有所見，即行詳悉具奏，總期不致激而生變，亦不致姑息養奸，方爲妥善。(仁宗一二四、二七)

　　(嘉慶九、一、戊戌)諭軍機大臣等：前據德楞泰奏，前敵鄉勇代訴從賊鄉勇受屈，經德楞泰發給諭帖，令魏忠才等持往招撫。今據奏獲賊李思貴供稱，都被衆人殺死，經德楞泰派令弁兵將魏忠才等屍身起獲驗明等語。可見該匪等甘心叛逆，從前所稱受屈之語，全不必究。德楞泰誤聽其言，辦理失之過軟，然以事勢而論，此正極好機會，設該匪等竟受撫投出，……辦理轉未免棘手；今該匪既將魏忠才等殺死，德楞泰正當趁此激怒鄉勇，上緊勦辦，尅期殲滅，以靖地方。(仁宗一二五、四)

　　(嘉慶九、一、戊申)諭軍機大臣等：勦辦邪匪自前年臘月奏報大局戡定，上年七月又續奏三省肅清，而敗殘零匪至今仍輾轉奔逃，總未淨盡。現在已屆春融，賊匪必思到處掠食。即已散之鄉勇，聞伊等夥黨尚在各處搶掠，互相效尤，愈集愈多，豈不又成大股劇賊。……此時統計零匪，雖不過三百餘人，若不上緊辦竣，必致遺灰復燃。德楞泰務於二月内，將此起賊匪速行勦洗無遺，以贖遷延之咎。若以帶兵之人，各路兵丁業經陸續裁徹，現在兵力實屬未敷，應即時奏聞，朕必俯如所請。……德楞泰接奉此旨，即將是否需用領兵之員及尚須加添兵力之處，速行覆奏。並著傳諭楊遇春令其前赴南山一帶，將各要隘及江防嚴密防禦，緊顧北面，毋令零匪一名逸入，所有陝省南山隘口及江防，專交楊遇春堵禦，其未盡零匪，專交德楞泰一手辦竣，俾各專責成，以期毋負委任。特此各諭知之。(仁宗一二五、一七)

　　(嘉慶九、三、壬寅)德楞泰等奏報：殲斃賊目苟文華等，得旨獎賚，賞還提督楊遇春花翎、副將吳廷剛頂帶。(仁宗一二七、一三)

　　(嘉慶九、五、丙午)諭軍機大臣等：額勒登保等自奏報分路勦賊情形後，迄今已閱旬日，朕盼望之殷，刻深焦廑。本日四百里報到，所敘連日分兵探勦情節，不過殺賊一名，生擒被擄民人十名，賊匪除二百三四十人外，又新擄百姓一二百人，賊數竟添至一倍。現據摺内稱，官兵連日爲大雨所阻，一俟天色稍霽奮力進攻，儻賊匪他遁，亦即設法趕勦等語，殊不成話。如此大雨，官兵既寸步難進，賊匪又何能遠遁？若賊匪竟能冒雨前行，官兵自亦可跟蹤追躡，何至不能奮力進攻？額勒登保等不過又爲將來追賊遲延自占地步。此等敗殘零匪，不但不能殲除，又復輾轉奔逃，致增裹脅，均由伊等辦理延誤所致。上年冬間，德楞泰接辦時，朕以該處零匪祇剩一二百人，無難剋期辦淨，乃德楞泰誤聽鄉勇詭計，欲事招降，予賊以暇，坐失事機，不得已又令額勒登保到彼幫辦。額勒登保在京時，即再三婉辭。及至到陝後，聞德楞泰於三月初二日得有勝仗，又欲避分功之嫌，不即會辦。逮德楞泰屢次不能得手，伊自知難以坐視，始行前往。今自與德楞泰會合以來，又閱月餘，老師糜餉，一籌莫展。此而不加黜罰，何以肅軍紀而勵戎行。此起零匪，德楞泰勦辦最久，其貽誤之咎尤重，著降爲二等侯，革去内大臣，降戴單眼花翎並革去紫繮。賽冲阿以西安將軍幫同勦賊，且係聯銜奏事之員，非專聽調遣鎮將可比，其獲咎亦重。伊前賞輕車都尉世職，著降爲騎都尉，並拔去花翎。額勒登保會同督勦雖不似德楞泰等爲時已久，但到軍營後，毫無振作，咎亦難辭。著降戴單眼花翎，並革去紫繮。朕權衡伊三人貽誤輕重之咎，分別降革，以示薄懲。額勒登保等務宜知感知奮，迅勉蕆功，仍可復邀恩賞，儻再泄泄沓沓，任賊匪輾轉奔逃，沿途勾結，必將額勒登保三人一併從重治罪，不能稍爲寬貸矣。（仁宗一二九、一五）

（嘉慶九、八、乙亥）德楞泰奏報：殲斃首逆苟文潤等，餘匪潰散。得旨獎賚。賞還德楞泰内大臣、一等侯爵；將軍賽冲阿輕車都尉世職；加總兵官田朝貴提督銜。賞提督豐紳、馬瑜巴圖魯名號並花翎，擢五品頂戴鄉勇逍洪周爲千總並賞花翎，餘賞賚有差。（仁宗一三三、二六）

（嘉慶九、九、辛卯）諭内閣：本日德楞泰由六百里遞奏餘氛掃蕩、三省全功告蕆一摺，覽奏曷勝欣慰。三省勦辦零匪一事，上年七月間額勒登保、德楞泰以成股之賊，業經次第翦滅，地方廓清，當經馳報全捷。嗣緣南山内逃匿之匪三五成群，復行嘯聚，自當趁士兵未撤之際，嚴行搜捕，以期淨絶根株。特命額勒登保、德楞泰先後接辦。一年以來，官兵倍加奮勉，四路窮搜，川陝一帶大山老林，蹤跡殆徧。復將首逆苟文華、羅思蘭、苟文潤及各號頭目僞總管等以次殲擒，其夥匪皆悉數斬獲，三省地方，更無一名遺孽，全境寧謐，此實天眷考恩，垂庥篤祐，從此海宇刈寧，永銷兵革，可與率土蒼生共享昇平之福，感謝之餘，彌深兢惕。額勒登保、德楞泰前此奏報殲獲餘匪多名，節經加恩賞還雙眼花翎紫繮并原有爵職，其將領等世職翎頂并所得升銜，亦均一體賞還。此次奏報全捷，除額勒登保現已遵旨啟程回京外，德楞泰著加恩再交部從優議敘並加恩賞。將軍賽冲阿，提督楊遇春、豐紳、馬瑜、慶成，總兵田朝貴、喜明、王兆夢、慶溥，著再加恩俱交部議敍。副將吳廷剛著軍機處記名，遇有總兵缺出，即行簡放。並發去法瑯翎管五個，瑪瑙鼻烟壺五個，翡翠玉扳指、瑪瑙扳指各五個，大荷包五對，小荷包十個，鑰匙袋五個，著交德楞泰分賞出力各官員。又發去一兩重銀牌一百面，一兩重銀錁一百個，五錢重銀錁二百個，並交德楞泰查明兵勇內出力者酌量賞給。其摺內硃筆圈出勦賊出力之都司朱承受、守備朱福壽、外委寧顯文、李洪春、兵丁王進敍、蕭貴六人，著德楞泰查明伊等應如何升擢之處，即分別保奏，候朕加恩，以示鼓勵。(仁宗一三四、三)

三四、嘉慶七年廣東博羅縣天地會起義

（嘉慶七、九、癸酉）諭軍機大臣等：吉慶奏酌調官兵剿捕博羅縣匪徒一摺。該縣民人陳爛屐四，膽敢糾結會匪一萬餘人，以紅布包頭，潛出搶掠，其博羅所屬之石灣、善政司等處，亦有匪徒滋擾，自應調兵剿捕。經吉慶派副將李漢升等前往搜拏，有匪徒千餘迎敵，抗拒官兵，竟係謀爲不軌，不法已極。必須趁其初起之時，立即撲滅，方不致蔓延爲患。據稱聚集山內，未經竄散，現調兵丁已有五千名，務須先將山口堵住，周圍分布，奮力進攻，無難就地殲滅。儻稍有遲延，致匪徒乘間散出，不但焚掠村莊，易滋裹脅，且廣東別屬多有會匪，設聞風接應，關係非小。吉慶當一面督率進攻，一面廣爲曉諭，使該匪等自行解散，更可迅速完事。將此傳諭知之。(仁宗一〇三、六)

（嘉慶七、九、己卯）諭軍機大臣等：本日吉慶奏稱，有博羅匪徒逃至木瓜墟等處，焚劫村莊。查此起賊匪在東莞交界地方離省一百餘里，現已知會撫臣瑚圖禮就近撥兵剿捕等語。東莞地方有匪徒滋擾，瑚圖禮自應就近勦辦。……現在廣東省城內有駐防滿洲官兵，瑚圖禮或與書敬商量調撥，將東莞匪犯，迅速查拏，俾地方早臻寧謐爲要。將此諭令知之。(仁宗一〇三、一二)

（嘉慶七、九、辛卯）兩廣總督吉慶奏報：攻破博羅縣羅溪營賊巢，擒獲僞元帥張錦秀等，得旨獎賚，提督孫全謀等升敍有差。(仁宗一〇三、二〇)

（嘉慶七、九、癸巳）諭內閣：本日據吉慶馳奏，將博羅縣結會滋事之首惡陳爛屐四擒獲凌遲正法，餘匪即就肅清。已明降諭旨宣示矣。陳爛屐四在博羅地方，制選兵械旗幟，占據山險，恃爲巢穴，糾衆多致萬餘，其蓄謀已非一日。且該犯之父陳士莊係捐納按察司照磨，可見家道尚屬殷裕，並非

迫於饑寒，爲結會斂錢之計，竟係有心謀爲不軌。(仁宗一〇四、二)

（嘉慶七、一〇、己未）諭軍機大臣等：吉慶奏，博羅匪徒曾鬼六勾結永安匪徒數千人抗拒官兵等語，曾鬼六等犯是否係陳爛屐四餘黨，何以甫經勾結，即有數千人之多？此時該督已馳赴該處勦辦。提督孫全謀亦已帶兵馳往，又恐兵力不敷，飛調江西兵二千名，太覺張皇失措矣。(仁宗一〇四、一四)

（嘉慶七、一〇、庚午）又諭：粵東歸善縣添弟會滋事一案，先於八月二十二日吉慶奏到拏獲首夥四十餘名，投出者一百九十餘名，地方業已寧謐。二十九日奏摺內，忽稱歸善、博羅共有會匪一二萬人。此二摺情形互異。嗣後所奏各摺，始則稱東莞、增城、龍門等處，均有匪徒，既復添入河源、歸善、石龍三處，而瑚圖禮所奏東莞等六處，並無會匪。及至攻克羊矢山羅溪營賊巢，據稱賊匪萬餘，擒斬者三千餘人，其餘賊匪，並未聲明竄往何處。迨攻克羅浮山拏獲首逆陳爛屐四後，突於十月二十一日奏到博羅匪徒曾鬼六勾結永安匪曾清浩、官粵瓏等數千人，而二十七日奏摺衹稱曾清浩等糾夥數百人。本日奏到摺內又稱曾清浩率夥投出四千餘人。官粵瓏、賴東保兩起，尚有二三千人。且於曾鬼六一犯並未提及。所稱賴東保一起，前奏未見其名，種種歧異，不一而足，那彥成抵粵後，即將指出吉慶陳奏不符一之處，密爲查訪，此案究竟因何處起釁，是否吉慶濫殺激變，具實直陳。將此密諭知之。(仁宗一〇五、二)

（嘉慶七、一一、庚寅）諭內閣：吉慶辦理博羅會匪一事，節次奏報，張皇冒昧草率糊塗，前已降旨革退協辦大學士，本日奏報，永安全境平寧一摺，聲敘仍不明晰。據稱勦獲賊匪甚多，並未奏明人數，投首匪衆，亦無名姓供辭。即所稱妥爲安插之處，亦未將如何辦理緣由，詳悉具奏。但云博羅匪徒勦戮居多，投首較少，永安匪徒投首居多，不得不慮其反側，俱應留兵防範等語。博羅、永安二處地方如果寧謐，何以復須多撥兵丁防守？是所稱辦理完竣之處，竟係顢頇結局。吉慶於此事，先既失之濫殺，繼又失之疏縱，伊摺內情形，已大略可見。封疆大吏，平日不能先事豫防，致有匪徒滋事，本有應得之咎，即使辦理妥善，功過僅足相抵。今吉慶既已失察於前，又復錯謬於後，豈可復膺總督之任，吉慶著即解任，革去雙眼花翎，暫留頂帶，交與瑚圖禮、那彥成會同審訊。所有兩廣總督員缺著長麟補授，加恩賞戴花翎。即馳驛前往。(仁宗一〇五、一五)

（嘉慶七、一二、癸丑）又諭：原任兩廣總督吉慶平日居官操守廉潔，辦理地方公事尚無貽誤。前因查辦歸善、博羅、永安等縣添弟會匪一事，節次奏摺,俱係寥寥數語,聲敘總不明晰,其前後自相矛盾之處甚多,朕恐其有濫殺激變及有心疏縱情事,諭令那彥成於江西審案之後就近赴粵查訊。復因永安首匪曾清浩等三犯投出後,吉慶不行定擬輒奏請安插,辦理謬誤。特將伊革去協辦大學士,拔去雙眼花翎,並解兩廣總督之任。旋據瑚圖禮奏稱,吉慶自戕身故,更堪駭異,恐其中或另有別情,茲據那彥成查奏,歸善、博羅會匪,實係叛逆,吉慶帶兵攻勦,殲厥渠魁,餘黨瓦解,地方遂得平靜。吉慶辦理此案並非濫殺激變。惟曾清浩等祇各帶百餘人投首,而吉慶則奏稱曾清浩率夥投出四千餘人,官粵瓏、賴東保率夥投出一千餘人,其官兵攻勦天字嶂賊匪一節並無其事。吉慶率聽員弁稟報虛詞,遽爾入奏,並將永安投首賊目,概予寧釋,加以賞賫,以致民心不服,紛紛控訴。吉慶慚畏交并,因病後糊塗自尋短見等語。吉慶辦理疏縱,種種錯誤之處,固有應得之咎,設曾清浩等三犯竟已釋放,則獲罪甚重。今據那彥成奏稱,首犯曾清浩、官粵瓏、賴東保三人俱在監禁。現經審明正法,是吉慶之罪,斷不至於死。且吉慶平日素有廉名,即此次獲咎,亦不過革職,或發往新疆效力,將來尚可用爲巡撫,何至遽而輕生?況身爲封疆大臣,即罪在不赦,亦當靜以待命,豈得私行自盡,效匹夫溝瀆之爲。是其自戕一節,即吉慶之罪,實無足惜,豈尚可復邀恩卹?至吉慶辦理疏縱之處既經那彥成查明委無別項情事,亦不必再行追論。著那彥成傳知伊家屬扶柩回旗,並將吉慶前後獲罪及身故緣由,通諭知之。(仁宗一〇六、一六)

三五、嘉慶八年江西石城廖廣周等起義

(嘉慶八、一一、己酉)諭軍機大臣等:福建汀、邵二府所屬,與江西石城等縣地界毗連,雖首逆李天奇等業已就擒,尚有廖廣周及夥黨在逃,恐交界各縣境,亦有匪徒勾結煽惑。玉德接奉此旨,即馳赴汀、邵一帶,相機妥辦。如探聞江西匪徒勢尚猖獗,即酌調閩省官兵協勦。儻江西將次辦竣,玉德應暫駐汀、邵一帶,擇要嚴防,總須持以鎮靜,不可過事張皇。江西避難民人,現在搬入閩省者,應飭所屬,妥爲收卹。但須於撫綏之中,密加盤詰,恐有奸徒混迹在內。俟江西寧謐,再酌量將難民遣回。至閩省有無匪黨勾結,亦應不露聲色,嚴密訪拏,不可擾累株連,激滋事變。將此諭令知之。(仁宗一二三、二七)

(嘉慶八、一二、己巳)諭內閣:秦承恩奏,審明邪匪分別辦理,地方寧謐一摺。此案石城等處首匪廖幹周等煽誘勾結一千五百餘人,擇日起事,因大雨阻隔,不能如期畢至,即被該處紳耆士庶探知具報,地方文武帶領兵

役前往掩捕，悉數殲擒，當經秦承恩訊明獲犯分別懲治。該撫於一月之內，督率員弁兵勇將地方謀逆重案上緊擒拏，不致釀成大事，所辦尚爲妥速。（仁宗一二四、一四）

（嘉慶八、一二、己巳）諭軍機大臣等：本日秦承恩奏，江西奸民賴達忠、廖幹周等傳習邪教，糾衆一千五百餘人，約會起事，因雨阻，夥匪不能如期畢至，經地方官掩捕，悉數殲擒，據供多係福建李凌魁傳授，其徒現有杜世明、甯金鼇密約賴達忠等起事，李凌魁一犯，前據玉德拏獲處絞。其傳教之逸犯吳子祥、吳韜二人，現據秦承恩摺內有吳子祥身故之語，著玉德密派幹員訪緝，務期獲此三犯。吳子祥是否身故，務得確信，一經就擒，即取供奏辦，其餘不必株連，庶足安善良而消奸宄也。（仁宗一二四、一五）

（嘉慶九、二、丁卯）又諭：……閩浙總督玉德前因江西石城等處匪徒滋事，與閩界毗連，當令玉德馳往建寧一帶查辦，已據奏將首犯吳韜、甯金鼇等緝獲到案，尚屬勤勉，著賞還花翎。江西巡撫秦承恩當該省匪徒廖幹周等滋擾時，即帶兵趕往督捕，全數掃除，特因其奏報遲延，是以未即加恩，但念糾衆鉅案，該撫能尅期辦竣，其功足錄，著賞給二品頂帶，餘俱著照舊供職。（仁宗一二六、一〇）

（嘉慶九、四、甲戌）諭軍機大臣等：秦承恩奏，續獲逆匪審擬具奏一摺，覽奏俱悉。此案素習老母教之王添組即王瑞忠捏稱彌勒佛轉世，煽惑鄉愚。上年廖幹周起事之時，懇其幫助，許爲上清宮教主，該犯輒自稱瑞忠法中皇，寫入旗內，號召衆人，實爲罪大惡極。若日久潛逃，必致養癰遺患；秦承恩于訊出之後，能不動聲色設法鈎致，密將該犯及助惡之曾啟三、周伸祥、王添保一併拏獲，搜出旗式底稿，究訊得實，將該犯等分別首從問擬凌遲斬決，即請王命正法，傳首示衆，俾地方匪徒知有儆戒，所辦甚好。其各教內安靜守法未經滋事之人，秦承恩並不紛紛查拏，免致驚擾，所見亦是。該撫仍當出示曉諭，以王添組係教內爲首之犯，伊自稱彌勒佛轉世，能知過去未來，人有災難，皆可藉伊解救，今伊已經地方官拏獲正法，是該犯本身即不能自免災難，又何能解救人之災難乎？可見邪說斷不可聽，徒自罹法網耳。爾等鄉愚無知，受其哄騙，紛紛歛錢施捨，隨同入教，今亦不加深究。但爾等見該犯如此被拏伏法，亦當共知猛省，悔悟前非，從此安靜家居，勿再從教滋事，庶可免罹重罪。儻尚執迷不悟，廣招醜類，播造謠言，則憲章具在，不能稍爲曲貸。如此詳明曉諭，示以利害，民人等自必畏懼警省，勉爲善良。將此諭令知之。（仁宗一二八、一二）

三六、嘉慶一八年河南、山東、直隸等省天理教起義

（嘉慶一八、九、乙亥）又諭：本日溫承惠奏，河南滑縣老安地方，有邪教黃興宰等興立天理會，聚衆滋事，直隸長垣縣境亦有習教之人。並聞教匪南竄，往河南考城及山東曹縣一帶。並據慶格奏稱，探聞匪徒等已將長垣縣九級集搶掠，赴山東曹縣一帶逃奔各等語。現在匪徒聚衆滋事，總以迅速撲滅、勿任蔓延爲要。同興即挑派將弁兵丁，於邊境扼要處所，堵截嚴挐。其爲首起事各犯，務宜勦捕净盡，無致漏網；被脅之人，並當設法解散，出示曉諭，勿令裹脅者多致滋株累。將此傳諭知之。（仁宗二七三、一五）

（嘉慶一八、九、乙亥）給直隸總督溫承惠欽差大臣關防，賞還花翎，命同古北口提督馬瑜馳往長垣、滑縣一帶統兵勦賊。（仁宗二七三、一六）

（嘉慶一八、九、丙子）諭軍機大臣等：據素納奏，接據東明縣朱煒稟報，縣屬齊五集鐵匠張文典首稱，有長垣縣南樂集人姜復興，託伊打鋼刀十把，伊因情有可疑，赴縣呈首。該縣於是日盤獲姜復興，究出伊與滑縣白家道口宋義升、長垣縣馬寨村馬文隴夥同習教，曾託張文典打刀，該縣當將該犯收禁。又於初十日接據長垣縣典史劉世治稟報，有民人王白小向部司陳夢熊處，首告知縣被害，該都司帶領兵勇，搶出該縣屍骸，看明遍身有傷，身首異處。又據開州知縣于曉稟報，東明縣城已被圍，勢甚危迫等語。該匪等聚衆戕官，圍城猖獗，可恨已極，且俱用白布纏頭，身穿白衣，看來竟係邪教，並非饑民。著溫承惠即飛飭富蘭，速選弁兵，帶領趕赴該處堵勦，毋令向各處竄逸。該督俟兵力到齊，即統率師干，一鼓殄滅。至擒獲醜類，如有白布纏頭，查係真實賊犯，即概行正法，若無辜被脅之衆，不可株連。該督當仰體朕意，總以安民爲要。其首逆黃興宰、黃興相、宋義升等犯就獲後，即派委乾清門侍衛及文武妥員嚴密解京，候朕親訊，處以極刑，以彰國憲。至長垣縣知縣趙綸如，平日居官尚好，猝被戕害，即奏明賞給卹典，如別有劣蹟，無庸置議。鐵匠張文典率先到官舉報，尚知畏法，該督查明，酌量獎賞。（仁宗二七三、一六）

（嘉慶一八、九、丙子）又諭：[山東巡撫]同興前次奏挐獲金鄉縣編造歌詞斂錢惑衆之匪徒李允魁、崔士俊、張文明等十八人，現據[直隸總督]溫承惠奏，接據該撫札稱，教匪崔士俊等三十餘人供係長垣縣人徐安幗傳授，囑令密挐。今長垣縣又有戕官之案。東省與長垣接壤，該匪徒等同習邪教，聲息相通，於戕官搶劫之後，既經逃往東省，自係糾結黨與。山東曹單

鉅野一帶，順刀會梟販匪徒甚多，且與直隸河南現在滋事之處境宇毗連，現派令溫承惠帶兵由北堵勦，[河南巡撫] 高杞在河南緊防西南，其東路專責成同興防堵。該撫即選派精銳弁兵迅速親自帶赴東省邊界，嚴密偵緝，勿令匪徒乘閒闌入東境，潛相勾結，致滋蔓延。再，前該省拏獲之崔士俊等三十餘人，現在監禁在獄，即嚴行訊鞫，是否與黃興宰等係屬一黨，一面錄供具奏，即一面將該犯等先行正法。並多發告示剴切曉諭居民，所有查拏懲辦者，俱係鄰省滋事亂民，斷不株連無辜，以靖民心爲要。將此傳諭知之。（仁宗二七三、一八）

（嘉慶一八、九、丁丑）又諭：本日據色克通阿奏稱，滑縣匪徒牛亮臣等十餘人在該縣大伾山之東坡聚集匪徒數百，打造軍器，殺入縣署，劫放獄囚，現帶兵前往勦辦等語。昨已有旨令高杞接署河南巡撫印務，帶兵前赴滑縣查拏防堵。現在色克通阿已帶兵五百名前來，著高杞即迎合一處，統率弁兵前往勦捕，若兵力尚少，著即添調豫省官兵，併力殲除。其防堵機宜，滑縣南距黃河，迤西即太行山徑，該撫務周密布置，嚴防西南兩路，勿使渡河奔竄，亦勿令竄入山谷，滋蔓難圖。惟當堵勦兼施，蹴之於平原曠野之地，則兵力易展，四面兜圍，不難一鼓勦滅淨盡。（仁宗二七三、二一）

（嘉慶一八、九、戊寅）諭軍機大臣等：本日同興奏，金鄉匪犯崔士俊供稱，該犯先從城武縣民劉燕傳習八卦離字教，上年八月間，又從直隸長垣縣陳家莊人徐安幗改習震卦教。徐安幗曾告以今歲九月以後要交白洋劫，屆時老教首送給白布小旗一面，插在門首，可免殺戮。又據獲犯張建木同供，本年二月間，徐安幗亦曾到過伊家，迨崔士俊被拏，該犯曾寫信知會徐安幗躲避等語。徐安幗一犯，前據溫承惠奏稱，接據同興知會，已派副將舒凌阿前往密拏。現在長垣縣聚衆滋事，是否即徐安幗爲首，著溫承惠於勦捕時，確實查明具奏。（仁宗二七三、二二）

（嘉慶一八、九、戊寅）又諭：本日辰刻遞到同興審訊匪犯崔士俊等一摺，並據片稱接據稟報，聞長垣縣匪徒抗官滋事，調兵堵截等語。正在飭諭該撫嚴防邊境，並傳諭朱錫爵、劉大懿將崔士俊等犯速提審擬，即行正法。茲於未刻遞到該撫奏摺，據稱已獲之匪徒首惡崔士俊等七名先行正法，俾免奸人窺伺，所辦甚是。並據奏定陶縣城於初十日黎明被陷，文武各官存亡未保。又於申刻據該撫奏到，毗連定陶之曹縣於十一日亦被賊匪占據。看來賊勢鴟張，自係直豫匪徒闌入東境，肆行劫掠。該撫現在調集多兵，前往勦捕，著即迅速前進。若能就地擒捕，早爲撲滅，固屬甚善；如不能尅期殲除，該撫務由東北將賊匪逼向西南。豫省現有高杞帶兵防堵，直隸溫承惠督率大兵前往勦辦，現已有旨，諭令徐州鎮總兵沈洪選帶兵一千名，迅速由東南迎領北上，正可併力兜圍，將賊匪聚而殲旃。該撫所轄地方遼闊，務須布置周密，不可令匪徒再向東竄，致滋蔓延。（仁宗二七三、二三）

（嘉慶一八、九、己卯）諭內閣：旻寧、綿愷奏本月十五日午刻突有賊人擅入蒼震門，經總管太監擒獲。未刻，內右門西，又有賊匪越牆入內。旻寧見事在倉猝，取進鳥槍撒袋腰刀，先用銃將牆上一賊打墜，又有手執白旗之賊在牆上指揮，復用銃擊斃，實出無奈大膽等語。旻寧係內廷皇子，在上書房讀書，一聞有警，自用銃擊斃二賊，餘賊始紛紛潛匿，不敢上牆，實屬有膽有識。……二阿哥著加恩封為智親王，於皇子歲支分例，加倍歲給俸銀一萬二千兩，以示優獎。三阿哥綿愷隨同捕賊，亦屬可嘉。（仁宗二七四、一）

（嘉慶一八、九、己卯）諭軍機大臣等：本日申刻，儀親王等遞到勦辦賊匪事已大定一摺。據訊取活賊供詞，賊匪共進禁城二百名，現所呈遞草單三紙內，細竅殲斃及活拏者，共祇三十一名，其餘賊匪一百六十九名，究竟作何下落，所奏殊未明晰。再，成親王訊出賊供，地安門外尚有賊五百名。此項賊匪此時是否伏而未動，抑係查有蹤跡，伊等現在如何辦法，摺內亦未提及，著儀親王等即速明白回奏。至摺內請將格布舍等六人留京，勦捕賊匪，事屬可行。內蘇爾慎、格布舍二人，著速迎赴行在，朕面詢勦賊情形。其伊勒通阿等四人留京，責令幫同搜捕，俟朕迴鑾後，再諭令一同馳赴軍營。將此傳諭知之。（仁宗二七四、二）

（嘉慶一八、九、己卯）又諭：現在查緝匪犯最關緊要，都城滿洲、蒙古、漢軍二十四旗各有所轄地方，著托津等到城後即傳諭滿洲蒙古漢軍八旗正署各都統、副都統迅即督率本旗章京兵丁等各在本管地面嚴密搜查，八旗正署護軍統領各在本管三旗地面搜查，兩翼前鋒統領、督同所管官兵，在紫禁城內外詳細挨查，勿任一名漏網。亦毋許擾累居民，一有拏獲之犯，一面具奏，一面將犯人交與托津等嚴審。如本管地面實無匪犯潛匿，伊等自信可以出結，即各自具奏。其管理圓明園之大臣，著飭令俱赴圓明園督率該管章京兵丁等將御園四面附近村莊烟戶以及清河等處地方逐細訪查，香山藍靛廠等處，著派明亮前往專司查察，各該處如有潛匿匪犯，俱即按名緝獲，一面具奏，一面將犯人交托津等嚴審。所有諭派各大員，飭令各矢天良，盡心查辦，不可稍有疏忽，自蹈重譴。（仁宗二七四、四）

（嘉慶一八、九、己卯）又諭：昨同興具奏，據濟南知府凝圖稟稱，訊據匪犯張建木供出教首劉真空現住京南二十八里大陸邊沙河地方，收徒聚眾等語。正在降旨飭辦間，本日據玉麟等奏，十五日未刻，忽有賊匪二百人潛入紫禁城內滋擾，當經王大臣及各營官兵會同擒捕，立時悉數殲斃，並生擒帶傷賊匪宋尚忠、李二格二名。訊據宋尚忠供稱，係天理教，約同二百人，於本日巳時動手等語。該逆匪膽敢突入禁門，不法已極。朕聞信後，暫緩謁靈，於十七日即由白澗迴鑾進京，親訊此案緣由。(仁宗二七四、五)

(嘉慶一八、九、庚辰) 頒硃筆遇變罪己詔曰：朕以涼德，仰承皇考付託，兢兢業業，十有八年，匪敢暇豫。即位初，白蓮教煽亂四省，黎民遭劫，慘不忍言，命將出師，八年始定，方期與吾赤子永樂昇平。於九月初六日，河南滑縣又起天理教匪，由直隸長垣至山東曹縣，亟命總督溫承惠率兵勦辦。然此事變在千里之外，猝於九月十五日變生肘腋，禍起蕭牆。夫理教逆匪七十餘衆，犯禁門，入大内，戕害兵役，進宮四賊，立即綑縛，有執旗上牆三賊，欲入養心門，朕之皇次子親執鳥鎗，連斃二賊，貝勒綿志續擊賊，始行退下，大内平定，實皇次子之力也。隆宗門外諸王大臣督率鳥鎗兵，竭二日一夜之力勦捕，搜拏淨盡矣。我大清國一百七十年以來，定鼎燕京，列祖列宗深仁厚澤，愛民如子，聖德仁心，奚能縷述。朕雖未能仰紹愛民之實政，亦無害民之虐事，突遭此變，實不可解。總緣德涼愆積，唯自責耳。然變起一時，禍積有日，當今大弊在因循怠玩四字，實中外之所同。朕雖再三告誡，舌敝唇焦，奈諸臣未能領會，悠忽為政，以致醸成漢唐宋明未有之事，較之明季挺擊一案，何啻倍蓰。思及此，實不忍再言矣。予唯返躬修省，改過正心，上答天慈，下釋民怨。諸臣若願爲大清國之忠良，則當赤心為國，竭力盡心，匡朕之咎，移民之俗，若自甘卑鄙，則當挂冠致仕，了此一身，切勿尸祿保位，益增朕罪，筆隨淚灑，通諭知之。(仁宗二七四、七)

(嘉慶一八、九、庚辰) 命陝甘總督那彥成馳赴軍營接受欽差大臣關防，直隸總督溫承惠專辦後路糧餉。(仁宗二七四、一三)

(嘉慶一八、九、辛巳) 諭内閣：本年九月初六日，豫東交界地方有亂民戕官滋事，拏獲匪犯，供係天理會邪教。並據同興奏稱，會內首逆林姓，又捏名劉林在近京藏匿。正在降旨飭拏間，十五日忽有賊匪潛入紫禁城，持械逞兇。經王大臣及文武官兵協力圍捕，殲擒淨盡，嚴究首犯，據英和等選派番役，於近京之宋家莊地方拏獲林清一犯，供稱前生姓劉，所有十五日潛入禁城賊匪，均由伊派撥屬實。該犯傳習邪教，糾衆謀逆，罪大惡極。今夥黨殲除，首逆旋即就獲，仰承天祖恩祐，欽感實深。除將該逆按律懲辦外，英和督拏要犯尅日就擒，厥功甚鉅。英和著交部從優議叙。其原拏之官員番

役人等，著英和分別等第，開單呈覽，候朕明日進宮，再降恩旨。將此通諭知之。(仁宗二七四、一四)

（嘉慶一八、九、辛巳）諭軍機大臣等：本日據托津等奏，訊據賊犯陳爽供出太監劉得財等夥同入教等語。覽奏實堪駭異。該犯等供役內廷，膽敢習教入夥，並聽從逆犯指揮，豫爲引路，實屬罪大惡極。著托津等將已獲各太監等隔別嚴訊，務令將同夥之犯，遂一全行供出，勿任稍有狡飾隱匿。至該犯等以內監謀逆，悉當問以大逆凌遲，該犯等家屬亦應緣坐。著英和等即刻按名查拏。此案入教各太監內，劉得財一名，係內監內入教傳徒首犯，情節尤爲可惡，著留備廷訊。並再留情罪較重者一名，候朕親加嚴鞫，盡法處治。所有托津等訊出從逆太監，現據二阿哥奏交五名外，又續交九名，托津等陸續訊出，如尚有在逃者，著步軍統領，順天府、五城及內務府番役一體嚴拏務獲。現在無論已獲未獲，先查係在何處當差之人，開具清單於明日具奏。至林清一犯係屬首逆，托津等審訊時，務令將夥犯人數悉行供出，以便按名根究，林清並備廷訊，無稍疏虞。(仁宗二七西、一五)

（嘉慶一八、九、壬午）諭軍機大臣等：前日拏獲突入禁城滋事各逆犯，究出首逆劉眞空，即林清，已在黃村拏獲。訊據該逆供係八卦教，今改名天理教。其黨羽散布各處，磁州頭目係趙得一，長垣頭目係賈士元、羅文志，鉅鹿頭目係楊遇山，又饒陽、南宮縣、喜峰口並滑縣之頭目劉玉濚、瑪克善各有五百多人等語。長垣滑縣賊首，自已隨同起事，其磁州、饒陽、鉅鹿、南宮、喜峰口賊匪，仍伏而未動。著章煦即選派妥幹員弁前往密訪嚴拏，務將賊首緝獲，訊明由驛速奏。如有抗違拒捕情事，即飛咨溫承惠派兵勦捕，就地殲除，毋任竄逸勾結。(仁宗二七四、一九)

（嘉慶一八、九、壬午）又諭：首逆林清現經拏獲，訊據供認八卦教，今改名天理教，人數衆多，散布各處。山東東昌府一路，係李萬成爲首；曹縣一路，係徐安幗爲首；德州一路，係宋躍濚爲首；金鄉一路，係崔士俊爲首，手下各數百人等語。崔士俊已正法，徐安幗已在長垣滋事，其東昌之李萬成、德州之宋躍濚，尚伏而未動。著同興即選派妥幹員弁分往東昌、德州，不動聲色，密訪嚴拏，獲犯後，訊供由驛速奏。儻有抗違拒捕情事，即速調兵就地勦捕，毋任竄逸勾結。(仁宗二七四、二〇)

（嘉慶一八、九、壬午）又諭：前日據同興密奏，拏獲金鄉教匪張建木訊據供稱，傳教大頭目劉幗明告知這教山西最多，先收集山西多年，如今續收山東。其收西邊的人，係于克敬，係山西人，現在河南滑縣等語。又，現在拏獲突入禁城滋事匪犯之總教首林清供稱，八卦教今改爲天理教，有艮卦頭目王道渡，在歸化城傳教等語。河南滑縣及山東定陶、曹縣等處教匪滋事，連陷數縣。于克敬一犯雖在河南滑縣，此時或潛回山西。其王道濨一犯，現在歸化城。著衡齡即速選派妥幹員弁，不動聲色，密訪嚴拏務獲。拏獲後訊取供詞由驛速奏。先須密爲布置，不可使聞風蠢動，儻有糾約拒捕情事，著即派兵立時撲滅，勿任竄逸勾結。（仁宗二七四、二一）

（嘉慶一八、九、壬午）又諭：本月十五日突入禁城各匪犯，現已殲捕淨盡。其總頭目林清業已拏獲，訊據該逆供係八卦教，今改名天理教，散布各處，有乾卦頭目華姓，現在宣化府，兌卦頭目主忠順，現在潼關，坤卦頭目魏正中，現在安慶。著貢楚克扎布、朱勳、胡克家即速選派妥幹員弁，密訪嚴拏務獲，拏獲後訊取供詞，由驛速奏。務須不動聲色，將首逆擒獲，勿令聞風蠢動。儻有抗違拒捕情事，並著派兵立時撲滅，毋任竄逸勾結。（仁宗二七四、二一）

（嘉慶一八、九、甲申）諭軍機大臣等：本日溫承惠奏，直隸長垣、東明、開州三處賊匪，俱在邊境滋擾，現已拏獲數十人，防堵尚易，惟河南濬縣有被攻之信，衛輝府城亦在危急，滑縣被賊占踞，另有千餘人分起屯聚，偷渡衛河。山東賊匪現亦竄入金鄉、濮州一帶等語，……又據素納奏稱，河南滑縣界內之賊，多於長垣，其爲首之犯，似在滑縣之內等語。看來河南賊勢甚張，尤當先往痛剿。著溫承惠親統大兵隨路將直隸邊界肅清，即速馳赴河南與高杞約會，將滑縣及大伾山一帶之賊，合力夾擊，務將賊匪就地殲除，勿使與山東之賊連合，滑、濬之賊勦淨，即與同興、高杞會兵將曹單之賊兜圍，一鼓殄滅。（仁宗二七四、三〇）

（嘉慶一八、九、乙酉）又諭：台斐音奏報，官兵連次痛勦賊匪，濬縣圍解，現在進攻滑城，尅期收復各緣由一摺，據稱本月十六日色克通阿率領將備行抵濬縣石羊村，有賊匪百餘人迎敵，官兵鎗礮齊發，登時打死數十人，生擒二人，餘匪逃逸。次日卯刻，色克通阿督兵行三里許，遇賊千餘人與官兵拒敵，經參將張拱辰、陳弼直前搏戰，賊衆驚潰，官兵追殺三十餘里，殲賊六七百人。午後趕赴濬縣城外，該匪約有二千餘人，占據山梁，縣城被圍，運河石橋阻隔，復經參將張拱辰、陳弼奮勇先登，搶過石橋，賊人抵死抗拒，官兵鎗箭齊發，打斃賊匪一千七八百人，擒獲活賊一百餘人。濬縣圍城立解，奪獲馬騾鎗刀旗幟甚多等語。所辦俱好。豫境賊匪嘯聚搶劫，茲官兵甫經接仗即將該匪殲斃二千五百餘人，生擒一百餘名。可見該匪等不過烏合之衆，經此番殄戮，業已喪膽，指日大兵會集，四面兜圍，無難一鼓殲除。（仁宗二七四、三五）

（嘉慶一八、九、乙酉）軍機大臣會同刑部奏：審出太監楊進忠從逆。得旨：此案續獲從逆太監楊進忠係由巡視南城御史及副指揮等偵捕嚴密，先行拏獲同謀之林四、趙增，從此究出楊進忠，俾要犯不致漏網，實屬可嘉。（仁宗二七四、三七）

（嘉慶一八、九、丙戌）上廷訊首逆林清、逆黨劉進亭、太監劉得財、劉金悉凌遲處死，並傳示林清首於直隸、河南、山東賊匪滋擾地方。（仁宗二七五、一）

（嘉慶一八、九、丙戌）又諭：本月十五日首逆林清潛遣逆夥數十人突入禁城滋事一案，嚴訊現獲賊犯，據供太監內竟有逆賊六人與謀引路。其引賊入東華門者係劉得財、劉金二犯，引賊入西華門者係張太、高廣幅二犯。又，王福祿、閻進喜二犯在內接應。續據南城御史緝獲賊夥林四，又究出楊進忠一犯，亦由西華門引賊入內。該逆賊等罪惡滔天，爲從來所未有。除高廣幅一犯於是日經官兵殲斃外，其劉得財等六犯俱按名捕獲，無一漏網。連日軍機大臣會同刑部研究，本日朕親自廷訊，盡法處治。逆賊劉得財等堅供此外再無通同謀逆之人。復嚴詰首逆林清亦堅供在內同謀祇此七人，更無餘黨。所有本日執事站班文武大小各員人人聽聞，供情毫無疑義，即將各犯凌遲處死。太監等充當差使，等級懸殊，凡近御者皆馴謹誠樸之人，此案逆賊七人，平日所當差使，俱極疏賤，從未見過，不知姓名，僅于宮內看守門戶，從無一名曾隨赴御園者。宮中所留首領，曉事者少，平日約束懈弛，聽伊等告假閑游，致令交結外人。甚至如廣寧門馬駒橋等處數十里之外，任其恣意往還，聽從賊匪糾約謀逆，以致釀成巨案。本日朕嚴詰該逆賊謀叛之由，皆俛首無可供吐。復訊以朕平日有無苛待伊等之處。該逆賊供稱，素來天恩寬厚，近日復又加賞錢糧，更有何銜怨之處。尚口稱佛爺不置。是該逆賊等全係被外間匪徒迷惑，至死不悟，而任其出入自便，該首領等疏懈之罪，實無可辭。嗣後嚴諭總管首領太監等，俱不得任各處太監藉詞告假，獨自私出禁門。其有不得不暫時給假者，並著首領太監查問確實，限以時刻，必須兩三人同行，方准放出。如違，除本人治罪外，將該管首領太監一併治罪。至此數犯梟獍性成，本非常有。現在訊問明確，別無同黨之人，此外各太監等當感戴主恩，照常當差，安静守法，不必心生疑畏。儻有狡譎之徒，挾嫌誣扳，查明從重治罪，斷不寬及無辜，將此旨交總管內務府大臣轉交總管太監，通諭各等處太監知之，並著載入宮史。（仁宗二七五、四）

（嘉慶一八、九、己丑）諭內閣：高杞奏，濬縣賊匪，經前次官軍殲擒數千名後，餘匪竄回道口滑縣等處。連日仍敢前來窺伺，該署撫督同色克通阿、張拱辰、陳弼帶領弁兵丁，鎗礮齊發，賊匪抵死抗拒，官兵奮勇直前，殲斃賊匪三百餘人，生擒六十一名，奪獲騾馬器械甚多。搜出册檔四本，首頁開載有後天祖師林清字樣。提犯嚴審，內蔡成功一犯衆賊呼爲蔡四大王，其僞職即係林清所封。濬、滑一帶聽伊勾結調遣。並有被獲之徐夢林一犯，亦受林逆僞封宰相。該署撫於審明後即將該犯蔡成功等臠割示衆等語。高杞於馳抵豫即督率將弁奮勇殺賊，生擒受賊僞職之著名賊目蔡成功、徐夢林等審明正法，並搜獲賊黨册籍，甚屬可嘉。高杞著交部議敘。濬縣知縣朱鳳森經賊匪屢次攻城，該縣守御完固，並將城內奸細查拏正法，以絶內應。朱鳳森著加恩加同知銜，先換頂帶，以示鼓勵。（仁宗二七五、一一）

（嘉慶一八、九、壬辰） 又諭：本日據高杞奏稱，滑、濬一帶屯聚賊匪約有二萬人，其附近村莊尚多潛匿。豫省兵力單弱，不敷勦辦。現已有旨傳諭富僧德，先帶西安馬隊官兵一千名馳赴高杞軍營，幫同勦捕。並諭穆克登布另派西安兵一千名，豫備軍裝等項，那彥成行抵西安，即自行統率續派官兵，或添調綠營兵五百名、一千名逕赴河南滑、濬一帶，相機進勦。彼時溫承惠軍營亦近在該處，那彥成即接受欽差大臣關防總統辦理。將此傳諭知之。（仁宗二七五、二四）

（嘉慶一八、一〇、甲午） 又諭：現在未獲各逆李文成、劉幗明、徐安幗、于克敬、王學禮、馮克善六犯俱係震卦教大頭目，又前次突入禁門逆犯內祝現、劉第五係林清手下大徒弟，現在查拏尚無下落，必應嚴拏盡法處治。此內李文成、徐安幗自係在滑縣長垣起事匪徒股內，或潛赴直省勾結，亦未可定。其祝現、劉第五二犯於滋事後或逃往直隸一帶投歸夥黨。著章煦飭知地方文武員弁，嚴密查拏，勿任漏網。（仁宗二七六、三）

（嘉慶一八、一〇、乙未） 又諭：溫承惠等調集直隸、河南、山東三省大兵分投勦辦，其江南、陝、甘各路官兵，亦皆次第調發。近日復又由京簡派慶祥等帶同巴圖魯、侍衛多人，統率火器、健銳兩營官兵，前往進勦，尚有吉林、黑龍江勁兵啟程在途。即日數萬王師星馳雲集，諒此烏合之衆，何難一鼓殲除。……惟念真正賊匪本屬無多，其裹脅良民，被其逼迫，勉強隨行，若不爲區別，全罹鋒刃，大兵所到，玉石俱焚，於朕心實有不忍。今朕特施寬大之恩，凡有被賊裹脅入夥者，如果悔罪投誠，或聞官軍將至，各自散歸，或臨陣不敢抗拒，自行投出者，其從前陷賊之罪，概置不問。官軍等不得妄戮一人，地方官亦不得妄拏追問。若伊等能殺賊自效，將首逆及著名賊目，或生擒來獻，或割取首級投赴大營，一經驗明屬實，則不但赦其已往之罪，並當奏聞以恩賞。伊等具有天良，轉禍爲福，惟其自擇，切勿迷而不悟，久陷賊巢。此朕保全良善之苦心。若聞此諄諄誥誡，猶不知改悔，則是冥頑不靈，自取誅夷，罪在不赦。以上諭旨，著溫承惠、高杞、同興等均即速謄黄，於所在地方遍爲張掛曉示。官軍接仗時，亦明白宣諭。使賊黨聞風解散，彼此離心，而真正賊目，亦必自相猜疑，其勢日孤，勦捕更易爲力。(仁宗二七六、五)

（嘉慶一八、一〇、癸卯）同興奏：勦滅扈家集賊匪净盡，得旨嘉獎。(仁宗二七六、二〇)

（嘉慶一八、一〇、乙巳）同興奏：勦平曹、定賊巢十一處，得旨嘉獎。(仁宗二七六、二二)

（嘉慶一八、一〇、丙午）諭内閣：逆賊林清滋事一案，溫承惠係直隸總督，順天府所屬地方，皆其所一轄，且在任年久，乃於該逆傳習邪教煽惑人心八年之久，並不及早查拏，以致奸匪糾衆謀逆。昨九月十五日竟敢潛布黨與直犯禁門，……幸荷天恩垂佑，首惡伏法，餘黨悉誅。而河南、山東濬、滑、曹、定滋事亂民，悉由該逆布散邪言同期造反，至今餘孽未净。……溫承惠革去總督拔去花翎，賞給五品職銜，責令辦理那彥成一路軍營糧餉，以示薄懲。……其直隸總督員缺，著那彥成補授，那彥成未到任之前，仍著章煦署理。(仁宗二七六、二四)

（嘉慶一八、一〇、庚戌）諭軍機大臣等：昨因那彥成辦賊遷延，降旨嚴行申飭。本日同興奏，據獲賊目曹光輝供稱，豫省賊匪實係李文成爲首，滑縣城中是徐安幗掌管，裹脅約有三千餘人，李家莊屯聚亦有二三千人，李文成被强知縣拏去，腿受重刑，現在李家莊養病等語。計滑縣城中，李家莊兩處之賊，道口桃源再有屯聚，總不過萬人，何以那彥成摺内云有三萬人？明係屬員捏報。現在帶兵已有萬餘人，以之進勦，何至棘手？著傳諭那彥成遵照諭旨，鼓勵將領弁兵，刻期進勦，勿稍延緩。李文成一犯，係極惡首逆，現因腿傷養病，正可乘其不能動移設法擒獲。徐安幗亦係緊要賊目，若速將該二逆擒獲，則賊心渙散，定可一鼓殲除。該二逆擒獲後，若受傷不重，著派侍衛等管押解京，以便盡法處治，用彰國憲。(仁宗二七七、七)

（嘉慶一八、一〇、癸丑）又諭：豫親王裕豐所屬桑岱村居住之包衣閒散陳爽等黨惡多人，率先肆逆，於九月十五日在紫禁城内滋事。裕豐平日形同木偶，毫無知覺，非尋常失察可比，理宜革去王爵，但念此爵係裕豐之高祖多鐸由軍功所封，著施恩免其革爵，罰親王俸十年，以示懲戒。將此通諭各王及貝勒貝子公等，嗣後各將所屬包衣佐領人等留心稽查，儻有似此不守本分兇徒，即行拏報，斷不可姑容隱匿。(仁宗二七七、一〇)

（嘉慶一八、一〇、己未）又諭：前因正黃旗漢軍兵丁曹幅昌從習邪教與知逆謀，該管都統等均有失察之咎，降旨將祿康、裕瑞革去都統、副都統，仍加恩賞給宗室四品頂帶。祿康以宗人府副理事官用，裕瑞以宗人府筆帖式用。茲據訊明曹幅昌之父曹綸聽從林清入教，經劉四等告知逆謀，允為收衆接應。曹綸身為都司，以四品職官習教從逆，實屬豬狗不如，罪大惡極。該管都統、副都統漫無覺察，其咎尤重。祿康、裕瑞著革去宗室四品頂帶、副理事官、筆帖式，即日俱發往盛京派令管束移居宗室各户，即在小東門外新建公所居住，永不敍用，以示懲儆。其該管之參領、副參領、佐領、驍騎校等不必交兵部議處，著即拏交刑部治罪。（仁宗二七七、二四）

（嘉慶一八、一〇、壬戌）兵部議奏：兵部尚書福慶等前任都統失察曹綸謀逆，請照例革職。得旨：福慶在正黃旗漢軍都統任内失察……計兩年零一個月，比祿康失察月日較久，……著革職。……德麟在副都統任内失察六個月，……仍留德麟貝子，其散秩大臣並所管火器營事務，全行革退，賞給三等侍衛，在大門上行走，仍罰貝子俸十年。拴住在副都統任内失察六個月，著革去總兵，賞給驍騎校回旗當差。（仁宗二七七、三四）

（嘉慶一八、一一、甲子）那彦成奏勦平道口賊巢情形，得旨嘉獎，與都統高杞等下部議敍，賞還總兵官楊芳二品頂帶。（仁宗二七八、二）

（嘉慶一八、一一、丙寅）諭軍機大臣等：那彦成奏，官兵攻克道口後直抵滑城，布置圍攻。（仁宗二七八、五）

（嘉慶一八、一一、丙寅）又諭：據初彭齡奏，定陶以北、城武、鉅野、鄆城等縣，近日仍多土賊，數十人成群，搶奪村莊。武城縣並有欽賜檢討劉洙為土賊頭目。又，嶧縣之常泥溝、郯城之馬頭鎮，均被土賊燒搶等語。山東曹縣、定陶賊匪，均已勦除淨盡，而附近州縣尚不免有土賊乘機燒搶，著同興遴派文武幹員前往嚴密查拏。果有欽賜檢討劉洙潛充賊目，即拏獲究辦。其焚掠村莊之土賊，並著督率地方官嚴拏重懲，勿任煽聚擾害，又滋事端。（仁宗二七八、六）

（嘉慶一八、一一、戊辰）又諭：逆犯林清滋事一案，現訊據夥黨各犯供稱，該逆勾引夥匪，皆先以財利引誘入教，久乃商謀逆情，該逆等並非無業之人。著直隷總督、順天府尹將此案審明首從各逆犯，如林清、曹綸等，按照旗籍，將各名下叛產悉行籍没入官，其每年應得租銀若干，詳細造册報部，歸入旗祖項下，以備每年加賞八旗兵丁之用。該督等督飭所屬，實力清查，毋任吏胥等隱匿侵欺，致滋弊竇。（仁宗二七八、七）

（嘉慶一八、一一、丙子）諭軍機大臣等：前日據那彦成奏，訊據獲賊供稱，馮克善於八月內已往德州；本日據方受疇盤獲賊犯車得新等，亦據供稱，大頭目馮克善因與李文成不和，現已前往德州等語。該逆係與李文成、牛亮臣商同起事之人，爲賊緊要頭目。此次前去德州，斷非在彼潛匿，必係勾結同教之人又圖滋事。……該處本有教首宋躍瀧一犯飭拏未獲。今馮克善又復一往，看來山東逆夥尙多，並聞附近州縣時有焚搶村莊之事，難保無匪徒互相糾應，不可不加意防範。同興駐劄德州，著即迅速遴派文武幹員星夜馳赴德州嚴查馮克善及宋躍瀧蹤跡，務得切實下落，設法擒獲。（仁宗二七八、一九）

（嘉慶一八、一一、丙子）又諭：據同興奏，拏獲武城縣土賊辦理一節，此案拏獲國子監助教銜劉竹一犯，自即係初彭齡所奏之劉洙，該犯膽敢乘邪教滋事，編造狂悖詩句，縱令子姪糾搶，可惡已極。著該撫親提嚴訊，是否曾入邪教，與匪徒勾串。如止於糾搶，已當斬決梟示，如滋擾地方戕害多人，即照叛逆之律問擬。其子劉崑起等，現均在逃，即嚴緝務獲。其蘭峰一帶匪徒，並嚴飭文武官認真稽查，毋稍大意。（仁宗二七八、二〇）

（嘉慶一八、一一、丁亥）那彥成奏：截勦輝縣賊匪，直抵司寨。得旨嘉獎，副都統德寧阿等下部議敘。（仁宗二七九、一七）

（嘉慶一八、二、丁亥）以緝獲山東逆犯宋躍瀧，同知武隆阿等下部議敘。（仁宗二七九、一八）

（嘉慶一八、一一、戊子）諭內閣：那彥成等奏，官兵截勦輝縣竄匪，全數殄滅，殲斃逆首李文成及賊首劉幗明一摺，所辦可嘉之至。本年九月十五日之事，逆首林清與李文成二人內外勾結，約定同日起事。適李文成在原籍滑縣，強克捷訪拏刑訊，其黨與見事已敗露，不能待九月十五日之期，即劫獄戕官，揭竿倡亂。林清在京謀逆，外援不至，迅就捕誅。而李文成在豫省指揮逆黨四出焚劫。直隸長垣、東明，山東定陶、曹縣等處，同時蠭起，戕害生靈。經朕簡派領兵大員，調集數萬官兵，會同勦捕。該逆李文成潛伏滑城，見官兵連獲勝仗，於未經合圍之先，賊黨劉幗明等乘夜將該逆擁護出城。另糾夥衆數千人由封邱、延津、修武竄至輝縣，希圖入山奔逸；若使遂其奸謀，則滋蔓難圖。……適朕前派之吉林、黑龍江馬隊官兵星馳到豫，那彥成等派令德寧阿、色爾衮帶領追趕。又有揚芳、特依順保二人管帶蘭州固原勁兵前往合勦。追至輝縣司寨山中，殲戮賊匪二千餘人。首逆李文成率同賊目劉幗明等數百人，負嵎死守。本日接那彥成六百里加緊奏報，德寧阿、楊芳等，統率滿漢官兵，奮力攻擊，不避鎗石，拆毀寨牆，一擁而登，生擒賊匪二百餘名。李文成避入樓房，楊芳、特依順保、色爾衮、德寧阿率衆直入，該逆等無可逃避。劉幗明自稱其名，持刀躍出，被官兵用鎗擊斃。李文成亦對衆稱名，舉火自焚，經官兵搶出，業已壓斃，查驗屍身，刑傷痕跡顯然。其餘賊目及從逆夥黨五六百名，全行殲滅，並無一名漏網，實足以彰國憲而快人心。該將領及滿漢官兵等倍常奮勇，宜加優奬。色爾衮、德寧阿著加恩各賞加都統銜；楊芳、特依順保著加恩各賞加提督銜，即先換一品頂帶。該四員仍俱賞給雲騎尉世職。其本有世職者，准其再兼一雲騎尉。乾清門三等侍衞伊勒通阿身受六傷，賈勇力戰，著加恩超陞爲乾清門頭等侍衞，仍賞給勁勇巴圖魯名號。著加賞四喜玉搬指一個，花大荷包一對，小荷包二個。又發去玉柄小刀十把，珐瑯翎管十個，瓷翎管十個，瓷搬指套十個，分賞出力官弁。一兩重銀錁二百個，五錢重銀錁二百個，一兩重銀牌一百面，五錢重銀牌一百面，分賞出力兵丁。仍著那彥成等秉公查明官弁兵丁內，奮勇出力應行奬擢者，據實保奏，候朕施恩。陣亡之吉林委參領福林德著加等照參領例賜卹。逆首李文成著於到屍後傳首河南、直隷、山東滋事地方示衆，劉幗明亦著到屍梟示。其餘擒獲賊目韓得衆等審明即於該處正法。此股竄匪洗蕩淨盡，殲厥渠魁，滑城長圍已合，餘賊聞風喪膽，著那彥成等迅速進攻，竣俟捷音，再加懋賞。將此通諭知之。（仁宗二七九、一八）

（嘉慶一八、一一、戊子）諭軍機大臣等：據同興奏拏獲逆黨宋躍瀿，訊供逆首馮克善從滑縣走出，於十一月初十日到該犯家中，十五日該犯送至景州，由獲鹿前赴山西等語。該逆馮克善甫於十一月十五日自景州起身，前赴山西，由直隷境內行走，計尚未能遠颺，該署督迅飭各屬，按照所供年貌，嚴密查拏。逆匪李文成、劉幗明等俱已殲斃，滑縣指日克復，惟查拏潛逸匪徒最關緊要。所有著名逸犯徐安幗、牛亮臣等現在滑縣固守，此外馮克善一犯，即係最要逆目，該署督當督飭各地方文武員弁認真設法踹緝，如能弋獲，必將獲犯之人優予恩施，勉之毋怠。將此傳諭章煦知之。（仁宗二七九、二一）

（嘉慶一八、一二、壬寅）以拏獲首逆馮克善加署直隷總督章煦太子少保銜，仍下部優敘。擢知縣張翔爲知府、典史吳楷爲知縣、把總高雲鶴爲守備、道員張五緯等下部議敘。（仁宗二八〇、一六）

（嘉慶一八、一二、乙巳）諭軍機大臣等：本日據朱勳奏報前月二十九日陝西岐陽縣三才峽地方有匪徒四五百人，持械掠食，旋經竄至盩厔縣山內獨獨河一帶，裹脅民人東竄計有八九百人，又小王潤亦有賊三百餘人搶掠糧食並有旗幟刀矛，現經該撫派員與總兵吳廷剛兩面堵勦等語。陝省地方又有匪徒滋事，雖據奏係饑民掠食，但已有千人之衆，現已有旨諭令長齡帶兵來

陝督辦。一俟滑城攻克，著高杞即帶領西安滿兵並酌帶陝甘兵一二千名，由潼關取道速赴南山，幫同長齡勦辦。（仁宗二八〇、一九）

（嘉慶一八、一二、丙午）賞平定滑城功。諭內閣：那彥成等由六百里加緊馳奏督率官兵攻克滑城一摺，覽奏欣慰。此次逆匪勾結起事，始於滑縣，戕官劫獄，占據縣城。其夥黨在直隸、山東邊境者亦同時竊發，擾害城鎮鄉村，居民被其荼毒。節經派調官兵分路進勦，山東曹、定等處賊匪，早經撲滅，直隸開州、長垣一帶亦就地掃除。其豫省大股賊匪，先經那彥成等將道口、桃源屯距之賊，次第攻克。其時逆首李文成率領匪眾竄至輝縣司寨地方，經楊芳等帶兵殲斃。兇渠蕩除，餘孽惟占踞滑城。賊匪負嵎抗拒，圍攻已越四旬，現經那彥成等周環布置，於本月初十日親督兵勇奮力進攻。城南地雷轟發，震裂牆垣數十丈，那彥成督同楊芳、桑吉斯塔爾冒烟攻上左首，楊遇春等攻上右首。城西地雷繼發，官兵雲梯齊上城垛。高杞同馬元等帶兵進攻各門，分投繼進，殲斃賊匪三四千人。賊眾竄圍逃竄，又被官兵擊斃四五千人，生擒賊匪二千餘人，投出難民老幼男婦二萬餘人，全城克復。此皆仰賴上天祖考垂佑深恩，得以掃除逆惡，迅奏成功，朕與天下臣民，同深慶幸。那彥成、高杞、楊遇春統領師干，不辭艱瘁。其在事將領官兵等，亦俱奮勇出力，允宜渥沛恩施，以昭懋獎。那彥成著加太子少保銜，賞給三等子爵，換戴雙眼花翎，在紫禁城內騎馬，並賞給御用荷囊一個。升授伊子容照為乾清門二等侍衛。所賞荷囊、翎枝即著容照馳驛賫往。……高杞著賞給頭等輕車都尉，紫禁城內騎馬。……楊遇春著賞給二等男爵，紫禁城內騎馬。……桑吉斯塔爾隨那彥成率先登城，著加恩在御前侍衛上行走。其摺內圈出各員，除那彥成、高杞、楊遇春外，凡攻城出力者，俱著交部從優議敘。兵丁賞給一月錢糧。圍城各官弁，俱著交部議敘，兵丁賞給半月錢糧。並發去四喜玉搬指十個，玉柄小刀十把，花瓷翎管十個，玻璃鼻烟壺五個，瓷鼻烟壺五個，分賞出力官弁；一兩重銀錁二百個，五錢重銀錁二百個，一兩重銀牌二百面，五錢重銀牌二百面，分賞出力兵丁。自九月十二日以後，直隸豫東等省軍報絡繹，並有突入禁門逆案，軍機大臣等晝夜宣勞，除勒保病假在家，近甫銷假入直外，董誥、盧蔭溥著交部從優議敘。桂芳自托津出差派令人直，奉職克勤，著即在軍機大臣上行走，仍交部議敘。松筠、曹振鏞職任綸扉，俱著加恩晉加太子太保銜。劉鐶之、英和督緝認真，俱著加恩賞加太子少保銜。百齡、同興辦理防勦事宜奮勉出力，俱著加恩賞加太子少保銜。軍機章京通政使司參議姚祖同著交部從優議敘。此外各章京，著軍機大臣查明尤為出力者，保奏數員，交部從優議敘。其餘各員並著交部議敘。

所有此次議敘各員，均照軍功例議給。(仁宗二八〇、二〇)

(嘉慶一八、一二、己酉)諭軍機大臣等：滑城業經攻克，逆賊首夥，殲獲無遺，軍務大局已定；惟陝省山內匪徒糾衆搶糧一案，前已降旨令長齡即速帶兵查辦。……該匪等因乏食滋擾，先祗聚衆四五百人，今已有一千二百餘人，長齡等當迅速辦理，或曉諭解散，或整兵撲滅。一經辦竣，先由六百里奏聞，以慰厪注。(仁宗二八一、四)

(嘉慶一八、一二、癸丑)諭軍機臣大等：本日朱勳等奏南山匪徒裹脅至三千餘人，且鳥槍器甚多，沿途放火傷人，勢漸鴟張，若不迅速撲滅，恐裹脅愈多，辦理又致費手。除已飛飭長齡帶甘肅兵一千名前往督辦外，楊遇春熟悉該處情形，聲威素著，此旨到後，著該提督即日挑帶吉林、黑龍江兩處馬隊六百名，令色爾衮、達斯呼勒岱二人管帶，隨同前往，迎頭協勦。(仁宗二八一、一三)

(嘉慶一八、一二、丁巳)頒御製致變之源說曰：禁城之變，必有本也。夙夜思之，蓋有故焉。夫宋家莊一亂民，本無惡不爲一棍徒耳。非有才德能感化人心，亦無邪術能混人耳目，惟利口瀾翻，妄談怪誕，假劫數以惑亂癡愚，遂其大逆之謀而已。愚民聞約而從，不顧後患者，何也？祗圖目前之小利，所謂窮斯濫矣，舍生就死而不卹也。百姓困窮爲致變之源，而其本又在州縣亦多困窮，無暇撫字也。治亂繫於州縣，必先有守而後有爲。今則或困於虧缺，或困於民欠，或困於攤捐，有此三困，難爲清官矣。官不清則民不畏，挾制控告，首足倒置。罔上之念，非一朝一夕之故，其所由來者漸矣。罪至於謀叛，刑至於凌遲，無可再加。而民不畏者，不識尊卑、不知利害也。官有廉恥，必有操守，方可言化導禁令。今之時勢，官民交困，悠忽度日，難言操守，民反制官，若不竭力振作，患將未已也。邪說誘民，總以利動其貪心，貪心起，則無惡不作矣。督撫大吏誠能培養州縣，使無匱乏，然後責以治理，獎善懲貪。至公無私、民心愛戴者爲上等，畏服者次之，怨聲載道者去之。經正民興，未有不可教訓之民，皆是不能教訓之官耳。官困必取之於民，民窮則邪匿作，一定不易之理也。百姓足，君孰與不足，此理財之要道也。橫徵暴斂，所損益大矣。禁城之變，深感天恩，佑國除邪，彰明顯著，朕若不知感畏，不勤政事，天必降災。內外臣工，若仍挾詐懷私，因循觀望，欺朕甚易，欺天甚難，身家性命，立時瓦解矣。內外臣工信朕之言，是朕大福，不信朕言，是朕之大不幸，亦諸臣之大不幸也。願諸臣以實心行實政，以實力保國家，成全朕一片苦心，幾篇絮論，或可稍贖前愆，勉收後效，朕有厚望焉。(仁宗二八一、一七)

（嘉慶一九、一、甲戌）上廷訊河南滑縣首逆牛亮臣、馮克善悉凌遲處死。（仁宗二八二、一五）

（嘉慶一九、一、辛卯）諭軍機大臣等：陝省山內匪徒滋事緣由，上年十二月間，朱勳初次奏報，即稱該匪等係木廂傭工之人，因停工乏食，糾夥搶糧。以後每次奏報亦均以饑民為詞。而焚掠傷人，擾害日甚，且裹脅人數，動輒數千，旗幟鎗礮，無所不有。試思鎗礮二項，豈能倉猝製辦？今計每次接仗官軍搶獲者為數不少。又如騾馬一項，楊遇春勦殺麻大旗一股，即奪獲七百餘匹。該匪等沿途搶劫，亦豈能如此之多？看此光景，恐非盡屬饑民，地方官迴護平日失察處分，托詞卸過，必須大加懲創。著長齡詳細確查，此事如係饑民，則地方官有諱災之罪，如係邪教，則地方官有失察之罪，務將確情秉公具奏，毋稍含混。（仁宗二八三、二四）